Sonja Weiß

# Mein Theaterstück auf der Bühne des Lebens

GHV

Sonja Weiß

# Mein Theaterstück auf der Bühne des Lebens

Gerhard Hess Verlag

**Impressum**

Sonja Weiß
**Mein Theaterstück auf der Bühne des Lebens**

1. Auflage 2024


Gerhard Hess Verlag, Uhingen
www.gerhard-hess-verlag.de

Printed in EU

ISBN: 978-3-87336-844-6

# Inhaltsverzeichnis

# Vorwort

Mein erster Schicksalsschlag ereilte mich mit der Geburt, denn ich wurde mit einem Klumpfuß geboren. Meine Kindheit war nicht sonderlich berauschend und dennoch schön. Meine Jugendjahre glichen einer Achterbahnfahrt, mit allen Höhen und Tiefen. Dies setzte sich später fort. Meine erste Ehe ging in die Brüche. Suchtprobleme und Therapien erschwerten mein Dasein, und durch diese widrigen Umstände verlor ich auch noch mein Kind. Ich habe schmerzhafte und glückliche Momente durchlebt. Es war gewiss nicht alles leicht, aber es waren letztlich Lernprozesse, die mich nur stärker und weiser werden ließen. Hinzufallen und in manchen Situationen zu scheitern, ist nicht schlimm. Schlimm ist es, liegenzubleiben und aufzugeben.

Mit meinem Buch möchte ich die vielen Mitmenschen erreichen, die mutlos, verzweifelt und unglücklich sind, damit sie wieder Mut schöpfen, ihren Weg weiter zu gehen, dass sie wieder die Kraft finden, an sich zu glauben, und dass sie erkennen, dass jeder Mensch etwas Besonderes und Einmaliges ist, jeder auf seine Art und Weise. So dürfen wir hoffen, dass auch für uns am Ende des Tunnels das Licht der Hoffnung erscheinen wird.

Unser Leben spielt wie auf einer großen Bühne, auf der jeder seine Rolle zu erfüllen hat, und haben wir erst den Mut, an das Unmögliche zu glauben, werden wir eines Tages erhobenen Hauptes von dieser Bühne abtreten!

Sonja Weiß
Pfingsten 2024

# Kinderschuhe: Auf Entdeckungsreise

Ich bin endlich auf dieser Welt angekommen! Voller Erstaunen über all die Pracht, die mich umgibt, sind meine Lebensgeister erwacht. Ich spiele die Hauptrolle meines Selbst. Mit Begeisterung werde ich mich in mein Leben stürzen. Glück, Gesundheit und Erfolg erwarten mich. Aber auch Frust, Leid, Angst und Zweifel. Beidem werde ich mit Respekt entgegentreten. Meine Lebensuhr hat zu ticken begonnen. Folgen Sie mir auf meiner Lebensreise, vom Erzengel Michael als meinem ständigen Beschützer begleitet, gleich, wohin mich das Schicksal geführt hat und führen wird. Am Ziel angekommen, werde ich von meiner Lebensbühne abtreten und wieder zuhause sein. Zuhause, dort, wo wir alle hergekommen sind. Wir sind auf dieser Welt, um zu lernen und zu begreifen. Für unsere Lebenszeit ist die Erde, gleich einer Bühne, unser Zuhause auf Zeit.

In einer Kleinstadt im bayerischen Mittelfranken wurde ich im Juni 1970 geboren. Ich war die letzte Geborene von drei, eigentlich vier Geschwistern. Von einem der vier, meinem Bruder, ahnte ich aber über viele Jahre hinweg nichts. Bei meiner Geburt stellten die Ärzte fest, dass ich an einem Klumpfuß litt. Es gibt bekanntlich viele Arten dieser Krankheit. In meinem Falle war mein linker Fuß nach innen gewachsen. Mein linkes Bein war dadurch um eineinhalb Zentimeter kürzer als das rechte. Für meine Eltern bedeutete das einen Schock. Die Ärzte gaben sich zuversichtlich, man könne es mit einer Operation, Physiotherapie, Gymnastik wieder richtig gut hinbekommen, so dass ich später gut laufen könne und keine wesentliche Beeinträchtigung erfahren würde.

Bis zu meiner Operation musste meine Mutter mit mir viel zur Krankengymnastik gehen. Mein Fuß war auch häufig eingegipst. Meine erste und einzige Operation war im April 1971. Der Krankenhausaufenthalt dauerte fast zwei Monate. Somit fand mein erster Geburtstag im Krankenhaus statt. Leider war es früher nicht erlaubt, dass Besucher zu ihren Kindern ins Zimmer durften, nicht mal den Eltern. Man konnte die Kinder oder sein Kind nur durch eine Fensterscheibe beobachten und anschauen. Das waren die Vorschriften wegen der Infektionsgefahr. So wurde eine Krankenschwester meine Bezugsperson.

Nach zwei Monaten durften meine Eltern mich wieder abholen, was nicht so einfach war. Wie ich schon erwähnte, waren mir meine Eltern fremd geworden. In diesem Moment wollte ich bei den Schwestern bleiben. Meine Mutter erzählte mir, dass ich am Anfang sehr geweint habe. Bei der Heimfahrt, die auch eine Stunde ging, war ich stumm wie ein Fisch und stierte den Boden des Autos an. Zuhause angekommen, setzte mich meine Mutter auf das Sofa, das bei uns in der Küche stand. Ich blieb eine gewisse Zeit still sitzen, schaute mich um und beobachtete alles. Nach einer gewissen Zeit taute ich auf und nahm die Situation an.

Wie schon erwähnt, habe ich noch zwei ältere Geschwister. Meine älteste Schwester kam sechzehn Jahre vor mir zur Welt und heißt Anne. Die andere Schwester ist sechs Jahre älter, ihr Name ist Isa. Anne war nicht mehr in unserem Haushalt, als ich auf die Welt kam. Sie lebte schon in München. Somit bestand die Familie, mit der ich erstmal für eine gewisse Zeit zusammen wohnte, aus vier Personen. Sprich, meine Wenigkeit, meine Schwester Isa, meine Mutter, die Hausfrau war, und mein Vater, der in dieser Zeit Fernfahrer war. Das Haus, in dem wir wohnten, war ein Mehrfamilienhaus. Das Haus hatte zwei Stockwerke, mit dem Dachboden drei. Der Hausgang war lang gezogen, links und rechts befanden sich Türen, die zu den einzelnen Zimmern führten.

Fein ausgedrückt könnte man sagen: Zimmer-Apartment, nur ohne fließend Wasser und ohne Bad. Es gab eine Toilette auf jedem Stockwerk. Einige Wohnungen hatten einen Durchbruch zum anschließenden Zimmer, um zwei oder drei Räumlichkeiten zu haben, wie es auch bei uns der Fall war. Wir hatten somit eine Drei-Raum-Wohnung. Sie bestand aus einer Wohnküche, wo sich das meiste abspielte, der nächste Raum war das Wohnzimmer und der dritte Raum war das Schlafzimmer, wo wir alle vier geschlafen haben. In der Küche hatten wir einen Ölofen, wo wir unser Wasser heiß machten, der die drei Zimmer heizte und auf dem meine Mutter die Kochwäsche wusch. In dem Haus gab es auch eine Waschküche, wie es früher üblich war, um die Wäsche zu waschen. Obwohl wir schon in den 1970er-Jahren waren, hatten wir noch keine Waschmaschine. Das Haus war wie im Schwarz-Weiß-Film, nichts Gemütliches, so kahl und leer, und doch war zeitweise viel los darin. Als Kleinkind war das Haus für mich normal. Ich komme später auf das Haus zurück.

Als Kleinkind war das Haus für mich normal. Da meine Mutter oft mit mir zum Arzt musste, um den Klumpfuß eingipsen zu lassen, und da oft Gymnastik auf dem Tagesplan stand, lernte ich erst mit zwei Jahren das Laufen. Nach dieser Zeit war die Therapie mit Eingipsen beendet. Durch das viele Eingipsen konnte sich auch meine linke Wade nicht richtig aufbauen. Somit war meine linke Wade wesentlich dünner als die rechte. Es folgte weiterhin Gymnastik und ich brauchte Einlagen für die Schuhe, die man in der Klinik anfertigen lassen musste. Die Einlagen dienten dazu, dass mein Klumpfuß in der Wuchsphase nicht wieder nach innen wachsen konnte. Diese Einlagen waren sehr unangenehm. Das Material war aus Blech oder Eisen. Weil die Einlagen nicht biegbar waren, waren sie sehr unangenehm zu tragen. Aber der Mensch ist ein Gewohnheitstier, man gewöhnt sich einfach an alles. Solche Einlagen musste ich so lange tragen, bis ich erwachsen war.

In meiner Teenie-Zeit hätte ich gerne mal Stöckelschuhe, also High Heels getragen. Wenn ich einmal Mut fasste und einen Rock von meiner Schwester anzog, wurde ich von meinen Eltern nicht gerade motiviert. Da hieß es schnell mal: „Was hast du denn an? Zieh mit deinen Füßen lieber Hosen an. Für Röcke oder Kleider hast du nicht die richtigen Beine." Weinend zog ich mich dann in mein Zimmer zurück. Wenn man mit einer Behinderung geboren wird und aufwächst, empfindet man es selber gar nicht als schlimm, denn man kennt es nicht anders. Warum soll man denn keine Röcke tragen, bloß weil die Beine oder Füße anders aussehen und nicht der Norm entsprechen? Ich finde, man sollte die Kinder motivieren, dass ihr Selbstbewusstsein wachsen kann. Man wächst mit der Behinderung auf und arrangiert sich damit, im Laufe der Zeit entwickelt man Strategien und Methoden, die es einem einfacher machen. Das Gute ist, dass ich in eine Zeit hineingeboren bin, in der die Mode schon so weit war, dass es auch für mich schöne Klamotten und Schuhe gab. Ich und viele andere, die auch von einer Behinderung betroffen sind, wir entsprechen zwar nicht der Norm, aber wir sind auf unsere Art etwas ganz Besonderes, jeder auf seine Weise.

An meine ersten drei Lebensjahre kann ich mich kaum erinnern, vielleicht habe ich auch vieles verdrängt. Nun bin ich etwa drei Jahre alt.

Aus dieser Zeit habe ich einige Erinnerungen. Ich war jetzt in einem Alter, in dem man auf Entdeckungsreise gehen möchte, um viele Eindrücke zu sammeln und sie zu verstehen. Ich lernte zwei Kinder aus der Nachbarschaft kennen, die auch in meinem Alter waren und meine besten Freunde wurden. Die eine ist ein Mädchen, ihr Name war Martina, und der andere war ein Junge namens Thomas. Wir drei haben viel zusammen gespielt. Hin und wieder war ich bei Martina zuhause. Ihre Eltern hatten ein schönes Einfamilienhaus. Martina hatte sogar zwei Kinderzimmer für sich ganz alleine. Eines davon war ihr Spielzimmer. Ich kam mir vor wie im Spielparadies, denn sie hatte auch viele Spielsachen. Manchmal im Sommer saßen wir auch draußen auf der Terrasse, um zu malen. Ich malte gerne Landschaften, vor allem Schmetterlinge, und die malte ich kunterbunt in allen Farben an. Schmetterlinge haben für mich bis heute etwas Leichtes und Unbeschwertes, sie sind schöne und zarte Wesen.

Wir tobten viel herum, spielten Fangen und Verstecken und machten uns über andere lustig. Wir spielten in den rauschenden Wäldern, die uns mit Geheimnissen umfingen und die von uns erforscht werden wollten. Manchmal lagen wir auf der Blumenwiese, schauten zum Himmel hoch und beobachteten die Wolken, die über uns davonzogen und uns mitnahmen auf eine weite Reise. Wir spielten auch oft bei Thomas im Garten. Seine Familie wohnte auch in einem Einfamilienhaus. Seine Mutter war immer sehr nett und stellte uns immer genug zum Trinken und zum Naschen hin. Im Winter bauten wir große Schneemänner oder machten eine Schneeballschlacht. Bei uns im Tal, das nicht weit weg von uns war, waren ein Skilift und eine Rodelbahn. Da sind wir auch oft zum Schlittenfahren hingegangen.

Ich war als Kind an allem und jedem interessiert. Das Schöne und Wertvolle an neuen Lebenserfahrungen ist: Man lernt sich selbst, die Welt und das Leben immer besser kennen. Es ist auch wichtig, im späteren Leben nicht in seiner Routine zu erstarren, sondern sich immer wieder mutig auf etwas Neues einzulassen, wie wir es als Kinder gemacht haben.

Meine Mutter hatte keinen Führerschein, deshalb musste sie unter der Woche alle Besorgungen zu Fuß mit mir erledigen. Für mich war das schön, denn ich bin gerne mit meiner Mutter einkaufen gegangen, da habe ich immer eine Kleinigkeit bekommen. Zuerst wurden die ganzen Besorgungen erledigt und danach durfte ich mir eine Kleinigkeit aussuchen. Oft suchte ich mir ein Malbuch und Stifte aus. Zum Schluss sind wir ins Café oder in die Eisdiele gegangen. Während meine Mutter ihren Kaffee getrunken und sich manchmal mit Bekannten unterhalten hat, habe ich gemalt. Die Besitzer des Eiscafés waren sehr nett, ich durfte oft nach hinten in ihre Wohnung zu dem kleinen Vogel, den sie hatten. Ich merkte, dass ich nicht nur Schmetterlinge mag, sondern auch Vögel. Ich liebe vor allem Greifvögel, sie haben etwas Majestätisches.

In dem Café, in dem wir auch hin und wieder waren, stand eine Musikbox. Dort konnte man Geld einwerfen und dafür gab es Musik, die man sich aussuchen konnte. Für mich gab es nur eine Platte: Das Lied hieß „Meine kleine Sonja“ von den Flippers. Das war mein Lied, ich dachte immer, es sei für mich geschrieben worden. Ich ließ es manchmal so oft laufen, dass ich die anderen Gäste damit genervt habe.

Bei schönem Wetter ging meine Mutter auch oft mit mir zum Spielplatz, wo ich mich immer austoben konnte. Das Beste war: Es gab dort eine Fahrzeugbahn, Autos und Motorräder, da warf man 50 Pfennig rein und konnte dann eine gewisse Zeit damit fahren. Irgendwann war die Zeit um und wir mussten wieder gehen. Das war aber nicht schlimm, da ab dem Mittag Martina und Thomas zu Hause waren. Vormittags waren sie im Kindergarten, den ich leider nicht besucht habe, obwohl ich gerne dorthin gegangen wäre. Da meine Schwester Isa immer aus dem Kindergarten abgehauen ist, dachten meine Eltern: Wir lassen die Sonja gleich zuhause. Vielleicht wollten sie auch Geld sparen. Meine Schwester fing schon als kleines Kind an, Ärger und Probleme zu machen, das ist leider bis heute so. Zeitweise litt ich sehr darunter. Manchmal nahm mich Thomas’ Mutter mit, um ihn vom Kindergarten abzuholen. Ich war immer so fasziniert von den vielen Spielsachen und den vielen Kindern, die man da zum Spielen hatte. Vielleicht bin ich deswegen Kindergärtnerin geworden.

Mit meiner Schwester durfte ich auch viel erleben. Es gab Zeiten, da begleitete ich sie gerne, aber es gab auch Zeiten, da wollte ich gar nicht mit, zum Beispiel, wenn ich für sie nur ein Klotz am Bein war und sie mich gar nicht dabeihaben wollte, da hatte ich nämlich nichts zu lachen. Aber ich musste mit, weil unsere Mutter es so beschlossen hatte. Also waren wir beide nicht besonders begeistert. Das waren immer die

Phasen, in denen ich in den Augen meiner Schwester nichts richtig machen konnte. Es waren auch die Momente, in denen ich oft eine hinter die Ohren bekommen habe und oftmals sehr große Angst vor ihr hatte. Meinen Eltern durfte ich nichts sagen, sonst hätte Isa Schläge bekommen und ich wiederum von ihr. War sie ganz schräg drauf, konnte sie auch ausrasten.

Ein Zwischenfall ist mir im Gedächtnis geblieben. Isa spülte gerade das Geschirr ab, ihre Freundin Petra und ich saßen am Küchentisch. Petra und ich hatten Spaß, wir mussten viel lachen. Isa war davon sehr genervt und sagte immer wieder, wir sollten aufhören, was wir aber nicht taten. Auf einmal drehte sich Isa zu uns her und warf ein Küchenmesser auf mich. Dieses Messer blieb am Tischrand stecken. Wäre der Tisch nicht gewesen, hätte ich das Messer in der linken Seite meines Oberkörpers gehabt. Das Lachen und die Späße waren auf einen Schlag vorbei. Ab diesem Zeitpunkt hatte ich noch mehr Angst vor meiner Schwester. Sie war offenbar zu allem fähig. Hinterher war sie selbst erschrocken über das, was sie getan hatte. Ich habe von diesem Vorfall meinen Eltern nichts gesagt, sonst hätte ich großen Stress mit Isa bekommen.

Aber in den Phasen, in denen sie mich gerne mitgenommen hat, haben wir tolle Sachen erlebt. Zumindest teilweise, denn manche Aktionen hätten wir lieber bleiben lassen sollen. Ich erlebte einige aufregende Situationen mit meiner Schwester. Es gab ein leerstehendes Haus bei uns in der Stadt, das ausgeräumt wurde, um es zu renovieren. An einem späten Nachmittag, es wurde schon dunkel, stiegen meine Schwester, zwei Freundinnen von ihr und ich durch ein offenes Fenster ein. Ich wusste, dass es verboten war und nicht gut ist, aber was hätte ich tun sollen? Ich war so aufgeregt, und spannend war es auch. Eine Freundin hatte sogar eine Taschenlampe dabei und führte uns durch das Haus. Es waren große Zimmer, überall standen noch abgedeckte Möbel und verpackte Kartons herum. Die Dunkelheit machte mir Angst, da immer wieder Schatten an der Wand aufgetaucht sind, richtig gruselig – aber ich durfte ja wieder mal nichts sagen. Wir merkten nach einer gewissen Zeit, dass ein Auto am Haus entlangfuhr und stehenblieb. Es war die Polizei, sie liefen um das Haus herum und leuchteten mit ihren Taschenlampen durch die Fenster. Ich dachte, ich muss sterben, so aufgeregt war ich. Mein Herz schlug wie verrückt. Wir versteckten uns hinter einem Regal, aber die Polizisten bemerkten schnell, dass sich im Haus etwas bewegte. Sie riefen, ob da jemand sei, und wenn ja, solle er rauskommen. Das haben wir dann auch gemacht. Ich dachte, jetzt ist alles zu spät und wir müssen ins Gefängnis. Die Polizisten waren sehr nett, obwohl sie mit uns schimpften. Sie fragten uns nach unseren Namen und wie alt wir seien. Meine Schwester und die Freundinnen sagten falsche Namen, und als die Polizisten mich fragten, sagte ich auch einen falschen Namen. Sie haben uns geglaubt, und so lernte ich schon in meinem zarten Alter das Lügen. Ich denke im Nachhinein, dass die Polizisten froh waren, dass es Kinder waren, die ein Abenteuer suchten. Sie klärten uns auf, dass es strafbar ist, aber wir hätten noch mal Glück und sollten sofort nach Hause gehen. Zuhause musste man sich dann so verhalten, als sei nichts gewesen. Dabei hätte ich das Abenteuer gerne jemandem erzählt. Ich wusste ja, wenn ich was erzähle, gibt es wieder Ärger, und so wurde es ein Geheimnis unter vielen anderen Geheimnissen.

Bei uns in der Stadt gab es eine Pizzeria, die einen Nebenraum hatte, in dem sich gerne die Jugend traf. Für meine Schwester und ihre Clique war es ein Treffpunkt. Man konnte auch was zu trinken bei dem Wirt bestellen. Dort hatte ich das erste Mal Kontakt mit Alkohol. Ich durfte von dem Bier meiner Schwester trinken. Weil ich großen Durst hatte, trank ich sehr viel. Das hätte ich nicht machen dürfen, denn mir ging es danach eine Zeit lang nicht mehr gut. Alles fing sich zu drehen an und mir wurde schlecht. Die anderen fanden es lustig, die kleine Sonja beschwipst zu sehen. Wir gingen erst einige Zeit später nach Hause, da meine Eltern nichts bemerken sollten. Meine Schwester hatte mir verboten, zuhause etwas zu erzählen – als ob ich mich das getraut hätte! Wieder ein Geheimnis mehr. Zuhause angekommen, stellten wir die Situation so hin, als ob ich krank sei und mich ins Bett legen müsse.

Als Kind merkte ich schnell: Das Leben ist nicht leicht. Wie die Erwachsenen es selbst sagen und selbst teilweise schwer ertragen. Man lernt schnell, auf Lug und Trug aufzubauen und auf seine Vorteile zu schauen. Man weiß, es ist nicht richtig, aber das verdrängt man, und irgendwann ist es normal.

Wie bereits erwähnt, war in dem Haus, in dem ich wohnte, zeitweise viel los. Im Laufe der Zeit entwickelte sich das Haus zu einem „Asozialen-Haus“, wie man heutzutage sagen würde. Es zogen immer mehr

Leute ein, die gar nichts oder nur sehr wenig hatten. Es waren Menschen, die alkoholkrank waren und die einfach mit ihrem Leben nicht mehr klarkamen. Bei diesen Menschen war die Verzweiflung groß. Es ging weit über einige Sorgen und Probleme hinaus. Der Alkohol, die Gewalt und Wutausbrüche gehörten oft zur Tagesordnung. Die Menschen waren in einem Zustand der Hoffnungslosigkeit, und dazu kamen die Ängste vor der Zukunft, von denen sie geplagt wurden. Sie stürzten sich immer mehr in Alkohol und Drogen. Als Kind verstand ich diese Stimmungsschwankungen der Menschen oft nicht. Zeitweise hatte ich Angst vor ihnen und zog mich zurück und wiederum an anderen Tagen waren sie lieb und nett. Ich verstand die Welt nicht. In meiner Angst und Verzweiflung betete ich oft zum lieben Gott: „Bitte hilf mir, dass es aufhört." Man lässt die Situationen oft an sich vorbeiziehen, deshalb bleibt es bei unseren bloßen Wünschen. Wir ziehen uns in unsere eigene Welt zurück, die wir in unserem Kopf bauen und ausmalen, wie wir sie gerne hätten.

Seit meinen ersten Erinnerungen war ich mit Gott sehr verbunden. Einmal hatte ich aus meiner Verzweiflung heraus und aus Angst Gott verflucht, ich weiß nicht mehr, worum es ging, ich weiß nur, dass es mir eine sehr lange Zeit leidtat und es mich viele Jahre lang gequält hat. Man lässt die Situationen oft an sich vorbeiziehen, somit bleibt es bei unseren Wünschen. Wir ziehen uns in unsere eigene Welt zurück, die wir in unserem eigenen Kopf bauen und ausmalen, wie man es gerne hätte. Ängste und Verzweiflung können ein ganzes Leben bestimmen und für eine Schockstarre sorgen. Aber auch in diesem Haus gab es glückliche und schöne Momente, auch wenn es grau und farblos war. Es war mein Zuhause.

Je älter ich wurde, desto deutlicher wurde mir: Es ist der Alkohol, der die Menschen entehrt. Manchmal war es am Abend oder sogar in der Nacht sehr laut, weil sie ihre Saufpartys hatten und streitsüchtig geworden sind. Wir fanden durch das laute Geschrei und Gelächter keine Nachtruhe. Deshalb ging mein Vater oft einen Stock tiefer, um ein wenig Ruhe in das Haus zu bekommen. Meistens eskalierte es, es wurde noch lauter und gewalttätiger. Bei den Aktionen verkroch ich mich mit meiner Schwester unter die Bettdecke und wir hofften, dass es schnell vorbei ist. Wenn es ganz schlimm war, musste die Isa sich von unserem

Schlafzimmerfenster mit Leintüchern abseilen, in die Telefonzelle zu rennen, um die Polizei anzurufen, da wir ja kein Telefon hatten.

Aber es gab auch schöne Momente, die ich in Erinnerung habe. Etwa unsere Tagesausflüge in den Tiergarten-Zoo und die Festveranstaltungen, die in den Städten und umliegenden Dörfern stattfanden. Weihnachten war für mich auch immer toll. Da war es zum Glück immer friedlich und schön. Als Kind durfte ich mit meinem Vater in den Wald, um einen Weihnachtsbaum auszusuchen, den ich am Heiligabend mit meinem Vater schmückte. Wir ließen Weihnachtslieder spielen und stimmten uns auf Weihnachten ein. Ich genoss die Zeit mit meinem Vater sehr. Am ersten Weihnachtsfeiertag gingen wir zum Essen in die Wirtschaft. Am zweiten Feiertag gingen wir Oma und unsere Verwandten besuchen. Später wurde die Zusammenkunft meistens sehr hektisch und schwer. Jeder war in seiner Welt gefangen, wie es bei vielen bis heute so ist – obwohl sich jeder nach Liebe, Trost und einem offenen Ohr sehnt.

Im Haus wohnte auch eine Frau, die Lisi hieß. Sie war eine ganz arme Seele, schwer vom Alkohol gezeichnet. Manchmal war es so schlimm, dass sie auf allen Vieren im wahrsten Sinne des Wortes über die Straße gekrabbelt ist. Sie wollte zur Wirtschaft, um sich ihren Stoff zu besorgen. Sie hatte nicht mal Strom in ihrem Zimmer, so hat sie sich immer am Abend, wenn es dunkel wurde, eine Kerze in ihrem Zimmer angezündet, oder sie ging mit den Hühnern ins Bett. Lisi hatte nicht nur ein großes Alkoholproblem, sondern auch Depressionen und wahrscheinlich auch eine psychische Erkrankung. Die Einsamkeit macht Körper und Psyche krank. Ihr Zimmer war sehr spärlich möbliert. Gelegentlich besuchte ich sie, denn sie tat mir sehr leid. Sie hatte keine Kinder und bekam so gut wie nie Besuch. Sie hatte natürlich auch kein Geld, und das bisschen, was sie hatte, investierte sie in Zigaretten und Alkohol. Im Sommer pflückte ich manchmal einen schönen Blumenstrauß und brachte ihn Lisi, worüber sie sich immer riesig freute. Ich fragte sie, ob ich ihr helfen könne. Meistens war sie nur glücklich, dass jemand gekommen ist.

Auf der anderen Gangseite von Lisi wohnte in einem Zimmer ein Mann, der Sepp hieß. Wie Lisi war er eine arme Seele, schwer alkoholkrank und mittellos. Lisi teilte sogar mit ihm das Essen. Manchmal hörte ich sie rufen: „Seppel, ich hab' noch 'ne Wurst, willst du sie haben?“ Sie mussten auf vieles verzichten. Lisi war auch eine starke Raucherin. Sie hatte nicht viel, aber Zigaretten hatte sie immer. Sucht ist wie eine Spirale, ein Teufelskreis, der in die Mittellosigkeit führt.

Im Erdgeschoss wohnten Ursula, Ursel genannt, und ihr Lebensgefährte Karl. Sie hatten auch nicht viel, aber sie hatten mindestens fünfzehn bis zwanzig Katzen, das war für mich toll. So war ich viel bei Ursel, um mit den Katzen zu spielen. Obwohl keiner viel hatte, war in diesem Haus die Hilfsbereitschaft groß, jeder half den anderen und unterstützte sie, wo es ging. Not schweißt zusammen und kann auch einen kreativ machen. Im Nachhinein habe ich nicht verstanden, warum meine Eltern nicht aus dem Haus ausgezogen sind, aber sie hatten bestimmt ihre Gründe. Vielleicht weil es auch immer Perioden gab, in denen es friedlich war und die Bewohner gut miteinander auskamen.

Da es in den 70er-Jahren noch nicht so viele Autos gab und nicht so viel Verkehr in der Stadt war, war ich auch mit dem Fahrrad in der Stadt unterwegs, mutig fuhr ich auf der Straße durch den ganzen Ort, um ihn zu erobern. Ich fühlte mich in solchen Momenten groß, weil mich keiner unter Kontrolle hatte, aber es war auch unüberlegt und risikoreich. Wäre mir etwas passiert, hätte man nicht gewusst, wohin ich gehöre. Und doch habe ich es heimlich gemacht. Das hätten meine Eltern nie erlaubt. Somit hatte ich wieder ein Geheimnis mehr. Ich war ein ruhiges Kind, blieb immer eher im Hintergrund, um nicht aufzufallen. Ich lernte schnell gewisse Vorteile in manchen Situationen für mich zu nutzen. Ich merkte, dass ich mit gewissen Lügen ruhiger durchs Leben gehe, wenn ich mit der Wahrheit nur Ärger bekommen hätte. So lernt man, sich Notlügen zurechtzulegen. Ich halte von Lügen nicht viel, besser gesagt: gar nichts. Aber sagt man die Wahrheit, wird man bestraft, lügt man, ist alles gut. Die Menschen wollen oft Lügen hören. So wird man schon als Kind zum Lügen erzogen, obwohl man es gar nicht will. Die Erwachsenen sollten mal darüber nachdenken, ob Bestrafungen immer der richtige Weg sind. Manchmal hilft es auch, zuzuhören, darüber zu reden und ein wenig Verständnis zu zeigen.

Was die Verwandtschaft betrifft, hatte meine Familie nicht allzu viel Kontakt. Den Vater meines Vaters, meinen Opa, kannte ich so gut wie gar nicht. Er starb, als ich fünf Jahre alt war, meine Erinnerung an ihn ist sehr schwach. Aber an seinen Todestag kann ich mich noch sehr gut erinnern, es war mein erster Kontakt mit dem Tod. Früher war es so, dass man zuhause gestorben ist, wenn die Möglichkeit da war. Mein Opa starb an Magenkrebs. Es ist nicht schön anzuschauen, wenn man sieht, wie ein menschlicher Körper zerfällt. Am Sterbetag hatte sich die ganze Verwandtschaft versammelt, um sich von Opa zu verabschieden. Jeder von uns ging zu ihm ins Zimmer, um noch eine gewisse Zeit bei ihm zu sein und sich von ihm zu verabschieden. Ich beobachtete, dass die Stimmung sehr gedrückt war. Meine Oma und meine Tanten weinten sehr viel. Die anderen unterhielten sich über die Krankheiten und über den Tod. Dass der liebe Gott meinen Opa endlich von seinen Qualen erlösen sollte. Es kam auch ein Pfarrer, um die letzte Ölung vorzunehmen. Als mein Vater zu seinem Vater ins Zimmer ging, wollte ich unbedingt mit. Ich stellte mich an das Kopfende des Bettes und schaute nur meinen Opa an. Mein Vater unterhielt sich mit ihm. Mein Opa wollte immer Bier trinken. Mein Vater gab ihm eins, aber sobald er es getrunken hatte, kam es nach ein paar Minuten wieder raus. Egal was er getrunken oder gegessen hatte, er musste danach immer brechen. Sein Magen war so verkrebst, dass er nichts mehr behielt, und somit ist er verhungert und verdurstet.

Früher hat man die Kinder an so einem Anlass teilhaben lassen, damit sie lernten, mit dem Tod umzugehen und die Möglichkeit hatten, sich von den Sterbenden zu verabschieden. Dabei wäre aber auch wichtig, dass die Erwachsenen die Kinder aufklären und mit ihnen über den Tod reden. Ihnen klarmachen, dass auch der Tod zum Leben gehört. Damals wie heute verdrängt jeder den Tod, um sich ja nicht mit ihm auseinanderzusetzen, obwohl er jeden von uns eines Tages ereilen wird. Was uns Angst macht, ist die Machtlosigkeit und auch Hilflosigkeit und Überforderung, dass wir über den Tod keine Kontrolle haben. Er ist einfach irgendwann da, ohne große Ankündigung – auch wenn wir selber noch nicht bereit dafür sind. Wir werden nie bereit dafür sein.

In den Sommerferien war ich oft bei Onkel Fritz und seiner Frau, die auch drei Mädchen hatten. Er war ein Bruder meines Vaters. Sie hatten einen Bauernhof, auf dem ich mich immer sehr wohl fühlte, schon wegen der vielen Tiere. Ist meine Tante oder mein Onkel mit dem Traktor auf das Feld gefahren, durfte ich mit. Da mein Onkel berufstätig war und den ganzen Tag arbeitete, bewirtschaftete meine Tante den Hof alleine. An einem Tag, an dem ich bei den Schweinen im Schweinestall war, taten sie mir irgendwie sehr leid. Ich dachte mir:

Die armen Schweine, die müssen den ganzen Tag im Stall bleiben. So beschloss ich, ihnen heute Freigang zu geben, machte den Schweinestall auf und ließ die ganzen Schweine raus. Wie sie alle schön nacheinander zogen, schön in Reih und Glied in Richtung des Dorfes! Ich machte mir in diesem Moment keine großen Gedanken, vor allem, was ich damit ausgelöst haben könnte. Ich freute mich einfach nur für die Schweine. Die Freude währte nicht lange. Einer vom Dorf hatte meine Tante angerufen und fragte, ob es ihre Schweine seien, die im Dorf spazieren gehen. Meine Tante erwischte mich, als ich gerade die Tür zum Schweinestall zumachte. Das böse Erwachen kam, sie schimpfte und fragte mich, was mir in den Sinn gekommen sei, dass ich die Schweine rausgelassen habe. Für große Worte hatte sie keine Zeit. Einige im Dorf erklärten sich bereit, zu helfen, um die Schweine wieder einzutreiben und in den Stall zurückzubringen.

An einem Sonntag sollte es ein frisches Hähnchen geben. Darauf freute ich mich. Oma fragte mich, ob ich mitgehen wolle, um einen Sonntagshahn zu holen. Ich dachte mir, wir würden gemeinsam zur Gefriertruhe gehen, um einen Hahn zu holen, aber von wegen: Ich ging mit Oma in den Garten, wo der Hühnerstall war. Ich verstand es immer noch nicht, und fragen wollte ich auch nicht. So wartete ich ab, was jetzt wohl passieren würde. Oma fing einen Hahn und nahm diesen unter dem Arm zum Hackklotz, den ich nur zum Holzhacken kannte. Sie legte den Kopf des Hahns darauf, nahm das Hackbeil – und schlug dem Hahn den Kopf ab. Ich traute meinen Augen nicht. Sie ließ den Hahn los, und der flatterte auch noch weg – ohne Kopf! Ich war fix und fertig. Mein Hunger war an diesem Sonntag wie weggeblasen. Am Mittagstisch brachte ich keinen Bissen herunter.

In meiner Verwandtschaft war es auch so, dass man einmal im Monat ein oder zwei Säue geschlachtet hat. Einmal durfte ich einen solchen Schlachttag miterleben. Es kam die Verwandtschaft zusammen, auch Leute aus der Nachbarschaft, die mitgeholfen haben. Onkel Fritz sagte zu mir: „Sonja, du musst mir heute helfen und das Ringelschwänzchen von der Sau halten." Ich sagte erst einmal gar nichts dazu, da ich nicht wusste, wie ich seine Worte einstufen sollte. Die anderen begannen zu lachen. Meinte er es wirklich ernst oder machte er bloß Spaß? Nach den Vorbereitungen kam auch schon die erste Sau. Sie wurde in die Scheune gebracht. In der Scheune wurde sie erschossen, das war der erste Schock. Danach wurde sie aufgehängt und in der Mitte von oben nach unten aufgeschlitzt. Unter der Sau war ein Gefäß, wo das Blut hineinlief, aus dem man zum Beispiel Blutwurst machen konnte. Nachdem die Sau ausgeblutet war, wurde sie abgehangen und in eine große Wanne gelegt. In die Wanne kam dann kochend heißes Wasser, das dazu diente, die Schweineborsten leichter abzubekommen. Als das heiße Wasser in die Wanne über die Sau lief, fing sie an zu zappeln und zu zucken. Hinterher erfuhr ich, dass es die Nerven waren, die die Zuckungen auslösten. Jetzt kam auch noch mein Onkel auf mich zu und meinte, dass ich jetzt an der Reihe sei, um das Ringelschwänzchen zu halten. Mir langte es und ich lief weg. Ab diesem Zeitpunkt wollte ich nichts mehr vom Schlachten sehen und hören. Wir gehen in den Supermarkt und kaufen ein, was das Herz begehrt. Da es bei vielen jeden Tag Fleisch auf dem Teller sein muss, kauft man oftmals das billige Fleisch aus dem Supermarkt. Je billiger, desto schlechter die Tierhaltung. Vielleicht ist es besser, weniger Fleisch zu essen und beim Einkauf ein paar Euro mehr auszugeben in dem Wissen, dann gute Qualität zu bekommen.

Was mir auch sehr gut in Erinnerung geblieben ist, sind die Ferien bei Tante Pauli und Onkel Karl, die in einem Stadtteil von München an der Isar wohnten. Es waren eigentlich die Tante und der Onkel meiner Mutter. Ein Sohn von Tante Pauli wohnte noch bei ihnen, es war Baldur, Baldi genannt. Onkel Karl saß gerne in seinem Garten und ich hörte mir gerne Geschichten von früher an. Ich durfte immer mit Onkel Karl in die Innenstadt von München mitfahren. Schon mit der U-Bahn oder Straßenbahn zu fahren war für so ein Landei wie mich Abenteuer pur. Aber das Schönste war für mich, Rolltreppe zu fahren.

Pauli und Karl hatten meine ältere Schwester Anne großgezogen. Meine Mutter bekam meine Schwester Anne mit 21 Jahren als ledige Frau – für die damalige Zeit nicht einfach. Die ersten neun Jahre wuchs Anne bei meiner Mutter und bei Tante Mary auf. Tante Mary hatte schon meine Mutter groß gezogen, da die Eltern meiner Mutter früh gestorben waren. Tante Pauli war für Anne eine Ersatzmutter. Wenn Anne krank war oder Kummer und Sorgen hatte, war Tante Pauli für sie da und nicht unsere Mutter. Obwohl unsere Mutter sie regelmäßig besuchte und den Kontakt aufrecht hielt, fühlte Anne sich bis heute abgeschoben, nicht angenommen und nicht richtig geliebt. Sie ging in

München weiter zur Schule, hat ihre Jugend mit Höhen und Tiefen durchlebt: Kommunion, Ausbildung und vieles mehr. Jahre später, wenn meine Schwester uns besuchen kam und als wir schon in einem Alter waren, in dem wir auch mal was trinken gegangen sind, hörte man oftmals bei den Unterhaltungen heraus, dass sie sehr gekränkt war und das bis heute so ist. Warum ist Anne weggegeben worden und meine Mutter hatte Isa und mich selbst großgezogen? Ich glaube, es sind viele Fragen offen, aber um die zu beantworten und zu besprechen, müsste man sich erstmal öffnen. Als ich älter war, habe ich immer versucht, mit Anne in Kontakt zu treten und auch mehr von ihr zu erfahren, aber irgendwie hat es nie richtig geklappt, und irgendwann gibt man auf. Wir sollten versuchen, nicht immer so oft in der Vergangenheit zu graben, wir können sie sowieso nicht mehr ändern. Denn die Vergangenheit ist Geschichte, die Zukunft ein Geheimnis, aber jeder Augenblick ist ein Geschenk.

Im September 1977, als ich sieben Jahre alt war, stand die Einschulung an. Endlich durfte ich auch in die Schule gehen! Ich war sehr aufgeregt und machte meine Schwester ganz verrückt. Laufend fragte ich sie, wann wir aufstehen würden, um uns endlich für die Schule fertig zu machen. Meine Mutter war zu diesem Zeitpunkt leider nicht bei uns, sie hatte Krebs und war in Nürnberg in der Klinik. So machte Isa mich schulfertig. Sie hat mich schön zurechtgemacht und sich dabei richtig Mühe gegeben. Ich hatte einen schönen rot-grünen Schulranzen und eine rosa Schultüte, die prall gefüllt mit Süßigkeiten war.

Mein Vater musste arbeiten gehen und Isa musste selbst zur Schule. So nahm mich Thomas' Mutter zur Einschulung mit, denn Thomas und ich sind im selben Jahr zusammen eingeschult worden. So konnten wir unseren ersten Schultag gemeinsam erleben.

Im Klassenzimmer setzte ich mich in die erste Reihe, denn ich wollte ja nichts verpassen. Meine Tischnachbarin war meine Freundin Martina, die auch mit uns eingeschult worden ist. So waren meine besten Freunde mit mir in einer Klasse. Nach der Schule waren wir noch im Pausenhof, um ein Klassenfoto zu machen. In diesem Augenblick sah ich meinen Vater zu uns in den Pausenhof laufen, da war ich sehr glücklich, dass er es doch noch geschafft hatte, zu kommen. Ganz stolz stellte ich meinem Vater unsere Lehrerin vor, zeigte ihm die Schule, unser Klassenzimmer und wo mein Sitzplatz war. Dann musste mein

Vater auch schon wieder los, da seine Mittagspause zu Ende war. Aber er war da gewesen, und das war für mich das Wichtigste! Nun war ich auch ein Schulkind. Das machte mich sehr stolz. Was mich aber traurig machte, war, dass meine Mutter nicht dabei sein konnte. Es war für uns alle keine leichte Zeit und doch haben wir sie tapfer gemeistert. Wir haben trotz allem zuversichtlich in die Zukunft geschaut. Man sollte sich nicht immer das Schlimmste vor Augen halten, sondern auch das, was man alles im Leben, in den zwischenmenschlichen Beziehungen und im Beruf schon erreicht hat. Entziehe negative Gedanken deiner Aufmerksamkeit und gehe mit einem Lächeln durch die Welt, auch wenn es schwerfällt. Man sollte jeden Tag dankbar sein, auch wenn manchmal alles schlecht erscheint.

Am Sonntag danach fuhren wir zu meiner Mutter in die Klinik, um sie zu besuchen. Ich hatte so viel zu berichten und mitzuteilen. Ich freute mich immer, meine Mama zu sehen. Sie war sehr lange im Krankenhaus. Zeitweise war ihr Gesundheitszustand miserabel. Es gab Zeiten, in denen alle dachten, dass meine Mutter von uns gehen würde. Für mich war klar: Meine Mama ist krank und sie ist im Krankenhaus, um wieder gesund zu werden. Die Gespräche, die ich von meiner Verwandtschaft und meinem Vater zeitweise mitbekam, waren für mich erschreckend. Sie unterhielten sich darüber, wo ich hinkäme, wenn meine Mutter sterben würde, wie es mit uns Kindern weitergehen würde. Ich verstand diese Äußerungen nicht, konnte sie nicht einordnen. Ich hatte danach immer sehr große Angst davor, meine Mama zu verlieren. Weinend lief ich zu Isa und erzählte ihr, was ich gehört und mitbekommen hatte. Sie versuchte natürlich immer, mich zu trösten und mir klarzumachen, dass unsere Mutter noch lebt und dass sie wieder gesund würde. Sie sagte immer zu mir: „Unsere Mama verlässt uns nicht, weil sie weiß, dass wir sie brauchen, und deswegen wird sie gegen den Krebs kämpfen und ihn auch besiegen."

Meine Mutter hatte im Alter von 44 Jahren die Diagnose Krebs bekommen. Sie wurde dann im Rahmen der Chemotherapie bestrahlt. Nach der Bestrahlung war meine Mutter sehr ausgelaugt und sehr müde, aber die Behandlung schlug bei ihr gut an. Sie musste noch im Krankenhaus bleiben. Aber wenn es ihr gut ging, durfte sie am Wochenende nach Hause kommen. Mein Vater fuhr am Samstagmorgen, um meine Mutter von der Klinik nach Hause zu holen. Und am Sonntagabend musste sie wieder in der Klinik sein. Isa und ich freuten uns immer riesig, wenn es unserer Mutter gut ging und sie über das Wochenende heimgehen durfte. Wir genossen das ganze Wochenende mit Mama.

Mein Vater war den ganzen Tag arbeiten, somit waren wir Kinder sehr früh auf uns selbst gestellt. In dieser Zeit konnte ich viel bei Thomas zu Hause sein. Ich ging nach der Schule mit zu ihm, da durfte ich auch mittags essen und mit Thomas die Hausaufgaben machen. Ich durfte mich so lange bei ihnen zu Hause aufhalten, bis meine Schwester Isa aus der Schule kam. Dann haben meine Schwester und ich erstmal die Wohnung sauber gemacht, was zum Essen gekocht, die Wäsche gewaschen und alles, was so noch anfiel. Mein Vater ist nach der Arbeit zum Einkaufen gegangen und hat die anderen wichtigen Sachen erledigt, die noch anstanden. Jeder hatte seine Aufgaben zu erledigen. Meine Schwester war in dieser Zeit gerade mal 13 Jahre alt und ich sieben Jahre. Aber wir haben es gemeinsam geschafft, auch wenn es nicht immer harmonisch abgelaufen ist.

Nach einigen Wochen durfte meine Mutter die Klinik verlassen und musste vorerst einmal die Woche zur Bestrahlung in die Klinik fahren. Da meine Mutter keinen Führerschein hatte, fuhren wir immer mit dem Taxi zur Klinik. Die Termine hat meine Mutter immer auf den Nachmittag gelegt, damit ich mitfahren konnte. Während der Bestrahlung durfte ich mich bei den netten Krankenschwestern im Schwesternzimmer aufhalten. Ich nahm meist meine Malsachen mit, um meiner Mutter ein schönes Bild zu malen. Manchmal bekamen auch die Schwestern ein Bild von mir. Nach der Bestrahlung litt meine Mutter oft an Übelkeit, Erbrechen oder Durchfall. Sie verlor sogar die Haare, aber meine Mutter war immer auf ihre Art ein sehr optimistischer Mensch. Sie hat immer gesagt: „Ich habe keine Zeit zu sterben, denn ich habe zwei kleine Kinder." Diese Zeit hat uns Kinder selbständig werden lassen. Letztlich besiegte meine Mutter den Krebs, wofür ich dem lieben Gott sehr dankbar bin. Solange wir unser Leben haben, sollten wir es mit eigenen Farben der Liebe, der Zuversicht und Hoffnung ausmalen.

Dazu fällt mir eine Geschichte ein. Meine Mama hatte eine gewisse Zeit Lotto gespielt. Ab und zu hatte sie mal drei Richtige mit der Zusatzzahl, dafür gab es auch ein paar Mark. Sie spielte in der Hoffnung, Geld zu gewinnen, um ein leichteres und besseres Leben mit uns führen zu können. Aber meistens waren nicht die richtigen Zahlen dabei.

Meistens nahm sie Zahlen unserer Geburtstage oder die Zahl des Monats, in dem wir geboren sind. So kamen die sechs Zahlen zusammen, die in einem Feld sein mussten. Doch an einem gewissen Tag im Jahr 1975 war es ganz anders. Mein Vater stand eines Morgens auf und sagte meiner Mutter: „Ich habe heute Nacht Zahlen geträumt." Er meinte, diese sechs Zahlen sollten beim nächsten Lottoschein mit dabei sein. Meine Mutter befolgte den Rat und fühlte ein Kästchen mit Papas geträumten Zahlen aus. Gesagt, getan! Der Lottoschein war zwar ausgefüllt, aber meine Mutter hatte vergessen, ihn rechtzeitig abzugeben. Somit gab sie ihn erst eine Woche später ab. Nach der Ziehung ging meine Mutter in die Lotteriestelle, um nachzusehen, welche Zahlen gezogen wurden. Die aktuellen Zahlen wurden immer im Schaufenster ausgestellt, um die Möglichkeit zu haben, diese mit den eigenen Zahlen zu vergleichen. Eines Morgens kam meine Mutter ganz aufgeregt nach Hause. Isa und ich waren noch im Bett. Sie rief ins Schlafzimmer: „Wir haben gewonnen, wir haben sechs Richtige im Lotto! Steht auf, wir haben gewonnen!" Mein erster Gedanke war, dass wir jetzt reich sind und ich meine ersehnte elektrische Eisenbahn bekommen würde. Meine Mutter ging nochmals zu der Lotteriestelle, um zu erfahren, wie viel Geld wir gewonnen hatten. Da kam das böse Erwachen. Die Frau von der Lotteriestelle erklärte meiner Mutter, dass es noch die alten Lottozahlen von letzter Woche im Schaufenster sind. Ihre Arbeitskollegin hatte vergessen, die aktuellen Zahlen ins Schaufenster zu stellen. Die Seifenblase war geplatzt. Enttäuscht ging meine Mutter wieder nach Hause. Ich weiß nicht, wie sie es meinem Vater beigebracht hat, dass ausgerechnet seine geträumten Zahlen die richtigen waren, die uns um eineinhalb Millionen Mark bereichert hätten …

Die Amerikaner hatten bei uns in einem Waldgebiet ihr Lager aufgebaut. Dort machten sie auch ihre Übungen. An dem Tag, als sie kamen, mussten sie mit ihren Lastwagen und Panzern durch unsere Stadt fahren, um zu ihrem Lagerplatz zu gelangen. Es war wie bei einem Umzug, viele Kinder und Erwachsene standen am Straßenrand. Es war immer eine Sensation, vor allem für uns Kinder, die großen Panzer vorbeiziehen zu sehen. Manchmal bildete sich ein Stau in der Kolonne. So konnten die amerikanischen Soldaten sich mit uns unterhalten. Die Amis waren sehr heiß auf das deutsche Bier und die typischen deutschen Sachen. Dafür bekamen wir von ihnen Lunchpakete. Als einmal ein Stau in der Kolonne war, stand ich am Straßenrand, um alles zu beobachten. Da bemerkte ich, dass ein großer schwarzer Soldat auf mich zukam, mir wurde ganz anders und ich wusste im ersten Moment mit meinen fünf Jahren nicht, wie ich mich verhalten sollte. Der Soldat kam lächelnd auf mich zu, er ging in die Knie, sodass er mir in die Augen schauen konnte. Er sprach Englisch zu mir, ich weiß bis heute nicht, was er mir gesagt hatte. Zum Schluss legte er seine Hand auf meinen Kopf und sprach dabei. Er schenkte mir ein weißes kleines Kruzifix, das er aus seiner Tasche holte. Mit einem Lächeln strich er über meine Wange, drehte sich danach um und ging zu seinen Leuten zurück. In der Zeit, als das alles geschah, nahm ich mein Umfeld nicht mehr wahr und verspürte keine Angst mehr. In diesen Minuten kam es mir vor, als seien wir alleine auf dieser Welt. Das Kreuz habe ich immer noch und halte es in Ehren. Dieser Mann ist ein Engel in Menschengestalt gewesen. Wir sehen gemalte Engel und Engelsfiguren in Kirchen, und auch in Kaufhäusern kann man sie kaufen. Aber als Mensch werden sie selten wahrgenommen.

Ende der Siebzigerjahre bauten meine Eltern als zweites Standbein einen Getränkehandel auf. Meine Eltern ließen Flyer drucken, um Werbung für das Angebot zu machen. Wir Kinder durften uns ein paar DM verdienen, indem wir sie in der Stadt und Umgebung verteilten. Mein Vater fuhr Getränke in bestimmte Stadtviertel und umliegende Dörfer. Der Anfang war nicht gerade einfach, bis der Kundenstamm aufgebaut war, aber meine Eltern gaben nicht auf. Nach einem Jahr lief das Nebengeschäft gut und meine Eltern wollten das Sortiment vergrößern und spielten mit dem Gedanken, einen Getränkemarkt zu eröffnen. Pappenheim sollte schließlich der Ort für den Markt und zugleich unsere neue Heimat werden. Pappenheim ist eine kleine idyllische Stadt, mitten im Wald gelegen, und hat etwa 8000 Einwohner. Unser Laden, den wir wenige Wochen später eröffneten, war mitten in der Stadt. Darüber war unsere Wohnung, die erst renoviert werden musste. Etwa ein halbes Jahr später fand unser Umzug komplett nach Pappenheim statt. Für mich hieß das: neue Schule und neue Freunde.

In der neuen Wohnung befand sich im Schlafzimmer meiner Eltern hinter der Türe ein Jesusbild. Das Bild zeigte Jesus, der auf einem Felsen sitzt, mit einem Lamm auf dem Schoß, die restliche Schafherde um ihn herum. Immer wenn ich Kummer oder Sorgen hatte, ging ich ins

Schlafzimmer zu meinem Jesus, um mich auszuheulen, mich trösten zu lassen oder mir wieder Kraft zu holen. Bis heute ist er der Einzige, bei dem ich mich nicht verstellen muss. Ich darf einfach so sein, wie ich bin, er ist immer für mich da und hat immer ein offenes Ohr. Und wenn man still wird, gut auf seine innere Stimme hört, die die Stimme Gottes ist, wird er uns wieder Mut zureden und uns auf den richtigen Weg führen. Das Gefühl zu haben, nicht alleine zu sein, ist etwas Wunderschönes. Das Jesusbild habe ich immer noch und es hängt bei mir im Schlafzimmer.

Meine Schwester Isa war mit ihren 15 Jahren schon viel unterwegs. Sie ist oft von zuhause abgehauen, es gab viel Ärger. Sie fühlte sich missverstanden und kam mit vielen Sachen nicht klar. Es war für uns Kinder nicht immer einfach, denn es fehlte oft Verständnis und ein offenes Ohr. Meine Schwester kam und ging, wie es ihr gefiel. Zeitweise wurde sie von der Polizei nach Hause gebracht. Meine Mutter war sehr deprimiert, es kostete sie viele schlaflose Nächte. Ich weiß nicht, was meine Schwester getrieben hat, um immer wieder abzuhauen. Alkohol war auch schon oft ihr Begleiter, und Zigaretten waren auch an der Tagesordnung.

Pappenheim hat einen Friedhof, auf dem ich mich gerne aufgehalten habe, einfach um dort spazieren zu gehen und mit Gott alleine zu sein, zu sehen, wer gestorben ist, wer in welchem Jahr von dieser Welt gegangen ist. Wer und wie waren diese Menschen, wie haben sie gelebt? Solche Gedanken gingen mir durch den Kopf. Was mich immer sehr traurig machte, waren die Kindergräber. Ich verstand damals nicht, wie man ein kleines Kind, sogar Babys schon wieder sterben lassen kann, wo sie doch erst das Licht der Welt erblickt haben. Sie haben von dieser Welt nichts gesehen und konnten sie nicht erkunden und kennenlernen. Aber ich habe viel später erkannt, dass die Zeit relativ ist. Jeder und alles hat seine Zeit auf dieser Erde, um seine Erfüllungen zu erlangen. Vor Gott sind tausend Jahre wie ein Tag.

Bis heute gehe ich gerne auf Friedhöfe, Kirchen oder in ein Kloster. Diese Orte haben für mich etwas Beruhigendes und Mystisches. Vor allem, wenn es mir nicht gut geht oder einfach um mein Leben zu überdenken: Wo stehe ich, wo möchte ich hin – und nicht: wo wollen die anderen mich sehen? Nehmt euch die Stille. In der inneren Ruhe ist tiefer Frieden erlebbar. Es gibt die Möglichkeit, auf unsere innere Stimme zu hören, die Begegnung mit Gott. Viele Menschen meiden die Stille, weil sie Angst davor haben, Angst, sich mit den eigenen Gefühlen auseinanderzusetzen. Hier geht es um Courage, darum, sich selbst zu sehen, wie man wirklich ist. Es ist einfacher, sich über andere Menschen Gedanken zu machen und sie zurechtzuweisen, als über sich selbst nachzudenken. Gefühle und Emotionen, die in der Stille aufkommen, sind erst einmal beängstigend und machen einen nervös, aber lässt man sie zu, so befreien sie uns und können uns auf den richtigen Weg führen.

Ich habe mich in meiner neuen Heimat und Schule eingelebt und habe neue Freunde gewonnen, obwohl ich meine alten Freunde vermisste. Meine Schwester Anne kam zeitweise zu uns nach Hause. Einmal bekam ich ein Gespräch mit. Am Anfang begriff ich gar nicht, worum es ging. Es ging um einen Jungen namens Peter. Meine Neugier wurde geweckt und ich wollte wissen, wer dieser Peter war. Zuerst wollten meine Eltern mir keine Auskunft geben, aber ich ließ nicht locker und fragte immer wieder nach. Ich habe dann erfahren, dass meine Mutter noch ein Kind zur Welt gebracht und es zur Adoption freigegeben hatte. Es war das zweite Kind der ledigen Frau gewesen. Es gibt noch einen Menschen in meinem Leben, der mein Bruder ist. Es schossen viele Fragen durch meinen Kopf: Wann ist er geboren? Wo lebt er? Ich fragte meine Mutter nach Fotos. Peter ist im Juni 1958 geboren. Es gab Fotos von ihm, die ich auch zu Gesicht bekam und die ich mir stundenlang angeschaut habe. Was ich toll fand: dass Peter im selben Monat Geburtstag hat wie ich. Auf viele Fragen gab es keine Antworten. Seit ich erfahren hatte, dass ich noch einen Bruder habe, schwor ich mir, dass ich ihn eines Tages finden werde. Viele denken jetzt bestimmt: „Das könnte ich nicht, mein Kind zur Adoption freigeben." Ich habe es mit meinen neun Jahren damals auch nicht verstanden. Aber meine Mutter hatte bestimmt ihre Gründe, es zu tun. Eins habe ich nie gemacht: Meine Mutter dafür verurteilt. Man sollte versuchen, nicht über andere zu urteilen, dazu haben wir kein Recht. Weil wir die Hintergründe nicht kennen und auch nicht wissen, was diese Person dazu getrieben hat. Es ist egal, was und wie wir entscheiden, in dem Moment, wenn wir Entscheidungen treffen, ist es erstmal für uns die richtige Entscheidung – mit der man dann auch leben muss. Wir müssen wissen, es gibt keine falschen Entscheidungen. Denn im Laufe unseres Lebens können und werden wir feststellen, dass dies eine wichtige

Rolle für die Entwicklung unserer Seele spielt. Bedenke alle Lebenslagen, die waren oder noch sein werden, wir können stets nur so handeln, wie es in dem jeweiligen Moment unserer momentanen seelischen Reife entspricht. So handle vom Herzen aus.

Mittlerweile war mein Vater zum Busfahrer umgestiegen, als LKW-Fahrer wollte er nicht mehr tätig sein. Aber eines Tages kam eine schreckliche Nachricht ins Haus. Mein Vater hatte ein Busunglück bei der Überquerung eines Bahnübergangs. Dort war die Elektronik ausgefallen und deshalb waren die Bahnschranken nicht unten. Mein Vater überquerte mit dem Bus den Bahnübergang, da fuhr in den hinteren Teil des Busses der Zug rein. Der Bus wurde ziemlich weit mitgezogen. Gott sei Dank war nur noch eine geringe Zahl an Kindern in dem Bus und mein Vater hatte sie nach vorne gebeten, um sich besser mit ihnen unterhalten zu können. Das war das Glück der Kinder, sonst hätten sie es nicht überlebt. Was meinen Vater betrifft, er wurde schwer verletzt. Er war eine gewisse Zeit in Lebensgefahr und wir wussten nicht, ob er es überleben würde, dabei war er doch gerade erst 49 Jahre alt. Die Zeit des Bangens und Betens ging los. Wir waren alle sehr verzweifelt und machtlos. Ich ging viel für mich in die Kirche und bat den lieben Gott, meinen Vater noch nicht zu sich zu holen, ich wollte ihn noch nicht verlieren. Solche Schicksalsschläge oder schlimmen Ereignisse können einen Menschen prägen und verändern, besonders wenn man noch ein Kind ist. Die Zeit des Bangens und Wartens nahm nach etwa drei Tagen ein Ende, Gott sei Dank! Das Krankenhaus übermittelte die Nachricht, dass mein Vater aus dem Koma wieder erwacht und auf dem aufsteigenden Ast sei.

Wir sind dann am nächsten Tag mit dem Zug ins Krankenhaus gefahren. Die Freude war sehr groß und ich war meinem Gott sehr dankbar, dass ich meinen Vater wieder in die Arme schließen konnte. Solche Schicksalsschläge können Menschen prägen und verändern. Besonders dann, wenn man noch ein Kind ist. Gravierende Ereignisse sind in unseren Köpfen gespeichert und können uns im späteren Leben weiterhelfen. Jeder einzelne Schutzengel hat gute Arbeit geleistet. Das Leben kann sich von einer Minute auf die andere verändern. Wenn wir selbst im Sterben liegen würden, wären all unsere Sorgen überflüssig. Wer denkt sich was dabei, wenn er in einen Apfel beißt? Wer hört bewusst am Morgen dem Vogelgesang zu? Bewusst wird uns all das, wenn der

Verlust von Dingen und vor allem der Verlust von Menschen plötzlich eintritt. Deswegen sollte man versuchen, jeden Tag bewusst zu leben und viel Zeit mit seinen Lieben zu verbringen.

Ab der fünften Klasse ging ich wieder in meiner Geburtsstadt zur Schule. Man gehörte nun zu den Großen. Jeden Tag mit dem Bus in die Schule zu fahren, vor allem als mein Vater noch gefahren ist, war für mich ein Highlight. Ich kann mich gut an meinen ersten Tag in der neuen Schule erinnern. Ich war natürlich wieder sehr aufgeregt, so aufgeregt, dass ich fast die ganze Nacht wach gelegen habe. Meine erste Busfahrt von Pappenheim in meine Geburtsstadt war für mich anstrengend und aufregend zugleich. Da merkte ich schnell, dass ich doch noch nicht ganz zu den Großen gehörte. Im Bus wurde gedrängelt und geschoben, denn er war so vollgeladen, dass viele Kinder im Gang stehen bleiben mussten – und die kleine Sonja mittendrin. Da ich noch nie die Größte war, ging ich in der ganzen Menschenmenge unter, aber ich schlug mich tapfer und war froh, als wir endlich in der Schule ankamen.

In der neuen Schule waren wir eine tolle Klasse, kamen alle gut miteinander klar. Mir hatte es vor allem ein muskulöser Junge namens Peter angetan. Es war das erste Mal, dass ich Schmetterlinge im Bauch hatte und verliebt war. Ich versuchte, ihn mit meinem Charme für mich zu gewinnen. Ich war verliebt bis über beide Ohren. Die schlimmste Zeit waren die Ferien und Wochenenden, weil wir uns in dieser Zeit gar nicht gesehen haben.

Ich habe mich schnell in der neuen Schule eingelebt. Meine Lieblingsfächer waren Sport, Erdkunde und vor allem Musik. Obwohl ich sehr an Musik interessiert war, verlor ich immer schnell das Interesse. Im Musikunterricht lernten wir ein neues Lied, für das ich in die zweite Stimme eingeteilt wurde. Um das Stück zu üben, schickte mich mein Lehrer in einen Nebenraum. Es befand sich darin ein Schlagzeug. Hinter dem Schlagzeug saß ein Junge, der spielte. Er fragte mich, ob ich mich verlaufen hätte. Ich konnte gar nichts sagen, denn ich war wie vom Blitz getroffen. Sein Aussehen und sein Lächeln faszinierten mich. Es war Liebe auf den ersten Blick. Sein Name war Marco und er war in der 9. Klasse. Der Altersunterschied war recht groß, aber wir haben uns von Anfang an gut verstanden. Immer wenn wir uns in der Schule begegnet sind, gab es ein „Hallo“, ein Lächeln und manchmal auch ein Gespräch. Bald stellte ich fest, dass sein Bruder mit mir in der Klasse war, was für mich ein großer Vorteil war. Ich war in Marco verliebt, jedes Mal, wenn ich ihn gesehen habe, hatte ich Schmetterlinge im Bauch.

Eines Tages, als ich von der Schule nach Hause kam, war meine Schwester Isa bei uns zu Hause. Sie war sehr weinerlich und genervt. Ich habe mitbekommen, dass sie Streit mit ihrem Freund Thomas hatte und sie sich getrennt hatten. Sie teilte uns mit, dass sie schwanger ist und das Baby gerne behalten möchte. Mit ihren 16 Jahren war sie sehr überfordert. Sie wusste nicht, wie es weitergeht und was falsch und richtig ist. Das Gute war: Sie war vorerst die ganze Schwangerschaft bei uns zu Hause. Die neun Monate waren eine schöne Zeit. Wir hatten wieder mehr Zeit füreinander, die wir auch nutzten. Die Zeit verging und die Geburt stand langsam aber sicher vor der Tür. Nun wurden die Gespräche, wie es weitergehen soll, immer intensiver. Meine Eltern machten meiner Schwester klar, dass sie das Kind nicht mit aufziehen könnten und es somit nicht bei uns sein könne, was ich wiederum sehr schade fand. Das Jugendamt hat eine Pflegefamilie gefunden, da sollte das Kind zunächst die nächsten zwei Jahre bleiben, bis meine Schwester volljährig geworden wäre. Sie durfte ihren Sohn Bernd, der 1980 zur Welt kam, jederzeit besuchen und für ein paar Stunden zu sich holen. Bernd war so nett anzusehen, er war so klein und zerbrechlich und hübsch. Ich war sehr stolz, mit meinen zehn Jahren Tante zu sein. Meine Schwester war nach der Geburt nicht mehr lange bei uns zuhause. Sie versuchte weiter ihr Glück zu finden. Sie kam oft am Sonntag nach Hause, um gemeinsam mit uns Bernd zu besuchen. Die erste Zeit sind wir gemeinsam gefahren, aber die Besuche wurden unregelmäßiger und die Abstände immer länger. So war sie nun mal: immer den Pflichten, der Konfrontation und dem Ärger aus dem Weg gehen.

Immer wenn ich traurig war und einige Sachen nicht verstanden habe, ging ich in die Kirche, die nur eine Straße entfernt war. Es war meine Anlaufstelle, um mit Gott zu sprechen. Neben dieser Kirche stand unter einem Baum, der viel Schatten wirft, eine Bank. Auf dieser Bank saß immer ein Mann, der zur Sommerzeit auf Durchreise war und sein Bier trank. Oftmals, wenn ich aus der Kirche kam und zu ihm hinüberschaute, schenkte er mir ein Lächeln. Wir lernten uns kennen. Ich weiß nur noch, dass sein Name Otto war und er eine traurige Lebensgeschichte hatte. Da wir einen Getränkehandel hatten, konnte ich ihm oftmals Bier bringen, auch etwas zu essen und Kleidung, die mein

Vater nicht mehr brauchte. Irgendwann kam er nicht mehr, was mich ein wenig traurig machte. Aber er blieb mir in guter Erinnerung.

Meine Mutter hatte noch eine Cousine in München, die wir Mitz nannten. Ihr ging es nicht gut. Sie hatte keine Familie und war psychisch krank. Meine Eltern haben sich entschlossen, sie zu uns zu holen. Von nun an lebte sie im Seniorenheim in Pappenheim. Ich glaube, sie war glücklich, Hilfe zu bekommen und nicht mehr allein zu sein. Mitz war bestimmt traurig, München zu verlassen, wo sie fast ihr ganzes Leben verbracht hatte. Aber manchmal muss man mutig sein und neue Wege einschlagen, um wieder glücklich und zufrieden zu werden.

Die Zeit verging. Einmal im Jahr kam der Jahrmarkt, der für vier Tage im Ort blieb. Da war endlich mal was los in unserem kleinen Pappenheim. An den vier Tagen sah man Leute, die man das ganze Jahr nicht gesehen hatte. Aber an den vier Tagen hatte man das Gefühl, es trifft sich ganz Pappenheim. Es waren auch Schausteller dabei. Die waren zuständig, um die Fahrzeuge auf- und abzubauen. Beim Autoskooter war ein junger Mann dabei, es war für mich Liebe auf den ersten Blick – schon wieder! Das Teenie-Alter kann schön sein und zugleich ist es sehr kompliziert. Allerdings war ich erst elf und er schon 19 Jahre alt. Ich hielt mich fast nur noch bei dem Autoskooter auf, um ihn zu sehen und die Aufmerksamkeit auf mich zu lenken. Am letzten Tag habe ich es endlich geschafft, dass ich ein Lächeln zurückbekam und er mit mir das erste Mal sprach und mir seinen Namen verriet. Er hieß Wolfgang und war aus Bremen. Ich wusste, heute ist der letzte Tag und er ist wieder aus Pappenheim verschwunden. Todtraurig ging ich nach Hause und hatte so viele Schmetterlinge im Bauch. Nun war ich doppelt verliebt. Dieses Gefühl kannte ich von Marco. Solche Gefühle hatte ich nicht mal bei Peter gehabt. Mit Peter wurde es ohnehin immer weniger. Unsere Interessen gingen auseinander. Er hatte irgendwann auch ein anderes Mädchen in Betracht gezogen, worüber ich aber gar nicht böse war.

Ein Jahr später war es wieder so weit: Die Kirchweih stand vor der Tür. Ich war neugierig, ob nun Wolfgang wieder dabei sein würde. Ich konnte vor lauter Aufregung nicht mehr schlafen. Aber immerhin war ich inzwischen schon stolze 12 Jahre alt, zwar immer noch viel zu jung, aber ich war neugierig, wie alles seinen Lauf nehmen würde, ob er mich überhaupt noch kennen und sich an mich erinnern würde. Solche

Gedanken gingen wir durch den Kopf. Ich war schon auf dem Kirchweihplatz, als sie noch ihre ganzen Buden und Fahrgestelle aufbauten, um zu erkunden, ob Wolfgang wieder dabei war. Da kam er aus dem Wohnwagen hervor. Ich hatte ihn hübsch in Erinnerung, aber er war noch viel hübscher: braun gebrannt, muskulös und mit dunkelblonden Haaren und blauen Augen. Für mich war er damals ein Traum von Mann. Ich versuchte mich auch ein wenig älter zu machen, indem ich mich schminkte, mich sehr modisch kleidete und meine langen Haare offen getragen habe. Ich wollte mich um jeden Preis bemerkbar machen und die vier Tage der Kirchweih so bewusst wie möglich erleben. Freitags ging das Schaugeschäft los. Ich war natürlich auch gleich beim Autoskooter. Es spielte Musik, die Autoskooter waren in Betrieb und Wolfgang machte seine Arbeit. Wolfgang musste darauf achten, dass alles korrekt abläuft und nichts passiert. Ich saß auf dem Zaun, der außen herum aufgebaut war, und genoss es, Wolfgang bei der Arbeit zuzuschauen. Es war einfach toll, ihn zu beobachten. Meine Freundinnen sagten schon: „Komm endlich zu den anderen Fahrgestellen mit!", oder „Komm, wir holen uns ein Eis!" Habe ich auch mitgemacht, aber eigentlich wollte ich nicht.

Es entwickelte sich mit den Jahren, dass ich mich mit Wolfgang gut verstand. Er fuhr mit mir Autoskooter und ich bekam die Chips für die Autos, damit ich umsonst fahren konnte. Wir lachten und hatten viel Spaß. Das bekamen auch andere Leute mit, die fleißig bei uns Getränke kauften. Und so blieb es nicht aus, dass meine Mutter immer auf dem neuesten Stand war. Schlimm, wenn die Leute nur über andere reden oder lästern können. Mittlerweile waren vier Jahre vergangen und ich war 15 Jahre alt. Es war für Wolfgang das letzte Jahr als Schausteller. Er sagte mir, dass er in Bremen eine neue Stelle bekommen habe. Was mich für ihn natürlich freute, für mich aber zerbrach eine Welt. Ich war sehr traurig, aber ich versuchte, die gemeinsame Zeit mit ihm noch zu genießen. An unserem letzten Abend saß ich auf seinem Schoß, er wuschelte in meinen langen Haaren, wir lachten und ich bekam auch immer wieder einen Kuss. Mein Ziel hatte ich nach diesen Jahren erreicht. Aber das böse Erwachen kam auch noch. Plötzlich stand an diesem Abend meine Mutter hinter mir, packte mich an meinen langen Haaren, zog mich von Wolfgang weg und machte einen Aufstand. In diesem Moment hätte ich meine Mutter verwünschen können. Warum hatte sie kein Vertrauen in mich? Meine Mutter war ein gebranntes Kind durch meine Schwester Isa. Isa war sehr schwierig, Lug und Trug waren bei ihr normal, und für mich war kein Vertrauen mehr vorhanden, das mir meine Mutter hätte schenken können. Das hat mich als Jugendliche sehr belastet.

Eins wollte ich aber um jeden Preis noch machen: mich von Wolfgang verabschieden. Da wir am nächsten Tag Schule hatten, bin ich nicht gleich zur Schule gegangen, sondern erst mit meinem Fahrrad auf den Kirchweihplatz gefahren. Sie waren noch da, um ihre Gerätschaften abzubauen. Ich stellte mich erst in eine Ecke und beobachtete Wolfgang beim Abbauen. Mir wurde bewusst, dass ich ihn nach diesem Tag nie wieder sehen würde. Als seine Kollegen nicht bei ihm waren, nutzte ich die Chance und ging zu ihm. Er sah mich kommen und kam mit einem Lächeln auf mich zu. Er fragte, ob ich nicht in die Schule gehen müsse und ob ich noch viel Ärger bekommen hätte. Meine Antwort war: „Ich wollte dich noch einmal sehen, um mich zu verabschieden." Er fand es süß, nahm mich in den Arm und gab mir einen Kuss. Er meinte, ich solle nicht traurig sein und nicht weinen. Was hätte ich gegeben, um die Zeit anzuhalten! Wolfgang sagte: „Vielleicht sieht man sich irgendwann wieder …" Trotzdem fuhr ich weinend die sechs Kilometer zur Schule. An diesem Tag konnte ich mich nicht mehr auf die Schule konzentrieren, mir gingen tausend Sachen durch den Kopf. In der Schule angekommen, entschuldigte ich mich bei meinem Lehrer und sagte, dass ich verschlafen hätte, was er mir glaubte. Ich hoffte, dass die Schule bald vorbei sein würde und ich mich in meine eigene Welt zurückziehen könnte aus Frust und Verzweiflung, denn ich war mit meinem Schicksal allein. So kaufte ich mir Zigaretten. Die schmeckten abscheulich und schlecht wurde mir auch, trotzdem habe ich geraucht. Das war die erste Erfahrung mit den Zigaretten, sie gaben mir irgendwie Halt. Der erste Schritt in die Sucht war getan. Wolfgang habe ich dann tatsächlich nicht wieder gesehen, aber ich war stolz, mein Ziel nach all den Jahren erreicht zu haben. Wolfgang war immer wieder in meinem Kopf. Was ich oft bereut habe, ist, dass ich ihn nicht fotografiert habe.

In der Schule machte ich mich gut. Ich war nicht Klassenbeste, aber auch nicht die Schlechteste – bis Marco intensiver ins Spiel kam. Ich freute mich nach wie vor, ihm in der Schule zu begegnen und von ihm ein Lächeln geschenkt zu bekommen. Ich habe viel daraus gelernt. Es ist dein Wille und deine Stärke, was dich vorantreibt. Darum sollen nicht die Umstände dein Denken, Fühlen und Handeln bestimmen. Mit deiner Überzeugung und Glaubenssätzen erschaffst du deine Realität. Wir sollten versuchen, auf unsere innere Stimme zu hören. Je unabhängiger wir uns von den Bewertungen anderer machen, desto besser. Stehe zu deiner Einzigartigkeit und verschwende deine Energie nicht damit, irgendeiner Norm zu entsprechen.

Nun standen erst einmal die Sommerferien an. Darauf freute ich mich immer sehr, da meine Eltern und ich für ein paar Tage in den Urlaub fuhren. Das Schöne war, dass meine Freundin Silke mit dabei war. Es waren immer wundervolle Urlaube. Mein Vater liebte die Berge, deshalb fuhren wir immer an die österreichische Grenze. Oft waren wir in der Ortschaft Ruhpolding, das ist ein wunderschönes bayerisches Städtchen. Es war für uns eine tolle Zeit. Mein Vater ging viel in den Bergen wandern. Im Nachhinein bereue ich es sehr, dass ich nie mitgegangen bin, um einfach mehr Zeit mit ihm zu verbringen. Wo man das ganze Jahr ohnehin wenig Zeit miteinander verbracht hat, weil immer die Arbeit oder andere Verpflichtungen im Raum standen.

Meine Mutter konnte mit dem Wandern nichts anfangen. Sie ging lieber in der Zeit, in der mein Vater wandern war, mit uns oder auch allein ins Café, um ihren Kaffee und Kuchen zu genießen und die Leute zu beobachten. Am Abend gingen wir schön gemeinsam essen und es gab schöne gemeinsame Tagesausflüge. Aber irgendwann sind die schönsten Ferien vorbei. Ich freute mich auch wieder auf die Schule, um meine Freunde und vor allem Marco wiederzusehen und um zu erzählen und zu hören, wer was erlebt hatte.

Ich hatte einige Verehrer in der Schule, die gerne mit mir zusammen sein wollten, aber in dieser Zeit hatte ich nur Gefühle und Augen für Marco. Mein erstes Mal wollte ich mit Marco erleben. Nach den Ferien habe ich mitbekommen, dass Marco eine Freundin hatte. Für mich zerbrach eine Welt. Ich weiß, ich war noch zu jung für eine Beziehung, aber es machte mich sehr traurig, Marco mit diesem Mädchen zu sehen. Trotzdem beschloss ich, nicht aufzugeben. Ich wusste, dass ich ihn irgendwann mein Eigen würde nennen können. Wenn man sich seine Ziele und Wünsche immer vor Augen hält, sie fest fokussiert, können sie in Erfüllung gehen. Ich habe fest daran geglaubt und es hat sich definitiv gelohnt. Denn Marco war meine große Liebe.

Eine Schulfreundin wohnte im selben Haus, in dem Marco wohnte. So schrieb ich geheimnisvolle anonyme Briefe und machte mich durch diese interessant. Ich war eine anonyme und geheimnisvolle Person. Er wollte natürlich wissen, wer hinter diesen Briefen steckt, aber es blieb vorerst ein Geheimnis. Ich hatte es unter Kontrolle, und das gefiel mir. Solange meine Freundin nichts verraten würde, würde er es erstmal nicht erfahren. Meine Freundin wurde zwar von Marco darauf angesprochen, dass er anonyme Briefe in seinem Briefkasten hatte. Ob sie eine Ahnung habe, wer das sein könnte. Sie hielt dicht, das fand ich damals klasse.

Nun stand meine Konfirmation an, auf die ich mich sehr gefreut hatte. Ein Jahr lang hatte ich die biblischen Grundlagen und den Glauben kennengelernt. Die Konfirmation war ein wichtiger Teil meines Lebens. Schließlich sagte ich damals Ja zum christlichen Glauben und bekannte mich offiziell zu Gott. Einen Tag vor unserer Konfirmation gab es noch ein Ritual. Alles, was uns belastete oder uns sehr beschäftigte, sollten wir auf ein Stück Papier schreiben und danach ins Feuer werfen. Ich schrieb mir alles von der Seele, besonders den Vorfall, bei dem ich als kleines Kind Gott verflucht hatte. Als ich mein Stück Papier ins Feuer geworfen hatte, verspürte ich große Erleichterung. Von da an wurde mir noch bewusster, was Gott für mich bedeutet und dass ich ohne ihn nicht leben will. Er ist mein ständiger Begleiter und mein bester Freund. Ich spreche nur von mir. Wenn einer sagt: „Ich kann mit Gott nichts anfangen“, dann ist es auch okay. Wichtig ist, dass jeder Mensch für sich etwas findet, an das er glauben kann und bei dem es ihm gut geht. Die Konfirmation war ein schöner Tag, den ich mit meiner Familie und Verwandten verbracht habe.

Der Alltag hatte sich wieder eingependelt. Nach der Schule sah ich manchmal Marco allein mit dem Auto durch Pappenheim fahren. Wenn er mich aus dem Auto anlächelte und mir zuzwinkerte und öfter an mir vorbeifuhr, freute ich mich. Marco hatte mit seiner Freundin Streit gehabt wegen der anonymen Briefe und sich von ihr getrennt. Ich habe durch meine Aktion erreicht, was ich wollte, ich habe die Beziehung auseinandergebracht. Ich habe es geschafft, ich wusste, wenn ich jetzt am Ball bliebe, würde ich bald mein Ziel erreichen. Ein bisschen stolz war ich schon.

In meinem Geburtsort stand das Volksfest an und ich wusste, dass Marco auch da sein würde. Mit meinen Freundinnen haben wir uns auf das Volksfest fahren lassen. Marco entdeckte mich, kam auf mich zu und sprach mich an. Er fragte mich: „Mit wem bist du da?“ – „Ich bin mit meinen Freundinnen da“, sagte ich. Wir fingen an, uns zu unterhalten und liefen dann gemeinsam um den Volksfestplatz, kauften uns ein Eis, lachten und alberten herum. Er erzählte mir von den anonymen Briefen, die er eine Zeitlang bekommen hatte, nun aber schon länger nicht mehr. Er hatte sich schon an die Briefe gewöhnt, da sie immer sehr schöne Inhalte enthielten. Er wüsste gerne, wer sich hinter diesen Briefen verbirgt, er wolle die Person gerne kennenlernen. Ich schmunzelte in mich hinein, verriet aber nichts. Es war noch nicht der richtige Zeitpunkt, um das Geheimnis zu lüften. Ich genoss einfach das, wonach ich mich immer gesehnt hatte. Nach so einer langen Zeit war es endlich wahr geworden, dass ich mit Marco alleine unterwegs war. Er fragte mich, ob ich mit ihm Geisterbahn fahren möchte. Geisterbahn mochte ich gar nicht, aber an diesem Tag liebte ich die Geisterbahn. Ich stieg mit ihm in einen Wagen. Er meinte: „Wenn es zu gruselig wird oder wenn du Angst bekommst, kannst du dich einfach ganz fest an mich schmiegen.“ Das tat ich dann auch. Wir fuhren in das Lichtgewitter, gruselige Gestalten kamen aus allen Ecken, und als mich noch eine Gestalt berührte, war es um uns geschehen, wir küssten uns. Ich schwebte auf Wolke sieben und war überglücklich.

Zum Schluss, als ich nach Hause musste, fragte er mich, ob ich ihn wieder sehen möchte, er würde sich über ein Wiedersehen sehr freuen. Ich sagte, dass ich ihn anrufen werde. Ich war wie in Trance und musste meinen Freundinnen gleich erzählen, was mir heute widerfahren war. Sie wollten es kaum glauben, sie wussten schon lange, dass ich ihn in meinem Herzen trug. Nun hatte ich sogar seine Telefonnummer. Ich war der glücklichste Mensch auf Erden. Meinen Eltern konnte ich es leider nicht sagen, dass ich endlich den Jungen an meiner Seite habe, dem ich fünf Jahre lang nachgelaufen war. Wie gerne hätte ich mit offenen Karten gespielt und es ihnen mitgeteilt. Marco und ich trafen uns heimlich, meistens in der Bahnhofsallee, wo er schon auf der Bank saß und auf mich wartete, mich mit einem Lächeln begrüßte. Er kam mir entgegen, wir nahmen uns in den Arm und genossen die gemeinsame Zeit, die immer viel zu schnell verging.

Wenn meine Schwester Isa zu uns nach Hause kam, die zur Zeit in Eichstätt wohnte und uns somit öfter besuchen kam, erzählte ich ihr immer die neuesten Neuigkeiten, die ich erleben durfte, die mich bewegten und mich beschäftigten. Sie hörte mir interessiert zu, schenkte mir ein offenes Ohr, gab mir neue Anregungen und Vorschläge. Ich war stolz, eine größere Schwester zu haben. Sie hatte nun auch den Führerschein. Lebte mit ihrem neuen Lebenspartner zusammen, der aus Eichstätt war. Denn seit sie mit ihm zusammen war, verhielt sie sich vernünftiger und es machte Spaß, Zeit mit ihr zu verbringen. Sie ging ihrer Arbeit als Bedienung in einem Restaurant nach. Ich freute mich immer, wenn sie zu uns nach Hause kam und meine Mutter war auch glücklich, dass Isa zur Zeit keine Probleme machte, ein normales Leben führte und ihren Sohn Bernd, der immer noch bei seinen Pflegeeltern wohnte, regelmäßig besuchte – oder ihn auch für einen Tag oder über das Wochenende holte, um Zeit mit ihm zu verbringen. Ich war manchmal auch mit dabei, was ich immer sehr toll fand. Bernd war für mich wie ein kleiner Bruder. Meine Schwester und ich, wir fuhren dann gelegentlich zum Shoppen und hatten sehr viel Spaß miteinander. Es waren tolle Tage mit meiner Schwester. Sie kaufte mir Klamotten und danach gingen wir etwas essen. Ich war an solchen Tagen glücklich und zufrieden.

Nun war es fast so weit, mein 16. Geburtstag stand an. Ich freute mich riesig darauf. Jürgen wohnte in einem Haus, in das früher ein Kino integriert gewesen war. Diesen Raum hatte er mir zur Verfügung gestellt. Ich nahm das Angebot an und habe alles vorbereitet. Wir hatten Kerzenschein, viel zu trinken, tolle Musik und sehr viel Spaß. An diesem Abend trank ich zu viel Alkohol durcheinander und rauchte Zigaretten wie eine Erwachsene. Ich hatte keine Erfahrungen mit Alkohol. Ich merkte, dass ich damit lockerer wurde. Im Rauschzustand hatte ich keine Ängste oder Hemmungen. Ich genoss das andere Ich. Zuerst war ich traurig, dass Marco nicht dabei sein konnte, denn er war für ein paar Tage bei seinen Eltern in Italien. Hinterher war ich froh darüber. Am nächsten Morgen am Frühstückstisch versuchte ich mein Befinden zu überspielen. Ich erzählte, dass wir sehr viel Spaß gehabt hätten und es sehr lustig gewesen sei – auch in der Hoffnung, dass die anderen meinen Eltern nichts erzählen würden, falls sie diesen irgendwo begegnen sollten.

Marco war bei meinem Geburtstag nicht dabei gewesen, da er ja bei seinen Eltern in Italien gewesen war. Nun war er aber aus Italien zurück. Das freute mich sehr und wir machten einen Treffpunkt aus. Er fragte mich, wie mein Geburtstag gewesen sei. Ich erzählte nicht die ganze Wahrheit, um keinen schlechten Eindruck zu hinterlassen. Er gratulierte mir nachträglich und gab mir mein Geschenk, das er mir aus Italien mitgebracht hatte. Es war ein brauner echtlederner Gürtel mit verzierenden Steinen darauf, den ich bis heute noch habe. Das zweite Geschenk war eine schöne Jeanstasche, die ich für mich gleich ins Herz geschlossen habe. Ich bedankte mich und gab ihm einen zärtlichen Kuss. Ich fragte ihn, ob wir nun fest zusammen seien, er nahm mich in den Arm, küsste mich und sagte mir, dass er mich liebe und er gerne mit mir zusammen sein würde. In diesem Moment war ich der glücklichste Mensch der Welt. Ich dankte Gott, dass ich nun den Menschen, nach dem ich mich viele Jahre gesehnt hatte, an meiner Seite haben und mit ihm zusammen sein konnte.

Mir ging es seit einer gewissen Zeit nicht so gut. Ich fühlte mich zeitweise nicht so wohl, in der Nacht schmerzten meine Beine. Es machte sich bemerkbar, indem meine Füße in der Nacht sehr unruhig wurden. Ich verspürte ein Kribbeln in meinen Beinen oder sie schliefen mir ein. Nach ein paar Hausarztbesuchen wusste mein Arzt auch keinen Rat mehr und meinte, ich solle für ein paar Tage ins Krankenhaus, um mich richtig durchchecken zu lassen. Ich habe es eigentlich sehr begrüßt, da mich Marco besuchen kommen konnte, ohne dass es meine Eltern mitbekamen. Wir trafen uns immer noch heimlich. Ich hatte Angst, dass ich sonst noch strenger kontrolliert werden würde – auch da meine Schwester eben mit 16 Jahren schon ein Kind bekommen hatte. Im Krankenhaus wurden bei mir einige Untersuchungen durchgeführt. Ich ließ es über mich ergehen, da ich wusste, dass Marco mich nach seiner Arbeit besuchen kommen würde. Meine Eltern kamen um die Mittagszeit zu Besuch, so liefen sie Marco nicht über den Weg. Wenn Marco da war, gingen wir raus aus dem Krankenhaus, um eine zu rauchen. Wir unterhielten uns, kuschelten und genossen die gemeinsame Zeit, die leider immer so schnell verging. Marco gab sich immer so cool in der Gesellschaft anderer, aber alleine war er ein sehr lieber einfühlsamer Junge. Ich wollte gar nicht mehr nach Hause. Aber auch irgendwann war auch diese Zeit vorbei, genauer gesagt: nach einer

Woche haben sie mich wieder nach Hause geschickt. Der Arzt teilte mir mit, dass ich mir ein Virus eingefangen hätte und der mir auf die Nerven in den Beinen ging. Ich hätte mir gewünscht, dass sie nichts gefunden hätten, um einfach noch ein wenig länger im Krankenhaus zu bleiben. Denn ich genoss die Gemeinschaft mit Marco sehr. Aber ich war auch glücklich, dass ich keine ernste Krankheit hatte. Zu Hause hatte mich der Alltag wieder. Mit meinen Medikamenten ging es mir bald wieder besser. Marco fing eine neue Arbeitsstelle in Ingolstadt an. Er hatte Automechaniker gelernt und hatte nun die Möglichkeit, in die Audi-Werke zu kommen. Das war hervorragend, wir freuten uns sehr, denn da konnte man gut verdienen. Er hatte zwar Schichtarbeit, aber es war okay.

Eigentlich war es für uns perfekt, aber für meine schulischen Leistungen war es schlecht. Wenn Marco Spätschicht hatte, schwänzte ich oftmals die Schule, um mit ihm die Zeit zu verbringen. Da er in meiner Geburtsstadt eine eigene Wohnung hatte, war die Lage für uns optimal. Führerschein und Auto hatte er auch, und so sind wir irgendwo hingefahren, um uns ein paar schöne Stunden zu machen, oder wir sind in seiner Wohnung geblieben und haben gemeinsam Zeit verbracht. Das machte sich leider auch bei meinen Noten bemerkbar. Da ich nun schon in der neunten Klasse war, musste ich mir langsam Gedanken machen über meinen beruflichen Werdegang. Ich hatte noch keine genaue Vorstellung, was ich mal beruflich machen wollte. Hätte ich studieren können, da hätte ich meine Richtung gehabt, ich hätte Musik studiert. Musik ist meine Leidenschaft. Tanzen, Singen oder Musizieren hat mich schon immer fasziniert. Aber leider hatte ich mir diesen Weg durch meine schulischen Noten verbaut. Viele aus meiner Klasse wählten den Beruf Friseurin oder Verkäuferin, manche gingen in die Fabrik, um richtig gut Geld zu verdienen. Was auch sehr verlockend war, aber wollte ich das? Nein! So machte ich mir eine lange Zeit Gedanken, was ich mit meinen Noten machen könnte. Die Auswahl war nicht gerade groß. In meinen Gedankengängen fiel mir wieder ein, dass ich gerne bei einer türkischen Familie als Babysitter gearbeitet hatte. Als Fatma und Tanja im Kindergarten waren, ging ich öfter, um sie abzuholen. Bei schönem Wetter blieb ich an manchen Nachmittagen im Kindergarten, um mit den Kindern im Garten zu spielen, was mir sehr viel Freude bereitete. Was mir während des Spielens aufgefallen ist: dass die Erzieherinnen die Zeit fanden, sich zusammenzusetzen, um zu reden und gelegentlich Kaffee zu trinken, mit den Kindern zu spielen und zu basteln. Da erkannte ich, das sollte mein Beruf werden. Zwei Mädchen aus meiner Klasse erzählten mir, dass sie nach dem Schuljahr auf die Wülzburg gingen, sie erzählten mir, dass das eine Berufsfachschule für Kinderpflege und Hauswirtschaft sei. Ich besprach es mit meinen Eltern, die über die Idee und zum guten Schluss über meine Entscheidung sehr glücklich waren. Meine Eltern und ich sahen uns das Internat an. Die Wülzburg liegt bei Weißenburg. Die Schule ist in einer Burg, somit auf einem Berg und von der Stadt ein großes Stück entfernt, zumindest zu Fuß. So gefiel mir die Einrichtung sehr gut. Somit habe ich mich entschlossen, diese Ausbildung als Kinderpflegerin auf der Wülzburg zu machen. Marco war weniger begeistert. Er meinte, dass wir uns nur noch an den Wochenenden sehen würden. Ich war auch nicht sehr glücklich darüber, aber mir war die Ausbildung wichtig, da ich unbedingt im Kindergarten arbeiten wollte. Ich versuchte ihm zu vermitteln, dass unsere Wochenenden umso schöner werden würden und dass wir noch ein halbes Jahr Zeit hätten, bis meine Ausbildung anfängt.

Die Bemühungen für das restliche Schuljahr im Kalenderjahr 1986 waren groß, ich versuchte intensiv zu lernen, um ein einigermaßen gutes Zeugnis zu bekommen. Es gelang mir nicht immer. Ich ließ mich immer wieder ablenken. Die Versuchungen waren sehr groß. Immer wieder schwänzte ich die Schule, um mit Marco eine schöne Zeit zu verbringen. Meine Eltern wussten noch nicht, dass ich einen Freund habe, da ich Angst hatte, dass sie es mir verbieten könnten. Ich konnte mit meiner Mutter auch nicht über Verhütung sprechen. Meine Gedanken waren auch, wie komme ich an die Pille ran. Denn mein Verlangen, mit Marco zu schlafen, wurde immer stärker. Ich hatte es ihm noch nicht gesagt, da ich mir erst die Pille besorgen wollte. Ich wusste nur noch nicht, wie. Da man volljährig sein musste, um solche Entscheidungen zu treffen und alleine zum Arzt gehen zu können. In meinem Fall musste eine Bezugsperson mitgehen oder der Überweisungsschein musste von einem Erziehungsberechtigten unterzeichnet sein. Für mich war beides ein Problem. Mein Plan war, den Überweisungsschein selbst zu unterschreiben. Ich übte die Unterschrift meiner Mutter, bis ich überzeugt war, sie sehe identisch aus. Somit unterschrieb ich den Überweisungsschein und machte einen Termin beim Arzt. Je näher der Termin rückte, desto nervöser wurde ich. Mein Problem war, ich konnte wieder mit niemandem darüber reden. Aber ich wollte unbedingt die Pille, für mich gab es kein Zurück mehr. Nun stand der Termin an und ich ging zum Frauenarzt, mutterseelenallein. Ich kam in die Praxis rein, die Arzthelferin begrüßte mich sehr nett und fragte nach meinem Namen und ob ich den Überweisungsschein dabei hätte. Mir rutschte fast vor lauter Aufregung das Herz in die Hosentasche. Ich bangte und hoffte, dass keiner etwas von meiner Unterschriftenfälschung bemerken würde. Ich gab ihr den Schein und schickte ein stummes Stoßgebet an Gott. Es ging gut, nach meiner Aufnahme schickte sie mich in das Wartezimmer, das sehr voll war. Das Bangen und Zittern ging weiter. So aufgeregt war ich noch nie gewesen! Die Wartezeit zog sich wie Kaugummi, mir kamen die Minuten wie Stunden vor. Man hatte das Gefühl, alle Augen sind auf dich gerichtet. Ich wollte es nur so schnell wie möglich hinter mich bringen. Nun ging die Türe auf und eine Stimme sagte, die nächste Patientin bitte. Es war so weit. Ich lief der Arzthelferin hinterher, die mich in das Patientenzimmer führte. Ich setzte mich an den Schreibtisch auf einem Stuhl und wartete, bis der Arzt reinkam. Er merkte, dass ich sehr aufgeregt war. Er ging auf mich ein und schaffte es, mir die Angst zu nehmen, indem er ein Gespräch anfing. Er befragte und untersuchte mich. Schließlich durfte ich mich wieder anziehen. In der Zeit, in der ich mich angezogen habe, stellte er mir ein Rezept für die Pille aus und übergab es mir. Ich hatte es geschafft und ging in die nächste Apotheke, um mir gleich die Pille zu beschaffen. Jetzt stand mir nichts mehr im Wege, jetzt musste ich nur noch den richtigen Zeitpunkt abwarten.

Und dieser Zeitpunkt ließ nicht lange auf sich warten. Es war im Juni, kurz vor meinem 16. Geburtstag. Statt in die Schule zu gehen, ging ich wieder mal zu Marco, mit dem Vorsatz, es heute zu tun. Heute würde der Tag sein, an dem ich mit Marco das erste Mal schlafen würde. Ich hatte überhaupt keinen Plan, wusste nicht, was auf mich zukommen würde und ob er überhaupt mit mir schlafen wollte. Mir schossen auf einmal so viele Fragen durch den Kopf, ich kam fast um meinen Verstand. Und wie immer hatte ich das Problem, dass ich niemanden hatte, mit dem ich darüber reden konnte. Aber egal, ich hatte es mir in den Kopf gesetzt, und somit wollte ich es unbedingt machen. Das Wetter war nicht besonders, denn die letzten Tage hatte es sehr viel geregnet und somit war für mich klar, dass wir heute bei ihm zu Hause bleiben würden. Marco machte mir die Türe auf, begrüßte mich wie immer mit einem Kuss und sehr liebevoll. Wir frühstückten zusammen, da ich oft frische Semmeln mitbrachte. Nach dem Frühstück beschlossen wir, es uns im Bett gemütlich zu machen, um einen Film zu schauen. An diesem Tag rauchte ich sehr viel. Es fiel sogar Marco auf. Er fragte mich, ob ich was hätte. Ich meinte nur alles sei okay, ich wusste nicht, wie ich anfangen sollte. Ich versuchte meine Aufregung zu überspielen und so normal zu sein wie sonst auch.

Der Film lief, ich kuschelte mich an ihn. Mein Herz raste doppelt so schnell. Er hielt mich in seinen Armen fest. Wir küssten uns und waren sehr zärtlich zueinander. Ich fühlte mich von meinen Gefühlen übermannt, es war wunderschön. Wir küssten und streichelten uns, zogen uns einander die Klamotten aus, wir waren sehr erregt. Ich bemerkte sein steifes Glied an meinem Körper, somit wurde mir klar, es wird heute mein erstes Mal sein. Ich hörte auf, ihn zu küssen, um ihm mitzuteilen, dass ich bereit sei für das erste Mal, dass ich heute mit ihm schlafen möchte. Er sah mich mit großen Augen an und fragte mich, ob ich sicher sei, dass er auch noch warten würde. Ich sagte: „Nein, ich will heute mit dir schlafen. Wegen der Verhütung musst du dir keine Gedanken machen. Ich war beim Frauenarzt, um mir die Pille zu besorgen, die ich auch schon zwei Wochen genommen habe. Ich liebe dich von ganzem Herzen, mein großer Traum war immer, mit dir zusammen zu sein." Er bekam Tränen in den Augen, nahm mich ganz fest in den Arm, sagte mir, dass er mich von Herzen liebte und dass er mich nie mehr verlieren möchte. Ich ließ mich fallen und war wie in einem Rauschzustand. Wir liebten uns noch wilder, je erregter wir wurden. Meine Angst war umsonst, Marco war so liebevoll und vorsichtig, dass ich nicht einmal Schmerz empfand. Ich war der glücklichste Mensch auf Erden und wünschte mir, dass die Zeit stehen bliebe, damit dieses Glücksgefühl nicht verschwand. An diesem Tag habe ich ihm mitgeteilt, dass ich die Person bin, die die anonymen Briefe geschrieben hat. Mit Erstaunen sah er mich an und meinte: „Auf solch eine Idee muss man erstmal kommen!" Er nahm mich in den Arm und wir waren einfach nur glücklich.

Für eine gewisse Zeit hielten wir unsere Beziehung vor meinen Eltern noch geheim. Nun wollte ich aber um jeden Preis meinen Eltern mitteilen, dass ich einen Freund habe. Da meine Eltern zu neunzig Prozent sonntags immer zum Mittagessen gingen, sagte ich an einem Sonntag: „Heute gehe ich nicht mit, mir ist nicht gut und ich möchte lieber zu Hause bleiben.“ Mein eigentlicher Plan war, dass ich heute zusammen mit Marco in die Wirtschaft gehe und meine Eltern damit konfrontiere. Ich war sehr aufgeregt, ich wusste ja nicht, wie meine Eltern reagieren würden. Ich dachte mir, in der Öffentlichkeit würden sie mir keine Szene machen. Marco holte mich von zu Hause ab. Wir fuhren in die Wirtschaft und gingen rein. Meine Eltern waren überrascht, dass ich auf einmal vor ihnen stand, noch dazu mit einem Jungen. Ich versuchte meine Aufregung zu überspielen und fasste Mut. Ich sagte: „Hallo Mama, Papa, das ist Marco, mein Freund, ich möchte ihn euch vorstellen. Wir sind schon eine gewisse Zeit zusammen und ich dachte, ihr solltet ihn kennenlernen.“ Wir setzten uns an den Tisch und warteten die Reaktion ab. Sie waren beide überrascht, aber sie nahmen die Situation gelassen an. Meine Mutter meinte nur: „Na sauber, jetzt geht das auch schon los.“ Mein Vater war sehr offen und fing an, sich mit Marco zu unterhalten. Ich war froh, dass ich es hinter mir hatte. An diesem Tag habe ich auch den Mut gefasst, meinen Eltern zu sagen, dass ich mit dem Rauchen angefangen hatte. Meine Eltern haben die Neuigkeiten besser akzeptiert, als ich befürchtet hatte. Ich war sehr stolz auf mich, so viel Mut und Vertrauen gehabt zu haben – vor allem mein Urvertrauen in mich selbst und mein Vertrauen in Gott, ohne Sorge und Furcht immer wieder Situationen anzunehmen und anzugehen. Wenn wir nicht selbst an unser Leben glauben, wer sollte sonst daran glauben? Denn hinter jeder Herausforderung steckt auch eine Botschaft.

Ich war zufrieden und glücklich zugleich. Ich hatte erreicht, was ich mir immer gewünscht hatte. Nun hatten wir schon Juli 1986 und die Sommerferien standen vor der Tür. Marco und ich genossen noch die gemeinsame Zeit, bevor ich auf der Wülzburg einmarschieren würde. Da die Schule ein Internat war, war uns bewusst, dass wir uns nur noch an den Wochenenden sehen würden. Umso mehr würden wir uns auf uns freuen. Meine Eltern hatten Marco akzeptiert. Ich durfte nur nicht über Nacht bei ihm bleiben, was für mich aber nicht schlimm war. Marco hatte sein eigenes Auto, seine eigene Wohnung, somit hatten wir tagsüber genügend Zeit für uns.

Meine Schwester Isa wohnte immer noch in Eichstätt, aber sie hatte einen neuen Freund. Sie machte einen glücklichen und zufriedenen Eindruck, was aber nichts zu bedeuten hatte. Am Anfang ist sie immer Feuer und Flamme und nach einer gewissen Zeit ist alles wieder schlecht. Ich wünschte ihr, dass sie endlich mal den Mann fürs Leben finden würde. Sie war zwar noch sehr jung, gerade mal 22 Jahre alt und hatte doch schon einen Sohn. Seit meiner Kindheit sehe ich es mir mit an, wie sie dem Glück hinterherjagt. Es gab Momente und Chancen, wo sie bestimmt ein tolles Leben gehabt hätte. Sie nutzte viele Chancen nicht und hat vieles mit den Füßen getreten in der Hoffnung, es könnte immer noch etwas Besseres kommen. So lebte sie in ihrer Traumwelt und jagte etwas hinterher, das sie nie erreichen würde, denn sie wusste selbst nicht, was sie wollte. Ihre Träume, Wünsche, vielleicht auch gewisse Ziele konnte sie nicht erreichen, da sie wie das Wetter war. Ihr Kapital war, dass sie eine hübsche junge Frau und bei den Herren sehr begehrt war. Das war ihr Glück, das sie aber sehr oft mit Füßen getreten hat. Zeitweise bewusst, vielleicht auch manchmal unbewusst, weil sie es nicht besser konnte oder wusste. Somit war mir sehr früh klar, dass ich es in meinem Leben anders machen wollte. Da meine Schwester keine Ausbildung hatte und nie richtig was durchgezogen hatte, nie richtig zu etwas entschlossen war, wollte ich es anders machen und meine Ausbildung auf jeden Fall beenden.

Der Freund, den Isa nun hatte, hieß Helmut. Er hatte eine eigene Firma, er renovierte und restaurierte Brücken. Er war ursprünglich aus Karlsruhe, aber da er zur Zeit in Eichstätt und Umgebung Aufträge hatte, war er für einen längeren Zeitraum da. Meine Schwester arbeitete als Bedienung in einem Restaurant und lernte ihn dort kennen und später auch lieben. Ich fand Helmut sehr sympathisch. Wir verstanden uns gut und Helmut kam mit Marco auch gut zurecht. Ich weiß nicht, was Helmut verdiente, aber er verwöhnte Isa sehr. Sie zogen in ein schönes Haus. Eines Tages kam sie mit einem Porsche zu uns nach Hause gefahren. Ich traute meinen Augen nicht, aber ich fand es geil. Seit dem Zeitpunkt kleidete Isa sich noch besser. Da stimmte alles, von den Klamotten und Schuhen bis zum Schmuck. Ich war sehr stolz auf meine Schwester. Vor allem, wenn sie mich mit auf ihre Spritztouren mit den Porsche mitnahm. Meine Schwester hatte so viele Klamotten, dass sie mir oft etwas lieh oder sogar schenkte. So lief ich mit meinen 16 Jahren auch immer sehr modisch gekleidet herum, was Marco sehr gut gefiel.

# Sneakers: Zielstrebig und doch sprunghaft

Die Wochen vergingen und die Ferien waren vorbei. Nun war der Tag da, an dem ich zur Ausbildung auf die Wülzburg ging. Helmut fuhr mich dorthin. Ich hatte mich geschminkt und zurechtgemacht und wollte für meinen ersten Tag gut aussehen. Meine Schwester Isa und meine Mutter waren auch mit dabei. Ich dachte mir: Bin gespannt, was alles in den zwei Jahren auf mich zukommen wird. Ich hielt Ausschau nach Carmen und Doris, die mit mir in einer Klasse gewesen waren und sich auch entschlossen hatten, ihre Ausbildung hier zu machen. Ich hoffte, dass ich mit einer von ihnen ein Zimmer teilen würde. Ich war sehr aufgeregt und nervös. Die Schwestern begrüßten uns sehr herzlich und uns wurden unsere Zimmer gezeigt: mein Zimmer, das ich, wie es aussah, mit zwei weiteren Mädchen teilen würde. Super, ein Dreibettzimmer, das fängt ja schon gut an. Jetzt war ich sehr neugierig, wer mit mir das Zimmer teilen würde. Da ich die Erste war, konnte ich mir mein Bett aussuchen. Es waren in dem Zimmer ein Stockbett und ein einzelnes Bett. Ich hatte mich für das untere Bett vom Hochbett entschieden. Ich bekam Zweifel, ob ich dies alles immer noch wollte. Ich fing an, meine Sachen auszupacken und mein Bett zu beziehen. Isa machte sich über mich lustig und meinte: „Viel Spaß bei den Nonnen!“ Sie meinte, dass es für sie nichts wäre, es sei für sie wie ein Gefängnis. Ich fühlte mich ein wenig hilflos und alleingelassen. Zu meiner Schwester und Mutter sagte ich, dass sie jetzt gehen könnten, da ich alleine zurechtkommen würde. Bei der Verabschiedung ist mir im Innenhof eine Telefonzelle aufgefallen, die ich gleich beansprucht habe. Ich rief Marco an, um meine ersten Eindrücke zu berichten. Er merkte, dass ich nicht so glücklich war. Er motivierte mich und sagte: „Wir gehen den Weg gemeinsam, wir schaffen das!“ Seine Worte haben mich wieder beruhigt.

Um 17 Uhr trafen sich alle Neulinge im Gewölbesaal, einem Saal aus alten Gemäuern, den ich sehr beeindruckend fand. Ich durfte nun zwei Jahre auf einer Festung leben, da gab es bestimmt viel zu entdecken. Im Saal angekommen, waren wir bestimmt an die hundert

Neulinge. Wir standen im Halbkreis, man merkte, dass man von allen Seiten begutachtet wurde. Zum Glück sah ich in der großen Runde Carmen und Doris, was für mich eine große Erleichterung war. Ich ging sofort zu ihnen und stellte mich dazu. Nun fühlte ich mich nicht mehr ganz so verloren. Auf unserer Wohngruppe waren wir zwölf Mädchen. Gemeinsam wohnten und lebten wir mit unserer Bezugsschwester Ingeborg zusammen.

Bis auf ein Wochenende im Monat blieben wir gemeinsam im Internat, um gemeinsam was zu unternehmen, was sehr viel Freude bereitete. Wir gingen an diesen Wochenenden wandern, machten einen Ausflug oder Vorbereitungen für gewisse Feste, etwa Ostern oder Weihnachten. Da wir nicht fernsehen durften, hatten wir sehr viel Zeit, um uns zu unterhalten, zu musizieren, zu basteln oder uns auf die Schule vorzubereiten.

Am nächsten Morgen stand ich um 6 Uhr auf, ging in den Waschraum, um mich zu waschen und fertig zu machen für den Tag. Um 7 Uhr gab es die Morgenandacht, da wurde die Tageslosung gelesen, darüber geredet und zum Schluss ein Gebet gesprochen. Danach Frühstück. Um 8 Uhr ging die Schule los. Nun saßen wir im Klassenzimmer und waren sehr gespannt, wie unsere Lehrer sein würden. Wir hatten einige Lehrkräfte, die von außen kamen. Wir wurden in gewissen Fächern auch von den Missionsschwestern unterrichtet. Sie waren sehr freundlich und mit ihnen konnte man auch Spaß haben. Wir hatten normalen Schulstoff und zusätzlich pädagogische Fächer. Das erste Jahr war nur Theorie. Man gewöhnte sich schnell an den Rhythmus. Der Tagesablauf hatte seinen genauen Plan. Am Montag bekam man mitgeteilt, welchen Morgendienst man in dieser Woche hatte. So hatte jeder von uns, bevor die Schule losging, einen Dienst zu erledigen: Geschirr abwaschen, Wäsche waschen, putzen und so weiter. Wir hatten auch Hauswirtschaft. Wir lernten das Kochen und Backen und wie man richtig putzt. Diese Aufgaben wurden auch benotet. Es hieß: Ihr wisst nie, ob ihr mal in fremden Haushalten tätig sein werdet. Wir lachten und sagten: Bevor wir was Fremdes putzen, machen wir lieber gar nichts.

Da keine Besuche von Jungs gestattet waren und eine Woche doch sehr lange sein konnte, traf ich mich oft am Abend mit Marco. Er kam am Abend zu mir auf die Burg. Wir hatten uns ein Plätzchen gesucht, das unser Treffpunkt war. Ich genoss die kurze gemeinsame Zeit. In

Sommer fuhr ich auch manchmal mit ihm in die Stadt, um ein Eis essen zu gehen und einfach auch mal für eine gewisse Zeit aus dem „Gefängnis“ auszubrechen. Meine Schwester hatte vielleicht doch nicht ganz unrecht, als sie das Internat so bezeichnet hatte. Ich habe mich für das Internat entschieden, um einen gewissen Abstand von zuhause zu haben, nicht ständig dem Kontrollzwang meiner Mutter ausgeliefert zu sein. Zuhause durfte ich rauchen, hier musste man aufpassen, nicht erwischt zu werden. Ich war nicht die Einzige, die rauchte. Man musste immer auf Zack sein und sehr kreativ bleiben.

Wenn Marco mich mit dem Auto holte, konnte ich mich nicht einfach vorne ins Auto setzen, da immer irgendwelche Schwestern hochfuhren, die alle einen Röntgenblick hatten. Wer nicht aufpasste und erwischt wurde, hatte schlechte Karten. Denn bevor du wieder da warst, wussten die Schwestern schon Bescheid. Ich war aber nicht dumm und kroch unter das Armaturenbrett, Marco legte eine Decke auf mich und los ging's. Beim Heimfahren dasselbe Spiel wieder. Bevor ich aus dem Auto ausstieg, vergewisserte sich Marco, dass keiner in der Nähe und Umgebung war. Ich lernte schnell, im Umgang mit den Schwestern im richtigen Moment die richtigen Antworten auf Lager zu haben. Weinen zu können, wenn die Situation es erforderte. Aber ich freute mich immer sehr auf die Wochenenden, um mit Marco was zu unternehmen. Es gab Zeiten, da lief alles wunderbar, aber es gab auch Zeiten, da hätte ich mich am liebsten verkrochen und alles hingeschmissen. Angstzustände begleiteten mich, Kontrollzwänge waren auch oft an der Tagesordnung. Alleinsein war für mich die Hölle. Ich hatte diese Probleme oft schon in meiner Kindheit gehabt. Dann gab es wieder Zeiten, wo es so gut wie weggeblasen war. Ich wusste nicht mal, warum es diese Perioden gab. Auf der Burg hatte ich zwei beste Freundinnen, Sabine und Katharina.

Erstaunlich schnell war das erste Jahr auf der Wülzburg zu Ende. Nun fing das zweite Ausbildungsjahr an. Wir zogen in die andere Wohngruppe, und ich bezog mit einem Mädchen namens Susanne ein Zimmer. Wir kamen gut miteinander aus und freuten uns, dass wir gemeinsam in einem Zimmer waren. Jetzt war Schwester Ingrid unsere Betreuerin. Sie war auch sehr sympathisch. Sie sah über viele Sachen hinweg. Mit ihrer strengen und doch liebevollen Art hatten wir sie in unser Herz geschlossen. Obwohl sie wusste, dass einige rauchten, sagte sie nichts zu uns. Es kam hin und wieder eine Bemerkung, warum wir so nach Rauch riechen. Wir erwiderten ihr, dass es die Klamotten vom Wochenende seien. Sie ging mit einem Lächeln im Gesicht weiter. Und wir waren noch im Glauben, dass sie es uns abgekauft hatte. Sie war immer für uns da, manchmal mehr als unsere Eltern. Egal wo ich war, man konnte nie so sein, wie man ist. Das ständige Verstellen und Verbiegen kostet sehr viel Kraft. War ich alleine, habe ich oft geweint und gebetet, dass ich meinen inneren Frieden bekomme. Ich suchte oft das Gefühl von Harmonie und Geborgenheit, doch ich konnte mich noch so sehr bemühen, habe ich es doch mal verspürt, so war es nur von kurzer Dauer. Zuhause oder mit Marco gab es immer wieder Meinungsverschiedenheiten. Frust und Ärger standen meist auf der Tagesordnung. Vielleicht habe ich mich für das Internat entschieden, um das zu bekommen, was ich zuhause nicht hatte erfahren können. Auch wenn es Zeiten gab, in denen ich das Gefühl hatte, zuhause ändert sich was, so erlosch in kurzer Zeit mein kleiner Funke Hoffnung ziemlich schnell.

So änderte sich nicht viel. Ich fing aber immer öfter mit Marco zu streiten an. Er wollte viel Zeit mit mir alleine verbringen und ich wollte unter die Menschen, was anderes sehen und erleben. Marco wurde immer eifersüchtiger, was mich sehr nervte. Er verfolgte mich sogar bis zur Toilette. An einem Abend in unserer Stammdisco lernte ich einen Jungen namens Günter kennen. In meiner Tollpatschigkeit, als ich mir noch ein Glas Bier holte und zu meinem Platz zurückging, stolperte ich in meine Sitzgruppe und schüttete mein Glas Bier über Günter, der gegenüber in der anderen Sitzgruppe saß. Gott, war mir das peinlich! Aber er nahm es sehr sportlich, lachte und stellte sich vor. Ich entschuldigte mich und lud ihn zu einem Bier ein. Ich versuchte Marco zu erklären, was passiert ist und dass ich ihn wegen dieses Missgeschicks zu einem Getränk einlade. Marco wollte auch mit, aber ich versuchte ihm klarzumachen, dass ich das gerne alleine erledigen möchte. Zu Sabine sagte ich, dass sie sich für eine gewisse Zeit um Marco kümmern sollte. Was er mit schwerem Herzen zuließ. Ich ging mit Günter in die Bar und lud ihn zu einem Getränk ein. Wir verstanden uns auf Anhieb gut, lachten und tauschten uns aus: wo wir herkamen, was unsere Hobbys waren. Ich fand ihn süß. Da merkte ich nach langem mal wieder, dass es auch andere süße Jungs auf diesem wunderbaren Planeten gab. Er fragte mich, ob ich nächste Woche wieder da sei, und ich sagte spontan ja.

Nun musste ich zu Marco zurück, bevor er noch stinkig wurde – was er aber sowieso schon war. Er merkte, dass ich bei anderen Jungs auch begehrt war. Ich hatte das Flirten entdeckt. Mit meiner charmanten und witzigen Art kam ich gut an und konnte das gut für mich einsetzen. Bei der Heimfahrt musste ich mir anhören, dass ich gar nicht mehr viel Zeit mit Marco verbringe. Ob ich ihn überhaupt noch lieb hätte. Natürlich hatte ich ihn noch lieb, aber seine Kontrollen und das Hinterherlaufen trieben mich immer weiter weg. Ich versuchte ihm zu erklären, dass ich einfach auch gerne mit anderen Menschen zusammen bin und meinen Spaß haben möchte. Irgendwie redete ich gegen eine Wand. Er konnte oder wollte es nicht verstehen und das machte mich traurig, aber auch wütend. Seit ich mit Marco zusammen bin, ging ich kein einziges Mal alleine mit meinen Freunden weg. Somit beschloss ich, dass ich das nächste Wochenende am Samstagabend alleine mit meinen Freunden weggehen würde. Ich wollte Günter sehen, denn er ging mir nicht aus dem Kopf – und deshalb ohne Marco.

In dieser Woche rief ich Marco nicht so oft an. Bis er eines Abends plötzlich vor mir stand. Er meinte, er müsse mit mir reden. Ich ging ein Stück alleine mit ihm und wollte wissen, was er wolle. Er wollte wissen, warum ich mich nicht gemeldet habe. Ich versuchte, ihm erneut zu erklären, was ich denke und fühlte und dass ich mich so eingeengt fühlte. Ich sagte: „Falls du mich liebst, gib mir ein bisschen Zeit und eine Pause, was uns betrifft. Ich werde nächsten Samstag alleine mit meinen Freunden weg gehen." Das war zuviel für ihn. Er drehte sich um und ging, ohne ein Wort zu sagen.

Ich genoss die Zeit ohne Marco. Ich fühlte mich an diesem Samstagabend so unbeschwert, auf niemanden Rücksicht nehmen zu müssen und keine spitzen Bemerkungen anzuhören, es war einfach nur toll. Nach einer gewissen Zeit zogen sich Günter und ich zurück. Er gestand mir, dass er mich süß fand. Wenn ich keinen Freund hätte, würde er mich fragen, ob ich mit ihm zusammen sein wollte. Ich wusste gar nicht, wie ich mich verhalten sollte. Am liebsten würde ich ihn küssen, aber da kam mir Marco in den Sinn und ich bekam ein schlechtes Gewissen. Was machte ich eigentlich? Ich wusste es nicht. Er nahm meine Hand, schaute mir mit einem Lächeln in die Augen und bis ich nachdenken konnte, lag ich in seinen Armen und wir küssten uns. Ich ließ es einfach geschehen und genoss diesen Augenblick. Bis Silke auftauchte und mir eigentlich nur mitteilen wollte, dass wir in einer halben Stunde nach Hause fahren würden. Wir gesellten uns wieder zu den anderen und ich hoffte, dass mich sonst keiner gesehen hatte und vielleicht noch irgendjemand den Vorfall dem Marco erzählt. Das wäre mein Untergang gewesen. Bei der Verabschiedung mit Günter sagte ich ihm, dass es ein wunderschöner Abend war, dass aber nichts aus uns werde, da ich mit Marco zusammen sei. Er meinte nur: „Mache dir keine Gedanken, es ist alles okay so, wie es ist." Er lächelte mich wieder an und meinte, er könne warten, gab mir noch einen Kuss und ging.

Meine Gefühle fuhren Achterbahn. Bei der Heimfahrt ging mir alles durch den Kopf. Ich musste erstmal wieder einen klaren Gedanken fassen, für heute war es genug und ich wollte nur noch in mein Bett, um zu schlafen. Ich fragte meine Freundin Silke und den lieben Gott um Rat, aber die halfen mir nicht so recht weiter. An diesem Sonntag hörte ich nichts mehr von Marco. Er war, glaube ich, sehr beleidigt. Es tat mir gut, mit Silke nochmals darüber zu reden. Nun war es Zeit, auf die Burg zu fahren. Mein Vater fuhr mich hoch, wir verabschiedeten uns.

Die neue Woche begann, im zweiten Schuljahr hatten wir einmal die Woche Praxis im Kindergarten. Heute war mein erster Tag. Wir Schüler wurden von unserem Hausmeister in die Stadt gefahren und wurden in die verschiedenen Kindergärten gebracht. Ich und Susanne waren zusammen im städtischen Kindergarten. Wir wurden begrüßt und schon erwartet. Susanne kam in eine andere Gruppe als ich. Ich lernte die Gruppenleiterin kennen und die Person, die für mich zuständig war. Vor allem lernte ich die Kinder kennen, die sehr offen und zugänglich waren. Die Kinder hatten sehr schnell Vertrauen zu mir gefasst und freuten sich immer, wenn ich in den Kindergarten kam. Mir machte der eine Tag in der Woche in der Einrichtung mit den Kindern sehr viel Spaß. Ich hatte eine sehr nette Anleiterin, die mich sehr viel mit den Kindern machen ließ. Vor allem, wenn ich etwas ausprobieren, basteln oder ein Bilderbuch vorlesen wollte, war sie begeistert, dass ich so viel Interesse, Ideen und Wille zeigte.

Am Abend versuchte ich Marco zu erreichen, aber er ging nicht ans Telefon. Ich versuchte es am nächsten Tag mehrmals, immer wenn ich Pause hatte und am Abend sowieso. Aber ich erreichte ihn nicht. Mein Gewissen plagte mich sehr, vielleicht war ich doch über das Ziel hinaus geschossen und jetzt wollte er es mich spüren lassen. Es beschäftigte mich sehr und ließ mir keine Ruhe. An diesem Abend konnte ich nicht einschlafen. Es war schon spät, ich wollte noch eine rauchen, aber die Türen nach draußen waren schon abgeschlossen, so entschloss ich, im Zimmer aus dem Fenster zu rauchen. Ich war der Meinung, alle schliefen schon. Meine Zimmergenossin war nicht begeistert, sie forderte mich auf, die Zigarette auszumachen. Wir bemerkten, dass im Gang jemand herumlief. Ganz schnell warf ich die Zigarette aus dem Fenster und legte mich ins Bett. Kaum waren wir im Bett, ging auch schon die Türe auf und das Licht an. Mir ging es nicht gut, wir taten so, als schliefen wir. Aber nun standen zwei Schwestern im Zimmer. Die Oberschwester meinte: „Es wurde hier geraucht, es riecht im Zimmer nach Rauch." Sie fragte mich, ob ich geraucht hätte, aber ich verneinte es. Danach fragte sie auch Sabine, aber die sagte auch nein und meinte, dass draußen Leute seien und die bestimmt geraucht hätten und deshalb der Rauch nach oben ins Zimmer gezogen sei. „Ihr wisst, was es für Konsequenzen hätte?", fragte eine der Schwestern. Wir sahen sie an und nickten mit dem Kopf. „Nun schlaft weiter, gute Nacht!" – das Licht ging aus und die Türe zu. Ich hatte Glück, dass Schwester Ingrid dabei war, im schlimmsten Fall wäre ich von der Schule geflogen.

Immer wieder versuchte ich Marco anzurufen, aber dieses Mal ließ er es mich sehr spüren. Nach ein paar Tagen rief ich Susanne an. Sie war die Nachbarin von Marco, die damals für mich meine heimlichen Briefe in seinen Briefkasten geworfen hatte. Ich fragte sie, ob sie Marco mal gesehen hätte. Sie meinte, dass er zur Zeit abends oft weg gehe. Manchmal begleitete ihn ein Mädchen nach Hause. Aber sie wollte sich gar nicht einmischen, denn es gehe sie nichts an. Ich ließ sie wissen, dass ich es verstehe, aber ich bat sie, ihm die Nachricht zu übermitteln, dass er mich bitte anrufen oder ans Telefon gehen solle. Sie machte das für mich, und am nächsten Tag ging er wirklich ans Telefon. Ich fragte, warum er nicht mehr ans Telefon gegangen sei. Er erwiderte: „Du wolltest den Abstand und deine Ruhe, und die solltest du bekommen." Ich sprach ihn darauf an, ob er jetzt öfter weg gehe, vielleicht eine andere kennengelernt habe. Er sagte: „Ja, ich gehe zurzeit viel weg, da ich nicht alleine zu Hause sein will. Ich habe auch jemanden kennengelernt, aber das ist nur eine gute Freundin." Am nächsten Abend nahm ich mir die Zeit, um Marco ausführlich einen Brief zu schreiben. Er enthielt die Aussage, dass ich ihn noch sehr lieb hatte und ihn nicht verlieren möchte. Dass solche Phasen zur Probe für eine Beziehung sind und man daran wachsen kann. Wir rauften uns danach wieder zusammen und es blieb zunächst alles beim Alten. Es gab immer mehr Berg- und Tal-Fahrten. Ich fing an, regelmäßig Bier zu trinken. Ich merkte, unter Alkohol bin ich geselliger und lockerer. An den Wochenenden, die ich zuhause verbrachte, versuchte ich es allen recht zu machen – was mir leider nicht gelang. Die Einzige, die ich vergessen habe, war ich selbst. Somit war ich oft froh, dass es Sonntagabend war und mein Vater mich auf die Burg fuhr. So war ich unter meiner Käseglocke. Teilweise fühlte ich mich im Internat freier als zuhause.

Die Wochen vergingen und mein 17. Geburtstag stand an. Da mein Geburtstag unter der Woche war, brachten meine Eltern einen Erdbeerkuchen, mein Geschenk und einen wunderschönen Blumenstrauß auf die Burg, was mich sehr freute. So saßen wir alle an diesem Abend im Gemeinschaftsraum und feierten mit Gesang und viel Spaß meinen Geburtstag. Am darauffolgenden Samstag feierte ich mit meinen Freunden und auch mit Silke und ihrer Clique meinen Geburtstag nach. An diesem Abend war es richtig toll, wir hatten alle miteinander großen Spaß, vor allem gab es an diesem Abend keinen Stress. Marco war glücklich, da ich mich sehr um ihn kümmerte. Günter war auch da, was mich sehr glücklich machte. Ich lud ihn zu einem Getränk ein. Immer wenn er in meiner Nähe war, bekam ich Herzklopfen und sein Lächeln verzauberte mich jedes Mal. Aber das war vorerst mein Geheimnis.

Nach einer gewissen Zeit kam es mit Marco immer öfter zu Streit und Auseinandersetzungen. Ich hatte es irgendwie satt, mir ständig vorschreiben zu lassen, was ich zu tun oder wie ich mich zu verhalten hatte. Ein halbes Jahr ging es hin und her. Es lief eine gewisse Zeit wieder gut und dann hatten wir bloß Stress miteinander. Aber meine Angst hatte mich sehr gut in Griff. Tief im Inneren wusste ich, dass für mich die Beziehung mit Marco vorbei ist. So lange kämpft man für einen Jungen und dann scheint alles vorbei zu sein. Man sollte versuchen, seinen Partner so zu nehmen und auch lernen, die Menschen allgemein zu akzeptieren. Im Laufe eines Lebens entwickelt man sich weiter, unbewusst und ohne es böse zu meinen, verletzt man Menschen oder die Wege trennen sich. Jede Partnerschaft, jeder Mensch, der in dein Leben tritt, hat einen bestimmten Grund. Nur so können wir wachsen und uns weiterentwickeln. Was ich damit sagen will: Ein Kampf oder eine

Beziehung, in meinem Fall mit Marco, hat mir sehr viel gebracht und ich möchte die Zeit nicht missen. Ich erkannte aber, dass für mich unsere gemeinsame Zeit zu Ende war. Man muss seinem inneren Ruf folgen. Das heißt nicht, dass es einfach wird. Das Gefühl von Angst und die Bedenken, etwas falsch zu machen, sollten uns nicht in die Leere treiben, sondern können uns auch den richtigen Weg weisen. Ich wusste damals nur noch nicht, wie ich es Marco beibringen sollte.

Die Einzige, der ich von meinen Gefühlen und meinem Vorhaben erzählte, war meine Schwester Isa. Da sie in Karlsruhe lebte und sich zur Zeit im Griff hatte, telefonierten wir oft. Ich hatte das Gefühl, dass Helmut ihr gut tat. Sie fuhren große Autos. Sie fuhr damals einen Porsche 9/11, hatte ein schönes Haus und bekam im August 1987 ein weiteres Baby. Ich wurde zum zweiten Mal Tante. Sie bekam einen Jungen namens Simon. In der Schule im Nähkurs nähten wir gerade ein Kissen, das ich jetzt für Simon nähte. Ich nähte seinen Namen darauf und verzierte es mit schönen Applikationen. Als Simon endlich auf die Welt kam, fuhren meine Eltern und ich zu meiner Schwester, um sie zu besuchen und das Baby anzuschauen. Meine selbstgenähten Sachen packte ich schön ein und übergab es meiner Schwester. Ich freute mich für Isa, vielleicht hatte sie jetzt wirklich durch Helmut und das Baby ein neues Leben begonnen und somit ihr Leben im Griff. Ihr erster Sohn Bernd war sehr in den Hintergrund getreten, was mir sehr weh tat und mich beschäftigte. Je mehr Zeit verging, desto seltener wurden die Begegnungen mit Bernd. Ich konnte an dieser Situation nichts ändern, nahm mir aber vor, öfter zu Bernd zu fahren, wenn ich selbst einen Führerschein und ein eigenes Auto hätte.

Marco bemühte sich sehr, unsere Beziehung aufrechtzuerhalten. Er hat mich an einem Samstag in ein schickes Lokal eingeladen. Danach gingen wir in eine Disco, die ich nicht kannte. An diesem Abend fand dort ein Tanzwettbewerb statt. Es konnte jeder mitmachen, der überzeugt war, gut tanzen zu können. Ich beschloss mitzumachen. Marco bestärkte mich in meinem Vorhaben und meldete mich an. Es waren 25 Teilnehmerinnen, die alle den ersten Platz bekommen wollten. Es ging los. Ich ging auf die Tanzfläche und versuchte mich zu konzentrieren. Meine Aufregung war groß, ich versuchte alles um mich herum auszublenden. Ich ließ meinem Gefühl und meinem Rhythmus freien Lauf. Ich war in meinem Element und legte ein Solo aufs Parkett, sodass

Marco und die Zuschauer sehr begeistert waren. Nach meinem Auftritt bekam ich großen Beifall, ich fühlte mich erleichtert und gut dabei. Nachdem alle vorgetanzt hatten, ging die Wartezeit los, bis die Auswertung zu Ende war. Je mehr Zeit verging, desto nervöser wurde ich. Marco versuchte mich zu beruhigen: „Du wirst sehen, du wirst einen guten Platz belegen." Endlich standen die drei ersten Plätze fest. Es wurde der dritte Platz vergeben, es wurde der zweite Platz vergeben – mein Traum ist geplatzt. Den ersten Platz habe ich nie im Leben gewonnen. In meiner Enttäuschung versunken hörte ich auf einmal meinen Namen. Ich traute meinen Ohren nicht! Ich hatte den ersten Platz belegt. Marco und ich freuten uns über meinen Sieg. An diesem Abend war es fast wieder wie früher. Es war ein sehr schöner Abend. Diesen Erfolg habe ich im Internat erzählt, alle haben sich für mich gefreut. Das Schöne im Leben ist, man hat sein eigenes Drehbuch – mit allen Höhen und Tiefen. Mit Freude und Leid und oftmals mit vielen Tränen. Und doch sind wir unser eigener Autor, weil viele Entscheidungen uns frei zur Wahl stehen. Meine Entscheidung stand fest: Ich würde die Beziehung mit Marco beenden. Ich rief ihn eines Abends an, nahm meinen ganzen Mut zusammen und erklärte ihm, wie ich denke und fühle.

Nun war ich frei, aber nicht lange, denn bald darauf war ich mit Günter zusammen. Er war ein sehr lieber und zuvorkommender Junge. Das Problem war nur, dass wir uns nur am Wochenende in der Disco sahen. Er war in meinem Alter und somit hatte er auch keinen Führerschein. Er wohnte zwei Ortschaften von Schönau entfernt. Zweisamkeit wie mit Marco war nicht möglich.

Die Tage und Wochen vergingen. Günter und ich sahen uns hauptsächlich am Samstag in der Disco. Wenn wir Glück hatten, sahen wir uns auch schon am Nachmittag in Weißenburg, wo Günter mit unserer Clique zusammen war und wir alle ins Schwimmbad gingen oder andere gemeinsame Aktivitäten unternahmen. Marco war für mich abgehakt. Zeitweise sah ich ihn mit einem Mädchen, das angeblich seine neue Freundin war, in der Disco. Ich glaube, er wollte mich eifersüchtig machen. Er hielt sich viel in meiner Nähe auf und beobachtete mich. In einem Moment, in dem er alleine stand, ging ich zu ihm hin und fragte: „Warum beobachtest du mich ständig? Ich finde es nicht gut und gegenüber seiner Freundin wäre es auch nicht angemessen." Er meinte, dass er mich noch liebe und ich es mir doch noch mal überlegen solle.

Er würde sich ändern und mir mehr Freiheiten lassen. Ich fragte ihn: „Warum hast du dieses Mädchen als Freundin, wenn du mich noch liebst?", schüttelte den Kopf und ging. Ich ließ mich früher als sonst zur Burg fahren, wollte mit meinen Gedanken alleine sein.

Als ich so in meinem Bett lag und mir meine Gedanken durch den Kopf gingen, bin ich eingeschlafen. Nach einer gewissen Zeit erwachte ich und traute meinen Augen nicht. Marco stand neben meinem Bett und sah mir beim Schlafen zu! Ich sprang aus dem Bett, beschimpfte ihn und fragte, was er sich einbilde, er solle verschwinden. Auf diese Art und Weise bekomme er mich auch nicht mehr zurück. Ich nahm in meiner Verzweiflung und Angst den nächstbesten Gegenstand – eine Dose – in die Hand und jagte Marco aus meinem Zimmer, den ganzen Gang entlang. Ich war so aufgeregt, dass ich ihm im Flur alles nachschrie, das konnte nicht mal Schwester Ingrid überhören. Sie fragte, was da los sei. In diesem Moment warf ich die Dose Marco hinterher und knapp an Schwester Ingrid vorbei. Das war zu viel. Marco war verschwunden und ich musste zu Schwester Ingrid ins Zimmer. Sie meinte: „Sonja, ich glaube, du bist mir eine Erklärung schuldig. Was war das für ein Auftritt?" Ich weinte und erzählte ihr alles. Wie lange ich um Marco gekämpft hatte, aber dass es nun vorbei sei und er es einfach nicht begreifen wollte. Sie versuchte trotz allem, mich zu trösten, und mit einem Lächeln im Gesicht sagte sie: „Sonja, seit du bei uns im Internat bist, habe ich dich noch nie so gesehen. Du bist immer die ruhige, gut gelaunte Sonja. Jetzt konnte ich auch mal deine andere Seite kennenlernen. So etwas darf nicht mehr vorkommen, und falls es wieder vorkommen sollte, dann komme zu mir und wir werden gemeinsam eine Lösung finden." Ich bedankte mich bei Schwester Ingrid für ihr Verständnis und dass sie den Vorfall nicht an die Oberschwester weitergegeben hatte, ging in mein Zimmer zurück und wollte nur noch alleine sein. Was meine Mitbewohner schnell bemerkten. Sie ließen mich an diesen Abend in Ruhe.

Ich nahm mir vor, wieder mehr mit meinen Gedanken bei der Schule zu sein, da die Abschlussprüfungen nicht mehr weit weg waren. Ich wollte einen guten Abschluss machen. Das Sommerfest stand bevor, für das es noch so viel zu organisieren gab. Unsere Vorführungen mussten noch mehrmals einstudiert werden und einiges für die Tischdeko musste auch noch gebastelt werden. Es war gut, dass wir so beschäftigt waren, so versuchte ich mich tagsüber auf das Wesentliche und auf meine Arbeit zu konzentrieren. Ich versuchte, meine Tätigkeit hundertprozentig zu erledigen. Ich wollte, dass alles perfekt ist, denn es war für unsere Eltern, Bekannte und Verwandte, mit denen wir unser Sommerfest gemeinsam feiern würden. Es gab immer zwei Veranstaltungen im Jahr. Das eine war das Sommerfest, auch Abschlussfest genannt, weil es immer kurz vor den Schulferien stattfand. Das andere Fest war unser Weihnachtsfest. Unser besinnliches weihnachtliches Programm kam bei unseren Gästen gut an und bereitete ihnen viel Freude.

Erst standen die Pfingstferien an. Ich hatte mich entschlossen, ein paar Tage zu meiner Schwester Isa in die Pfalz zu fahren. Ihr ging es zur Zeit auch nicht so gut. Vielleicht konnte ich sie mit meiner Anwesenheit ein wenig unterstützen und ihr ein offenes Ohr schenken, vor allem Zeit mit meinem Neffen verbringen, der auch schon ein halbes Jahr alt war. Ich wollte von allem Abstand gewinnen und einen klaren Kopf bekommen. Aber was ich da erlebte, war zum Verzweifeln. Ich bekam mit, dass sich Isa und Helmut immer öfter stritten. Dass es mit der Firma nicht so gut lief, dass nicht genügend Aufträge reinkamen. Es floss nicht das Geld, das sie gebraucht hätten, um ihren Lebensstandard zu erhalten. Somit stand zur Debatte, ob sie weiterhin in diesem schönen Haus bleiben und sich zwei Sportwagen leisten konnten – und noch viele weitere Fragen standen im Raum. Der ganze Streit, die Verzweiflung und vielleicht auch die Angst übertrugen sich auf den kleinen Simon. Ich versuchte wie immer, den Wind aus den Segeln zu nehmen, um beide zu beruhigen und ein wenig Ruhe in das Haus zu bekommen. Ich nahm Isa ein wenig Arbeit ab, indem ich mich intensiv um Simon kümmerte. Weinend ging ich viel mit dem Kleinen spazieren. Ich dachte mir: Egal, wo ich hingehe, ich finde einfach keinen Frieden. Ich versuche es immer, allen recht zu machen, aber es gelingt mir nicht. Meine Seele schrie laut: „Hallo, ich bin auch noch da. Warum hört mir keiner zu? Ich will doch nur einmal ein offenes Ohr! Jemanden, der mich in den Arm nimmt und mir zuhört, der mir von seiner kostbaren Zeit etwas schenkt."

Jeder sah in mir die verständnisvolle, gutmütige, zuverlässige Sonja: immer ein Lächeln im Gesicht und oftmals ein gutes Wort. Eigentlich war mir zum Schreien zumute, ich wäre an gewissen Tagen am liebsten auf und davongelaufen. Solch ein Moment stand gerade wieder an. Um abzuschalten und um den Wahnsinn zu ertragen, trank ich bei meiner Schwester fast täglich Alkohol. Davon gab es in diesem Haus genug, da beide gerne getrunken haben. Zum Tagesablauf gehörte der Alkohol einfach dazu. Ich weiß gar nicht, warum ich nicht nach Hause gefahren bin. Vermutlich Simon zuliebe. Mir tat das Kind leid. Nicht, dass es ihm schlecht ging, nein, es war die Überforderung von meiner Schwester und Helmut. Das schwächste Glied in der Kette hat am meisten darunter zu leiden, und das war in diesem Fall der kleine Simon. Es kam so weit, dass der Gerichtsvollzieher kam, die Lkws abholen ließ und auf gewisse Wertgegenstände ein Pfandsiegel klebte.

In dem ganzen Durcheinander und in der Verzweiflung schnappte ich mir Simon, um ihn aus dem Geschehen herauszuholen. Helmut ergriff die Flucht und ließ Isa mit ihrem Schicksal allein. Ich bekam mit, dass Helmut so schlau war, Isa alles zu überschreiben, und somit hatte sie auf einen Schlag einen Berg Schulden. Da ging es nicht nur um ein paar DM. Es handelte sich um eine sechsstellige Zahl! In dieser Situation drehte Isa durch. Sie schrie laut, warf Gegenstände und brach in sich zusammen. In dieser ganzen Verzweiflung rief ich unsere Eltern an. Ich erzählte die ganze Situation. Meine Eltern beschlossen, am nächsten Tag zu uns zu fahren, um Isa beizustehen und sie zu unterstützen. Ich war froh, dass meine Eltern kamen, denn ich war langsam mit der ganzen Situation überfordert. Ich versuchte weiterhin, Isa zu beruhigen. Ich nahm ihr den Haushalt und den kleinen Simon ab. Sie war mir sehr dankbar. Am nächsten Tag um die Mittagszeit waren meine Eltern da. Nach langen Gesprächen entschlossen sie sich, einige wertvolle Gegenstände wegzufahren und in Sicherheit zu bringen, bevor der Gerichtsvollzieher alles abholen ließ. Am Abend ging ich mit meinem Vater eine Runde spazieren. Wir gingen in den Ort und in eine Wirtschaft. Ich glaube, es war das erste und letzte Mal, dass ich alleine mit meinem Vater in einer Wirtschaft war und wir gemeinsam ein paar Bier tranken. Wir sprachen über vieles, hauptsächlich über Isa. Über ihre Situation, den Berg von Schulden und wie es mit ihr und Simon weitergehen sollte. Wir sprachen auch über Bernd, warum es so ist, wie es ist. Sobald ich meinen Führerschein und mein eigenes Auto haben würde, wollte ich den Bernd öfter besuchen. Wir hatten ein sehr gutes Gespräch. Solche Gespräche hätte ich gerne öfter mit meinen Eltern geführt. Vielleicht ist es mir noch so in Erinnerung, weil es einmalig war.

Am nächsten Tag ging alles ganz schnell. Bekannte von Isa und meine Eltern ließen noch einige Gegenstände aus dem Haus bringen. Isa packte ihre Klamotten zusammen. Das Wichtigste von Simon, bis ihr Auto voll war. Sie beschlossen, erstmal zusammen mit uns in Richtung Heimat zu fahren – für eine gewisse Zeit, bis sich der Sturm gelegt hatte. Isa blieb eine Zeit lang in einer anderen bayerischen Stadt, dort hatte sie einen Bekannten, bei dem sie für eine gewisse Zeit bleiben konnte. Wir hatten die richtige Entscheidung getroffen. Wir bekamen mit, dass am nächsten Tag das Haus leer geräumt wurde. Ich war froh, dass sie es nicht miterleben musste und Abstand hatte. Es war schon alles schwer genug. Ich weiß nicht, wie es weiterging. Ich wusste nur, dass meine Schwester mit ihren 24 Jahren am Boden zerstört war und so schnell keine Perspektive in Aussicht war.

Meine Ferien waren vorbei und ich ging wieder auf meine Burg. Da hatte ich wenigstens ein wenig Normalität. Kein Streit, keine Auseinandersetzungen, einfach wieder Ruhe und eine gewisse Harmonie. Meine Schulzeit war in dieser Situation für mich mehr Erholung als meine Ferien. Egal, wo wir herkommen, wohin wir gehen: Wir dürfen nicht müde werden, auch wenn es schmerzt. So kommt immer wieder die Frage auf: Wo wird unsere Lebensreise hingehen? Unstillbar ist die Sehnsucht nach dem Kern der Dinge, der für uns noch im Verborgenen liegt.

Meine praktische Prüfung im Kindergarten stand an. Mein Thema war das Turnen mit einem Rundseil. Ich besorgte mir Bücher über Sportaktivitäten mit verschiedenen Gerätschaften und Turnmaterialien, was in meinem Fall das Rundseil war. An diesem Tag ging ich sehr nervös in den Kindergarten. Ich durfte mir eine gewisse Anzahl von Kindern selbst aussuchen, um meine Aktivität durchzuführen. Bevor es losging und ich einen kurzen Moment mit den Kindern alleine war, sagte ich den Kindern: Wenn sie heute toll mitmachten, bekämen sie von mir eine Schokolade. Nun betrat ich mit den Kindern den Turnraum. Drei oder vier Personen saßen auf einer Bank, um meine Aktivität zu beurteilen. Zum Schluss durften sich alle Kinder auf den Boden legen und mussten die Augen schließen, um in die Ruhe zu kommen. Ich erzählte eine Geschichte von einem Teich, in dem wundervolle Seerosen wuchsen. Während ich die Geschichte erzählte, machte ich mit dem Rundseil einen Kreis, der den Teich darstellen sollte. In die Mitte des Teiches platzierte ich die Seerosen, die ich vorher selbst gebastelt hatte. Als die

Kinder ihre Augen öffneten, waren sie ganz überrascht und fasziniert von den Seerosen. Zum Abschluss durfte jedes Kind eine Seerose mit nach Hause nehmen. Die Personen, die meine Aktivität beurteilten, bekamen natürlich auch eine Seerose. Ich war glücklich und zufrieden, dass ich es endlich hinter mir hatte. Nach meinem Empfinden hatte ich es gut gemacht. Mein Versprechen habe ich natürlich eingehalten und die Kinder bekamen von mir die versprochene Schokolade. Ich weiß noch, dass meine Note eine 2 wurde. Damit war ich zufrieden. Die praktische Prüfung hatte ich nun hinter mich gebracht.

Nun stand nur noch die Theorie an – die ich auch gut abgeschlossen habe. Ich freute mich und war an diesem Tag glücklich. Als ich den Kindergarten verließ, traute ich meinen Augen nicht. Marco stand vor dem Haus auf dem Parkplatz mit einem roten Porsche. Wir hatten noch ein wenig Zeit, bis unser Fahrdienst kam, um uns wieder auf die Burg zu fahren. Ich ging zu Marco und fragte, wem das Auto gehört. Er sagte: „Du hast doch immer gesagt, dass dir ein roter Porsche gefallen würde, da deine Schwester auch einen fährt und du immer davon träumst." Gott sei Dank kam der Fahrdienst und holte mich aus dieser Situation. Marco sagte mir noch hinterher: „Wenn du Lust hast, können wir eine Spritztour am Wochenende unternehmen. Ich hätte auch noch eine Überraschung für dich. Wenn ja, dann melde dich." Wir fuhren auf die Burg und mir ging die Situation mit Marco nicht mehr aus dem Kopf. Susanne, die auch die Situation miterlebt hatte, sagte nur: „Sei nicht so dumm, ich würde sofort mitfahren und würde auch wissen wollen, was er für eine Überraschung für mich hat." Es war ja nicht so, als würden mich die Überraschung und ein Ausflug mit dem Porsche nicht reizen. Ich bin vor Neugier fast gestorben.

Am nächsten Tag rief ich Marco an und verabredete mich für den Samstag, um mit ihm gemeinsam etwas zu unternehmen. Günter rief ich an und sagte ihm, dass ich am Wochenende keine Zeit hätte, es sei etwas dazwischengekommen. Die Einzige, die von meinem Vorhaben wusste, war Sabine, und von ihr wusste ich, dass sie dicht halten würde. Sie war damals schon meine beste Freundin, was bis heute so geblieben ist. Am Samstagmorgen war ich sehr aufgeregt. Ich war neugierig, was der Tag für mich bereithalten würde. Vor allem war ich neugierig auf die Überraschung, die Marco erwähnt hatte. Ich hatte überhaupt keine Idee oder Vorstellung, womit er mich überraschen wollte. Ich machte mich sehr hübsch. Mir gingen tausend Gedanken durch den Kopf. Wie es früher war, wie aufgeregt ich war, als Marco immer in meine Gegenwart kam. Komischerweise erinnert man sich immer an die schönen Zeiten, und was negativ war, verdrängt man rasch. Wie auch immer, ich freute mich auf diesen Tag. Ich stand pünktlich an der Straße bei der evangelischen Kirche. Ich wollte mich nicht vor meiner Haustüre abholen lassen, um keine falschen Vorurteile entstehen zu lassen. Nun sah ich einen roten Porsche um die Ecke kommen, der auf mich zufuhr. Mit einem Grinsen im Gesicht nahm ich die Situation sehr gelassen. Marco hielt bei mir an, stieg aus dem Auto, machte mir die Türe auf, und mit seinem schönen Lächeln sagte er: „Schön, dass du da bist. Das freut mich sehr! Wir werden einen schönen Tag verbringen." Ich wollte so schnell wie möglich aus dem Ort raus. Da jeder jeden kennt, hatte ich Angst, dass mich jemand Bekanntes sehen und es meinen Eltern sagen würde. Das würde sich schnell zum Gesprächsstoff entwickeln. Marco gab Gas und fuhr aus der Ortschaft raus. Ich sah aus dem Fenster zum Himmel hoch. Wir hatten einen schönen sonnigen Tag und die Sonne schien mir ins Gesicht. Ich kam durch das schöne Auto, das damals wirklich ein Traum von mir war, und durch die flotte Fahrt richtig ins Träumen. Ich fühlte mich so schwerelos, so glücklich, als würde mir die Welt gehören – wie damals, als ich das erste Mal in Marcos Armen lag, wir gemeinsam dahinschmolzen und in eine andere Welt versanken. In diesem Moment nahm er meine Hand, lachte mich an, und mein Herz fing wieder an zu rasen. Wir fuhren auf die Schnellstraße, um das Auto mal richtig auszufahren. Nach einer gewissen Zeit hielten wir an einem Biergarten an, der auf dem Weg lag. Ich konnte jetzt ein Bier und eine Zigarette vertragen. Wir lachten und hatten sehr viel Spaß, fast so wie früher. Wir sahen uns in die Augen, und so kam es wieder zu einem Kuss. Schlagartig waren die alten Gefühle wieder da. In diesem Moment schoss mir Günter durch den Kopf. Aber ich genoss einfach diesen Moment und war glücklich. Nun sagte Marco mir endlich, was für eine Überraschung er für mich hatte: „Sonja, ich habe zwei Eintrittskarten. Ich gehe auf ein Konzert und würde dich gerne mitnehmen." Ich selber war auch schon auf ein paar Konzerten gewesen, zum Beispiel bei der Spider Murphy Gang. Als ich wesentlich älter war, besuchte ich auch Andrea Bocelli, Reinhard Mey, Peter Maffay und vielleicht waren noch einige Konzerte mehr. Aber erstmal zurück in die

80er-Jahre, da war ich sehr gespannt, zu welchem Konzert Marco mich einladen würde. Damals kam Michael Jackson groß raus. Er machte sehr geile Musik, genau meine Richtung. Er machte 1988 gerade eine Deutschlandtournee und Marco fragte mich, ob ich nächste Woche mit ihm nach München fahren möchte, um bei diesem Konzert dabei zu sein. Ich dachte, ich traue meinen Ohren nicht. Ich hatte die Möglichkeit, auf ein Konzert zu kommen, das zur Zeit eins von den besten war. Ich überlegte nicht lange und sagte Ja. Ich sagte, dass ich mich sehr darauf freue, mit ihm auf das Konzert zu gehen. Ich nahm ihn in den Arm und freute mich. Dieser Tag war nach langem wieder mal ein sehr schöner Tag. Da zuvor die Aktion in der Pfalz mit Isa gewesen ist, genoss ich diesen Tag sehr, der wie Balsam für meine Seele war.

Am Abend brachte er mich nach Hause, mit einem Kuss verabschiedeten wir uns. Er meinte, dass er mich noch sehr lieb hat und ich mir das mit uns nochmal überlegen und ihm doch noch eine Chance geben solle. Ich versprach, mir meine Gedanken zu machen. Mit einem Lächeln stieg ich aus dem Auto und war glücklich. Sah Marco hinterher, wie er mit dem roten Porsche verschwand. Ich machte mir die ganze Woche Gedanken, wie ich es Günter beibringen kann, ob ich vielleicht doch Schluss machen und es nochmal mit Marco probieren sollte. Ich war mir nicht mehr sicher, was ich überhaupt noch wollte. Aber eins wusste ich: Dass ich jetzt erst mal auf das Konzert gehen möchte und es mir von niemandem ausreden lassen würde. Sogar Schwester Ingrid wusste es und wünschte mir viel Spaß. Das fand ich sehr lieb von ihr. Nun war die Woche vorbei und mein Vater holte mich von der Schule ab. Bei der Heimfahrt erzählte ich meinem Vater, dass ich am kommenden Samstag mit Marco nach München in das Konzert fahren würde. Er fragte mich nur, ob wir wieder zusammen seien. Ich meinte nur: „Papa, das weiß ich selber noch nicht so genau.“ Er lachte und meinte, du wirst es schon noch rausfinden. Über solche Themen konnte ich mit meinem Vater besser reden als mit meiner Mutter. Meine Mutter war in diesem Punkt ein wenig anders gestrickt. Ich glaube, sie war froh, dass ich mich damals von Marco getrennt hatte. Aber darauf gab ich nicht viel. Am Abend rief Anne bei uns zuhause noch an. Sie rief in der Regel einmal die Woche an, um auf dem Laufenden zu bleiben, was es Neues gibt, vor allem, was Isa macht. Ich ging ans Telefon und musste ihr natürlich gleich mitteilen, dass ich morgen nach München komme, um zu dem Michael-Jackson-Konzert zu gehen. Sie staunte nicht schlecht und freute sich für mich.

Nun war es endlich soweit. Marco holte mich ziemlich früh von zuhause ab, da wir ein paar Kilometer vor uns hatten bis nach München. Die Fahrt nach München mit dem Porsche war super. In München endlich angekommen, kämpften wir uns durch die Stadt und durch den vielen Verkehr. Ich fragte mich, ob die alle zu dem Konzert gehen wollten, denn dann würde ganz schön viel los sein. Das Konzert fand im Olympiastadion statt. Als wir in das Stadion gingen, war ich sehr fasziniert: die Menschenmasse, die riesige Bühne. Es ist bis heute das größte und beste Konzert, das ich je besucht habe. Nachdem wir unsere Plätze gefunden hatten, spielten erst einige Vorgruppen. Michael Jackson legte dann eine Show auf die Bühne, die man gar nicht mit Worten beschreiben kann. Ich fühlte mich wie im Rausch, obwohl ich in diesem Moment so klar und nüchtern wie selten in solchen Situationen war. Dieses Ereignis wollte ich so bewusst mit allen Sinnen miterleben. Das tat ich, und es war einfach nur geil. Ich war auch danach immer noch hin und weg, schwärmte über das Konzert und bedankte mich nochmals bei Marco, dass er mich mitgenommen hatte. Bei der Heimfahrt lief nur Michael Jackson. Zuhause angekommen, verabredeten wir uns für den nächsten Tag, um nochmals über uns zu sprechen.

In dieser Nacht habe ich mir viele Gedanken gemacht. Ich kam zu dem Entschluss, dass ich keine Beziehung mehr mit Marco eingehen und auch mit Günter Schluss machen würde. Warum sollte sich mit Marco was ändern, bloß weil er jetzt einen Porsche fährt? Er wollte mich mit diesem Auto blenden und mich verzaubern, um mich zurückzugewinnen. Mit Günter hatte es für mich auch keinen Sinn mehr.

Am nächsten Tag sagte ich zu Marco: „Ich bin dir sehr dankbar für den schönen gestrigen Tag, den du mir ermöglicht hast. Aber ich werde deswegen kein schlechtes Gewissen bekommen und werde mich auch nicht kaufen lassen. Lass uns im Guten auseinandergehen, ohne Streit." Ich wusste nicht, ob er es verstanden hatte, aber es war mir in diesem Moment egal. Den darauffolgenden Samstag sah ich Günter in der Disco. Er freute sich, mich zu sehen. Wir tranken erstmal was zusammen, denn ich wollte nicht gleich mit der Türe ins Haus fallen. Nach einer gewissen Zeit sagte ich ihm die Wahrheit, wo ich letzten Samstag gewesen war und mit wem. Er schaute mich mit großen Augen an und ich bemerkte seine große Enttäuschung. Ich versuchte ihm zu erklären, dass ich in unserer Beziehung keinen Sinn mehr sehe. Dass ich zwar noch was für ihn empfinde, aber er für mich nicht mehr die große Liebe ist. Ich möchte erstmal Abstand gewinnen, um in Ruhe zu kommen, um herauszufinden, was ich wirklich will. In der Verfassung, in der ich mich in der damaligen Zeit befand, war es für mich meine Freiheit, was ich wollte. So kam es, dass ich von diesem Zeitpunkt an frei wie ein Vogel war. Wir können es nicht jedem recht machen. Wenn wir versuchen, es jedem recht zu machen, nur auf die Bedürfnisse der anderen zu achten und diese zu erfüllen, ist es auf Dauer nicht gut für uns, da wir uns selbst verlieren und vergessen. Es ist nicht der Sinn unseres Lebens, auf die eigenen Bedürfnisse zu verzichten und somit in irgendeine Sucht abzurutschen. Auf Dauer werden wir einen hohen Preis dafür bezahlen. Wir rutschen in eine Unzufriedenheit, die uns verzweifeln lässt. Die Verzweiflung sorgt dafür, dass wir uns immer mehr in unsere eigene Welt zurückziehen. Somit besteht die Gefahr, dass man in irgendeine Sucht flieht, um sich zu betäuben, um abzuschalten oder sich selbst zu bemitleiden – was in meinem Fall später der Alkohol war, der mein bester Freund wurde.

In solchen Situationen war mein Schutzengel für mich auch der beste Ansprechpartner. Er begleitet mich bis zum heutigen Tag alle Tage. Ich weiß, dass alles einen Sinn im Leben hat, auch wenn man es nicht versteht. Man muss auch nicht alles verstehen und trotzdem denke ich, dass dieser Prozess zur Frustbewältigung beigetragen hat. Aus dem Vertrauen, das ich täglich den Engeln schenke, vor allem meinem Schutzengel, weiß ich, dass sich aus dem inneren Vertrauen heraus heilsame Wege auftun und gegangen werden können. Durch die Liebe und wenn die richtige Zeit da ist, werden wir auch viele Situationen in unserem Leben verstehen.

Nun stand das Ende meiner Ausbildung an. Zwei Jahre Wülzburg neigten sich dem Ende zu. Einerseits freute ich mich, wieder frei zu sein und dem Neuen entgegenzugehen, nicht unter ständiger Beaufsichtigung und Kontrolle zu sein. Aber auf der anderen Seite war ich sehr traurig. Die Gemeinschaft, der Zusammenhalt würde sich jetzt auflösen, all das, was ich zuhause vermisst und in diesem Internat gefunden hatte. Man verspricht sich zwar immer, dass man in Kontakt bleibt, aber ich habe die Erfahrung gemacht, dass die Kontakte nach einer gewissen

Zeit einschlafen oder manchmal auch für eine gewisse Zeit auf Eis gelegt werden, bevor man sich nach Jahrzehnten dank Internet wiederfindet. In meinen letzten Sommerferien schrieb ich an verschiedene Kindergärten Bewerbungen, um eine Stelle als Kinderpflegerin zu bekommen. Ich bewarb mich in verschiedenen Städten, um eine bessere Chance zu haben. Ich hoffte schnell einen Job zu bekommen, um endlich Geld zu verdienen, da ich in meiner Ausbildungszeit keinen Lohn erhalten hatte. Ich wollte endlich mein eigenes Geld verdienen, ein eigenes Auto fahren und viele Sachen mehr.

Manchmal habe ich das Gefühl, keine Kraft mehr zu haben und verdränge alles, doch irgendwann holt es mich immer wieder ein. Manchmal weiß ich nicht, was mit mir los ist, oder ich weiß es und will es nur nicht wahrhaben. Manchmal brauche ich Hilfe, möchte aber niemanden belasten. Manchmal fühle ich mich einsam und brauche Zeit für mich selbst. Meistens denke ich an die Menschen, die ich liebe, und muss für sie stark sein. Manchmal lache ich und meine Seele weint, und trotzdem lasse ich mich nicht unterkriegen. Du wirst genauso wie ich wissen, wann du das Richtige tust, wenn du auf dein Herz hörst, aber du wirst nie genügend Energie haben, um das Falsche aufrechtzuerhalten.

Vor den Sommerferien stand mein 18. Geburtstag noch an, den ich groß feiern wollte. Jetzt, wo ich frei wie ein Vogel war, musste ich keine Rücksicht auf einen Partner mehr nehmen. Ich war immer noch mit meiner früheren Clique zusammen. Zum Glück hatte ein Freund die Idee, den Geburtstag bei sich zuhause zu feiern. Das war eine super Idee. Ich freute mich sehr und wusste, dass es eine super Feier werden würde. Ich lud viele meiner Bekannten und Freunde ein. Mit zwei Freunden machte ich die ganzen Besorgungen, was Getränke und Essen betraf. Getränke waren kein Problem, da meine Eltern den Getränkemarkt hatten. Einen Tag vorher dekorierten wir das Haus schön und bereiteten das Essen vor, soweit es ging. Jetzt war es soweit, der Tag war da und ich war endlich 18 Jahre alt. Vor lauter Aufregung hatte ich schon ein paar Bier zu mir genommen. Was soll es, es war mein Geburtstag und es stand mir nichts im Wege. Nun kamen auch schon die ersten Gäste. Es war schön, im Mittelpunkt zu stehen, ich genoss es sehr. Die vielen Geschenke und Glückwünsche waren einmalig. Einen von meinen Freunden sollte ich später in der Ellinger Disco abholen, da sie nicht wussten, wo die Party stattfindet. Mit meiner lockeren, charmanten Art, die ich dann an mir hatte, war es für mich gar kein Problem, einfach auf fremde Menschen zuzugehen, sie anzusprechen und mit ihnen Spaß zu haben. Das war es, was ich wollte und auch machte: einfach Spaß haben und es genießen. Nachdem ich in der Disco von der Toilette zurückkam, saß ein junger Mann am Tresen, der von hinten so aussah wie der Bekannte, auf den ich wartete. Ich ging auf ihn zu, um ihn zu begrüßen und abzuholen. Aber es war nicht der Bekannte, auf den ich gewartet habe. Es war ein sehr gutaussehender junger Mann, der sich zu mir drehte und mich mit einem schönen Lächeln begrüßte. Ich entschuldigte mich für die Verwechslung. Wir stellten uns einander vor. Er erzählte mir, dass er hinter Nürnberg wohnte, da er dort arbeitete. Er kam öfter mal in die Gegend, da seine Großeltern in der Gegend wohnten. Er erzählte mir, dass seine Mutter Französin ist und sein Vater Deutscher. Ich fand ihn nett und sympathisch. Ich fragte ihn, ob er Lust hätte, auf meine Geburtstagsfeier kommen. Er willigte ein und kam mit. Die neuen Gäste stellten sich vor und wurden von meinen anderen Gästen herzlich aufgenommen, als gehörten sie dazu. Sie sangen mir alle zusammen ein Geburtstagslied. Wir tranken, aßen, hatten Spaß, hörten gute Musik und tanzten dazu. Spät am Abend zog ich mich mit André zurück, so hieß der hübsche Franzose, um ihn näher kennenzulernen. Wir tranken viel, alberten herum, machten Quatsch, hatten sehr viel Spaß. Irgendwann war es dann so spät, dass einige schon vor lauter Rausch eingeschlafen sind. Einige verabschiedeten sich und gingen nach Hause, auch André. Wir verblieben so, dass wir uns nächstes Wochenende wieder treffen wollten. Obwohl ich sehr betrunken war, ist es für mich bis heute der schönste Geburtstag, den ich je hatte. So unbeschwert, feucht und fröhlich.

Bevor ich mich schlafen legte, ging ich alleine vors Haus. Mir ging immer wieder mein Bruder durch den Kopf, den ich noch nie gesehen hatte, von dem ich nicht wusste, wie er aussieht, und vor allem keine Ahnung hatte, wo er lebt. Einmal im Jahr sagte ich immer zu mir selber, dass ich ihn irgendwann finden und sehen werde. Das ganze Jahr verteilt dachte ich zwar hin und wieder mal an ihn, aber an meinem Geburtstag immer. Denn unsere Geburtstage liegen nur vier Tage auseinander. Ich setzte mich auf die Treppe, zündete mir eine Zigarette an und sah in den Himmel. Mit dem Gedanken an meinen Bruder und an den wunderschönen Geburtstag ließ ich diesen Tag nochmal an mir vorbeiziehen und freute mich. Mit einem Lächeln dankte ich Gott, dass er immer bei mir ist und auf mich aufpasst. Dass er auch an diesem schönen Abend bei uns gewesen war. Danke!

Am nächsten Tag beim Aufräumen bedankte ich mich recht herzlich bei dem Freund namens Zolle, dass er mir das Haus zur Verfügung gestellt und solch eine wundervolle Geburtstagsfeier ermöglicht hatte. Ich erzählte meinen Eltern, dass es eine sehr schöne Party gewesen war und dass viele gekommen waren. Was ich nicht erzählte, war, dass ich viel getrunken und ich einen hübschen Jungen kennengelernt hatte und wir uns nächstes Wochenende wiedersehen wollten. Ich liebte Geheimnisse, die keiner wusste und für mich selbst noch ein Buch mit sieben Siegeln waren. Ich fing mit meinem Führerschein an, bekam eine Einladung zu einem Vorstellungsgespräch in einem Kindergarten, der in ein Mutter-Kind-Kurheim eingegliedert war. Dieses Kurheim ist in Gunzenhausen. Es entwickelte sich alles nach meinen Vorstellungen. Ab September 1988 hatte ich meinen Führerschein, die Arbeitsstelle in Gunzenhausen durfte ich im selben Monat antreten.

Mit André hatte ich keine richtige Beziehung. Wir trafen uns, als er am Wochenende bei seinen Großeltern war, gingen aus und hatten Spaß miteinander. Zu mehr kam es leider nicht, da ich dieselbe Situation wieder hatte wie bei Günter. Da er auch gerne trank, hatten wir uns gesucht und gefunden. Damals gab es Zeiten, in denen mein Alkoholkonsum immer mehr wurde. Ich hielt mich viel in der Disco meines Geburtsortes auf. Dort waren meine speziellen Freunde, denn wir waren alle vom selben Holz, das heißt, wir tranken alle sehr gerne und sehr viel. Es gab in meiner Geburtsstadt auch eine Kneipe, die mein Stammlokal wurde. Da traf man sich vorher, um zusammen ein paar Bier zu trinken und sich auszutauschen, und wenn es passte, ging man miteinander weg. Ich war auch gerne alleine in der Kneipe, setzte mich in eine Sitzgruppe, hörte Musik, trank dabei mein Bier, rauchte meine Zigarette und dachte über Gott und die Welt nach. Während meines ganzen beschwerlichen Lebens gab es immer irgendwelche Probleme, Frust oder Ärger. Dies konnte ich in der Kneipe fallen lassen und für eine gewisse, wenn auch kurze Zeit alleine sein. Wie man so schön sagt: in Selbstmitleid zerfließen. Es waren immer welche da, die einem ein offenes Ohr schenkten, oder man bemitleidete sich gegenseitig. Wir waren wie eine Familie, die viele, die in diese Kneipe kamen, nicht hatten.

Ich vermisste meine Burg, die Harmonie und die Zusammengehörigkeit, das Geregelte, die gemeinsamen Unternehmungen, einfach alles. Schwester Ingrid war für mich eine sehr wichtige Bezugsperson gewesen. Ihr hatte ich alles anvertrauen können, sie hatte mir zugehört und zur Seite gestanden, als ich Kummer gehabt hatte. Sie hatte die Gabe gehabt, mir unbewusst gute Ratschläge zu vermitteln, sodass ich zum guten Schluss gedacht hatte, die Ideen seien von mir selbst.

Eines Morgens saß ich mit meinen Eltern beim Frühstücken, mein Vater las die Zeitung. Er kam auf die Seite, wo die Wohnungsannoncen waren. Er las mir vor, dass in Gunzenhausen günstig eine Wohnung zu vermieten sei. Solange ich kein Auto habe, sei es doch gut, in dem Ort zu leben, wo ich auch arbeite. Der Gedanke gefiel mir. Ich fragte meinen Vater, ob er mich nach Gunzenhausen fährt, um mit mir die Wohnung anzuschauen. Ich rief bei der Vermieterin an, um zu fragen, ob die Wohnung noch frei sei. Ich hatte Glück und somit haben wir einen Besichtigungstermin vereinbart. Wir hielten an einem Einfamilienhaus an. Dieses Haus hatte einen Garten um sich herum, der einem Dschungel glich. Er war komplett zugewuchert, man sah das Haus auf den ersten Blick gar nicht, alles wuchs wild darin. Es hatte etwas Mystisches und Geheimnisvolles. Die zwei großen Bäume, die sich im Wind hin und her bewegten, spendeten sehr viel Schatten.

Die Vermieterin begrüßte uns und bat uns ins Haus. Dieses hatte zwei Wohnungen. In der unteren Wohnung wohnte die Vermieterin, und die Wohnung im ersten Stock war zu vermieten. Als wir in die Mietwohnung reinkamen, wurden wir von einer weiteren Person begrüßt. Sie stellte sich vor, ihr Name war Doris. Ich dachte erst, dass sie auch die Wohnung besichtigte. Aber die Vermieterin sagte: „Das ist Doris, das wäre deine Mitbewohnerin." Sie hatte schon ein Zimmer bewohnt und somit war das zweite Zimmer noch frei. Die Vermieterin erklärte uns, dass jeder sein Zimmer hätte, das Bad und die große Wohnküche würden gemeinsam genutzt. Ich kam gar nicht mehr mit. Ich sollte mit jemandem zusammen ziehen, den ich zuvor noch nie gesehen hatte und gar nicht kannte. Ich wusste doch gar nicht, wie sie ist und was sie so machte. Das einzig Gute war, dass wir gleich alt waren. Meinen Eltern gefiel die Wohnung, auch da ich nicht alleine wohnen würde. Die alte Dame im Haus war für meine Mutter eine gewisse Beruhigung, da ich zumindest ein wenig kontrolliert werden würde und meine Mutter besser schlafen konnte.

Die Gedanken gingen in meinem Kopf durcheinander: „O Gott, was soll ich nur machen? Soll ich das Risiko eingehen oder soll ich es bleiben lassen?" In meinen Gedanken sah ich aus dem Küchenfenster und sah eine weiße Taube auf dem Ast des wunderschönen Baumes sitzen, der sich immer noch im Wind bewegte und der für mich eine beruhigende Art ausstrahlte. Die Taube blieb eine ganze Weile dort sitzen. Ich wusste, dass es gut für mich ist, und sagte im selben Moment der Vermieterin zu. Kaum hatte ich es ausgesprochen und schaute wieder aus dem Fenster, da flog die Taube weg. Für mich war das ein Zeichen und somit zog ich in derselben Woche noch ein.

Irgendwie war ich aufgeregt und zugleich stolz, nun mein eigenes Reich zu haben. Auch wenn es klein war, war es mein eigenes. Doris und ich verstanden uns gut. Sie war anders als ich, das genaue Gegenteil von mir. Sie ging abends nicht viel weg, hielt in ihrem Zimmer zweimal die Woche einen Bibelkreis, was mich aber nicht störte. Wir glaubten beide an Gott, lebten unseren Glauben aber sehr unterschiedlich aus. Sie war sehr in ihre Gemeinde integriert, deshalb kamen ihre Freunde aus der Gemeinde oft zu uns nach Hause. Sie kochten, aßen und tranken zusammen und hatten ihren Spaß. Sie luden mich oft in ihre Gruppe ein. Hin und wieder gesellte ich mich dazu, was auch sehr nett war, denn sie waren alle sehr lieb. Sie hatten strenge Regeln, sie durften etwa keinen Sex vor der Ehe haben, keinen Alkohol trinken und nicht mal tanzen. Somit hatte ich ja alle Regeln schon gebrochen. Wenn ich es mir genau überlege, wäre es für mich in dieser Form kein Leben gewesen. Das war nicht meine Welt.

Ich nahm Doris auch mal in meine Welt mit. Sie ging mit mir mit und sah sich die andere Seite an. Ich weiß nicht, ob sie vorher schon mal in einer Disco gewesen war. Meine Freunde nahmen sie herzlich an und versuchten sie einzubinden. Wir tranken Alkohol, sie natürlich nicht. Sie blieb an ihrem Platz sitzen und beobachtete, wie wir tanzten und tranken, Billard spielten und unseren Spaß hatten. Am nächsten Tag haben wir zusammen gefrühstückt und haben uns ausgetauscht über unsere Erlebnisse und Eindrücke. An diesem Morgen hatten wir ein sehr gutes Gespräch. Ich fand es toll, dass sie überhaupt mitgegangen war, obwohl es ihr Glaube eigentlich nicht erlaubte, und dass wir uns gegenseitig so akzeptierten und respektierten, wie wir sind. Dass keiner den anderen von seiner Einstellung oder Glaubensrichtung abbringen wollte. Jeder hatte die Freunde des anderen akzeptiert. Wir waren füreinander da, halfen und unterstützten uns einander. Wir waren ein tolles Team. Und trotzdem ging jeder seine Wege. Jeder war in seiner Welt und zuhause hatten wir unsere kleine Welt zusammen.

Ich weiß noch, wie ich das erste Mal alleine in die Kneipe gegangen bin, die in Gunzenhausen meine Stammkneipe wurde. Die kleine Sonja, ganz mutig, setzte sich an den Tresen. Alle Augen waren auf mich gerichtet. Der Junge, der neben mir saß, fragte mich, ob ich neu in der Stadt sei, da er mich vorher noch nie hier gesehen hatte. So entstand sehr schnell mit vielen Gästen ein Gespräch. Die Leute waren hier zum Teil noch schlimmer drauf als in meiner Geburtsstadt. Da war auch das Kiffen an der Tagesordnung. Ich hatte das Gefühl, hier sind Menschen, die mich verstehen, die dasselbe Schicksal haben oder sogar noch schlimmer drauf sind als ich. Wenn ich zuhause für mich alleine war, weinte ich sehr viel. Ich fragte mich: Warum versteht mich keiner? Warum hört mir keiner zu? Diejenigen, die mir zuhörten, waren selbst sehr mit sich beschäftigt. Ich wollte einem Menschen begegnen, der für mich ein offenes Ohr hat, damit ich nicht immer für alle da sein und Verständnis haben musste. Ich betete: Lieber Gott, gebe mir eine starke Schulter, an die ich mich anlehnen kann, einen, der mich auffängt und mich leitet, bei dem ich mich fallen lassen darf und das Gefühl bekomme: Ich bin gut so, wie ich bin. Damit die Schauspielerei endlich ein Ende für mich hat und ich einfach ich sein kann und darf. Wo bist du jetzt, Gott? Wo ich dich am meisten brauche, habe ich das Gefühl, du bist so weit weg von mir.

In dieser Zeit hatte ich nur einen besten Freund, der mich verstand, der zu jeder Tages- und Nachtzeit immer für mich da war, ein offenes Ohr für mich hatte und mir nie widersprach. Bei dem ich mich auch nicht rechtfertigen musste. Er nahm mich so, wie ich bin. Er war für mich da, wenn ich traurig war, und spendete mir Trost. War ich glücklich, teilte er mit mir mein Glück. War ich nervös, beruhigte er mich. Er war in jeder Lebenssituation für mich da. Es war mein Freund, der Alkohol.

Ich zog mich immer mehr in meine eigene Welt zurück. Tief in meinem Inneren war ich sehr alleine. Von außen war ich immer die selbstbewusste, starke Sonja, die immer wusste, was sie wollte. Die immer für alle ein offenes Ohr hatte und für alle da war, die Hilfe benötigten. Die immer einen guten Rat hatte, nur für sich selbst nicht. Mit mir konnte man Pferde stehlen und sehr viel Spaß haben, ich brachte alle zum Lachen, hatte immer einen flotten Spruch auf den Lippen. Wie ein Clown, der in der Gesellschaft immer gut drauf ist und andere zum Lachen bringt. Ist er aber alleine, so ertrinkt er in seiner Einsamkeit und Traurigkeit. Ich hätte vielleicht zum Zirkus gehen und den Beruf Clown wählen sollen.

In Weißenburg hatte eine neue Disco eröffnet. Dort sah ich zufällig auch Marco wieder. Da noch nicht viel los war in der Disco, meinte Marco: „Hast du gewusst, gegenüber hat eine Spielhalle aufgemacht. Da können wir noch rübergehen, um einen Kaffee zu trinken." Ich ließ mich überreden und ging mit Marco. Er stellte mich dem Besitzer der Spielhalle vor, der gerade auch da war. Es war ein sehr netter Mann namens Peter. So traten immer neue Leute in mein Leben. In der Hoffnung, dass irgendwann ein Mensch dabei sein würde, der zu mir passte, ein Mensch, der dieselbe Sprache spricht wie ich – ein Seelenverwandter, wie man so schön sagt, der weiß, was ich brauche, was mir guttut, um wieder in Einklang mit mir selbst zu kommen. Wie oft fühlt man sich ausgebrannt und leer nach dem Umgang mit gewissen Menschen. Man fühlt sich ausgesaugt, weil jeder sein Herz ausschüttet und meint, er sei der Einzige, der ein Problem hat. Das nächste Problem ist, dass einige Menschen über dich bestimmen wollen, sich einfach in dein Leben einmischen, ohne zu fragen, ob man das überhaupt will. Und man lässt es zu, weil man sich von ihrem Wohlwollen, von ihrer Anerkennung und Liebe abhängig gemacht hat.

Mein erster Arbeitstag stand an. Ich war sehr aufgeregt, nervös und ängstlich. Was würde alles auf mich zukommen? Ich betete: Lieber Gott, steh mir bei und sei mein Begleiter. Ich schwang mich auf mein Fahrrad und fuhr zur Arbeitsstelle, die außerhalb vom Ortsrand war. Der Anblick und der erste Eindruck gefielen mir sehr gut. Sie hatten schon auf mich gewartet, haben mich begrüßt und den anderen Arbeitskollegen vorgestellt. Ich wurde in die Villa Kunterbunt eingeteilt. So hieß die Gruppe. Die Eingewöhnungsphase war für mich nicht leicht, da ich noch nicht so fit in der Praxis war, was die Lieder, Fingerspiele und auch der Umgang mit den Kindern, vor allem aber mit den Eltern betraf. Da fehlten mir doch noch das Selbstvertrauen und gewisse Erfahrungen.

Ich versuchte meine Arbeit perfekt zu machen, und eine gewisse Anerkennung und Lob taten mir gut.

Ich wollte wieder mehr auf den Boden kommen. So hatte ich mir vorgenommen, die Kneipe in Gunzenhausen nicht mehr zu besuchen. Stattdessen hielt ich mich wieder mehr in Weißenburg auf, ging regelmäßig in die Spielhalle, wo ich neue Bekannte und Freunde gefunden habe. Die Disco, die gegenüber war, wurde für eine längere Zeit meine Stammdisco. Somit war alles wieder einigermaßen im grünen Bereich. Mein Arbeitgeber war mit meiner Arbeit zufrieden, und das tat meiner Seele gut. Ich trank zwar weiterhin Alkohol, aber nicht mehr so extrem viel. Somit hat sich alles ein wenig normalisiert.

# Gummistiefel: Gefahr des Ertrinkens

---

Eines Abends in der Disco – es war schon ziemlich spät – war ich für mich allein noch da. Ich hatte einfach noch nicht das Bedürfnis, nach Hause zu gehen. Mir fiel ein Junge auf, der an der Tanzfläche stand, ich fand ihn sehr gutaussehend: blond, blauäugig und durchtrainiert. Ich hatte ihn zuvor noch nie gesehen. Ich dachte: Den brauche ich gar nicht anzusprechen, so gutaussehend, wie er ist, will er bestimmt nichts von mir wissen. Aber ich konnte meine Blicke nicht von ihm lassen. Er bemerkte, dass ich ihn dauernd anschaute. Mir wurde es peinlich und ich wollte gehen. In diesem Moment kam er auf mich zu und sprach mich an. Er fragte, ob ich öfter da sei, wie ich heiße und ob er mich zu einem Getränk einladen dürfe. Ich war ganz nervös und willigte ein. Wir gingen in das Restaurant, da es dort leiser war und wir uns besser unterhalten konnten. Er erzählte mir, dass er Christoph heißt und er eine Ausbildung bei der Bereitschaftspolizei macht. Na toll, auch noch bei der Polizei, dachte ich mir. Ich erzählte ihm, was ich beruflich mache, wo ich wohne und arbeite. Wir verstanden uns auf Anhieb sehr gut.

Ich war sehr happy, dass ein solcher Junge mich anspricht und wieder sehen will. Das erzählte ich am nächsten Tag gleich Sabine. Ich sagte ihr, dass wir uns nächstes Wochenende wieder treffen würden. Sie wollte ihn natürlich auch kennenlernen und meinte, dass sie nächstes Wochenende mit dabei sein würde. Gesagt, getan! Christoph und ich verabredeten uns in der Disco. An der Eingangstüre wurden wir von ihm schon empfangen. Sabine meinte: „Er sieht wirklich gut aus." Ich stellte ihm Sabine vor, mir schien, dass sie sich gleich gut verstanden. Wir gingen rein, tranken was, tanzten und hatten Spaß. Ich hatte Schmetterlinge im Bauch. Ich fasste meinen ganzen Mut zusammen und fragte ihn, ob wir nun zusammen seien. Er lachte mich an und meinte: Wenn ich möchte – von seiner Seite stünde dem nichts im Wege. Dass auch er was für mich empfände und es gerne mit mir probieren würde. Ich zerschmolz in seinen Armen und war nur noch glücklich.

Wir trafen uns hauptsächlich am Wochenende, da ich meist die ganze Woche in Gunzenhausen war und er in Eichstätt. Ich stellte ihn nach einer gewissen Zeit meinen Eltern vor. Sie waren nicht dagegen, aber meine Mutter war auch nicht hundertprozentig dafür. Aber das war ich ja gewohnt. Es war bei Marco so gewesen, warum sollte es bei Christoph anders sein? Mein Vater war da offener, er fand ihn sympathisch und begann gleich ein Gespräch mit ihm. Da mein Vater früher auch immer zur Polizei gehen wollte, fanden sie gleich ein Thema, so war die Anfangsbasis geschaffen. So kam er, wenn ich unter der Woche am Abend in Pappenheim war, öfter mal zu meinen Eltern nach Hause. Nach einer gewissen Zeit beschlossen wir, wenn ich am Wochenende Dienst hatte, gemeinsam unser Wochenende in Gunzenhausen zu verbringen. Christoph verstand sich mit meiner Mitbewohnerin Doris auch sehr gut. So schlief er an diesen Wochenenden immer bei mir. Wir sind immer in Gunzenhausen weggegangen. An den Wochenenden, an denen ich nicht arbeiten musste, fuhr ich mit Christoph nach Dingolfing zu ihm nach Hause. Seine Mutter hatte mich gleich ins Herz geschlossen, aber sein Vater mochte mich nicht. Ich kann nicht mal sagen, warum, aber in seiner Anwesenheit fühlte ich mich nie richtig wohl. Wir durften nicht mal im selben Zimmer zusammen schlafen. Ich wurde ins Gästezimmer einquartiert. Natürlich schlich ich nachts in Christophs Zimmer und gegen morgen wieder ins Gästezimmer, immer in der Hoffnung, dass sein Vater uns nicht erwischen würde.

Ich lernte Christophs Freunde kennen. Wir gingen zusammen weg und hatten unseren Spaß. Ich lernte die schöne Gegend in Niederbayern kennen, schöne Städte wie Straubing und Landshut, und viele Sehenswürdigkeiten. Wir machten gemeinsame Ausflüge mit seinem Motorrad, bei denen wir ein Zelt mitnahmen, um es uns gemütlich zu machen. Am Abend am Lagerfeuer tranken und aßen wir, und wenn keine Menschenseele mehr da war, gingen wir nackt im See baden. Wir waren verliebt und schwebten im siebten Himmel. Wir machten Wochenendausflüge, etwa Wanderungen in Österreich. Wenn wir in meiner Heimat waren, gingen wir mit meinen Freunden weg, waren viel in der Spielhalle, wo sich alle trafen. Christoph war in meiner Clique auch beliebt. Durch Christoph kam ich wieder zum Sport, trainierte wieder regelmäßig im Fitness-Studio, das gleich neben der Spielhalle war.

Ich fühlte mich gut. Durch den Sport und durch das leidenschaftliche Tanzen bemerkte ich, wie sich mein Körper zum Positiven veränderte, obwohl ich nie vom Alkohol lassen konnte. Für meine Verhältnisse war in diesem Zeitraum mein Trinkverhalten im grünen Bereich. Es war für mich eine sehr schöne, unbeschwerte und abwechslungsreiche Zeit. Ich dachte, Christoph sei der Mann fürs Leben. Er wollte immer, dass ich mit dem Rauchen aufhöre, was aber überhaupt nicht in meinem Sinne war. Ich sagte zu ihm: „So hast du mich kennengelernt, so musst du mich nehmen" – was er zum guten Schluss auch tat. Mit Adriana, einer guten Freundin von Christoph, hatte ich später noch einige Jahre Kontakt. Aber dazu erzähle ich später mehr.

Nun stand unser Sommerurlaub an. Christoph und ich beschlossen, gemeinsam in den Urlaub zu fahren. Meine Eltern konnten mir nicht mehr viel verbieten, da ich Gott sei Dank volljährig war. Es sollte mein erster Urlaub mit Freund und ohne Eltern sein. Ich konnte es noch gar nicht glauben: zwei Wochen in einem fremden Land, wo ich doch noch nie richtig außerhalb von Deutschland gewesen war! Ich freute mich riesig auf das Abenteuer Urlaub. Christoph und ich beschlossen, nach Jugoslawien zu fahren, um dort Urlaub zu machen. Da wir nicht gebucht hatten, suchten wir auf gut Glück ein Zimmer, das wir für zwei Wochen auch fanden. Müde und abgespannt konnte unser Urlaub beginnen. Das Wetter war toll, der blaue Himmel und vor allem das Meer. Ich war fasziniert. Ich hatte zwar das Meer in Venedig schon gesehen, aber in Jugoslawien war es ganz anders. Das Wasser war viel klarer. Man konnte bis zum Grund schauen. Das Wasser war glasklar, wie man so schön sagt. Ich sagte immer: Es ist, als ob man in ein Aquarium schauen würde.

Unser Zimmer war gleich gegenüber vom Strand. Wir bezogen unser Zimmer, und am Abend gingen wir schön essen. Wir suchten uns ein schönes Lokal, das direkt am Meer lag. Ich genoss die wunderschöne Aussicht. Es sah alles ganz anders aus als bei uns zuhause. Wir vergnügten uns am Strand und waren viel im Wasser. Nach etwa einer Woche merkte ich, dass nicht weit weg von uns ein Mädchen lag, das Interesse bei Christoph weckte. Anfangs habe ich nichts gesagt und beobachtete die Situation. Sie war ein hübsches Mädchen in unserem Alter. Ich bemerkte, dass sie sich gegenseitig Blicke zuwarfen und sich zulächelten. Beim Abendessen fragte ich ihn, ob er schon bemerkt hätte, dass ein hübsches Mädchen mit schönen langen, rötlichen Haaren ihn heute immer wieder angehimmelt hatte. Er lachte und bejahte es, er hätte sie bemerkt, aber so bewusst gar nicht wahrgenommen. Ich glaubte ihm nicht, denn er benahm sich seitdem anders. Er war mit seinen Gedanken oftmals abwesend. Er meinte nur, ihm mache die Sonne zu schaffen. Am nächsten Tag wollte ich es genauer wissen. Ich sagte zu ihm, dass ich mich nicht wohlfühle, mich heute ein wenig ausruhen möchte und nicht mit zum Strand gehen würde. Er meinte, dass er auch nicht so lange bleiben und nach ein paar Stunden wieder da sein würde.

Ich hatte das Gefühl, dass es ihm ganz recht war, dass ich nicht mitkam. Er ging alleine zum Strand. Ich blieb erstmal im Zimmer und machte mir dort meine Gedanken: Was wäre, wenn er mich nicht mehr liebte? Das war immer meine Befürchtung gewesen, ihn nicht alleine zu haben. Dass er mich irgendwann wieder verlassen würde. Meine Ängste taten sich wieder auf, mir schossen so viele Gedanken durch den Kopf, die mir nicht guttaten. Ich zog mich erst mal an und ging an die Strandbar, um mir meine negativen Gedanken zu betäuben. Vielleicht bilde ich mir nur alles ein und es ist gar nicht so, wie ich denke. Ich versuchte mich selbst zu beruhigen und es mir schönzureden. Nach ein paar Gläsern beschloss ich, an den Strand zu gehen, um zu schauen, was er macht. Ich sagte mir die ganze Zeit: Er liegt jetzt bestimmt auf seinem Handtuch und liest in dem Buch, das er dabei hatte. Oder er schwimmt. Sonja, sagte ich zu mir selber, du wirst sehen, alles nur Einbildung.

Er war nicht auf seinem Handtuch. Die Familie, die immer neben uns gelegen war, sagte: „Wenn du deinen Freund suchst, er ist im Wasser.“ Sie zeigte mir die Richtung und ich traute meinen Augen nicht. Er vergnügte sich mit dem hübschen Mädchen mit den roten Haaren auf einer Luftmatratze. Ich versuchte mich zusammenzureißen und meine Tränen zu unterdrücken. Der Familie sagte ich: „Es ist alles gut, nicht so wichtig!“ – und ging wieder. Ich ging wieder in die Strandbar, um noch was zu trinken. Auf einmal fühlte ich mich schlecht. Das schöne Wetter, das Meer und sogar die Leute nahm ich nicht mehr richtig wahr. Ich wusste nicht, wie ich mit dieser Situation umgehen sollte. Sollte ich Christoph darauf ansprechen oder sollte ich erst mal abwarten? Vielleicht würde er mir etwas vom heutigen Tag erzählen. Er tat es nicht.

Ich wollte sicher sein, und am nächsten Tag sagte ich noch mal, dass ich heute noch nicht mitkomme, aber morgen würde es bestimmt besser sein. Ich blieb wieder auf dem Zimmer und er ging alleine zum

Strand. Nach einer gewissen Zeit ging ich wieder ans Wasser, um zu schauen, was er macht und wo er ist. Ich suchte mir einen anderen Platz, an dem ich eine gute Übersicht hatte. Es dauerte nicht lange, da hatte ich ihn auch schon entdeckt. Meine Vermutung bestätigte sich: Er war nicht alleine, er war wieder mit diesem Mädchen zusammen. Mein Herz schlug bis zum Hals. Ich war so wütend und genervt, dass ich meine Schwimmsachen holte und zu den beiden rausgeschwommen bin. Als ich bei den beiden ankam, bemerkten sie mich erst gar nicht. Sie lachten und alberten herum, aber als er mich sah, schaute er mich an, als sähe er den Heiligen Geist. Er meinte: „Es ist nicht so, wie es aussieht." Ich wusste, es ist vorbei. Weinend schwamm ich zurück.

Ich ging ins Zimmer und weinte noch mehr. Ich wusste nicht, was ich machen sollte. Er kam kurz darauf auch zu mir. Ich fragte ihn: „Warum tust du mir das an?" Wir fingen an zu streiten, ein Vorwurf nach dem anderen. Wir überlegten, ob wir unseren Urlaub früher beenden sollten. Mir war nicht mehr nach Urlaub. Aber nach einem langen Gespräch, gutem Essen und ein paar Gläsern Wein zerschmolzen wir wieder ineinander und beschlossen hierzubleiben.

Am nächsten Tag, als wir wieder zusammen an den Strand gingen, bemerkte ich, dass das Mädchen nicht mehr da war. Er meinte, sie sei heute abgereist. Ich weiß bis heute nicht, ob sie die Adressen ausgetauscht haben. Ich habe ihn nie danach gefragt. Wir versuchten unsere letzten Tage so schön wie möglich zu gestalten. Wir sahen uns die Gegend an, gingen schwimmen und versuchten so weiterzumachen, wie alles begann. Ich verlor leider den schlechten Beigeschmack nicht, tief im Inneren hatte ich kein gutes Gefühl. Für mich war nichts mehr so, wie es gewesen war. Bei der Heimfahrt war jeder in sich gekehrt, wir sprachen nicht viel.

Es ging nach diesem Urlaub noch ungefähr ein halbes Jahr. Er blieb nicht mehr so oft bei mir an den Wochenenden, an denen ich arbeiten musste. Er erfand viele Ausreden, über die ich von Adriana wusste, dass sie nicht stimmten. Ich fuhr auch nicht mehr so oft mit nach Dingolfing. Ich versuchte unsere Beziehung aufrechtzuerhalten, doch langsam aber sicher zerbrach sie. Ich machte meine Arbeit, das war gut so, denn so hatte ich meine Ablenkung. Ich ging wieder öfter in die Kneipe in Gunzenhausen, was mir gar nicht guttat. An einem Wochenende, als Christoph bei mir war, machte er mit mir Schluss. Seine Ausbildung in

Eichstätt war beendet und er wurde nach Landshut versetzt. Da ich nie die Bereitschaft und den Mut hatte, meine Arbeit zu kündigen und mit nach Landshut zu ziehen, war es schon vorprogrammiert, dass die Beziehung irgendwann zu Ende gehen würde.

Unsere Beziehung hatte ein Jahr lang gehalten. In diesem Jahr habe ich erfahren dürfen, dass das Leben auch frei von Frust und Ärger sein kann. Nun war ich wieder allein, was ich gar nicht mochte. Ich ging viel alleine weg, hielt mich oft in der Spielhalle auf, die eine Art zweites Zuhause von mir wurde. Ich fühlte mich dort wohl, hatte meine Leute, mit denen ich reden und auch weggehen konnte. Da ich jetzt mein regelmäßiges Einkommen hatte und endlich mein eigenes Auto haben wollte, um beweglicher zu sein, fragte ich meinen Vater, ob er mit mir nach einem Auto schauen und mir für die Finanzierung bei der Bank helfen könne, da ich nicht so viel Geld für ein Auto hatte. Mein Vater und ich fuhren in verschiedene Autohäuser, um uns Autos anzuschauen und Probefahrten zu machen. Nach ein paar Tagen intensiver Suche wurden wir fündig. Es war ein dunkelblauer VW Polo. Mein Vater regelte das mit der Bank, ich bekam das nötige Geld und konnte das Auto kaufen, das ich in Monatsraten abbezahlte.

Ich war glücklich, dass es geklappt hatte und ich nun mein eigenes Auto hatte. Ich fuhr stolz durch die Welt und genoss das selbständige, unbeschwerte Leben. Ich konnte fahren, wohin ich wollte. Musste niemanden mehr anbetteln, dass er mich mitnimmt. In diesem Moment war ich der glücklichste Mensch auf Erden. Ich hatte mein eigenes Zimmer und eine tolle Mitbewohnerin, meine Arbeit und somit meinen eigenen Lohn – und nun auch noch mein eigenes Auto. Ich war sehr stolz auf mich. Ansonsten fuhr ich in meiner Mittagspause, die vier Stunden betrug, nach Weißenburg in die Spielhalle. Meine Mutter war Samstag auch oft in Weißenburg. In meiner Pause trafen wir uns, sie ging mit mir in die Spielhalle, um mit mir Kaffee zu trinken und sich auszutauschen. Es gab immer Neuigkeiten zu besprechen – und wenn es wieder Probleme waren, die im Raum standen. Anschließend fuhr meine Mutter mit mir nach Gunzenhausen und begleitete mich mit auf die Arbeit.

Am Wochenende hatten wir am Abend noch zwei Stunden Dienst, um mit den Kindern zu Abend zu essen. Meine Arbeitskollegen fanden es okay, dass hin und wieder meine Mutter mitkam. Es war in dieser

Zeit auch unsere Aufgabe, nach den Kindern den Kindergarten zu reinigen. Heute kann man es sich gar nicht mehr vorstellen, dass man in seiner Arbeit alles selbst putzt. Oftmals ist uns jeder Handgriff zuviel, man verlässt sich auf die anderen. Wurden die Fenster neu dekoriert, war es selbstverständlich, dass man die Fenster vorher reinigte. Heutzutage wird die neue Deko an die schmutzigen Fenster geklebt, weil sich keiner verantwortlich fühlt. Jeder verlässt sich auf den Anderen und denkt: Warum ich, es kann bestimmt auch ein anderer machen, ich bin schließlich nicht als Putzfrau angestellt. In manchen Bereichen stimmt es. Aber man möchte es doch auch selbst schön haben in dem Bereich, wo man sich die meiste Zeit aufhält, und das ist nun einmal unsere Arbeitsstelle.

Man sollte für die Kinder ein Vorbild sein und ihnen zeigen, dass es nicht schlimm ist, auch mal etwas zu tun, das nicht in unserem Aufgabenbereich liegt. Es läuft nicht alles rund auf dieser Welt, aber wenn wir in unserem kleinen Kosmos anfangen, den Kindern wieder vorleben, dass wir einander brauchen, füreinander da sind, uns vertrauen und uns stärken, und das alles für eine bessere Welt, dann hat jeder Einzelne sehr viel getan. Unsere Seele schreit: Lasst uns wieder vermitteln und lernen, was die Seele braucht! Lasst uns wieder bewusst werden, was Wahrheit und was Liebe ist. Lasst uns Hass durch Liebe, Unwahrheit durch Wahrheit ersetzen. Lasst unsere Aufgabe wieder sein, dass wir vor allem jungen Menschen vertrauen und sie zu einer gesunden Ichstärke und Selbstachtung hinführen. Die Ziele sollten wieder sein: alte Denkmuster durch neue Wirklichkeiten überwinden, teilen statt ausbeuten, verstehen statt verurteilen, leben statt fremdbestimmt gelebt werden. Unsere Masken ablegen und uns nicht wie Marionetten leiten lassen. Verträumt nicht euer Leben, sondern lebt eure Träume.

Ich tat mich mit der Umsetzung dieser Ratschläge auch sehr schwer. Denn den alten Gewohnheiten nachzugehen, ist nun mal der leichtere Weg, aber leider nicht der bessere. So funktionierte ich erstmal weiter und versuchte auch, jedem alles recht zu machen. Meine Schwester ist in dieser Zeit umgezogen. Sie hatte einen Mann kennengelernt, der in Roth wohnte und eine Firma hatte. Für meine Schwester war es ein Segen, Uli kennenzulernen, denn er akzeptierte Isa so, wie sie war. Den kleinen Simon hatte er in sein Herz geschlossen, er gab ihr Halt und Liebe, half ihr, sie wieder aufzubauen. Ich besuchte sie oft in Roth. Die

Anfangszeit war schön wie in alten Zeiten, wir gingen viel bummeln und unternahmen etwas mit Simon. Oder wir misteten ihren Kleiderschrank aus. Das liebte ich am meisten. Meine Schwester versuchte nun ihr Leben zu stabilisieren und ein normales Leben zu führen. Ich versuchte auch ruhiger zu leben. Was ich mir ganz fest vornahm: Wenn ich mit dem Auto unterwegs bin, keinen Alkohol zu mir zu nehmen. Erstmal lief bei Isa und bei mir soweit alles gut, wir hatten unsere Schattenseiten hinter uns gelassen und genossen das Leben.

Wenn Uli und Isa im Urlaub waren, nutzte ich oft die Gelegenheit, Isas Porsche zu benutzen. Ich machte es still und heimlich. So hatte ich manchmal die Gelegenheit, ein Wochenende mit dem Porsche zu fahren. Man soll gar nicht glauben, was so ein Auto bewirken kann. Schlagartig wird man interessant, Jungs sprachen mich an, von denen ich normalerweise nur träumen konnte. Ich fuhr mit diesem Auto in eine ganz andere Welt, in die Welt der Reichen und Schönen. Ich fühlte mich in diesen Momenten unschlagbar. Als ich zu meiner Wohnung nach Gunzenhausen fuhr, traf Doris beim ersten Mal fast der Schlag. Sie fragte: „Wo hast du das Auto her? Hast du im Lotto gewonnen?“ Ich nahm sie auf eine Spritztour mit, wir hatten viel Spaß. Das Gute war: An den Wochenenden, an denen ich das Auto hatte, trank ich die ganze Zeit keinen Tropfen Alkohol. Ich war in dieser Zeit ein anderer Mensch. Ich wurde von Menschen wahrgenommen, von denen ich nicht mal zu träumen gewagt hatte. Man ist interessant. Du fährst auf einen Parkplatz und alle Augen sind auf dich gerichtet. Es ist ein tolles Gefühl, man möchte die ganze Erde umarmen. Ich fuhr das ganze Wochenende mit dem Porsche, genoss die Geschwindigkeit, genoss die Landschaft und fühlte mich frei.

Diese Momente versetzten mich auch in einen Rauschzustand, der mir noch mehr gab als der Alkohol. Sonntagabends kam ich wieder in der Realität an. Ich machte den Tank wieder voll, stellte den Wagen hin, wo ich ihn hergeholt hatte und räumte den Autoschlüssel wieder auf. Immer wenn ich danach mit meinem Auto wieder in mein normales Leben fuhr, ließ ich das tolle Wochenende noch mal an mir vorbeiziehen. Traf ich Leute, die ich mit dem Porsche kennengelernt hatte, so sprachen sie mich an und waren überrascht, dass ich nun mit einem Polo unterwegs war. Am Anfang hatte ich mich über diese Situationen geärgert, aber mit der Zeit ging ich mit einem Lächeln meine Wege weiter. Ich lernte aus diesen Situationen, dass viele Menschen auf das Materielle fixiert sind, sich von schönen und glorreichen Sachen beeinflussen lassen. In Wirklichkeit machen sie sich abhängig und verkaufen nur sich selbst an jemanden, der mit ihnen spielt. Wobei es bestimmt auch andere Beispiele gibt, wo das Aschenputtel seinen Prinzen findet. Das Schöne ist für wahre, nahestehende Freunde, dass man ihnen vermitteln kann, dass man zeitweise durch die Tage schwebt. Weil sie denken, dass du wirklich fest auf dem Boden stehst und mit der kühlen Realität des Alltags verbunden bist. Dass du auch den materiellen Dingen durchaus aufgeschlossen bist, aber trotz allem den Kopf immer ein bisschen im Himmel hast, deinem spirituellen Weg treu bleibst und ihn mit Begeisterung gehst. Dafür bewunderten mich viele, diese Begeisterung trieb mich immer wieder aufs Neue an, enorme Ausdauer, Geduld und Kraft zu entwickeln, um meine Ziele, die ich oft noch gar nicht kannte, zu erreichen.

Wenn ich nicht bei meiner Schwester war, hielt ich mich in meiner Freizeit wie gewohnt weiter oft in der Spielhalle auf. Wenn nicht viel los war, hatte ich oft sehr gute Gespräche mit Peter, dem Inhaber. Bei Engpässen half ich ihm gerne in der Spielhalle aus. Als Dank lud er mich mal zum Essen ein. Ich verstand mich gut mit Peter und war gerne mit ihm zusammen. So kam es, dass er mich zu meinem 19. Geburtstag zum Essen einlud. Ich werde auch nie vergessen, wie ich an diesem Tag Sigi kennengelernt habe. Peter und ich saßen am Tisch, wir gaben unsere Bestellung auf und hatten ein tolles Gespräch. Plötzlich ging die Tür auf und ein junger Mann kam herein. Er kam auf Peter zu, begrüßte ihn und mich. Peter stellte mich vor und erzählte ihm, dass ich heute Geburtstag hatte. Sigi gratulierte mir und meinte, er sei gleich wieder da. So war er auch schon wieder weg. Ich frage Peter, wer er sei. Peter meinte, Sigi sei ein sehr guter Freund und er sei oft mit ihm unterwegs. Er sei 35 Jahre alt. Peter war auch älter als ich, er war 32 Jahre alt.

Nach einer gewissen Zeit kam Sigi wieder in das Lokal, und ich traute meinen Augen nicht: Er kam mit einem riesigen, wunderschönen Blumenstrauß, übergab ihn mir und gab mir ein Küsschen. Ich freute mich riesig über den schönen Blumenstrauß und über seine charmante Art. So lernten Sigi und ich uns kennen. Ich hatte einen schönen Geburtstag. Sigi setzte sich zu uns. Nach dem leckeren Essen gingen wir drei noch gemeinsam tanzen. Da ich gerne tanze und Sigi ein ausgezeichneter Tänzer war, hatten wir an diesem Abend sehr viel Spaß.

Eines Tages bekam ich eine Einladung zur Kommunion von Bernd. Mit schlechtem Gewissen hielt ich die Einladungskarte in meiner Hand. Was habe ich mir alles vorgenommen damals, nachdem ich mit meinem Vater in Bad Bergzabern im Lokal gesprochen hatte. Doch ich hatte ihn verdrängt, andere Sachen waren mir in dieser Zeit wichtiger, so geriet er in Vergessenheit. Ich war ja gerade mal 19 Jahre alt, ich hatte einfach diese Stärke noch nicht. Das waren diese Momente, in denen ich mich als Versagerin fühlte, in denen ich Trost in meiner Stammkneipe suchte und auch fand. Denn da hatten fast alle irgendein Problem und suchten bei den anderen Trost und Verständnis. Der Alkohol half uns darüber hinweg, betäubte wieder vieles und versetzte uns in eine verständnisvolle Welt – die leider immer nur für eine gewisse Zeit andauerte. So ging es immer bergauf und bergab. Ich trieb mich in meinen Kneipen umher, tauchte oftmals in meine eigene Welt ab, und wenn ich das Gefühl verspürte, dass ich mit mir ganz allein bin, suchte ich Trost und Verständnis bei meinem Herrn und Gott.

Ich hatte die Kirche in meinem Geburtsort für mich entdeckt, die tagsüber geöffnet war. In dieser Kirche stand eine Statue, mein Jesus, der mein bester Freund wurde und bis heute ist. Bei ihm fühlte ich mich befreit und sicher. Ich fühlte mich verstanden und angenommen: Hier war einer, der mir zuhört und Zeit für mich hatte. Ich saß an manchen Tagen stundenlang in dieser Kirche, schaute Jesus mit meinen weinenden Augen an und bat ihn immer wieder aufs Neue, mich auf den rechten Weg zu bringen. Ich hatte zwei Persönlichkeiten in mir. Die eine Persönlichkeit war lieb und nett, wollte nur das Beste, wollte anderen Menschen helfen, am besten der ganzen Welt. Eine Welt erschaffen in Glück und Seligkeit. Ein Miteinander und Füreinander, wie ich es auf der Wülzburg im Internat hatte erfahren dürfen, das ich sehr vermisste. Meine andere Persönlichkeit war problematisch, nahm es mit allem nicht so genau, fuhr betrunken durch die Welt. Manchmal wusste ich nicht mal, ob ich mit meinem Auto heimgefahren war oder es in der Disco am Parkplatz stehen gelassen hatte. So musste ich am nächsten Tag erst einmal aus dem Fenster schauen, ob ich das Auto mit nach Hause gebracht hatte.

Ich machte meinem Gott viele leere Versprechungen. Immer wenn ich und mein Auto gut heimgekommen waren, versprach ich ihm, nächstes Mal nicht mehr betrunken Auto zu fahren. Ich verletzte in meinem Rausch viele Menschen mit meinen Worten, was mir im nüchternen Zustand sehr zu schaffen machte und somit immer wieder ein Grund zum Trinken war. Ich kam mit meiner Gefühlswelt nicht mehr klar. Das war für mich ein Teufelskreis, mit dem ich lange zu kämpfen hatte. Es kam noch dazu, dass die Wohngemeinschaft mit Doris nach zwei Jahren endete. Sie hatte ihre große Liebe kennengelernt, heiratete den Mann und zog nach Frankfurt, was mich sehr traurig machte. Wir waren so unterschiedlich, und doch hatten wir vieles gemeinsam gehabt. Das Leben ist nun mal ein Kommen und Gehen, alles hat seine Zeit. Für mich war es mit Doris eine tolle, erfahrungsreiche Zeit. Nun war ich allein in dieser Wohnung.

Ich ging weiterhin viel weg, suchte Unterhaltung und Spaß und verdrängte meine negativen Gedanken und Gefühle. Der Alkohol blieb der einzige treue Freund. An einem Abend fuhr ich allein nach Weißenburg in die Disco, ich war deprimiert und konnte mich selbst nicht leiden. Ich lief planlos in der Disco umher, trank mein Bier, rauchte meine Zigarette, und nebenbei tanzte ich meinen Frust los. Nach einiger Zeit ging ich in das Bistro. In der Menschenmenge und in der lauten Musik versank ich in meiner Welt, die ich mir in diesem Moment mal wieder ausmalte, wie ich sie gerne hätte. Eine Welt der Liebe und Harmonie, wo Verständnis da ist und wo die Menschen füreinander da sind, einander helfen. Dabei vergaß ich alles um mich herum, wie so oft.

Auf einmal kam ein Junge, der etwa in meinem Alter war, an meinen Tisch und fragte, ob er sich zu mir setzen dürfe. Ich sah ihn an und dachte mir: Warum nicht? Er war sehr freundlich und merkte, dass es mir nicht gut ging. Wir kamen ins Gespräch, er schenkte mir zugleich ein offenes Ohr. Mit seiner charmanten, humorvollen Art hatte er mich aus meinen dunklen Gedanken ein wenig befreit. Dieser Mensch tat mir in diesem Moment gut. Ich kannte ihn zwar nicht, aber ich konnte ihm mein Leid klagen, ohne ein schlechtes Gewissen zu haben. Ich hatte das Gefühl, dass er wirklich ohne Hintergedanken an unserem Gespräch und an meinen Gedanken interessiert war. Das hielt mich aber nicht davon ab, weiterzutrinken. Irgendwann kam der Zeitpunkt, dass ich nach Hause wollte. Ich sagte ihm, dass ich nun gehen würde, und bedankte mich für das tolle Gespräch und für sein offenes Ohr. Er meinte zu mir: „Kann ich dich nach Hause fahren? Ich glaube, es wäre besser.“ Aber in meinem Suff meinte ich, ich könne noch selber fahren und würde es nach Hause schaffen. Er versuchte, mich davon abzuhalten, aber er schaffte es nicht. Somit stieg ich ins Auto und fuhr los.

Ich weiß nicht, wie ich gefahren bin, ich weiß nur, dass ich sehr betrunken war und mein Versprechen an Gott, dass ich nicht mehr unter Alkoholeinfluss Auto fahren würde, wieder gebrochen habe. Obwohl die Disko sich am Stadtrand befindet und ich gleich auf die Bundesstraße fahren konnte, bog ich Richtung Stadt ein. Warum ich diese Richtung eingeschlagen habe, kann ich nicht sagen. Ich fuhr durch die Stadt, es war ungefähr zwei Uhr nachts. Ich habe von dieser Fahrt nicht viel mitbekommen – bis es auf einmal einen Riesenknall gab und ich gegen eine Laterne gefahren bin. Das war mein Glück, denn sonst wäre ich den Abhang zum Spielplatz runtergefahren, wobei es mich bestimmt überschlagen hätte. Nun klebte mein Auto an dieser Laterne, ich stieg aus und bemerkte, dass mein Auto und die Laterne stark beschädigt waren. Ich war außer mir vor Angst und wusste nicht, was ich machen sollte. Da kam ein Auto auf mich zu, blieb bei mir stehen, und ein Mann stieg aus. Es war sehr dunkel und deshalb konnte ich auf den ersten Blick nicht erkennen, wer dieser Mann war. Dem Himmel sei Dank, es war der Junge aus der Disco!

Ich war überglücklich, ihn zu sehen. Ich fragte: „Wo kommst du denn her?“ Er meinte nur: „Ich dachte, es wäre besser, wenn ich hinter dir herfahren würde, da du sehr alkoholisiert bist.“ Er überlegte nicht lange und sagte: „Setze dich in mein Auto, ich werde erst mal deinen Wagen in Sicherheit bringen.“ Er fuhr mein Auto in eine Seitenstraße, wo tagsüber nicht viel Verkehr ist und nur wenige Menschen sind. An diesem Abend war mir die Situation gar nicht so bewusst. Er fuhr mich zu mir nach Hause. Ich bat ihn, heute Nacht bei mir zu bleiben, da ich in der Küche ein Schlafsofa hatte und er darauf schlafen konnte. Wir waren beide sehr müde, aber zugleich aufgewühlt. Nachdem er mich beruhigt und ich noch einige Zigaretten geraucht hatte, versuchten wir beide, erstmal zu schlafen.

Erst am nächsten Tag wurde mir bewusst, was ich getan hatte. Mir fiel der Junge ein, der mir geholfen hatte. Ich schaute in die Küche, er war noch da und meinte gleich: „Du musst dein Auto aus dieser Seitenstraße wegbringen. Da du Sachbeschädigung und Fahrerflucht begangen hast, wird die Polizei nach dem Auto und somit nach dem Verursacher suchen." Nach unserem Kaffee rief ich meinen Vater an und erzählte ihm den Vorfall. Er war nicht glücklich darüber, aber er reagierte gleich und setzte alle Hebel in Bewegung. Er kannte jemanden in Weißenburg, der eine Tankstelle führte und nebenbei Autos reparierte. Mein Vater sprach mit dem Jungen, der mir Gott sei Dank geholfen hatte und weiterhin half. Er bat ihn, mich nach Weißenburg zu fahren, um sich dort zu treffen. Es ging alles sehr schnell. Mein Vater wartete schon auf uns. Er besprach alles mit dem Tankwart und konnte gleich mein Auto zu ihm bringen. Er stellte es gleich in seine Halle, damit es erstmal von der Straße weg und nicht mehr zu sehen war. Um mein Auto zu reparieren, brauchte er zwei Wochen, aber das war mir egal – Hauptsache, mein Auto würde wieder ganz werden und die Polizei würde mich nicht erwischen.

Mir wurde bewusst: Mein Helfer wusste so viel von mir und ich gar nichts von ihm. Er kam aus dem Nichts und verschwand dann wieder ins Nichts. Ich habe ihn nie wieder gesehen. Heute kann ich sagen, es war ein Engel, der mir an diesem Abend und am darauffolgenden Tag in meiner schweren Phase zur Seite stand und mich beschützt hatte. Ich glaube daran, dass es Engel gibt, die in Menschengestalt zu uns kommen, uns helfen und beschützen wollen und uns somit den rechten Weg weisen. Man fühlt sich zerrissen, doch man hat auch das Gefühl, von einer höheren Kraft geführt zu werden – wie an diesem Abend. Aber wenn man sich in der Situation befindet, geschieht es unbewusst. Man verschließt sich, und deshalb ist es uns oftmals nicht bewusst, dass die Engel unsere wundervollen Begleiter sind. Sie versuchen, unser Vertrauen zu erlangen, denn dieses Vertrauen vermag in unser Leben und unsere Begebenheiten Liebe und Licht hineinzulassen.

Ich hatte Glück im Unglück gehabt. Das Gute war, dass ich in Gunzenhausen noch meine Wohnung hatte, so konnte ich in der Zeit, in der mein Auto repariert wurde, mit dem Fahrrad zur Arbeit fahren. Wollte ich übers Wochenende zu meinen Eltern, ließ ich mich von meiner Kollegin und Freundin Miriam nach Pappenheim fahren oder fuhr mit dem Bus. Am Sonntagabend ließ ich mich von meinem Vater wieder nach Gunzenhausen bringen. Nach zwei Wochen bekam ich Gott sei Dank wieder mein Auto. Obwohl ich für die Reparatur viel bezahlen musste, war ich sehr glücklich, dass ich es wieder hatte.

Nach diesem Unfall gab es wieder eine Zeit, in der ich nicht so stark betrunken Auto gefahren bin. Es ging eine gewisse Zeit wieder gut. So fühlte ich mich schnell wieder selbstsicher und ließ den Unfall schnell in Vergessenheit geraten oder verdrängte ihn besser gesagt. Da Miriam in dieser Zeit meine beste Freundin war und wir viel gemeinsam unternahmen, beschlossen wir, gemeinsam für ein paar Tage Urlaub zu machen und fuhren gemeinsam weg. Unser Ziel war Österreich. Wir kamen in einen Ort, an dem Miriam früher mit ihren Eltern Urlaub gemacht hatte. Obwohl es ein schöner Abend war, beschlossen wir, am nächsten Morgen nach dem Frühstück weiterzufahren. Wir fuhren nach Italien, an den Gardasee.

Unser Glück war, dass Miriam ziemlich gut Italienisch sprach und wir uns somit gut mit den Einheimischen verständigen konnten. Nachdem wir uns ausgeruht hatten, beschlossen wir, uns die Gegend anzuschauen und an den See zu gehen. Es war eine wunderschöne Landschaft. Ich fühlte mich von Anfang an sehr wohl. Am Abend gingen wir in eine Pizzeria. Ich mochte Miriam und war gerne mit ihr zusammen. Wir sprachen über viele Sachen, über unsere Wünsche und Ziele. Wir hatten unsere Vorstellungen und viele Träume, und wie es in jungen Jahren so ist, dachten wir auch, wir hätten alle Zeit der Welt. Es ist gut, dass man als junger Mensch ein ganz anderes Zeitgefühl hat als ein älterer Mensch. Der Mensch lebt von seinen Träumen und Zielen. Hört nie auf zu träumen! Habt immer Ziele vor Augen, und seien sie noch so klein – auch mit kleinen Schritten kommt man voran und erreicht das Ziel. Der Weg ist das Ziel.

Nach dem guten Essen begaben wir uns in die Stadt. Die kleinen Häuser und engen Gassen erinnerten mich wieder mal an die Zeit, als ich mit Christoph in Jugoslawien gewesen war. Wir liefen durch die Straßen, es wurde schon dunkel. Das Nachtleben begann zu erwachen. Die Kneipen, auch die Musikbars, hatten nun geöffnet. Es war alles anders als bei uns zuhause, aber ich fand es interessant und schön. Wir gingen nach unseren Erkundungen in eine Musikbar. Als wir reinkamen, wurden wir erstmal von den Einheimischen begutachtet, aber da wir beide nicht schüchtern waren, genossen wir es. Wir setzten uns an einen Tisch, bestellten etwas zu trinken und warteten ab, was der Abend noch so alles bringen würde.

In dieser Kneipe waren junge Leute, die in unserem Alter waren. Somit waren wir nicht lange allein. Italienische Jungs sprachen uns an. Ich verstand kein Wort, aber zum Glück sprach Miriam Italienisch und konnte mit ihnen reden. Bis ich blöd schaute, saßen sie bei uns am Tisch. Neben mich setzte sich ein Junge, der ein wenig Deutsch konnte, sein Name war Stefano. Er sah sehr gut aus. Da ich kein Italienisch konnte, war er derjenige, mit dem ich mich am meisten unterhielt. Was mich aber nicht störte, denn er war sehr zuvorkommend und höflich. Nach einigen Stunden wollte Miriam nach Hause in unser Zimmer gehen. Ich hatte das Bedürfnis, noch nicht zurückzugehen. Ich sagte Miriam, dass ich noch da bleiben möchte und Stefano mich nach Hause bringen würde. Sie meinte: „Wir sind gemeinsam weggegangen, wir gehen auch gemeinsam wieder nach Hause." Wie es mit mir unter Alkoholeinfluss so ist, habe ich mich trotzdem entschlossen, noch zu bleiben. Miriam war sehr sauer, gab Stefano die Adresse unseres Zimmers und ging beleidigt zurück. In diesem Moment war mir das egal.

Ich weiß nicht, wie lange wir noch in diesem Lokal waren. Nach einer Zeit sagte Stefano zu mir: „Lass uns gehen." Ich willigte ein und wir fuhren durch die Stadt. Ich fühlte mich in seiner Anwesenheit sehr wohl. Er zeigte mir, wo er wohnte und erzählte mir einiges von dieser Stadt. Dann fuhren wir aus dem Ort raus auf einen Berg, wo wir eine wunderschöne Aussicht auf die Stadt und auf den See hatten. Es war eine laue, klare Sternennacht. Man hörte nichts, wir fühlten uns, als wären wir alleine auf dieser Welt. Er holte eine Decke aus seinem Auto und legte sie auf den Boden. Dabei erzählte er mir, dass hier sein Lieblingsplatz sei, dass er oft hierher komme, um nachzudenken und alleine mit sich zu sein. Als wir auf der Decke lagen und die Lichter der Stadt und den schönen Sternenhimmel anschauten, der sich über uns wölbte, sagte er mir, dass er mich mag und dass er es schade findet, dass wir schon bald wieder nach Deutschland fahren müssen. Ich sagte daraufhin: „Denken wir nicht an das, was morgen sein wird! Lass uns die schöne Nacht und den jetzigen Augenblick genießen. Was jetzt ist, zählt." Ich nahm ihn in den Arm. Wir küssten uns, vergaßen Zeit und Raum, waren in unserer eigenen Welt, zerschmolzen ineinander und liebten uns. Er war sehr einfühlsam. Ich wünschte mir, dass die Welt stehen bleibt.

Als die Sonne aufzugehen begann, brachte er mich zu meiner Pension. Wir sahen uns in die Augen und verabschiedeten uns mit einem einfühlsamen Kuss, denn ich wusste, ich würde ihn nie mehr sehen. Ich stieg aus dem Auto, sah hinterher, wie er wegfuhr, und das war's. Traurig ging ich auf das Zimmer, wo Miriam schlief. Ich versuchte so leise wie möglich zu sein, legte mich ins Bett und versuchte zu schlafen. Ich hatte nicht lange geschlafen, da stand Miriam schon auf und meinte: „Schön, dass du auch schon da bist!“ Sie hielt mir eine Predigt, dass sie mit mir nirgendwo mehr hinfahren würde und dass sie stinksauer sei. Nach diesem Vortrag ging sie zum Frühstück, während ich mich nochmal umdrehte und versuchte, noch ein wenig zu schlafen – was mir aber nicht gelang, da mich nun mein schlechtes Gewissen plagte.

Ich wusste, dass es nicht richtig von meiner Seite aus gewesen war, Miriam alleine gehen zu lassen, aber diese Nacht war für mich wie ein Märchen gewesen. Nun musste ich versuchen, Miriam wieder zu beruhigen, damit sie nicht mehr sauer auf mich war. Ich stand mühselig auf und ging auch zum Frühstücken. Ich erzählte ihr einen Teil des Abends und sagte: „Ich weiß, dass es nicht ganz richtig war, und es tut mir sehr leid.“ Ich sagte außerdem, dass der heutige Tag – unser letzter Urlaubstag – nur uns gehört und ich sie heute Abend schön zum Essen einladen möchte. Dass sie mir nicht mehr böse sein soll. Dank meiner Überredungskunst hatte sie sich nach einiger Zeit wieder beruhigt und wir besprachen, was wir heute tagsüber machen würden. Wir beschlossen, einige Sehenswürdigkeiten anzuschauen.

Am nächsten Tag, als wir nach dem Frühstück unsere Sachen ins Auto brachten, sah ich an Miriams Auto einen Zettel, der am Scheibenwischer befestigt war. Miriam hat ihn nicht gesehen. Ich nahm den Zettel an mich und als ich für mich alleine war, las ich ihn. Wie vermutet, war die Nachricht für mich von Stefano. Er wünschte uns eine gute Heimreise. Er schrieb, dass er unsere gemeinsame Nacht sehr schön gefunden habe und sehr oft an mich denke. Dass ich in seinem Herz einen kleinen Platz eingenommen hätte. Ich fühlte mich geschmeichelt, sagte Miriam aber nichts. Mit einem Lächeln steckte ich den Zettel ein und merkte, dass ich keine Sekunde lang bereute, was ich gemacht hatte. Ich würde es wieder tun. Das wurde wieder ein Geheimnis, wie viele andere Geheimnisse von mir. Das Leben ist schon verrückt, Menschen kommen und gehen. Deswegen lasse ich gewisse Dinge einfach geschehen, lasse sie in meinen Gedanken für eine begrenzte Zeit immer wieder aufleben und genieße es. Dieses Ereignis kann mir keiner mehr nehmen.

Zuhause bei meinen Eltern angekommen, ruhte ich mich erst einmal von der langen Fahrt aus. Es war keiner zuhause, das war mir ganz recht, denn somit hatte ich meine Ruhe. Der Alltag hatte mich wieder: arbeiten, am Abend in der Kneipe oder in der Spielhalle sitzen, in der Disco rumhängen … Aber was ich mir noch wünschte, war, dass ein Junge in mein Leben tritt, der zu mir passt. Die Jungs, die ich kennenlernte, waren nur mit ihren eigenen Problemen beschäftigt, oder sie tranken bis zur Bewusstlosigkeit. Wo ich mehr Abstand gehalten habe, war die Kneipe in Gunzenhausen. Das war mir mit der Kifferei einfach zu viel. Ich merkte, dass es mir nicht gut tat und es doch nicht meine Welt ist. Irgendwann saß ich in der Kneipe und habe bewusst diese Menschen, die mittlerweile angeblich meine Freunde geworden waren, beobachtet. Einerseits war es lustig, aber zugleich auch sehr traurig. Was haben diese Menschen in ihrem Leben erreicht? Und vor allem: Wo wird ihr Weg hinführen? All diese Fragen stellte ich mir. Mir wurde bewusst, dass ich nicht so enden möchte, dass es nicht meine Welt ist. Ich wollte ein normales Leben führen, mit einem Mann, der zu mir passt, mit dem ich durch dick und dünn gehen könnte. Der mich so nimmt, wie ich bin, mit all meinen Schwächen und Fehlern. Dass wir zusammen füreinander da sein können und uns einander unterstützen und ergänzen. Ich wollte einen Mann, mit dem ich meine eigene Familie gründen konnte. Das war ein sehr großer Wunsch von mir. Somit besuchte ich so gut wie gar nicht mehr diese Kneipe, sie verschwand langsam aus meinem Leben.

Oft wollte ich in meiner Wohnung sein und gar nichts mehr sehen und hören. Schaute Fernsehen, legte mich in die Badewanne und hörte Musik. Oder ich schrieb an Menschen, die sehr in den Hintergrund geraten waren, einen Brief. So ließ ich in meinem kleinen Reich die Seele baumeln. Seit Doris nicht mehr in dieser Wohnung wohnte, war es sehr still geworden. Aber wir waren telefonisch miteinander in Kontakt, sodass sie mir ihre Neuigkeiten erzählte und ich meine – fast alle, denn ein gewisser Teil blieb immer verborgen, da ich mich dafür schämte.

Am Wochenende fuhr ich gerne mal nach Roth zu Isa nach Hause, um gemeinsam etwas zu unternehmen. Sie und Simon waren in Roth angekommen und hatten sich eingelebt, sie fühlte sich wohl bei Uli. Uli, der eine eigene Werbeagentur hatte, bezog Isa mit ein. Da sie gut aussah – vor allem eine schöne Figur hatte, wovon ich nur träumen kann –, hatte sie die Möglichkeit, für eine Firma das Werbebuch mitzugestalten. Sie musste Kameras und Objektive präsentieren. Beim Essen erzählten Isa und Uli einmal, dass sie gerne über Weihnachten eine Reise auf die Malediven machen würden, dass es aber auch beruflich mit der Werbeagentur zu tun hat. Für den kleinen Simon wäre es zu stressig gewesen. Sie fragten mich, ob ich mir vorstellen könnte, zwei Wochen auf Simon aufzupassen. Er war mittlerweile ein süßer Knopf. Da ich ohnehin über Weihnachten zwei Wochen Urlaub hatte, sagte ich zu und freute mich auf die gemeinsame Zeit mit meinem Patenkind.

Ich hatte mir mit Simon vorgenommen, an Weihnachten zwei Tage bei meinen Eltern zu verbringen. Mein Vater schmückte den Weihnachtsbaum, ich packte die restlichen Geschenke ein und meine Mutter kochte das Essen. An Weihnachten war Mitz immer bei uns, ich holte sie aus dem Seniorenheim ab. Mitz hatte Freude am kleinen Simon, da war mal Leben in ihrer Anwesenheit. Es war ein ruhiges und schönes Weihnachten. Wir saßen zusammen, aßen gemeinsam und unterhielten uns nett. Wir machten Bescherung, und als mein Vater die Lichter am Christbaum anzündete, wurden die Augen von Simon riesengroß. Es ist so schön, in Kinderaugen zu sehen, hauptsächlich die Begeisterung der Kinder zu beobachten. Am nächsten Tag nach dem Mittagessen gingen meine Eltern mit mir und Simon gemeinsam spazieren und ich genoss die gemeinsame Zeit. Ich fragte mich: Warum kann es nicht immer so sein?

So träumte man seine Träume weiter, ging seiner Tätigkeit nach und versuchte seinen Alltag in Ruhe und Gelassenheit zu verbringen, vor allem ohne Stress und ohne zu viel Alkohol zu trinken. Die Kneipe in Gunzenhausen war für mich nun Geschichte, den Vorsatz von damals habe ich eingehalten. Seit ich nicht mehr in diese Kneipe ging, ging es mir besser. Ich fuhr viel in die Spielhalle nach Weißenburg, da ich mich dort immer noch sehr wohl fühlte.

Eines Abends, als ich in der Spielhalle am Tresen saß und mich mit Peter unterhielt, kam ein Junge namens Jochen rein. Er setzte sich neben mich. Peter stellte ihn mir vor. Wir führten eine gute Unterhaltung und waren einander auf Anhieb sympathisch. Jochen war sechs Jahre älter als ich. Er lud mich zum Billardspielen ein. So kam es zustande, dass wir, immer wenn wir uns in der Spielhalle sahen, eine Runde Billard spielten, einen Kaffee zusammen tranken und eine gute Unterhaltung hatten. Eines Tages fragte er mich, ob ich am Wochenende schon was vorhätte. Er würde sich freuen, wenn er mich zum Essen einladen dürfe. Ich sagte zu und fand es toll.

Nach dem Essen gingen wir noch in Weißenburg in die Disco. Immer wenn ich dort war, fiel mir wieder der Junge ein, der mir damals ein offenes Ohr geschenkt und am Unfallort geholfen hatte. Immer wieder schaute ich mich um in der Hoffnung, ihn irgendwo zu erblicken. Aber ich sah ihn nicht. Jochen und ich trafen einander immer wieder, wir führten gute Gespräche und hatten unseren Spaß. Nach ein paar Wochen merkte ich, dass ich mehr für ihn empfand. Eines Abends, als es schon spät war und wir mit dem Auto unterwegs waren, hielt er plötzlich an einem Parkplatz an. Wir standen dort alleine, es gab keine Laternen und ich wusste nicht, was er nun vorhatte. Ich fragte ihn, ob er auf die Toilette müsse. Er nahm meine Hand und sagte, dass er gerne mit mir zusammen und in meiner Gegenwart sei. Er fragte mich, wie ich das sehe und ob ich was für ihn empfinde. Denn er gestand mir, dass er sich in mich verguckt hatte und gerne mit mir zusammen sein wollte. In diesem Moment bekam ich Tränen in den Augen. Es waren Freudentränen, da ich für ihn auch sehr viel empfand und gerne mit ihm zusammen sein wollte.

Nun war ich mit Jochen zusammen, was schnell Kreise zog, sodass alle, die uns kannten, Bescheid wussten, dass wir ein Paar waren. Jochen nahm mich schnell mit zu ihm nach Hause. Er wohnte in seinem Elternhaus, das direkt an dem Fluss Altmühl lag. Ich wurde von seiner Familie herzlich willkommen geheißen.

Als meine Eltern Jochen zum ersten Mal sahen und ich ihn vorstellte, war ich positiv überrascht. Meine Mutter machte dieses Mal keine blöde Bemerkung. Ich wusste noch nicht, ob das gut oder schlecht war. Denn meine Mutter hatte immer an allem Möglichen was auszusetzen. Mein Vater war zu meinen Freunden immer nett und hat sie akzeptiert. Was meine Eltern nicht erlaubten, war, dass mein Freund bei mir zu Hause schlafen durfte. Aber das wollte ich ohnehin nicht. Ich genoss die Zeit mit Jochen und seiner Familie. Wir sind im Sommer viel mit seinem Motorrad unterwegs gewesen. Ich war viel bei ihm zu Hause, um dort zu übernachten.

Er war auch immer wieder bei mir in Gunzenhausen. Wir waren in Gunzenhausen oder in Weißenburg unterwegs. Da er leidenschaftlicher Jäger war, ging ich mit ihm in den Wald. Es war für mich alles so neu. Obwohl man sich oft im Wald bewegte, war es bei der Jagd ganz anders. Es gibt einige Regeln, die man befolgen muss, die ich aber schnell gelernt habe. Die erste Regel ist: im Wald nicht sprechen. Als ich das erste Mal mit in den Wald gegangen bin, redete ich wie ein Wasserfall. Jochen meinte, bei der Jagd dürfe man nicht reden, sonst würden wir keine Tiere zu Gesicht bekommen. Gut, dachte ich, dann zünde ich mir eben eine Zigarette an. Wieder kam ein Satz: „Mach die Zigarette aus, im Wald sollte und darf man nicht rauchen. Durch den Rauch vertreiben wir die Tiere.“ Okay, dachte ich, dann esse ich eben was. Ich packte meinen Müsliriegel aus. Ich hatte ihn noch nicht mal ausgepackt, da bekam ich schon zu hören, ich solle ihn wieder wegpacken. „Du vertreibst mit deinem Geraschel die Tiere.“ Ich fragte ihn, was ich denn machen dürfe. Er meinte: „Leise sein, abwarten und beobachten – nur so werden die Tiere uns ganz nah kommen.“

Man kommt in eine himmlische Ruhe. Das Zeitgefühl ändert sich. Wenn man das alles zulässt und darauf achtet, kann man bei sich selbst wieder ankommen. So setzten wir uns früh am Morgen auf einen Hochsitz, kuschelten uns aneinander und warteten, bis wir etwas vor Augen bekamen. Ich hätte nie gedacht, dass es mich berühren würde. Nach einer gewissen Zeit kam ein Reh mit ihrem Jungen in unsere Nähe. Wir beobachteten es, sie gemeinsam zu sehen. Es war toll, wie das Reh sich liebevoll um sein Junges kümmerte. Zuhause fragte ich: „Wie kann man nur ein Tier erschießen?“ An diesem Tag hatte er nichts erlegt, aber er sagte mir, dass es auch gewisse Regeln im Wald gebe. Wenn Tiere krank sind oder wenn eine Tierart überhand nimmt, dann muss der Mensch – in dem Fall der Jäger – eingreifen. Es war für mich was Neues, ein tolles Erlebnis, das ich nicht täglich brauchte – aber zeitweise bin ich mit zur Jagd gegangen.

Peter suchte für die Spielhalle noch Personal. Jochen sprach mit mir darüber, dass er Interesse hätte. Dass das zusätzliche Geld für unsere Urlaubskasse sei, da wir nächstes Jahr im Sommer gemeinsam in den Urlaub fahren wollten. So beschlossen wir, dass Jochen nebenbei in der Spielhalle arbeiten würde. Hatte Jochen Dienst, schlief ich wieder öfter in Gunzenhausen.

An einem Tag, als ich von der Arbeit zu mir nach Hause kam und meine Post aus dem Briefkasten nahm, traute ich meinen Augen nicht. Es war ein Brief von Helmut, Simons Vater. Ich weiß nicht, wie er an meine Adresse gekommen war. Aus Neugier machte ich den Brief auf. Es stand darin, dass er in Ingolstadt im Gefängnis sei und sich riesig über einen Besuch von mir freuen würde. Er wolle mir so viel sagen und einige Missverständnisse aus dem Weg räumen. Ich verstand die Welt nicht. Er wollte auch, dass ich es niemandem sage, schon gar nicht Isa. Dem Brief lag ein Besucherschein bei. Da sollte ich eintragen, wann ich kommen kann. Somit könne er meinen Besucherschein im Gefängnis einreichen und es genehmigen lassen. Ich konnte daraufhin die ganze Nacht nicht schlafen.

So merkte ich, dass die Vergangenheit dich auf eine gewisse Art und Weise immer einholt und bestimmte Personen wieder in dein Leben treten. Am nächsten Tag rief ich Zolle an, erzählte ihm die Geschichte und fragte ihn, ob er mich nach Ingolstadt fahren könne, da ich es nicht allein machen wollte. Zolle gab mir Bescheid, wann es bei ihm möglich war. Nun stand der Tag vor der Türe. Ich war sehr aufgeregt, da ich noch nie ein Gefängnis von innen gesehen hatte. Ich traf Zolle in Weißenburg. Von da aus fuhren wir weiter nach Ingolstadt. Über die Situation unterhielten wir uns während der ganzen Fahrt. Es tat mir richtig gut, in dieser Situation jemanden an meiner Seite zu haben, der mir zuhörte und versuchte, mir die Angst und Unruhe zu nehmen. Zolle war ein wunderbarer Freund. Er war immer für einen da, später sogar für meine Eltern, und hat ihnen geholfen, wenn in der Wohnung was zu reparieren war.

Nun standen wir vor dem Gefängnis. Meine Besuchszeit betrug eine Stunde. Zolle wartete so lange im Auto. Ich hatte Helmut mindestens ein Jahr lang nicht mehr gesehen. Jetzt stand ich vor dem riesigen Tor und klingelte. Das Tor ging auf und ich war im Innenhof. Eine weitere Türe brachte mich in das Gebäude, wo ich schon von einem Polizisten empfangen wurde. Ich musste meine Taschen leeren und meinen Personalausweis abgeben. Von einem anderen Polizisten wurde ich in den Besucherraum geführt. Nun saß ich an einem Tisch und wartete, bis Helmut in das Zimmer kam. Der Polizist setzte sich in eine Ecke auf einen Stuhl und blieb während der ganzen Besuchszeit mit uns in diesem Raum. Ich kam mir richtig unbeholfen vor.

Als meine Gedanken quer durch den Raum flogen, ging die Türe auf, Helmut kam mit einem Lächeln rein und begrüßte mich. Wir gaben einander die Hand und setzten uns an den Tisch. Er fragte mich nach Isa und Simon und wie es ihnen gehe, vor allem dem Kleinen. Ich sagte, es gehe ihnen gut, und erzählte, wie die jetzige Situation ist. Ich stellte ihm viele Fragen, warum er Isa so betrogen und hintergangen hat. Dass sie jetzt auf einem Berg von Schulden sitzt, und das mit einem kleinen Kind. Ob er kein schlechtes Gewissen hätte. Er gab mir keine konkreten Antworten. Er redete immer um den heißen Brei herum und versuchte, sich herauszureden oder mir das Wort im Mund umzudrehen. Ich fühlte mich verarscht und fragte mich, was ich hier überhaupt tue. Ich ließ ihn wissen, dass ich stinksauer auf ihn war und es keine Art ist, was er gemacht hat. Wenn es nach mir ginge, hätte er nicht nur sechs Jahre bekommen, sondern viele Jahre mehr. Ich sagte, dass ich seine Geschichten nicht hören will und dass er uns in Zukunft in Ruhe lassen soll, hauptsächlich Isa und Simon. Dass er aus unserem Leben verschwinden soll. Meinetwegen könne er hier versauern.

Mein Herz raste, mir blieb die Luft zum Atmen weg. Ich wollte nur aus diesem Raum. Ich sagte zu Helmut, dass er mich nicht mehr sehen würde und er mir nicht mehr schreiben solle, da ich sowieso nicht antworten würde. Und dass er mir, wenn er aus diesem Gefängnis kommt, nicht mehr unter die Augen kommen solle. Auf solche Menschen kann man verzichten. Ich stand auf, ohne mich umzudrehen, und ging aus dem Zimmer. Ich holte meine Sachen und wollte nur noch weg.

Als ich aus dem Gefängnis kam, war ich erst mal fertig. Ich begann zu weinen. Was hat dieser Mann meiner Schwester alles angetan – und nun will er, dass ich Verständnis und ein offenes Ohr für ihn habe, wie dreist ist das denn? Verzweifelt ging ich zum Auto. Zolle sah mich weinen und kam mir entgegen. Er nahm mich in den Arm und fragte, was passiert ist. Ich erzählte ihm, wie es gewesen war. Zolle versuchte, mich zu beruhigen. Er meinte, dass ich es gut gemacht und die richtige Entscheidung getroffen hätte.

Man muss aufpassen, dass andere Menschen nicht die Fäden des eigenen Lebens in die Hand nehmen. Ich habe gelernt, die Menschen zu meiden, die nur negativ denken, andere Menschen ausnutzen und auf ihre Vorteile hinarbeiten, wobei ihnen sogar jedes Mittel recht ist. Man sollte ihnen aus dem Weg gehen, dass sie gar nicht die Möglichkeit bekommen, in das eigene Leben einzudringen. Ich wusste, warum ich nicht alleine fahren wollte, um in solch einer Situation nicht alleine dazustehen. Bei der Heimfahrt bedankte ich mich recht herzlich und ließ Zolle wissen, dass er eine wichtige Person in meinem Leben ist. Er half mir viel in schweren Zeiten. Er war in unserer gemeinsamen Zeit mein Schutzengel. Er hat immer auf mich aufgepasst. Wenn ich zu betrunken war, um mit meinem Auto nach Hause zu fahren, schaffte er es als einziger, mich zu überreden, mein Auto stehenzulassen. Hatte ich am Ende des Monats kein Geld mehr, half mir Zolle aus und lieh mir Geld, bis ich meinen Lohn bekam. War ich irgendwo auswärts ohne Auto unterwegs, Zolle holte mich zu jeder Uhrzeit ab.

Wir schliefen in einem Bett, bei Zolle musste ich mir nie Gedanken machen, dass er mich anfassen würde. Wir lagen im Bett, ich erzählte ihm, was mich beschäftigte, aber auch tolle Erlebnisse. Er schenkte mir immer ein offenes Ohr. Auch er erzählte mir, was ihn beschäftigte, was er erlebt hatte, oder auch nur seine Träume und Wünsche. Wir erzählten und hörten einander zu, bis wir eingeschlafen sind. Am nächsten Morgen tranken wir gemeinsam Kaffee und Zolle brachte mich wieder mal nach Hause. Als Dank dafür, dass Zolle immer für mich da war, lud ich ihn gerne mal zum Essen ein. Oder schenkte ihm eine Schachtel Zigaretten.

Bei Zolle kam ich immer in die Stille, konnte meine Belastungen, die ich mit mir herumschleppte, für eine gewisse Zeit ablegen und fühlte mich in dieser Zeit befreit. Ich blickte wieder zuversichtlich in die Zukunft, somit gestaltete ich in meinen Gedanken meine Wünsche und Visionen. Ich konnte etwas Neues wagen, meine eigene Welt bauen und für kurze Zeit in meiner Welt verweilen. So kam ich wieder ins Gleichgewicht. Vor allem konnte ich meine Wut loslassen, vielleicht auch Rachegedanken, Aggressionen, die mich auch begleiten und mich an gewissen Zeiten beherrschen und zwischen mir und den anderen Menschen stehen. Manchmal denke ich, ich bin zu emotional und auch zu impulsiv für diese Welt, in der ich lebe. Ich erwarte von den Menschen zu viel Einfühlungsvermögen und Sensibilität. Mir wurde im Laufe meines Lebens immer wieder vor Augen geführt, dass man nicht jeden Menschen und jedes Wort, das man hört, so wichtig nehmen sollte und darf. Bleibe dir selber treu, das ist sehr wichtig.

Von all dem habe ich Jochen nichts erzählt. Ich hatte Angst, dass er mich nicht mehr liebt. Dass er von meiner Familie enttäuscht ist und deshalb nichts mehr von mir wissen will. Das war das Letzte, was ich wollte. Ich versuchte, meine zerbrochene, unzufriedene Welt beizubehalten, mir schönzureden, und immer wieder aufs Neue versuchte ich die Fassade aufrechtzuerhalten. Was ich immer wieder feststellen musste: Es geht alles nur eine gewisse Zeit, bis das böse Erwachen kommt.

Isa mochte Jochen auch. So kam es, dass wir am Wochenende gelegentlich gemeinsam Isa und Uli besuchten. An einem Samstag, als wir zu meiner Schwester fuhren, fing der Abend sehr gemütlich an. Wir gingen in ein Restaurant, um gut zu essen. Für Simon war ein Babysitter organisiert, und somit hatten wir den ganzen Abend für uns. Nach dem Essen und ein paar Gläsern Wein sind wir zu ihnen nach Hause gegangen. Uli wollte Jochen die Firma und seine Arbeit zeigen. Isa und ich zogen uns immer wieder still und heimlich zurück, um uns noch ein Gläschen zu genehmigen. So ließ es gar nicht lange auf sich warten, dass wir gut angetrunken waren und wieder viel, viel zu viel über unser Leben erzählten und preisgaben. Ich hielt mich zwar zurück, aber Isa erzählte und erzählte. Meine Schwester und ich, wir haben zwei Persönlichkeiten. War meine Schwester betrunken, wurde sie sehr gesprächig, ungerecht, beleidigend bis hin zur Aggression, während ich eher ruhiger wurde und mich mehr in meine Welt zurückzog. In diesen Momenten wollte ich lieber alleine sein, da ich das Gefühl bekam, es versteht mich sowieso keiner. Und in diesem Moment, als Isa los sprudelte wie ein Wasserfall, hatte ich dieses Gefühl. Ich ließ mir etwas einfallen, um Isa aus dem Zimmer zu bekommen. Draußen versuchte ich ihr zu vermitteln, dass ich es nicht möchte, da Jochen über unsere Familienverhältnisse nicht viel weiß und ich es auch so beibehalten möchte. Sie versprach mir, nichts mehr zu erzählen.

Das Erzählen hatte nun Uli übernommen. Als wir wieder zurückgingen, hörten wir, wie Uli über unsere Familie sprach, und das war nicht schön und nett. Es war zwar viel Wahrheit dabei, aber es hat keiner ein Recht, über einen anderen so zu reden. Meine Schwester hielt mich zurück, so blieben wir an der Türe stehen und hörten uns alles an, was Uli über unsere Familie und über uns erzählte. Ich hätte lieber reingehen sollen, da wären mir einige Peinlichkeiten erspart geblieben. Ich fühlte mich nicht gut, fühlte mich so verloren. Es kamen tausend

Gefühle in mir hoch, die ich alle gar nicht mehr zuordnen und sortieren konnte. Ich wäre am liebsten im Erdboden versunken. Auf den Schock hin musste ich erstmal was trinken. Meine Schauspielkunst hat auch versagt. Isa machte Uli an, was es solle, solche Sachen zu erzählen. Ich merkte, wie es Jochen unangenehm wurde. So beschloss ich zu gehen, um weiteren Konfrontationen aus dem Weg zu gehen und es nicht eskalieren zu lassen. Als wir im Auto saßen und Jochen nach Hause fuhr, sprachen wir nicht viel, und wenn ich ehrlich bin, war mir das in diesem Augenblick egal. Ich wollte nur noch heim in mein Bett.

Am nächsten Tag, als wir gemeinsam aufstanden und frühstückten, versuchte ich wieder alles zurechtzubiegen. Dass meine Schwester immer sehr übertreibt, dass man bei ihren Aussagen die Hälfte abziehen muss, damit es wieder stimmt. Ich weiß nicht, wie ich es machte, aber ich entwickelte im Laufe der Zeit eine große Überzeugungskraft, sodass ich viel ausbügeln konnte. Das Thema war schnell vom Tisch. Ich beschloss nach dieser Aktion, in der nächsten Zeit meine Schwester alleine, also ohne Jochen zu besuchen.

Mein dreiwöchiger Urlaub stand an. Peter aus der Spielhalle bekam mit, dass ich mir einen Nebenjob suchen wollte. Somit sagte er mir, dass ich in Weißenburg in der anderen Spielhalle als Urlaubsvertretung für zwei Wochen arbeiten könne. Es kam mir ganz gelegen, da ich mir sowieso ein neues Bett kaufen wollte. Nach zwei Wochen bekam ich meinen Lohn. Jochen und ich wollten gleich losgehen, um ein neues Bett zu kaufen. Wir gingen in das Möbelhaus und suchten uns zusammen ein schönes Bett aus.

Am nächsten Tag machten wir uns Gedanken, wo wir in unserer gemeinsamen Urlaubswoche hinfahren könnten, um ein paar schöne Tage zu verbringen. Unser Urlaubsziel war Kroatien. Jochen hatte ein Wohnmobil, es war ein altes Postauto, das zu einem Wohnmobil umgebaut war. Wir hatten unser Bett und unsere Küche dabei. Es war mein erster Campingurlaub. Jochen hatte ein kleines Segelboot, das wir auch mitgenommen haben. Es war mein zweiter Urlaub mit Freund. Das Schlimmste war die lange Fahrt, aber je weiter wir in den Süden kamen und je mehr sich die Landschaft veränderte, desto mehr freute man sich. Müde und abgespannt kamen wir auf dem Campingplatz an, in der Hoffnung, dass noch ein Stellplatz frei sein würde. Wir hatten Glück. Wir stellten alles ab, machten alles standfest und sicher. Als wir mit allem fertig waren, gingen wir die Promenade entlang in die nächste Ortschaft, um uns ein schönes Lokal zu suchen. Wir genossen das Essen und die Landschaft. Ich war glücklich und sehr zufrieden.

Wir hatten nette Nachbarn auf dem Campingplatz. Wir grillten gemeinsam mit ihnen. Jochen angelte selbst Fische, die wir am Abend grillten – dazu ein gutes Bier oder Wein. Am Abend bei einem schönen Feuer in eine Decke gekuschelt, dazu eine nette Unterhaltung und der Mann an meiner Seite, den ich liebe – wir haben gesungen, gelacht, wir hatten Spaß. Aber wie das so ist – jeder Traum ist einmal ausgeträumt, und somit war die Woche schnell vorbei und der Alltag hatte uns wieder. Aber wir hatten ein neues Bett und hatten einen sehr schönen Urlaub gehabt.

In diesem Urlaub wurde mir bewusst, dass das Leben zu kurz ist, um sich nur mit Ärger und Frust zu beschäftigen. Wir müssen die Wunder in unserem Leben erkennen und sehen. Jeder Mensch sehnt sich nach Liebe und Geborgenheit. Wenn wir mit offenen Augen durch die Welt gehen, werden wir sie auch wahrnehmen und die Wunder erkennen. Dann sind wir stark in unserem Vertrauen und in unserer Freude, sodass ein liebevoller Wandel in allem stattfinden kann. Man vergisst es im Alltag leider sehr schnell wieder. So holt uns das Negative oft wieder ein. Ich versuchte zumindest, das Positive in meinem Leben stärker zu würdigen. Das ist nicht leicht und fiel mir zeitweise sehr schwer.

Um uns das Leben zu versüßen, hatte Sabine eine tolle Idee. Sie meinte, lass uns alle zusammen einen Ausflug in einen Freizeitpark machen. So beschlossen wir – Sabine mit ihrem Freund Armin und ich mit Jochen – gemeinsam einen Tagesausflug in den Freizeitpark zu unternehmen. Jochen und Armin verstanden sich gut, was Sabine und mich freute. Wir hatten Spaß, genossen das schöne Wetter und nutzten alle Angebote. Auf dem Heimweg waren wir sehr still, wir waren alle sehr müde und genossen die Ruhe bei der schönen Musik, die im Auto lief. Wenn ich so in meinen Gedanken versank, bekam ich manchmal Angst. Ich hatte Angst, dass die Seifenblase, in der ich mich zu der Zeit befand, zerplatzen würde. Ich hatte Angst, dass eines Tages die Beziehung mit Jochen zu Ende sein könnte und ich wieder allein sein und nicht wissen würde, wo ich hingehöre.

Es war eine Zeit, in der ich mich gut fühlte. Ich fühlte mich begehrt und geschätzt, und ich wollte dieses Gefühl nicht verlieren. Ich hatte nur noch mit drei ehemaligen Schülerinnen von der Berufsfachschule Kontakt: mit Sabine, Susanne und Katharina. Katharina wohnte in Dinkelsbühl, sie lebte mit ihrem Vater zusammen. Die Ausbildung zur Kinderpflegerin lag ihr nicht, sie erwähnte immer wieder, dass der Beruf mit Kindern ihr nicht so gut liegt. Ich weiß nicht, warum sie diesen Beruf gewählt hatte. Einerseits wollte sie nicht von zuhause weggehen, aber ich glaube, ihr Vater dachte, es sei für sie das Beste. Ihr Vater war in der Gastronomie tätig und war selten zuhause. Er wollte, dass seine Tochter versorgt und nicht alleine zuhause war. Nach unserer Ausbildung fuhr ich oft nach Dinkelsbühl, um mit Katharina etwas zu unternehmen. Wir machten es uns bei ihr zuhause gemütlich, lästerten über Gott und die Welt. Sie erzählte mir ihr Leid, dass sie nicht so glücklich ist. Dass sie viel ändern möchte und nicht weiß, wie sie es anfangen soll.

Ich merkte: Wenn ich bei ihr war, ging es ihr in dieser Zeit ein wenig besser. Ich versuchte, sie aus ihren negativen Gedanken herauszuholen. Es gelang mir nicht immer. Seit ich mit Jochen zusammen war, bin ich nicht mehr so oft bei ihr gewesen. Wenn ich bei ihr war und ich mich auch mit ihrem Freundeskreis traf, fühlte ich mich nicht so wohl. Die Freunde waren nicht meine Welt. Wie ich nach einer gewissen Zeit mitbekommen habe, nahmen sie Drogen. Ich rauchte auch mal einen Joint mit, aber was sie alles zusätzlich nahmen, war mir zu hart, und ich hatte Respekt davor. So kam es, dass ich Katharina nicht mehr so oft besuchte. Wir telefonierten zwar häufig, dabei merkte ich aber immer öfter, dass sie unglücklich war.

Dann gab es kurze Phasen, in denen sie einen festen Freund hatte. Erst dachte ich, er tut ihr gut, aber es stellte sich heraus, dass er heroinsüchtig ist und Katharina mit hinein zog. Kurz bevor sie starb, rief sie mich an und sagte: „Kannst du heute kommen? Mir geht es nicht gut.“ Hätte ich gewusst, wo sie in dieser Zeit steht, wäre ich gleich losgefahren, hätte mir in der Arbeit eine Ausrede einfallen lassen. Aber ich wusste nicht, dass sie auf Heroin war. Das habe ich erst später erfahren. Bei unserem letzten Telefonat sagte ich zu Katharina, dass ich am Wochenende frei habe und mir das ganze Wochenende Zeit für sie nehme, um bei ihr zu bleiben. Dass wir in aller Ruhe über alles reden und auch eine Lösung finden würden.

Zu spät. Als ich sie am Freitagabend angerufen habe, um die genaue Zeit durchzugeben, wenn ich bei ihr bin, ging ihre Oma mit gebrochener

Stimme an das Telefon. Ich fragte: „Ist Katharina zuhause?“ Es war erstmal still. Mir lief es eiskalt den Rücken runter, ich wusste, dass etwas passiert war. Ich fragte nach: „Ist Katharina da?“ „Nein“, sagte ihre Oma, „sie ist von uns gegangen, sie starb an einer Überdosis Heroin.“ Ich war geschockt, legte den Telefonhörer auf, brach in Tränen aus und machte mir große Vorwürfe, dass ich nicht am selben Tag zu ihr gefahren war, als sie mich darum gebeten hatte. Ich hatte sie im Stich gelassen, ich war nicht bei ihr gewesen, als sie mich am meisten brauchte.

Es tat so weh, egal, mit wem ich darüber reden wollte. Sie meinten es nur gut und wollten mir mein schlechtes Gewissen nehmen. Dass ich keine Schuld hätte, dass ich es nicht gewusst hätte, dass sie auf Heroin ist. Irgendwie hatten sie ja recht, aber ich kämpfte lange mit diesem Gefühl, träumte lange von Katharina und wachte manchmal mit Herzrasen und Tränen auf. Teilweise konnte ich nicht mehr einschlafen. Jochen war mir in dieser Zeit keine große Hilfe. Ich musste es wie so oft mit mir selbst ausmachen und verarbeiten. Da hatte ich nur einen besten Freund an meiner Seite, der mich immer wieder verstand, der mir Trost spendete und bei dem ich so sein konnte, wie ich bin, bei dem ich mich nie verstellen musste: den Alkohol. Katharina, verzeih mir, selig seist du, ruhe in Frieden! Warum sind gewisse Dinge so, wie sie sind? Es ist Unsinn, sagt die Vernunft. Es ist nichts als Schmerz, sagt die Angst. Es ist aussichtslos, sagt die Einsicht. Es ist unmöglich, sagt die Erfahrung. Es ist gefährlich, sagt die Vorsicht. Es ist lächerlich, sagt der Stolz. Und doch sollten wir akzeptieren, dass es so ist, wie es ist, sagt die Liebe.

Ich versuchte meinen Tagesablauf so gut wie möglich zu meistern. Mir fiel es streckenweise sehr schwer, aber die Arbeit und meine Kinder in der Arbeit verschafften mir Abwechslung und den Mut weiterzumachen. Der Spielhallenbesitzer hatte in Straubing eine Spielhalle übernommen. So kam es, dass Jochen öfter über das Wochenende in Straubing war, um in der Spielhalle zu arbeiten. Wenn ich am Wochenende frei hatte, genoss ich es, mit Jochen in Straubing zu sein. Der Chef hatte in Straubing eine Drei-Raum-Wohnung gemietet. Da hatte jeder ein Zimmer und Bad, die Küche war für alle. Sie freuten sich, wenn ich mitkam. Da sich keiner richtig für die Reinigung verantwortlich fühlte, machte ich es immer. Sie hatten mich gefragt, ob es mich stört, wenn ich mich um die Wohnung kümmere, solange sie einkaufen gehen. Es machte mir nichts aus. Denn ich wusste, dass ich es nicht umsonst machen würde.

Ich wurde fast das ganze Wochenende eingeladen. Wir gingen am Abend schön essen und ließen es uns gut gehen. Manchmal gingen wir in die Disco bei Dingolfing, wo ich früher oft mit Christoph gewesen war. Da ging ich immer mit gemischten Gefühlen rein. Ich hatte jedes Mal Bedenken, Christoph dort anzutreffen. Jochen kannte Christoph auch von der Spielhalle in Weißenburg. Sie hatten öfter Billard miteinander gespielt. Manchmal hätte ich mir gewünscht, dass er in die Disco reinkommt, damit ich ihn einfach mal wieder sehe. Aber ich bekam ihn nicht zu Gesicht. Ich glaube, es war besser so.

Wir hatten alle zusammen sehr viel Spaß. Wir waren alle sehr trinkfest, einer nach dem anderen gab eine Runde aus, wir tanzten viel, lernten neue Leute kennen und hatten gute Gespräche. Es war immer sehr feuchtfröhlich. Ich machte mir damals über das Trinken oder Rauchen keine großen Gedanken. Ich merkte wohl, dass ich manchmal am Tag danach sterben wollte oder mir hoch und heilig geschworen habe, nie wieder zu trinken. Die Vorsätze hielten in der Regel nur bis zum nächsten Wochenende, wenn überhaupt. Mein Leben war wie eine Achterbahnfahrt. Oben angekommen konnte ich vor Freude und Glück jubeln, ging es bergab, war ich zeitweise so verzweifelt, dass ich mich verkriechen wollte. Sonntag fuhren wir wieder von Straubing nach Hause.

Im Sommer fuhren Jochen und ich übers Wochenende öfter mal mit dem Motorrad weg. Wir nahmen ein Zelt mit und hielten an, wo es uns gefiel. Da suchten wir einen Campingplatz, bauten unser Zelt auf, gingen anschließend etwas essen. Danach besorgten wir uns eine Flasche Wein, setzten uns ans Wasser und ließen den Tag ausklingen. Am nächsten Tag schauten wir uns die Gegend an oder blieben am Wasser und erholten uns. Sonntag sind wir wieder nach Hause gefahren. Ich fuhr gerne Motorrad, das war für mich ein Stück Freiheit und Befreiung. Einfach hinten drauf zu sitzen und die Geschwindigkeit zu genießen. Ich liebte es, schnell mit dem Motorrad mitzufahren, das berauschende Gefühl zu erleben. Ich sagte immer, das Gefühl ist besser als Sex. Das war natürlich ironisch gemeint.

Jochen und ich, wir verstanden uns gut und waren sehr gerne zusammen. So kam es, dass er mich eines Tages fragte, was ich davon hielte, zu ihm zu ziehen. Er sagte: „Da meine Oma gestorben ist und nun mein älterer Bruder mit seiner Familie in die Wohnung im Erdgeschoss ziehen wird und ich in die Dachwohnung, würde ich mich freuen, wenn du zu mir kommst. Meine Eltern würden sich auch freuen." Mit Jochens Eltern und Geschwistern kam ich gut aus. Ich fühlte mich geehrt und sagte, dass ich es mir überlegen würde. Als ich allein in meine Wohnung nach Gunzenhausen gefahren bin, ging es mir nicht mehr aus dem Kopf. Sollte ich wirklich zu Jochen ziehen und den Schritt wagen? Lass es gut sein, sagte ich mir, lass uns erstmal schlafen.

Am nächsten Abend bekam ich einen Anruf von meiner Schwester Isa. Das war mir recht, ich wollte ihr gleich die Neuigkeiten von Jochen und mir erzählen. Sie fragte: „Hast du heute Abend Zeit, um nach Roth zu kommen?" Ich: „Kann es nicht bis morgen warten?" „Nein, Mama und Anne werden auch kommen, es gibt was zu besprechen." „Ist was passiert?", wollte ich wissen. „Du wirst es bei mir erfahren." Meine Neugier wurde sehr groß und somit wurden meine Neuigkeiten nach hinten geschoben. Ich setzte mich ins Auto und fuhr nach Roth. Mir gingen tausend Gedanken durch den Kopf, ich malte mir unterschiedliche Sachen aus, was es sein könnte, was so wichtig ist, dass es nicht mal bis morgen warten kann – vor allem, wenn Anne extra aus München kommt. Was ist mit meinem Vater? Warum kommt er nicht mit? Ich verstand überhaupt nichts mehr.

In Roth angekommen, wartete meine Schwester in der Einfahrt schon auf mich. „Was ist denn los?", fragte ich erneut. Wir setzten uns ins Wohnzimmer und warteten auf unsere Mutter und Anne. Immer wieder wollte ich erneut wissen, worum es ging. Ich rauchte eine nach der anderen und zog mir einen Kaffee nach dem anderen rein. Endlich waren sie da. Nun saßen wir alle an einem Tisch. Uli eröffnete die Runde, gespannt hörte ich zu, worum es geht, ich hatte das Gefühl, dass alle schon Bescheid wussten außer mir. Es kam heraus, dass meine Eltern hunderttausend Mark Schulden haben. Ich traute meinen Ohren nicht. „Wie bitte, was heißt hier hunderttausend Mark Schulden?! Wofür war das ganze Geld?"

Unser Vater hatte diese Woche einen Brief von der Bank bekommen, der beinhaltete, dass ein Betrag von hunderttausend Mark offen ist. Er hat somit eine Vorladung in die Bank bekommen, um es zu klären und zu regeln, wie man die Schulden zurückbezahlen kann. Papa war so schockiert über diese Nachricht, da er selbst nichts davon gewusst hatte, dass er an dem Tag nicht mit hergekommen war. Er meinte, sonst gibt es noch Mord und Totschlag. Ich denke, er war so enttäuscht, dass er nie etwas mitbekommen, geschweige denn gemerkt hatte, was im Argen ist. Meine Mutter hatte im Laufe der Zeit hunderttausend Mark Schulden gemacht, keiner weiß, wofür oder für wen. Für mich bestimmt nicht. Meine Eltern hatten mir meinen Führerschein bezahlt, das war es aber auch schon gewesen. Ich fragte immer wieder, wo das Geld sei oder was mit dem Geld gemacht worden sei. Und was hatte ich jetzt damit zu tun? Ich war fix und fertig, war mit der Situation überfordert. Ich ging erstmal an die frische Luft, mir wurde schlecht, und ich musste auf diesen Schock eine rauchen.

Nach kurzer Zeit kam Anne zu mir nach draußen, sie meinte, wir würden einen Weg finden. Ich fragte: „Was heißt ‚wir' und was für einen Weg, was habe ich damit zu tun?" Sie meinte, wenn wir alle eine gewisse Summe übernähmen, dann könnten unsere Eltern es schaffen, die Schulden so bald wie möglich loszuwerden. Ich sollte etwas zurückbezahlen, wovon ich nichts gehabt hatte und nichts haben würde. Ich wollte wissen, um welche Summe es sich handelte, die ich zurückzahlen sollte. Es stellte sich heraus, dass alles schon ausgemacht und besprochen war. Ich fühlte mich hintergangen. Nur weil ich erst 19 Jahre alt war und in ihren Augen noch keine Verpflichtungen hatte, soll ich dreißigtausend Mark übernehmen. Ich sollte dreißigtausend Mark, Isa und Anna zehntausend, meine Eltern den Rest, sprich fünfzigtausend Mark, zurückbezahlen.

Mir wurde es zu viel, ich sagte, ich müsse jetzt los, da ich morgen wieder arbeiten musste. Ich setzte mich in mein Auto und fuhr nach Gunzenhausen. Bei der Heimfahrt musste ich die ganze Strecke über weinen. „Lieber Gott, was bürdest du mir da auf? Ich weiß nicht, wie ich damit umgehen soll. Bitte hilf mir, die richtige Entscheidung zu treffen." Es war schon 22 Uhr, als ich zuhause ankam, ich stellte mein Auto ab und lief kreuz und quer in der Stadt herum. Ich lief wie im Rausch. Ich fühlte mich wie in einem schlechten Traum. Mein Weg führte mich in meine Kneipe, die ich eigentlich nicht mehr besuchen wollte. An diesem Abend war mir das egal. Es waren alte Bekannte da, die Freude, mich zu sehen, war ihrerseits groß. Das Schlimmste für mich war, dass ich wieder niemanden hatte, mit dem ich darüber reden konnte. So blieb mir wieder mal nur mein bester Freund, der mir Trost spenden und mir zu der richtigen Entscheidung verhelfen sollte, der Alkohol.

Am nächsten Tag ging ich nicht zur Arbeit. Mir ging es überhaupt nicht gut. So hatte ich mich entschlossen, in der Arbeit anzurufen, um mich krankzumelden. Ich packte meine Tasche und blieb übers Wochenende bei meinen Eltern. Ich wollte über diese Geschichte mehr Klarheit bekommen. Es kam aber leider nie ein richtiges Gespräch zustande. Meine Mutter blockte nur ab, mein Vater schwieg. Mein Vater meinte, dass er nächste Woche einen Termin bei der Bank hätte und ich mitkommen sollte. Ich beließ es dabei und widersprach nicht.

Ich ließ es so im Raum stehen und fuhr in die Spielhalle, wo ich auch Jochen traf. Er merkte, dass ich sehr bedrückt und niedergeschlagen war. Er fragte mich, ob es mir nicht gut ginge oder ob ich krank sei. Ich sagte ihm, ich fühlte mich zur Zeit nicht so gut, aber er müsse sich keine Sorgen machen. Ich habe Jochen nie eingeweiht, ich wollte nicht, dass er es erfährt. Der Besuch bei meiner Schwester war schon zu viel. Ich wollte endlich ein normales Leben in Harmonie und Liebe. Je näher der Termin für die Bank rückte, desto nervöser wurde ich. Ich ging mit meinen Eltern zur Bank, die auch meine Bank war. Das Gute war, dass man sich schon kannte. Nun saßen wir bei diesem Banker im Büro. Alle redeten auf mich ein. Es waren sogar die Unterlagen schon vorbereitet, mit einem Betrag von dreißigtausend Mark. Ich sah meine Eltern an und dachte mir: Was tut ihr mir da an? Ich hatte meine eigenen Träume. Mir wurde bewusst, wenn ich jetzt unterschreibe, werde ich für eine sehr lange Zeit meine Wünsche und Träume nicht verwirklichen können. Sie stellten es so hin, als könne ich frei entscheiden, aber im Prinzip hatte ich gar keine Chance. Der Bank war nur wichtig, dass sie ihr Geld wiederbekommen, und meinen Eltern war auch nur wichtig, dass sie so schnell wie möglich die Schulden loswerden konnten. Wie ich mich in dieser Situation fühlte, fragte kein Mensch, ich war wieder mit meiner Entscheidung alleine.

Mit Tränen in den Augen nahm ich den Stift und unterschrieb dieses Formular. So hatte ich auf einen Schlag dreißigtausend Mark Schulden. Viele werden sagen: Das hätte ich nie unterschrieben! Aber damals mit meinen 19 Jahren hatte ich leider noch nicht das Selbstbewusstsein, es abzulehnen und nein zu sagen. Meine monatliche Rate betrug 300 Mark, insgesamt zahlte ich etwa 14 Jahre lang. Erst mit 33 Jahren war ich fertig. Ich erhoffte mir, dass es in unserer Familie wieder ruhiger wird. Vielleicht habe ich unterschrieben, um mir die Anerkennung und

Liebe zu erkaufen, nach der ich mich immer gesehnt hatte, damit endlich ein wenig Harmonie und Frieden in unserer Familie einkehren. Nachdem ich aus der Bank gegangen war, sagte ich mir, dass ich mich dafür entschieden habe und es tragen muss.

Ich erzählte es niemandem. Die ganzen Jahre entpuppte ich mich als gute Schauspielerin. Von außen ließ ich mir nichts anmerken, war immer die coole, lustige und hilfsbereite Sonja. Hatte ich ein Problem und es bekam jemand mit, dass ich ein Problem hatte, dann hieß es immer: Die Sonja kann das schon, sie schafft das. Für die Außenwelt war ich immer die Starke. Das ist bis heute so geblieben, bei all den Enttäuschungen, bei all dem Leid, das ich in meinem Leben erfahren musste. Auch wenn das Leben viele Umwege mit sich bringt, habe ich trotzdem die Kunst gelernt, das Schöne wahrzunehmen und zu bewundern. Denn wir haben nur das eine Leben.

Wie immer versuchte ich meinen Alltag zu meistern. Ich hatte mir auch Gedanken über das Zusammenziehen mit Jochen gemacht. Ich hatte mich entschlossen, es zu wagen, und teilte es Jochen mit. Seine Eltern freuten sich sehr, komischerweise habe ich es meinen Eltern nicht gesagt. Ich weiß nicht, warum, aber ich hatte immer das Gefühl, es interessiert sowieso keinen. Ich hatte auch keinen Bock auf weitere Vorträge mit guten Ratschlägen, die mir jeder auf meinem Lebensweg mitgeben will. Manchmal dachte ich mir: Kommt erst mal selbst mit eurem Leben klar, bevor ihr Ratschläge erteilt. Meine Eltern sprachen über das Thema Kredit nicht mehr. Von ihrer Seite war alles geregelt und geklärt, und somit hakte ich das Thema auch ab und versuchte es zu verdrängen und mit der Situation klarzukommen.

Ich wollte mich nun darauf freuen, mit Jochen zusammenzuziehen. Wir gingen in die Geschäfte, um uns Bodenbeläge, Möbel und andere schöne Sachen für unsere gemeinsame Wohnung auszusuchen. Ich kündigte meine Arbeitsstelle in Gunzenhausen, da ich mich in Solnhofen im Kindergarten beworben und die Stelle auch bekommen hatte. Ich war glücklich, dass sich nun in meinem Leben etwas ändert, um in Ruhe zu kommen. Einerseits freute ich mich riesig darauf, aber irgendwie war ich nicht richtig bei der Sache. Irgendetwas lähmte mich immer wieder aufs Neue und bremste mich aus. Im Kindergarten in Solnhofen lebte ich mich schnell ein. Meine neuen Arbeitskollegen und die Kinder haben mich schnell ins Herz geschlossen. Und trotzdem bin ich nicht richtig angekommen. Jochen und ich hatten immer öfter Auseinandersetzungen, er konnte mir nichts recht machen. Ich war oft sehr gereizt und genervt und konnte gar nicht sagen, warum. Vielleicht war ich für die ganze Situation noch nicht bereit und somit überfordert. Ich wusste selber nicht, ob ich wirklich mit Jochen zusammenziehen wollte.

Ich fing wieder an, mehr zu trinken und mich in meine eigene Welt zurückzuziehen. Ich fühlte mich missverstanden, obwohl ich mir das bestimmt nur eingebildet habe. Es kam so weit, dass ich mit Jochen Schluss machte, ich hatte mich für meine Freiheit entschieden. Ich konnte mich in dieser Zeit noch nicht fest binden. Vielleicht war es ein großer Fehler, aber es war meine Entscheidung. Gott sei Dank hatte ich noch meine Wohnung in Gunzenhausen. Ich fuhr nun von Gunzenhausen nach Solnhofen zur Arbeit, das waren etwa 25 Kilometer. Manchmal schlief ich bei meinen Eltern in Pappenheim. Aber die ständige Fragerei und Kontrollen nervten mich oft, sodass ich dann lieber die 25 Kilometer Fahrt auf mich nahm.

Nach der Arbeit fuhr ich oft über Weißenburg nach Gunzenhausen, um einen Abstecher in die Spielhalle zu machen. Am Abend war meistens Peter in der Spielhalle. Er war in dieser Zeit der Einzige, in dessen Gegenwart ich mich wohl fühlte. Wir hatten gute und lange Gespräche. Ich konnte ihm alles anvertrauen. Meine Gedanken, warum ich mit Jochen Schluss gemacht hatte – in der Hoffnung, dass er es nicht weitererzählen würde. Ich musste es irgendwo loswerden. Es machte schnell die Runde, dass ich nicht mehr mit Jochen zusammen war. Jeder wollte wissen, warum, aber ich ließ mich auf das Thema nicht ein. Warum sollte ich die Neugier der anderen befriedigen?

Manchmal fuhr ich nach der Arbeit auf die Wülzburg, um eine Runde um die Festung zu laufen, um meine Gedanken zu sortieren und abzuschalten. So kam ich oft in die Vergangenheit, in die Zeit, als ich meine Ausbildung gemacht hatte, in die schöne harmonische Zeit mit Schwester Ingrid und meinen Mitschülerinnen. Ich tauchte in die Erinnerungen ein, was ich auf der Burg alles erlebt hatte. Ich dachte an Marco, an die Zigarette, die ich im Zimmer geraucht hatte, an das heimliche Rauchen im Innenhof und viele andere Dinge – schöne Dinge, schöne Erlebnisse, denen ich zeitweise nachtrauerte. Es war die Gemeinschaft, der Zusammenhalt, was ich vermisste. Es entwickelten sich immer öfter Angstgefühle, die ich dann meist mit Alkohol betäubte.

Das Gute war, dass ich gerne zur Arbeit ging, obwohl es mir oft nicht gut ging. Aber bei meinen Kindern war ich in einer anderen Welt. Ich liebe Kinder, da kann man sein, wie man ist. Sie freuen sich, dich zu sehen, sie heitern dich auf, vermitteln dir Freude und schenken dir ein Lächeln. Kinder sind für mich ein Segen.

Mit meinem Lebenswandel, bei dem ich auch viel Zeit in meiner Stammkneipe verbrachte, zudem mit dem weiten Arbeitsweg, dem Rauchen, der Miete und den Raten für meine Eltern und für mein Auto war im Laufe eines Monats das Geld schnell weg. Das Geld langte mir oftmals nicht bis zum Monatsende. So kam es, dass ich mir oft Geld von jemandem leihen musste. Ich habe die Erfahrung gemacht: Je ehrlicher und zuverlässiger man ist, desto mehr Vertrauen schenken einem die Leute. Was ich auch nicht mag, ist Unpünktlichkeit. Wenn man zeitlich etwas nicht schafft, sollte man wenigstens Bescheid geben.

Ich weiß nicht, was mit mir los war. Ich fühlte mich wie in einem Hamsterrad. Ich entwickelte immer mehr das Gefühl, dass keiner mich versteht. Meine ganzen Vorsätze lösten sich in Luft auf und es verging immer mehr Zeit zwischen den Besuchen von Bernd. So kam es, dass wir ihn so gut wie gar nicht mehr besuchten. Ich hatte so viele Ideen und Pläne, aber die wurden immer nach hinten geschoben. Ab nächste Woche fange ich an – oder ab nächste Woche höre ich auf. Es gab immer etwas, das ich verändern wollte. Ich wollte für alle da sein und es allen recht machen. Dabei vergaß ich mich und die in meinem Umfeld, die ich liebgewonnen hatte. Zeitweise war ich stark überfordert. Mir fiel immer häufiger Isa ein. So entwickelte ich wieder Schuldgefühle und holte mir Trost bei meinem Freund, dem Alkohol. Ich fuhr wieder öfter zu meiner Schwester Isa nach Roth, um mir dort ein wenig Verständnis und Trost zu holen. Isa und ich gingen oft abends weg. Wir hatten zwar viel Spaß, aber am nächsten Tag, als der Alkohol und die Drogen nachließen, wurde ich von meinem schlechten Gewissen und von meinen Angstgefühlen geplagt. Isa bekam immer mehr Stress mit Uli, da er meinte, ich verführte meine Schwester zu den Schandtaten. Eigentlich war sie es, die mich heimlich verführte. Ach was, wir gaben uns nicht viel, waren beide keine Engel. Aber leider war es immer so: Wenn wir alleine unterwegs waren, kam nie was Gescheites dabei raus. Wir nahmen uns immer vor, normal wegzugehen, das heißt einfach schön essen gehen, anschließend noch was trinken und danach wie normale

Menschen nach Hause gehen. Nein, bei uns lief es ein wenig anders. Wir betranken uns bis zum Abwinken, fuhren betrunken Auto, nahmen Drogen und so weiter.

Ich merkte, dass ich wieder über mein Ziel hinausschoss. Um die Beziehung von Isa und Uli nicht noch mehr zu belasten und um die Situation zu entschärfen, zog ich mich wieder etwas zurück und besuchte Isa nicht mehr so oft. Und wenn ich sie besuchte, kam ich erst mal tagsüber. Somit hatte sich die Lage wieder beruhigt. Nun war ich wieder mit mir alleine und versuchte meinen Alltag zu strukturieren. War arbeiten, ging abends in die Spielhalle oder zum Sport. Traf mich mit Sabine oder Miriam oder ging spontan mit Leuten weg, die ich in der Spielhalle getroffen hatte. Ich versuchte immer stark zu sein und mir nichts anmerken zu lassen.

Ich traf mich oft mit Peter und seinem Freund Sigi. Sigi ist der, der mir die Blumen zum 19. Geburtstag geschenkt hatte. Es kamen auch andere Leute mit. So kam es, dass sich eine Clique gebildet hatte. Wir waren vier bis sechs Personen, die gemeinsam am Wochenende etwas unternahmen. Es war nach langem wieder ein Gefühl in mir, dass ich sagen konnte, ich fühle mich in dieser Gemeinschaft wohl und akzeptiert. Wir unternahmen unterschiedliche Dinge. Im Sommer fuhren wir an den Baggersee. Dort feierten wir, grillten, badeten und hatten unseren Spaß. Wir gingen gemeinsam essen und anschließend tanzen. Wir gingen wandern, und um die Weihnachtszeit besuchten wir Weihnachtsmärkte. Manchmal waren wir privat bei jemandem zuhause, kochten gemeinsam und machten anschließend einen Spieleabend. Uns fiel immer was ein.

Wie immer war auch in dieser Zeit der Alkohol mein ständiger Begleiter, und doch fühlte ich mich in dieser Zeit sehr wohl. Eines Tages fragte Peter, ob ich Lust hätte, mit ihm für ein paar Tage nach Barcelona zu fahren. Ich freute mich riesig, endlich mal aus dem Landkreis herauszukommen. Zeitlich passte es wunderbar, denn ich hatte gerade eine Woche Urlaub. Ich sagte meiner Mutter Bescheid, dass ich mit Peter für ein paar Tage unterwegs sein würde. Sie hatte mit Peter kein Problem, er war der Einzige von meinen Freunden, den sie gern gesehen hatte. Da Peter 13 Jahre älter ist als ich, erwähnte sie oft, dass er so alt sei wie der Peter, den sie damals zur Adoption freigegeben hatte. Das erste Mal, als ich davon erfuhr, war ich etwa 9 Jahre alt. Jetzt, wo einige Jahre vergangen waren, fragte ich gezielter nach, warum sie diese Entscheidung getroffen hatte. Sie erklärte es mir: „Weißt du, Sonja, ich war nicht verheiratet, hatte die Anne schon ledig, und das hätte ich auch nicht ohne meine Tante geschafft. Jetzt wieder ein Kind als ledige Frau, das wäre nicht gut gewesen. Ich war mit der ganzen Situation überfordert und somit habe ich mich entschieden, Peter an eine gute Familie abzugeben. Die Heimleiterin, bei der Peter das erste halbe Jahr lebte und die er somit gut kannte, hatte mir versprochen, eine gute Familie für ihn zu finden. Ich weiß nicht, wer ihn genommen hat oder wo er jetzt wohnt, aber sie hat mir versprochen, dass er ein gutes Zuhause bekommt. Es kann auch sein, dass er von einer amerikanischen Familie adoptiert worden ist, was damals keine Seltenheit war, und mit nach Amerika genommen worden ist."

Ich nahm meine Mutter in den Arm und sagte ihr: „Für dich war es in diesem Moment und in dieser Zeit die richtige Entscheidung. Wenn man eine Entscheidung trifft, ist es für einen erstmal die richtige Entscheidung, aber ob es wirklich die richtige Entscheidung war, das weiß man erst viel später." Ich sagte ihr auch: „Weißt du, Mama, wenn Gott will, werden wir ihn vielleicht irgendwann finden." Um die Situation aufzulockern, holte ich zwei Tassen Kaffee, da wir uns gerade in der Spielhalle befanden. Der Spielhallenbesitzer Peter kam zu meiner Mutter, um sie zu begrüßen, was sie immer sehr glücklich machte. Da merkte ich, wie sie aufblühte. Peter fragte sie auch, ob es für sie in Ordnung ist, wenn ich ein paar Tage mit ihm unterwegs wäre. Ich glaube, mit Peter hätte ich bis ans Ende der Welt gehen können. Da wusste sie, dass jemand auf mich aufpassen würde.

Ich frage mich immer wieder: Warum sagen wir nicht den Menschen, die uns umgeben und mit denen wir zusammen sind, ja sogar zusammenleben, was uns bewegt? Wir reden über so viele Sachen, über alltägliche Probleme, wir quatschen vielleicht über Politik, auch über das Wetter, aber was uns wirklich beschäftigt, was uns zeitweise den Verstand raubt, darüber zu reden haben wir Angst. Mir selbst geht es so: Klare, manchmal harte Worte zu sagen, ist schwer, weil wir Angst haben und befürchten, verletzt oder verstoßen zu werden. Oder weil wir glauben, es nicht zu verdienen, dass unsere Bedürfnisse wahrgenommen werden. Oder eben, weil es die anderen überfordern könnte und sie schon genug mit sich selbst zu tun haben. So wollen wir ihnen unsere Meinungen, Bedürfnisse und Probleme nicht auch noch zumuten. Das nennen wir dann Rücksicht. Dabei hat uns der liebe Gott einen freien Willen gegeben, oder wer auch immer. Wir müssen uns fragen, was wir wirklich suchen! Suchen wir tiefe Freundschaften, erfüllende Partnerschaften und letztlich damit den Kontakt zu uns selbst – oder finden wir uns lieber mit weniger ab. Dabei erhoffen wir uns stattdessen eine bessere Zukunft oder schwelgen in den Glücksmomenten der Vergangenheit. Wir haben die Wahl – Angst und Stagnation oder Mut und Veränderung.

Nun war es so weit. Peter hatte einen Lieferbus, der einem Postauto glich. In den Bus passte zusätzlich zum Liefermaterial eine Matratze, auf der wir nächtigten. Wir waren zwei Tage unterwegs, bis wir in Barcelona ankamen. Es war für mich ein Abenteuerurlaub. Es war immer toll, morgens aus dem Bus zu steigen, den Sonnenaufgang zu beobachten und die frische Luft zu inhalieren. Peter holte dann immer seinen Gaskocher heraus, um einen Kaffee zu kochen. Ich genoss es, mit Peter zusammen zu sein. Abends tranken wir gerne ein Glas Wein und überlegten, wie wir unseren nächsten Tag verbringen wollten. So machten wir es weiter, bis wir in Barcelona ankamen. Dort angekommen, haben wir erstmal die Teile ausgeliefert. Nachdem der Auftrag erledigt war, hatten wir noch zwei Tage zu freier Verfügung. Damals konnte man noch ziemlich nahe am Meer parken. Der Anblick des Meeres war wunderschön. Ich hatte zwar das Meer in Venedig gesehen, aber dieser Anblick war nicht zu vergleichen. Tagsüber schauten wir uns die Stadt an. Für den Abend kauften wir Grillgut, um am Strand zu grillen, oder wir gingen essen. Wir tranken auch mal einen guten Wein und nahmen meist noch ein oder zwei Flaschen mit an den Strand. So saßen wir am Wasser und genossen den Sonnenuntergang.

Am letzten Abend, als wir am Wasser saßen, war es sehr windig, mir war ein wenig kalt und somit schmiegte ich mich an Peter. Er nahm mich in den Arm und wärmte mich. Als ich in seinen Armen lag, gestand er mir, dass er Gefühle für mich hatte. Ich sah in seine Augen und wusste nicht, was ich darauf antworten sollte. Ich wollte nicht nachdenken, ich wollte diesen Moment der Zweisamkeit genießen, den Sonnenuntergang sowie das Meeresrauschen verinnerlichen. Ich wusste, dass ich so schnell nicht wieder an einen so schönen Ort gelangen würde. Obwohl ich viel getrunken hatte, konnte ich all die schönen Momente genießen. So kam es, dass wir noch sehr spät alleine am Wasser saßen und unsere Flasche Wein zu Ende tranken. Peter war auch ein spontaner Mensch und für jeden Schabernack zu haben. Wir beschlossen, nackt zu baden. Das Wasser war sehr kalt, aber ich schaffte es, hineinzugehen. Wir hatten Spaß, und als wir wieder aus dem Wasser gingen und uns einander abgetrocknet hatten, sind wir im Sand versunken und ineinander zerschmolzen.

Auch das Schönste geht vorbei. Unsere Heimreise stand nun an. Am nächsten Tag redeten wir nicht viel. Ich glaube, keiner von uns wusste, wie er jetzt mit der gestrigen Situation umgehen sollte. Als wir Richtung Heimat fuhren, sah ich aus dem Auto, hörte Musik und überlegte mir, ob ich eine Beziehung mit Peter eingehen sollte. Einerseits wollte ich schon, aber immer, wenn es mir so gut ging oder ich mich sehr wohlfühlte, ging es meistens nach einer gewissen Zeit wieder schief. Davor hatte ich Angst. Am Abend, nachdem wir wieder an einer Autoraststätte angehalten hatten, um zu schlafen, war die Stimmung noch ein wenig gedrückt. Ich wollte Klarheit, ich merkte, dass Peter abwartete, um mir die Zeit zu geben, die ich brauchte. Der Situation konnte ich nicht ausweichen und das wusste er auch, denn wir hatten noch zwei Tage, bis wir wieder zuhause waren. So lange wollte ich nicht warten.

Beim Abendessen sprach ich das Thema an. Ich sagte ihm, dass ich die gemeinsame Zeit bis jetzt sehr genossen hätte. Dass ich gerne mit ihm zusammen sei und mich in seiner Gegenwart sehr wohl fühlte. Er nahm meine Hand, meinte, dass er auch gerne mit mir zusammen sei und er sich in mich verliebt habe. Er würde gerne eine Beziehung mit mir eingehen, aber ich solle es mir in Ruhe überlegen und mir alle Zeit der Welt lassen. „Ich will dich nicht unter Druck setzen. Wenn du eine Entscheidung getroffen hast, sag es mir bitte." Peter zeigte sehr viel Verständnis, er setzte mich nicht unter Druck. Das liebte ich an ihm. An diesem Abend ließen wir es an diesem Punkt stehen. Mir ging so viel durch den Kopf. Irgendwann sagte ich mir: Jetzt ist Schluss mit der Grübelei! Was habe ich zu verlieren, warum sollte ich es nicht wagen, glücklich zu werden? Gegen morgen nahm ich Peter in den Arm und ließ ihn spüren, dass ich gerne mit ihm zusammen sein wollte. Ab diesem Zeitpunkt waren wir zusammen.

Zuhause angekommen, bemerkten viele gleich, dass wir nun zusammen waren. Es war okay, sie haben sich schnell an die neue Situation gewöhnt. Jochen kam auch noch in die Spielhalle. Am Anfang war es ein komisches Gefühl, aber wir hatten einen Weg gefunden, dass wir normal miteinander umgehen konnten. Ich war mit Peter viel unterwegs. Mit der Zeit betrieb er auch noch andere Spielhallen. Eine davon war in Bamberg. Hin und wieder fuhr ich am Wochenende mit nach Bamberg. So lernte ich viele neue Leute kennen. Neben der Spielhalle befand sich eine Disco. Wenn Peter viel Betrieb in der Spielhalle hatte, sich um seine Angestellten und Kunden kümmerte und viel zu tun hatte, ging ich öfter in die Disco, um zu tanzen. Zum Schlafen hatten wir ein kleines Nebenzimmer, das direkt an der Spielhalle war. Es war so klein, dass gerade mal ein Bett reinpasste, aber für uns zum Schlafen hat es gereicht. Das Gute war: Man musste spät am Abend oder in der Nacht nicht mehr mit dem Auto nach Hause fahren. So konnten wir immer was trinken, ohne ein schlechtes Gewissen zu haben.

Peter musste oft nach Sperrstunde die Geldautomaten noch leeren. Wir fingen an, das Geld, das er aus den Automaten gelassen hatte, wieder einzuwerfen, um selbst zu zocken. Es war, glaube ich, der einzige Abend, an dem ich intensiv an Geldautomaten gezockt habe. Dafür, dass es mich vorher noch nie richtig interessiert hatte, machte es unwahrscheinlich viel Spaß. Wer hat schon eine Spielhalle für sich alleine, um zu zocken? Somit haben wir fast die ganze Nacht gelacht, getrunken und gezockt. Zum guten Schluss hatte ich 50 Mark gewonnen, die ich auch behalten durfte.

Mit Peter erlebte ich viele tolle Sachen. Zu meinem 20. Geburtstag schenkte Peter mir einen Rundflug mit einem zweimotorigen Flugzeug. War ich aufgeregt! Ich war in meinem bisherigen Leben noch nie mit einem Flugzeug geflogen. Peter hatte einen Rundflug in Eichstätt auf dem Flugplatz gebucht. Davon wusste ich nichts, denn es sollte eine Überraschung werden. An meinem 20. Geburtstag wurde ich liebevoll von Peter geweckt, da ich bei ihm geschlafen hatte. Er weckte mich mit einem Kuss und brachte mir das Frühstück ans Bett. Dazu schenkte er mir noch einen wunderschönen Blumenstrauß. Das war ein toller Tagesbeginn. Nach dem Frühstücken sagte er: „Ich habe eine Überraschung für dich. Ziehe dich bitte an, und wenn du fertig bist, fahren wir los." „Wohin fahren wir?", fragte ich. „Kann ich nicht sagen, sonst ist es keine Überraschung mehr. Ich kann nur sagen, vergiss deine Sonnenbrille nicht." „Sonnenbrille? Es scheint doch nicht mal die Sonne."

Meine Neugier wuchs, ich zog mich schnell an, packte alles in meine Tasche, und los ging es. Neugierig wartete ich ab, wohin die Fahrt gehen würde.

Der Weg führte nach Eichstätt. Womit könnte er mich in Eichstätt überraschen? Ich kenne zwar Eichstätt, aber es war mir neu, wo Peter hinfuhr. Als wir langsam am Flugplatz ankamen, fragte ich ihn, ob wir miteinander fliegen würden. Meine Nervosität stieg. Peter meinte: „Nein, mein Schatz, du und der Pilot“ – der gerade mit einem Lächeln auf uns zukam –, „ihr werdet miteinander fliegen.“ Ich dachte: Träume ich, oder in welchem Film spiele ich mit? Es ging alles sehr schnell. Der Pilot stellte sich vor, fragte mich, wie es mir gehe und ob ich schon mal geflogen sei. Ich sagte: „Nein, außer die Treppen hinunter.“ Er meinte: „Dann legen wir mal los.“ Ich stieg in das Flugzeug und schnallte mich an. Der Pilot erklärte mir einige Sachen und startete den Motor. Das Flugzeug wurde immer schneller und sogleich verließen wir den Boden. Mir wurde ganz anders. Der Pilot sagte, wenn es mir schlecht werden sollte oder wenn ich etwas nicht möchte, was seine Flugkunst betrifft, solle ich es ihm sagen. Er flog immer höher. Von oben sah alles so winzig klein aus. Ich fühlte mich so frei und schwerelos, in diesem Moment hätte ich am liebsten meine Ängste und Schuldgefühle weit von mir geworfen: keinen Leistungsdruck mehr verspüren!

Man hat tagtäglich mit so vielen Menschen zu tun. Menschen, die uns regelmäßig zur Weißglut treiben, die uns verletzen oder enttäuschen und fassungslos machen, und doch gehen wir auf ihren Kummer und auf ihre Sorgen ein. Man hat das Gefühl, es werden immer mehr. Ob zu Hause, im Job, in der Nachbarschaft oder im Straßenverkehr: Diese Menschen tauchen überall auf. Man empfindet immer mehr, dass sie an unseren Knöpfen drücken und drehen. Sie machen uns wütend, ohnmächtig, sprachlos und fassungslos, sodass wir noch tagelang mit einem Kloß im Hals oder einem Knoten im Magen haben. Menschen, die uns manchmal sogar nachts im Schlaf verfolgen.

Hier oben über den Wolken kann man all dem entfliehen. Aber mal ehrlich, wann war man wirklich nur bei sich selbst? Wann hat man sich selbst wahrgenommen und sich selbst gespürt? Selten oder sogar noch nie. Ich merkte, dass mein freundliches, humorvolles Wesen aus mir herausbrach. Der Pilot merkte, dass ich glücklich und zugleich begeistert war. Ich glaube, er drehte für mich sogar noch eine Extrarunde, bevor wir wieder Boden unter den Füßen spürten. Ich genoss die Besinnung, diesen wundervollen Moment. Ich merkte trotz Aufregung, wie ich ruhig wurde, wie ich für diese Zeit den Lärm der Welt hinter mir ließ. Mein Traum war in Erfüllung gegangen: Einmal fliegen wie ein Vogel! Wir flogen über den Wolken. Jetzt wusste ich auch, warum ich die Sonnenbrille mitnehmen musste. Denn ich traute meinen Augen nicht, ich war so überwältigt von dem blauen Himmel und der Sonne, ich fühlte mich in diesem Moment Gott so nah wie noch nie zuvor. Innerlich dankte ich Gott, dass ich so etwas Wunderschönes erleben durfte.

Bei der Landung sah ich Peter schon bei der Landebahn stehen. Neugierig kam er mir entgegen. Ich stieg voller Begeisterung und mit Tränen in den Augen aus dem Flugzeug. Ich nahm Peter in den Arm und sagte ihm, dass er mir ein wunderschönes Geburtstagsgeschenk gemacht hatte. Ich bedankte mich immer wieder und zugleich erzählte ich ihm, wie ich es empfunden hatte und dass es ein tolles Gefühl ist, in der Luft zu sein.

Am Abend sind wir mit Sigi und mit seiner langjährigen Freundin schön essen gegangen. Sigis Freundin hieß Claire. Sie war eine liebevolle Person, ein guter, warmherziger Mensch. Unser gemeinsamer Abend war sehr schön und ich genoss diesen Tag sehr. Es war ein unvergesslicher Geburtstag! Die ständigen Fahrten zur Arbeit, nach Gunzenhausen oder zu Peter nervten mich sehr. So beschloss ich nach drei Jahren, mein Zimmer in Gunzenhausen aufzugeben, um zu Peter nach Weißenburg zu ziehen.

Dieses Zimmer hatte viel mit mir erlebt. Die gemeinsame Zeit mit Doris war unvergesslich, ebenso wie die vielen Tränen der Freude und Trauer, die ich in diesem Zimmer geweint hatte. Es war eine schöne Zeit in Gunzenhausen, aber für mich war die Zeit nun zu Ende. Innerhalb einer Woche war der Wohnungswechsel erledigt, und somit wohnte ich nun offiziell in Weißenburg bei Peter. Sabine hatte auch einen Freund, der nur ein paar Querstraßen von Peters Wohnung entfernt wohnte. Somit war unsere Freude groß. Ich fand es schön, in Weißenburg zu wohnen, und langsam hatte ich mich im Kindergarten Solnhofen eingelebt. Die Eltern haben mich akzeptiert und ins Herz geschlossen, die Kinder natürlich auch.

Meine Eltern sind in dieser Zeit in meine Geburtsstadt umgezogen. Der Mietvertrag in Pappenheim lief nach zehn Jahren aus. Meine Eltern wollten das Haus kaufen, wollten es umbauen und renovieren. Die zwei oberen Stockwerke, die noch als Dachboden dienten, sollten zusätzliche Wohnungen werden. Sie wollten den Laden vergrößern und die andere Seite in ein Tanzlokal umbauen. Doch es kam anders, denn die Stadt hatte das Vorkaufsrecht. Meine Eltern zogen wieder in meine Geburtsstadt in eine schöne Dreizimmerwohnung. Somit hatte ich auch ein Zimmer bei meinen Eltern. In dieses Zimmer stellte ich mein Bett und gewisse Möbel aus Gunzenhausen rein. Ich machte mir mein Zimmer schön und gemütlich. Man konnte nie wissen, ob ich es wieder mal ernsthaft beziehen würde.

Peter war gerade dabei, eine Kneipe in meiner Geburtsstadt zu eröffnen. Man freute sich schon auf die gesellige Runde, wir waren wie eine kleine Familie. Nach der Arbeit fuhr ich erstmal nach Hause, um was zu kochen und aufzuräumen. Das warme Essen brachte ich zu Peter in die Kneipe, blieb noch ein paar Stunden, um gemütlich mein Bier zu trinken und die Gesellschaft zu genießen. Ein Schulfreund von mir kam auch oft in die Kneipe namens Monokel. Er war als Alleinunterhalter nebenberuflich tätig. So ergab sich immer wieder mal, dass er in der Kneipe Musik machte, bis die Wände wackelten. Es ging so weit, dass er das hauptberuflich machte. Die Stimmung war groß, alle zusammen sangen und klatschten wir. Er teilte seine Veranstaltungen mit, wo er am Wochenende aktiv Musik machte. Denn unser Fanclub, der Pfiff hieß, war immer dort, wo Stefan spielte.

Ich war immer noch eine leidenschaftliche Tänzerin. Da meist dieselben Leute anwesend waren, hatte man seine Tanzpartner schnell gefunden und aufeinander gewartet. So tanzten wir den ganzen Abend bis in die Nacht hinein. Der Alleinunterhalter war so gut, dass er in Prag ein ganzes Wochenende spielte. Unser Fanclub wusste nichts Besseres, als mitzufahren. Nach einem guten Abendessen wurde das Tanzbein geschwungen. Tagsüber schauten wir die Sehenswürdigkeiten von Prag an. Nach diesem Wochenende war ich abgespannt und müde, aber es hatte sich gelohnt. Stefan spielte auf dem Volksfest im Bierzelt oder in den Weinzelten, er schaffte es, zweitausend Leute zum Stehen zu bringen. Ich war von seinem Talent und seiner Musik fasziniert.

Da Peter abends immer weg war – denn entweder er war im „Monokel“ oder in den Spielhallen –, hatten wir nie oder ganz selten einen Abend für uns. Mit der Zeit strengte es mich an, jeden Abend unterwegs zu sein. So beschloss ich, öfter zuhause zu bleiben. Anfangs machte ich es mir gemütlich, schaute fern oder machte einen Kuchen. Ich machte, wozu ich Lust hatte. So kam ich auch ein wenig von meinem Alkoholkonsum runter. Ich bin oft zu meinen Eltern gefahren und war wieder öfter bei meiner Schwester. Wenn meine Schwester aus München bei meinen Eltern war, gesellte ich mich dazu, weil man einander zu selten sah. Ich merkte immer wieder aufs Neue, dass ich nichts von Anne wusste. Sie war zwar meine Schwester, und doch war sie mir fremd. An einem Wochenende, als sie bei den Eltern war und auch über Nacht geblieben ist, beschlossen wir, uns einen schönen Abend zu machen. Diese Situation kam nicht oft vor und somit versuchte ich es zu genießen. Wir gingen essen und anschließend in eine Kneipe. Wir unterhielten uns über vieles. Aber als ich versuchte, mehr von ihr zu erfahren, blockte sie ab oder lenkte mit einer Gegenfrage ab. Sie wollte von meinem Leben alles wissen, aber ihr Leben war ein geheimnisvolles Buch.

Je mehr Alkohol geflossen ist, umso mehr öffnete sie sich. Sie gab vieles preis. Ich hörte raus, dass es sie sehr beschäftigte, dass sie nicht bei unserer Mutter groß geworden war. Sie fühlte sich abgeschoben, was ich in gewisser Hinsicht nachvollziehen kann. Warum hat sie sich nie mit unserer Mutter ausgesprochen, es probiert wenigstens? Ich weiß, dass unsere Mutter nicht einfach ist. Leider ist keiner aus meiner Familie fähig und bereit zu Kompromiss und Diskussion. Anne war nicht die Person, die versuchte, sich auszusprechen. Man sollte seinem Gegenüber – der Person, die es betrifft – eine Chance geben, sich zu äußern. Ich weiß nicht, warum es in unserer Familie so schwierig ist, was zu besprechen, zu diskutieren, ohne dass man gleich beleidigt ist oder im Streit auseinandergeht. Jeder fühlt sich gleich angegriffen und meint, man will was Böses. Wurde es zu kompliziert, sagte man gar nichts mehr – oder man stand auf und ging einfach. Das konnte Isa prima, sie war nicht kritikfähig.

Ich verstand es oft nicht und fragte mich, ob sie mich als Baby im Krankenhaus vertauscht haben. Mein Denken und Handeln war früher schon anders als das der restlichen Familie. Ich liebe meine Familie, aber so sehr ich mich auch bemühte, ein wenig Harmonie zu vermitteln oder die Auseinandersetzungen und Streitigkeiten zu schlichten – mir gelang es einfach nicht. Ich war sehr oft traurig und deprimiert deswegen, sodass ich wieder Trost und Halt im Alkohol fand. Heute weiß ich, sie haben es nicht besser gewusst, weil sie es nicht gelernt haben. Ihr werdet nun fragen, wo ich es gelernt habe. Ich hatte das Glück, eine Klosterschule zu besuchen, wo ich sehr viel lernte, und auch einen Glauben zu besitzen, der mir in meinen schwersten Zeiten Halt gab. Das ist bis heute so. So versuchte ich mich damals schon in die Menschen hineinzuversetzen, um sie besser zu verstehen.

Ich fühlte mich oft wie in einem Hamsterrad. Sosehr ich mich auch bemühte, es lief immer anders, als ich es mir erhofft hatte. Es ist anstrengend, gegen Windmühlen zu kämpfen. Ich wollte doch nur ein normales Leben, in dem man einander versteht, füreinander da ist und sich einander hilft. Manchmal hatte ich für kurze Zeit ein Gefühl, bei dem es mir schien, etwas bewege sich in die richtige Richtung. Aber es war immer nur eine Seifenblase, die bald zerplatzte.

Ich merkte, dass ich wieder unzufrieden wurde, dass ich mich wieder mehr in mein Schneckenhaus verkroch. In Ellingen hatte eine neue Disco eröffnet. Sabine und ich haben uns die Disco angesehen und fanden Gefallen daran. So kam es, dass Sabine und ich wieder öfter alleine unterwegs waren. Wir lernten viele neue Leute kennen. Thomas ließ mich umsonst rein und gab mir Getränke aus, und wenn es Thomas nicht war, dann war es mein heimlicher Verehrer. Mit der Zeit bemerkte ich, dass das Interesse dieses Verehrers an meiner Person sehr groß war. Leider war er gar nicht mein Typ. Meine Überlegung war: Wie kann ich es ihm sagen, ohne ihn stark zu kränken? Ich nahm mir vor, es ihm nächstes Wochenende mitzuteilen, falls er da sein würde.

Unter der Woche ging ich arbeiten, fuhr anschließend wie gewohnt nach Hause und kochte was zu essen, räumte die Wohnung auf und machte Wäsche. Ich brachte Peter das Essen vorbei, bin aber gleich wieder nach Hause gefahren, schaute fern und telefonierte mit Freunden. Ich zog mich immer mehr von Peter zurück. Ich wusste wieder mal nicht, was ich will und wie es weitergehen soll. Ich merkte, wie ich durch das Leben getrieben wurde. Du denkst ständig daran: Das muss ich noch erledigen und dies und jenes gibt es auch noch zu tun. Ich wollte gerne einen Moment der Stille und erkennen, was ich in meinen Leben falsch mache, dass es immer wieder so schiefläuft. Jetzt weiß ich, dass man nicht bei jedem Problem mitreden muss, dass man nicht alles in diesem Leben erreichen kann. Dass man nicht überall dabei sein muss, dass man keine Angst haben muss, nicht zu genügen. Denn ich weiß, dass ich so genüge, wie ich bin. Mit meiner Art und mit meinem Humor bringe ich sehr viel Freude unter die Menschen.

Man muss das Gefühl loswerden, immer zu spät zu kommen, immer zu wenig zu erreichen. Man sollte es schaffen, dass man von sich selbst überzeugt ist und nur seinem Selbstvertrauen folgt. Es ist schwer, wenn man es nicht gelernt hat, aber es ist machbar, sodass du dir dann nicht ständig von jemandem reinreden lässt. Man sollte sich mehr auf das Wesentliche konzentrieren, denn jeder hat eine gewisse Vorstellung von seinem Leben. Bloß meine innere Unruhe hetzt mich, lässt mich tausend Dinge anfangen und doch nichts zu Ende bringen. Ich habe sehr lange dafür gebraucht. Wo gestritten wurde, wollte ich schlichten. Wo sich die Menschen nicht mehr verstanden, wollte ich sie wieder zusammenbringen. Wo der Hass herrschte, wollte ich den sanften Ausgleich schaffen. Somit lebt man in ständiger Sorge, dass irgendwo wieder Streit aufflammen könnte zwischen den Menschen, die man liebt. Viele Freunde und Bekannte sagten immer wieder, dass ich für viele ein Glücksfall bin, da ich auf Menschen eingehen und ihnen zuhören kann, da ich immer hilfsbereit bin und da bin, wenn man mich braucht. Ich muss meinen inneren Frieden selbst finden, auch wenn um mich herum der Streit tobt.

Eines Tages im Kindergarten, als ich den Eingangsbereich dekorierte, kam ein Mann in den Kindergarten, den ich nicht kannte. Er hatte einen wundervollen Blumenstrauß in seiner Hand. Ich bin erschrocken, weil ich dachte, ich hätte den Geburtstag meiner Chefin nicht mitbekommen. Im selben Atemzug dachte ich, es wäre schön, auch mal so einen tollen Strauß zu bekommen. Es waren an die zwanzig rote Rosen. Der Mann begrüßte mich und fragte, ob hier eine Sonja arbeitet. Ich bin fast von der Leiter gefallen, auf der ich stand. Ich sagte: „Das bin ich“, und somit gab er mir den Strauß in die Hand. Er sagte: „Der ist für sie.“ Ich bedankte mich und stand mit einem wunderschönen Strauß im Eingangsbereich. Es verwirrte mich sehr, bis eine Kollegin zu mir kam, die mich fragte, von wem ich so schöne Blumen bekommen hätte. Mein erster Gedanke war: Die sind von Peter, als Zeichen seiner Liebe und als Entschädigung, da ich viel alleine zuhause war. Ich bemerkte eine Karte am Strauß. Als ich sie las, traute ich meinen Augen nicht: Dieser Blumenstrauß war von meinem Verehrer aus der Disco. Nun stand ich da und wusste nicht, wie ich damit umgehen sollte. Den ganzen Tag machte ich mir meine Gedanken, wie ich es ihm mitteilen könnte, dass ich keine Beziehung mit ihm eingehen kann. Als ich mit den Blumen nach Hause kam, stellte ich sie auf den Balkon. Ich wollte nicht, dass Peter sie gleich entdeckte. Es blieb nicht aus, dass Peter die Blumen sah. Überrascht hielt er mir den Blumenstrauß vor die Augen und fragte, von wem ich die bekommen hätte. Ich sagte, es hätte keine Bedeutung für mich. Ich erzählte ihm von dem heimlichen Verehrer. Da sagt man zu hundert Prozent die Wahrheit und es wird einem wieder nicht geglaubt. So kam es, dass Peter immer misstrauischer wurde und es nicht gerne sah, wenn ich alleine wegging. Er meinte: „Wenn du weggehen willst, kannst du auch ins Monokel kommen."

So entstanden die Missverständnisse, die zum Streit führten. Es kam so weit in meiner Unzufriedenheit, dass ich mit dem Gedanken spielte, nach einem Jahr Beziehung Schluss zu machen. Die schöne Zweisamkeit war vorbei. Jetzt traf das ein, wovor ich immer Angst gehabt hatte: Dass es wieder einen Rückschlag gibt, wenn es mir zu gut geht. Dass die Seifenblase zerplatzt und meine Beziehung auseinanderbricht und ich wieder alleine mit meinem Schicksal bin. Ich stand kurz davor, dass meine Seifenblase zerplatzte. Wie ich es geahnt hatte, entwickelte sich zu viel Streit, ich ging viel alleine weg und flüchtete in meine kleine Welt. Ich beschloss auszuziehen und die Beziehung zu beenden. Mit Peter hatte ich eine schöne Zeit gehabt, hatte viel mit ihm erlebt und gesehen, aber es war nicht von Dauer.

Nun bezog ich mein schönes Zimmer bei meinen Eltern. Von nun an lebte ich mit meinen 21 Jahren wieder zuhause, was ich eigentlich nicht wollte, sich aber leider so ergab. Wo sollte ich denn hin? Mir blieb gar keine andere Wahl oder Möglichkeit. Mit dem Geld, das ich verdiene, und mit den Ratenzahlungen konnte ich mir leider keine eigene Wohnung leisten. Es war für mich ein Rückschlag, jetzt hatte ich nicht mal mehr mein Zimmer in Gunzenhausen. Es war zwar nur ein Zimmer, aber es war mein eigenes Reich, wo ich meinen Rückzug fand und für mich allein sein konnte. Denn ich wusste, dass ab diesem Tag die Kontrollen und Zurechtweisungen wieder mit im Raum stehen würden. Wenn es mir zu viel wurde, ging ich erstmal in meine Stammkneipe in Treuchtlingen, die ich früher schon oft besucht hatte. Man lernte neue Leute kennen, und alte Bekannte waren auch noch da, die auch nicht viel weiter gekommen waren.

Ich überspielte viel mit meiner humorigen Art, um zu verdrängen und vieles zu vergessen. Mich quälten meine Unzufriedenheit und meine Angstzustände. In meiner Verzweiflung ging ich wieder öfter zu meinem Jesus in die Kirche. Er war der Einzige, der mir zuhörte, der Verständnis und alle Zeit der Welt für mich hatte. Ich fragte ihn oft, was sein Plan mit mir sei. Warum komme ich nicht in die Ruhe und auf meinen richtigen Weg? Ich saß oft sehr lange in der Kirche, es war für mich Balsam für die Seele. Ich fühle schon seit meiner frühen Kindheit eine tiefe Verbindung zu Jesus, er begleitet mich wie ein großer Bruder oder ein himmlischer Freund. Ich fühle in der Kirche die Anwesenheit von Jesus ganz besonders nah. Jesus gab mir wieder die Kraft und den Mut, weiterzumachen. So konnte ich immer meinen Akku aufladen. Immer wieder aufs Neue versuchte ich, regelmäßiger Sport zu treiben und ein einigermaßen normales Leben zu führen. Mit Peter war eine Weile Funkstille, aber nach einer gewissen Zeit haben wir uns ausgesprochen und konnten normal miteinander umgehen. Denn seine Freunde waren auch meine Freunde. Meinem Verehrer sagte ich auch, dass er sich bitte keine Hoffnungen machen solle. Dass ich ihn sehr nett finde und ich mich riesig über den wunderschönen Blumenstrauß gefreut habe. Aber für eine Beziehung seien meine Gefühle von meiner Seite her zu wenig.

Peter hatte auch wieder eine Freundin, und das nahm den Wind aus den Segeln. Ich war sehr froh, dass er wieder eine Partnerin hatte, so konnten wir wieder normal miteinander umgehen. Ich lebte mein Leben, wie es mir gefiel. War mal hier und mal dort, wie es mir in den Sinn kam. War viel in meiner Stammkneipe, im Monokel, bei Pfiff-Veranstaltungen. Was ich auch gerne besuchte, waren die Country-Feste. In meiner Not hatte ich meinen Spezi-Werner. Ihn lernte ich im Monokel kennen. Er war damals schon etwas älter, an die fünfzig Jahre, und war ein trockener Alkoholiker. Weil er im Lokal nur Spezi trank und Werner hieß, nannten ihn alle Spezi-Werner. Wir verstanden uns sehr gut, ich hatte mit ihm sehr gute Gespräche. Bei ihm hatte ich oft das Gefühl, dass er mir ernsthaft zuhörte. Er lieh mir Geld, wenn ich keines mehr hatte, denn er wusste: Sobald ich meinen Lohn bekam hatte, würde er sein Geld wieder bekommen, ohne Aufforderung, er konnte sich auf mich verlassen.

Werner bekam meine Gefühlsschwankungen oft mit. Wenn es mir nicht gut ging, trank ich viel mehr, als wenn es mir besser ging. Er hatte es schon eine gewisse Zeit bei mir beobachtet. Eines Abends, als wir im Monokel zusammen saßen und uns unterhielten, sagte er zu mir: „Sonja, pass auf dich auf und trink nicht so viel. Du bewegst dich in die falsche Richtung. Für dein Alter trinkst du viel zu viel, wenn du so weitermachst, wirst du in ein paar Jahren genauso enden wie ich, nämlich als Alkoholikerin." Ich lachte und sagte: „Das glaubst du doch selbst nicht!" Ich wollte es schönreden, indem ich sagte, ich könne jederzeit aufhören, wenn ich will. Dass ich alles unter Kontrolle hätte und auf mich aufpassen könne. Er erwiderte: „Das habe ich früher auch gesagt und gedacht. Pass auf dich auf, wäre schade um dich." Das waren seine Worte. Er hat danach nie wieder etwas zu meinem Trinkverhalten gesagt. Er hatte damals schon erkannt, dass ich mich zu einer Alkoholikerin entwickelte, er hatte recht.

Not macht erfinderisch. Mir fiel immer was ein, damit ich mich über Wasser hielt und zu Geld kam. Ich hatte damals schon das Glück, mit meiner freundlichen, aufgeschlossenen Art auf Menschen zugehen zu können. Ich hatte immer mehr das Gefühl, dass mir das Geld zwischen den Fingern zerrinnt. Ich habe mehr ausgegeben, als ich verdiente. So kam es, dass ich zu stehlen anfing. Für diese Aktionen habe ich mich gehasst und schuldig gefühlt. Man weiß, dass es nicht richtig ist, und doch habe ich es eine gewisse Zeit lang gemacht. Ich habe mich dafür selbst verurteilt und verachtet. Nach diesem Ereignis ging mir alles durch den Kopf, mein ganzes bisheriges Leben. In diesem Augenblick hatte ich einen solchen Moment, da fühlte es sich an, als ob man sich selbst beim Leben zuschaut. Du beobachtest dich in deinem Alltag, was für eine Scheiße du schon gemacht und schon wieder gemacht hast, wie du täglich dein Leben lebst. Da ist deine Familie und da sind all die Aufgaben und Pflichten. Man denkt, der Tag ist erfüllt mit vielen Begegnungen, und am Ende hat man doch das Gefühl, es erfüllt einen nicht richtig. Ich hatte oft das Gefühl, dass mir irgendetwas fehlt, das mich immer wieder aufs Neue fragen ließ: Ist das schon alles? Bin das wirklich ich? Ist das mein Leben? Ich ging oft in die Kirche und erhoffte mir Vergebung von Gott. Aber das Gefühl von Schuld, die Selbstvorwürfe und die Selbstverachtung wurde ich nicht los. Bis ich eines Tages in der Kirche einen Prospekt in die Hand nahm, darauf stand: „Vergeben kann, wer wirklich liebt." Ich wurde neugierig und hellhörig, ich las weiter und da stand: „Vergebung bedeutet nicht, Taten anderer zu rechtfertigen oder sie schönzureden. Vergebung besteht darin, sich auf die Menschen mit all ihren Begrenzungen zu besinnen. Wenn die Liebe in uns überwiegt, werden wir nicht mehr am alten Leid festhalten, sondern lassen es los. Vergebung ist ein innerer Prozess und ein Zeichen von Stärke. Oftmals benötigt dieser Prozess seine Zeit, um die entsprechenden Erfahrungen zu verarbeiten, zu verstehen, zu vergeben und loslassen zu können. Vergebung bedeutet aber nicht, zu verdrängen oder zu vergessen, was wir Unrechtes getan haben, sondern dass wir es verarbeiten. Ein zufriedenes Leben macht in erster Linie Selbstliebe aus. Auch wenn wir etwas Unrechtes getan haben, sollten wir trotzdem lernen, uns selbst zu lieben, mit all unseren Stärken, Schwächen und Fehlern.“ Mit Tränen in den Augen drehte ich mich zu Jesus und bedankte mich, dass er durch den Prospekt zu mir gesprochen hatte. Ab diesem Zeitpunkt ging es mir wieder besser, ich wusste, dass er mir vergeben hatte und ich mit mir selbst wieder ins Reine kommen konnte. Ich musste für den Versuch des Diebstahls 1200 Mark Strafe bezahlen. Dieses Erlebnis war wieder ein Geheimnis von vielen Geheimnissen. Ich habe danach nie wieder etwas gestohlen.

Eines Morgens, als ich bei meinen Eltern in die Küche kam, bekam ich mit, wie meine Eltern sagten, dass sie heute nach Gunzenhausen ins Krankenhaus gehen müssten. Ich fragte, wer im Krankenhaus sei. Meine Oma lag im Krankenhaus, ihr ging es nicht gut. Sie lag im Sterben. Kurzfristig entschied ich mich, auch mitzufahren. Mir wurde bewusst, dass ich meine Oma schon lange nicht mehr besucht hatte. Man ist mit sich so viel beschäftigt, dass man gar nicht merkt, wie schnell die Zeit an einem vorbeirauscht. Als ich meine Oma im Zimmer so liegen sah, wurde mir ganz anders. Sie lag mit ihren 82 Jahren in diesem Bett. Ich ließ es mir nicht anmerken, begrüßte sie und fragte, wie es ihr geht. Sie zuckte mit den Achseln und lächelte mich an. Ich glaube, sie wusste, dass ihre Zeit gekommen war. Ich, mit meinen 21 Jahren, tat mich sehr schwer. Ich kämpfte mit meinen Tränen, ich wollte doch stark sein und es keinem zeigen. Als ich bei Oma saß und ihre Hand hielt, als ich ihr sagte, dass alles gut werden würde, sagte sie mit einer schwachen und leisen Stimme, dass ich auf mich aufpassen solle. Ich lächelte sie an und ich versprach es ihr. Oma starb am 18. April 1991. Ich bereute, dass ich Oma so selten besucht hatte, von ihr so wenig erfahren und gewusst habe. Nun war es leider zu spät. Wie vieles in meinem Leben.

Wir müssen aufhören, uns ständig unter Druck zu setzen, und versuchen, zu akzeptieren, was wir unbewusst getan haben, oder weil wir es nicht besser können, vielleicht auch nicht gelernt haben. Egal, wie sehr ich nun über mich wütend bin, mich nicht leiden kann, weil ich meine Oma nicht so oft besucht habe, ihr keine gemeinsame Zeit geschenkt habe – mir wird bewusst, dass sie nicht wieder lebendig wird. Aber ich habe aus der Situation gelernt, den Menschen, die mir sehr wichtig sind und die für mich eine Bedeutung haben, mehr Zeit zu schenken. Wie immer pendelte sich der Alltag bei mir ein. In meiner Arbeit lief es gut. Trotzdem fühlte ich mich nach der Zeit, in der ich im Team schon dabei war, nicht richtig wohl. Sie waren alle sehr lieb und nett, aber ich verspürte trotzdem immer wieder eine gewisse Kälte in unserem Team, mit der ich mich nicht richtig anfreunden konnte. Ich habe es akzeptiert und versuchte mit meiner lockeren Art, das Eis ein wenig zu brechen. Das Wichtigste für mich war, dass meine Kinder im Kindergarten fröhlich und lebendig waren. Ich fühle mich bei Kindern einfach unbeschwert und zufrieden. Mit Kindern zu arbeiten ist für mich, als würde ich in eine andere Atmosphäre gehen und meinen Alltag, meine Probleme für eine gewisse Zeit hinter mir lassen und selbst mein inneres Kind aufleben lassen. An einem Tag kurz vor den Som ich meinen Ohren nicht. Es war eine frühere Arbeitskollegin vom Lindenhof Gunzenhausen. Sie teilte mir mit, dass bei ihnen im Kindergarten jemand gesucht werde. Sie habe sich gedacht, da ich immer gesagt hätte, falls eine Stelle als Kinderpflegerin wieder frei würde, sollten sie mich anrufen und fragen, ob ich Interesse habe. Das war für mich ein Segen.

Am nächsten Tag rief ich gleich beim Lindenhof an und sagte, dass ich wieder gerne zurückkommen würde. Als ich den neuen Arbeitsvertrag unterschrieben hatte, schrieb ich meine Kündigung auf den 31. August und konnte somit am 1. September beim Lindenhof wieder anfangen. Meine Kinder waren traurig, dass ich gegangen bin, aber ich habe versprochen, dass ich sie hin und wieder besuchen werde, was ich auch getan habe. Ganz entspannt genoss ich meinen Urlaub. Ich ging viel mit meinen Freunden weg. Wir gingen tagsüber ins Freibad, abends in die Spielhalle, ins Monokel oder ins Kino, am Wochenende schön essen und danach zu den Veranstaltungen, wo Pfiff spielte. Zur Abwechslung besuchten wir verschiedene Diskotheken. Tagsüber unternahm ich oft auch was mit meiner Mutter. Wir machten zusammen Stadtbummel und gingen einkaufen. Sind ins Eiscafé gegangen oder zur Abwechslung nach Roth gefahren, um Isa zu besuchen. Meine Mutter genoss immer die Zeit, die ich mit ihr verbracht habe. Sie fuhr mit mir überall hin, wenn ich sie mitgenommen habe.

Da ich aber mit Adriana aus Frontenhausen immer noch in Kontakt stand, ergab es sich, dass ich zu ihrem Geburtstag eingeladen wurde. Sie sagte mir, dass Christoph auch mit seiner Freundin kommen werde. Das war schon ein Grund, deswegen hinzufahren. Es waren mindestens vier Jahre vergangen, seit ich ihn das letzte Mal gesehen hatte. Ich wollte ihn unbedingt sehen, alleine fahren wollte ich nicht. So fragte ich Adriana, ob ich meine Freundin Sabine mitnehmen dürfe. Sie willigte ein. Nun wartete ich auf das Wochenende, um nach Frontenhausen bei Dingolfing zu fahren. Als Sabine und ich bei Adriana ankamen, wurden wir herzlich begrüßt und aufgenommen. Nun war es so weit. Adriana begrüßte Christoph im Eingangsbereich, nahm ihr Geschenk entgegen und sagte ihm: „Sonja und Sabine sitzen gegenüber am Tisch.“ Er kam rüber und begrüßte uns, stellte seine Freundin vor und sagte ihr, wer wir sind. Er sah immer noch sehr gut aus. Mein Herz klopfte wie wild, aber ich versuchte mir nichts anmerken zu lassen. Er fragte, wie es uns geht. Ob ich immer noch in Gunzenhausen arbeite.

Dieses Gespräch dauerte ungefähr zehn Minuten. Danach gingen sie sich einen Platz suchen. Natürlich warf ich hin und wieder einen Blick auf Christoph, aber er erwiderte meine Blicke kein einziges Mal. Da wusste ich für mich, dass ich es abhaken kann und unsere Zeit endgültig vorbei ist. Diese Feier war trotzdem sehr schön, aber ich habe an diesem Wochenende für mich erkannt, dass ich ihn nicht mehr sehen muss. Diese Begegnung musste für mich nochmal stattfinden, um zu erkennen, dass die Zeit mit Christoph vorbei ist. Am nächsten Morgen hatte Adrianas Mutter ein super Frühstück vorbereitet. Wir saßen gemeinsam beim Frühstück, ließen uns den vorigen Abend durch den Kopf gehen und sprachen darüber. Adriana fragte mich auch, wie es mir ergangen sei, als ich Christoph wiedergesehen hatte. Ich erzählte, wie es gewesen war und dass es endgültig vorbei ist. Sie meinte, es sei besser, da er zur Zeit selber nicht wisse, was er will und die Freundinnen wechsle wie seine Unterhosen. Nach dem Frühstück verabschiedeten wir uns, bedankten uns und versprachen, dass wir uns bald wiedersehen würden. Sabine und ich traten die Heimreise an.

Nun konzentrierte ich mich auf meinen Neuanfang in Gunzenhausen. Miriam freute sich riesig, wieder mit mir zu arbeiten. Leider waren wir nicht gemeinsam in einer Gruppe. Ich durfte in meine alte Gruppe zurück, in die Villa Kunterbunt. Es hatte in der Zeit, in der ich nicht da war, eine Conni im Lindenhof angefangen, die nun mit mir die Gruppe leiten würde. Da wir uns gut verstanden, schlossen wir schnell Freundschaft. Wir verstanden uns gut, so gut, dass wir auch oft unsere Freizeit miteinander verbrachten. Conni wurde meine beste Freundin. Auf sie kann ich mich bis heute verlassen, obwohl wir uns später für einen längeren Zeitraum aus den Augen verloren haben. Ich hatte drei beste Freundinnen: Sabine, Miriam und Conni. Darüber war ich sehr froh. Das Einzige, was ich noch nicht hatte, war ein Partner für mein Leben. Ich wusste, irgendwo wartete er auf mich und wir würden einander finden. Wer warten kann, hat viel getan. Man muss wissen, die Hoffnung stirbt zuletzt.

Meine Mutter hatte mit ihrer Verwandtschaft aus München noch regelmäßigen Kontakt, was toll war, denn es gab mindestens einmal im Jahr einen Besuch in München. Seit Mitz nicht mehr in München wohnte, waren die Besuche ein bisschen seltener geworden. Ergab es sich, dass meine Eltern nach München gefahren sind, um Tante Pauli und Onkel Karl zu besuchen, wollte ich unbedingt mitfahren. Schon um Tante Pauli und Onkel Karl zu sehen. Dort war ich gerne in meinen Sommerferien als Kind gewesen und hatte wunderschöne Erinnerungen daran. So kam es, dass meine Mutter mich fragte, ob ich Lust hätte, am Wochenende mit dem Zug nach München mitzufahren, um ihre Verwandten zu besuchen. Ist mein Vater nach München gefahren, sind wir am selben Tag abends wieder nach Hause gefahren.

Da wir nun mit dem Zug fuhren und die Möglichkeit hatten, bei meiner Schwester zu schlafen, hatten wir zwei Tage zur Verfügung. Baldi hatte sich, was den Wohnraum betrifft, komplett umorientiert. Er wohnte auf einem Campingplatz im Wohnwagen am Starnberger See. Um alle wieder mal nach so langer Zeit zu sehen, beschloss ich, mit meiner Mutter übers Wochenende nach München zu fahren. Anne holte uns am Bahnhof ab. Wir fuhren erst mal ins Hofbräuhaus, um uns ein Weißwurstfrühstück zu genehmigen. Anschließend sind wir nach Großhesselohe gefahren zu Tante Pauli und Onkel Karl. Die Freude war groß. Ich hatte sie schon ein paar Jahre lang nicht mehr gesehen. Es gab viel zu erzählen, ich merkte, dass es gesundheitlich mit ihnen nicht mehr so gut stand, aber sie waren beide zufrieden. Nach einem Kaffee und Kuchen sind wir alle zusammen an den Starnberger See gefahren zu Baldi, der schon auf uns gewartet hatte.

Ich war das erste Mal am Starnberger See und fand es dort wunderschön. Baldi hatte seinen Campingplatz direkt am Wasser. Denn seine Leidenschaft gehörte dem Angeln. Das Wetter war sehr schön. Die Sonne schien bei strahlend blauem Himmel. Wir setzten uns vor dem Wohnwagen. Baldi hatte Getränke und was zu essen vorbereitet. An diesem Wochenende war es unbeschwert und einfach nur schön. Es gab keine Meinungsverschiedenheiten, Stress oder Ärger. Es war so, wie ich es mir immer gewünscht hatte: einfach mit der Familie zusammen sein, es genießen und zusammen was unternehmen. An diesem Wochenende konnte ich es, es war sehr schön. Es war ein unvergessliches Wochenende. Denn es war auch das letzte Mal, dass ich Onkel Karl lebend gesehen habe.

Zur Zeit fühlte ich mich sehr wohl, vielleicht ein wenig zu wohl. Ich hatte meine Freunde, mit denen ich mich gut verstand, hatte meine Arbeit, wohnte bei meinen Eltern, obwohl es nicht die Erfüllung war, aber ich musste keine Nebenkosten bezahlen, und trotzdem brachte ich keine einzige Mark auf die Seite. Früh am Morgen versuchte ich für einen kurzen Zeitraum, mich zurückzuziehen und in die Stille einzutauchen. Um mir ganz nah zu sein und in die Ruhe zu kommen. Ich versuchte mich in diesem Augenblick treiben zu lassen und das Leben einfach geschehen zu lassen. Ich versuchte in diesem Moment, mir nicht so viele Gedanken zu machen, was das nächste Jahr alles für mich bereithalten würde und was alles auf mich zukommen würde. Und doch bat ich Gott, auf mich aufzupassen, mich auf den rechten Weg zu bringen, dass ich meine Ängste verliere, mit Mut und Zuversicht und Gottvertrauen in das neue Jahr gehen könnte.

Ich sollte wieder mehr auf mein Herz und meine innere Stimme hören. Denn wir müssen wissen, unser Herz weist uns stets den stimmigen Weg, wenn wir achtsam sind und uns darauf einlassen. Obwohl ich der Meinung war, dass ich mein Leben im Griff hatte und es stimmig für mich war, trank ich immer mehr Alkohol, wenn ich unterwegs war. Oft ließ ich mein Auto stehen, aber es gab Momente, in denen ich selber betrunken gefahren bin. Ich dachte immer wieder aufs Neue, der liebe Gott passt schon auf mich auf. So viel habe ich ja heute noch nicht getrunken. Somit redete ich es mir immer wieder aufs Neue schön und verharmloste es. Den Unfall mit der Straßenlaterne hatte ich verdrängt, indem ich häufig sagte, andere trinken noch viel mehr und fahren danach mit dem Auto. So schlimm sei es bei mir noch nicht.

Hatte oft Glück, denn nachts, wenn ich von der Disco nach Hause gefahren bin, kam ich oftmals in eine Fahrzeugkontrolle. An eine kann ich mich noch sehr gut erinnern. Wie gesagt, als ich von der Disco etwa 2 Uhr morgens nach Hause gefahren bin, sah ich die Kelle schon von weitem. Ich wurde rausgewunken. Schnell setzte ich meine Brille auf. Ich habe meine Brille nicht regelmäßig getragen. An diesem Abend hatte ich eine Hochsteck-Frisur. Viele sagten immer wieder, wenn ich die Brille aufgesetzt und meine Haare hochgesteckt hatte, sah ich wie eine Schuldirektorin aus. Mein Herz schlug immer schneller. Ich atmete ein paar Mal tief durch und bat meinen Gott um Beistand. An diesem Abend waren es etwa sieben Biere und ein paar Schnäpse gewesen. Als ich zum Stillstand kam, drehte ich meine Autoscheibe runter. Der Polizist kam auf mich zu, begrüßte mich und sagte, wir machen eine Fahrzeugkontrolle. Er fragte mich nach meinen Fahrzeugschein und Führerschein. Ich gab sie ihm. Er gab meine Papiere seinen Kollegen. Er fragte weiter, ob ich einen Verbandskasten und auch ein Warndreieck hätte. Ich sagte, ich habe alles dabei, wenn sie möchten, kann ich es ihnen zeigen. Er glaubte mir und sein Kollege kam mit meinen Papieren zu meinem Auto zurück. Nun standen sie beide da. Ich bekam meine Papiere zurück und dachte, okay, das war es und sie lassen mich weiterfahren. Der andere Kollege fragte mich, ob ich was getrunken hätte. Selbstsicher sagte ich: „Ja, aber wenn sie alkoholische Getränke meinen, davon habe ich keine zu mir genommen.“ Er meinte daraufhin, dann könnten wir ja einen Test machen. Ich dachte: O nein, das war's, jetzt kann ich den Führerschein abgeben. Ich sah mich schon zur Arbeit laufen. Als ich in meinem Auto saß und mir den Kopf zerbrach, nahm der eine Polizist den anderen etwas auf die Seite und sagte zu ihm: „Schau sie dir mal an, die hat nichts getrunken, die Arbeit können wir uns bei dieser Person sparen. Sie sieht viel zu brav aus.“ Mir fiel ein Stein vom Herzen, als ich das hörte, und ich hoffte, dass sein Kollege darauf eingehen würde. Er ist darauf eingegangen und ich musste nicht pusten. Himmel sei Dank, sie ließen mich weiterfahren!

Ich hatte viele Schutzengel im Auto. Immer wieder habe ich Glück gehabt und es doch nicht geschätzt, oder dass ich mich mal entschlossen hätte, nicht mehr unter Alkoholeinfluss Auto zu fahren. Der liebe Gott hat immer auf mich aufgepasst und mich aus der Scheiße gezogen, aber nun war der Zeitpunkt, an dem er mir eine Lektion erteilt hatte. Es war im Mai 1993, mir ging es wieder nicht so gut. Ich wohnte immer noch mit meiner Unzufriedenheit bei meinen Eltern. Ich hatte einen Nachbarn, der auch bei uns im Haus wohnte, er hieß Matthias. Wir saßen oft zusammen oder trafen uns in der Kneipe. Und trotzdem war ich wieder sehr in meiner Welt gefangen. Ich wollte wieder so viel ändern wie schon oftmals davor und brachte nun gar nichts mehr auf die Reihe, außer dass ich auf meine Arbeit gegangen bin. Jeder von meinen Freunden merkte, dass ich immer mehr zum Alkohol gegriffen habe, immer öfter betrunken gefahren bin. Sie haben mich oft darauf aufmerksam gemacht, aber das wollte ich nicht hören und verdrängte es.

An diesem Abend regte mich alles und jeder auf. Ich wollte nur meine Ruhe. So beschloss ich nach ein paar Bier, die ich in meiner Stammkneipe getrunken hatte, nach Hause zu gehen. Ich wollte für mich sein und einen Fernsehabend machen. Es kam leider anders. An diesem Abend lag irgendwas in der Luft, das schlechte Stimmung verursachte. Mein Vater war nicht zuhause, er arbeitete am Wochenende nebenbei als Pförtner. Somit war ich alleine mit meiner Mutter zuhause. Ich legte mich in mein Bett und schaute den Film „Rocky“. Meine Mutter schaute sogar ein Stück des Filmes mit, was mich freute. Während wir den Film schauten, trank ich mein Bier. Nun hatte ich hin und wieder angefangen, auch zuhause ein Bier zu trinken. Ich weiß nicht mehr, was mir in den Kopf kam oder ob ich mit meiner Mutter noch einen Streit angefangen hatte. Auf jeden Fall zog ich mich an und wollte noch tanzen gehen. Als ich das Haus verließ, meinte meine Mutter, ich solle zuhause bleiben, da ich schon einiges getrunken hätte. Wie immer sagte ich nur, ich würde schon auf mich aufpassen.

Als ich so an meinem Auto stand, sagte eine innerliche Stimme zu mir, lass dein Auto stehen, fahr heute nicht mehr. Ich blieb mindestens fünf Minuten am Auto stehen und überlegte, was ich tun sollte, aber ich wollte es nicht hören, ließ mich nicht darauf ein. Ich ignorierte meine innerliche Stimme. Heute bin ich mir sehr sicher, dass diese Stimme mein Schutzengel war. Er wollte mich warnen und mich schützen. Ich stieg in mein Auto und fuhr los in die Disco. Einerseits wusste ich, dass ich nicht fahren sollte, aber wie schon einige Male zuvor hatte ich, glaube ich, die Realität verloren und lebte nur noch in meiner Welt. In der Disco angekommen, traf ich wie immer einige Bekannte, wo man fröhlich weiter feierte und sich die Kante gab. Ich habe noch einiges getrunken, nach außen spielte ich die lustige, fröhliche Sonja. Innerlich wäre ich am liebsten gestorben, todtraurig tanzte ich auf der Tanzfläche und versuchte meinen ganzen Frust, Ärger, Wut, Verzweiflung abzutanzen. In meinem Suff und in meiner Verzweiflung schloss ich mich oft in der Toilette ein und weinte. Ich hätte mir in diesen Momenten oft jemanden gewünscht, der mich in den Arm nimmt und mich tröstet. Er musste nicht mal was sagen, nur mich festhalten und mir das Gefühl vermitteln, dass ich geliebt und gebraucht werde, so wie ich bin.

Egal, wohin ich mich verflüchtigte, es war nie der richtige Ort, es waren nie die richtigen Menschen da. Jeder war mit sich selbst beschäftigt oder auch betrunken. An diesem Abend hätte ich machen können, was ich wollte, oder hingehen können, wo ich wollte, es wäre immer der falsche Platz gewesen. An diesem Abend schaffte es nicht einmal mein treuer Freund Alkohol, meine Stimmung zu heben, er hatte auch versagt. Ich beschloss, heimzugehen, ich hatte für diesen Abend genug. Als ich gerade aus der Disco rausgehen wollte, kam mein Nachbar und fragte, ob er mit nach Hause fahren könne. Natürlich nahm ich ihn mit. Es war gegen morgen, als es passierte. Matthias und ich fuhren Richtung Ortseinfahrt. Da ich Bedenken hatte, dass um die Zeit die Polizei irgendwo stehen könnte, nahm ich die Seitenstraße, die auch zu unserer Straße führte. Es war schon sehr früh am Morgen zwischen drei und vier Uhr. Als ich die Straße entlangfuhr, die Musik auf volle Pulle hatte und noch nebenbei eine rauchte, verlor ich die Kontrolle über mein Auto.

Ich fuhr gegen eine Steinmauer eines Einfamilienhauses. Es machte so einen lauten Knall, dass ich plötzlich wieder hellwach war. Als ich weiterfahren wollte, merkte ich, dass nichts mehr ging. Es war ein Totalschaden, es hatte sich der Spurlenker verzogen, vorn am Auto war alles eingedrückt, sogar das Handschuhfach ist Matthias um die Ohren geflogen. So schnell war ich noch nie nüchtern. Die Bewohner kamen aus ihrem Haus, um zu schauen, ob jemandem was passiert ist. Nun standen wir alle da und warteten auf die Polizei. Diesmal wusste ich, jetzt hast du es wahrhaftig übertrieben und dein Führerschein ist weg. Als die Polizei kam, glaubten sie erst gar nicht, dass ich die Fahrerin bin. Sie meinten zuerst, Matthias wäre der Fahrer. Bis ich ihnen mitteilte, dass ich gefahren war. Die Polizei rief einen Abschleppwagen, der mein Auto abschleppte, auf die andere Seite der Stadt. Nach den Befragungen durfte Matthias nach Hause laufen, mich hat die Polizei mit aufs Revier genommen. Ich musste einige Tests machen. Sie nahmen mir Blut ab, um genau festzustellen, wie viel Promille ich in mir hatte. Es waren genau 1,5 Promille, wie sich später herausstellte. Die Prozedur dauerte etwa eine Stunde. Meinen Führerschein haben sie behalten, und somit ließen sie mich ohne Führerschein nach Hause gehen.

Auf dem Heimweg ging es mir beschissen, beschissener ging es nicht. Ich weinte den ganzen Nachhauseweg. Ich war wütend und sauer auf mich selbst. Jetzt war nicht nur mein Führerschein weg und mein Auto kaputt, sondern es würde auch noch eine Geldstrafe auf mich zukommen. Mit der ganzen Situation, sprich Geldstrafen und was mich so noch an Sorgen begleitete, konnte ich nicht auf einen grünen Zweig kommen. Somit hatte ich zwei Strafen zu bezahlen. Wegen Diebstahl waren es 1200 Mark und für den Unfall, den ich verursacht habe, kamen 3200 Mark Strafe ins Haus geflattert. Somit hatte ich auf einen Schlag 4400 Mark Schulden zusätzlich zu den 30 000 Mark, die ich für meine Eltern übernommen hatte. Meine Träume waren schon ausgeträumt, bevor ich sie jemals geträumt habe. Als ich nach Hause kam, wartete meine Mutter schon auf mich. Sie hatte den Knall gehört, der sie munter gemacht hatte. Ihr kam gleich ich in den Sinn, dass ich durch mein Auto den Knall verursacht haben könnte. Leider Gottes war es so. Somit konnte sie nicht mehr schlafen und wartete, bis ich nach Hause kam. Sie sah, dass ich mit den Nerven fertig war, weinte und erzählte ihr, was passiert war. Diesmal sagte sie: „Siehst du, ich habe dir gesagt, fahre heute nicht mehr Auto, aber du wolltest ja nicht hören. Jetzt geh erstmal ins Bett und schlaf dich aus."

Aber ich konnte nicht schlafen, ich war so aufgewühlt und mir gingen tausend Sachen durch den Kopf. Mein Vater kam am Morgen nach Hause, meine Mutter hatte es ihm erzählt. Ich glaube, er war enttäuscht, er sprach erstmal gar nicht mit mir. Jetzt fühlte ich mich noch hilfloser und verlassener als je zuvor. Am nächsten Tag ging ich erst mal zu meinem Nachbarn, um einen Kaffee zu trinken. Er war der Einzige, mit dem ich darüber reden konnte, aber eine große Hilfe war er auch nicht.

So beschloss ich, zu meinem Auto zu laufen und mir genauer anzuschauen, was alles kaputt war. Als ich es sah, traute ich meinen Augen nicht und fing zu weinen an. Was hatte ich nur getan! Als ich so in meinen Gedanken war, kam der Mann, der mein Auto abgeschleppt hatte. Er fragte mich, wie es mit dem Auto weitergeht. Denn bei ihm könne das Auto nicht stehen bleiben. Zugleich teilte er mit, dass das Abschleppen 200 Mark kostet und jeder weitere Tag, an dem das Auto auf seinem Grundstück steht, 25 Mark pro Tag. Ich sagte nur: „Alles klar, ich kümmere mich darum." Gleichzeitig dachte ich mir: Lasst mich doch alle in Ruhe!

Ich ging erstmal in meine Kneipe und bestellte mir ein Bier. Ich erzählte dort, was passiert ist. Einige wussten schon, dass ich meinen Führerschein verloren hatte, woher auch immer. Solche Aktionen machen schnell die Runde, ohne dass du deinen Beitrag dazu leisten musst. Mir war es egal, für mich war die Welt zusammengebrochen. Es hatte auch was Gutes, ich musste mir nun keine Gedanken mehr machen, wie viel ich nun trinken darf, denn ab jetzt war ich Fußgänger. Jetzt hatte ich die Aufgabe, mich komplett umzuorganisieren. Ich musste mich schlau machen, wie ich in Zukunft auf meine Arbeit komme. Irgendwie haben wir es immer geschafft. Denn wir kamen trotz allem immer pünktlich zur Arbeit. Nach ein paar Wochen hatte sich der neue Rhythmus bei mir eingestellt. Mein Auto habe ich bei einem Schrotthändler für 250 Mark verkauft. Ich war froh, dass ich jemanden gefunden hatte, der mir mein Auto abkaufte, um endlich das Auto vom Grundstück des Abschleppdienstes zu bekommen, denn ich musste schnell reagieren und schaffte es, in zwei Tagen das Auto vom Hof zu bringen. Als ich zum letzten Mal mein Auto sah, als es vom Hof gefahren wurde, tat es mir in der Seele sehr weh, es war, als wäre jemand gestorben. Mit Tränen in den Augen ging ich von dem Grundstück und sah meinem Auto nach, bis es nicht mehr zu sehen war.

So hatte sich vieles geändert. So sehr ich mich auch bemühte, ich kam nie richtig in die Spur. Weil ich keinen Führerschein mehr hatte und nun Fußgänger war, musste ich meinen Tagesablauf umstrukturieren. Somit änderte sich vieles. Ich lebte weiter mit meiner Unzufriedenheit bei meinen Eltern. Meinen Frust, Ärger, Kummer und meine Ängste betäubte ich weiterhin mit Alkohol. Eigentlich wollte ich das alles gar nicht, wusste aber nicht, wie ich aus dem Hamsterrad rauskommen konnte. So sehr ich mich bemühte, ich hatte immer meine Rückschläge. Es gab auch Zeiten, in denen ich nichts mehr ändern wollte. Ich fragte mich, für wen und wofür. So lebte ich hier und da, ließ mich auf viele Sachen ein, probierte viele Sachen aus und merkte immer wieder, dass es der falsche Weg ist. Ich war in meiner Welt so sehr gefangen, dass ich die Realität verloren hatte. Ich sitze bei meinen Eltern zuhause und habe mit meinen 23 Jahren fast 35 000 Mark Schulden. Statt dass sich an meinen Situationen etwas verbesserte, hatte ich das Gefühl, es wird immer nur noch schlimmer.

Obwohl man so viele angebliche Freunde hat, ist man mit sich sehr viel alleine, zumindest ging es mir so. Ich fühlte mich in dieser Zeit sehr einsam, missverstanden und oft ausgenutzt. Ich wollte nicht nur für andere da sein, obwohl ich es gerne gemacht habe, aber ich wünschte mir tief in meinem Herzen, dass jemand mir über den Weg laufen würde, der mich so nimmt und versteht, wie ich bin. Dieser Jemand hieß Rudi. Als ich ihn in meiner Stammkneipe kennengelernt habe, stellten wir fest, dass wir uns schon kannten. Rudi war aus Wettelsheim, er kam aus einer Gastwirtschaft. Das war die Wirtschaft, wo meine Eltern früher regelmäßig essengegangen sind. Seine Mutter führte nach dem Tod ihres Mannes die Gastwirtschaft alleine weiter. Rudi hatte noch einen Bruder, der oft am Wochenende zum Helfen kam. Es ergab sich, dass ich für ein Jahr mit Rudi zusammen war. Hatte ich keinen Wochenenddienst im Kindergarten, so half ich am Wochenende in der Großküche aus.

Ich denke, seine Mutter war sehr dankbar. Je länger ich in dieser Wirtschaft mitgearbeitet habe, desto mehr wurde mir klar, dass diese Frau am Ende war. Die Metzgerei und die Fremdenzimmer hatte sie nach dem Tod ihres Mannes eingestellt. So viele Stunden hatte leider der Tag nicht, die sie gebraucht hätte. In der Mittagspause, wenn Rudi und ich die Küche noch aufräumten, saß sie oft hinten am Fenster an einem Tisch, um sich ein wenig auszuruhen, wo sie öfter eingeschlafen ist. So wurde mir wieder bewusst, dass jeder sein Schicksal hatte und damit leben musste, dass jeder versuchte, auf seine Art und Weise das Beste daraus zu machen. Ich half ihr, wo ich konnte und so oft es die Zeit zuließ.

Rudi hatte noch keinen Führerschein, somit waren wir beide Fußgänger. Wir hatten uns schnell an das Bus- und Bahnfahren gewöhnt. Oder wir sind mit Freunden mitgefahren. Hatten wir niemanden, sind wir mit dem Taxi nach Hause gefahren. In der Zeit, in der ich mit Rudi zusammen war, habe ich viel bei ihm zu Hause geschlafen. Ich wusste damals nicht, ob es Liebe war oder ob ich nur nicht alleine sein konnte und auch nicht alleine sein wollte. Oftmals lag ich wach bei Rudi im Bett und dachte über vieles nach. Wenn ich nicht einschlafen konnte, stand ich auf und ging leise in die Wirtschaft, um mir ein Bier zu holen. Nahm es mit nach draußen, wo ich mich auf die Bank setzte, um den Sternenhimmel anzuschauen, über mein Leben nachzudenken, mit Gott zu sprechen und dabei mein Bier zu trinken. Ich fragte Gott oft, was ich hier mache. Ob es der richtige Weg ist. Seit ich mit Rudi zusammen war, trank ich noch mehr. Irgendwann ging ich zurück ins Zimmer, legte mich ins Bett und versuchte zu schlafen.

Rudis Verhalten veränderte sich im Laufe der Zeit sehr. Ich beschloss, Schluss zu machen. Ich packte meine Sachen zusammen und ging mit meinem Rucksack zu meinen Eltern nach Hause. Meine Eltern waren mein Zigeunerleben gewohnt. Ich ging und kam. Ihnen war vor allem wichtig, dass ich arbeiten gehe. In dieser Zeit war ich mit meinen Ängsten wie in einem Karussell ständig gefangen, verlor immer mehr Energie. Man sollte wissen, dass Ängste jene Emotionen sind, die am meisten Energie verbrauchen. Stellen wir uns unseren Ängsten nicht, die uns quälen, dann erschöpfen wir unsere Reserven. Der Akku in unserem Körper wird leer, wir sind müde und abgekämpft. Ich war noch weit entfernt davon, den Mut zu haben, mich meinen Ängsten zu stellen. So änderte sich erstmal nichts an meiner Situation und ich lief fleißig in meinem Hamsterrad weiter.

Rudi und ich waren weiterhin befreundet, wir waren nicht böse aufeinander. Ich beschloss, dass ich mal einen Tapetenwechsel brauchte, dass ich einmal was anderes sehen und andere Leute um mich herum haben wollte. Ich wollte in Ruhe kommen, meine Gedanken sortieren und vielleicht mein Leben endlich in den Griff bekommen. So kam mir in den Sinn, eine orthopädische Kur für meinen Fuß zu beantragen. Ich habe es in Angriff genommen und geschafft, dass ich im August 1993 in Kur gehen konnte. Für diese Aktion war mein Klumpfuß doch gut. Ich freute mich riesig auf die vier Wochen Kur. Es sollte für mich ein Stück Neuanfang sein. Am Abreisetag brachten meine Eltern mich zum Bahnhof. Wir verabschiedeten uns, und schon fuhr der Zug los. Als ich im Zug saß und aus dem Fenster schaute, wurde mir schon ein wenig mulmig zumute. Zuvor bin ich noch nie alleine so weit weg gefahren.

In der Klinik hatte ich ein schönes Einzelzimmer mit einem eigenen Bad. Das gefiel mir sehr gut. Bei einer Untersuchung haben die Ärzte festgestellt, dass mein linkes Bein um eineinhalb Zentimeter kürzer ist. Ich hatte mich oft beim Hosenkaufen gefragt, warum mein linkes Hosenbein immer länger ist als das rechte. So bekam ich ab diesem Zeitpunkt an meinen linken Schuhen eine Schuherhöhung. Somit wurden mein linkes Bein und meine Hüfte ausgeglichen. Am Anfang war es für mich eine Umstellung, aber ich merkte, dass es meiner Wirbelsäule gut tat. Ich trage bis heute an meinen Schuhen Schuherhöhung und habe mir auch zwischenzeitlich orthopädische Schuhe machen lassen. Meinen Körper hatte ich schon lange nicht mehr so intensiv wahrgenommen. Ich machte bei meinen Anwendungen intensiv mit, ließ mich auf Diät setzen und nahm in den vier Wochen sechs Kilo ab.

Aber irgendwann ist auch die schönste Zeit vorbei. Man stellte sich wieder auf die Heimreise ein. In der letzten Woche fing man schon an, den Koffer zu packen. Ich hatte gemischte Gefühle. Man freute sich auf zuhause und auf der anderen Seite wollte man nicht gehen. Man weiß, dass man die Menschen, die man kennengelernt hat, wahrscheinlich nicht mehr sehen wird. Auch wenn man Adressen und Telefonnummern ausgetauscht hat, schläft der Kontakt meistens nach einer gewissen Zeit ein. Ich freute mich nach so langer Zeit auf zuhause, auf meine Eltern, die ich trotz allem sehr lieb habe, und auf meine Arbeitskollegen, auf die Arbeit mit meinen Kindern. Während der Heimreise ging mir sehr vieles durch den Kopf. Ich sagte mir: So schlecht geht es dir gar nicht. Du durftest diese Kur machen, bist gesund und jung und hast eine feste Arbeitsstelle. Ich fragte mich, warum ich ständig in Unzufriedenheit lebte und vor allem so viel Alkohol zu mir nahm. Ich wusste, dass der Alkohol keine Lösung ist, sondern einen nur betäubt und krank macht. Ich hatte es früher als Kind miterlebt und gesehen, was der Alkohol aus einem Menschen macht. Sogar in meiner Familie war er ein ständiger Begleiter, und trotzdem langte ich immer wieder erneut zu und bezeichnete ihn sogar eine gewisse Zeit als besten Freund. Obwohl es viele Momente gab, wo ich ihn verachtet habe und hasste. Man ist so eingefahren in seinem Denken und Handeln, dass man immer so weiter macht. Man wird von einer Angst gejagt und begleitet, dass man den Mut verliert, einen neuen Weg einzuschlagen oder alte Gewohnheiten abzulegen. Man möchte oft so viel ändern, aber die

Umsetzung kostet sehr viel Kraft, Ausdauer und man braucht eine große Portion Konsequenz. Menschen, die einen begleiten, einem auf dem schweren Weg beistehen.

Es ist egal, was man macht, was man ändern möchte – zum guten Schluss muss man die Entscheidung selbst treffen, damit anfangen und den inneren Schweinehund bekämpfen. Ziele vor Augen haben und herausfinden, für wen und für was man es macht, erkennen, dass man es in erster Linie immer für sich selbst tut. Geht es dir gut, so geht es automatisch deinem Umfeld auch gut. Anderen Menschen geht es viel schlechter. Man neigt immer wieder dazu, auf hohem Niveau zu jammern und zu klagen. In diesem Moment habe ich erkannt, dass ich ein Alkoholproblem habe, aber ich wollte es zu diesem Zeitpunkt nicht akzeptieren und noch nicht wahrhaben. Somit habe ich den Gedanken schnell verdrängt, indem ich mir sagte, andere Leute trinken viel mehr als ich. Um mein Gewissen zu beruhigen, sagte ich mir: Dann kann es noch nicht so schlimm sein. Es ist doch seltsam, wie wir alle uns zeitweise etwas vormachen und im Nebel wandern. Und so sind wir tief im Innern sehr allein. Gehen wir bewusst spazieren, sehen wir: Jeder Busch und Stein ist allein, kein Baum sieht den anderen, jeder ist für sich allein. Voll von Freunden ist meine Welt, dachte ich, bis bei mir der Nebel fällt, so ist auch keiner von ihnen mehr sichtbar. Keiner ist weise, der nicht das Dunkel kennt, das uns von vielen trennt. Darum ist es seltsam, im Nebel zu wandern. Leben ist Einsamsein, kein Mensch kennt den andern, jeder ist mit sich allein.

Am Bahnhof angekommen, warteten meine Eltern schon auf dem Bahnsteig auf mich. Ich freute mich sehr, sie wiederzusehen. Ich hatte so viel zu erzählen, ich wusste gar nicht, wo ich anfangen sollte. Zuhause machte ich es mir in meinem Zimmer gemütlich, um anzukommen. In meiner Stammkneipe wurde ich herzlich begrüßt. Als Willkommensgruß wurde erstmal eine Runde ausgegeben. Man freute sich, alle wiederzusehen. So änderte sich für mich die nächste Zeit nicht viel. Ich ging arbeiten, meine Kinder waren meine Ladestation, die meinen Akku aufgeladen haben. Kinder zeigten mir mit ihrer offenen Art, was Leben heißt. Sie sind unkompliziert, sagen, was sie denken, und bei dem, was sie tun, sind sie mit Leib und Seele dabei. Das liebe ich an Kindern so sehr. Sie geben mir immer wieder neue Zuversicht und schenken mir Hoffnung. Manchmal hat man dabei das Gefühl, dass die Zeit stillsteht.

Höre auf, Träume zu verschieben! Die Jahre gehen vorbei und immer wieder sagen wir aufs Neue, wir werden sehen. Wir müssen versuchen, unsere Träume zu verwirklichen, nicht alle Blütenträume reifen. Wir wissen nicht, wie viel Zeit wir auf dieser Erde haben. Die Träume warten nicht auf uns, denn auch Träume gehen irgendwann schlafen. Auch ich träumte nur in meiner Welt weiter und versuchte immer, das Beste daraus zu machen. Immer wenn ich meine Kinder auf der Arbeit beobachtete, wollte ich nicht erwachsen werden. Erwachsen zu sein, verbinde ich mit Vernunft, Langeweile, Angepasstheit, Kontrolle, sogar Gedanken an die Altersvorsorge, die wohl wichtig ist. Kinder denken nicht viel nach, sie tanzen etwa drauflos, wenn ihnen die Musik gefällt. Ich versuche es anderen recht zu machen, statt ein verlässlicher Partner zu sein, der zu dem steht, was er wirklich will, fühlt und denkt.

Ich frage mich oft: Was bedeutet erwachsen zu sein wirklich? Aber eins weiß ich: nicht immer nur funktionieren und Ja sagen. Sondern ein Leben in innerer Freiheit und Selbstbestimmung zu führen, das uns ermöglicht, auch wieder Kind zu sein. Ich schaue oft zurück und was ich sehe, das ist eine Menge Glück und manchmal auch Regen, das gehört auch dazu. Denn das alles bist du, mein Freund Alkohol, ich folge dir wie einer Melodie, die mich berührt und die mich durch Höhen und Tiefen führt. Ich schenke dir immer wieder aufs Neue mein Vertrauen, so hatte ich immer das Gefühl, dass du mich bewegst, mich trägst, liebst und doch zerstörst und enttäuschst, und danach lasse ich mich von dir wieder aufbauen. Ich schaue nach vorn und merke, es geht nichts verloren, ich gebe dir so viel, denn ich weiß, du bist da, du bleibst und immer wieder aufs Neue vertraue ich dir. Und dafür hasse ich dich, ich möchte dich nicht mehr als Freund haben. Eines Tages, wenn die Zeit reif dafür ist, werde ich unsere Freundschaft kündigen. Ich weiß nur noch nicht, wie und wann.

So verging das restliche Jahr ziemlich schnell. Nun waren es nur noch ein paar Monate, bis ich meinen Führerschein wiederbekam. Ich freute mich riesig darauf. Mit meinem Vater fuhr ich zeitweise in die Autohäuser, um nach Autos zu schauen. So hoffte ich, dass die Monate bald vorbei sein und ich meinen Führerschein und mein eigenes Auto wieder haben würde. Ich kam zwar mit der Situation gut zurecht, aber man muss sich immer anpassen, sehr geduldig sein und zu den Personen, von denen man Hilfe benötigt, meist keine eigenen Meinungen zulassen, sonst sind sie gekränkt und beleidigt. Wenn du Pech hast, lassen sie dich im Regen stehen und nehmen dich nicht mit. Darauf hatte ich keinen Bock mehr und darum freute ich mich umso mehr. Man lernt schnell, sich anzupassen und Menschen das zu sagen, was sie gerne hören wollen. Ich entwickelte eine Art, von der ich merkte, so komme ich voran, um meine Ziele zu erreichen, obwohl es nicht immer einfach ist. Wie gehabt schlief ich im Kindergarten, wenn ich Wochenenddienst hatte.

An diesem Wochenende ging ich mit Miriam immer in Gunzenhausen in die Disco, um abzutanzen. Ende April 1994, als ich mit Miriam in der Disco war und an der Tanzfläche stand, fiel mir ein Junge auf. Ich ging mit meiner charmanten Art auf ihn zu und forderte ihn auf zu tanzen. Er gestand mir, dass er nicht tanzen kann. Ich war schon gut angetrunken und meinte in meinem Rausch: „Kein Problem, dann gehen wir eben in die Bar.“ Gesagt, getan, wir stellten uns einander vor. Er hieß Aron und kam aus einem Ort bei Nürnberg. Er war mit seinem Motorrad da, was mich sehr beeindruckte. Wir verstanden uns sehr gut. Wir gingen vor die Disco, um seine Maschine anzuschauen. Es war eine Straßenmaschine, ein geiles Teil. Ich vermittelte ihm, dass ich gerne mit dem Motorrad mitfahre. Aron sagte: „Wenn du willst, können wir morgen zusammen eine Tour machen.“ O ja, da war ich gleich dabei. So haben wir uns für den nächsten Tag verabredet. Ich sagte ihm, wo ich arbeite und er mich in meiner Mittagspause abholen kann, um ein wenig zu fahren. Als ich mit Miriam in den Kindergarten gefahren bin, erzählte ich ihr alles. Sie schlief auch mit in der Einrichtung. So wurde unsere Nacht kurz, da wir uns einander vieles erzählten und uns austauschten.

Je näher die Mittagspause rückte, desto nervöser wurde ich. Punkt ein Uhr kam er in den Hof gelaufen. Er war gut gewachsen, mit seiner Motorradkluft machte er eine gute Figur. Er war dunkelhaarig und gutaussehend. Das Einzige, was mir gleich aufgefallen ist, waren seine abstehenden Ohren, aber es störte mich nicht, da ich selbst ein Handicap habe. So ließ ich mich auf ihn ein und genoss die gemeinsame Fahrt mit dem Motorrad. Ich war lange nicht mit jemandem gefahren, irgendwie hatte ich es vermisst. Es war die Freiheit, die man auf so einem Motorrad verspürt. Einfach hinten drauf zu sitzen, den Wind im Gesicht zu spüren, das Gefühl zu haben, frei wie ein Vogel zu sein. Wir hielten in einem Café an, um einen Kaffee zu trinken. Wir haben uns nett unterhalten und haben von uns erzählt. Ich erzählte ihm, dass ich im Kindergarten arbeite. Es kam die Frage, ob ich auch einen Führerschein hätte. Ich habe es mit Ja beantwortet, da ich nur noch eine Woche bis zu meinem Führerschein hatte. Ich erzählte ihm, dass mein Auto in der Werkstatt sei und erst nächste Woche fertig repariert sei.

Denn mit meinem Vater hatte ich mir ein Auto ausgesucht. Es war ein Honda, den ich gleich ins Herz geschlossen hatte. Was das Finanzielle betrifft, half mir mein Vater bei der Bank, um einen Kredit zu bekommen. Mein Honda kostete 8000 Mark. So hatte ich auf einen Schlag wieder 8000 Mark mehr Schulden. Aber das war mir in diesem Moment egal, Hauptsache, ich hatte meine Freiheit wieder zurück und war nicht mehr auf irgendjemanden angewiesen.

So ergab es sich, dass ich mit Aron zusammenkam. Er war sehr lieb und nett. Er stellte mich bei seinen Eltern vor. Sie machten mir einen sympathischen Eindruck. Er hatte noch sehr junge Eltern. Seine Mutter war gerade mal 43 Jahre und sein Vater erst 46 Jahre alt. Aron war drei Jahre jünger als ich, aber das störte uns beide nicht. Ich fühlte mich in dieser Familie angenommen und akzeptiert. Sie hatten ein schönes Einfamilienhaus. Im Erdgeschoss wohnten seine Eltern, im oberen Stock hatten Aron und sein Bruder Christian ihre Zimmer. Ich fühlte mich vom ersten Moment an in dieser Familie aufgenommen. Aron holte mich am Wochenende, wenn ich keinen Wochenenddienst hatte, zu sich nach Hause, wo ich meist das ganze Wochenende verbrachte.

Ich lernte seine Freunde und Arbeitskollegen kennen. Aron war gelernter Schreiner, aber er wechselte seinen Beruf zum Stuckateur, wo er in Roth in einer Firma anfing. Wenn die Abende lau und angenehm waren, saßen wir alle gemeinsam auf der Terrasse, haben miteinander gegrillt und gegessen und uns nett unterhalten. Nach langem fühlte ich mich wieder akzeptiert und aufgehoben. Ich hatte das Gefühl, dass es nach meinem langen Tief endlich wieder bergauf ging. Mein Trinkverhalten hatte ich in dieser Zeit gut im Griff und belästigte keinen damit. Sodass ich oft zu mir selbst sagte: Siehst du, Sonja, so schlimm ist es nicht mit dem Alkohol, du hast dich gut unter Kontrolle. So schob ich den Gedanken, ein Alkoholproblem zu haben, wieder ganz weit nach hinten. Als ich nach meiner Arbeit zu meinen Eltern nach Hause kam, sagte meine Mutter: „Für dich ist heute ein Brief gekommen." Es war ein Brief vom Landratsamt, er beinhaltete, dass ich am 13.05.94 meinen Führerschein wieder abholen konnte. Die Freude war sehr groß. Endlich, nach einem Jahr, durfte ich meinen Führerschein wieder abholen.

Als ich meinen Autoschlüssel und meine Papiere bekam, war ich glücklich, denn in diesem Moment bekam ich meine Freiheit zurück. Ich fuhr mindestens zwei bis drei Runden durch Treuchtlingen. Am liebsten hätte ich das Fenster heruntergedreht und laut gerufen: Seht alle her, ich habe meinen Führerschein wieder! Ich holte meine Mutter von zuhause ab. Wir machten gemeinsam eine Spritztour. Sie war froh, dass ich meinen Führerschein wieder hatte. So konnte ich doch einige Erledigungen für sie machen oder sie chauffieren. Wir fuhren in die Spielhalle, um zu zeigen, dass ich wieder mobil war, und um mein neues Auto zu präsentieren.

Am Abend fuhr ich zu Aron. Er wusste von all dem nichts. Ich weiß nicht mehr, wann ich das mit dem Führerschein erzählt habe. Ich denke, als ich es ihm erzählte, waren wir schon verheiratet. So ließ ich ihn erstmal in dem Glauben, dass mein Auto in der Werkstatt war und nun wieder fertig ist. Ich fühlte mich einfach nur gut. Ich hatte wieder einen liebenswerten Freund, dessen Eltern mich akzeptierten und so nahmen, wie ich bin. Mit meinen Eltern lief es auch gut und meine Schwester hatte sich zur Zeit auch gut im Griff. Ist es nun so weit, dass es auch bei mir bergauf gehen darf, dass ich in die Ruhe kommen und wo ankommen darf? In diesem Moment hätte ich laut schreien und die ganze Welt umarmen können, um ihr mitzuteilen, dass ich glücklich bin. So lernte ich nach und nach Arons Freunde und Verwandte kennen. Im Sommerurlaub sind wir oft nach Österreich gefahren, da seine Mutter aus Österreich kommt. Ich lernte viele Bergseen und Schluchten kennen. Ich entwickelte eine Liebe zu den Bergen, Seen und Wäldern. Ich liebe die Natur bis heute. Sie gibt mir die Gelassenheit und die Ruhe, die ich zuhause in meinem Alltag oft vermisse.

In meiner Arbeitsstelle stand ein kompletter Umbau im Haus an. Eines Tages kam die Kurleitung zu uns in den Kindergarten, um uns mitzuteilen, dass in etwa drei Monaten der Umbau in Angriff genommen würde. Somit würde das Haus für zwei Jahre geschlossen. Uns wurde mitgeteilt, dass wir uns für diese Zeit eine andere Arbeitsstelle suchen sollen, sonst würden wir von unserem jetzigen Arbeitgeber für diese Zeit in eine andere Einrichtung oder ein anderes Haus eingeteilt.

Ich sollte nach Weißenburg ins Seniorenheim, wo Mamas Cousine im Seniorenheim ist. Ein paar Arbeitskollegen und ich fuhren zusammen, um diese Einrichtung anzuschauen. Ich kannte dieses Haus wegen der Mitz. Es war ein schönes Seniorenheim, es war eine schöne Parkanlage dabei und die Räumlichkeiten hell und groß. Was ich noch nicht gesehen hatte, war die Pflegestation, die auch mein Bereich sein sollte. Ich war geschockt, mit meinen 24 Jahren war ich bei diesem Anblick getroffen. Viele saßen im Gang in ihren Rollstühlen und waren sozusagen gar nicht anwesend. Mir tat es in der Seele weh. Als wir die Zimmer von den Bewohnern sahen, die gar nicht mehr aus ihren Betten rauskamen, sozusagen bettlägerig waren, war es für mich in diesem Moment sehr schlimm. Dass Älterwerden nicht immer leicht ist und dass man zerbrechlich wird, hatte ich gewusst, aber dieser Anblick war mir neu. Ich fragte: Lieber Gott, warum lässt du die Menschen nicht sterben, warum holst du sie nicht zu dir und erlöst sie von ihrem Leid?

Ich musste von dieser Station gehen. Mir wurde schlecht von dem Anblick, von der Machtlosigkeit dieser Menschen, die im Alter wieder zu kleinen Kindern geworden waren und die ohne Hilfe nicht mehr existieren konnten. Ich habe schnell erkannt, dass ich diese Aufgabe nicht erfüllen kann. Ich sprach mit Aron und erzählte ihm, wie die Situation aussieht und dass ich mir etwas anderes suchen musste, da ich nicht in einem Seniorenheim arbeiten kann. Ich kaufte mir Zeitungen, um die Stellenangebote durchzugehen. Eines Abends sagte Aron mir, dass in seinem Ort im Kindergarten eine Kinderpflegerin gesucht wird. Ich solle doch dort eine Bewerbung abgeben. Es war eine Überlegung wert. Ich entschloss mich dafür, eine Bewerbung in diesem Kindergarten abzugeben. Es dauerte nicht lange und ich bekam einen Anruf, um einen Termin für ein Vorstellungsgespräch zu vereinbaren. Nach dem Gespräch hoffte ich, dass es klappen würde.

Es war immer mein Leitsatz, wenn etwas nicht klappt, wartet etwas anderes auf mich, auch wenn es erst mal deprimierend ist. Ich habe gelernt, dass alles seinen Sinn hat und es, wenn es nicht funktioniert, seine Gründe hat. Darum sollten wir uns von Absagen, Niederlagen und Enttäuschungen nicht runterziehen lassen, sie sind für unseren Lebensweg, für unsere Weiterentwicklung wichtig. Würde im Leben alles nur reibungslos verlaufen, könnten wir uns nicht weiterentwickeln und wir würden auf der Stelle stehen bleiben. So wartete ich auf diesen Anruf, der nicht lange auf sich warten ließ. Nach vier Tagen wurde ich angerufen und es wurde mir mitgeteilt, dass sie sich für mich entschieden hatten. Die Freude war groß, ich bedankte mich und es wurde ein neuer Termin vereinbart, um die Formalitäten zu erledigen.

Als ich zu dem nächsten Termin kam, wurde mir meine Gruppe gezeigt und meine neue Arbeitskollegin vorgestellt, die Elfi hieß. Ich war glücklich und zufrieden, bis die Kindergartenleitung mir sagte, ich müsse noch ein paar Unterlagen vorbeibringen, unter anderem ein Führungszeugnis. O nein, dachte ich, das darf doch wohl nicht wahr sein! Ich ließ es erstmal so stehen, sagte: „Kein Problem, bringe ich beim nächsten Mal mit.“ Ich wollte erstmal so schnell wie möglich weg. Jetzt hatte ich die Arbeitsstelle und hatte sie doch noch nicht, denn ich wusste nicht, wie sie reagieren würde, wenn sie mein Arbeitszeugnis in der Hand hielt. Mir wurde schlecht, ich konnte nicht mal mit Aron darüber reden, denn er wusste auch von all dem nichts. Was sollte ich nun machen? Vielleicht sollte ich Aron sagen, dass es aus irgendwelchen Gründen doch nicht geklappt hat? Oder ich lasse es erstmal hoffen. Ich sagte Aron, ich müsse nächste Woche nochmal hin, um den Arbeitsvertrag zu unterzeichnen, da er noch nicht fertiggestellt war. Auf dem Landratsamt beantragte ich am selben Tag noch mein Führungszeugnis.

Als der Brief endlich kam, war ich gespannt, was dort stand. Ich machte den Brief auf und er beinhaltete, was ich vermutet hatte: Diebstahl und Führerscheinentzug für ein Jahr wegen Alkohol. Toll: Dieser Brief beinhaltet, dass ich ein Dieb und ein Alkoholiker bin. Sie würden mich nie im Leben nehmen. Seniorenheim, ich komme! Die Frage stellte sich nicht mehr, ob ich die Arbeit verrichten kann oder will, nein, ich würde sie machen müssen, ob ich wollte oder nicht. Auch wenn sie mich deswegen nicht nehmen, kann ich zumindest sagen, ich habe es probiert. Aufgeregt ging ich in den Kindergarten, um es endlich hinter mich zu bringen. Ich wurde schon empfangen und in ihr Büro gebeten. Ich holte diesen Brief aus meiner Tasche. In der Zeit sagte sie zu mir, dass sie und das Personal sich freuen, mich bald im Team begrüßen zu können. Ich gab ihr den Brief und wartete. Ich senkte meinen Kopf und dachte mir: Warum tust du dir das an? Lieber Gott, bitte lass es schnell vorbeigehen. Ich schämte mich, wollte am liebsten im Erdboden versinken.

Sie las den Brief und warf mir dabei immer wieder Blicke zu. Sie fragte mich, ob ich ein Alkoholproblem hätte. „Nein", sagte ich, „ich war feiern, habe zu viel getrunken, und so unvernünftig, wie ich an diesem Abend war, fuhr ich mit dem Auto nach Hause und kam in eine Polizeikontrolle." Sie fragte mich weiter, was es mit dem Diebstahl auf sich hätte. Ich gab ihr die Antwort: „Es gab eine Zeit, in der ich nicht so viel Geld hatte und ein bestimmtes Parfüm unbedingt für mich haben wollte. Es war für mich das erste Mal und ich habe mich auch so verhalten, dass sie mich beim ersten Mal gleich erwischt haben. Es war mir eine Lehre und ich bereue es aufrichtig. Ich kann es leider nicht rückgängig machen, aber ich verstehe es, wenn ich die Stelle deswegen nicht mehr bekomme." „Nicht so schnell", meinte sie. „Es hat jeder eine Chance verdient. Da du trotz allem den Mut gefunden hast, nochmal herzukommen und diesen Brief abzugeben, dazu stehst und ehrlich zu mir warst, bewundere ich dich sehr. Diesen Mut hätte nicht jeder gefunden, viele wären in dieser Situation nicht nochmal gekommen. Und deswegen bleibt es unter uns und du bekommst die Stelle."

Ich traute meinen Ohren nicht. Sie sagte: „Herzlich willkommen in unserem Team." Es hatte sich gelohnt, mutig zu sein, sich dieser Herausforderung zu stellen. Ich unterzeichnete den Arbeitsvertrag, bedankte mich herzlich und durfte nach den Sommerferien anfangen. Überglücklich verließ ich den Kindergarten und ging zu Aron nach Hause, um die erfreuliche Neuigkeit bekanntzugeben. Aron und seine Familie freuten sich sehr für mich.

Am nächsten Tag fuhr ich in meine Arbeit nach Gunzenhausen und sagte meiner Chefin, dass ich einen Platz im Kindergarten gefunden hätte und somit nicht die Stelle in Weißenburg im Seniorenheim in Anspruch nehmen müsse. Meine Chefin freute sich für mich und meinte, dass es für mich besser sei. Nun arbeiteten meine Arbeitskollegen und ich noch bis zu den Sommerferien zusammen im Kindergarten Gunzenhausen. Danach würde das Haus für zwei Jahre geschlossen sein. Meine Eltern freuten sich für mich, dass es zur Zeit gut lief und ich einen Jungen an meiner Seite hatte, der sehr vernünftig und sehr anständig war. Dass ich meine Trinkerei im Griff hatte und ruhiger lebte. Mir tat die neue Familie gut. Ich fühlte mich aufgehoben und akzeptiert.

Aron und ich machten gerne Motorradtouren oder nach Feierabend, wenn das Wetter gut war, noch eine Spritztour zu meinen Eltern. Gelegentlich gingen wir eine Arbeitskollegin in Weißenburg besuchen und mit ihr noch was trinken. Wir fuhren an die Baggerweiher und genossen einfach das Wetter und den Tag, machten einen Einkaufsbummel in Nürnberg und gingen am Abend schön essen. Bei schlechtem Wetter legten wir uns aufs Sofa, um zusammen einen Film zu schauen. Meine Freunde waren oft zu Besuch, wir haben zusammen was unternommen oder in unserem Garten gegrillt. Sogar Adriana aus Frontenhausen kam zeitweise zu uns. Oder Walli, die mit mir auf der Wülzburg gewesen war. Ich fand die Anfangszeit sehr schön. Auch Arons Freunde waren oft da. Mit ihnen haben wir vieles unternommen.

Aron und ich waren zufrieden und glücklich, denn wir hatten unsere Arbeit und unsere Freunde. Er war für mich der erste Partner, den ich mir als Mann an meiner Seite vorstellen konnte. Und trotzdem war die Angst mein ständiger Begleiter. Durch die vielen Enttäuschungen, die man schon erlebt hat, fragt man sich doch: Kann ich mich auf den Menschen hundertprozentig verlassen und einlassen, wenn unser gutmütiges Wesen immer wieder aufs Neue enttäuscht worden ist? Ich versuchte, mich von meinen Selbstzweifeln zu lösen. Ich wusste und sagte mir immer wieder, dass ich mit beiden Beinen auf dem Boden dieser Erde stehe. Dann strahlt man eine ganz natürliche Autorität aus. Ich versuchte, mich in Zukunft vor Schmeichlern und Jasagern zu hüten, denn sie haben mich oft enttäuscht. Darum brauche ich starke Menschen an meiner Seite, Menschen, mit denen ich gemeinsam unter schwierigen Bedingungen kämpfen und durchs Leben gehen kann.

Ich glaube, dass Aron ein Mensch ist, bei dem ich das Gefühl habe, dass sich der eine auf den anderen verlassen kann und wir uns einander aufbauen, wenn es nötig ist. So beschlossen wir, ernsthaft zusammen zu bleiben und uns gemeinsam eine Wohnung zu suchen. Nach langem Hin und Her haben wir uns entschlossen, im Elternhaus von Aron zu bleiben und uns den oberen Stock schön zu machen.

Wir wohnten nun näher bei meiner Schwester Isa. Zwischen ihr und Uli war die Beziehung nicht mehr so harmonisch. Ich bekam immer wieder mit, dass Isa alleine wegging. Uli erzählte mir, dass sie oft mit Simon bei einer Freundin schlief. So ging meine Sorge wieder von vorne los, wurde ich wieder unzufrieden, gerade jetzt, wo alles so gut lief und wo wir nun öfter etwas gemeinsam unternehmen konnten. Isa fing wieder an, regelmäßiger zu trinken. Ich wollte von alledem nichts mehr hören und sehen. Ich war froh, dass ich in einer Familie angekommen war, die mich liebte und akzeptierte.

Es war die Machtlosigkeit, die mich lähmte und betäubte. Man ist mit der ganzen Situation überfordert und darin mitgefangen, man will sich lösen und kann sich doch nicht lösen, man ist in einer Co-Abhängigkeit. Die ganzen Telefonate, die man mit Isa führt und in denen man versucht, ihr gut zuzureden, damit sie wieder auf den rechten Weg kommt, verpuffen wirkungslos. Es heißt dann nur: Du hast keine Ahnung, du weißt nicht, wie es ist, und der Hörer wird eingehängt, weil sie keine Meinung und Zurechtweisung gebrauchen kann. Dieses Spiel mache ich schon sehr lange mit und jedes Mal sage ich mir: Nächstes Mal kann sie mich gernhaben, obwohl ich sie sehr lieb habe, aber dieses Spiel macht mich krank und fertig.

Da ich gut schauspielern kann, bekam die Außenwelt von meinem Gefühlschaos nicht viel mit. Was meine Familie oder meine Geschwister betrifft, sprach ich nicht viel darüber. Ich wollte nicht mehr der Kummerkasten sein, mir alle Probleme anhören und die Probleme noch zu meinen eigenen machen, denn zum Schluss machen sie doch, was sie wollen. Wenn ich mich allein fühlte und nicht mehr weiterwusste, ging ich in meine Kirche, setzte mich zu meinem Jesus und fragte mich und vor allem Gott weinend immer wieder: Warum hört es nicht auf? Warum findet meine Schwester keinen Frieden mit sich und der Welt? Warum darf ich nicht irgendwo ankommen und glücklich sein? Warum bombardieren sie mich laufend mit ihren Sorgen? Warum können wir nicht eine ganz normale Familie sein, die zusammenhält, deren Angehörige sich zusammensetzen und sich über vieles austauschen und füreinander da sind und Verständnis zeigen? Die einander einfach mal in den Arm nehmen und sagen: Ich hab' dich lieb. Wie viel Zeit muss denn noch vergehen, um ein wenig Glück und Harmonie zu erreichen? Aber stattdessen streiten wir, kämpfen gegen Windmühlen, die wir uns selbst erschaffen haben. So vergeht die Zeit, wohin auch immer, und doch sind wir Künstler, denn wir beherrschen die Kunst, die Zeit zu vergeuden, statt mit ihr zu gehen, sie zu nutzen und sie bewusst zu leben. Aber was machen wir mit der Zeit? Wir verheizen sie, wir legen sie auf Eis, rennen weg, weil wir denken, die Zeit ist noch nicht reif dafür.

Ich merkte, dass die Zeit immer schneller verging, egal, wohin ich auch schaute oder wohin ich ging, es tat mir zeitweise sehr weh. Ich wollte schon so oft so viel sagen, vieles verändern und ausprobieren. Ich fand oft die Worte nicht oder verschob es auf den nächsten Tag. Durch meine Verzweiflung hatte ich Angst, neue Türen zu öffnen. So schließt sich immer wieder aufs Neue der Kreis, ich blieb oft auf meinem Weg stehen und hoffte auf eine bessere Zeit. Es gibt im Leben für jeden die Zeit, die einen in eine bessere Zeit mitreißen will, in die Zeit der Glückseligkeit. Wir versuchen dabei, die Menschen, die wir lieben, mitzunehmen, einander zu helfen und zu vertrauen. Aus Angst bleiben wir zurück, der Mut hat uns oft verlassen. So blieb ich oft auf der Strecke, sah zu, wie die Zeit an mir vorbeizog, verschloss meine Augen und war in meiner Welt gefangen.

Wenn wir nicht aufpassen, rinnt die Zeit wie Sand durch unsere Hände, verweht und wird weggeblasen. Für unsere Träume und Wünsche ist sie dann verloren, und was uns zum Schluss bleibt, ist die Zeit der Trauer, die verlorene Zeit, die nicht genutzt wurde. Und doch steckt der Optimismus in mir. Immer wenn ich in die Augen von Jesus sehe, sehe ich wieder einen Funken Hoffnung und Liebe. Er gibt mir immer wieder aufs Neue Mut und Kraft, um weiterzumachen. Es überkommt mich ein Gefühl der Wärme, als würde er zu mir sagen: Vertraue mir, ich werde dir nicht mehr auflasten, als du tragen kannst. In meiner Traurigkeit schenkte er mir immer die schönen Erinnerungen, die ich hatte erleben dürfen. Zum Beispiel meine erste große Liebe, Wolfgang oder Marco. Mein erster Flug, den Peter mir zum Geburtstag geschenkt hatte. Der erste Platz beim Tanzwettbewerb. In all dem Frust gehen die schönen Dinge, die man in seinem Leben erlebt hat, oftmals unter. Man muss sich die schönen Momente öfter vor Augen halten, um den Akku aufzuladen, um auch zu erkennen und es zuzulassen, dass das Leben schön sein kann.

Wichtig ist, dass man mit seinem Denken und Handeln keinen anderen Menschen Schaden zufügt und sie nicht verletzt, sondern jedem Menschen die Freiheit gewährt, sich zu entscheiden. Man sollte ihn so akzeptieren, wie er ist. Ich denke, wenn wir mit uns selbst anfangen, haben wir genug zu tun. Aber ich weiß aus eigener Erfahrung, dass es sehr schwer ist, an sich zu arbeiten, sich selbst zurechtzuweisen, über seinen eigenen Schatten zu springen. Bei anderen Menschen klugscheißen und sie zurechtweisen, sie in eine Schublade zu stecken, das ist viel einfacher. Ich habe mir angewöhnt, dass ich, bevor ich jemanden in eine Schublade stecke, ihm erst einmal die Chance gebe, ihn als Mensch zu sehen. Hören wir mit den Vorurteilen auf, wir verletzen einander nur.

Mein Alkoholproblem meldete sich wieder. Bekamen wir zuhause Besuch oder gingen weg, hatte ich das große Verlangen, Alkohol zu trinken. Wenn ich angefangen hatte zu trinken, konnte ich nicht mehr aufhören. Je mehr ich trank, desto mehr verlor ich die Kontrolle über mein Trinkverhalten. Ich fragte mich oft, warum ich nicht normal wie andere Menschen trinken kann. Wenn einer drei Bier trank, trank die liebe Sonja fünf oder sechs Biere. Das machte mich oft nachdenklich, aber es gab Leute, die wiederum mehr getrunken haben, das beruhigte mich wieder, und so wurde der Gedanke von vielen anderen Gedanken verdrängt und weit nach hinten geschoben. So spielte ich mir jahrelang etwas vor, was den Alkohol betrifft. Ich wusste, dass mein Trinkverhalten nicht normal ist, aber ich beschönigte es, zog es ins Lächerliche, weil man es nicht wahrhaben will, dass mit einem selbst etwas nicht stimmt. Immer wieder nahm ich mir vor, für eine gewisse Zeit keinen Alkohol zu mir zu nehmen. Andere können es doch auch, warum soll es bei mir nicht funktionieren. Bin ich wirklich so weit, dass ich dem Alkohol verfallen bin, er mich unter Kontrolle hat? Es gab Tage, da trank ich so gut wie nichts und es gab Tage, da trank ich entschieden zu viel.

Mein Glück war, dass ich im alkoholisierten Zustand nicht unverschämt oder beleidigend zu meinen Mitmenschen wurde. Ich war die lustige, aufgeschlossene Sonja oder die in sich gekehrte, mit dem Gedanken, dass keiner sie versteht. In mein Selbstmitleid versunken, verkroch ich mich in eine Ecke und malte mir meine Zukunft aus. Ich baute mir meine Welt so, wie ich sie haben will, doch nichts ist dauerhaft, auch nicht das, was einem nicht gefiel. Alles ist vergänglich, auch meine Traumwelt. Immer wieder sagte ich: Kehr wieder um, komm in die Realität zurück. Unter jedem Kneipendach war ich immer winzig und schwach. Die Trauer wird irgendwann schwach und auch klein. Verzweifelt, zerstört sitzt man da und es nimmt dich keiner richtig wahr, der Akku ist leer und doch hole ich mir immer wieder neue Kraft, um weiter zu bestehen, um weiter zu gehen.

Ich weiß zwar nicht, was noch alles auf mich wartet, aber ich weiß, dass ich nicht alleine bin, dass mein Gott und mein Schutzengel meine ständigen Begleiter sind. Auch wenn ich es an manchen Tagen nicht merke und nicht wahrnehme, werde ich immer wieder aus meinem

Sumpfloch herausgezogen, ich bekomme Mut und Kraft, weiter zu kämpfen, man weiß oft nicht für wen und was, aber das nennt man Gottvertrauen.

Der Sommer verging, die Tage wurden kürzer. Wenn ich auf meinem Balkon saß, meine Zigarette rauchte und mir den Sternenhimmel anschaute, wurde mir immer wieder bewusst, dass mir meine alten Arbeitskollegen, meine Clique, meine Stammkneipe fehlten. Und die Wochenenden, an denen wir tanzen waren. Aber was soll's, die Zeiten ändern sich und nichts bleibt, wie es einmal war. Das merkte ich immer wieder. Conni sah ich auch nicht mehr so oft. Sie teilte mir mit, dass sie für ein Jahr eine Au-pair-Stelle in Frankreich bekommen hatte. Ich freute mich für sie, denn es war ihr großer Traum, Frankreich näher kennenzulernen, und durch diese Stelle erhoffte sie sich ein schönes Jahr in Frankreich, um auch die Sprache zu lernen. Ich fand es schade, sie für eine so lange Zeit nicht mehr zu sehen. An einem Abend, als wir alle zusammen bei Sigi zu Hause saßen, sagte Conni: „Was haltet ihr davon, Silvester bei mir in Frankreich zu verbringen?" Es war eine tolle Idee. Wir waren alle begeistert.

Ich freute mich auf Conni, denn es waren schon drei Monate vergangen, seit ich sie zum letzten Mal gesehen hatte. Ich war zuvor noch nicht in Frankreich gewesen, außer als ich mit Peter damals nach Barcelona gefahren bin. Ich freute mich riesig auf Conni. Als wir in den kleinen Ort Bonnieux reingefahren sind, fand ich ihn sehr schön. Die Häuser waren mit großen Steinen gebaut, die Gassen schmal und eng. Ohne Navi fanden wir trotzdem schnell die Adresse, wo Conni schon auf uns wartete. Die Freude war groß. Obwohl wir alle sehr müde und abgespannt waren, ließen wir es uns nicht anmerken. Conni zeigte uns unsere Unterkünfte. In einer Stunde wollten wir uns wieder in der Ferienwohnung treffen, um gemeinsam zu essen.

Bei gutem Essen und einem guten Glas Wein hatten wir einander viel zu erzählen. Nach dem Essen und der netten Unterhaltung fielen wir erst mal alle ins Bett und freuten uns auf den nächsten Tag, wo wir alle gemeinsam was unternehmen werden. Am nächsten Morgen, als wir in die Ferienwohnung kamen, roch es nach frischen Brötchen und frischem Kaffee und der Frühstückstisch war fertig gedeckt. Sigi war immer gut gelaunt und begrüßte uns mit einem Lächeln und Küsschen, was er immer tat, und führte uns zu dem Tisch, wo die anderen schon saßen. Gemeinsam ließen wir uns das Frühstück schmecken und schmiedeten Pläne für unseren Tagesausflug. Conni hatte einige schöne Plätze und Städte entdeckt, die sie uns zeigen wollte. Das Wetter war traumhaft. Durch den Wetterbericht hatten wir mitbekommen, dass es in Deutschland sehr kalt war und schneite. Bei uns in Frankreich schien die Sonne und wir hatten Plusgrade, es war so warm, dass wir mit dem T-Shirt gehen konnten. Mir gefiel das Land, die Franzosen waren nett, das Essen gut und ich hatte meine Freunde bei mir und einen lieben Partner an meiner Seite. Ich war glücklich und wünschte mir, dass die Woche nie vergehen würde. Wir schauten uns die Städte und Kirchen an. Wir saßen zusammen, lachten, erzählten die neuesten Neuigkeiten oder machten einen Spieleabend.

So vergingen die Tage, und es stand Silvester an. Wir beschlossen, uns für den Silvesterabend ein Menü zu zaubern. Dazu fuhren wir nach Marseille. Das Herz der Stadt ist der alte Hafen Vieux-Port, wo Fischer ihren Fang direkt an der Anlegestelle verkaufen. Das war unser Ziel, wir brauchten für unser Silvesteressen frischen Fisch, und wenn wir schon mal am Meer waren und die Möglichkeit hatten, wollten wir sie auch nutzen. Wir kamen aber nicht nur wegen des Fischmarktes, sondern auch, um die Festung Saint-Jean am Eingang zum Hafen von Marseille anzuschauen. Wir sahen uns noch viele andere tolle Sehenswürdigkeiten an.

Nun hatten wir noch zehn Minuten bis zum Jahreswechsel. Wir hatten unseren Wein und unsere Zigaretten mit nach draußen genommen. Es war alles bereit, es musste nur noch Mitternacht werden. Die Uhr schlug zum Jahreswechsel. Peter und die anderen Jungs zündeten die Raketen an, wir stießen an und wünschten uns alle gegenseitig ein gesundes neues Jahr. Wir waren die einzigen auf der Straße, aber es machte uns nichts aus. Ich genoss diesen Augenblick in der Gemeinschaft meiner Freunde. Als wir uns irgendwann morgens schlafen gelegt hatten, war ich noch sehr aufgewühlt. Obwohl ich sehr müde war, konnte ich nicht einschlafen. Aron ist gleich eingeschlafen. Ich stand nochmal auf, setzte mich auf den Balkon und beobachtete den Sonnenaufgang. Ließ mir die schönen Tage durch den Kopf gehen. Sollte ich jetzt wirklich mein Glück gefunden haben? Der Gedanke machte mir Angst. Aber warum nicht, hatte ich denn kein Glück verdient?

Am liebsten würde ich die Zeit zum Stillstand bringen. Es war eine himmlische Ruhe, ich kam mir in diesem Moment vor, als sei ich alleine auf dieser Welt. So fing ich an, mit meinem Gott zu sprechen. Ich fragte ihn: „Was hältst du mir für das neue Jahr 1995 bereit? Wird es ein Jahr ohne Kummer und Schmerz sein oder wird die Glücksblase, in der ich mich zur Zeit befinde, wieder zerplatzen? Wie wird es mit meinen Eltern und mit der Isa weitergehen? Werde ich mich von meinem Schuldenberg schnellstmöglich befreien können? Kann ich zu Aron ehrlich sein und ihm die ganze Wahrheit erzählen? Ist er der Mann fürs Leben? Werde ich meinen Bruder finden und ihn kennenlernen?“ Ich hatte so viele Fragen und merkte, dass ich an diesem Morgen keine Antworten bekommen würde. Mit einem Lächeln rauchte ich meine Zigarette fertig und sagte zu meinem Gott: „Ich vertraue dir, wie ich es immer getan habe“, legte mich in mein Bett und versuchte zu schlafen.

Es war eine sehr schöne Woche, an die ich heute noch gerne zurückdenke. Alles vergeht, aber in unserer Erinnerung bleibt es bestehen und lebt immer wieder aufs Neue auf. Nun war es so weit, der Abschied und die Heimreise standen an. Ich wollte gar nicht fahren. Der Abschied von Conni tat mir weh. Wir wussten, nach neun Monaten wird sie wieder in Deutschland sein. Das tröstete mich. Ich mag keine Abschiede, bis heute nicht. Schnell setzte ich mich ins Auto und hoffte, dass es bald losgeht. Mit ein paar Tränen in den Augen fuhren wir aus dem schönen Ort Bonnieux. Und doch war ich glücklich, dass ich es erleben durfte und vor allem, dass ich Conni gesehen hatte.

Zuhause angekommen, fuhr ich erst mal am Wochenende zu meinen Eltern, um zu berichten, wie schön die Woche in Frankreich gewesen war. Isa war an diesem Wochenende auch da. Ihr ging es nicht gut. Mir wurde schnell klar, dass es mich wieder runterziehen kann, wenn ich nicht aufpasse, was ich aber nicht wollte. So versuchte ich, so viel wie möglich von Frankreich zu erzählen, was wir erlebt und besichtigt hatten. Aber irgendwie hatte ich das Gefühl, dass sie mir zwar zuhörten, aber schnell wieder von Isas Problemen anfingen. Der Einzige, der mir immer zuhörte, war mein Vater. Er fragte nach, wo wir genau waren, was für eine größere Stadt in der Nähe ist. Er holte sogar die Landkarte hervor, um zu schauen, wo der Ort Bonnieux genau liegt. Ich erzählte, dass wir in Marseille auf dem Fischmarkt gewesen waren. Ich erzählte meinem Vater alles, er hörte mir als einziger zu, Mama war immer mit Isa beschäftigt, wenn sie zuhause war. Aber so war es eben, Isa war schon immer das Lieblingskind von Mama gewesen. Isa hatte sich von Uli getrennt. Sie wohnte nun vorübergehend bei einer Bekannten. Dort wohnte sie etwa ein halbes Jahr, bis sie einen anderen Mann kennengelernt hatte, der Uwe hieß.

Da ich meinen Eltern immer wieder mal finanziell unter die Arme griff, merkte ich: Obwohl ich keine Miete zahlte und für das Essen hauptsächlich Aron aufkam, zerrann mir das Geld zwischen den Fingern. Ich beschloss, mir einen Nebenjob zu suchen, ich wusste nur noch nicht, was. In der Zeitung waren immer Minijobs ausgeschrieben. Mir fiel auf, dass sehr viele Reinigungskräfte für den Privathaushalt gesucht werden. So stieß ich auf eine Anzeige, die eine Putzfrau für ein Einfamilienhaus suchte. Das Schicksal meinte es gut mit mir, denn in der darauffolgenden Woche konnte ich bei dieser Familie schon anfangen. Ich hatte zuvor noch nie in einem fremden Haushalt geputzt und schon gar nicht, wenn ich zeitweise beobachtet und kontrolliert wurde. Aber die Familie bezahlte mich gut, was mich wiederum motivierte. Das Geld verwendete ich für die Ratenzahlung meines Autos.

Als ich nach meinem ersten Putztag nach Hause fuhr, musste ich schmunzeln, denn mir fiel Schwester Ingrid von der Wülzburg ein, wie sie uns das Putzen beibrachte und zu uns sagte: „Ihr wisst nie, was im Leben kommt, und solltet ihr in einem fremden Haushalt putzen, müsst ihr wissen, wie das geht." Woraufhin wir Schüler zu lachen angefangen haben und meinten: „Wenn wir mal in einem fremden Haushalt putzen müssen, würden wir uns lieber erschießen." Das war natürlich ironisch gemeint, und jetzt hatte ich selbst eine Putzstelle angenommen. Aron und seine Eltern sagten gar nichts dazu. Aron meinte nur: „Wenn du das machen möchtest, dann tu es." Ich merkte, dass man mit Putzen schnell viel Geld verdienen kann, denn immer, wenn ich mit dem Putzen fertig war, bekam ich an diesem Tag gleich meinen Lohn. So habe ich versucht und mir angeeignet, mit dem Geld in der Woche klarzukommen und so wenig wie möglich von der Bank zu holen.

An einem Abend, als Aron und ich auf unserem Balkon saßen, sprachen wir über unsere Zukunft. Da ich kurz vor meinem 25. Lebensjahr stand, kam mir immer öfter die Familienplanung in den Sinn. Für mich stand schon immer fest, dass ich einmal Kinder haben wollte. Nun fasste ich Mut, um Aron zu fragen, wie er darüber denkt. Da Aron fast vier Jahre jünger ist als ich, wusste ich nicht, wie er reagieren würde, aber ich wollte es wissen und sprach ihn direkt an. Ich sagte ihm, dass ich ihn sehr liebe und mir vorstellen könnte, ein Kind mit ihm zu haben. „Da ich schon Mitte zwanzig bin und nicht so eine alte Mutter sein möchte, spiele ich mit dem Gedanken, dass wir ein Kind bekommen." Er guckte mich mit großen Augen an und meinte, dass er sich auch vorstellen könne, mit mir zusammenzubleiben und eine Familie zu gründen. Er nahm mich in den Arm und so beschlossen wir, dass ich ab morgen keine Pille mehr nehmen würde. Wir sagten uns: Wenn es passiert, ist es schön, und wenn nicht, dann soll es eben nicht sein.

Ich hatte den Mann fürs Leben gefunden. Danke, Gott! Ich fühlte mich richtig gut, endlich angekommen zu sein und den Mann fürs Leben gefunden zu haben. Von diesem Zeitpunkt an versuchte ich, mit mehr Freude durch die Welt zu gehen. Ich versuchte, nicht in ständiger Angst zu leben und weniger zu trinken. Das heißt nicht, dass ich nichts mehr trinken wollte, nein, ich wollte kontrollierter trinken. Wir sollten uns ermöglichen, freudvolle Erfahrungen zu sammeln. Wir sollten auch zulassen, unsere freudvollen Erinnerungen in uns aufsteigen zu lassen, die unser Herz mit Freude erfüllen und gute Laune in uns verbreiten. Wenn wir mit guter Laune durch die Welt gehen, sind wir gelassener und kreativer. Wir verfügen über mehr Energie und bessere Problemlösungskompetenz. Darum lass es uns versuchen!

Die Wochen danach waren ruhig, ohne Streit und Ärger. Bei meinen Eltern und Isa hatte sich ein wenig der Sturm gelegt. Ich wollte gar nicht so viel von meiner Familie mitbekommen. Wenn es bei ihnen Stress gab, machte es mich unglücklich und ich machte mir viele Gedanken. So versuchte ich, Abstand zu halten, um mich selbst zu schützen. Aber es gelang nicht immer. Eines Abends rief Sabine mich an, um mich zu fragen, was ich davon hielte, wenn sie ein Klassentreffen auf der Wülzburg organisieren würde. Somit würden wir die Schwestern Irmgard und Ingrid wiedersehen. Das war eine tolle Idee und brachte mich auf andere Gedanken. Da wir uns alle schon lange nicht mehr gesehen haben, war ich sehr gespannt. Viele waren nun verheiratet, andere waren durch eine Beziehung weiter weggezogen und manche hatte man aus den Augen verloren.

Nach ein paar Monaten fand unser Treffen statt. Ich fuhr mit einer gewissen Aufregung auf die Wülzburg. Als ich in den Innenhof kam und einige Mitschüler stehen sah, kam mir ein Lächeln ins Gesicht, ich freute mich, alle wiederzusehen. Die Begrüßung war sehr herzlich.

Manche hatten sich gar nicht viel verändert. Bei mir war das mit meinem Gewicht oft ein Auf und Ab. Wir hatten alle sehr viel zu berichten. Wir gingen in die Burg-Wirtschaft, wo wir einen Tisch reserviert hatten. Einige hatten von unserer Ausbildungszeit Fotos dabei, die wir gemeinsam anschauten. Dabei amüsierten wir uns köstlich. Wir hatten unseren Spaß, denn beide Schwestern erzählten von jedem einzelnen die tollsten Geschichten, die sie mit uns erlebt hatten. Von mir blieb Schwester Ingrid eine Erinnerung, als mich Marco besucht und ich ihn rausgeschmissen hatte. Es war schön, alle an einem Tisch zu haben, alte Erinnerungen aufleben zu lassen. Das Gefühl der Zusammengehörigkeit war sofort wieder da. Ich fühlte mich sehr wohl, wie damals, als ich auf der Wülzburg gewesen war. Die Internatszeit war für mich eine harmonische, schöne Zeit, auch wenn es mich streckenweise schon genervt hatte. Rückblickend nahm ich sehr viel aus dieser Zeit mit, was mich positiv geprägt hat.

Ich versuchte in Ruhe mein Leben zu leben. Aber die Außenwelt ließ mich nicht so richtig, immer wieder wurde ich mit den Unannehmlichkeiten, was meine Familie (besonders Isa) betraf, konfrontiert. Isa heiratete Uwe und zog nach Breitenlohe, sie bekam ihr drittes Kind, den Tobias. So hatte ich nun meine Schwester in meiner Nähe. Manchmal fragte ich mich, ob ich das wirklich will. So bekam ich intensiver die Auseinandersetzungen mit ihrem Partner und Isas Aussetzer mit. Wurde durch die Telefonate mit ihr genervt. Nicht, dass ich nicht zuhören wollte oder es mich nicht interessiert hätte, aber da sich manche Probleme gar nicht ändern oder auflösen, hat man irgendwann keine Lust mehr und macht für eine gewisse Zeit die Schotten dicht. Ich liebe meine Schwester, aber ihr Umhertreiben, die Suche nach etwas, das sie selbst nicht einmal kennt, zerrten auch an meinen Nerven. Sie wird von etwas angetrieben, das sie nicht zur Ruhe kommen lässt.

Wie oft hatte ich an gewissen Abenden das Gefühl, noch etwas Erfreuliches hineinpressen zu müssen als Entschädigung für die Belastung und den Stress zwischen den Tagen, die alle randvoll gepackt waren. Mir wurde immer bewusster, dass meine eigene und die fremdbestimmte Zeit sich unterscheiden. Darum sage ich: Nimm dich wahr! Jeder kann nur für sich selbst entscheiden, was ihm gut tut und womit er sich wohl fühlt. Wichtig ist Ruhe und vor allem Zeit, um die Seele baumeln zu lassen und zu versuchen, das Leben zu genießen. Um auch mal die Pflichten auf die Seite zu schieben und einfach nur Mensch zu sein. Wenn wir uns wohl fühlen, dann werden liebevolle Werte zu einer Selbstverständlichkeit. Ich versuchte meinen Vorsätzen treu zu bleiben und mich daran zu halten. Alles, was mir nicht gut tat und mich immer wieder aufs Neue runterzog, versuchte ich zu meiden. So genoss ich die gemeinsame Zeit mit Aron und konzentrierte mich auf meine Arbeit, auf die Kinder, die immer wieder aufs Neue ein Segen für mich sind und mir zeigen, dass man das Leben unbeschwert leben kann.

Ich ging meinen Verpflichtungen nach, so standen auch einmal im Jahr die Vorsorgeuntersuchungen an. Sie waren mir sehr wichtig. Ich ging regelmäßig zum Zahnarzt, denn Zähne sind kostspielig. Wer weiß, ob ich mir irgendwann im Alter welche leisten kann, falls ich welche brauche. Da meine Mutter Unterleibskrebs gehabt hatte, waren mir die Vorsorgeuntersuchungen beim Gynäkologen sehr wichtig. Als ich zu meinem Arzt kam, fragte er mich, ob alles in Ordnung sei. Ich sagte, dass ich keine Schmerzen habe und zur Vorsorgeuntersuchung da sei. Er untersuchte mich und sprach kein Wort, mit einem freundlichen Lächeln warf er mir hin und wieder einen Blick zu. Dann fragte er, ob ich keine Veränderungen an mir bemerkt hätte. Er fragte mich, ob ich am Morgen Übelkeit hätte. Ich sagte: „Nein, warum sollte mir übel sein?" Ich verstand nicht gleich, was er mir damit sagen wollte. „Sie sind schwanger. Aber ich kann es noch nicht richtig erkennen. Die Befürchtung ist, dass Sie eventuell eine Eileiterschwangerschaft haben."

Ich fragte, was das bedeutet. „In dem Fall müssten wir im Krankenhaus eine Bauchspiegelung vornehmen, um zu erkennen, ob es eine ist. Wenn es so wäre, müsste man eine Ausschabung vornehmen, das heißt wiederum, dass die Schwangerschaft damit abgebrochen wird." Ich lag auf diesem Stuhl und wusste nicht, ob ich weinen oder mich freuen sollte. Der Arzt versuchte mich zu beruhigen. Er sagte, es sei noch nichts entschieden. „Vielleicht sind Sie wirklich ganz am Anfang, wo man es einfach noch nicht erkennen kann. Um Gewissheit zu bekommen, gehen Sie nächste Woche für zwei Tage ins Krankenhaus, um die Bauchspiegelung durchführen zu lassen und um dann Gewissheit zu haben."

Ich ging wie benebelt aus dieser Arztpraxis. Ich ging in die nächste Telefonzelle und rief meine Schwester an, um dic aufregende Nachricht mitzuteilen. Ich musste es jemandem erzählen. Nun brauchte ich jemanden, der mir zuhört. Sie ging auf mich ein und versuchte mich zu beruhigen. Das tat mir sehr gut. Da mein Frauenarzt in Gunzenhausen war, fuhr ich anschließend nach Treuchtlingen. Obwohl es ein Umweg war, wollte ich, bevor ich nach Hause fuhr, in die Kirche zu meinem Jesus. Bei der Fahrt gingen mir tausend Sachen durch den Kopf. Nervös und abgekämpft kam ich in der Kirche an, schaute Jesus an und sagte ihm: „Du hast mich nicht schwanger werden lassen, damit ich das Kind nächste Woche wieder verliere." Ich weinte und flehte ihn an, dass es bitte keine Eileiterschwangerschaft war, zündete eine Kerze an und fuhr anschließend nach Hause.

Ich erzählte zuhause die Neuigkeiten. Sie versuchten, mich zu trösten. Aron meinte: „Wir werden das Kind bekommen, wir werden Eltern." Wie gerne hätte ich es ihm glauben können! Ich hoffte sehr, dass er recht hatte. Meinen Eltern wollte ich erst noch nichts Genaues sagen. Ich sagte nur, dass ich ins Krankenhaus muss, um eine Untersuchung machen zu lassen, da der Arzt nicht das richtige Gerät in seiner Praxis hat. In Bezug auf die Schwangerschaft wollte ich erst Bescheid geben, wenn ich es hundertprozentig wusste. Die Woche kam mir wie eine Ewigkeit vor. Die Tage zogen sich wie Kaugummi.

Als ich ins Krankenhaus ging, wurde mir richtig schlecht. Ich hatte Angst, das Kind zu verlieren. Ich wurde aufgenommen, wurde auf mein Zimmer gebracht und die Voruntersuchungen wurden durchgeführt. Es kam der Narkosearzt, denn dieser Eingriff wurde nur unter Vollnarkose gemacht. Nun war es so weit, dass sie mich durch den Gang in den OP-Saal schoben, ich die Lichtstrahler an der Decke anschaute und verfolgte. Weil ich mit meinem Schicksal allein war, sagte ich innerlich: „Lieber Gott, dein Wille geschehe. Wenn ich das Kind nicht behalten kann, wird es seine Gründe haben." Nun schloss ich meine Augen und hoffte, dass es bald vorbei sein würde. Zugleich wünschte ich mir, dass ich, wenn ich wieder wach werde, die Mitteilung bekomme, dass alles in Ordnung ist und ich schwanger bin.

In meinem Zimmer wachte ich auf. Ich war alleine und sehr nervös. Mir tat der Rücken und der Bauch weh. Ich konnte mich gar nicht richtig bewegen. Als ich die Bettdecke hoch hielt, sah ich nur einen Verband am Bauch. Ich dachte: Hoffentlich wird bald einer nach mir sehen und mir was gegen die Schmerzen geben. Ich wollte nun die Gewissheit haben, ob ich nun schwanger bin oder nicht. Endlich ging die Türe auf.

Der Arzt kam mit einer Schwester herein. Er fragte mich, wie es mir geht und sagte mir, dass alles in Ordnung ist. Ich traute meinen Ohren nicht und fragte nach. Er bejahte es noch einmal: „Sie sind schwanger und es ist alles in Ordnung. Da Sie mit Ihrer Schwangerschaft ganz am Anfang stehen, konnte man es nicht gleich erkennen, aber nun haben wir die Gewissheit, dass es keine Eileiterschwangerschaft ist und bei Ihnen alles in Ordnung ist.“ Er beglückwünschte mich und ging aus dem Zimmer.

Ich war überglücklich und wollte es Aron mitteilen. Aber ich musste mich noch bis zum Abend gedulden. Als er endlich da war und ich ihm die Mitteilung machte, dass wir ein Baby bekommen, waren wir beide überglücklich. Er nahm mich mit nach draußen, um eine zu rauchen, als mir plötzlich der Gedanke durch den Kopf schoss: Du solltest nicht mehr rauchen. So nahm ich mir ganz fest vor, in meiner Schwangerschaft nicht zu rauchen und zu trinken. Der Alkohol war ab diesem Zeitpunkt für mich tabu. Das erste Vierteljahr wartete ich ab, nicht, dass es doch noch zu einem Abgang kommt. Ich versuchte mich gesund zu ernähren, viel an der frischen Luft zu sein. Dafür ließ ich bei schönem Wetter das Auto stehen und lief zur Arbeit. Ich habe es nicht geschafft, mit dem Rauchen aufzuhören. Aber ich versuchte, nicht mehr als fünf Zigaretten am Tag zu rauchen. Nach einem Vierteljahr gab ich meine Putzstellen auf. Im Kindergarten machte ich auch die Mitteilung. Viele freuten sich für mich.

Meine Eltern waren auch froh. Ich habe allen erzählt, dass ich überglücklich bin und ein Baby erwarte. Sabine freute sich für mich, und auch Conni drückte ihre Freude aus und beglückwünschte uns. Meine Schwangerschaft genoss ich sehr. So kam ich gar nicht zum Grübeln, ich war einfach nur glücklich. Ich vermisste in dieser Zeit nicht mal den Alkohol. Manchmal kam mir der Gedanke, dass ich vielleicht auch schwanger geworden war, um vom Alkohol wegzukommen. Aron und ich richteten das Kinderzimmer schön her, kauften Kindermöbel und Babysachen. Rita nähte schöne Vorhänge. Es war alles so perfekt und schön, was mir wiederum auch Angst machte. Aber diesen Gedanken versuchte ich so weit wie möglich wegzuschieben. Ich wollte die negativen Gedanken nicht zulassen, ich wollte nicht, dass meine Seifenblase, in der ich mich befand, platzte. Ich wollte keine Fehler machen, ich glaube, dass ich in dieser Zeit am gesündesten gelebt habe. Mir tat die Schwangerschaft sehr gut, ich blühte richtig auf. Es war bis dahin meine beste Zeit. Wie in jeder Schwangerschaft muss man regelmäßig zu den Voruntersuchungen gehen. Man bekommt einen Mutterschutzpass, es werden Bluttests gemacht. Zunächst schien alles zur Zufriedenheit der Ärzte zu sein.

Bei der nächsten Untersuchung war mein Arzt anders als sonst. Er sagte: „Ich muss mit Ihnen reden. Ich habe Ihr Blutbild angesehen und festgestellt, dass da einiges nicht stimmt. Aus diesem Blutbild geht hervor, dass Ihr ungeborenes Kind nicht gesund ist. Wenn Sie das Kind auf die Welt bringen, werden Sie ein geistig und körperlich schwer behindertes Kind zur Welt bringen. Ich bitte Sie, sich ihre Gedanken zu machen, was eine Abtreibung betrifft. Sie befinden sich in der zehnten Woche, uns bleibt nicht mehr viel Zeit, es wegzumachen. Bitte kommen Sie Anfang nächster Woche, um Bescheid zu geben und zu sagen, wie Sie sich entschieden haben." Ich konnte gar nichts dazu sagen, ich fühlte mich, als hätte mir gerade jemand den Boden unter den Füßen weggezogen. War nun meine Seifenblase geplatzt? Ich verabschiedete mich vom Arzt und ließ ihn wissen, dass ich nächste Woche kommen würde, um Bescheid zu geben. Aufgelöst ging ich aus dem Krankenhaus, in dem sich die Arztpraxis befand. In dieser Situation zündete ich mir erstmal eine Zigarette an und brach in Tränen aus. Ich war mit dieser Situation komplett überfordert.

Zuhause nahm ich Aron zur Seite, er merkte, dass ich komplett neben der Spur war. Bevor ich etwas sagen konnte, brach ich in Tränen aus. Er nahm mich in den Arm, fragte mich: „Was ist um Himmels willen passiert, dass du so aufgelöst bist?" Er meinte zuerst, dass mit meiner Familie, sprich mit meinen Eltern oder mit Isa, etwas passiert wäre. Ich schüttelte den Kopf und erzählte von der Mitteilung, die ich vom Arzt bekommen hatte. Aron saß auf einmal wie versteinert da, er brachte keinen Ton mehr heraus. Er war ohnehin nicht der Mann der großen Worte. Ich flehte ihn an, etwas zu sagen. „Was sollen wir tun? Vielleicht ist es wirklich besser, es abtreiben zu lassen, da haben beide nichts davon, wir nicht und das Kind auch nicht." Aron stand auf und ging auf den Balkon, um eine zu rauchen. Für mich war eine Abtreibung früher nie in Frage gekommen, und nun sollte ich ein Lebewesen abtreiben. Ich habe viele Vorsätze gebrochen, sollte ich jetzt auch diesen Vorsatz brechen? Ich wusste es nicht.

Arons Eltern sagten: „Wir können euch die Entscheidung nicht abnehmen, aber die Entscheidung, die ihr treffen werdet, wird die richtige sein. Egal, wie ihr euch entscheidet, wir stehen hinter euch." Es waren liebe, ernst gemeinte Worte, aber sie brachten mich nicht weiter. Vielleicht wäre es mir lieber gewesen, wenn sie mir die Entscheidung abgenommen hätten. Wenn sie zum Beispiel gesagt hätten, eine Abtreibung ist in diesem Fall sinnvoller. Aber nein, ich musste es mit mir selbst ausmachen. Aron meinte nur: „Ich möchte dir keine Vorschriften machen und dir sagen, was richtig oder falsch ist. Ich weiß, dass du sehr gläubig bist und dein Glaube es gar nicht zulässt. Egal wie du dich entscheidest, wir werden es gemeinsam durchstehen." Ich merkte, dass sich alle aus der Verantwortung zogen, weil jeder Angst hatte, das Falsche zu sagen. Aber was ist mit mir? Soll ich eine so schwere Entscheidung alleine treffen? Meine Eltern brauchte ich gar nicht damit konfrontieren, da wusste ich die Antwort schon, bevor sie ausgesprochen war.

Ich dachte bei mir: Lieber Gott, was soll ich machen, warum gibst du mir solche Situationen im Leben? Ich finde mein Leben in der Verfassung sehr schwer, ich weiß, dass ich mich vor der Entscheidung nicht sträuben soll, aber es ist schwer, das anzunehmen und die richtige Entscheidung zu treffen, besonders diese. Ich weiß nun: Die Schwierigkeiten und Probleme, die wir in unserem Leben haben und erfahren müssen, dienen uns zur Förderung, damit wir in unserer Entwicklung die Chance haben, daran zu wachsen und andere Wege zu finden, damit umzugehen. Es war die längste Woche meines Lebens. In dieser Woche befand ich mich viel in der Kirche, um mit mir ins Reine zu kommen und Kraft zu tanken. Je mehr ich die Stille suchte und mit Gott sprach, merkte ich, wie sich eine Haltung und Kraft entwickelte, was mich ruhiger werden ließ. Immer wieder hörte ich innerlich die Stimme, die zu mir sprach: Ich laste dir nicht mehr auf, als du tragen kannst.

Ich hatte meine Entscheidung getroffen. Ich würde das Kind nicht abtreiben. Es hat alles seinen Sinn im Leben. Wenn das Kind behindert ist, dann soll es eben so sein. Meine Entscheidung stand fest. Die Woche war vorbei und ich ging zum Arzt. Als ich bei ihm im Sprechzimmer saß, fragte er mich, ob ich eine Entscheidung getroffen habe. „Ja", sagte ich, „ich werde das Kind bekommen." Er schaute mich an und fragte: „Haben Sie sich das gut überlegt, was sagt Ihr Mann dazu?" „Mein Mann überlässt die Entscheidung mir. Ich habe meine Entscheidung getroffen. Wissen Sie, ich habe in meinem Leben fast alle Vorsätze gebrochen. Der einzige Vorsatz, den ich noch nicht gebrochen habe, ist, dass ich keine Abtreibung will, und ich werde auch keine durchführen lassen. Meine Entscheidung steht fest."

Es wurde ein neuer Termin zur nächsten Untersuchung ausgemacht und ich ging nach Hause. Mir fiel ein Stein vom Herzen, endlich meine Entscheidung getroffen zu haben, egal, was die anderen sagten oder dachten. Ich versuchte weiterhin in Ruhe zu leben, mich gesund zu ernähren, viel zu schlafen und mich an der frischen Luft zu bewegen. Ich versuchte auch so wenig wie möglich zu rauchen. Es gab sogar Tage, an denen ich gar nicht geraucht habe. Ich wusste, dass ich für mich die richtige Wahl getroffen hatte. Mein Gottvertrauen war stark genug.

Die Zeit verging und mein 25. Geburtstag stand an. Ich hatte meine Freunde zum Kaffee und zum Grillen am Abend eingeladen. Das Wetter war an diesem Tag sehr schön, der liebe Gott meinte es gut mit mir. Ich stand früh auf, um noch einige Sachen zu erledigen. Als ich danach in der Küche war, um meine Vorbereitungen zu erledigen, klingelte das Telefon. Ich traute meinen Ohren nicht: Es war mein Frauenarzt. Ich dachte mir: Will er mir zum Geburtstag gratulieren oder warum ruft er mich an? Ich wurde nervös. Er sagte: „Ich rufe Sie an, um Ihnen eine erfreuliche Nachricht zu überbringen. Ich habe heute vom Labor die Mitteilung bekommen, dass ihr Blutbild mit jemand anderem vertauscht worden ist. Das heißt, Ihr ungeborenes Kind ist gesund. Sie müssen sich keine Gedanken und Sorgen mehr machen und können die Schwangerschaft in Ruhe genießen."

Ich brachte erst mal kein Wort heraus. Ich fragte ihn, was mit der anderen Frau sei, die meinen Bluttest bekommen hat. „So leid es mir für diese Person ist, muss ich ihr die schlechte Nachricht mitteilen." Mir tat es für die andere Person sehr leid, aber ich für meinen Teil hätte in die Luft springen können vor lauter Freude. Ich fragte vorsichtshalber nochmal nach. Der Arzt war sich wirklich sicher. Ich bedankte mich und legte den Hörer auf. Ich ging zu Rita in die Wohnung, um ihr die erfreuliche Nachricht weiterzugeben. Aron war im Garten, um dort die Vorbereitungen zu treffen. „Aron", rief ich, „ich habe tolle Nachrichten. Mich hat eben mein Arzt angerufen und mir mitgeteilt, dass es zwischen den Bluttest im Labor eine Verwechslung gab. Unser Kind ist gesund, wir werden ein gesundes Kind zur Welt bringen." Ich merkte, wie seine Augen strahlten, er nahm mich in die Arme und drückte mich, wir hatten beide Tränen in den Augen. Ich merkte, wie ihm ein großer Stein vom Herzen fiel. Wir alle freuten uns riesig, ich war meinem Gott so dankbar. Es war an diesem Tag das größte Geburtstagsgeschenk, das ich je bekommen habe.

Am Abend, als meine Geburtstagsfeier vorbei war und alle meine Gäste gegangen waren, setzte ich mich alleine auf den Balkon und ließ den Tag noch einmal an mir vorbeiziehen. Ich schaute zum Himmel hoch und sagte: „Gott, war es eine Prüfung? Wolltest du mich testen, ob mein Glaube wirklich stark genug ist oder ob ich schwach werde und an dir zweifle und somit das Kind abtreiben lasse? Ich weiß es nicht, ich weiß nur, dass ich immer an dich glauben werde, egal, was ist und was passiert. Ich liebe dich und ich werde dich immer lieben. Danke!“ Ich legte mich schlafen und schlief glücklich und zufrieden ein.

So vergingen die Tage und Wochen. Bei einem Abendessen, als wir alle zusammen saßen, fragte uns Rita, ob wir uns schon mal Gedanken über eine Heirat gemacht hätten. Aron und ich schauten uns an, denn über eine Heirat hatten wir uns noch keine Gedanken gemacht. „Nein“, sagten wir, „bis jetzt war es uns noch nicht so wichtig.“ Sonst sagten wir erst mal gar nichts dazu. Als wir nach dem Abendessen in unserem Wohnzimmer saßen und es uns gemütlich gemacht hatten, sprach ich Aron nochmal auf die Heirat an. Er meinte: „Meine Mutter hat eigentlich recht. Wir bekommen ein Baby und wollen doch zusammen bleiben. Wir können heiraten, oder was meinst du?“ Im Prinzip dachte ich auch so, nur ich hatte meine Schulden im Hinterkopf, von denen ich noch nichts erwähnt hatte. Ich hatte Angst, es ihm zu sagen, da ich nicht wusste, wie er reagieren würde. 35 000 Mark sind kein Pappenstiel.

Ich nahm meinen ganzen Mut zusammen und sagte Aron, dass ich mit ihm reden muss. Dass ich von Anfang an was verheimlicht hätte, weil ich mich nicht getraut hatte, es zu sagen. Aron wurde neugierig und meinte nur: „Sag schon, so schlimm wird es schon nicht sein.“ Ich nahm meinen ganzen Mut zusammen und fing an, ihm alles zu erzählen. Je mehr ich erzählte, desto größer wurden seine Augen. Er sah mich nur an und hörte mir zu. Wie es sich zugetragen hatte, dass ich deswegen Angst habe, ihn zu verlieren und somit mein kleines Glück zerbricht. Nun hatte ich es endlich ausgesprochen und musste nicht mehr mit dieser Belastung durchs Leben gehen. Ich wartete nervös auf seine Reaktion. Er sah mich an, nahm mich in den Arm und meinte: „Gemeinsam werden wir es schaffen." Ich hatte nur die Bitte, es seinen Eltern nicht zu sagen. Ich weiß nicht, warum ich sie es nicht wissen lassen wollte, aber ich hatte kein gutes Gefühl dabei. Er versprach es und so beschlossen wir, noch zu heiraten, bevor unser Baby kommen würde. Ich wollte noch im Sommer heiraten. Unsere Hochzeit fand am 28. Juli 1995 statt.

Wenn ich so zurückblicke, waren bei den ganzen Vorbereitungen die Entscheidungen von Rita immer maßgebend: bei der Auswahl der Dekoration, des Menüs, der Blumen, sogar bei der Entscheidung, wie ich standesamtlich und bei der kirchlichen Hochzeit meine Haare frisierte. Es wurde überall mitentschieden, es war mir aber in dieser Zeit nicht bewusst, dass Rita alle Fäden in der Hand hatte. Ich fühlte mich geschmeichelt, dass sich eine Person so liebevoll um mich kümmerte und Interesse zeigte.

Wir wurden in einer evangelischen Kirche getraut. Als wir ankamen, waren viele Gäste schon da. Es ist ein schönes Gefühl, wenn man als Ehrengast ankommt und alle auf einen warten. Man ist an diesem Tag die Hauptperson, man steht im Mittelpunkt, wird von allen Seiten bewundert und bestaunt. Das Wetter spielte mit, wir hatten einen schönen, warmen und sonnigen Tag. Es schien alles perfekt. Meine Eltern und Verwandten begrüßten uns. Unsere Freunde freuten sich mit uns. Nun war es so weit. Die Glocken fingen an zu läuten. Die Musik spielte und der Einzug in die Kirche begann. Aron und ich nahmen einander bei der Hand. Ich glaube, wir waren beide sehr aufgeregt. Vor der Kirche wurde gejubelt und uns wurden Glückwünsche überreicht. In diesem Moment fühlte ich mich einfach nur noch gut.

Die Einzige, die bei meiner Trauung nicht gekommen ist, war meine Schwester Isa. Sie hatte mir versprochen, bei meiner Hochzeit dabei zu sein, aber wie immer kam wieder einiges dazwischen. Meine Verwandten fragten nach ihr, meine Eltern und ich hatten aber besprochen zu sagen, dass es ihr nicht gut geht, dass sie krank ist und vielleicht später dazukommt. Sogar an meiner Hochzeit musste ich lügen, um alles aufrechtzuerhalten, statt die Wahrheit zu sagen. Manchmal hatte ich es satt, alles zu beschönigen. Aber nicht an meinem Ehrentag. Es war meine Hochzeit, diesen Tag wollte ich genießen und mir keine Gedanken über meine Schwester machen, nicht heute. Ich schob den Gedanken, was meine Schwester betrifft, ganz nach hinten und wollte nur die Augenblicke, die schönen Momente genießen.

An diesem Tag stand für mich das Essen im Vordergrund und nicht das Trinken. Einerseits war ich froh, schwanger zu sein, um keinen Alkohol zu trinken, und andererseits hätte ich gerne was getrunken. Ich hatte aber auch ohne Alkohol viel Spaß, und das Beste war, am nächsten Tag hatte ich keinen dicken Kopf. Meine Schwester Isa kam zu später Stunde auch noch dazu, was ich eigentlich nicht gehofft hatte. Denn sie war sehr alkoholisiert, und ich hatte Angst, dass sie mir den Tag zum guten Schluss noch versauen würde. Aber ich hatte Glück, sie verhielt sich ruhig und machte keine Unannehmlichkeiten. Es war weit über Mitternacht und einige hatten sich schon verabschiedet. Ich wollte nach dem anstrengenden, aber sehr schönen Tag nur noch in mein Bett.

Meine Schwester Anne schlief bei uns. Sie erzählte mir am nächsten Tag beim Frühstück, dass sie sich lange mit Isa unterhalten hatte. Da Isa einen großen Streit mit Uwe gehabt hatte, hatte sie nicht kommen wollen. Sie hatte erzählt, dass es ihr zur Zeit nicht gut geht und ihr vieles über den Kopf wächst. Dass sie mit Uwe nicht richtig reden kann und wieder öfter zur Flasche greift. Sie weiß, dass es keine Lösung ist, aber die Einsamkeit tut ihr nicht gut. Da ist man einen Tag glückselig und am nächsten Tag hat die Realität einen wieder. Obendrauf bekam ich noch gute Ratschläge von meiner Schwester Anne, die keiner hören will: „Geh doch zu Isa und rede mit ihr. Oder besuche sie doch mal öfter. Jetzt hast du auch bald dein Kind, somit könnt ihr miteinander etwas unternehmen." Um des Friedens willen stimmte ich zu und sagte: „Ich werde nach ihr schauen und ihr helfen, wenn ich kann." Aber ich dachte mir: Lasst mich doch endlich alle in Ruhe und macht es selbst!

Nun waren die Übernachtungsgäste auch gegangen, bis auf die Österreicher, die noch ein paar Tage bei uns waren. Sie hatten unsere Hochzeit mit ihrem Urlaub verbunden. Es war eine schöne Hochzeit gewesen. Alle meine Freunde waren dabei gewesen, auch Sabine, die mich seit unserer Ausbildung begleitet. Wir wissen alles voneinander und sind füreinander da, bis zum heutigen Tag.

Es stand mein nächster Arztbesuch an. Dieses Mal ging ich mit Leichtigkeit zu ihm. Denn ich wusste, dass ich ein gesundes Kind bekommen würde. Nun war die Zeit da, dass man erkennen konnte, was es wird. Ab der 14. Woche kann man feststellen, ob es ein Junge oder ein Mädchen wird, wenn die Lage des Kindes im Bauch stimmt und das Geschlechtsteil erkennbar ist. Ich hatte Glück. Mein Arzt fragte mich, ob ich es wissen wolle oder ob es eine Überraschung werden solle. Ich hoffte innerlich, dass er sagen würde, dass es ein Mädchen wird. Ich wollte immer ein Mädchen haben. Ich weiß, im Prinzip ist es egal, was man bekommt, Hauptsache gesund. Was auch stimmt. Und trotzdem würde ich mich riesig auf ein Mädchen freuen. „Glückwunsch, ich kann keinen Penis zwischen den Beinen ihres Kindes erkennen, Sie bekommen ein Mädchen." Ich war überglücklich, als ich diese Aussage von dem Arzt hörte.

Nun konnten wir mit der Einrichtung des Kinderzimmers anfangen und uns über einen Namen Gedanken machen. Aron und ich hatten von Anfang an beschlossen, dass ich den Mädchennamen aussuchen darf und er den Jungennamen. Als ich nach Hause kam und die Mitteilung machte, dass wir eine Tochter bekommen, war Aron glücklich. Ich dachte, dass er vielleicht ein wenig enttäuscht wäre, weil er doch lieber einen Sohn hätte. Aber es war nicht so, er sagte: „Es ist prima, ich freue mich auf mein Mädchen, wie soll sie denn heißen?" Ich sagte zu Aron: „Unsere Tochter soll Linda heißen. Der Name passt auch zu unserem Familiennamen." Aron, die Bekannten und auch die Verwandten fanden den Namen schön. So wurde der Name Linda beschlossen. Ich konnte es kaum erwarten, Linda zu sehen. Wie würde sie aussehen? Ich freute mich schon auf die Geburt, die am 28. Januar 1996 sein würde.

Die Monate meiner Schwangerschaft verliefen ruhig und gelassen. Mit Isa ging es bergauf und bergab. Es war in ihrer Ehe wie das Wetter. Einmal Sonnenschein, sodass man jetzt dachte, sie haben sich zusammengerauft, und ein paar Tage später war das heftigste Gewitter. Streit, Unstimmigkeiten, wovon die Kinder alles mitbekamen und auch darunter litten. Aber was sollte ich tun? Ich bin keine Eheberatung! Und außerdem hatte ich bald meine eigene Familie, das stand für mich nun mal im Vordergrund. Es war eine schöne Zeit, denn ich genoss meine Schwangerschaft jeden Tag aufs Neue. Nun kam die Zeit, wo man den Geburtsvorbereitungskurs in Anspruch nehmen konnte. Bei diesem Kurs lernte ich Ruth kennen. Sie erzählte mir, dass sie auch ein Mädchen bekommt. Wir verstanden uns auf Anhieb gut, somit freundeten wir uns an und fuhren zusammen zum Schwangerschaftskurs. Es war schön, eine Freundin im Ort zu haben. Unsere Männer lernten sich kennen. Manfred, Ruths Mann, und Aron verstanden sich gut. Wir machten am Wochenende gemeinsame Ausflüge oder grillten bei uns im Garten.

Die Monate vergingen und Ruth und ich wurden dicke Freundinnen. Nach so kurzer Zeit wussten wir fast alles voneinander und vertrauten einander. Ich war froh, Ruth kennengelernt zu haben. Anfang November an einem Wochenende wollten Ruth und ich mit unseren Männern am Sonntag in den Zoo nach Nürnberg fahren. Samstagabend ging ich wie gewohnt duschen, um mich danach fertig zu machen, für den nächsten Tag. Als ich im Bad fertig war und in meinem Bademantel zu Aron ins Wohnzimmer ging, um dort noch meine Fingernägel zu lackieren, wurde es auf einmal ganz warm zwischen meinen Beinen. Was war los? Als ich Richtung Boden schaute, bemerkte ich eine Pfütze zwischen meinen Beinen. Ich sagte zu Aron: „Schau mal, ich glaube, meine Fruchtblase ist geplatzt!“ Ich wurde nervös und mein Herz fing an zu rasen.

Aron holte seine Mutter, sie rief sofort den Krankenwagen. Ich wusste gar nicht, was geschah. Werde ich jetzt noch mein Kind verlieren? Meine Angst wurde immer größer. Ich blieb erst mal auf dem Sofa liegen und wartete auf den Krankenwagen. Lieber Gott, sagte ich innerlich, bitte nimm mir das Kind nicht weg! Der Krankenwagen war schnell bei uns. Sie nahmen mich mit ins Krankenhaus. Während der Fahrt dorthin fragte ich die Sanitäterin, was jetzt mit mir und meinem Baby passieren könne. Sie sagte: „Das kann ich Ihnen nicht sagen. Im schlimmsten Fall kann es passieren, dass Sie Ihr Kind verlieren.“ Das waren ja ermutigende Worte! Da liegt man im Krankenwagen und bekommt so nebenbei zu hören, dass man sein Kind verlieren könnte. Als würde man jemanden sagen: Ihr Auto ist kaputt und es kann nicht mehr repariert werden. Sie hatte überhaupt kein Einfühlungsvermögen. Ich fühlte mich hilflos und verzweifelt, weil ich nicht wusste, was geschah. Ich versuchte, ruhig und sachlich zu bleiben und dachte mir: Nein, ich werde das Kind nicht verlieren.

Im Krankenhaus angekommen, wurden einige Untersuchungen durchgeführt. Ich war erst in der 32. Schwangerschaftswoche. Der Arzt kam zu mir und sagte: „Wir können Sie nicht hier behalten. Ihre Fruchtblase ist geplatzt, aber ohne Fruchtwasser kann Ihr Baby nicht lange weiter leben. Wir halten es für besser, Sie ins Nürnberger Südklinikum zu fahren. Dort gibt es eine Kinder- und Frühchenstation. Dort wird eine Lungenreifung für Ihr Kind durchgeführt. Ist diese abgeschlossen, werden die Ärzte die Geburt einleiten und das Kind holen." Ich fragte den Arzt, ob ich das Kind noch verlieren könnte. Er versuchte mich zu beruhigen und meinte, dass ich nicht die erste Frau sei, die das durchlebt. Bei anderen Frauen, wo es auch vorkam, seien die Babys wohlauf. Ich weiß nicht, ob er mir das nur gesagt hat, um mich zu beruhigen, aber ich nahm es so an und war zunächst beruhigt.

Noch am selben Abend wurde ich nach Nürnberg ins Südklinikum gefahren. Dort wurde die Lungenreifung durchgeführt. Ich durfte nicht mehr aufstehen und nicht mehr laufen. Mir war alles recht, Hauptsache, ich würde das Kind nicht verlieren. So lag ich eine Woche in diesem Bett. Aron, meine Schwiegereltern und auch meine Eltern besuchten mich und gaben mir Beistand. Was mich am meisten freute, war, dass meine Schwester zu mir kam und mir gut zusprach. Das tat mir richtig gut. Ich wusste, dass alles gut werden würde. Am Samstag war Aron fast den ganzen Tag bei mir. Ich wusste vom Arzt, dass es bald soweit sein würde, um das Kind zu holen. Mir war es trotz allem an diesem Tag nicht bewusst, dass es losgehen würde. So habe ich mich von Aron verabschiedet und wir haben ausgemacht, dass wir uns am nächsten Tag wiedersehen würden. Als er weg war, kam kurz darauf die Schwester und fragte, wo mein Mann sei. Ich sagte, er sei nach Hause gegangen. „Sollen wir ihn anrufen? Denn wir werden die Geburt jetzt einleiten." „Okay", sagte ich. „Nein, das müssen wir nicht, er ist heute noch zum Essen eingeladen, das möchte ich ihm nicht nehmen."

Kurz darauf wurde ich in den Kreißsaal gebracht. Ich nahm meinen Walkman mit, um Musik zu hören. Da meinte der Arzt: „Wenn Sie noch Musik hören, kann es noch nicht so schlimm sein." Sie legten mir noch eine Kanüle ins Rückenmark, um mir Schmerzmittel zu spritzen, falls die Schmerzen zu stark werden sollten. Ich wusste gar nicht, was er damit sagen wollte, setzte meine Kopfhörer auf, hörte Musik und versuchte mich zu entspannen. Sie gaben mir eine Spritze, um die Wehen einzuleiten. Es dauerte nicht lange und die Wehen setzten ein. Ich schaute auf die Uhr, es war nun 22 Uhr. Ich hoffte, dass es bald vorbei sein würde, denn die Schmerzen wurden immer stärker. Es war doch eine dumme Idee gewesen, Aron nicht zurückzuholen. Nun lag ich mutterseelenallein im Kreißsaal auf der Pritsche, mit Schmerzen. Nur zeitweise sah eine Schwester nach mir und fragte, ob alles so weit in Ordnung sei.

In diesem Kreißsaal gab es vier oder fünf abgetrennte Abteilungen. In einer davon bekam eine Frau gerade Zwillinge. Mir wurde angst. Ihr Schreien und Stöhnen war sehr heftig. Da kommt noch einiges auf mich zu, dachte ich. Je mehr Zeit verging, desto stärker wurden die Schmerzen, und mein Walkman war auch nicht mehr interessant. Als die Schwester wieder nach mir sah, habe ich sie gebeten, mir ein Schmerzmittel zu spritzen. Die Schmerzen wurden immer heftiger. Ich fragte die Schwester, wann denn endlich das Kind kommen würde. Sie schaute nach, wie weit der Muttermund schon geöffnet war. „Oh", sagte sie, „da müssen wir uns noch in Geduld üben, denn es wird noch eine gewisse Zeit gehen, der Muttermund ist noch nicht weit genug offen." Prima, dachte ich, und schon wieder hörte ich die andere Frau nebenan schreien. Ich schaute auf die Uhr, es war erst 1 Uhr nachts. Ich wollte der Schwester noch was sagen, aber diese war auch schon wieder weg. So wurden die Stunden zur Qual, ich hatte solche Schmerzen, dass ich mir sogar den Tod wünschte.

Der Arzt schaute zeitweise auch nach mir. Ich fragte ihn, ob man nicht einen Kaiserschnitt machen könne, da ich so starke Schmerzen hatte und die Abstände immer kürzer wurden. Er antwortete: „Einen Kaiserschnitt machen wir nur, wenn es zu Komplikationen kommt. Bei Ihnen sieht alles noch sehr gut aus." So musste ich weiter kämpfen und abwarten. Nun war es schon 5.45 Uhr und das Kind war immer noch nicht da. Wiederholt sagte ich, dass ich nicht mehr kann, dass ich keine Kraft mehr habe. Die Hebamme meinte: „Sie haben es nun bald geschafft. Nun brauchen wir aber Ihre Unterstützung. Es ist so weit, man kann das Köpfchen schon sehen. Sie werden nun ganz tief Luft holen, und wenn ich es sage, pressen Sie." Ich machte alles, was sie verlangte, Hauptsache, es war bald vorbei und ich hatte keine Schmerzen mehr.

Das wiederholte sich einige Male, und bei der vierten Presswehe erblickte unsere Tochter das Licht der Welt. Jetzt ist das Baby da, ich hatte mich schon lange in die ungeborene Seele verliebt, bevor ich sie überhaupt sah und berühren konnte. Man hatte neun Monate sehnsüchtig auf sie gewartet. Man ist so überwältigt, dass man das Glück, das man in diesem Moment empfindet, gar nicht in Worten ausdrücken kann. Ja, ich bin stark, aber es gibt Momente, in denen ich einfach in den Arm genommen werden möchte. Du kannst im Leben noch so oft für jemanden da gewesen sein, am Ende kämpfst du bei solchen Ereignissen oder generell doch für dich alleine.

Der Kampf hatte sich gelohnt, das Kind war draußen und die Schmerzen waren wie weggeblasen. Ich hörte mein Kind schreien, das war ein gutes Zeichen. Ich fragte, ob alles so weit in Ordnung sei. „Ja“, sagte der Arzt, „ich beglückwünsche sie zu Ihrem Sohn.“ Ich dachte, ich hätte mich verhört. „Sind Sie sicher? Schauen Sie bitte nochmal nach.“ „Glauben Sie mir, ich kann einen Jungen von einem Mädchen unterscheiden.“ Die Schwester schnitt die Nabelschnur durch und legte das Kind auf meinen Bauch. Dieses Gefühl kann man nicht beschreiben, dieses Gefühl übertraf alle Gefühle, die ich zuvor hatte. Ich bin Mama! Auch wenn es nun doch keine Tochter war, war mein Sohn herzlich willkommen und er war mein kleiner Sonnenschein, mein ganzer Stolz. Ich konnte meine Blicke gar nicht von ihm lassen.

Der Arzt fragte mich, wie er heißen solle. Da ich auf Linda eingestellt war, hatte ich mir über einen Jungennamen keine Gedanken gemacht. Ich sagte: „Schreiben Sie bitte den Familiennamen hin. Da mir die ganze Schwangerschaft vermittelt wurde, dass ich ein Mädchen bekomme, hatten wir uns über einen Jungennamen keine Gedanken gemacht.“ „Wir werden Ihren Jungen nun baden und untersuchen und Sie ruhen sich erstmal aus und schlafen. Ihr Kind wird für ein paar Tage auf der Intensivstation bleiben zur Kontrolle, reine Sicherheitsmaßnahme.“ Sie brachten mich in den Ruheraum, um mich noch unter Aufsicht zu haben, falls irgendwelche Komplikationen auftreten sollten. Um 9 Uhr brachten sie mich endlich in mein Zimmer. Ich habe mich frischgemacht und danach Aron und meine Eltern angerufen, um die erfreuliche Nachricht zu überbringen, dass ich einen Sohn zur Welt gebracht hatte. Er erblickte am Sonntag, den 18. November 1995, Punkt 6 Uhr morgens das Licht der Welt. Sie waren alle überrascht und erfreut, dass das Kind schon da war.

Als Aron und ich gemeinsam auf die Intensivstation zu unserem Sohn gingen, waren wir überglücklich. Unser Sonnenschein lag in einem Inkubator, auch Brutkasten genannt. Er war noch winzig und zierlich, er sah zerbrechlich aus, aber wunderschön. Ich sagte zu Aron: „Was hältst du von den Namen Michael oder Adrian?“ „Ich finde beide sehr schön." „Suche von den beiden Namen einen aus." Aron entschied sich für den Namen Adrian. Unser Sonnenschein sollte nun Adrian heißen. Das Glück war perfekt, alle waren gesund und wohlauf. Ich hatte ein schönes Zuhause, einen lieben Mann, das Schicksal meinte es gut mit mir. Mein Glück war perfekt. Ich durfte nach ein paar Tagen nach Hause fahren. Adrian musste fast zwei Wochen im Krankenhaus bleiben, bis er sein Gewicht erreicht hatte, um nach Hause zu kommen. Ich fuhr jeden Tag ins Krankenhaus, um bei ihm zu sein und ihn selbst zu versorgen. Ich lernte schnell und gewöhnte mich an die Mutterrolle.

Nun war es endlich soweit und unser Sonnenschein durfte mit nach Hause. Alle waren gespannt und freuten sich, unseren kleinen Mitbewohner begrüßen zu dürfen. Er war der Mittelpunkt in unserem kleinen Kosmos. Es dauerte nicht mehr lange und Weihnachten stand vor der Tür. Ich wollte ein besonderes Weihnachten haben. Ich hatte mein Christkind schon zu Hause, dieses Ereignis und meine Freude und auch meine Dankbarkeit wollte ich mit meiner Familie und denen, die ich sehr lieb habe, zusammen feiern. So beschlossen wir, an diesem Weihnachten gemeinsam zu feiern. Da die gemeinsamen Feiern in meiner Familie früher nicht besonders groß geschrieben worden waren, war es für mich etwas Besonderes, alle an einem Tisch zu haben. Ich wollte es so schön und perfekt wie möglich machen. Ich hatte meine Eltern zu Heiligabend eingeladen und auch Arons Bruder mit Freundin. Isa hatte ihre eigene Familie und wollten mit dieser feiern. Anne hatte, seit ich denken kann, noch nie Weihnachten mit uns verbracht. Ich habe sie eingeladen, aber sie war schon anderweitig verplant. Mir war wichtig, dass meine Eltern mit dabei sind. Ich kaufte für jeden ein schönes Geschenk, packte es schön ein und legte es unter den Christbaum.

Endlich war Heiligabend. Ich hatte alle zum Mittagessen eingeladen. An diesem Heiligabend stand Adrian im Mittelpunkt. Ich genoss es sehr, alle beisammen zu haben. Es wurde Abend und die Bescherung ging los. Während wir alle unsere Geschenke auspackten, hörten wir schöne Weihnachtsmusik, unser Christbaum war hell beleuchtet und Adrian lag fast wie das Christkind darunter und schlief. Rita hatte den offenen Kamin angezündet, der so schön knistert. Es war eine harmonische, stimmige Zeit. Jeder war satt und zufrieden, wir alle genossen das Beisammensein und freuten uns über unsere Geschenke.

Wir sind das ganze Jahr sehr beschäftigt, leben viel in Hektik und denken, es gibt immer viel zu tun. Wir nehmen uns deshalb viel zu wenig Zeit, um uns auszuruhen. Darum war heute an Heiligabend ein guter Zeitpunkt, um unsere Hektik auszubremsen und die Zeit, die wir haben, für unsere Lieben zu nutzen, um mit ihnen zu verweilen. Was zählt, ist die Liebe, mit der man es tut. Es war eins meiner schönsten Weihnachten, die ich in Erinnerung habe. Als unsere Lieben nach Hause gegangen waren und Adrian eingeschlafen war, beschloss ich, in die Nachtmesse zu gehen. Ich lief in die Kirche. Ich kann mich noch gut daran erinnern, wie kalt es war, als ich in die Kirche gelaufen bin. Ich dachte, mir friert das Gesicht weg. Der Schnee knirschte bei jedem Schritt. Die Straßenlaternen leuchteten hell und ließen den Schnee funkeln. In dieser Nacht bewegte ich mich alleine auf der Straße. Ich kam mir vor, als sei ich alleine auf dieser Welt, streckte mein Gesicht zum Himmel und ließ mich von den Schneeflocken verwöhnen. Obwohl es extrem kalt war, habe ich es bewusst genossen: keine einzige Menschenseele, kein fahrendes Auto und eine wunderbare Stille. Auf diesem Weg fühlte ich mich unbeschwert und frei.

In der Kirche angekommen, musste ich mich erst einmal aufwärmen. Obwohl mir auf dem Weg zur Kirche keine Menschen begegnet sind, war die Kirche voll. Der Gottesdienst hatte gerade mit Harfenmusik begonnen. Diese Musik berührte mein Herz von Anfang an. Auch die Predigt machte mich nachdenklich und vermittelte mir Denkanstöße. In dieser Predigt ging es um die Wahrheit. Man soll sein Herz sprechen lassen. Wenn man der Herzensstimme folgt, folgt man der göttlichen Wahrheit. Sei stets achtsam und schau dir deine Gefühle an. Dieser Satz ging mir sehr nahe. Ich war sehr gut darin, meine Gefühle zu unterdrücken, immer die nette, liebe Sonja zu sein, auch wenn ich es nicht wollte. Dann kam der Satz: Fühle dich mit allem, was ist, lebendig und verbunden. Hörte sich auch gut an, aber zeitweise wollte ich nichts sehen und hören. Jetzt weiß ich: innezuhalten und die Spannungen loszulassen, kostet sehr viel Stärke und Einsicht, aber der Frieden und die Wahrheit beginnen in uns selbst.

Wenn ich mich in einem Gotteshaus befand, kam ich schnell zur Ruhe, sah vieles klarer und gewann meinen inneren Frieden zurück. Wir müssen uns immer wieder daran erinnern, dass alles mit uns selbst beginnt. Denn unsere Lebensreise auf dieser Welt ist kein starrer Zustand.

Hab Vertrauen in deinen Weg und in den Fluss des Lebens und erkenne, dass es letztlich auf die Liebe und die Wahrheit ankommt. Wir haben nichts zu verlieren, sondern sollten uns stets am Zugewinn der eigenen Reife orientieren. Ich war froh, in die Nachtmesse gegangen zu sein. Aron holte mich nach der Messe mit dem Auto ab. Glücklich ging es nach Hause. Zuhause angekommen, schaute ich nach Adrian, der friedlich in seinem Bettchen schlief, und somit legte ich mich dankend in mein Bett und schlief friedlich ein.

Als ich mich an die Mutterrolle gewöhnt und meinen Rhythmus gefunden hatte, besuchte ich mit meinem kleinen Adrian den Kindergarten. Da ich keinen Abschied gefeiert hatte, brachte ich nun eine Kleinigkeit mit. Sie freuten sich und jeder beäugte Adrian. So ergab es sich gelegentlich, als ich spazieren gegangen bin, dass ich einen Abstecher in den Kindergarten machte. Ich bin oft zu Sabine oder zu meinen Eltern gefahren.

Ich merkte schnell, dass mein Honda zu klein für ein Familienauto ist. Nach einer gewissen Zeit fanden wir ein neues Auto, einen Multivan. Der Preis für diesen VW-Bus betrug damals etwa 20 000 DM. Da ich von meinen Eltern zur Hochzeit 15 000 DM bekommen hatte, war es schon eine gute Anzahlung. Ich wollte nun meinen Honda noch verkaufen, somit wäre der Multivan fast bezahlt. Ich war zwar traurig, meinen Honda abzugeben, aber als Familie war er für uns zu klein. Ich freute mich auf das neue Auto. Nun konnte ich sogar Ruth sowie Kinderwagen und Kindersitz mitnehmen.

Ruth (die Freundin aus dem Geburtsvorbereitungskurs) und ich machten viele Unternehmungen mit den Kindern. Wir fuhren in den Nürnberger Zoo, zu verschiedenen Spielplätzen, einkaufen und bei schönem Wetter an die Badeseen. Mit Conni hatte ich auch noch Kontakt, sie kam uns oft besuchen. Gegenüber Rita war ich die zuvorkommende Schwiegertochter. Da ich den ganzen Tag zu Hause war, kochte ich für uns und meine Schwiegereltern die ganze Woche das Abendessen. Da alle berufstätig waren, wollte ich damit meine Schwiegereltern entlasten. Dafür waren wir oft am Sonntag bei ihnen zum Essen eingeladen. Am Abend nach dem Essen ging Otto meist seinem Sport nach. Manchmal fuhren Aron und ich mit dem Motorrad zu meinen Eltern oder sind nur so eine Runde gefahren. Rita passte dann auf Adrian auf. Ich genoss das Motorradfahren. Immer wenn ich hinten auf dem Motorrad saß, fühlte ich mich in einer anderen Atmosphäre, dazu gab mir die Geschwindigkeit ein befreites Gefühl. Wenn wir dann in einem Biergarten noch einen Zwischenstopp einlegen und ich gemütlich ein bis zwei Bier trinken konnte, war für mich die Welt in Ordnung.

Ich merkte, dass ich nach einem Jahr wieder mehr zu trinken angefangen hatte. Früher hatte ich nur außer Haus getrunken. Jetzt war es oftmals so, dass ich vormittags kochte und meinen Haushalt erledigte und am Nachmittag gemütlich ein Bier trank. Ruth kam oft zu mir, die Kinder spielten im Garten. So mussten wir gar nicht mehr zu einem Spielplatz oder Badesee fahren, wir hatten unseren eigenen Spielplatz im Garten, wo die Kinder spielen konnten. Der Bierfahrer kam regelmäßig am Freitag vorbei. Ich konnte es mir zu Hause gemütlich machen. Ruth war dem Alkohol auch nicht abgeneigt, somit tranken wir gemütlich auf der Terrasse bei unseren Unterhaltungen unser Bier und die Kinder spielten miteinander.

Ich wurde immer mehr zum Stubenhocker. Ich war glücklich in meinem Garten auf der Terrasse. Bevor alle von der Arbeit nach Hause kamen, räumte ich schnell noch alle leeren Flaschen weg und bereitete das Abendessen vor. Obwohl ich trank, wollte ich meine Arbeit nicht vernachlässigen, mir nicht anmerken lassen, dass ich langsam unzufrieden wurde, obwohl ich alles hatte, nach dem ich mich immer gesehnt hatte. Ich hatte meine eigene Familie und Schwiegereltern, die für unseren Adrian da waren – zu oft, wenn ich jetzt so nachdenke. Wir durften mit im Haus wohnen, hatten unsere eigene schöne Wohnung, die man aber leider nicht abschließen konnte, da es keine Wohnungstür gab, was mich in der Anfangszeit nicht störte. Wir durften den schönen Garten nutzen, und doch störte mich so manches.

Gelegentlich fuhr ich mit Adrian zu Isa. Wir sind auch manchmal mit den Kindern in den Streichelzoo gefahren. Es gab Zeiten, in denen es schön war, mit Isa und den Kindern was zu unternehmen. Aber oft war es auch so, dass sie zu tief ins Glas geschaut hatte und es Auseinandersetzungen und Streit gab. Ich kam langsam wieder in mein altes Fahrwasser. Ich wollte wieder öfter weggehen, wollte wieder tanzen gehen, einfach öfter Spaß haben. Aron war überhaupt kein Partymensch. Er war froh, wenn er am Wochenende seine Ruhe hatte. Aron war ein liebevoller Ehemann, aber leider seiner Mutter hörig. Wenn Aron von der Arbeit nach Hause kam, ging er zuerst zu seiner Mutter, um sie zu begrüßen, was mich nach einer gewissen Zeit sehr störte. Anfangs sagte ich nichts um des Friedens willen.

In der Anfangszeit unserer Ehe sagte ich nicht viel, ich wollte keine Missverständnisse aufkommen lassen. Deswegen verhielt ich mich ruhig und trank meinen Frust runter. Nach etwa zwei Jahren wurde die Spannung immer größer. Aron stürzte sich immer mehr in die Arbeit. Da er handwerklich begabt ist, war die Nachfrage sehr groß. Von Bekannten und Freunden wurde er oft gefragt, ob er bei der Renovierung oder dem Hausbau helfen könne. So hieß es: nur mal schnell den Boden legen. Oder nur mal schnell den Rauputz am Haus hochziehen.

Am Elternhaus gab es auch immer was zu tun. Kaum war eine Baustelle fertig, dauerte es nicht lange und es wurde eine neue Baustelle eröffnet. Es wurde der halbe Dachboden ausgebaut, der dann als Schlafzimmer diente. Aron hatte wirklich tolle Ideen und sie wurden toll umgesetzt. Zum guten Schluss hatten wir ein eigenes Schwimmbad im Garten. Dieses Becken ist sechs Meter lang und drei Meter breit. Aron hatte den Pool einbetoniert. Als dieser fertig war, haben mich viele meiner Freunde und Bekannten beneidet. Wir konnten auf der Liege im Garten die Sommersonne genießen und zur Abkühlung in den eigenen Pool springen. Alles war sehr schön geworden, aber unsere Zweisamkeit hatte sehr darunter gelitten. Ich hätte mir mehr Zeit mit Aron gewünscht – zusammensitzen, Urlaubspläne schmieden. Wir haben den VW-Bus gekauft, um solche Aktionen zu starten. Um mehr als Familie zu unternehmen, ohne ständig seine Eltern dabeizuhaben. Um Gespräche miteinander zu führen und einfach wieder Spaß miteinander zu haben.

Aber Aron floh immer mehr in seine Arbeit und ich in den Alkoholkonsum. Es kam immer mehr zu Vorwürfen und Diskussionen. Wir hatten nicht viele Gemeinsamkeiten, und in dieser Zeit hatten wir gar keine mehr. Aron war kein Mensch, der gerne diskutierte. Es endete meistens so, dass ich redete, und Aron brachte die Zähne nicht auseinander. Wurde es ihm zu viel, ging er einen Stock tiefer zu seinen Eltern. So fing ich öfter an, am Samstagabend mit Ruth oder mit meiner Schwester wegzugehen. Oder sogar allein. Es kam häufig vor, dass ich sehr betrunken nach Hause kam, was Aron jedes Mal sehr enttäuschte. Es war nicht so, dass ich jedes Wochenende wegging. Aber wenn ich weg war, trank ich oft über den Durst, flirtete gerne und hatte meinen Spaß.

War ich mit meiner Schwester unterwegs, war es am schlimmsten. Da hatten wir uns beide nicht unter Kontrolle. Es gab danach immer Stress von unseren Partnern. Isas Mann war Aron sehr ähnlich, wollte auch nicht weggehen, sondern lieber auf seinem Sofa bleiben. Er trank wenig Alkohol. Sie haben es beide nicht gern gesehen, wenn wir zusammen waren, weil sie wussten, es kommt nichts Gutes dabei heraus. Es war ein Teufelskreis. Man nahm sich vor, nur zwei oder drei Bier zu trinken und pünktlich wieder zu Hause zu sein, aber es gelang fast nie.

Am schlimmsten war es in der Kneipe Paradies. Das war sozusagen das Paradies auf Erden, in dieser Kneipe waren die schwersten Alkoholiker. Einerseits schreckte es mich ab, weil ich sah, wie es enden kann, wenn man es mit Alkohol oder Drogen übertreibt und sich nicht mehr unter Kontrolle hat. Wenn der Alkohol wichtiger wird als alles andere um dich herum. Bei unseren Gefühlen, besonders bei unseren Grundgefühlen wie Angst, Trauer, Wut und auch Freude, ist immer Alkohol dabei und wird bei jedem Anlass gezielt eingesetzt. Dies führt zu einem zunehmenden Alkoholkonsum und zu Kontrollverlust, was man in dieser Kneipe häufig beobachten konnte.

In unserer Gesellschaft hat Alkohol eine sehr hohe Akzeptanz. Das Problem ist, man bekommt überall Alkohol und kann ihn überall in großen Mengen trinken. In der Anfangsphase hellt er die Stimmung auf, beruhigt, entspannt und man wird geselliger. Das Problem ist, dass man Alkohol oder Drogen gezielt einnimmt. In dieser Kneipe muss ich nichts tun, um bedeutungsvoll zu wirken. Sie nehmen einen so, wie man ist, man gehört für eine gewisse Zeit dazu. Hier kann ich für ein paar Stunden mich von all meinen Ängsten befreien, einfach bei Gleichgesinnten und auch bei mir sein.

Von vielen dieser Leute, die im „Paradies“ ein und aus gingen, habe ich erfahren, dass viele wussten, dass sie ein Alkoholproblem hatten. Eine Frau erzählte mir, dass sie morgens nicht aus dem Bett kam, dass das Verlangen nach Alkohol schon am Morgen sehr stark war. Viele hatten gesundheitliche Probleme, etwa Leberschäden oder Taubheitsgefühle in den Füßen oder Händen. Beim Gehen entwickelt sich dann eine gewisse Unsicherheit. Viele hatten Probleme mit der Familie oder am Arbeitsplatz. Manche hatten ihren Arbeitsplatz durch den Alkohol ganz verloren. Und dennoch fanden sie die Kraft, den Mut, vielleicht auch den dazugehörigen Willen, nichts zu ändern oder sogar ganz aufzuhören. Weil es verdammt schwer ist, aus dem Teufelskreis herauszukommen.

Ich weiß, wovon ich rede, es ist nicht so einfach wie viele denken. Alkoholismus ist eine Erkrankung, die durch körperliche, psychische sowie auch durch soziale Symptome gekennzeichnet ist. Viele Menschen machten weiter wie bisher und ergaben sich ihrem Schicksal. Das ist das Problem beim Trinken oder generell, was die Drogen betrifft. Wenn was Schlechtes passiert, trinkt man, um zu vergessen, wenn etwas Gutes passiert, trinkt man, um zu feiern, und wenn gar nichts passiert aus Langeweile. Die Leute in dieser Kneipe waren für viele ein Familienersatz.

Andererseits hat es mir gefallen. Ich musste mich nicht verstellen, keiner zählte, wie viele Biere ich getrunken hatte, es wurde gelacht, gesungen und getanzt. Es wurden Schnapsrunden ausgegeben, wir wetteten um Getränke, bis es einem schlecht wurde und man freiwillig nach Hause wollte. Unvernünftig, wie ich war, bin ich zu oft mit dem Auto heimgefahren, statt das Taxi zu nehmen. Dann kam das böse Erwachen. Das Schlimmste für mich war, dass ich nicht nur meinen Mann gegen mich hatte, sondern auch meine Schwiegereltern. Ich musste immer gegen drei ankämpfen. Das hat sehr viel Kraft gekostet. In diesen Phasen nahm Rita regelmäßig Adrian an sich. Sie sagte dann: „Adrian, komm zur Oma, Mama geht es heute nicht gut.“ Somit war Adrian viel bei ihr. Ich merkte, dass sie mir das Kind entziehen wollte.

Ich versuchte wieder kürzer zu treten. Ich wollte nicht, dass sie mein Kind so oft und so viel hat. Ich nahm mir vor, eine gewisse Zeit keinen Alkohol zu trinken. Bis die Situation sich beruhigt und der Sturm gelegt hatte. Es fiel mir anfangs sehr schwer, auf den Alkohol zu verzichten. Zu meiner Schwester sagte ich: „Wir werden einander eine Zeitlang nicht sehen. Lass uns telefonieren.“ Ruth habe ich die Situation erklärt, dass ich für eine gewisse Zeit keinen Alkohol zu mir nehmen möchte. Beim Bierfahrer kaufte ich nur noch Saft und Wasser. Er fragte mich, ob ich krank sei, weil ich kein Bier mehr kaufte. Ich konzentrierte mich wieder voll und ganz auf Adrian und auf Aron.

Ich hatte Aron versprochen, in nächster Zeit keinen Alkohol zu trinken. Ich wollte meine Ehe nicht gefährden. Immer wenn alle von der Arbeit nach Hause gekommen sind, kam anfangs immer der Kontrollblick, ob ich auch wirklich nichts getrunken hatte. Ich ließ es über mich ergehen und tat so, als würde ich es nicht bemerken, machte gute Miene zum bösen Spiel. Ich musste das Unangenehme notgedrungen hinnehmen, ohne mir meinen Unmut darüber anmerken zu lassen. Da ich in der Schauspielerei geübt war, war es für mich kein Problem. Was macht man nicht alles um des Friedens willen? Solange alles in ihrem Sinne und ich die brave Sonja war, für alle gekocht habe und vor allem nüchtern blieb, war die Welt für Aron und seine Eltern in Ordnung.

Bloß ich zerbrach innerlich, meine Unzufriedenheit wurde immer größer. In meiner Einsamkeit habe ich viele Tränen vergossen, mich zurückgezogen und mich gefragt, was ich eigentlich will. Ich wollte niemanden mit meinen Ängsten und inneren Qualen belästigen. Somit machte ich es wie damals schon mit mir selbst und mit meinem Gott aus. Oft hatte ich in dieser Zeit das Gefühl, Gott habe mich auch verlassen. Vielleicht war er wütend auf mich, weil er mir alles ermöglichte, was ich mir wünschte, mir immer zur Seite gestanden und mir immer aus der Scheiße geholfen hatte. Und ich trotzdem in Unzufriedenheit lebte, vielleicht zu wenig Dankbarkeit zeigte. Was mache ich, wenn er mich ganz verlassen hat? Das Einzige, was mich funktionieren ließ, war mein Adrian, ihm zuliebe habe ich versucht, mein Leben zu ändern und stabil zu bleiben, denn ich wollte ihn nicht verlieren.

Es waren noch drei Monate bis zu meinem Geburtstag. Bis dahin sollte die Zeit alkoholfrei bleiben. Ich versuchte, mich abzulenken und mich wesentlichen Sachen zu widmen. Was mich all die Jahre begleitete, war der Gedanke, dass ich einen Bruder habe, den ich nicht kenne, von dem ich nicht weiß, wie er aussieht, ganz zu schweigen, wo er wohnt. Jedes Jahr aufs Neue, an meinem Geburtstag, kam er mir in den Sinn. Meine Geschwister hatten kein Interesse daran, ihn zu finden. So versuchte ich, mich schlau zu machen. Bei dem nächsten Besuch bei meinen Eltern versuchte ich, bei meiner Mutter mehr zu erfahren.

Sie fragte mich, warum ich es jetzt wissen will. „Vielleicht haben wir die Möglichkeit, ihn zu finden", sagte ich. „Möchtest du nicht wissen, was aus ihm geworden ist?" Meine Eltern hatten immer wieder erwähnt, dass mein Bruder angeblich in Weißenburg adoptiert worden ist. Angeblich soll er in eine Familie gekommen sein, die ein Autohaus haben. Sie hat aber auch schon gehört, dass er nach Amerika gegangen ist. In den 50ern waren amerikanische Berufssoldaten, teilweise mit Familie, in Deutschland stationiert. Die amerikanischen Familien haben in dieser Zeit viele Kinder aus Deutschland adoptiert und mit nach Amerika genommen. Ich hoffte innerlich, dass er nicht nach Amerika mitgenommen worden war, sondern in Weißenburg bei einer netten Familie seinen Platz bekommen hatte.

Wieder zu Hause, nahm ich mir die Gelben Seiten zur Brust, ein Telefonbuch, in dem alles registriert ist, in dem Geschäfte, Firmen, Arztpraxen und viele andere Sachen stehen. Ich schrieb mir alle Autohäuser raus, die es in Weißenburg und Umgebung gab. Nun saß ich mit meinem Zettel mit den ganzen Telefonnummern und mit dem Telefon am Tisch und überlegte, was ich sagen sollte. Ich konnte doch nicht einfach sagen: „Hallo, ich hätte mal eine Frage: Ich suche meinen Bruder, der 1958 adoptiert worden ist. Ich habe gehört, dass er in eine Familie kam, die ein Autohaus besitzt. Sind Sie zufällig am 28. Juni 1958 geboren?"

Ich saß lange am Tisch und versuchte, mir meine Sätze zurechtzulegen. Bis Aron reinkam und mich fragte, was ich da mache. Ich erzählte ihm von meinem Bruder, von dem er auch noch nichts wusste. Er schaute mich wieder überrascht an und meinte: „Gibt es noch mehr Sachen, die ich nicht weiß und wissen sollte?" Ich legte erst mal alles zur Seite und versuchte, mit Aron in Ruhe zu reden. Er fühlte sich hintergangen, dass ich nicht immer aufrichtig gewesen war und ihm noch nicht alles von meiner Familie erzählt hatte. Ich glaube: Hätte ich es von Anfang an gemacht, hätte er einen großen Bogen um mich gemacht. Eigentlich passte ich nicht in seine heile Welt. Aron ist behütet aufgewachsen, ich dagegen musste mich als kleines Mädchen schon durchkämpfen und mich über Wasser halten, ging zeitweise unter und musste mich wieder hochstrampeln. Was mich immer sehr viel Energie kostete. Ich bin oft gegen den Strom geschwommen, in der Hoffnung, Land zu sehen. Ich habe mich als Einzelkämpferin durchgeschlagen, denn in meiner Brust schlägt ein Kämpferherz, das Aron fehlte.

Er zog sich nur zurück, ging jedem Ärger aus dem Weg und kotzte sich bei seiner Mutter aus. Ich brauche nicht viel zum Leben, aber ich wünschte mir öfter Aron an meiner Seite. Es gab noch viel zu besprechen. Ich sagte zu ihm, mit ihm sei die Welt für mich in Ordnung. Aber zu dieser Zeit fühlte ich mich in einem goldenen Käfig, missverstanden und allein gelassen.

Es kam, wie ich es mir gedacht hatte. Wie immer sagte er nicht viel dazu und meinte nur: „Vielleicht ist es besser, es so zu lassen, wie es ist, und nicht fremde Familien durcheinanderzubringen." Ich verstand ihn wie oft zuvor mal wieder nicht. Eigentlich hätte ich mir gewünscht, dass er sagte, es sei eine tolle Idee, er versuche mir zu helfen, vielleicht haben wir Glück und kommen dem Bruder ein Stück näher. Das war aber nur ein Wunschdenken von mir. Mit solchen Situationen oder mit meinem Leben überforderte ich Aron immer wieder aufs Neue. Somit ließ ich unser Gespräch im Raum stehen und mir wurde wieder bewusst, dass ich mit meinem Vorhaben oder generell mit meinem Schicksal alleine bin, dass ich es alleine angehen und durchziehen muss, wenn ich was erreichen will.

Ich habe Aron diesbezüglich nie mehr um Hilfe gebeten. Meine Schwiegereltern sind oft mit Freunden zum Wandern oder Skifahren gegangen. Manchmal ist Aron mitgefahren und ich bin mit Adrian allein geblieben. Dann ging es mir am besten. Keine blöden Bemerkungen, keine Kontrollblicke, und ich konnte mich frei bewegen. So nahm ich, als alle außer Haus waren, meinen Zettel aus meiner Schublade mit den Telefonnummern von den Autohäusern und versuchte mein Glück. Ich nahm meinen ganzen Mut zusammen und bat Gott, für mich durch mich zu sprechen. Ich wählte die erste Nummer, mein Herz schlug mir bis zum Hals. Als eine Frau sich meldete, stellte ich mich vor, sie fragte mich, was sie für mich tun könne. Ich bat sie, mich mit dem Chef zu verbinden, da ich eine persönliche Frage hätte. Ich habe ihr erklärt, worum es geht. Durch meine Erklärung hatte ich Glück und wurde in jedem Autohaus durchgestellt und konnte persönlich den Junior- oder Seniorchef fragen. Ich hatte leider kein Glück. Alle sagten, dass sie nicht adoptiert sind oder keinen Sohn haben, der am 28. Juni 1958 geboren wurde. Es sollte nicht sein, vielleicht war er doch von einer amerikanischen Familie mit nach Amerika genommen worden.

Obwohl ich sehr enttäuscht war, dass ich nicht das erreicht hatte, was ich mir gewünscht hatte, war ich trotzdem stolz auf mich, den Mut zu den Anrufen gehabt zu haben. So hatte ich nun die Gewissheit, dass er in keinem der Autohäuser war. Damals gab es noch kein Internet oder Facebook, um zu recherchieren. Der kleine Funke Hoffnung begann zu erlöschen. Den Zettel mit den Telefonnummern warf ich in den Mülleimer. Für die nächsten Jahre blieb mein Bruder so in meinen Herzen, und wenn unsere Geburtstage anstanden, war ich in dieser Zeit gedanklich immer bei ihm.

Ich genoss die Tage sehr, an denen ich mit Adrian alleine war. Ich spielte viel mit ihm, wir waren unterwegs und hatten unseren Spaß. Ich merkte, dass es mir guttat, keinen Alkohol zu trinken. So vergingen drei Monate ohne Alkohol und die Situation mit Aron und seinen Eltern hatte sich wieder beruhigt. Ich hatte es geschafft, sie zu überzeugen, dass ich mich ändern kann und sie mir wieder mehr Vertrauen schenkten.

An meinem 27. Geburtstag habe ich nach drei Monaten wieder Alkohol getrunken. Ich wollte mir selbst beweisen, dass ich kontrolliert trinken kann, was eine gewisse Zeit auch funktionierte. Verhängnisvoll war es nur, wenn ich alleine unterwegs war und ich nicht unter Beobachtung stand. Ich fühlte mich in meiner Ehe unter ständiger Beobachtung, und hatte ich die Möglichkeit, alleine unterwegs zu sein, so nutzte ich sie. Mit Sabine fuhr ich manchmal nach Bayreuth, um das Wochenende bei Walli zu verbringen. Es waren lange und feuchtfröhliche Nächte. Nach außen tat ich immer so, als sei bei mir alles in Ordnung. Ich ließ mir nicht anmerken, dass es mir streckenweise schlecht ging. Ich war immer davon überzeugt, mir könne ohnehin niemand helfen, denn wen interessiert es. Jeder hat seine eigenen Probleme und ist man dann mal mit Freunden weg, will man keine Probleme wälzen.

An meinen freien, unkontrollierten Wochenenden wollte ich tun und lassen können, was ich wollte, und das ohne schlechtes Gewissen. Der Alkohol schlich sich wieder öfter in meinen Tagesablauf ein. Es kommt immer alles anders als man denkt. Das Leben ist nicht leicht. Wir reden uns das Leben schön, aber wir bekommen nichts geschenkt. Und sind sogar bereit, uns zu zerstören. Es gab Zeiten, da fühlte ich mich zwischen Himmel und Hölle. Alleinsein ist nicht leicht, streckenweise unerträglich. So sehr ich mich auch bemühte, der Strudel, in dem ich mich bewegte, zog mich langsam, aber sicher immer weiter runter.

Bei meiner Schwester ging es auch bergab. Sie trank immer mehr. Es kam so weit, dass ihre Ehe auseinanderging und sie nach Nürnberg abgehauen ist. Sie ließ Uwe mit den Kindern sitzen. Simon kam in eine Pflegefamilie und der kleine Tobias blieb bei seinem Vater. Isa stürzte immer mehr ab. Der Alkohol und ihr Lebenswandel zerstörten sie. Mir wurde alles zuviel. Isa rief mich fast täglich an, um sich auszuheulen, oft dann auch meine Mutter, weil sie wissen wollte, ob ich was von Isa gehört habe, die sich manchmal wochenlang nicht bei meinen Eltern meldete. Meine andere Schwester Anne rief mich an, um vermeintlich gute Ratschläge zu verteilen.

In welchem Film war ich eigentlich? Ich hatte eine beschissene Rolle: Jeder kotzte sich bei mir aus, jeder meinte, mir sagen zu müssen, was ich zu tun oder zu lassen hatte und wie mein Leben funktioniert. Ich hatte keine Lust mehr auf das ganze tagtägliche Theater. Ich versuchte weiterhin, mich um Adrian zu kümmern und einigermaßen den Tag zu überstehen. Es kam so weit, dass Isa ins Gefängnis musste wegen Diebstahls und Körperverletzung. Ich weiß nicht, was sie noch alles gemacht hatte. Es war nicht das erste Mal, dass sie im Gefängnis war. Als ich damals 8 Jahre und meine Schwester 14 Jahre alt gewesen war, war sie wegen Diebstahls auch für zwei Wochen im Jugendgefängnis. Für meine Eltern und vor allem für mich war es ein Schock. Ihre Gefängnisaufenthalte haben sich wiederholt.

Wenn ich alleine auf meinem Balkon war, gemütlich mein Bier trank und meine Zigarette rauchte und in meiner Welt versank, griff ich zum Telefon und rief die halbe Welt an. An manchen Tagen wusste ich gar nicht mehr, wen ich alles angerufen hatte. In der Zeit, als Isa im Gefängnis war, hatte ich Kontakt mit Jochen. Wir hatten uns mal getroffen und unsere Telefonnummern wieder ausgetauscht. Mir kamen tausend Fragen in den Kopf. Was wäre, wenn ich bei Jochen geblieben wäre? Wäre ich zufriedener oder sogar glücklicher? Ich weiß es nicht und werde es auch nie erfahren. Wir telefonierten öfter. Da meine Eltern meine Schwester im Gefängnis besuchen wollten, nutzte ich die Chance, zwei Tage ohne Adrian zu meinen Eltern zu fahren, um Isa ebenfalls zu besuchen und mit Jochen nach so langer Zeit mal wieder einen schönen Abend zu verbringen. Jochen war in der Zwischenzeit in das Haus seiner Großeltern gezogen, die verstorben waren. Es war ein kleines, sehr schön hergerichtetes Haus. Meine Eltern wussten, dass ich mich mit Jochen treffen wollte. Sie hatten nichts dagegen.

Jochen holte mich bei meinen Eltern ab. Er bewirtete mich bei sich und machte mir Komplimente. Er zeigte mir sein Haus, ich fühlte mich nach langem wieder begehrenswert. Mir taten die lieben Worte gut, und es tat mir gut, in den Arm genommen zu werden. Wir küssten und begehrten einander. Ich fühlte mich wie im siebenten Himmel. Ich wünschte mir, dass dieser Moment nie vorbeigehen würde. Doch die Realität holte mich schnell wieder ein und mein Gewissen meldete sich.

Mir kamen Aron und Adrian in den Kopf, ich brach ab und zog mich wieder an. Ich sagte zu Jochen: „Es tut mir leid, ich kann nicht. Ich kann es meinem Mann und meinem Kind nicht antun."

Der Abend war vorbei und Jochen brachte mich zu meinen Eltern zurück. Auf dem Heimweg sprachen wir nicht viel miteinander, es war eine blöde Situation, und ich fühlte mich während der ganzen Fahrt nicht gut. Ich wollte nur noch aus dem Auto. Nach diesem Abend habe ich ihn nie wieder gesehen oder gehört. Ich war froh, dass ich nicht mit ihm im Bett gelandet war. Es war ein aufregender Tag gewesen. Ich legte mich in mein Bett, denn bei meinen Eltern hatte ich immer noch mein Zimmer. Ich versuchte mich auf morgen vorzubereiten, auf Isa, die ich für längere Zeit nicht mehr gesehen hatte, und vor allem darauf, wie es in diesem Gefängnis aussieht. Es war das zweite Gefängnis, das ich betreten habe.

Bei der Hinfahrt hatte ich ausreichend Zeit, um mir alles durch den Kopf gehen zu lassen. Es verblasst so vieles, das mir Angst macht. Ein Jahr ist vorbei, seit ich Isa das letzte Mal gesehen habe. Wie sieht sie aus, was soll ich ihr sagen oder sie fragen? Wie wird ihre Zukunft weitergehen? Wird es ihr irgendwann wieder besser gehen? Ich weiß es nicht.

Als wir da waren und ich sie sah, nahmen wir einander in den Arm. Ich freute mich, sie zu sehen. Meine Eltern redeten auf sie ein, dass sie neue Wege einschlagen müsse. Jeder versuchte, sie dazu zu motivieren. Freiheit ist nicht Alkohol und Drogen, mit denen wird man nur betrogen. Freiheit ist, wenn du in Freiheit bist und Luft zum Atmen hast. Das Gespräch war intensiv und schwer in der begrenzten Zeit, die vorgegeben war. Ich hoffte, dass es nicht nur leere Worte waren.

Nach dem Besuch, als wir wieder nach Hause fuhren, wurde mir einiges bewusst. Wir können uns nur selbst ändern, dann wird sich auch die Welt ändern, in der wir uns bewegen. Es ist ein harter Kampf, der sich aber lohnt und irgendwann auch belohnt wird. Es gibt so viele Stellen und Menschen, die eine, helfen können, wir müssen sie nur annehmen und es wollen. Das zu wissen, macht doch auch wieder Mut. Versuche den Weg deines Lebens mit Weisheit zu gehen, dann werden dich viele Menschen respektieren, ehren und begehren. Nur du sollst dich selbst bestimmen. Es liegt an dir, wohin du gehst, lass uns nicht nur in der Vergangenheit verbleiben. Wenn wir das schaffen können, dann auch du, Isa! Denn am Ende dieses Weges, wenn die Sonne und das Tor aufgeht, hoffe ich für dich, dass du mit Zuversicht und Stolz in die Freiheit und in dein neues Leben gehen wirst.

Ich stand wiedermal an einem Punkt, wo mir alles zu viel wurde. Ich wünschte mir, mal aus dem Alltag auszusteigen, etwas anderes zu sehen und zur Ruhe zu kommen. Ich hatte das Gefühl, dass alle mich überrollen, jeder was von mir will. An einem Abend, als wir bei Rita in der Küche saßen, erzählten die beiden, dass sie in ein paar Wochen in den Urlaub fliegen würde. Da wurde ich hellhörig. Ich fragte, wo sie hinfliegen. Sie flogen nach Fuerteventura. Am Abend, als ich mit Aron in unserem Wohnzimmer saß, sprach ich es an. Dass ich gerne auch mal in den Urlaub gehen würde, um mal was anderes zu sehen, um Abstand von meiner Familie zu haben und Ruhe zu finden.

Aron hatte nichts dagegen, er meinte: „Sprich es an, dass du gerne mit Adrian mitgehen würdest. Sie haben bestimmt nichts dagegen." So war es auch, es wurde für mich noch nachgebucht. Adrian war noch kostenfrei. Ich bin noch nie mit einer großen Maschine geflogen. Als der Tag gekommen war und Aron uns zum Flughafen brachte, war ich sehr nervös. Ich fragte mich, was mich erwarten würde, was ich mit meinen Adrian, der nun schon acht Monate alt war, erleben würde. Die erste Faszination war, über den Wolken zu fliegen. Ich musste an meinen allerersten Flug denken, den ich zu meinem 19. Geburtstag von Peter geschenkt bekommen hatte. Dieselben Gefühle kamen wieder hoch, das Gefühl von Freiheit und Unbeschwertheit. Das zu erleben, war für mich ein Wunder. Es gibt viele Wunder auf der Erde, die danach verlangen, vom Menschen entdeckt zu werden. Aber leider sehen wir sie oft nicht, weil wir nur unsere Augen öffnen, aber nicht unser Herz. Ich habe gelernt, wenn wir die Natur, die Tiere und Menschen anschauen, weil wir sie von Herzen gern haben, dann werden wir anders sehen, dann entdecken wir täglich Wunder.

Auf Fuerteventura war es einfach wunderschön. Der herrliche Sonnenschein, der milde Wind, der um die Nase wehte, es war ein Traum. In diesem Moment waren meine Zweifel und Ängste wie weggeblasen. Ich fühlte mich in einer anderen Dimension. Wir schauten uns die Städte an. Um die Insel zu erkunden, mieteten wir uns ein Auto. Als wir mit dem Auto ins Landesinnere fuhren, kamen wir an einem alten Haus vorbei, davor stand eine alte Frau, die an einem Backofen stand und

Brot buk. Ich sagte zu Otto, er solle anhalten, damit ich dieser Frau ein Brot abkaufen könne. Als ich aus dem Auto stieg, schaute mich die Frau überrascht an. Ich versuchte es mit einem Handzeichen und mit einem Lächeln im Gesicht und dabei zeigte ich auf eins ihrer Brote, die so gut rochen, dass man gleich Appetit bekam. Sie verstand mich auf Anhieb und freute sich, dass ich an ihrem Brot interessiert war. Sie gab mir ein Brot, das noch warm war.

Als fast der Urlaub zu Ende war und ich am Strand saß, auf das Wasser schaute, kam mir Aron in den Sinn. Ich wollte ihn mit etwas Schönem überraschen. Ein Souvenir war mir zu wenig. Nach unserem ganzen Streit und nach den Meinungsverschiedenheiten, dass er nicht mit in den Urlaub gehen konnte, um ihn mit uns zu genießen, wollte ich ihm eine Freude bereiten als Zeichen meiner Liebe und um zu zeigen, wie wichtig er für mich ist. Ich merkte in diesen Tagen, dass er mir fehlte. Mir fiel an diesem Abend nichts mehr ein, aber mir würde noch etwas einfallen, da war ich mir sicher.

Mir wurde bewusst, dass es der falsche Weg war, immer auf sein Recht zu pochen. Ich bin nicht auf dieser Welt, um die Fehler anderer aufzudecken oder über sie zu urteilen. Weil wir Menschen sind, sollten wir lernen, zu verstehen, was es bedeutet, mit und durch die Liebe die Welt zu ändern, mit der Wahrheit zu leben und in Freiheit zu denken. Wir müssen aufpassen. Wenn wir unsere Kinder zu Wesen heranziehen, die nicht eigenständig denken, zerstören wir ein Fundament unserer Gesellschaft. Denn Kinder bringen neue Impulse und sind unsere Zukunft.

Als wir in Nürnberg am Flughafen ankamen, wurden wir von Aron schon erwartet. Das Wiedersehen war schön, wir umarmten und begrüßten einander. Adrian freute sich auch, seinen Vater wiederzusehen. Wir hatten viel zu berichten von unseren Eindrücken und Erlebnissen. Zu Hause musste ich auch Ruth alles erzählen, sie wollte alles ganz genau wissen. Wir schauten zusammen die Urlaubsbilder an, und dabei erwähnte ich, dass ich Aron gerne überraschen wollte. Uns kamen einige Sachen in den Sinn, bis Ruth sagte: „Überrasche ihn doch mit einer Geburtstagsfeier. Da hast du noch ein paar Monate Zeit, um zu organisieren und zu planen." Das war es, es war eine tolle Idee!

Ruth und ich planten diese Feier. Ich lud alle seine Freunde, Arbeitskollegen und unsere gemeinsamen Freunde ein. Insgesamt waren es 25

Personen. Kurz vor Arons Geburtstag fragte ich ihn, ob er an seinem Geburtstag etwas machen wollte. Er schlug vor, schön essen zu gehen. „Eine tolle Idee, lass uns zu unserem Jugoslawen gehen, da fühlen wir uns wohl und das Essen ist gut." Aron akzeptierte die Idee, und so geschah es.

Als wir am Abend seines Geburtstags die Gastwirtschaft betraten, stand die Tür des Nebenraums ein Stück weit offen. Aron sah einen Schulfreund dort sitzen. Er rief: „Schau mal, Sonja, wer da ist!" Ich sagte: „Lass uns reingehen und ihn begrüßen." „Nein, das können wir nicht machen, es sind mehrere Leute in diesem Raum, die bestimmt ein Familienfest feiern." Ich nahm Aron an die Hand und ging mit ihm in den Nebenraum. Aron war es peinlich, als wir einfach so hineingingen. Als alle ein Geburtstagsständchen zu singen anfingen, merkte er, dass die Leute seinetwegen da waren. Er traute seinen Augen nicht, als er alle seine Freunde sah, die ihm gratulierten und Geschenke überreichten.

Nachdem alle Gäste eingetroffen waren, aßen wir zusammen bei guter Unterhaltung, Spaß und Gelächter. Nach dem Abendessen gingen Rita und Otto mit Adrian nach Hause. Danach haben wir unsere Spiele und Rätsel gemacht, die uns oft zum Lachen brachten. Wir haben Musik gehört und getanzt. Je später der Abend wurde, umso feuchter und fröhlicher wurde es. Die Stunden vergingen schnell. Um drei Uhr morgens gingen die letzten Gäste nach Hause. Auf dem Heimweg sagte Aron zu mir, dass er sich über die schöne Überraschung sehr gefreut hatte. Er nahm mich in den Arm und wir küssten einander. Somit hatte ich ins Schwarze getroffen und mein Ziel erreicht. Der Sturm hatte sich gelegt. Die nächsten Wochen und Monate waren ruhig und friedlich. Der Haussegen war wiederhergestellt, alles war gut und die Welt schien wieder in Ordnung zu sein.

Nur bei Adrian stimmte etwas nicht. Er war ständig müde und schlief viel. Er aß und trank nur wenig. So beschloss ich, zum Kinderarzt zu gehen. Meine Kinderärztin sah sich Adrian an und untersuchte ihn. Sie meinte, ich könne beruhigt sein, es sei eine Grippe, er solle viel schlafen und viel trinken, das sei wichtig. Ich befolgte ihren Rat, merkte aber, dass es Adrian von Tag zu Tag schlechter ging. So ging ich erneut zur Kinderärztin und sagte, dass es schlimmer geworden sei. Sie sah ihn sich noch einmal an und meinte wieder, dass es eine Grippe sei und seine Zeit brauche. Ich solle weiter darauf achten, dass er viel trinkt und viel schläft. Sie verschrieb mir noch ein paar Medikamente und ich durfte wieder gehen. Ich hatte kein gutes Gefühl dabei, aber ich dachte mir: Sie ist die Ärztin, sie wird wissen, was sie sagt und tut.

Am nächsten Tag verschlechterte sich der Zustand von Adrian noch mehr. Ich hatte mich entschieden, mit ihm in die Kinderklinik nach Nürnberg zu fahren. Adrian war die ganze Zeit müde, er hing wie ein nasser Sack in meinen Armen, hatte Schweißausbrüche, wenn nicht sogar Fieber. Nach einer sehr langen Wartezeit kamen wir endlich dran. Der Arzt schaute sich Adrian an und meinte wie meine Kinderärztin, dass es eine Grippe sei. Es brauche seine Zeit, er solle viel trinken und schlafen.

Jetzt reichte es mir. Ich sagte zu diesem Arzt: „Ich möchte nicht unhöflich sein, aber diesen Satz habe ich so oft gehört, ich möchte bitte, dass ein anderer Arzt ihn sich noch anschaut. Es kann doch nicht sein, dass es keiner sieht oder merkt, dass es meinem Kind immer schlechter geht." Der Arzt merkte, dass ich aufgelöst und sehr nervös war. Um mich zu beruhigen, holte er den Oberarzt. Ich war sehr froh, dass er einen anderen Arzt holte. Als der Arzt Adrian sah, meinte er: „Dieser Junge bleibt erst mal hier, er hat zu wenig Flüssigkeit, er trocknet sonst noch aus. Er bekommt erstmal eine Infusion, dann werden wir weitersehen."

Ich war erleichtert. Jetzt war ich mit Adrian erst einmal gut aufgehoben. Eine Schwester führte uns in unser Patientenzimmer. Es war ein großes Zimmer. Darin befanden sich fünf Kinderbetten plus fünf Erwachsenenbetten. Es war laut, für mich erst mal sehr unangenehm. Aber mir war alles recht. Hauptsache, Adrian war in guten Händen und es wurde nach ihm geschaut. Nachdem die Formalitäten erledigt waren, rief ich Aron an. Ich sagte ihm, dass wir für ein paar Tage in der Klinik bleiben müssen. Er kam am Abend noch bei uns vorbei, um uns Wäsche und Waschzeug zu bringen. Wir waren alle sehr erleichtert, dass nun einige Untersuchungen vorgenommen wurden, um herauszufinden, was Adrian fehlte.

Am nächsten Morgen gingen die Untersuchungen los. Es wurde Blut abgenommen und Adrian wurde von oben bis unten untersucht. Es ging ihm durch die Infusion schon viel besser. Er hatte wieder mehr Appetit und trank mehr. Es war schön zu sehen, dass es ihm wieder besser ging. Nach drei Tagen waren die Untersuchungen und Tests abgeschlossen. Der Oberarzt sagte zu mir: „Kommen Sie in einer Stunde in mein Arztzimmer, um Ihnen alles genau zu sagen und zu erklären." War das nun gut oder schlecht, ich wusste es nicht. Die Stunde war für mich eine Ewigkeit, nach der Stunde ging ich mit Adrian in das Arztzimmer. Der Arzt erklärte mir, wie die Tests ausgefallen waren. Irgendwie hatte ich das Gefühl, ich verstehe nur Bahnhof. Ich fragte ihn: „All das, was Sie mir jetzt gesagt haben, ist es schlecht oder gut?" Er erwiderte: „Bei Ihrem Sohn haben sich sehr viele rote Blutkörperchen zersetzt und zersetzen sich immer noch. Das Problem ist, dass sich zur Zeit keine neuen nachbilden. Der Verdacht ist, dass Ihr Sohn möglicherweise Leukämie hat, zu Deutsch Blutkrebs."

Als ich das hörte, saß ich wie versteinert in diesem Stuhl. Der Arzt sah, dass ich bleich im Gesicht wurde. Er meinte, es stehe noch nicht hundertprozentig fest. Um es genau herauszufinden, würden noch einige Tests durchgeführt. Als ich das Arztzimmer verließ und in unser Zimmer zurückkam, nahm ich Adrian ganz fest in meine Arme und brach in Tränen aus. Eine Mutter, die auch mit uns im Zimmer war, sah mich weinen. Sie fragte, was los sei, und ich erzählte ihr, was der Arzt zu mir gesagt hatte. Sie versuchte mich zu trösten und mir Mut zuzusprechen. Da alle Mütter, die sich in diesem Zimmer befanden, ein Problem mit ihrem Kind hatten, war es toll, dass wir in diesem Zeitraum einander Mut zusprachen und jeder für jeden ein offenes Ohr hatte. Wir saßen alle im selben Boot.

Die Tage vergingen und meine Angst wurde immer größer. Die Ungewissheit machte mich verrückt. In dieser Klinik befand sich eine Kirche, die ich oft am Abend besuchte, wenn Adrian schon schlief. Es war die Zeit, in der ich versuchte, mit Gott ein Gespräch zu führen. Ich bat ihn, dass er mir Adrian nicht wegnimmt. Dass er ihn noch nicht zu sich holt. Die Angst wurde mein ständiger Begleiter. Ich versuchte, jeden Abend in der Kirche neue Kraft zu tanken, mit Gott und der Welt ins Reine zu kommen, damit ich nicht ungerecht wurde zu Gott und zu meinen Mitmenschen, die mich tagtäglich umgaben. Ich hatte Angst, in ein tiefes Loch zu fallen. Aufgrund der Unsicherheit und der Angst, die mich täglich begleitete, waren meine Kräfte am Ende. Ich fand in diesem Zimmer keinen Schlaf, da immer irgendein Kind weinte, und war es kein Kind, so hat einer von den Erwachsenen geschnarcht.

Rita bot mir an, eine Nacht im Krankenhaus bei Adrian zu bleiben. Das nahm ich dankend an. So konnte ich nach Hause fahren, um zu duschen und vor allem mal richtig auszuschlafen. Zuhause rief ich meine Eltern an, um ihnen alles zu berichten. Ich freute mich, als sie sagten, dass sie in zwei Tagen zu uns in die Klinik kommen würden. Ich habe meine Eltern gebeten, dass sie mir ein paar Flaschen Bier mitbringen. Meine Eltern brachten mir so viel Bier mit, dass mein ganzes Nachtkästchen bis oben hin gefüllt war. Hätte das eine Schwester gesehen, hätte sie bestimmt gedacht, dass ich ein Alkoholproblem habe. Auf alle Fälle konnte ich am Abend, wenn Adrian geschlafen hatte, in die Raucherecke gehen, um eine zu rauchen und ein Bier zu trinken. So konnte ich abschalten und runterfahren und ein wenig ruhiger werden.

Nach einigen Tagen holte mich der Oberarzt wieder in sein Besprechungszimmer. Er teilte mir mit, dass ich auf eine andere Station verlegt werde. Ich solle nicht erschrecken, da es die Krebsstation sei. Ich fragte aufgeregt, ob mein Kind nun Krebs hätte. Nein, das könne er noch nicht sagen. Um Gewissheit zu bekommen, müssten noch zwei Untersuchungen durchgeführt werden. Aber diese Untersuchungen konnten nur auf dieser Station gemacht werden.

So zogen Adrian und ich auf die Krebsstation. Es war ein erschreckender Anblick, die Personen mit ihren Infusionen und Glatzköpfen zu sehen. Mir standen Tränen in den Augen. Mir kamen Bilder von meiner Mutter in den Sinn. Als sie Krebs hatte und ständig nach Nürnberg in die Klinik fahren musste, um sich bestrahlen zu lassen. Als auch ihr die Haare ausfielen und wie es ihr nach der Chemo erging, all das kam mir wieder in den Sinn. Mir machte diese Station große Angst. Am liebsten wäre ich auf und davon gelaufen, aber ich musste für Adrian stark bleiben. Ich war sehr stolz auf ihn, dass er mit seinen zwei Jahren so tapfer blieb und diese ganzen Untersuchungen über sich ergehen ließ.

Ich hätte mir in diesen schweren Tagen jemanden an meiner Seite gewünscht, damit ich mich fallen lassen konnte, jemanden, der mich in den Arm nimmt und bei dem ich auch mal schwach sein durfte. Jemanden, der mir Mut zuspricht und sagt: Wir schaffen das! Ich hätte mir jemanden an meiner Seite gewünscht, mit dem ich über all das reden konnte, hätte mir gewünscht, dass Aron offener wäre und mit mir darüber spricht. Aron war immer für uns da. Er kam zu Besuch, spielte mit Adrian, und trotzdem fehlte der starke Mann an meiner Seite.

Auf dieser Station kam mir ein Mann entgegen, den ich kannte. Er war Italiener und hieß Enzo. Er hatte eine Pizzeria in Treuchtlingen.

„Das ist ein Ding, dich hier zu sehen", sagte ich. „Wen besuchst du hier?" „Keinen", sagte er, „meine drei Kinder sind auf dieser Station." Ich traute meinen Ohren nicht. Seine drei Kinder waren wirklich auf dieser Station, sie hatten alle drei Krebs. Sie waren im Alter von fünf, acht und zwölf Jahren. Sie befanden sich schon ein Jahr auf dieser Station. Seine Frau war mit eingezogen, um bei ihren Kindern zu sein. Mir blieb die Spucke weg, ich wusste nicht, was ich darauf sagen sollte. Ich erzählte ihm, warum ich auf dieser Station war. Er meinte nur, es wird schon alles gut gehen, vielleicht hast du mehr Glück.

In diesem Moment kam seine mittlere Tochter zu uns. Sie begrüßte mich, und obwohl sie so schwer krank war, war sie voller Leben. Ihre Augen strahlten, sie erzählte mir, wie lange sie schon in der Klinik war. Dass sie sich freut, wenn sie wieder nach Hause darf, dass sie dann wieder zu ihren Freunden und in die Schule gehen kann. Was sie beruflich mal werden möchte. Welche Frisuren ihr gefallen würden, wenn ihre Haare nachgewachsen sind. Dieses Mädchen dachte gar nicht an das Sterben. Sie ging felsenfest davon aus, dass sie wieder gesund werden würde, was auch gut war. Viele Erwachsene hätten ihren Lebensmut verloren und aufgehört, gegen die Krankheit zu kämpfen. Als Kind sieht man viele Sachen anders, man ist zuversichtlicher, glaubt an das Gute und Unmögliche.

Ich dachte an meine Kindheit zurück, als meine Mutter Krebs hatte, sie sehr viel Zeit im Krankenhaus verbrachte und ich trotzdem nie mit dem Gedanken gespielt habe, dass sie sterben könnte. Ich sah meine Mutter immer guter Dinge, wie sie gekämpft hat und wie sie sagte, sie habe keine Zeit zum Sterben. Sie habe zwei kleine Kinder, die sie brauchten. Natürlich geht es nicht immer gut aus und man kann gegen die Krankheit verlieren, aber die Hoffnung stirbt zuletzt. Hoffnung ist ein Wort, das häufig am Morgen bei uns ist, im Laufe des Tages verletzt wird und am Abend stirbt, jedoch mit der Morgenröte wieder aufersteht. Ich weiß nicht, ob Enzos Kinder gesund geworden sind, aber ich weiß, dass die Gespräche mit ihm mir sehr gut taten und ich glaube, dass mich Gott auf diese Station geschickt hat, um stark zu bleiben und noch mehr Hoffnung zu bekommen. Ich habe für eine gewisse Zeit auch für Enzos Familie gebetet.

Nun kam die Stunde der Wahrheit. Alle Untersuchungen und Tests waren gemacht und die Werte waren da. Ich wurde mit Adrian ins Arztzimmer gebeten. Mein Herz schlug wie wild, ich hatte große Angst, was ich jetzt wohl hören würde. Adrian saß auf meinem Schoß, ich drückte ihn ganz fest an mich in der Hoffnung, dass es bald vorüber sein und ich mit einer guten Nachricht aus diesem Zimmer gehen würde. Der Arzt sagte: „Wie Sie wissen, mussten wir leider viele Untersuchungen und Tests durchführen. Jetzt sind alle Ergebnisse da, die ich Ihnen gerne mitteilen möchte. Ihrem Sohn geht es wesentlich besser. Es bilden sich auch wieder rote Blutkörperchen nach. Ihr Sohn hat keine Leukämie, er hatte einen Virus erwischt, wobei sich die roten Blutkörperchen zersetzt hatten. Mit dem richtigen Medikament, das wir Gott sei Dank haben, ist Adrian wieder auf dem aufsteigenden Ast."

In dem Moment, als ich das hörte, war es, als würde eine gewaltige Last von mir abfallen. Wir mussten noch zwei Tage zur Überwachung bleiben, dann war der Albtraum zu Ende. Wir waren alle erleichtert und glücklich, dass Adrian keinen Krebs hatte. Man hat es nicht immer einfach. Der Alltag fordert viel von einem. Die tägliche Arbeit, der Haushalt, die Kindererziehung, und wenn es blöd läuft, kommen Krankheiten noch dazu. Oft sind wir mit unserem Schicksal und unseren Erkenntnissen allein und können sie mit niemandem teilen. Die Freunde belächeln oder bewundern uns für unsere Bemühungen, der Partner hat seine eigenen Probleme und wir sehnen uns nach jemandem, der uns versteht. Wir hoffen, dass uns Menschen begegnen, die sich zum Ziel gesetzt haben, anderen zu helfen und ihnen zuzuhören. Die ihr Wissen mit uns teilen und uns damit stärken in unserem Denken und Tun, damit die Gemeinschaft auf dieser wunderbaren Erde immer größer wird.

Für eine gewisse Zeit war ich glücklich und zufrieden. Nach ein paar Monaten zogen aber wieder Schatten über mir auf. Ich wurde langsam aber sicher wieder unzufrieden und konnte mir nicht erklären, warum und weshalb. Ich ging wieder öfter allein oder mit Freunden weg. Mein Alkoholkonsum wuchs wieder an, und so begab ich mich wieder in das alte Fahrwasser.

In meinem Leben haben mich einige Filme eine gewisse Wegstrecke begleitet und inspiriert, ich habe von ihnen einiges gelernt. Von Kindheit an bis heute ist mein Lieblingsmärchen Aschenputtel. Anfang der achtziger Jahre entdeckte ich den Film „Drei Haselnüsse für Aschenbrödel", dieser wurde immer zur Weihnachtszeit gesendet. Ein Mädchen, das alle Arbeiten erledigen muss, sich nie beschwert und an das

Gute im Menschen glaubt. Bis eines Tages ihr Märchenprinz kommt und sie in eine bessere Welt entführt. Dieser Film lehrte mich: Kommt Zeit, kommt Rat. Wer warten kann, hat viel getan. Mit Ärger und Frust kommt man nicht weiter. Sei deinen Träumen und Visionen treu, vor allem dir selbst.

1983 kam der Film „Dornenvögel" im Fernsehen. Dieser Film bewegte und rührte mich sehr. Ein Priester, der gegen Gott und die Liebe zu einer Frau kämpft. Eine Familie zieht nach Australien auf eine Farm, um sie zu bewirtschaften. In dieser Familie gab es ein kleines Mädchen namens Meggie. Der Priester war für diese Farm und für die umliegenden Gebiete zuständig. Er bekam mit, wie sich Meggie zu einer hübschen Frau entwickelte. Sie verliebten sich ineinander. Der Priester wollte oft das Kirchenamt für Meggie aufgeben und verlassen, aber er schaffte es nicht. Im Gegenteil: Er wurde Kardinal, was Meggie sehr verletzte. Ihr ganzes Leben kämpfte sie um die Liebe zu diesem Priester. Ein Leben zwischen Warten und Hoffen, dass die Versprechen wahr würden. Frust, Ärger, Wut, Verzweiflung, Leid und Angst waren Meggies ständige Begleiter. Freude, Glück, Zufriedenheit waren nur selten ihre Gäste. Ein ständiger Kampf zwischen Liebe und Gott.

Dieser Film hat mich gelehrt, dass man nicht alles im Leben haben kann. Man sollte einiges akzeptieren, versuchen, es anzunehmen, auch wenn es einem noch so schwerfällt. Dass man manche Chancen nutzen sollte, auch wenn man es vielleicht hinterher bereut, aber solange man keinem anderen Menschen dabei Schaden zufügt, ist es okay. Man sollte nicht sein ganzes Leben irgendeinem Traum hinterherjagen, wenn man schon lange erkannt hat, dass dieser Traum kein Traum mehr ist. Die Zeit vergeht und eines Tages ist es zu spät, um es zu ändern.

Seit meinem 16. Lebensjahr hat mich Sylvester Stallone mit seinen Filmen begeistert und inspiriert. Mein Lieblingsfilm von ihm ist bis heute „Rocky". In diesem Film geht es um einen Boxer, der sich von ganz unten nach ganz oben hocharbeitet. In diesem Film will sich die Hauptfigur als Boxer hocharbeiten, nutzt alle Chancen und schafft es zum guten Schluss. Sylvester Stallone kam aus einer normalen Arbeiterfamilie. Irgendwann fing er an, zu schreiben. Somit kamen Drehbücher zustande. Eins davon ist „Rocky", es ist ein Stück seiner eigenen Lebensgeschichte.

Stallone hat an sich selbst geglaubt, ist seinen Visionen treu geblieben. Einige Produzenten wollten das Drehbuch „Rocky" kaufen und verfilmen, er meinte: Ich verkaufe es, wenn ich selbst die Hauptrolle spielen kann. Zuerst wollten sie es nicht und boten ihm noch mehr Geld an, aber er ist sich treu geblieben und sagte wieder: Ich verkaufe nur, wenn ich selbst die Hauptrolle spielen kann. Er hat es mit seiner Hartnäckigkeit, mit Geduld, Fleiß, mit viel Arbeit und weil er sich treu geblieben ist, zu Ruhm und Erfolg gebracht. Er hat sich seine Ziele gesetzt, hat sich von niemandem von seinem Weg abbringen lassen.

Ganz abgesehen von seinem Aussehen, das mir bis heute gefällt, ist er in seinen Filmen ein sehr gläubiger Mensch. Hart, aber herzlich. Er glaubte immer an das Gute im Menschen. Er ist seiner Persönlichkeit treu geblieben. Diese Art von Mensch, wie er es in seinen Filmen verkörpert und zum Ausdruck bringt, motiviert mich immer wieder aufs Neue, an mich selbst zu glauben, meinen Träumen und Visionen treu zu bleiben. Es bestärkt mich, mir diese Art anzueignen.

Mir wurde aber bewusst, dass man bei vielen Menschen, mit denen man nicht einer Meinung ist, oft aneckt und oft allein ist, weil viele mit einer offenen, ehrlichen Art nicht umgehen können. Nicht dass sie es nicht wollten, nein, sie hatten es einfach nicht gelernt. Dafür sind die verschiedenen Masken ja da, um jedem Einzelnen zu gefallen. Nun war ich wieder an dem Punkt, an dem ich nicht sein wollte, denn die Unzufriedenheit, der Alkohol und die Depressionen holten mich wieder ein. Ich hatte ein schönes Zuhause, einen süßen, gesunden Sohn und einen lieben Mann, und doch geriet ich immer wieder in das falsche Fahrwasser der Unzufriedenheit.

Isa zog nach Schwabach, wir gingen wieder öfter zusammen weg. Der Alkohol machte mir zu schaffen. Zu Hause stieg erneut der Druck. Der Haussegen hing schief. Ich fuhr dann wieder volltrunken Auto und hatte einen Autounfall, bei dem ich zwar unverletzt blieb, aber ein hoher Sachschaden entstand. Arons Eltern gingen mir von diesem Zeitpunkt an aus dem Weg. Mir ging es beschissen, ich wusste nicht mehr, wie es weitergehen sollte. Aron saß zwischen zwei Stühlen, er war mit der Situation komplett überfordert.

Die Vorsätze, die ich fasste und deren Umsetzung ich Gott versprach, konnte ich immer nur für kurze Zeit verfolgen. Als ich damals den Führerschein verloren hatte, schwor ich mir, nie wieder unter

Alkoholeinfluss zu fahren. Da ich es nie eingehalten habe, wurde meine Enttäuschung mir selbst gegenüber immer größer, was mich wiederum frustrierte und zur Flasche greifen ließ. Es war ein Teufelskreis, ein Kampf mit mir selbst, mit Gott und der Welt. Du willst es nicht, und die Sucht verführt dich immer wieder aufs Neue.

Aron nahm mir den Autoschlüssel ab. Ich konnte für die nächste Zeit nicht mehr mit dem Auto fahren. Zur Sicherheit kaufte Aron noch ein Lenkradschloss, falls ich den zweiten Schlüssel für das Auto finden sollte, um ganz sicher zu sein, dass ich wirklich nicht mit dem Auto fahre. Ich fing an, heimlich zu trinken und den Alkohol zu verstecken. Am Abend, wenn ich mehr trinken wollte, sagte ich immer: „Ich gehe in den Keller, um die Wäsche zu machen“, versteckte mein Bier im Kleiderschrank, in den Schränken und sogar am Balkon in den Blumenkästen. Ich konnte den Freitag kaum erwarten, da es der Tag war, an dem der Bierfahrer kam. So hatte ich immer genug Alkohol da.

Tagsüber bemühte ich mich, nicht so viel zu trinken. Es gab auch Tage, an denen ich keinen Alkohol zu mir nahm, um mir wieder zu beweisen, dass ich kein Alkoholproblem hatte. Damit ich sagen konnte: Siehst du, ich kann auch ohne Alkohol. Der Alkohol wurde immer dominanter für mich. Ich trank zeitweise sogar, wenn ich mit Adrian zum Spielplatz ging. Man denkt immer, das Umfeld bekomme nichts mit. Man ist im Glauben, man passe auf, dass es keiner mitbekommt. Man lutscht Bonbons, um einen frischen Atem zu haben. Aber sie bekommen es mit, nur sagt keiner etwas. Zu dir sind sie normal und tun so, als würden sie nichts bemerken, und hintenrum zerreißen sie sich das Maul über einen. Da wären wir wieder bei den Masken.

Mit Adrian ging ich viel zu Ruth, um aus dem Haus zu kommen. Ich fühlte mich nicht mehr wohl. Immer wenn sie alle von der Arbeit nach Hause gekommen sind, haben sie mich zuerst unter die Lupe genommen, ob ich was getrunken hatte. Ich hatte mich in dieser Zeit noch so weit unter Kontrolle, dass ich mich um Adrian kümmerte, meinen Haushalt führte und sogar die ganze Woche für alle kochte. Ich merkte, dass ich die Notbremse ziehen musste, wenn ich meine Ehe retten wollte, und das wollte ich. Ich versuchte wieder weniger zu trinken und für einen längeren Zeitraum ganz auf Alkohol zu verzichten. Ich ging nicht mehr weg, und der Kontakt zu Isa wurde auch seltener. Isa zog irgendwann wieder nach Nürnberg, wo ich sie für längere Zeit aus den

Augen verlor, was mir eigentlich recht war. So kamen ich und meine Familie wieder zur Ruhe.

Ich hatte mit mir so viel zu tun, dass mich die Außenwelt in dieser Zeit nur wenig interessierte. Ich hatte es wieder geschafft, vom Alkohol wegzukommen, ging allein nicht mehr weg und versuchte, mich auf meine Familie zu konzentrieren. Nach ein paar Monaten hatte sich Arons Familie wieder beruhigt, sie waren froh, dass ich praktisch keinen Alkohol mehr trank. Der Sturm hatte sich erneut gelegt. Nur meine innere Unruhe, der Drang nach Alkohol war da. Ich wusste nicht, wie ich damit umgehen und mit wem ich darüber reden sollte. Ruth hatte langsam aber sicher selber Probleme mit dem Alkohol und mit ihrem Mann. Sabine war mit sich selbst beschäftigt, und meine Eltern wollte ich nicht damit belasten.

Mein Schwager arbeitete im Reisebüro. Ich bat ihn, Prospekte mitzubringen, denn ich plante, zusammen mit Aron und natürlich auch mit Adrian in den Urlaub zu gehen. Zuhause arbeitete Aron permanent. Wenn er nicht in seiner Firma arbeitete, dann bei einem Freund oder bei uns selbst im Haus. Ich glaubte, der Abstand zu Arons Familie und zur Arbeit würde uns beiden guttun. Vor allem unsere Zweisamkeit hatte in letzter Zeit sehr gelitten. An einem Sonntagnachmittag nahm ich die Prospekte mit in unsere Wohnung. Ich fragte Aron: „Was hältst du davon, dass wir, nur unsere kleine Familie, mal Urlaub machen? Nicht nach Österreich, sondern mal ganz woanders, wo wir drei alleine sind.“ Aron war nicht abgeneigt. Wir kamen zu dem Entschluss, dass unser Urlaubsziel Portugal sein würde. Ich freute mich auf diesen Urlaub.

In Portugal angekommen, hatten wir zur Hotelanlage noch ein Stück Busfahrt vor uns. Wir checkten ein und uns wurde unser Apartment gezeigt. Es war eine kleine Ferienwohnung mit Balkon. Die Hotelanlage war groß, es befand sich ein großer Swimmingpool darin, ein Sportplatz sowie ein Animationsplatz, wo am Abend Veranstaltungen stattfanden. Für die Kinder gab es einen riesigen Spielplatz. Der Strand mit seinem weißen Sand war toll. Adrian hatte großen Spaß am Strand. Es waren wundervolle Tage. Aron und ich kamen einander wieder näher. Nur die Zeit verging zu schnell und irgendwann war auch dieser Urlaub vorbei.

Diese Zeit hatte uns sehr gutgetan, aber bei dem Gedanken, dass wir bald nach Hause fliegen und uns der Alltag wieder haben würde, wurde mir schlecht. Am liebsten wäre ich in Portugal geblieben. Ich merkte, wenn ich Aron allein habe, ohne seine Eltern, ist er ganz anders zu mir. Ich hatte das Gefühl, dass seine Mutter ihn sehr stark beeinflusst. Es ging schon los, wenn er am Abend von der Arbeit kam und zuerst zu seinen Eltern in die Wohnung ging. Und wenn durch mich der Haussegen schief hing, dann hielt er sich noch öfter bei seinen Eltern auf. Ich wollte gar nicht daran denken und versuchte, unsere gemeinsame Zeit noch zu genießen, aber ohne Alkohol.

Der erste Schock war da, als wir nach Hause kamen. Ich traute meinen Augen nicht, als ich in meine Wohnung kam und sah, dass die ganzen Teppiche gereinigt waren. Einerseits war ich froh, dass es gemacht worden war. Aber hätte man es nicht vorher mit uns absprechen können? Der Höhepunkt war aber, als ich unsere Wäsche aufräumte und sah, dass Adrians und sogar mein Kleiderschrank aussortiert und neu eingeräumt worden war. Jetzt reichte es mir. Ich bat Aron, zu seiner Mutter zu gehen, um diese Situation zu klären. Hätten wir eine eigene Haustüre zum Abschließen, wäre so etwas nicht passiert. Die einzige Antwort, die ich von Aron bekam, war: „Sei doch froh, dann musst du es nicht mehr machen.“ Ich war erneut geschockt. Er meinte es bestimmt nicht böse und hatte sich bei dieser Aussage keine großen Gedanken gemacht. Unser gemeinsamer Urlaub war so schön gewesen, doch zuhause fing alles von vorn an. Ich musste mir etwas einfallen lassen, um öfter aus dem Haus zu kommen oder für uns etwas Eigenes zu finden, um Aron für mich zu haben.

Ich sprach Aron an, was er von einer größeren Wohnung hielte, oder davon, vielleicht ein kleines Häuschen zu mieten. Unser eigenes Heim anzuschaffen. Er hörte mir zu und meinte: „Wir können uns ja mal umschauen und umhören.“ Ich freute mich, dass er nicht abgeneigt war. Wir haben uns sogar ein paar Wohnungen angesehen, doch nach einiger Zeit hatte ich das Gefühl, dass er nicht mehr richtig mitzieht. Einmal war er zu müde. Dann kam der Winter dazwischen. Bis ich eines Tages zufällig ein Gespräch zwischen Aron und seiner Mutter mitbekommen habe. Rita sagte zu Aron: „Jetzt warte doch noch mit dieser Aktion, ihr könnt hier die Miete sparen und wer weiß, ob sie so bleibt und nicht wieder zu trinken anfängt. Du musst bedenken, wenn sie drauf ist, bin ich noch mit im Haus. Wenn ihr allein wohnt und du auf Arbeit bist, könnte was mit Adrian passieren.“

Ich traute meinen Ohren nicht. Jetzt wusste ich, warum Aron nicht mehr mitzog. Ich hatte immer geahnt, dass Rita ihn beeinflusste, nun hatte ich die Bestätigung. Mir wurde bewusst, dass ich in diesem Haus Aron von seiner Mutter nicht lösen konnte. Dass sie in unserer Ehe mitmischte. Ich war nicht nur mit Aron verheiratet, sondern auch mit Rita und Otto. Ich war frustriert und enttäuscht, dass Aron mir so in den Rücken fiel und nicht mit offenen Karten spielte. In diesem Moment hätte ich am liebsten ein Bier aufgemacht. Aber genau darauf hätte Rita gewartet, denn somit hätte sie ihre Bestätigung.

Rita versuchte, Aron und auch immer mehr Adrian an sich zu binden. Ich versuchte erst mal ruhig zu bleiben und habe ihn auf das Gespräch nicht angesprochen. Ich hatte Angst, dass es wieder eskaliert und alles sich wieder hochschaukelt. Als ich eines Tages zum Einkaufen gefahren bin, fuhr ich an einer Stelle vorbei, wo lauter Wohnwagen und Wohnmobile standen. Das war vielleicht eine Idee, um an gewissen Tagen, vielleicht am Wochenende, aus diesem Haus zu kommen. Aron liebte solche Aktionen wie Camping im Wald und in der Natur. Bei mir war ich noch nicht so sicher, ob es mir auch gefällt, aber es war auf jeden Fall besser, als in diesem Haus zu sitzen. Ich sprach Aron darauf an, sich mal Gedanken zu machen, uns einen Wohnwagen zu kaufen. Da wären wir flexibel, müssten nichts buchen und könnten Deutschland erkunden. Mein einziger Hintergedanke war, aus dem Haus zu kommen. Aron war sofort dabei. Wir schauten uns um und wurden fündig. Es war ein älteres Modell, sechs Meter lang, ein Zweiachser. Man musste noch einiges reparieren und neu gestalten. Das war etwas, das Aron Spaß machte. Er war in seinem Element.

Rita schaute erstmal sehr überrascht, dass wir uns einen Wohnwagen kaufen wollten. Sie meinte: „Machen das nicht die Leute, die in der Stadt wohnen, keinen Garten haben und im Grünen sein möchten?" Mir lag schon auf der Zunge: „Nein, ich mache es, um Abstand von dir zu bekommen." Nachdem wir den Wohnwagen richtig auf Vordermann gebracht hatten, hatte selbst ich Lust aufs Campen bekommen. Es konnte losgehen. Wir hatten von einer Bekannten die Kratzmühle für den Anfang vorgeschlagen bekommen. Die Kratzmühle liegt im Naturpark Altmühltal Kinding. Wir hatten beschlossen, für ein Jahr einen festen Stellplatz zu mieten, um erst mal in das Camping hineinzukommen. Mir wäre, glaube ich, der Nachbarort auch schon recht gewesen, allein um von Arons Familie Abstand zu bekommen.

Wir hatten einen tollen Stellplatz an der Kratzmühle bekommen, zwischen lauter Rentnern. Ich mit meinen 27 Jahren kam mir nun vor wie in einer Altersresidenz am Campingplatz, auch das nahm ich in Kauf. Aron machte unseren Platz schön. Baute unser Vorzelt auf. Ich pflanzte Blumen, für Adrian legten wir eine kleine Spielwiese an, es ist richtig nett geworden. Mit den Senioren bekamen wir schnell Kontakt, und ich habe mich an alles gewöhnt. So kam es, dass wir an fast jedem Wochenende und freien Tag zu unserem Wohnwagen am Campingplatz gefahren sind. Da fühlte ich mich gut, denn ich hatte meine kleine Familie für mich allein. Es war schön, morgens aufzustehen und mit einer Tasse Kaffee in der Hand den Bäumen zuzusehen, wie sie sich im Wind wiegen, wenn die ersten Sonnenstrahlen einen begrüßten und wenn unser kleiner Sonnenschein Adrian uns den Tag versüßte.

Wenn ich so alleine für mich früh am Morgen vor dem Wohnwagen saß, merkte ich oft, wie sehr mein Selbstvertrauen im Keller war. Ich machte mir über alles und jeden Gedanken und zweifelte an vielem, ja an fast allem. Ob auf gewisse Menschen wirklich Verlass ist. Ob der Chef nicht letztendlich doch etwas gegen unsere ehrliche Art hat. Ob das neue Kleid tatsächlich zu meinem Typ passt. Selbstzweifel über Selbstzweifel. Es kommt noch dazu, dass die Glitzerwelt aus dem Fernsehen uns oftmals das bisschen Selbstvertrauen raubt, das wir noch haben, da man heute perfekt sein muss. Ich vertraue irgendwie den Menschen und der Welt, aber oft wird dieser gute Glaube an mich selbst und an meinen Weg von Rückschlägen und Enttäuschungen erschüttert, die es mir immer wieder schwer machen, meinen Lebensweg ohne Angst und Hemmungen weiterzugehen.

Ich versuchte, meinen Weg zu finden, mir selbst mehr zu vertrauen, um selbstbewusster zu werden. Das fiel mir sehr schwer. Auf dem Campingplatz ging es mir soweit gut und zuhause spürte ich die Unzufriedenheit. Mich störte, dass Arons Eltern alles mitbekamen, egal, was ich machte oder was vorfiel. Hatte ich Streit mit Aron, haben sie es mitbekommen. Ging ich alleine weg, bekamen sie es mit. War ich betrunken, bekamen sie es mit. So staute sich etwas in mir auf, das ich selbst nicht mehr richtig kontrollieren konnte. Der Campingplatz war mein Fluchtweg, aber auf Dauer war er keine Lösung.

Sonntagabend, als ich zu Rita in die Küche ging, um ihr etwas zu bringen, sah ich auf dem Küchenschrank Flugtickets liegen. Ich dachte mir noch, Gott sei Dank, sie fliegen in den Urlaub. Als ich mir die Tickets genauer anschaute, sah ich, dass es drei waren. Es sollte nach Fuerteventura gehen. Auf einem Ticket las ich den Vornamen Adrian, ich traute meinen Augen nicht. Sie hatten für Adrian mitgebucht, ohne es mit mir abzusprechen. Mir war zum Heulen zumute.

Ich ging in meine Wohnung, um es Aron zu sagen. Er sagte zu mir: „Ach ja, das wollte ich dir noch sagen, habe es vergessen." Ich traute meinen Ohren nicht. In welchen Film war ich geraten? Warum wurde ich nicht gefragt, ob Adrian mitgehen darf? Seine Mutter hatte ihn gefragt und gesagt, dass sie Adrian gerne mitnehmen würde. Aron meinte: „Ich habe zugestimmt, ich dachte mir, da hast du für dich mal Zeit, um zur Ruhe zu kommen." Toll, darf ich vielleicht entscheiden, wann ich zur Ruhe kommen möchte? Dürfte ich vielleicht mitbestimmen, wann und wohin unser Kind in den Urlaub geht?

Ich war außer mir, war wütend, frustriert, genervt, alles zusammen. Ich hörte nur: „Stell dich nicht so an, andere Mütter wären froh, wenn sie mal mehr Zeit für sich hätten." Ich nahm es hin, ich merkte, dass ich nicht dagegen ankam. Weinend ging ich auf den Balkon, um zu rauchen. Mir ging vieles durch den Kopf, mir wurde bewusst, dass Rita mir langsam, aber sicher Adrian wegnehmen wollte, warum auch immer, und Aron sah noch dabei zu. Ich fühlte mich immer unwohler in diesem Haus, fing öfter an, mit Aron zu streiten. Aron stürzte sich immer mehr in seine Arbeit.

Der Alkohol wurde erneut mein bester Freund. Ich war zu schwach, um ihm zu widerstehen. Einerseits wusste ich, dass es der falsche Weg ist, und dennoch konnte ich nicht vom Alkohol lassen. Ich machte alles nur noch schlimmer. Es kam so weit, dass ich sogar vormittags schon zu trinken anfing. Am Abend, wenn alle von der Arbeit nach Hause kamen, musste ich mich erstmal dem Kontrollblick unterziehen. Mich kotzte das alles an. Um schneller meinen Alkoholpegel zu erreichen, fing ich auch mit Wein und Schnaps an. Was mir zum Verhängnis wurde, denn beim Schnaps kam es vor, dass ich einen Kontrollverlust erlebte. Das war für Rita ein gefundenes Fressen, um sagen zu können: Das ist keine Mutter, sondern nur ein versoffenes Loch.

An einem Abend kam Rita mit einer Kiste Bier zu mir in meine Wohnung hoch und stellte sie mir vor die Füße. Sie sagte: „Die trinkst du heute noch leer, damit es dir schlecht geht.“ In meiner Verzweiflung sagte ich nur: „Ich trinke, wenn ich will und nicht wenn du willst.“ So kam eins zum anderen, die Situationen schaukelten sich hoch und in diesem Haus wurde immer mehr gestritten. Aron saß zwischen zwei Stühlen und ließ sich nur noch von seiner Mutter beeinflussen. Es kam so weit, dass ich einen Brief von einem Anwalt entdeckte, durch den sich Aron über eine Scheidung schlau gemacht hatte. Da wusste ich, dass mir die Felle davonschwammen.

Ich versuchte mit Isa zu reden. In meiner Verzweiflung wusste ich nicht, an wen ich mich wenden sollte. Meine Schwester, obwohl sie selbst genug um die Ohren hatte, versuchte mir Mut zuzusprechen. Sie gab mir den Rat, zu einem Arzt zu gehen, um die Problematik anzusprechen und mir Hilfe zu holen. Na toll, soll ich zum Arzt gehen und sagen: Bitte helfen Sie mir, ich habe ein Alkoholproblem und weiß nicht mehr weiter. Ich hatte keine andere Wahl, ich musste an der Situation etwas ändern, und zwar schnell, sonst würde ich alles verlieren, hauptsächlich Adrian, und das wollte ich auf gar keinen Fall.

Ich nahm meinen ganzen Mut zusammen und suchte in den Gelben Seiten einen Allgemeinarzt aus, der mich nicht kannte. Ich vereinbarte einen Termin und ging hin. Mir war schlecht, als ich zu ihm hereingebeten wurde. Ich nahm meinen ganzen Mut zusammen und sagte ihm, wie es um mich und meine Familie steht. Er schaute mich an und meinte nur: „Sie sind noch sehr jung, ich glaube nicht, dass Sie schon so weit sind und ein Alkoholproblem haben. Es gibt im Leben Phasen, in denen man mal mehr trinkt, aber deswegen ist man noch lange kein Alkoholiker.“

Was sollte ich darauf sagen? Ich hatte kein Selbstbewusstsein und nahm es einfach hin. War das jetzt alles, ich konnte es gar nicht glauben. Ich nahm meinen ganzen Mut zusammen, um mich zu outen, und ich höre nur, dass ich zu jung und noch lange nicht so weit sei. Was wusste dieser Arzt denn von mir? Gar nichts! Dieser Arzt nahm mich nicht einmal für voll. Das Einzige, was er mir noch mit auf den Weg gab, war der Hinweis auf eine Suchtberatungsstelle in unserem Wohnort. Er gab mir die Anschrift und die Telefonnummer der Beratungsstelle mit, wünschte mir alles Gute, und das war es.

Das Gute war, dass ich eine Adresse hatte, an die ich mich wenden konnte. Ich ging nach Hause und versuchte, an diesem Tag nichts mehr zu trinken. Die Angst und die Depressionen, die ich hatte, stellten meinen Glauben auf die Probe und ließen mich an Gott zweifeln. So versuchte ich mich unterzuordnen, um den Haussegen aufrechtzuerhalten. Ich habe Alkohol getrunken, aber nur so viel, dass alle damit leben konnten. Eines Tages waren die ständigen Gedanken an den Alkohol und der Druck auch für mich zu groß. So kam es, dass ich mich in meiner Verzweiflung an die Suchtberatungsstelle gewandt habe. Die Berater sind Fachleute der Medizin, Psychologie, Sozialpädagogik und unterliegen der Schweigepflicht. Sie vermitteln bei Bedarf auch ambulante oder stationäre Therapien.

Schon beim ersten Telefonat mit der Suchtberatungsstelle war mir nichts peinlich und ich fühlte mich gut dabei. Ich suchte Hilfe, und dort wollte ich mir welche holen. Ich hoffte, dass diese Menschen mir aus der Sucht helfen können. Das erste Gespräch war gut. Ich konnte mir alles von der Seele reden. Es war jemand da, der mir aufmerksam zuhörte, der sich für mich Zeit nahm, auch wenn die Zeit begrenzt war. Ich hatte von diesem Zeitpunkt an einmal pro Woche ein Gespräch in der Suchtberatungsstelle und konnte meine Erlebnisse erzählen, positive wie negative, die mich in dieser Zeit beschäftigt haben.

Mir taten diese Gespräche gut. Ich merkte, dass sich durch sie der innere Druck verringerte. Dass sich meine Sorgen, Probleme und Ängste für eine gewisse Zeit sich ein wenig lösten, zumindest in diesem Raum. Hier konnte ich mir alles von der Seele reden, ohne Angst zu haben, dass es die ganze Stadt erfährt. War ich aus diesem Raum, merkte ich schnell wieder, dass ich auf mich alleine gestellt war und mir keiner zur Seite stand. Dass ich mit Gott und mir allein bin. Gott hatte mir den Weg zur Suchtberatungsstelle gezeigt. Ich genoss diese Gespräche sehr und war äußerst dankbar.

Zusätzlich besuchte ich einmal die Woche eine Selbsthilfegruppe. Selbsthilfegruppen sind selbstorganisierte Zusammenschlüsse von Menschen, die das gleiche Problem haben und gemeinsam etwas dagegen unternehmen möchten. Das Gute an solch einer Gruppe ist, dass alle dasselbe Problem haben, und zwar die Sucht. Es war eine gemischte Gruppe, es kamen gute Gespräche zustande. Jeder erzählte von seinem Leid und seiner Sucht. Wir hatten alle dasselbe Ziel, nämlich ein Leben frei von Sucht zu führen. Wir wollten wieder ein normales Leben, ein Leben ohne Alkohol, Drogen und Probleme. Wir wollten in Frieden leben, ohne ständige Gedanken an den Alkohol und ohne die Ängste, die uns tagtäglich quälten. Wir hatten das Ziel, mit der Angst zu leben, gut über den Tag zu kommen, uns so verhalten, dass unsere Mitmenschen mit uns zufrieden sind, dass man es ihnen so weit wie möglich recht macht, um Konfrontationen aus dem Weg zu gehen. Diese Gruppe gab mir Halt. Es war gut, Menschen um sich zu haben, mit denen man über seine Probleme reden konnte. Da wurde man nicht als ein versoffenes Loch gesehen, sondern als ein kranker Mensch.

Die Menschen, die keine Ahnung davon haben und sich mit dem Thema noch nie beschäftigt haben, meinen, dass es eine Sache des Willens sei. Man muss doch nur vom Alkohol die Finger lassen, wenn man nicht damit umgehen kann. Somit wird man schnell als willensschwach abgestempelt. Man sei egoistisch, man denke nicht an seine Mitmenschen, es sei einem alles egal. Sucht ist eine Krankheit, die nicht nur den Betroffenen betreffen, sondern auch den Partner, Eltern, Kinder, Freunde und Kollegen. Das Schlimme ist, dass Suchtmittel, egal ob Alkohol, Nikotin, Heroin oder Glücksspiele, uns Betroffenen zum Freund geworden sind. Wäre es so einfach, von den Suchtmitteln loszukommen, wären die Entgiftungs- und Therapiestationen nicht so überfüllt.

Ich war glücklich, Menschen um mich herum zu haben, die mich verstanden. Und doch war jeder in seiner eigenen Welt gefangen. Viele Abende saß ich auf dem Balkon, bat Gott, mir zu helfen und mir den richtigen Weg zu zeigen. Ich war mutlos, hatte so lange gewartet, dass ich nicht mehr sehen konnte, was wahr oder falsch ist. Ich betete damals: Zeig mir, Gott, die Richtung, weise mir den Weg. Ich brauche deine Stärke, um weiterzugehen. Ich nehme alles auf mich, ich trage die Last, doch mit jedem Schritt wächst der Zweifel in mir.

Ich merkte, wie alles um mich zerbrach und ich so machtlos war. Das wiederum trieb mich in die Verzweiflung und in die Sucht. Meine Schwester, die nun in Nürnberg wohnt und auch dem Alkohol verfallen ist, hatte mittlerweile ihre Familie, ihre Kinder und ihre Arbeit verloren. Ihre wahren Freunde sind der Alkohol und ihre Saufkumpanen geworden. Meine Eltern sind auch meist unzufrieden. Ich wollte und konnte nicht mehr. Aron und seine Familie waren zwar froh, dass ich gegen mein Problem etwas unternommen hatte, aber ich konnte nicht mit ihnen reden.

Ich fühlte mich mittlerweile wie das fünfte Rad am Wagen. Ich war zwar da und doch nicht Teil der Familie. Adrian nahmen sie einfach mit in den Urlaub und um des Friedens willen ließ ich es zu. Aron flüchtete sich immer mehr in seine Arbeit. So kam es, dass ich tagsüber öfter alleine war, meine Ängste vor mir herschob und mein Bier trank. Man blickt zurück auf das Stück Leben, das hinter einem liegt, versucht nach vorne zu schauen, was einem wiederum immer wieder aufs Neue Angst macht. Ich hatte keine Kraft mehr. Ich trank immer mehr. Zum guten Schluss war Aron so verzweifelt, dass er eines Abends meine Eltern anrief und ihnen mitteilte, was aus mir geworden war. Sie wussten, dass ich gerne trank, aber dass es so mit mir steht, wussten sie nicht oder wollten es gar nicht wissen. Aron sagte zu ihnen: „Holt sie ab, bevor ich sie erschlage."

Meine Eltern kamen an diesem Abend noch zu uns. Rita und Otto waren noch mit Adrian im Urlaub. Als meine Eltern da waren, räumte Aron meinen Kleiderschrank komplett aus und warf die Sachen ins Auto meiner Eltern. Aron heulte in seiner Verzweiflung, mein Vater versuchte ihn zu beruhigen und sagte: „Wir nehmen sie erst mal mit, dann werden wir weitersehen." Da läuteten bei mir die Alarmglocken, ich wollte auf keinen Fall zu meinen Eltern mitfahren und mir stundenlang Vorträge anhören. In meinem Suff zog ich meine Schuhe an und haute ab. Ich rannte die Straße hoch und bemerkte, dass mein Vater losfuhr, um mich einzufangen. Ich sprang hinter eine Gartenmauer eines Einfamilienhauses und versteckte mich. Meine Eltern fuhren ein paar Mal um den Block, aber nach einer gewissen Zeit gaben sie auf und fuhren ohne mich wieder nach Hause.

Ich weiß nicht mehr, wie lange ich in dem Garten saß und weinte. Es war Herbst und mir wurde kalt. Ohne Jacke konnte ich nicht ewig dort sitzen. Vorsichtig bewegte ich mich aus dem Garten und ging nach Hause. Zuhause bemerkte ich, dass ich keinen Schlüssel dabei hatte und fing an zu läuten. Mir war kalt, aber Aron ließ mich lange vor der Tür sitzen. Nach etwa zwei Stunden machte er mir wortlos die Tür auf und ließ mich hinein. Durchgefroren legte ich mich in mein Bett und versuchte zu schlafen.

Mir gingen tausend Sachen durch den Kopf, vor allem dachte ich: Ich muss was unternehmen, bevor alles zu spät ist. Da mein Kopf wieder einigermaßen klar war, hatte ich mich entschlossen, etwas zu unternehmen. Ich wollte gleich am nächsten Morgen in Ansbach auf der

Entgiftungsstation anrufen, um zu fragen, ob ein Bett frei ist. Wenn ja, wollte ich einen Einweisungsschein beim Hausarzt holen und Aron sollte mich hinfahren. Ich hatte Angst vor dem nächsten Morgen, ich wusste nicht, wie Aron reagieren würde.

Ich nahm meinen ganzen Mut zusammen, kochte Kaffee und versuchte mit Aron zu sprechen. Ich erzählte ihm von meinem Vorhaben und bat ihn, mich hinzufahren, wenn es klappen würde. Aron war erleichtert, dass ich bereit war, in die Klinik zu gehen. Er war bereit, mich zu fahren. Mir fiel ein Stein vom Herzen. Somit machte ich mich gleich ans Telefon und versuchte alles zu regeln. Ich hatte Glück, es war ein Bett frei und somit konnte ich am nächsten Tag kommen. So hatte ich Zeit, alles zu regeln und meine Tasche zu packen. Ich hatte nur ein Problem: Aron hatte meine ganzen Klamotten meinen Eltern mitgegeben, ich hatte nicht einmal Unterhosen. Ich nahm von Aron Klamotten mit, in diesem Moment war es mir egal.

Ich rief meine Eltern an, um die Situation zu beruhigen. Meine Mutter redete auf mich ein, warum und weshalb ich so viel trinke. Aron sei so ein guter Mann, mir gehe es doch bei dieser Familie so gut. Ich sagte gar nichts dazu, ich wollte keine Diskussion anfangen und ließ es erst einmal im Raum stehen. Ich habe meinen Eltern mitgeteilt, dass ich ins Krankenhaus gehen würde, um mir helfen zu lassen und um zur Ruhe zu kommen, bevor Adrian wieder nach Hause kommt. „Denn in einer Woche kommen sie aus dem Urlaub zurück und da möchte ich auf jeden Fall wieder zuhause sein."

Am nächsten Tag fuhr mich Aron nach Ansbach in die Klinik. In der Entgiftungsstation angekommen, gab es ein Aufnahmegespräch. Mir wurde mein Zimmer gezeigt. Aron verabschiedete sich. Er sagte: „Mach nun das Beste daraus" und ging. Jetzt saß ich mit meiner Verzweiflung in diesem Zimmer, das ich mit einer anderen Frau teilte. Nach der Untersuchung fragte meine Zimmernachbarin mich, warum ich hier sei. „Wenn ich das wüsste! Ich denke wegen meines Alkoholproblems. In der letzten Zeit habe ich immer mehr getrunken. Obwohl ich eigentlich glücklich und zufrieden sein sollte. Mein Kind ist gesund, ich habe ein schönes Zuhause und eigentlich einen lieben Mann." Sie fragte mich, ob das Alkoholproblem sich erst in meiner Ehe so entwickelt habe. „Nein, es zieht sich wie ein roter Faden durch mein Leben."

Ich erzählte ihr von meiner Kindheit, von meinen Schulden, bei denen ich nicht einmal wusste, wofür ich zahle, von meiner Schwester Isa, die mittlerweile schwer alkoholkrank war und die auch einen Schuldenberg hatte, der an die 100 000 DM betrug. Dass sie, seit ich denken kann, das Problemkind in unserer Familie ist und mittlerweile auch alles verloren hat. Dass meine andere Schwester Anne mit der Vergangenheit nicht klarkommt. Dass sie von Tanten meiner Mutter aufgezogen wurde, was sie bis heute nicht versteht. Dass sie von ihrer eigenen Mutter abgeschoben worden war, warum auch immer. Dass meine Mutter ihren Mutterpflichten nicht richtig nachgegangen ist. Dass ich irgendwo einen Bruder habe, den ich nicht kenne und von dem ich nicht mal weiß, wie er aussieht, wo er wohnt, weil er damals zur Adoption freigegeben wurde.

Ich erzählte ihr auch, dass ich mich mein ganzes Leben lang nach einer normalen Familie gesehnt habe und immer versucht habe, jedem gerecht zu werden. Dass ich versuchte, Harmonie und Liebe zu säen, dabei aber scheiterte, und so wurden nach all den Jahren meine Enttäuschungen immer größer und meine enttäuschten Erwartungen nahmen zu. Ich baute mir meine eigene heile Welt durch Alkohol auf. Mit meiner Ehe wurde es zwar für eine gewisse Zeit besser, aber auch da kam meine Unzufriedenheit und meine Enttäuschung wieder zum Vorschein, weil ich mit nichts zufrieden war oder oft das Gefühl hochkam, ich hätte es nicht verdient. Es könne und dürfe gar nicht sein, dass es mir gut geht. Die Vergangenheit holte mich früher oder später immer wieder aufs Neue ein. Es kostete so viel Kraft, dass ich irgendwann nicht mehr konnte und jetzt wieder an solch einem Punkt war, hier im Zimmer saß und hoffte, dass man mir helfen würde.

Ich wusste nicht, wie es mit mir und mit meiner eigenen Familie weitergehen würde. Vor allem mit meinem Sohn Adrian, ich wollte ihn nicht verlieren. Sie fragte mich, wie ich darauf komme, dass ich ihn verlieren könnte. Ich erzählte der Ärztin, dass wir in Arons Elternhaus wohnen, dass wir nicht mal eine eigene Wohnungstüre haben. Dass die Schwiegermutter alles mitbekommt, egal, was es ist. Dass sie meine Kleiderschränke aussortiert und neu eingeräumt hat, ohne es mit mir abzusprechen. Dass meine Schwiegermutter meinen Mann, ihren Sohn, sehr beeinflusst, was unsere Ehe angeht. Dass sie zur Zeit Adrian mit im Urlaub hat, ohne mich zu fragen, und viele andere Punkte, bei denen ich mich hilflos und alleine fühlte. Dass ich keinen zum Reden habe, da alle mit sich selbst beschäftigt sind.

Ich berichtete weiter, wie ich mich dann oft für meinen Freund Alkohol entschloss, bei dem ich Trost suchte. Ich sagte zu der Ärztin: „Ich weiß, dass ich durch den Alkohol alles nur noch schlimmer mache, immer wieder gerate ich in Versuchung und werde schwach. Obwohl ich mir immer wieder aufs Neue vornehme, nicht mehr zu trinken, schaffe ich es nicht." Die Ärztin hörte mir zu und schrieb alles auf. Nach einiger Zeit sagte sie zu mir: „Wir versuchen alles, damit Sie wieder so schnell wie möglich auf die Beine kommen und ohne Alkohol leben können. Das heißt für Sie, abstinent zu leben. In Ihrem Fall wäre es gut, in Zukunft in völliger Alkoholabstinenz zu leben."

Als ich aus dem Arztzimmer ging, fragte ich mich, was sie überhaupt will. Ich darf oder soll nie mehr Alkohol zu mir nehmen. Ich bin 28 Jahre alt, vielleicht werde ich 80 Jahre alt und darf nie mehr trinken. Das konnte ich mir beim besten Willen nicht vorstellen. Ich werde mir meinen eigenen Weg suchen, ich muss wieder zufriedener werden, einfach weniger trinken, dann werde ich kontrolliert trinken können. Das war mein Ziel: kontrolliertes Trinken. Ich konnte mir in diesem Moment nicht vorstellen, mein restliches Leben ohne Alkohol zu leben. Und doch war mir bewusst, dass ich etwas ändern musste. Diese ständigen Tiefpunkte, das Gefühl, am Ende zu sein, nicht mehr zu können, die Verzweiflung, die dabei entsteht. Die Scham darüber, was man seinem Partner und seinem Kind immer wieder antut. Das alles wollte ich nicht mehr haben.

Auf dieser Station gab es ein Raucherzimmer, das der Treffpunkt der Patienten war. Der Raum war nicht sehr groß und alles war verqualmt, man sah manchmal die eigene Hand vor Augen nicht. Die Menschen waren sehr unterschiedlich, obwohl wir alle dasselbe Problem hatten. Einige überspielten ihre Probleme in der Situation, in der sie sich befanden. Andere saßen einfach nur da, rauchten ihre Zigaretten, waren wie abwesend und starrten auf die Wände. Wieder andere kämpften mit dem Entzug. Es war grausam, das Elend zu sehen, und ich mittendrin. Wir versuchten uns einander Mut und Hoffnung zuzusprechen. Und doch muss man mit dieser Verzweiflung, Angst und Sucht selbst den Weg suchen und gehen, jeder Einzelne für sich.

Einige waren schon zum fünften bis zehnten Mal auf Entgiftung. Und sahen nicht ein oder wollten immer noch nicht einsehen, dass sie ein Alkoholproblem hatten, und ich gehörte auch dazu. In diesem Moment machte ich es mir zum Ziel, für mein Kind und für meine Familie kontrolliert trinken zu können. Das sagte ich niemandem, ich erzählte vielmehr, dass ich abstinent leben wollte.

Am Abend kam Aron, um mir Klamotten zu bringen. Ich merkte, dass er sich auf dieser Station nicht wohl fühlte. Er schämte sich für mich. Immer wieder sagte er: „Warum trinkst du? Warum habe gerade ich so eine Frau? Warum kann es bei uns nicht normal laufen?" Er war verzweifelt und sagte nicht viel. Irgendwie tat er mir leid, aber ich wollte den ganzen Zirkus doch selber nicht. Ich versprach, dass alles wieder gut werden würde. Deswegen war ich doch hier.

Nun war ich schon vier Tage auf der Station. Ich hatte meinen Entzug ohne Tabletten fast hinter mich gebracht. Körperlich ging es mir besser. Psychisch ging es mir aber nicht gut. Der Gedanke an Alkohol war in meinem Kopf. Ich dachte: „Was würde ich jetzt geben, um ein kühles Pils zu trinken, nur eins." Ich musste mich ablenken. Nach einer Woche konnte man bei den Arbeitstherapien mitmachen. Es gab verschiedene Bereiche, die man übernehmen konnte. Man konnte auf der Station verschiedene Ämter übernehmen, zum Beispiel die Räume säubern und die Blumen gießen. Im Außenbereich konnte man die Wege kehren, im Herbst das Laub zusammenrechen und das gehackte Holz stapeln. Ich trug mich für den Außendienst ein. Ich wollte raus an die frische Luft. Ich freute mich auf die nächste Woche, endlich was tun zu können.

Eigentlich wollte ich nach einer Woche nach Hause gehen, aber die Ärztin sagte, dass die Entgiftung zwei Wochen dauern würde. Sie sagte mir auch, dass ich am Wochenende für einen Tag nach Hause gehen dürfe, da ich stabil sei und meine Entgiftung ohne Tabletten durchgezogen hätte. Einerseits freute ich mich, dass ich für einen Tag raus durfte, vor allem weil Adrian nach Hause kam. Ich entschloss mich, am Sonntag nach Hause zu gehen in der Hoffnung, dass alles gut gehen würde. Am Freitag kamen Rita und Otto mit meinem Adrian heim, ich dachte mir, lass sie erst mal ankommen, und Aron wird ihnen alles erzählen. Am Telefon erzählte ich Aron, dass ich am Sonntag zu Besuch kommen würde. Seine Freude hielt sich in Grenzen, aber das war mir egal, ich wollte mein Kind sehen.

Aron holte mich nach dem Frühstück ab. Zuhause angekommen, freute ich mich sehr, mein Kind zu sehen. Adrian freute sich auch, mich zu sehen, er sah sehr gut aus, war braungebrannt. Wir spielten und hatten einander einfach nur lieb. Aron dagegen war sehr zurückhaltend und wie immer sprach er nicht viel. Seine Eltern verhielten sich, als sei alles normal. Eigentlich dachte ich, dass sie mich auf die Situation ansprechen und mich fragen würden, wie es mir geht, mir Vorwürfe machen oder gute Ratschläge mitteilen wollten. Aber nein, sie sprachen nur das Nötigste mit mir, ich fühlte mich wieder wie das fünfte Rad am Wagen. Sie nahm Adrian und ging mit ihm zum Wickeln, obwohl ich gehen wollte. Sie nahm ihn ganz in Anspruch und ich saß da, schaute zu und ließ es geschehen. Ich brachte kein Wort heraus, innerlich hätte ich schreien können. Am liebsten hätte ich ihr die Meinung gesagt. Ich tat es nicht um des Friedens willen. Ich wollte den Tag nicht versauen, auch Adrian zuliebe. Somit spielte ich wieder mal mit, machte gute Miene zum bösen Spiel.

Zum Mittagessen gingen wir zum Griechen. Da hätte ich nicht mitgehen sollen. Beim Essen erzählten sie Geschichten aus dem Urlaub, trafen in der Gastwirtschaft Bekannte, mit denen man sich austauschte. Aron war überall, nur nicht bei mir. Ich versuchte stark zu sein und beschäftigte mich mit Adrian. Ich hätte nicht gedacht, dass ich mich auf den Abend freuen würde und darauf, endlich wieder aus dem Haus zu kommen. Nach dem Essen kam, wie üblich, eine Runde Ouzo auf den Tisch. Ich weiß nicht, was über mich kam. Ich trank jeden einzelnen Ouzo, so schnell konnten die anderen gar nicht schauen, da waren die Gläschen schon leer. Sie sahen mich alle entsetzt an, sagten aber nichts dazu.

Nicht einmal zuhause haben sie etwas gesagt. Da wusste ich, dass es ihnen egal war, was aus mir wurde. Ich wollte nur noch weg. In drei Stunden musste ich in der Klinik sein. Im Keller trank ich noch heimlich zwei Bier. Nun musste ich viel Wasser trinken, um den Alkohol aus meinem Körper zu bekommen. Aron fuhr mich wieder in die Entgiftungsstation. Angekommen hoffte ich, nicht blasen zu müssen. Nach jedem Ausgang konnte es sein, dass man blasen musste, um festzustellen, ob man Alkohol zu sich genommen hatte. Aron begleitete mich auf die Station, die Schwester kam auf mich zu und sagte: „Kommen Sie bitte mit ins Stationszimmer, um zu blasen.“ Mein Herz fing an, wild zu schlagen. Aron stand an der Türe und wartete ab, was dabei herauskam. Ich blies in das Gerät und hoffte, dass der Alkohol sich in den drei Stunden und durch das viele Wasser abgebaut hatte. Leider hatte ich noch 0,8 Promille.

Die Schwester schrieb es in meine Akte und sagte: „Die Ärztin wird morgen mit Ihnen sprechen.“ Aron schüttelte den Kopf und ging, ohne sich zu verabschieden. Mir ging es verdammt schlecht. Nach dem Abendessen rief ich Aron an, um noch einmal mit ihm zu reden und ihm zu sagen, dass es mir leid tut. Er machte mir nur Vorwürfe, meinte, mit mir müsse man sich nur noch schämen, und legte auf mit einem Knall. Jetzt wurde mir erst bewusst, was ich getan hatte, aber nun war es leider zu spät. Ich würde mit den Konsequenzen leben müssen.

Den ganzen Abend und in der Nacht machte ich mir Gedanken und zermürbte mir den Kopf, was jetzt mit mir passieren würde. Ich versuchte zu schlafen und den Morgen abzuwarten. Beim Frühstück brachte ich dann keinen Bissen runter. Ich hatte eine Vorahnung, dass es nicht gut für mich aussieht. Auf einmal hörte ich meinen Namen und die Aufforderung: „Sie können nun zur Ärztin.“ Als ich das Arztzimmer betrat und die Ärztin begrüßte, sagte sie: „Sie hatten am Wochenende einen Tag Ausgang. Ihrer Akte kann ich entnehmen, dass es nicht so gut gelaufen ist.“

Ich versuchte, ihr die Situation zu erklären. Sie hörte mir zu, aber sie sagte: „Sie sind hier, um vom Alkohol wegzukommen. Es werden immer wieder Situationen in Ihrem Leben vorkommen, in denen es nicht glatt läuft. Wie machen wir nun weiter, was denken Sie?“ Es gab nur drei Alternativen: Weitermachen wie bisher, Ausgangssperre oder nach Hause gehen. Die Ärztin sah mich an und meinte: „Wir nehmen die letzte Alternative.“ Irgendwie hatte ich damit gerechnet, aber doch gehofft, dass es nicht eintreffen würde.

Ich sagte gar nichts mehr, stand auf, ging in mein Zimmer, packte meine Tasche und rief Aron an. Ich wusste, dass es für mich die Hölle werden würde. Aron ging ans Telefon. Ich sagte ihm, wie die Situation aussieht, dass ich die Station verlassen musste und er mich bitte abholen sollte. Eigentlich hatte ich einen Vortrag erwartet, aber er sagte nur, dass er mich in seiner Mittagspause abholen würde und hing den Hörer ein. Ich war verzweifelt über mich, Gott und die Welt. Der Gedanke an zuhause machte mir Angst, da ich immer drei Personen vor mir hatte. Ich wollte und konnte nicht mehr. Das Einzige, was mir Halt gab, war mein Adrian, und nicht mal ihm wurde ich gerecht. Er war noch so klein und ich so grausam. Ich dachte: Ich will doch all das gar nicht, und immer wieder schieße ich einen Bock nach dem anderen.

Bis Aron kam, wartete ich im Raucherzimmer auf ihn. Ich rauchte eine Zigarette nach der anderen und trank Kaffee, einen nach dem anderen. Mir wurde schon ganz schlecht. Schlecht von all meinen Gedanken, von dem ganzen Kaffee und den Zigaretten. Ich glaube, in dieser ganzen Zeit habe ich fünf Kilo abgenommen. Was ja nicht schlecht war, aber nicht unter diesen Umständen. Als Aron da war, sagte er kein Wort. Er nahm meine Tasche und ging voraus. Ich hatte mich von den Pflegern und Schwestern mühselig verabschiedet, weil ich überhaupt nicht wusste, wie es weitergehen würde. Danach verließ ich die Station.

Während der Autofahrt sprachen wir kein Wort. Er setzte mich zuhause ab und fuhr weiter zur Arbeit. Nun stand ich in der Einfahrt, wo mich mein kleiner Lichtblick, mein Adrian, mit Rita empfing. Adrian kam auf mich zugerannt und freute sich, mich zu sehen, was man von Rita nicht behaupten konnte. Sie überspielte viel in der Gegenwart von Adrian. War Adrian nicht in der Nähe oder schlief er, so sprach kein Mensch mit mir.

Ich versuchte, meine Schwester anzurufen. Als ich sie nach langem Probieren endlich mal am Telefon hatte, sagte sie: „Gott sei Dank meldest du dich. Sonja, mir geht es total schlecht, ich weiß nicht mehr weiter. Nun habe ich wieder eine Anzeige wegen Körperverletzung und Sachbeschädigung. Der scheiß Alkohol macht mich noch kaputt." Kurz habe ich versucht, ihr meine Geschichte zu erzählen, aber sie konnte gar nicht richtig darauf eingehen. Wie auch, sie war selbst am Boden zerstört, ihr ging es miserabel und wenn sie großes Pech hatte, musste sie wieder für ein paar Monate ins Gefängnis.

Ich rief Sabine an, ich wollte mit jemandem reden. Sie wusste nicht alles von mir. Ich hatte ihr zwar schon erzählt, dass ich durch den Alkohol immer wieder Stress mit Aron hatte, aber von der Entzugsklinik hatte ich ihr nichts berichtet. Ich tat so, als wolle ich mich nur mal so melden, um sie zu fragen, wie es ihr geht. Aber auch da hörte ich nur von Unzufriedenheit, von den Vorwürfen, die sie ihrem Mann machte und dass alles zum Kotzen sei und sie keinen Bock mehr habe. Ich hörte es mir eine Zeit lang an, dann tat ich so, als würde jemand zu mir kommen.

Mein dritter Versuch war Ruth. Als ich mit ihr am Telefon sprach, fragte sie mich: „Wann kommst du mal wieder vorbei? Es gibt viel zu erzählen." Ja, das dachte ich mir auch. Wir verabredeten uns für den nächsten Nachmittag. Als ich bei ihr war und die Kinder schön miteinander spielten, tranken wir ein Bier. Sie erzählte, dass es mit ihrem Ehemann nur noch Streitereien gab. Ihre Mutter sei vor kurzem gestorben, was ihr sehr zu schaffen mache. Dass es viel Streit wegen des Alkohols gab. Auch hier versuchte ich, von mir zu reden, um mitzuteilen, wie es mir ging. Ich gab auf. Ich hörte ihr zu und versuchte, gute Ratschläge zu geben. Gerade ich, obwohl ich nicht mal einen guten Rat für mich selbst hatte.

Nach zwei Stunden lief ich mit Adrian wieder nach Hause. Als ich so nach Hause lief, wurde mir wieder deutlich bewusst, dass man auf sich selbst gestellt ist. Dass man sein Leben nur selbst ändern kann. Gewisse Leute können zwar helfen und uns ein Stück Lebensweg mit begleiten, aber kein Mensch kann dir dein Problem abnehmen. Ich wusste noch nicht, wie ich mein Leben ändern wollte, ich wusste nur, dass ich etwas ändern musste. So habe ich mich entschlossen, wieder viel mit mir selbst auszumachen. Mir wurde wieder bewusst, dass ich eine Einzelkämpferin bin, die nur sich selbst und Gott an ihrer Seite hat.

Es machte mich traurig, wie durch den blöden Alkohol sich alles veränderte und zerstört wurde. Man weiß, dass man nicht alleine ist, man hat es auf der Entgiftungsstation gesehen, und doch ist jeder auf eine gewisse Art und Weise auf sich selbst gestellt. Viele Menschen geben zu, dass sich ihr Verhalten durch Alkoholeinfluss verändert und dies teilweise schlimme Konsequenzen mit sich bringt. Der Betrunkene macht sich wenig Gedanken über sein eigenes Verhalten und die Konsequenzen. Das schlimmste Übel ist auch, dass man Dinge ausspricht, die wir nüchtern für uns behalten hätten oder die uns vielleicht nicht einmal eingefallen wären. Diese Erfahrungen hatte ich oft genug gemacht, und doch passierten solche Dinge immer wieder aufs Neue.

Ich nahm mir vor, mich in der Suchtberatungsstelle in Roth wieder zu melden. Dort waren die Einzigen, die mir zuhörten und mich ernst nahmen. Ich habe getrunken, aber ich bemühte mich, es nicht aus dem Ruder laufen zu lassen. Ich zog mich immer mehr zurück und versuchte, so gut ich konnte, meinen Haushalt zu erledigen und mich um Adrian zu kümmern. Ich versuchte, unter der Woche für alle zu kochen, über vielen Sachen zu stehen und sie zu erdulden. Ich ging allein nicht mehr weg. Einmal die Woche fuhr ich mit Adrian zu meinen Eltern oder zu Sabine. Sonst blieb ich zuhause und trank allein mein Bier.

Ich besuchte regelmäßig die Suchtberatungsstelle, weil es mir einfach guttat. Es gab Zeiten, da war es ruhig im Haus, und es gab Zeiten, da eskalierte es durch meine Räusche. Es verging fast ein Jahr, bis es endgültig eskalierte. Wir waren alle überfordert. Bei mir war es nun so weit, dass ich mittlerweile mit dem Schnapstrinken angefangen hatte, um die Wirkung schneller zu erzielen, die mit Bier schon recht lange auf sich warten ließ. So war der Jägermeister bei mir eingezogen.

Immer mehr versuchte ich, in meiner Welt Glückseligkeit zu finden. Immer wieder fragte ich mich aufs Neue: Was ist Glück? Glück wird einem erst in Krisen und in der Not bewusst. Was die Welt an schönen Dingen bietet, ging in meiner Verfassung unter und war für mich nicht greifbar, und doch können Welt und Natur uns glückliche Momente bescheren. Aber sie zu sehen und zu begreifen, dazu war ich in dieser Zeit nicht fähig. Ich war nicht fähig, Dinge wahrzunehmen, mich wieder daran zu erfreuen und sie auf mich wirken zu lassen. Obwohl das Nahrung für unsere Seele ist, die danach schreit.

Eines Tages, als ich zur Suchtberatung gefahren bin, kam mir der Aldi in Roth dazwischen. Zuhause hatte ich schon einiges getrunken, beim Aldi hielt ich an, um mir noch etwas zu trinken zu besorgen, das ich dann auch gleich im Auto konsumierte. Anschließend fuhr ich in die Stadt und parkte direkt bei der Polizeistation am Parkplatz. Ich wusste von der Fahrt gar nichts mehr. Ich schaltete den Motor aus, die Musik spielte sehr laut, ich legte meinen Kopf auf das Lenkrad und schlief ein.

Ein Ehepaar hatte bemerkt, dass etwas mit mir nicht stimmte und ging somit in die Polizeistation, um dort Bescheid zu sagen. Ein Polizist solle doch bitte nach mir sehen, sie hätten die Vermutung, dass ich betrunken bin. Der Polizist holte mich aus dem Auto und nahm mich mit auf das Revier. Sie ließen mich blasen, es kamen 3,0 Promille raus. Bei diesem Wert würde eine Person sterben, die den Alkohol nicht gewohnt ist. Sie nahmen mir Blut ab und riefen meine Schwiegermutter an, teilten ihr die Begebenheit mit und sagten, dass sie mich abholen solle. Sie teilte den Polizisten mit, dass sie mein Kind, das drei Jahre alt sei, noch fertig mache und dann komme.

Nach diesem Telefonat bekam ich mit, wie die Polizisten sich unterhielten. Der eine Polizist sagte zum anderen: „Das arme Kind! So eine Mutter zu haben, das Kind tut mir leid." Dieser Satz ließ mich hellwach werden. Ich dachte: Was habt ihr für eine Ahnung? Ihr wisst gar nichts von mir und urteilt über mich. Andere zu verurteilen ist einfacher, als vor seiner eigenen Türe zu kehren. Über andere zu urteilen, andere zurechtzuweisen und sie in eine Schublade zu stecken, ist der bequemere Weg, als sich über sich selbst Gedanken zu machen oder erst einmal den Menschen kennenzulernen, ihn zu fragen, warum es so ist, wie es ist.

Aber irgendwie war es mir in diesem Moment egal, mich nahm ohnehin keiner mehr für voll. Ich war doch nur ein versoffenes Etwas. Sie sahen alle nur die Alkoholikerin in mir, was auch stimmte, aber warum es so weit gekommen war, das interessierte keinen. Mein ganzes Leben war durcheinandergeraten. Mit meiner sensiblen Persönlichkeit, die sich immer mehr nach einem tiefen Vertrauen sehnte, nach Menschen, die mich verstehen, die mich so nehmen, wie ich bin, und die mir helfen, auf die Verlass ist. Mein Glück machte ich abhängig von den Stimmungen der anderen Menschen. Ich sehnte mich nach einem Menschen, der sich gemeinsam mit mir durchs Leben kämpfte, auch unter sehr schwierigen Bedingungen, weil sich der eine auf den anderen verlassen kann und weil wir einander aufbauen und unterstützen. Auf so einen Menschen habe ich gewartet und gehofft.

Meine Schwiegermutter kam mit meinem kleinen Adrian rein. Ich verhielt mich ruhig, ich versuchte, mich so normal wie möglich zu benehmen. Das Gespräch, das Rita mit den Polizisten führte, bekam ich nicht mit. Sie ließen mich im Nebenzimmer sitzen, die Türe war zwar offen, aber irgendwie war ich für sie gar nicht anwesend. Nach kurzer Zeit kam Rita und nahm mich mit. Als wir im Auto saßen, sagte sie erst gar nichts, aber plötzlich sprudelte alles aus ihr heraus. Sie beschimpfte mich, ich sei an allem Schuld, ich triebe mit meiner Sauferei alle in den Wahnsinn. Ich solle mal an mein Kind denken, womit sie auch recht hatte. Aber sie hatte kein Recht, mich anzuschreien, mich zu beschimpfen und mich als ein versoffenes Wesen zu bezeichnen. Sie fing dann mit Adrian an, sagte, dass sie mir das Kind entziehen werde, wenn ich nicht zu trinken aufhörte. Das sagte mir meine Schwiegermutter. Hätte Aron mir das gesagt, hätte ich es noch verstanden.

Ich konnte diese Beschimpfungen und Beleidigungen nicht mehr hören. Mir wurde es zuviel und in meiner Verzweiflung konnte und wollte ich nicht mehr. Als wir uns schon auf der Schnellstraße befanden, machte ich, ohne zu überlegen, während der Autofahrt die Autotüre auf, um herauszuspringen. Rita war schockiert, reagierte schnell, erwischte mich an meinen langen Haaren und zog mich wieder zurück. An der nächstmöglichen Haltestelle hielt sie an und fragte, ob ich noch ganz sauber sei. Ich sei nicht mehr richtig im Kopf. Ob ich meine letzten Gehirnzellen versoffen hätte? Ich sagte gar nichts dazu, weinte und wollte nur noch nach Hause. Ich wäre gesprungen. Ich konnte diese Frau nicht mehr sehen, ihr Anblick machte mich krank und wütend, und noch wütender machte mich, dass sie mir mein Kind entziehen wollte. Mein Mann sagte wie immer gar nichts dazu, denn seine Mutter sprach für ihn.

Zuhause angekommen, wollte ich mit Adrian in unsere Wohnung gehen, aber Rita gab ihn mir nicht mit. Sie sagte: „Adrian bleibt bei mir, bis sein Vater nach Hause kommt. Geh du erstmal deinen Rausch ausschlafen!“ Wieder hatte sie gewonnen. Ich ging hoch und legte mich schlafen, was auch nicht so richtig funktionierte. Ich weinte immerzu, flehte Gott an, dass er mich doch bitte wieder auf den rechten Weg bringen möge. Ich hatte Angst vor dem Moment, in dem Aron nach Hause kommen würde. Er kann einen so toll ignorieren, schweigen und einen links liegen lassen. Ich glaube im Nachhinein, dass sie sich alle nicht nur deshalb so verhalten haben, weil sie mich nicht verletzen wollten, sondern auch, weil sie so verzweifelt und mit der ganzen Situation überfordert waren, wie ich selbst ja auch.

Es kam so weit, dass ich mich so sehr betrunken habe, dass ich am Balkon zusammengebrochen bin. Adrian ging zur Oma und sagte ihr, dass Mama auf dem Balkon auf dem Boden schläft. Als ich wieder zu mir kam und in den Spiegel schaute, erschrak ich über den Anblick. Ich habe mich selbst nicht mehr erkannt. Mein Gesicht war auf einer Seite aufgeschlagen. Durch den ganzen Alkohol war ich im Gesicht stark aufgeschwemmt. Insgesamt hatte ich deutlich an Gewicht zugenommen. Ich konnte mich nicht mehr anschauen. An diesem Morgen wurde mir bewusst, dass ich nur zwei Möglichkeiten hatte. Entweder ich verlasse meine Familie für den Alkohol und gehe nach Nürnberg zu meiner Schwester, wo wir uns beide zu Tode saufen konnten. Oder ich gehe erneut nach Ansbach, um ernsthaft eine Entgiftung zu machen, um Adrians willen und um einen Neuanfang ohne Alkohol zu starten. Die Idee mit dem kontrollierten Trinken war gescheitert. Ich hatte erkannt, dass ich eine Alkoholikerin bin und nicht mit Alkohol umgehen kann.

# Wanderschuhe: Neue Wege finden

Ich rief am selben Tag erneut in der Klinik in Ansbach an und fragte, ob ein Bett frei sei. Ich hatte wieder mal Glück, so dass ich in zwei Tagen kommen konnte. Ich nahm meinen ganzen Mut zusammen und bat Aron und seine Familie, dass wir uns alle an einen Tisch setzen. Alle waren sehr überrascht und warteten ab, was ich nun von mir geben würde. Alle Augen waren auf mich gerichtet, um des Friedens willen und für meinen Adrian nahm ich meinen ganzen Mut zusammen und entschuldigte mich zunächst. Ich machte ihnen bewusst, dass ich erkannt habe, dass es so nicht weitergehen kann. Ich gestand ein, dass ich krank sei und an mir arbeiten müsse, um wieder gesund zu werden. Rita schaute mich skeptisch an, ich vermute, dass sie mir nicht glaubte. Aron sagte wieder einmal gar nichts dazu und Otto meinte, das höre sich doch gut an. Einen Versuch war es wert.

Mittlerweile war Adrian schon im Kindergarten. Ich hatte nicht den Mut, den Erzieherinnen die Wahrheit zu sagen. So sagte ich, dass ich auf eine orthopädische Reha gehe. In der Suchtberatungsstelle sagte ich auch Bescheid, dass ich noch einmal eine Entgiftung machen werde, da ich danach weiter mit ihnen arbeiten wolle. Aron fuhr mich wieder nach Ansbach. Er sprach nicht viel, ich wusste, dass dies alles sehr an seine Substanz ging. Ich versprach ihm, mich zu bessern und vor allem ohne Alkohol zu leben. Ich wusste zwar selber noch nicht, wie ich es schaffen sollte, aber deswegen war ich ja da.

Es lief alles so ab wie beim ersten Mal. Es fand ein Aufnahmegespräch statt. Ein Gespräch und die Erstuntersuchung bei derselben Ärztin, wo ich das erste Mal gewesen war. Sie begrüßte mich und meinte: „Schön, dass Sie den Schritt noch einmal machen und neu starten wollen. Was hat Sie bewogen, wiederzukommen?“ Ich erzählte ihr alles. Von meinen Vollräuschen, vom Sturz auf den Balkon, wo mich Adrian fand und meinte, ich schliefe. Dass ich einfach keine Energie mehr hatte und dass mir das Kotzen kam, wenn ich mich im Spiegel anschaute. Dass ich gar nicht glauben könne, was aus mir geworden ist.

Ich fühlte mich in meinem Körper nicht mehr wohl. Meine Angstzustände, das Alleinsein, das alles machte mir sehr zu schaffen. Ich hatte Angst, alles zu verlieren, vor allem mein Kind, und deswegen habe ich mich entschlossen, noch einmal von vorn anzufangen, und dieses Mal ernsthaft. Ich hatte erkannt, dass ich nicht kontrolliert trinken kann und es nicht allein schaffen würde. Obwohl ich allein mit meinem Schicksal war, Angst vor der Veränderung hatte, Angst zu versagen und wieder rückfällig zu werden, hatte ich die Hoffnung und war von etwas Lichtvollem überzeugt, mich aus eigener Kraft auf den Weg zu diesem Ziel, zur Abstinenz, aufzumachen.

Ich hoffte, Menschen zu begegnen, die mich auf diesem Weg unterstützen und mir helfen würden. Die mir Impulse schenkten, die für meine innere Reifung und für die Orientierung meines weiteren Lebensweges hilfreich sein konnten. Ich war nie ehrlich zu mir selbst gewesen. Ich hatte mir und anderen Menschen immer wieder etwas vorgemacht. Meinen Kummer, meine Probleme teilte ich mit niemandem, ich brachte die Menschen zum Lachen und verbreitete gute Laune. Ich hatte mir eine Fassade des ewigen Lächelns aufgebaut, um mich selbst zu schützen, um niemanden so weit an mich herankommen zu lassen, dass er mich wirklich berühren oder verletzen könnte. Aber jetzt weiß ich, dass dabei kein Vertrauen entstehen kann. Wie soll man mit dieser Einstellung Menschen finden, auf die Verlass ist? Ich hatte eine Mauer um mich herum gebaut, aber nun wollte ich diese Mauer der Heuchelei niederreißen, die mich umgab. Erst in entwaffnender Offenheit zeigt sich wahre Freundschaft.

Mir wurde mein Zimmer gezeigt, das ich mit einer jungen Frau teilte. Ich kannte mich auf dieser Station schon aus, so ging ich erst eine rauchen und machte mich mit den anderen Patienten bekannt. Dieses Mal wollte ich es schaffen. Die ersten Tage waren grauenvoll. Der Entzug war dieses Mal anders. Ich hatte keinen Appetit, der Gedanke an Alkohol drehte sich den ganzen Tag in meinen Kopf, aber der Gedanke an Adrian gab mir die Kraft, Tag für Tag zu überstehen. Am Abend telefonierte ich mit Aron und mit Adrian, was mir sehr guttat. Ich konnte gar nicht abwarten, dass die erste Woche vorbei sein würde, um an der Beschäftigungstherapie teilzunehmen, bei der handwerkliche und kreative Beschäftigungen gezielt eingesetzt wurden. Teilweise um uns abzulenken oder um verlorene körperliche oder seelische Fähigkeiten wieder aufzubauen. Ich freute mich, dass ich an die frische Luft kommen würde, egal, welche Tätigkeit mich draußen erwarten würde.

Die erste Woche war nun vorbei und ich hatte die Möglichkeit, einen Tag nach Hause zu fahren. Dieses Mal lehnte ich es ab, ich traute mir selber nicht und beschloss, drei Wochen am Stück in der Klinik zu bleiben. Ich machte mir in dieser Zeit sehr viele Gedanken, wie es mit mir weitergehen sollte. Ich verbrachte viel Zeit an der frischen Luft, was mir sehr guttat, um meinen Kopf freizubekommen. Mich beschäftigte, was ich nach den drei Wochen machen würde, wenn ich wieder zuhause sein würde. Ich genoss die Besuche von Aron und von Adrian. War Adrian bei mir, hatte ich ein noch schlechteres Gewissen, ich wusste, dass ich so viele Fehler gemacht hatte, die ich nicht mehr gut machen konnte. Und trotzdem wusste ich, dass es nichts bringt, nach hinten zu blicken. Ich musste nach vorn schauen.

Man muss nicht immer einen Plan haben, manchmal muss man nur atmen, Gott vertrauen, loslassen und schauen, was mit einem passiert. Erfolg hat drei Buchstaben: TUN. Eines muss uns bewusst sein, uns wird im Leben nichts geschenkt. Jeder Einzelne ist in der Pflicht, sein Leben selbst in die Hand zu nehmen. Keiner ist für dein Leben verantwortlich, außer du selbst. Was du aus deinem Leben machst, so wird es dir ergehen. Darum sollte man die Hilfestellungen, die einem angeboten werden, schätzen und annehmen.

Wenn ich mich nicht an der frischen Luft befand, war ich oft im Raucherzimmer. Wir hatten einen Neuzugang, mit dem ich mich gleich verstand. Dieser Mann war irgendwie anders als die anderen. Ein sehr zurückhaltender Mensch, er redete nicht viel, schenkte mir aber ein offenes Ohr. Er vermittelte mir das Gefühl, dass ich wichtig war, dass ich meinen Weg finden würde, dass man nicht immer gleich den Sinn im Leben erkennt, aber irgendwann, wenn der richtige Zeitpunkt gekommen ist, wird man vieles erkennen und verstehen. Das zweite Wochenende stand an, viele Patienten fuhren nach Hause. Daher waren wir so gut wie alleine auf dieser Station. Wir hatten sehr gute Gespräche und gingen zusammen spazieren. In seiner Gegenwart fühlte ich mich gut. Nach langem hatte ich wieder ein Gefühl der Geborgenheit, das Gefühl, einer hört mir zu, was mir sehr guttat, sodass ich ganz vergessen habe, ihn zu fragen, woher er kommt. Sein Name war Markus, mehr weiß ich leider nicht.

Bei einem unserer Gespräche legte er einen Prospekt auf den Tisch. Dieser Prospekt war von einer Klinik, die einem hilft und begleitet, in ein freies Leben zurückzufinden. Die Optionen dieser Klinik waren Einzelgespräche, Gruppengespräche, Coachinggespräche und vielfältige Kursangebote. Es wurden Patienten behandelt, die von Alkohol abhängig sind. Markus erwähnte immer wieder, dass diese Klinik gut sei. Ich sah mir den Prospekt zwar flüchtig an, schenkte ihm aber keine Aufmerksamkeit. Solch eine Therapie geht vier Monate lang, was für mich damals nicht infrage kam. Ich wollte auf keinen Fall so lange von Adrian getrennt sein. Markus legte den Prospekt beiseite in das Regal, das in diesem Raum stand.

Ich machte mir die ganze Nacht Gedanken, ich wollte ihn näher kennenlernen und nicht nur von mir sprechen. Nun war er an der Reihe, von sich zu erzählen, das wollte ich am Montag nach dem Frühstück nachholen und mich für die Zeit, die er mir geschenkt hatte, bedanken, ihm nun ein offenes Ohr schenken. Ich lief die ganze Station ab, um ihn zu finden, aber er war nicht mehr da. Ich fragte andere Patienten, ob sie Markus gesehen hätten, aber jeder schüttelte nur den Kopf. So ging ich zu den Pflegern, um Genaueres zu erfahren. Sie meinten, er sei nicht mehr da, er habe sich selbst entlassen. Ich verstand die Welt nicht mehr. Warum war er gegangen, ohne sich von mir zu verabschieden? Jetzt konnte ich nicht einmal Danke sagen für die verständnisvolle und kostbare Zeit, die er mir geschenkt hatte. Ich hatte nicht mal ein offenes Ohr für ihn, was mir wieder ein schlechtes Gewissen brachte, und gleichzeitig war ich sauer auf ihn, dass er einfach so gegangen war. Ich ging in mein Zimmer, wollte in diesem Moment keinen mehr sehen.

Als ich so auf meinem Bett lag und aus dem Fenster schaute, fiel mir wieder der Prospekt ein, den Markus mir ans Herz gelegt hatte. Ich stand auf und ging zu diesem Regal, um zu schauen, ob der Prospekt noch da war. Er war noch da, ich nahm ihn mit auf mein Zimmer. Als ich ihn aufklappte, stand handgeschrieben darin: „Viel Glück, du schaffst es.“ Zum Schluss ein gemalter Smiley. Jetzt verstand ich gar nichts mehr, steckte den Prospekt in mein Nachtkästchen, legte mich auf mein Bett und ließ meinen Gedanken freien Lauf. Musste in meinem Kopf Ordnung schaffen. Ich machte mir so viele Gedanken, aber irgendwie war alles sehr verwirrend.

Die Tage vergingen und immer wieder nahm ich mir den Flyer zur Hand und überlegte: Wer war dieser Markus, der mich so sah, wie ich bin? Ich fragte mich, ob ich diesen Weg gehen sollte. Ich sagte den Pflegern, dass ich einen Termin bei meiner Ärztin haben möchte. Am folgenden Tag bekam ich einen Termin. Als ich zur Ärztin ging, erzählte ich ihr, dass ich zu dem Entschluss gekommen sei, eine Therapie zu machen und zeigte ihr den Prospekt. Sie fragte, wo ich ihn her hatte. Ich sagte, dass ich ihn von einem Mitpatienten bekommen hatte, der aber nicht mehr da ist. Sie sah ihn sich an und meinte: „Das ist eine gute Idee, aber in diesem Haus können keine Kinder mit. Sie haben doch einen kleinen Sohn, den Sie bestimmt mitnehmen müssen, oder haben Sie jemanden, der für diese Therapiezeit Ihr Kind betreuen könnte?" Mir fiel nur meine Schwiegermutter ein. Das war eigentlich genau das, was ich nicht wollte. Die Ärztin sagte, sie könne mir Häuser empfehlen, wo Kinder mitkommen können, sogenannte Mutter-Kind-Therapiehäuser. Ich fand es toll, dass es Häuser gibt, wo man sein Kind mitnehmen konnte.

Nun waren fast drei Wochen Entgiftung vorbei und das Abschlussgespräch stand an. Die Ärztin empfahl mir, bei diesem Gespräch meine Schwiegermutter hinzuzuziehen, um noch einmal Fragen zu besprechen, die Adrian betreffen. Denn sie meinte auch, dass es mir helfen würde, mich in dieser Zeit intensiv um mich selbst zu kümmern. Dieser Gedanke gefiel mir gar nicht, aber ich ließ es wieder mal zu. So kam es, dass sie bei dem Abschlussgespräch dabei war. Dort zeigte sie sich von ihrer guten Seite. Die Ärztin erzählte Rita, welche Möglichkeiten es gab. Ich wollte mein Kind auf Therapie mitnehmen, aber sie redeten lange auf mich ein, dass es besser sei, die Zeit für mich zu nutzen und intensiv an mir zu arbeiten, um wieder gesund zu werden. Mir gefiel dieser Gedanke immer noch nicht, und doch ließ ich mich darauf ein.

Bei der Heimfahrt ging mir dieses Thema nicht mehr aus dem Kopf. Ich wusste nicht, wie ich mich entscheiden sollte. Einerseits wollte ich mein Kind mitnehmen und andererseits sollte ich die Chance nutzen und alleine gehen, um intensiv an mir zu arbeiten und danach für Adrian eine gesunde Mutter zu sein, die sich wieder vollständig um ihn kümmern konnte. Ohne ständig Angst zu haben, wieder viele Ausfälle und Rückfälle zu haben. Ich beschloss, ein paar Nächte darüber zu schlafen, um mir meine Gedanken zu machen, bevor ich eine Entscheidung traf.

Aber eine Entscheidung stand für mich schon fest, nämlich dass ich eine Therapie in Anspruch nehmen würde, wenn ich eine Genehmigung dafür bekäme.

Ich machte mir einen Termin bei der Suchtberatungsstelle, damit sie mir bei dem Antrag für eine Therapie helfen konnten. Als ich dorthin ging, wurde ich herzlich begrüßt und von Komplimenten überschüttet, da ich viel frischer und gesünder aussehe. Die Komplimente gingen runter wie Öl, da ich schon lange keine mehr gehört hatte. Ich zeigte den Therapeuten diesen Prospekt und meinte, dass ich gerne diese Klinik in Anspruch nehmen möchte. Ich bin über meine Aussage selbst erschrocken. Was sage ich da eigentlich, ich wusste bis zu diesem Zeitpunkt noch nicht, wie meine Entscheidung ausfallen würde. Nun wusste ich es, meine Entscheidung war somit gefallen. Ich möchte meine Therapie in Oppenweiler machen, das bei Stuttgart liegt. Der Berater fragte mich, wie ich gerade auf diese Klinik käme, woher ich diesen Prospekt bekommen hätte. Ich habe die Geschichte mit Markus nicht erzählt, ich sagte: „Dieser Prospekt lag in der Klinik, wo ich zur Entgiftung war. Ich fand ihn interessant und nahm ihn mit. Als ich ihn durchgelesen habe, fand ich, dass diese Klinik das Richtige für mich sei. Von meinem Zuhause aus sind es 150 Kilometer, einen gewissen Abstand brauche ich, und trotzdem möchte ich nicht weiter weg, um auch die Möglichkeit zu haben, mein Kind zu sehen und Besuch zu bekommen."

Ich konnte gar nicht glauben, was ich alles sagte, mir kam es vor, als würde jemand anderes durch mich sprechen. Aber in diesem Moment war ich glücklich, dass ich mich entschieden hatte, und zwar für dieses Haus, das Markus mir ans Herz gelegt hatte. Ich weiß nicht, wer er war und was das alles zu bedeuten hatte. Als ich heimgefahren bin, hatte ich ein sehr gutes Gefühl. In diesem Moment wusste ich, dass Markus für mich ein Engel war. Er hat mich auf diesen Weg gebracht, und ich hoffe, dass dieser Weg mich aus der Sucht führt.

Nun war schon Oktober und ich wollte so schnell wie möglich weg, raus aus diesem Haus. Mein Saufdruck wurde wieder schlimmer, ich versuchte nichts zu trinken, aber es gelang mir nicht ganz. Ich hatte mit Aron vereinbart, nicht mehr als drei Bier am Tag zu trinken. Er solle seinen Eltern bitte nichts sagen. Waren Arons Eltern mit uns zusammen, habe ich keinen Alkohol getrunken. Ich weiß nicht, ob Aron wirklich nichts sagte, aber so ging es fürs erste gut. Es dauerte mir alles zu lange, ich rief oft in Berlin bei der Rentenversicherungsstelle an, um herauszufinden, ob mein Antrag schon bearbeitet wurde. Mit meinen fast täglichen Anrufen bei der Rentenversicherung habe ich die Mitarbeiter sehr genervt, ich glaube, sie haben beim Telefonklingeln schon gehört, dass ich es bin.

Im November kam, Gott sei Dank, der Brief von der Antragsstelle. Aufgeregt hielt ich diesen Brief in der Hand. Ich hatte Angst, ihn zu öffnen und fragte mich: Was mache ich, wenn es eine Absage ist? Meine Neugier war größer als meine Angst, und somit öffnete ich den Brief. Darin stand, dass sie mir eine Therapie genehmigt haben und ich diese am 19. Januar 1999 in Oppenweiler antreten durfte. Ich hatte es geschafft, ich hatte die Möglichkeit bekommen, eine Therapie zu machen. Es war in dieser Zeit nicht selbstverständlich, in meinem Alter eine Therapie zu bekommen. Ich war damals zu jung, es hieß, dass Personen unter dreißig Jahren schwer therapierbar seien. Dass die Rückfallquote somit sehr hoch sei. Ich hatte die Chance bekommen und hoffte, dass ich sie für mich richtig nutzen konnte.

Isa wollte, wie schon oft, ein neues Leben anfangen. Als sie mitbekam, dass ich nun auf Therapie gehen würde, wollte sie auch anfangen, zu entgiften, und einen neuen Weg einschlagen. Sie ließ sich einen Termin geben, um in Ansbach die Entgiftung durchzuführen, aber leider kam bei ihr wieder etwas dazwischen, wie so oft. Ich wollte mich von den Gedanken an meine Schwester nicht herunterziehen lassen. Ich hatte genug mit mir selbst zu tun, ich wollte mich in dieser Phase nicht noch mit den Sorgen meiner Schwester beschäftigen, meine eigenen Sorgen waren groß genug. Ich versuchte, die Zeit bis zur Therapie stressfrei zu bewältigen. Ich schöpfte wieder Kraft.

Wenn ich bei meinen Eltern in Treuchtlingen war, ging ich in die Kirche zu meinem Jesus. Ich wusste, dass er mich nicht verlassen und mir einen Engel geschickt hatte, der mich auf den Weg gebracht hatte, den ich nun einschlug. Ich bedankte mich von Herzen und es kam eine herzliche Wärme über mich, die ich von früher kannte, ein Zeichen, dass er bei mir ist.

Weihnachten und Silvester standen nun an. Weihnachten verbrachte ich mit meiner kleinen Familie, wir besuchten meine Eltern und unsere Verwandtschaft. Die leuchtenden Augen von Adrian zu sehen, gab mir sehr viel Kraft, den bevorstehenden Kampf auf mich zu nehmen. Aber was mir in dieser Zeit sehr zu schaffen machte, war die Stimmung im Umfeld meiner Familie. Diese war sehr zurückhaltend und kühl. Ich fühlte mich nicht mehr dazugehörig. Ich war mit dabei, aber irgendwie auch nicht. Jeder tat so, als sei alles normal, keiner fragte mich, wie es mir geht oder was in mir vorgeht. Nur meine Eltern sprachen mir Mut zu. Ich hatte Saufdruck, und nicht nur das: Ich hätte gerne mit jemandem geredet, der mir einfach nur zuhörte und mir ein offenes Ohr schenkte, wie auf Entgiftung mit Markus. Ich dachte viel an ihn. Der Gedanke an Markus, mein Glaube und mein Adrian gaben mir die Kraft, die Zeit zu überstehen. Silvester stand an. Zur Feier des Tages durfte ich zwei letzte Biere trinken, wobei Aron darauf aufpasste, dass ich ja nicht zu viel trank.

Kurz vor dem Jahreswechsel saß ich mit Aron auf unserem Balkon. Ich schaute Aron an, sah seine Angst und Verzweiflung in seinen Augen. Ich versuchte sie ihm zu nehmen, indem ich ihm sagte, dass alles wieder gut werden würde und wir neu anfangen würden. Ich nahm ihn in den Arm, um uns ein gesundes neues Jahr zu wünschen. Wir erhofften uns einen Neuanfang, dass wir wieder zueinander finden, das Alte hinter uns lassen und neu beginnen würden, aber innerlich wusste ich, dass es vorbei war. Dieser Gedanke machte mir Angst, ich liebte Aron und meine kleine Familie, ich wollte sie nicht verlieren und doch packte mich der Gedanke, dass es mit uns vorbei war und neue Wege auf mich warteten.

Es war nun soweit, der Tag war gekommen, um die Therapie anzutreten. Ich verabschiedete mich von allen, besonders der Abschied von Adrian fiel mir sehr schwer. Aber es musste sein, ich wollte vom Alkohol wegkommen und ein neues Leben beginnen. Ich setzte mich mit Tränen ins Auto und wollte nur noch los. Die Fahrt dauerte eineinhalb Stunden, sie kam mir viel länger vor. Aron sprach so gut wie gar nicht mit mir, mir gingen bei der Fahrt in die Klinik viele Sachen durch den Kopf. Wir beide kennen doch einander, dachte ich. Aron war für mich ein lieber Mensch, ein treuer Freund.

Ich dachte: Du hast mit mir gelacht, gelästert und geträumt. Nun sitze ich im Auto und weiß nicht, wohin die Reise geht. Ich schäme mich, kämpfe mit meiner Wut. Wie oft habe ich dir Hoffnung gemacht, gesagt, es würde alles wieder gut. Jetzt begeht die Wirklichkeit ein Foul. Wir hatten so viele Pläne trotz unserer Probleme. Unser Leben nimmt seinen Lauf. In gewissen Zeiten fühlten wir uns stark und jung. Manchmal glaube ich, ich kann nichts richtig, und doch klappt es immer wieder. Ich kann gar nichts mehr sehen, es wäre schön, wenn unsere Wege uns zusammenführen würden. So etwas wie Glück empfinden, dass unser Leben wieder zum Leben erwacht und wir uns unbeschwert fallen lassen können. Einander Vertrauen und Mut geben, nochmal von vorne anfangen, ohne Plan und Angst. Unsere Ziele, unser ganzes Leben bäumte sich auf, es nahm seinen Lauf, und du verstummst immer mehr.

Jetzt erschlägt es mich auf dem Weg hierher. Ich habe das Gefühl, ich stehe nur noch verloren herum, zwischen all den Menschen, die wir kennen. Ich hoffe, mit diesem Entschluss ein Stück weit vernünftig zu werden, wieder mal! Ich kann mich nicht mehr reden hören. Bin mit allem sehr ungeduldig, kann nicht richtig zuhören. Immer irgendwie zu laut, bin oft zu spät, raste aus, wenn mich etwas aufregt, statt abzuwarten, bis der Zeitpunkt stimmt. Wie heißt es so schön, am Schluss ist alles gut, und ist es noch nicht gut, sind wir noch nicht am Ende. Je älter ich geworden bin, desto stärker wurde mir bewusst, dass sich im Leben ständig etwas ändert. Es fängt schon an, indem wir älter werden, indem sich unser Äußeres ändert, in einem reiferen Alter auch die Leistungsfähigkeit nachlässt. Auch indem wir neue Interessen und Hobbys entdecken und andere dafür ablegen. Alles ist im Fluss, ob es uns gefällt oder nicht, das ist eben so – vor allem die schnellebige Veränderung in der Technik, mit der wir uns umgeben, das Klima und die Gesetze. Wir müssen lernen, mit den Veränderungen umzugehen und Schritt zu halten. Genau das versuchte ich gerade: mich auf das Neue einzulassen, stark zu sein und optimistisch zu bleiben.

Wir kamen unserem Ziel näher. Als wir in den kleinen Ort hineinfuhren, bogen wir auch schon wieder ab. Es ging ziemlich steil den Berg hoch durch den Wald. Mein Gedanke war: Wo komme ich jetzt wohl hin? Diese Klinik war mitten im Wald auf einem Berg. Für mich weit entfernt von der Zivilisation. Da kamen für mich erste Zweifel auf. Am liebsten hätte ich zu Aron gesagt: Nimm mich wieder mit nach Hause. Aber ich schwor mir, mich auf das Neue einzulassen. Ich dachte: Hier beginnt mein neuer Weg, mein neues Kapitel. Ich wurde nicht umsonst aufmerksam auf diese Klinik gemacht. Ich werde Vertrauen haben und weiter diesen Weg gehen. So stieg ich aus dem Auto. Aron nahm mein Gepäck und wir gingen zusammen zur Anmeldung.

Ich ging mit gemischten Gefühlen in die Klinik. Mir wurde ein Zimmer zugewiesen, das sich genau gegenüber vom Schwesternzimmer befand. Dort musste ich ein paar Tage bleiben, bis das Zimmer in der Wohngruppe, in der ich eingetragen war, frei wurde. Ich teilte dieses Zimmer mit einer für mich damals schon älteren Frau. Sie war ungefähr zwanzig Jahre älter als ich. Aron stellte meine Koffer ab und wir verabschiedeten uns voneinander. Wir waren beide in diesem Moment mit den ganzen neuen Situationen und Eindrücken überfordert. Keiner von uns wusste, wie es mit uns weitergehen würde. Aron und ich waren voller Hoffnung und hofften, dass sich alles zum Positiven wandeln würde.

Kaum war Aron weg, musste ich schon ins Schwesternzimmer, um die ersten Untersuchungen vorzunehmen. Danach schaute ich mich in der Klinik um, um erste Einblicke zu bekommen und mich zurechtzufinden. Nach dem Abendessen war ich zu müde, um weiter die Klinik auszukundschaften. Mit meiner vorübergehenden Zimmergenossin kam ich zurecht. Jeder erzählte ein Stück von seinem Leben. Da wurde mir wieder bewusst, dass alle, die hier in dieser Klinik sind, dasselbe Problem haben. Wir saßen alle im selben Boot. Sie erzählte mir, dass sie zwanzig Jahre lang trocken gewesen und jetzt wieder rückfällig geworden sei. Ich fragte sie: „Wie kann das nach zwanzig Jahren Abstinenz noch passieren?" Sie erzählte mir: „Solange die Kinder klein waren und einen brauchten, hatte ich keine Zeit und kein Bedürfnis, zu trinken. Als die Kinder groß und außer Haus waren und ich selbst mit mir viel allein war, dachte ich, ich könne wieder mal ein Glas Wein trinken. Am Anfang klappte es gut, aber mit der Zeit schlich sich der Alkohol immer häufiger und wieder intensiver in mein Leben ein. Bis alle Stricke rissen und ich nach zwanzig Jahren wieder von vorne angefangen habe und hier gelandet bin. Meine Kinder haben sich zurückgezogen und sind enttäuscht von mir. Nun werde und muss ich das Vertrauen meiner Kinder zurückgewinnen, was nicht einfach ist."

Da ist man zwanzig Jahre trocken, man denkt, man weiß und kann alles, aber der Teufel, der dich dein ganzes Leben im Hinterkopf begleitet und dir immer neue Herausforderungen stellt, dich mit seiner Stimme beeinflussen und dein Gewissen sabotieren will. Der immer aufs Neue probiert, dich zu verführen und alles zu verharmlosen. Der mit dir spielt und eine Freude hat, wenn man ins Verderben rennt, rückfällig und verzweifelt wieder bei null anfängt. Das ist Sucht! Zwanzig Jahre trocken, und ich habe es nicht einmal vier Wochen geschafft. Ich habe vor dieser Frau den Hut gezogen, und mir wurde auch bewusst, einen neuen Weg wählen bedeutet, andere Wege aufzugeben.

Nach einigen Tagen durfte ich mein richtiges Zimmer auf meiner Station beziehen. Die Frau, mit der ich das Zimmer teilte, war in meinem Alter. Sie hieß Jutta. Wir stellten uns einander vor und jeder erzählte von sich. Die Therapiezeit betrug vier Monate. Vier Monate mit einer Gruppe arbeiten und leben, und doch arbeitet jeder für sich alleine an sich selbst. In Gruppengesprächen, Einzelgesprächen, mit Sport, Yoga, Kunsttherapie. Kunsttherapie ermöglicht dem Patienten, sich ohne Worte auszudrücken. Das Wichtigste, was ich in dieser Zeit erkennen durfte, war, dass viele Menschen ein Problem haben. Dass sie so schnell gestresst sind oder auf zu viele Alltagsanforderungen gestresst reagieren. Oder dass sie kaum die Energie haben, aus ihrem Leben das zu machen, was sie sich einst erträumt haben. Es verschaffte mir eine gewisse Erleichterung, zu wissen, ich bin mit meinem Problem nicht allein.

Ich lebte mich schnell ein, aber meine alten Muster konnte ich irgendwie nicht ablegen. Außen musste ich eine gewisse Stärke zeigen, immer irgendwie den Clown spielen, die Leute zum Lachen bringen, obwohl mir innerlich zum Weinen zumute war. Mit meiner Schauspielerei wollte ich alles aufrechterhalten, aber ich merkte immer mehr, dass die Kraft mich verließ. In Situationen, in denen mich die Gelassenheit verlassen hatte, ist es besser, nichts zu sagen. Kein Wort, einfach ruhig bleiben, so kann die Ruhe als Gelassenheit zurückkehren. Wie oft tut man Dinge, die man gar nicht machen will, einen Gefallen hier und einen dort, schon verliert man die Freude am Dasein, wenn man zur Marionette geworden ist und sein Ich verloren hat. Nein sagen zu können, ist wichtig, um eine reife Persönlichkeit zu werden. Ich bin hier, um Abstand von Dingen zu bekommen, die mir nicht guttun. Wie oft ist es mir schon passiert, dass ich mich jemandem unterordne.

Ich merkte durch die Gespräche mit meiner Therapeutin und den Mitpatienten schnell, dass es nichts bringt, wenn man nur mit einer Maske im Leben herumläuft. Eigentlich sollte ich es langsam begreifen, denn mit dieser Art bin ich hier gelandet, was mir zu denken geben sollte. Wenn ich mit einzelnen Patienten ins Gespräch kam, merkte ich, dass die meisten Menschen hier hinter einer Maske versteckt waren.

Das Erstaunliche war, dass viele Erfolgsmenschen, die sich auf der Sonnenseite des Lebens befanden, in dieser Klinik waren. Innen sah es bei ihnen ganz anders aus: Attraktivität, Erfolg und Beliebtheit, das waren die Maßstäbe, denen sie sich unterordneten, bis von der eigentlichen Person nicht mehr viel oder gar nichts mehr übrig blieb. Dieses seelische Leid verbergen viele vor der Außenwelt, was Alkoholabhängigkeit, das Gefühl von Sinnlosigkeit und Selbstmordgedanken sowie andere Abhängigkeiten hervorrufen kann.

Ich dachte immer, erfolgreiche Menschen, die alles haben, wie Geld, Erfolg im Beruf, ein tolles Auto, ein schönes Haus, seien glückliche Menschen. Dass es eher die Menschen in die Sucht treibt, die gar nichts haben und die wenig erreicht haben. So wie ich. Aber es war nicht so. Im Prinzip tragen wir alle im Laufe unserer Lebenszeit Masken: Deprimierte Personen, die sich als Optimisten zeigen, ängstliche Personen, die sich ganz entspannt präsentieren, und alles nur, weil meine Mitmenschen nicht sehen sollen, wie es in mir wirklich aussieht. Im Prinzip sind wir alle gute Schauspieler.

Ich versuchte, so gut wie möglich an mir zu arbeiten. Nach ein paar Wochen, als ich meinen Rhythmus gefunden und ernsthaft an den Therapien teilgenommen hatte und Stück für Stück meine Maske fallen ließ, empfand ich es umso schwerer. Es flossen viele Tränen, meine Schuldgefühle und Ängste plagten mich. Nun musste ich lernen, in nüchternem Zustand damit umzugehen. Früher hatte ich meinen Freund, den Alkohol, der mir dabei geholfen hatte, sie zu betäuben. Jetzt war ich mit meinen Gefühlen, die ich jahrzehntelang unterdrückt hatte, auf einmal auf mich allein gestellt. Ich war in vielen Momenten überfordert und der Saufdruck plagte mich. In dieser Zeit wurde ich zum richtigen Kaffeetrinker, der Kaffee ist meine Ersatzdroge geworden. Ich konsumierte Kaffee und Zigaretten bis zur Bewusstlosigkeit.

Um meine Sucht zu bekämpfen, fing ich an, mich intensiver zu bewegen. Mit anderen Patienten bin ich viel gelaufen und habe an den Sportangeboten teilgenommen. In dieser Zeit habe ich ganze zehn Kilo abgenommen. Obwohl ich mich viel mit anderen Menschen austauschte und froh war, über meine Probleme reden zu können, war ich sehr in mich gekehrt und für mich allein. Ich merkte, dass Aron sich immer mehr von mir zurückgezogen hatte. Bei den Telefonaten verhielt er sich kurz angebunden, wollte ich mit Adrian sprechen, hieß es oft, er sei gerade nicht da oder er schlafe. Ich hatte das Gefühl, dass sie mir Adrian entfremden wollten und unsere enge Beziehung sich auflösen sollte. Aber hatte ich ihn am Telefon, tat mir jedes Mal das Herz weh.

Ich bekam einen Hass auf den Alkohol, der mir das alles eingebrockt hatte und der versuchte, mir alles wegzunehmen, was mir lieb und wert war. Der Alkohol versprach mir immer wieder so viel und führte mich hinters Licht, sodass ich mich dann vergaß, da ich nicht mehr so mitspielte, wie er es gerne wollte. Ich genoss es für ein paar Minuten, Adrians Stimme zu hören, und versuchte, stark zu bleiben. Ich habe Aron gebeten, mich öfter mit Adrian zu besuchen. Aber es kam immer etwas dazwischen. In meiner ganzen Therapiezeit hatte ich insgesamt viermal Besuch. Das erste Mal kamen Aron, Adrian und meine Schwiegereltern. Das zweite Mal nur Aron mit Adrian. Das dritte Mal kamen meine Eltern zu Besuch. Der letzte Besuch war von Aron allein.

Ab diesem Zeitpunkt hat sich alles geändert. Ich wollte so vieles ändern, ich wollte mein Kind bei mir haben. Die Zeit verging und ich hatte das Gefühl, es wendet sich alles zum Negativen. Nun war ich auf Therapie, um mich zu ändern, doch statt Unterstützung von meiner Familie zu bekommen, wurde ich den Gedanken nicht los, dass sie gegen mich arbeiteten. Als wäre der Druck durch das Verlangen nach Alkohol nicht schon schlimm genug, empfand ich noch zusätzlich jedes Mal den Druck durch die Fragen: Bekomme ich Adrian ans Telefon, gehen sie überhaupt ran? Es gab auch Beschimpfungen, wie schlimm ich sei und dass ich alles ruiniere. Ich wusste nie, was auf mich zukommt. Das machte mir sehr zu schaffen. Ich hätte aus der Haut fahren können, am liebsten hätte ich alles hingeschmissen, hätte mein Kind geholt und wäre davongelaufen. So einfach war es leider nicht.

Ich versuchte, mit den Therapeuten darüber zu reden, was meine Ängste sind und was mich bewegt. Das tat mir auch gut, sie hörten einem zu, aber bei diesen Gesprächen hatte ich oft das Gefühl, dass mich keiner versteht. Ich hörte: Sie müssen ruhig und sachlich bleiben. Ich hatte das Gefühl, alle können sagen und machen, was sie wollen, nur ich nicht. Bei allem, was ich sagte und machte, versuchte meine Familie, mir einen Strick daraus zu drehen. Ich habe es in diesem Moment so empfunden. Ich fühlte mich alleingelassen.

In dieser Zeit hatte ich mit meinen Freundinnen wenig bis gar keinen Kontakt. Meine Schwester war aufs Neue untergetaucht, und von den anderen in meinem Umfeld bekam ich gut gemeinte Ratschläge, die ich gar nicht hören wollte. Ich hatte die klugen Sprüche satt. Jeder wollte mir sagen, was ich zu tun habe. Teilweise fühlte ich mich überrollt. Es kam noch dazu, dass unsere Gruppe einen Ausflug in den Ort machte. Wir gingen dort in die Gastwirtschaft. Diese Gastwirtschaft war nichts Besonderes. Am Stammtisch saßen ein paar Männer und tranken ihr Bier, was für mich in meinem Zustand schon schlimm genug war. Ich fragte mich: Warum gehen wir in eine Wirtschaft? Vielleicht, um uns besser kennenzulernen. Da man irgendwie immer mit denselben zusammen war. Man hatte nach einer gewissen Zeit seine Leute für sich gefunden, mit denen man zusammen sein wollte.

Nun saßen wir alle an einem Tisch. Der Wirt kam, um die Bestellung aufzunehmen. Unser Therapeut sagte zu uns, jeder solle sein Lieblingsgetränk bestellen. Sehr witzig! Mein Lieblingsgetränk war ein Pils. Da fing der Erste an, zu bestellen, er sagte: eine Cola. Der Therapeut meinte: „Dass Cola dein Lieblingsgetränk ist, das glaube ich nicht. Wenn es so wäre, würdest du nicht auf Therapie sein." Wir alle schauten einander an und verstanden die Welt nicht mehr. Jetzt sollten wir alkoholische Getränke bestellen und trinken! Wir machten mit und jeder bestellte sein Lieblingsgetränk. Von Bier über Wein bis hin zu Schnaps war alles dabei. Wir wurden ruhig und still. Wir hatten alle Angst, denn wir wussten nicht, was uns erwarten würde. Inzwischen war der Tisch reich mit unseren Lieblingsgetränken gedeckt und keiner wusste, wie er damit umgehen sollte. Ich hatte ein Glas Pils vor mir stehen und durfte es nicht anrühren.

Ich sah das Pils an, ich kann nicht beschreiben, was in mir vorging. Ich hatte wieder den Teufel auf meiner rechten Schulter sitzen und meinte, es sei so köstlich, herb und frisch. Es lacht dich an. Was kann denn so ein kleiner Schluck schon bewirken, nur ein einziges Mal, um den Geschmack nicht zu verlieren. Auf der linken Schulter saß mein Schutzengel, der auf mich aufpasste. Er sagte: Sonja, lass es sein, der Schein trügt. Du willst es gar nicht mehr. Du hast dich für ein Leben ohne Alkohol entschieden, deswegen bist du in Therapie. Bleib bei dir und bleib deinen Vorsätzen treu. Denk an Adrian, und wenn nicht für dich, dann für dein Kind.

Von der Stimme des Therapeuten wurde ich aus meinen Gedanken gerissen. Wir durften das Getränk, das wir bestellt hatten, nicht trinken, aber wir durften es bezahlen und an den Stammtisch weiterreichen. Frustriert gingen wir zurück in die Klinik. Es war ein Lernprozess, um zu lernen, mit solch einer Situation umzugehen, auszuhalten und zu verzichten, wenn man sich in einer Gesellschaft bewegt, in der Alkohol getrunken wird. Ich hatte gar kein Verlangen mehr, irgendwohin zu gehen. Ich wollte nur noch meine Ruhe. Ich war 28 Jahre alt, für mich war es eigentlich unvorstellbar, nie wieder Alkohol zu trinken. Was mache ich, wenn ich 80 Jahre werde, soll ich mich nur noch vor Wasser und Tee setzen und anderen zuschauen, wenn sie Spaß haben? Für mich war der Spaß vorbei. Ich konnte mich nicht mit dem Gedanken anfreunden, nie mehr Alkohol zu trinken. Der Alkohol gehörte zu meinem Leben dazu, und jetzt sollte er für mich gestorben sein. Ich beschloss, einen Abschiedsbrief an den Alkohol zu schreiben:

*Lieber Alkohol,*

*ich möchte Dir zum Abschluss ein paar Zeilen schreiben, da unsere Wege sich nun trennen werden. Als ich Dich kennengelernt habe, warst Du mir sehr sympathisch, Du gabst mir das Gefühl der Selbstsicherheit, das Gefühl, hemmungsloser zu sein. Meine Ängste nahmst Du mir ab, ich fühlte mich bei Dir sicher und aufgehoben. Immer wenn ich mit mir selbst oder mit meinem Umfeld nicht mehr klarkam, suchte ich bei Dir Trost und Geborgenheit, die Du mir auch für ein paar Stunden gespendet hast. Immer wenn ich Dich zu mir holte und Dich zu mir nahm, versetztest Du mich in eine andere Welt, in meine selbst geschaffene Welt. Es war die Welt meiner Träume, eine Welt der Geborgenheit, in der ich meine Zufriedenheit spürte und meine Ruhe hatte. Ich konnte mich bei Dir ausheulen und meinen Gedanken freien Lauf lassen. In solchen Momenten dachte ich immer, Du wärst der Einzige, der mich richtig versteht und der für mich da ist. Ich sah Dich als meinen besten Freund an.*

*Durch Dich rutschte ich eine schiefe Bahn hinab und dennoch wollte ich nicht auf Dich verzichten. Weil ich glaubte, Du seist mein einziger wahrer Freund. Meine Familie und meine Freunde habe ich Deinetwegen sehr enttäuscht und ihnen weh getan, was mir bis heute schwer zu schaffen macht. Einen wahren Freund stelle ich mir anders vor. Ein wahrer Freund ist jemand, der immer zu einem steht, einem nicht nur für ein paar Stunden Trost spendet. In der Zeit, in der Du mir Trost gespendet hast, hast Du Dinge zugelassen, die niemandem gutgetan haben, insbesondere nicht meinem Kind, das mir sehr am Herzen liegt und das ich über alles liebe.*

*Nun hat Gott meine Gebete erhört und mir die Augen geöffnet. Ich habe Dein wahres Gesicht erkannt. Du hast für mich zwei Gesichter. Das eine Gesicht: der wahre Freund, der Mut und Kraft gibt, und das andere Gesicht: hinterhältig und falsch. Ab dem heutigen Zeitpunkt bist Du für mich gestorben. In meinen Augen bist Du der Teufel. Ich werde meinen Lebensweg ohne Dich weitergehen, unsere Wege werden sich trennen. Somit werde ich Dir und meinem Umfeld zeigen und beweisen, dass ich den Willen und die Kraft habe, meinen Weg ohne Dich weiterzugehen, und Du für mich auf der Strecke bleibst. Eines kannst Du mir glauben: Versuchst Du mich in schwierigen Zeiten oder in manchen Situationen anzulachen oder mir Trost zu spenden, werde ich Dich links liegen lassen, denn Du hast mich oft enttäuscht und mich immer wieder aufs Neue fallen gelassen. Nun hast Du eine Freundin weniger.*

Nach dem Brief verspürte ich Erleichterung, und doch hatte ich Angst vor der Zukunft. Ich versuchte, mich weiter mit meinen Anwendungen und durch Sport abzulenken. Nun war ich schon sechs Wochen auf Therapie. Nach dieser Zeit hatte ich die Möglichkeit, für ein Wochenende nach Hause zu fahren. Ich freute mich im voraus, vor allem darauf, mein Kind zu sehen. Ich kaufte mir ein Wochenendticket, das damals 25 DM gekostet hat, und man konnte mit diesem Ticket auch vier weitere Personen mitnehmen. Das war in dieser Zeit sehr viel Geld für mich. Das meiste Geld ging in dieser Klinik für Zigaretten drauf. Meine Bemühung war, das Geld, das ich zur Verfügung hatte, gut einzuteilen.

An dem Wochenende stand ich schon nervös auf. Obwohl ich mich sehr freute, hatte ich großen Respekt vor diesem Wochenende. Ich war unsicher, wie sie mich empfangen, vor allem behandeln würden, wie Adrian nach so langer Zeit reagieren würde. Wenn ich ehrlich bin, war ich mit meinen Gefühlen und mit der Situation überfordert. Aber mein Wille und die Sehnsucht nach Adrian waren größer. Morgens lief ich zum Bahnhof, um den ersten Zug zu erreichen. Bis zum Bahnhof war man gut 45 Minuten unterwegs. Die Zugfahrt dauerte etwa fünf Stunden, viel Zeit zum Nachdenken.

In Nürnberg stieg ich aus. Aron stand schon am Bahnsteig, um mich abzuholen. Bei unserer Begrüßung war viel Unsicherheit dabei. Wir wussten nicht, wie wir miteinander umgehen sollten. Ein zurückhaltendes Hallo und ein kleiner Kuss ließen das Eis ein wenig schmelzen. Die

Fahrt mit dem Auto nach Hause war nicht sehr gesprächig, aber ich sagte mir: Sonja, lass es einfach auf dich zukommen. Freue dich auf dein Kind und nutze die gemeinsame Zeit mit ihm.

Zuhause angekommen, als wir in die Einfahrt einbogen, kam mir Adrian schon entgegen. Nach dieser langen Zeit war ich sehr glücklich, mein Kind wiederzusehen und es in den Arm zu nehmen. Die Begrüßung mit meinen Schwiegereltern war besser, als ich befürchtet hatte. Wir verbrachten den Tag zusammen, ich spielte mit Adrian und versuchte die Spannung zwischen Aron und mir zu mildern. Als am Abend Adrian im Bett war und ich mit Aron allein in der Wohnung saß, versuchten wir, vernünftig miteinander zu reden. Unser Gespräch war positiv. Nach langem hatte ich wieder einmal das Gefühl, dass Aron sich öffnet und auch über seine Ängste und Gefühle spricht. An diesem Abend kamen wir uns nach langer Zeit wieder näher. Es war schön, in seinen Armen zu liegen und gemeinsam einzuschlafen.

Den nächsten Tag verbrachten wir zu dritt, bis Aron mich wieder zum Bahnhof fuhr. Seinen Eltern traute ich nicht, vor allem Rita nicht, sie war für mich der Wolf im Schafspelz. Mir war es zunächst wichtig, ein gemeinsames Wochenende mit Adrian verbracht zu haben und ohne Streit auseinanderzugehen. Als ich im Zug saß und das Wochenende noch einmal an mir vorbeiziehen ließ, dachte und hoffte ich, dass sich vielleicht doch noch alles zum Guten wandeln würde.

In der Klinik angekommen, musste ich erst mal ins Schwesternzimmer, um zu blasen, aber dieses Mal ging ich ohne Angst und Bangen dorthin. Ich hatte eine reine Weste und ein gutes Gewissen. Meiner Zimmerpartnerin erzählte ich von meinem angenehmen Wochenende, was meiner Seele sehr gut tat. An diesem Abend legte ich mich in mein Bett und konnte friedlich einschlafen. Die nächsten zwei Wochen lief es gut. Ich bekam Adrian ans Telefon und Aron sprach normal mit mir. Ich sprach mit meiner Therapeutin, was wir tun konnten, um einander wieder näherzukommen und unsere Ehe zu retten. Sie meinte: „In unserer Klinik bieten wir auch Familien- und Ehetherapie an. Wenn Sie möchten, können Ihr Mann und Sie daran teilnehmen."

Ich fand diese Idee toll und erzählte Aron am Abend davon. Aron sagte erst einmal gar nichts dazu. Dann meinte er: „Was soll ich denn da? Ich habe kein Alkoholproblem." „Ja, da hast du recht, aber durch mein Alkoholproblem ist viel kaputt gegangen und wir haben uns nach so kurzer Ehezeit verloren. Um einander wieder näherzukommen, um unsere Ehe zu retten und vor allem auch für unseren Sohn sollten wir diese Chance nutzen und es versuchen." Auf der anderen Seite der Leitung war es für eine kurze Zeit still. Er meinte, er müsse sich seine Gedanken machen. Also zunächst mit seiner Mutter sprechen. Ich meldete uns trotzdem für diese Therapie an und buchte ein Zimmer im Gästehaus, das gleich neben der Klinik war.

Nach einigen Tagen, als ich mit Aron telefonierte, merkte ich seine Zurückgezogenheit wieder. Ich merkte, dass er nicht offen war. Ich fragte ihn, was er nun dazu sage, dass ich uns angemeldet hatte, um die Therapie gemeinsam durchzuführen. Dass er da auch die Möglichkeit bekäme, über seine Ängste und über unsere gemeinsamen Probleme zu reden. Aron zögerte und meinte: „Warum machst du nicht die Therapie, kommst wieder nach Hause und bist die Sonja, die ich kennengelernt habe, nur ohne Alkohol." „Was bringt es uns, Aron, wenn ich an mir arbeite und du es nur verdrängst, nicht über uns sprechen willst und kannst. Es würde dir auch guttun, darüber zu reden."

Ich versuchte, ihm zu erklären, dass es nichts Außergewöhnliches ist, an sich zu arbeiten, über sich zu reden und innerlich aufzuräumen. Im Gegenteil. Eine Paartherapie ist oftmals die letzte Rettung für eine Partnerschaft. Jemanden an unserer Seite zu haben, der uns beide nicht kennt, eine neutrale Person. Der uns in unserer schweren Zeit, die mit Konflikten und Problemen behaftet ist, helfen und unterstützen könnte. Wir sollten diese Hilfe annehmen, um eine Trennung zu vermeiden. Die Voraussetzung ist, dass wir beide es wollen, was ich mir wünsche und erhoffe. Es kam Adrian ans Telefon, er lockerte die Situation auf. Ich ließ das Thema an diesem Abend somit ruhen. Ich wartete bis zu unserer gemeinsamen Therapie. Auf unseren Platz mussten wir vier Wochen warten, so konnte jeder sich seine Gedanken machen und sich vorbereiten.

Mein Gedanke war, Aron nicht unter Druck zu setzen, es einfach auf uns zukommen zu lassen und abzuwarten, was daraus werden würde. Ich merkte aber immer wieder aufs Neue, dass seine Eltern ihn sehr beeinflussten. Das machte mir Angst. Ich wollte meinen Mann und mein Kind für mich alleine haben, doch ich merkte erneut, dass ich auch meine Schwiegereltern geheiratet hatte. Mir war es wichtig, ein paar Stunden mit meinem Kind zu verbringen. An den anderen Sachen würde ich arbeiten und hoffen, dass ich Aron irgendwann ganz auf meiner Seite haben würde. Ich hatte meinen Glauben, meine Hoffnung und meinen Mut. Ich wusste, dass sich etwas ändern würde, bloß wusste ich nicht, in welche Richtung es gehen würde.

Ich versuchte, es Aron und meinen Schwiegereltern rechtzumachen, indem ich nicht dagegen arbeitete. Auch wenn ich nicht mit ihnen einer Meinung war, habe ich versucht, die Füße stillzuhalten, um des Friedens willen und auch meinem Kind zuliebe. Ich wollte nicht, dass Adrian den ganzen Stress und Streit mitbekommt, es war schwer genug für ihn. Ich war viel für mich allein, um meine Gedanken zu sortieren und nichts dem Zufall zu überlassen. Ich wollte keine Fehler machen.

# Sicherheitsschuhe: Halt finden

Eines Tages setzte ich mich an den Tresen, um einen Kaffee zu trinken. Es saß ein Mann am Tresen, der mir schon oft in der Klinik begegnet war, sehr in sich gekehrt und viel allein unterwegs. Gelegentlich sah ich ihn mit meiner Zimmerkollegin Jutta zusammen. Er war sehr groß, für meine Verhältnisse zu groß, hatte halblanges Haar und eine sehr schlanke Figur. Eigentlich nicht mein Typ, und trotzdem hatte er etwas, das mich ihn ansprechen ließ. Als wir beide so allein am Tresen saßen, sprach ich ihn an, fragte ihn, wie er heißt und wo er herkommt. Seine Antwort schockierte mich. Er sah mich an und meinte: „Ich rede nicht mit jedem." Was war das für eine Antwort? Ich traute meinen Ohren nicht. Ich dachte mir nur: Was ist das für ein arrogantes Arschloch, drehte mich weg und trank meinen Kaffee weiter. Ich sah ihn immer wieder mal im Gang oder im Speisesaal.

Als ich an einem Nachmittag in meinem Zimmer war, klopfte es an die Tür. Es war der junge Mann, den ich als arrogantes Arschloch bezeichnet hatte. Er wollte zu Jutta, aber sie war gerade nicht da. Ich bat ihn ins Zimmer und sagte, wenn er wolle, könne er hier auf sie warten. Sie müsse gleich wieder kommen. Er setzte sich an den Tisch, ich wollte nicht unhöflich sein und setzte mich zu ihm. Er entschuldigte sich für seine Art am Tresen. Er meinte, ich hätte einen schlechten Zeitpunkt erwischt. Ich sagte: „Es ist schon gut, lass uns nochmal von vorn anfangen." Ich stellte mich vor. Er hieß Matthias und kam aus Aldingen, das 40 Kilometer vom Bodensee entfernt liegt. Wir kamen ins Gespräch. So verkehrt, wie ich gedacht hatte, war er gar nicht. Nach etwa einer halben Stunde kam Jutta und ich war erlöst.

Ab diesem Zeitpunkt grüßten wir uns, wenn wir einander begegneten oder in der Cafeteria sahen. Das Verhältnis zu meiner Familie wurde Woche für Woche frostiger. Ich konnte ihnen einfach nichts recht machen. Ich konnte von Glück reden, wenn ich Adrian ans Telefon bekam. Ich hatte das Gefühl, dass Aron sich für mich schämte. Mein Geld wurde immer weniger. Fragte ich Aron, ob er mir noch was überweisen könne, fragte er, wofür ich denn das ganze Geld brauchte. Ich hätte mein Geld, ich solle versuchen, damit klarzukommen. Ich müsse doch nichts für Unterkunft und Essen bezahlen. Ich solle es mir besser einteilen. Er bezahle ja schon meine Schulden. Ich hielt den Ball flach und sagte nichts mehr dazu.

Nun war es wieder so weit, dass ich für einen Tag nach Hause fahren konnte. Wir sollten auch nach Hause fahren in unser Umfeld, um zu lernen, uns im Alltag ohne Alkohol zu bewegen und unsere Käseglocke zu verlassen. Es ist wirklich so: Solange man sich in der Klinik befindet und mit Menschen zusammen ist, die einen verstehen, die dasselbe Problem haben, fühlt man sich sicher und verstanden. In der Außenwelt tat ich mich sehr schwer. Sobald ich mich draußen in der Welt befand, fing ich wieder mit meiner Schauspielerei an. Mein Saufdruck wurde extrem hoch, um jedem zu gefallen und ja nichts Falsches zu sagen oder zu machen. Am besten zu allem Ja und Amen sagen. Solche Tage strengten mich sehr an. Und trotzdem wollte ich heimfahren, um mein Kind zu sehen.

In der Therapiegruppe brachte ich mein Anliegen vor, ich erzählte davon, dass ich gerne am Samstag nach Hause fahren würde, aber kein Geld für die Fahrkarte habe. Dass mein Mann mir kein Geld mehr überweist, da er meint, ich müsse mit dem Geld, das ich bekomme, klarkommen. Dass ich glaube, dass mein Mann gar nicht will, dass ich zu ihnen komme, denn sonst würde er mir Geld für die Fahrkarte schicken. Ich brach in Tränen aus, egal, wie sehr ich mich anstrengte, ich hatte das Gefühl, ich bleibe auf der Stelle stehen. Die Therapeutin, die nicht viel älter war als ich, unverheiratet, keine Kinder, wollte mir sagen, wie ich mich am besten verhalten sollte. Wenn es dieses Wochenende nicht klappt, solle ich Geld sparen für den nächsten Ausgang. Ich war froh, als die Stunde vorbei war. Konnte das Gerede nicht mehr hören.

Als ich auf dem Weg in mein Zimmer war, rief ein Mann nach mir. Er war aus einer anderen Gruppe, schon wesentlich älter als ich. Ich kannte ihn nur von dieser Gruppe, er hatte eine gewisse Ähnlichkeit mit meinem Vater. Ich blieb stehen und wartete ab, was er von mir wollte. Er sagte: „Ich finde, du solltest zu deinem Kind fahren." Er gab mir 100 Mark in die Hand. Ich sagte: „Das kann ich nicht annehmen, es ist sehr lieb, aber ich weiß nicht, wann ich es Ihnen zurückzahlen kann." Er schaute mich mit einem Lächeln an, legte seine Hand auf meine

Schulter und meinte, die schenke er mir. „Fahr zu deinem Kind und mach dir einen schönen Tag." Ich war sprachlos, er drehte sich um und ging den Gang entlang. Ich blieb wie angewurzelt stehen und schaute diesem Mann nach.

Da es Freitag war und ich doch morgen zu meinem Adrian fahren konnte, ging ich in die Cafeteria, um die Neuigkeit zu überbringen, dass ich morgen zu meinem Kind fahren konnte. Sie fragten mich, wo ich das Geld nun herbekommen hätte. Ich ging gar nicht darauf ein. Ich sagte nur, dass ich es mir geliehen habe und ich mich freue, zu meinem Kind zu fahren. Matthias war auch in der Cafeteria, er meinte, dass die Wochenenden sehr langweilig für ihn sind, da er nie Besuch bekommt und keinen Führerschein besitzt, um nach Hause zu fahren. Und da er leider auch nicht so viel Geld hat, um eine Fahrkarte für den Zug zu kaufen. Das Geld gehe oftmals schon für die Zigaretten drauf. In meiner Euphorie fragte ich ihn, ob er mit meinem Wochenendticket nach Nürnberg mitfahren möchte. Er war nicht abgeneigt und willigte ein.

Sogleich ging ich in mein Zimmer, um Aron anzurufen, dass ich morgen komme und er mich am Bahnhof abholen solle. Ich teilte Aron mit, dass ich einen Mitpatienten mitnehme, damit ich die lange Zugfahrt nicht allein verbringen muss. Er meinte, dass in Nürnberg Freizeitmesse sei und er mit seinen Eltern gerne hinginge. Mir war das egal, Hauptsache, ich war bei meinem Kind, und vielleicht kann Matthias sogar mit auf die Messe gehen, wir werden sehen. Ich war an diesem Abend sehr glücklich, mir ging in dieser Nacht der Mann nicht mehr aus dem Kopf, der mir das Geld geschenkt hatte. Ich nahm mir vor, mich am Montag nochmals bei ihm zu bedanken. Ich wusste wieder einmal keinen Namen. Da er meinem Vater sehr ähnlich war, nannte ich ihn erst mal für mich Papa. Ich war sehr glücklich, als ich in meinem Bett lag, ich dankte Gott, dass er es mir ermöglichte, zu meinem Kind zu fahren.

Am nächsten Morgen stand ich früh auf, um den ersten Zug zu erreichen. In den fünf Stunden, die ich mit Matthias unterwegs war, erzählte jeder von sich. Matthias war geschieden und hatte zwei Söhne im Alter von 12 und 16 Jahren. Sie lebten bei der Mutter. Matthias kam aus Ostdeutschland. Er hatte mit seiner Familie die Ausreise beantragt. So landeten sie in Baden-Württemberg. Er wohnte alleine in Aldingen, zwischen Rottweil und Tuttlingen. Sein Nachhauseweg war genauso lang wie meiner, 150 Kilometer, nur in die entgegengesetzte Richtung.

Die Zeit verging schnell und wir hatten ein tolles Gespräch. Ich hatte wieder mal das Gefühl, dass mir ernsthaft jemand zuhörte, der mich ein wenig verstand und mich wahrnahm. Nun rollte der Zug im Nürnberger Hauptbahnhof ein. Als ich aus dem Fenster schaute, sah ich Aron schon am Bahnsteig stehen. Einerseits freute ich mich und andererseits hatte ich große Angst, was der Tag wohl bringen würde. Otto, der im Auto gewartet hatte, fragte Matthias, was er vorhabe. Matthias meinte: „Ich werde mir die Zeit vertreiben und Nürnberg anschauen.“ Otto fragte, ob er Lust habe, mit uns auf die Freizeitmesse zu kommen. Ich traute meinen Ohren nicht. Keiner hatte was dagegen, und so ging Matthias mit zur Messe.

Ich fühlte mich an diesem Tag nicht gut. Rita und Aron sprachen nicht viel mit mir. Otto unterhielt sich mit Matthias. Adrian war hauptsächlich bei Rita und ich lief nebenher wie das fünfte Rad am Wagen. Ich hatte mir diesen Tag anders vorgestellt. Dass Aron mich in den Arm nimmt und mich fragt, wie es mir geht. Dass er auf unsere gemeinsame Familientherapie gespannt ist. Da es eine Freizeit- und Hobbymesse war, auf der gewisse Urlaubsländer oder Orte angeboten wurden, hätte ich mich gefreut, gemeinsam mit Aron ein Urlaubsziel auszusuchen, um einen gemeinsamen Neuanfang nach dieser Phase zu wagen. Es war reines Wunschdenken. Aron war dieses Mal wieder anders als beim letzten Mal, als ich allein mit ihm bei uns zuhause gewesen war. Ich merkte, dass er wieder stark von seiner Mutter beeinflusst wurde. Ich nutzte die Zeit, die ich mit Adrian hatte, und versuchte mir einzureden, dass ich mir alles nur einbildete.

Bevor uns Aron wieder zum Bahnhof brachte und wir zurückfuhren, machte Rita das Angebot, nach Hause zu fahren, um gemeinsam zu essen. Ich fühlte mich nicht gut dabei. Zuhause angekommen, zeigte ich Matthias mein Zuhause, oder besser gesagt Arons Zuhause, denn ich fühlte mich in diesem Haus nicht mehr heimisch. Mir ist alles so fremd geworden. Je länger ich weg war, desto fremder wurde mir alles. Sogar mein Mann wurde mir fremd. Nun war es wieder soweit, ich wusste nicht mehr, was richtig und was falsch war. Ich wurde das Gefühl nicht los, dass sie froh waren, wenn ich wieder weg war und sie ihre Ruhe hatten – und vor allem Adrian für sich hatten. Es tat mir am meisten weh, immer wieder aufs Neue mein Kind zurückzulassen. Was hätte ich dafür gegeben, mein Kind mitzunehmen!

Ich war froh, wieder im Zug zu sitzen und in die Klinik zu fahren. Hätte nicht gedacht, dass ich gerne in die Klinik zurückfahren würde. Da war ich unter einer Käseglocke, fühlte mich aufgehoben und war davor geschützt, Blödsinn zu machen. An solchen Tagen verspürte ich einen extremen Saufdruck. Mir wurde immer mehr bewusst, dass ich trocken bleiben musste, um mein Kind nicht ganz zu verlieren. Ich hasste diese Momente, dass ich nicht so stark war, wie ich mich in meiner Umgebung gab. Mir war zum Heulen zumute. Matthias merkte, dass es mir nicht gut ging. Er versuchte mich aufzubauen, mir Mut zuzusprechen, dass alles gut wird. Ich glaubte irgendwie nicht mehr daran. Nun versuchte ich wirklich, mein Leben zu ändern, und doch machte ich irgendetwas falsch. Ich wollte allen alles recht machen und vergaß immer wieder aufs Neue mich selbst. Ich versuchte, meine Bedürfnisse, Gefühle und Ängste immer ziemlich weit nach hinten zu schieben, mir nichts anmerken zu lassen. Hauptsache, man funktioniert, die anderen haben ihren Willen und ich habe meinen Frieden. Ich kam mir wieder vor wie in einem Hamsterrad.

Im Zug wurden unsere Gespräche intensiver, Matthias zeigte sich von einer anderen Seite, einer Seite, die mir sehr gut tat. Er nahm mich in den Arm, wonach ich mich den ganzen Tag gesehnt hatte. Ein bisschen Zuneigung, Anerkennung und Liebe. Wir liefen durch den Wald zurück in die Klinik. Nachdem wir uns zurückgemeldet hatten, wollte ich noch nicht alleine sein und Matthias kam mit auf mein Zimmer. Wir machten uns noch einen Kaffee, auch wenn es schon so spät war, aber ich konnte ohnehin noch nicht schlafen. Wir saßen am Tisch und redeten noch eine lange Zeit. An diesem Tag merkte ich bei unseren Gesprächen, dass wir viele Gemeinsamkeiten hatten, was unser Denken und Empfinden betrifft. Ich fühlte mich in Matthias' Gegenwart gut. Es kam so weit, dass wir uns an diesem Abend küssten. Matthias nahm mir an diesem Abend Wut, Angst und Trauer ab. Obwohl ich ihn am Anfang als ein arrogantes Arschloch bezeichnet hatte, merkte ich, dass er seine Maske getragen hatte. Jetzt war seine Maske abgelegt und er war er selbst. Ein liebenswerter Mensch, den mir der Himmel schickte.

In dieser Nacht ging mir sehr vieles durch den Kopf. Ich fragte mich immer wieder, was ich zum Glücklichsein brauchte. Ich wusste es nicht. Wir reden viel über das Glück, aber was genau es ist, dieses fast märchenhafte Glück, das ist in Wirklichkeit ziemlich schwierig in Worte zu fassen, weil es für jeden Menschen ein wenig anders ist. Für den einen ist Glück ein leckerer Kuchen, für den anderen besteht es darin, sich von der Sonne bescheinen zu lassen. Vielleicht sind es die Kleinigkeiten, was das Glück so wundervoll und magisch undefinierbar macht. Es überrascht uns immer wieder, da wir auf ein großes Glück warten und somit die wundervollen kleinen Glücksmomente übersehen, die fast jeden Tag unerwartet unsere Herzen berühren könnten, wenn wir nicht so blind durch die Welt laufen würden. Gerade wenn das Leben es einmal nicht so gut mit uns meint, ist es wichtig, uns selbst zu umarmen. Uns die Liebe und die Aufmerksamkeit zu schenken, die wir vielleicht von anderen nicht bekommen.

Am nächsten Tag wollte ich mich unbedingt nochmals bei dem Mann bedanken, der mir die 100 DM geschenkt hatte, vor allem nach seinem Namen fragen, und, wenn die Umstände es erlaubten, ihm eine Freude machen. Da ich den Namen nicht kannte und nicht wusste, in welcher Wohngruppe er untergebracht war, war dies in der riesigen Klinik schwierig herauszufinden. Ich lief die ganzen Gänge ab, in der Hoffnung, ihn zu sehen. Auch im Speisesaal schaute ich mich genau um. Am nächsten Tag sah ich eine Mitpatientin, die auch in der Parallelgruppe mit uns war. Ich fragte sie, ob sie den Mann mit dem Bart gesehen habe, der mit ihr dieselbe Gruppe besucht hatte. Dienstag war immer An- und Abreisetag. Sie sagte mir, sie habe heute zufällig gesehen, wie er abgereist ist.

Nicht schon wieder! Warum passiert es immer mir, dass ich Menschen treffe und kennenlerne, die für kurze Zeit an meinem Leben teilnehmen und von denen ich nichts weiß, nicht einmal den Namen. Menschen, die mir in kurzer Zeit mehr geben und mir mehr bedeuten als Menschen, die mich schon seit Jahren begleiten. Ich musste allein sein. Ich ging in den Wald, um meine Gedanken zu sortieren. Ich schaute hoch zum Himmel, um mit Gott zu reden und mich bei ihm zu bedanken. In diesem Moment wurde mir warm ums Herz und ich wusste in diesem Augenblick, dass Gott mir einen Engel geschickt hatte. Ich wusste, dass Gott mich nicht allein lässt, auch wenn wir als Menschen oft zweifeln oder mit Gott hadern. Der Himmel tat sich auf und die Sonne schien auf mein Gesicht. Danke, lieber Gott, für die Sonne, weil du immer neues Licht in mein Leben bringst!

Es ergab sich, dass ich mit Matthias sehr viel Zeit verbrachte. Wir redeten sehr viel über uns und über die Zukunft. Viele Mitpatienten sahen uns schon als Pärchen. War uns egal, weil wir wussten, dass es nicht so war. Wir waren füreinander da und schenkten einander ein offenes Ohr. Die Gespräche mit Matthias taten mir gut. Wir hatten auch unseren Spaß, wenn die Umstände es erlaubten. Wir lachten, vergaßen zeitweise unsere Probleme und waren für kurze Momente glücklich. Ich genoss die Zweisamkeit mit ihm, ich hatte wieder ein Gefühl, jemand zu sein, und dass mich einer versteht und akzeptiert, so wie ich bin.

Aber die Realität holte mich immer wieder schnell ein. Nun stand erneut ein Tag Ausgang an. Ich teilte Aron mit, dass ich nach Hause kommen würde und er mich bitte am Bahnhof abholen solle. Aron holte mich in Schwabach am Bahnhof ab. Dieses Mal sagte ich nicht, dass Matthias mitgefahren war. Matthias und ich trennten uns am Bahnhof und verabredeten uns für den Abend am selben Ort. Ich wollte am Abend unser Auto in die Klinik mitnehmen. Nun musste ich Aron so weich bekommen, dass er mir das Auto zur Verfügung stellte. Aron und ich fuhren nach Hause. Wie immer wurde ich von meinem Sonnenschein herzlich begrüßt. Es war ein Tag, an dem wir als kleine Familie unter uns waren, ohne Rita und Otto. Nur wir drei alleine, ich genoss es, aber Aron war sehr still und in sich gekehrt. Ich fragte ihn immer wieder, ob er was hätte oder es ihm nicht gut gehe.

Als Adrian einen Mittagsschlaf machte, kamen wir einander näher, aber unser Sex war anders als sonst. Wir haben zwar miteinander geschlafen, doch ich fühlte nichts dabei, was mich erschreckte. Dieses Gefühl schob ich ganz nach hinten, ich wollte es nicht wahrhaben. Mein Gedanke war: Was sage ich, damit ich das Auto bekomme? Als wir im Bett lagen und uns unterhielten, fragte ich ihn, ob ich denn nicht das Auto mitnehmen könne. Ich behauptete, ich würde gerne mit ein paar Mädels die Gegend erkunden oder mal in die Stadt fahren, um etwas einzukaufen. Ich schaffte es, dass ich an diesem Abend das Auto mitbekam. Aron würde es am darauffolgenden Wochenende wieder abholen. Ich freute mich, für eine Woche das Auto zu haben.

Nun war es so weit, wir verabschiedeten uns voneinander und ich holte Matthias mit dem Auto vom Bahnhof ab. Er staunte nicht schlecht, als ich mit dem VW-Bus um die Ecke kam. Es war ein tolles Gefühl, nach langem wieder mal Auto zu fahren und mit dem Auto in die Klinik einzufahren. Da erst Samstag war, beschlossen Matthias und ich, am nächsten Tag zu Matthias nach Hause zu fahren. Sonntagmorgen fuhren wir früh los, da es auch 150 Kilometer bis zu ihm waren. Er war froh, dass er die Möglichkeit hatte, mal nach Hause zu kommen, um nach der Post zu schauen und nach seinem großen Sohn Marcel, der bei ihm lebte.

Matthias arbeitete in dieser Zeit als Programmierer und hatte in seiner schwersten Zeit eine Eigentumswohnung gekauft. Er weiß bis heute nicht, wie er es in seiner Trinkerzeit geschafft hatte, eine Wohnung zu kaufen. Meine Neugier war groß, zu erfahren, wo er wohnt und wie seine Wohnung aussah. Ich wollte auch seinen Sohn kennenlernen. Als wir in den Ort Aldingen gefahren sind, war ich von der Gegend positiv überrascht. Matthias hat eine Drei-Zimmer-Wohnung. Diese Wohnung war sehr offen und die Räumlichkeiten waren hoch. Matthias wohnte unter dem Dach, so waren auch viele schräge Wände in der Wohnung. Sie war hell und groß. Nach einem kurzen Aufenthalt, bei dem ich auch Matthias' Sohn kennenlernte, mussten wir schon wieder in die Klinik zurückfahren.

Ich nutzte das Auto und fuhr viel mit ihm durch die Gegend. Ich war damals bei der Bayerischen Vereinsbank, die es leider nicht in Baden-Württemberg gab. Als ich kein Bargeld mehr hatte, beschloss ich, unter der Woche an einem freien Nachmittag, als wir keine Anwendungen hatten, nach Crailsheim, wo die Grenze zu Bayern ist, zu fahren, um dort auf die Bank zu gehen. Matthias fuhr mit. Als wir an der Bank ankamen, stellten wir fest, dass sie an diesem Nachmittag geschlossen hatte. Ich traute meinen Augen nicht. Was sollten wir nun tun? Jetzt waren wir 72 Kilometer gefahren, sollte die Fahrt umsonst gewesen sein? Wir beschlossen, weitere 88 Kilometer in den Ort zu fahren, in dem Aron wohnte, denn ich brauchte Geld. Ich wusste, dass die Bank dort offen hatte. Es war risikoreich. Was, wenn jemand mich fahren sieht oder sogar Aron mir in die Quere kommt? Ich ging das Risiko ein und Matthias und ich gingen in die Bank.

Ich hatte mein Sparbuch dabei, das ich beim letzten Besuch zu Hause mitgenommen hatte. Ich wollte die 1200 DM mitnehmen, die ich noch auf dem Sparbuch hatte. Als die Bankangestellte mein Sparbuch nahm und mein Konto überprüfte, sagte sie zu mir: „Ich kann Ihnen das Geld nicht in der ganzen Summe ausbezahlen, da Sie zuerst

Ihr Konto ausgleichen müssen. Sie haben 800 DM minus.“ Ich sagte, dass in ein paar Tagen das Haushaltsgeld meines Mannes auf das Konto kommen würde. Sie teilte mir mit, dass mein Mann den Dauerauftrag gekündigt hatte und somit kein Geld mehr auf mein Konto gehe. Dass er auch den Dauerauftrag von 300 DM gekündigt habe. Das war die Rate für den Dauerauftrag meiner Eltern, mit dem ich deren Schulden abbezahlte. Ich traute meinen Ohren nicht. Nun wusste ich, warum er am Samstag so ruhig gewesen war. Was hatte er vor, ließ er sich jetzt komplett von seinen Eltern beeinflussen?

Es ging so aus, dass ich mein Konto begleichen musste und für den nächsten Monat noch die 300 DM überwiesen habe. So blieben mir nur noch 100 DM übrig. Ich war wütend und wollte nur noch aus der Bank, vor allem aus dem Ort. Ich verstand die Welt nicht mehr. Die Zeit war knapp und der Verkehr auf der Autobahn war dicht. Wir kamen nicht richtig vorwärts, aber trotzdem haben wir es rechtzeitig in die Klinik geschafft. Matthias versuchte mich zu beruhigen, er meinte: Sei froh, du konntest dein Konto begleichen und hast keine Schulden mehr. Ich wäre froh, wenn ich das könnte. Ich wusste nicht, wie ich mit dieser Situation umgehen sollte. Sollte ich es am Telefon ansprechen oder einfach abwarten, was auf mich zukommt? Warum tut man so etwas? Ich wusste nicht, was in Arons Kopf vorging. Ich wollte keine schlechte Stimmung aufkommen lassen, denn ich würde es büßen, indem sie mir Adrian entziehen und ihn mir nicht mehr ans Telefon geben würden. Das Risiko wollte ich nicht eingehen und somit hielt ich die Füße still.

Die Woche war fast vorbei. Am Donnerstag rief ich Aron an, um zu erfahren, wann der Zug am Samstag am Bahnhof ankommen würde. Damit ich ihn und Adrian abholen konnte. Bei diesem Telefonat war er sehr gereizt. Er sagte mir, dass ich gesehen worden sei, und das mit einem Mann im Auto. Was ich gemacht hätte und warum ich nicht einmal nach Hause gekommen sei?! Ob ich mit Matthias was hätte und ihn, Aron, betrüge? So viele Fragen, und ich kam nicht zu Wort. Aron demütigte mich, er sagte mir: Mit dir kann man sowieso nirgendwohin gehen, mit dir muss man sich bloß schämen. Das tat mir in der Seele weh. Ich brach das Telefonat ab, indem ich sagte, andere Patienten wollten auch noch an das Münztelefon. Auf meinem Zimmertelefon hatte ich kein Guthaben mehr, also musste ich an das Münztelefon.

Ich war schockiert, ging auf mein Zimmer und brach in Tränen aus. In ein paar Tagen stand unsere Ehetherapie an, aber hatte das noch einen Sinn? Ich wusste es nicht. Ich erzählte Matthias alles, wie immer versuchte er, mich zu trösten und aufzubauen. Was hätte ich nur ohne Matthias gemacht! Ich machte mir die ganze Nacht Gedanken und kam zu dem Entschluss, mich von Aron zu trennen. Ich werde es ihm am Samstag, wenn er kommt, mitteilen. Am nächsten Tag ging ich zu meiner Therapeutin, um ihr mitzuteilen, dass ich die Ehetherapie nicht mehr in Anspruch nehmen wollte. Dass mein Entschluss feststand, mich von meinem Mann zu trennen. Die Therapeutin war überrascht, wie ich zu dieser schnellen Entscheidung kam. Ich erzählte ihr alles, und dass diese Ehe keinen Sinn für mich mehr machte, dass es besser sei, wenn wir uns trennten. Für mein Kind würde ich kämpfen, meine Entscheidung stand fest.

Wie vereinbart, holte ich Aron und Adrian am Samstag vom Bahnhof ab. Die Begrüßung mit Adrian war herzlich und schön, mit Aron dagegen kalt. Da es um die Mittagszeit war und Adrian Hunger hatte, beschlossen wir, in einer Gastwirtschaft essen zu gehen. Wir gaben unsere Bestellung auf und saßen da, Aron sagte wie immer zunächst einmal gar nichts. Ich beschäftigte mich mit Adrian und sagte auch noch nichts. Als das Essen serviert wurde, fragte ich Aron, wie er sich unsere Zukunft weiterhin vorstellt, warum er mich am Telefon so niedermachte. Dass ich die Therapie für uns machte, um wieder ein normales Leben führen zu können. Es kamen nur Vorwürfe und Beleidigungen. Ich sagte zu Aron: „Ich habe eine Entscheidung getroffen, ich werde mich von dir trennen. Ich kann so nicht weitermachen, den Kampf, den ich gerade kämpfe, ist für mich schwer genug. Da ich auf keine Weise Zuneigung und wenig Unterstützung von dir bekomme, nicht mal weiß, ob du mich noch wirklich liebst, habe ich mich entschlossen, unsere Ehe zu beenden. Ich habe das Gefühl, dass du gar nicht mehr mit mir zusammen sein möchtest. Dass du bis heute so sehr auf deine Eltern fixiert bist, dich von deiner Mutter so stark beeinflussen lässt, auch wenn du es abstreitest, aber ich empfinde und sehe es so. Dass es manchmal nicht deine Worte sind, sondern die Worte deiner Mutter.“

Aron blieb das Schnitzel, das er gerade aß, fast im Hals stecken. Mit so einer Reaktion hatte er nicht gerechnet. Er sagte: „Wo willst du denn hin? Willst du mit Matthias neu anfangen oder willst du nach Nürnberg zu deiner Schwester gehen? Ohne mich gehst du sowieso unter und fängst wieder zu trinken an." Das Einzige, was er dann noch sagte, war, ich könne gehen, Adrian würde ich nicht bekommen. Ich ging keine weitere Diskussion ein, wegen Adrian. Ich wollte nicht im Streit auseinandergehen. Aron fuhr mich zur Klinik hoch, sie blieben noch rund eine Stunde, die ich intensiv mit Adrian verbrachte. Danach sind sie gefahren, und ab diesem Zeitpunkt wurde mir bewusst, was kämpfen heißt.

Am Montag musste ich zu meiner Therapeutin, sie hatte mich zu sich gebeten. Sie erzählte mir, dass Aron angerufen und gefragt hatte, warum die Ehetherapie nicht mehr stattfindet. Dass er denkt, dass ich eine Beziehung mit Matthias habe. „Haben Sie eine Beziehung mit diesem Mann?", fragte meine Therapeutin. Ich sagte: „Gut, dass Sie es ansprechen, sonst wäre ich heute zu Ihnen gekommen. Ich bin mit ihm liiert. Wir stehen dazu. Der Therapeut von ihm weiß auch Bescheid." Meine Therapeutin nahm die Information gefasst auf und meinte: „Wie es aussieht, haben Sie wirklich Ihre Entscheidung getroffen." Es war eigentlich nicht erlaubt, eine Beziehung in der Klinik anzufangen. Da die Beziehungen meist nicht lange halten und früher oder später in die Brüche gehen, da oft einer der Partner wieder rückfällig wird. Es zog schnell weite Kreise, dass wir ein Paar waren. Offiziell waren wir zwar ein Paar, aber wir zwei waren noch gar nicht so weit.

Von diesem Zeitpunkt an waren Matthias und ich täglich zusammen. Ich war froh, ihn an meiner Seite zu haben. Die Familie von Aron machte es mir von da an nicht einfach. Nun war ich die Böse, die ihre Familie und ihr Kind im Stich gelassen hatte. Für die Außenwelt war ich ein versoffenes Etwas, eine Rabenmutter. Ich fühlte mich damit nicht gut, konnte nicht mehr richtig essen und verspürte ein stärkeres Verlangen nach Alkohol. Ich machte mich auf einen neuen Weg voller Angst und Verzweiflung, ohne es wirklich zu verstehen. Ich wusste nicht, was jetzt alles auf mich zukommen würde. Aber ich wusste, es geht nicht ohne Vertrauen und den Entschluss, Ungewissheit in Kauf zu nehmen. Im Leben ist es zwar wichtig, zu planen, aber das Wichtigste im Leben ist nicht planbar. Liebe, Freundschaft, Gesundheit, also die wesentlichen Dinge meines Lebens waren zur Zeit nicht verfügbar. Für viele gibt es keine Sicherheit, dabei hätte ich mein Leben doch so gerne im Griff gehabt. Würde gerne einfach losgehen, ohne zu wissen, was mich erwartet.

Matthias und ich gehörten zusammen. Wir beschlossen, uns gegenseitig zu unterstützen. Er bot mir an, nach der Therapie zu ihm nach Hause nach Aldingen zu kommen, um von dort aus alles zu regeln und zu organisieren. Es kam so weit, dass ich in Matthias' Klinikzimmer so gut wie eingezogen war. Ich habe bei ihm geschlafen, meine Zahnbürste war bei ihm. Die Therapeuten wussten, dass wir Tag und Nacht zusammen waren, aber sie haben nichts unternommen, um uns auseinanderzubringen. Mitpatienten brachten uns am Wochenende sogar Frühstück an unsere Zimmertüre, wenn wir nicht zum Essen erschienen. Obwohl wir uns noch nicht gut kannten, waren wir sehr vertraut miteinander. Ich liebte Aron immer noch, aber ich wusste, dass unsere Zeit vorbei war. Somit versuchte ich mich neu in Matthias zu verlieben. Wenn wir uns neu verlieben, zeigen wir uns, wie wir gerne sein möchten, wenn wir uns trennen, zeigen wir uns, wie wir sind, unser wahres Gesicht. Wir sollten eine Trennung oder eine Änderung in unserem Leben als Chance für die persönliche Entwicklung sehen, was sie uns erkennen lässt, den Schmerz über die Verletzungen, die Wut, all die Ängste, die ich in dieser Zeit durchlebte und die jetzt hochkamen. Mir wurde bewusst, wo ich heute stehe und was ich noch lernen musste. Jetzt ging es für mich darum, mich von der Beziehung mit Aron zu befreien, statt darum zu beten, dass der andere sich ändert. Der andere ändert sich nur, wenn er sich aktiv um eine Veränderung bemüht.

Ich glaube, ein weiterer wichtiger Punkt des Aufwachens ist die Erkenntnis: Wer bin ich? Und was brauche ich? Das wird oft Egoismus genannt. Aber wir wollen keine Egoisten sein. Der Egoismus hat zwei Seiten. Das eine ist, seine eigenen Interessen durchzusetzen, das ist nicht zwangsläufig schlecht. Manche werfen uns Egoismus vor, wenn wir nicht mehr tun, was sie von uns wollen. Ich kann Rücksicht nehmen, indem ich mich liebevoll mitteile. Das heißt aber nicht, dass ich immer das mache, was andere von mir wollen und meine eigenen Interessen wieder zurücknehme. Dabei verliere ich mich selbst und ordne mich wieder unter. Erkenne und befreie dich selbst.

Gefühle zeigen uns unseren Zustand. Wir versuchen oft, die unangenehmen Gefühle irgendwie loszuwerden. Ich habe erfahren, dass starke negative Gefühle ein Ausdruck von schmerzhaften Erfahrungen in unserer Vergangenheit sind oder als Spiegel unserer selbst dienen, der uns auf etwas hinweist, das wir einfach noch nicht gelöst haben. Du musst wissen, deine Gedanken kannst du selbst bestimmen und deine Gedanken bestimmen deine Gefühle. Ich versuchte so gut es ging, mitzuarbeiten, ehrlich und aufrichtig zu sein. Ich wusste, dass ich einen Weg eingeschlagen hatte, der sehr steinig und schwer sein würde. Dass ich um mein Kind kämpfen musste und auch meine ganze Kraft brauchen würde.

Es gab Tage, da bekam ich ohne Probleme Adrian ans Telefon und es gab Tage, da war ich verzweifelt und weinte den ganzen Abend, weil ich ihn nicht ans Telefon bekam. Sie wussten, dass sie mir damit sehr weh tun konnten, aber sie wussten auch, dass sie mir nicht einfach das Kind entziehen konnten. Allerdings nutzten sie die Chancen, die sie geboten bekamen, in der Hoffnung, dass ich schwach werde und in meiner Verzweiflung wieder zu trinken anfange oder sogar die Therapie hinschmeiße. Ich muss gestehen, es fiel mir nicht leicht, trocken zu bleiben, gerade in den Momenten, in denen sich alle gegen mich verschworen hatten. Meine Eltern waren schockiert und enttäuscht, dass ich Aron verlassen hatte. Wie konnte ich einen so lieben Mann verlassen? Da hatte ich keine Geldsorgen und hatte so ein schönes Zuhause, und was würde aus Adrian werden? Fragen über Fragen.

Die neue Situation zog schnell weite Kreise. Jeder redete auf mich ein, meine Schwester aus München mit ihren gut gemeinten Ratschlägen ging mir gegen den Strich. Von Isa hörte ich gar nichts mehr. Aber über sie wollte ich mir keine Gedanken machen. Ich hatte mit mir selbst genug zu tun. Ich hatte das Gefühl, dass ich zeitweise eine Zeitbombe in meinem Kopf hatte. Gott sei Dank war ich mit meinem Schicksal nicht allein und hatte Matthias an meiner Seite. Ich hatte einen Weg eingeschlagen, von dem ich nicht wusste, wo er mich hinführen würde. Was hatte Gott mit mir vor? Matthias kannte ich noch nicht lange, ich wusste kaum etwas über ihn. Ich wusste, dass er verheiratet gewesen war, aber seit acht Jahren geschieden ist und er zwei Söhne hat. Dass er seine Arbeit hingeschmissen hatte, weil er die Arbeitsbedingungen nicht mehr ertragen konnte. Dass er eine Eigentumswohnung besitzt, für die er viele Schulden gemacht hat. Dass er keinen Führerschein besitzt und, nicht zu vergessen, dass er Alkoholiker war und deswegen auch hier war.

Ich hatte meine Ehe aufgegeben und mein Kind für eine gewisse Zeit verloren, und wer konnte wissen, ob ich ihn überhaupt wieder bekomme. Wer konnte wissen, ob ich den Kampf gegen den Alkohol gewinnen oder selbst wieder schwach und rückfällig werden würde? Wie würde ich meine Schulden weiter abbezahlen, ohne Einkommen? All das machte mir Angst, und trotzdem war ich entschlossen, diesen Weg zu gehen. Für mich war klar: Ich musste diesen Weg weitergehen. Ich hatte mir eine Art angeeignet, die mir sehr geholfen hat, viele Hindernisse zu überwinden. Ich versuchte, so gut es ging, mit einer ruhigen und sachlichen, direkten, ehrlichen Art dagegen anzukämpfen. Ich versuchte, immer einen Schritt schneller zu sein, ich legte mir immer noch einen Plan B zurecht, falls der Plan A scheiterte.

Mein Mut und meine Kämpfe machten mich stark, ebenso wie der Beistand von Matthias, der immer an meiner Seite war. Ich machte mir keine großen Vorsätze. Für mich war es wichtig, jeden Tag aufs Neue trocken zu bleiben, zielstrebig meine Therapie zu Ende zu bringen und eines Tages ein neues Leben ohne Alkohol anzufangen. Adrian zuliebe habe ich viele Vorwürfe und Beleidigungen über mich ergehen lassen. Es wurde nach den Spielregeln, die Arons Familie vorgegeben hatte, gespielt. Ich wusste: Je mehr ich mich in eine Situation hineinsteigere, mich aufrege und vielleicht lauter werde, desto mehr würden sie mir einen Strick daraus drehen. Solange ich versuchte, mit einer ruhigen und sachlichen Art bei mir zu bleiben, konnten sie mir nichts anhaben.

Zeitweise kochte ich aber innerlich so sehr, dass ich sie alle zusammen durch den Fleischwolf drehen wollte. In solchen Momenten gingen mir viele Gedanken durch den Kopf. Mir wurde immer bewusster, warum viele Menschen ihrem Leben ein Ende setzen. Weil sie mit den Drogen und mit vielen Menschen, die in ihrem Leben eine Rolle spielen, sowie dem Druck, der sich im Laufe der Zeit aufgebaut hat, einfach nicht mehr klarkommen. Sich mit Alkohol und anderen Drogen in eine andere Welt wegbeamen, aber schließlich holt einen die Realität immer ein. Wenn ich am Fenster stand und hinaus schaute, hatte ich Angst um jeden weiteren Schritt, den ich machte.

Ich konnte die ganze Nacht nicht schlafen und dachte an Katharina, meine Freundin von der Wülzburg, die sich vor Jahren selbst den Freifahrtschein aus diesem Leben mit einer Überdosis, einem „goldenen Schuss“, gegeben hatte. In Gedanken wandte ich mich an sie: Ich frage mich, wo du nun bist. Ob es dir gut geht und ob wir uns wiedersehen. Ich weiß nur, dass du mir fehlst. Ich vermisse dich. Mein ganzes Leben laufe ich einer Illusion hinterher und komme nicht mal annähernd an meine Wünsche heran. Nicht, dass ich meinem Leben ein Ende setzen wollte, dafür liebte ich trotz allem das Leben und mein Kind zu sehr. Adrian gab mir die Kraft, weiterzukämpfen und weiterzugehen. Auch wenn ich meine schwachen Stellen hatte, mein Glaube und meine Hoffnung trieben mich immer wieder neu an. Auch wenn man Niederlagen durchlebt, dabei hinfällt und vielleicht auch für eine kurze Zeit liegen bleibt, ist es nicht schlimm, schlimm ist es, liegen zu bleiben, denn wer aufgibt, hat verloren.

Die Therapie von Matthias war vier Wochen vor meiner Therapie zu Ende. Nun kam unser Abschied. Am liebsten wäre ich mit Matthias gefahren. Aber ich musste die Zähne zusammenbeißen und die letzten vier Wochen allein bleiben. Es kamen sehr viele Neuzugänge dazu, aber nachdem Matthias weg war, blieb ich viel allein. Ich wollte keinen sehen und hören. Ich wollte nur noch die vier Wochen hinter mich bringen, Adrian wiedersehen und ihn, wenn möglich, ganz bei mir haben. Einfach ein neues Leben anfangen.

Matthias und ich hatten vereinbart, dass wir einmal am Tag telefonieren würden. Nachdem er entlassen worden war, rief er mich am Abend an. Ich traute meinen Ohren nicht. Matthias war rotzbesoffen, er lallte ins Telefon. Mir wurde schlecht. Mein Gedanke war: Oh Sonja, was hast du gemacht?! Meine ganzen Zweifel kamen hoch, ob ich die richtige Entscheidung getroffen hatte. Und so wie es in diesem Moment aussah, sah es nicht gut aus. Ich fragte ihn, ob er was getrunken hatte. Er meinte ja, er wolle noch einmal ausprobieren, ob er vielleicht doch kontrolliert trinken könne. Bis er zuhause ankam, waren es doch einige Biere zu viel.

Ich war mit dieser Situation komplett überfordert und hatte niemanden zum Reden. Wie würde es mit mir oder, besser gesagt, mit uns weitergehen? Sollte ich wirklich für eine gewisse Zeit nach Aldingen zu Matthias gehen, wenn er es nicht einmal einen Tag in der Freiheit geschafft hatte, trocken zu bleiben? Ich wusste es an diesem Abend nicht mehr, mein Kopf war leer. Mein Druck erhöhte sich massiv. Ich glaube, hätte ich einen Stoff bei mir gehabt, hätte ich selbst etwas getrunken. Mit meiner Wut, meinen Ängsten, meiner Verzweiflung und Trauer legte ich mich ins Bett, versuchte abzuschalten und zu schlafen und hoffte, dass dieser Albtraum bald zu Ende sein würde.

Am nächsten Tag ging es mir nicht gut. Die Menschen, mit denen ich tagsüber zu tun hatte, merkten meine Abwesenheit und fragten mich, ob es mir nicht gut gehe. Ich habe nichts erzählt. Sollte ich sagen: Matthias ist seit gestern zuhause und hat es nicht mal einen Tag geschafft, trocken zu bleiben? Die Sache wäre bis zu meiner Therapeutin vorgedrungen. Am Abend rief ich Matthias an. Er entschuldigte sich tausendmal. Ich solle mir keine Gedanken machen, es sei ein Ausrutscher gewesen und würde nicht mehr vorkommen. Was blieb mir übrig, als es zu glauben? Ich wollte nicht wahrhaben, dass ich mich so in Matthias getäuscht hatte. Er war immer für mich da, er bot mir so viel Hilfe an, das konnte doch nicht nur Schauspielerei sein. War es möglich, dass ich mich so in einem Menschen getäuscht hatte, dass ich für ihn meine Ehe aufgegeben und sogar mein Kind für eine gewisse Zeit verloren hatte?

Die vier letzten Wochen in der Klinik kamen mir vor wie eine Ewigkeit. Jeder wollte wissen, wie es weitergeht, aber ich wusste es doch selbst nicht. Jeden Tag die Auseinandersetzungen mit Aron und den Kampf, Adrian ans Telefon zu bekommen. Die ganzen Begebenheiten zerrten sehr an meinen Nerven. In der ganzen Therapiezeit nahm ich zehn Kilo ab. Hätte ich ein normales, geregeltes Leben, hätte ich mich bestimmt darüber gefreut, aber unter diesen Umständen machte es mir Angst. Ich konnte nicht mehr richtig essen, oft kaute ich auf einem Stück Fleisch wie auf einem Kaugummi. Ich hatte große Angst, dass ich das alles nicht schaffen würde, worauf ich mich eingelassen hatte. Mein größtes Problem war immer, dass ich keinen zum Reden hatte. Die Leute fragten mich oft, wie es mir gehe, was ich nun machen wolle, was mein Plan sei. War es denn immer ehrlich gemeint oder waren sie nur neugierig, was du als Nächstes vorhast, oder sogar schadenfroh? Tragen sie ihre Masken oder sind sie abgelegt?

Ich konnte mich den Menschen nicht richtig öffnen. Da merkte ich, dass meine Mauern noch da sind, Schotten dicht, ja keinen mehr an mich heranlassen. Als ich noch klein war, mich keiner so richtig gewarnt hat vor den ganzen Gefahren und Enttäuschungen, habe ich mir meine Mauern gebaut. Ich habe mir immer wieder geschworen, es verletzt mich keiner und es tut mir keiner mehr weh, ich habe meine Mauern gebaut, es kommt keiner so leicht an mich heran. Und das Kind in mir oder eine göttliche Stimme sprach immer wieder zu mir: Öffne die Türen, hab Vertrauen! Ich will nicht mehr im Dunkeln stehen, die alten

Zeiten sind vorbei. Und doch merkte ich, die Mauern sind noch da. Sobald ich mich klein fühlte, waren sie wieder da. Ich hatte einfach Angst, dass man mich wieder verletzen würde.

Ich ging viel in den Wald, um meinen Kopf freizubekommen und meine Gedanken zu sortieren. Ich sprach mit Gott, er ist der Einzige, dem ich mich ohne Reue anvertrauen kann und der mich versteht und kennt. Ich betete zu Gott: Führe mich durch Sturm und Unwetter auf die Sonnenseite des Lebens, wo ich wieder glücklich sein kann und darf. Ich versuchte, Gottvertrauen zu haben und Matthias zu vertrauen. Matthias schrieb mir viele Briefe, in denen er seine Gefühle und Gedanken zum Ausdruck brachte. Am Wochenende kam er zu mir in die Klinik. In dieser Zeit waren die Therapeuten nicht da. Matthias und ich haben uns dann oft fast die ganze Nacht unterhalten. Wir sprachen über unsere Ängste, über seinen Rückfall und darüber, ob wir einander vertrauen konnten. Ich mochte Matthias, und doch war ich gedanklich viel bei Aron und Adrian. Ich merkte, dass Matthias sich sehr bemühte, mich für sich zu gewinnen.

Am nächsten Morgen brachte ich Matthias Frühstück vom Speisesaal mit. Wir sprachen fast den ganzen Tag über die Zukunft und über Gott und die Welt. Was wir alles zu erledigen hatten, was die nächsten Schritte sein würden. Wie ich schnellstmöglich mein Kind bekomme. Es waren so viele Baustellen offen, dass wir nicht wussten, wo wir anfangen sollten. Kein Geld, kein Auto, Matthias hatte nicht einmal einen Führerschein. Das waren lauter Faktoren, die uns alles sehr erschwerten. Und trotzdem fühlte ich mich an Matthias' Seite sicher und geborgen.

Je näher das Ende meiner Therapiezeit kam, desto öfter musste ich zum Blasen gehen, um zu kontrollieren, dass ich keinen Alkohol zu mir genommen hatte. Ich hatte, Gott sei Dank, das Kindergeld auf mein Konto bekommen und somit beschlossen, am Wochenende mit dem Zug zu Matthias zu fahren. Offiziell durfte ich übers Wochenende nicht wegbleiben. Ich musste mir nur etwas einfallen lassen, was das Blasen betrifft. Am Wochenende waren immer Listen beim Schwesternzimmer an der Pinnwand ausgehängt. Darauf waren die Namen zu lesen von denen, die an dem Tag zu einer gewissen Zeit zum Blasen gehen mussten.

Ich habe meiner Zimmerkollegin gesagt, dass ich zu Matthias fahren möchte und ich sie vom Stuttgarter Bahnhof anrufen würde. Sie solle mir dann aufgrund der Liste mitteilen, ob ich an diesem Freitagabend noch zum Blasen gehen musste. Am Freitagabend, nach den ganzen Anwendungen, düste ich zum Bahnhof los. Die Zeit war sehr knapp, ich lief das Stück durch den Wald, den Feldweg entlang. Um es zeitlich zu schaffen, musste ich fast zum Bahnhof joggen. Ich hatte noch 15 Minuten, bis mein Zug fahren würde. Meine Angst, den Zug zu verpassen, wurde immer größer, als plötzlich ein Taxi von hinten angefahren kam und neben mir anhielt. Der Taxifahrer fragte mich, wo ich hin wolle. Ich sagte, ich müsse zum Bahnhof, und dass mein Zug in 15 Minuten fahre. Er meinte, er fahre ohnehin in diese Richtung und könne mich mitnehmen. Ich hatte aber nicht genug Geld, um die Fahrt zu bezahlen. Er meinte, er habe nun Dienstende und er nehme mich so mit. Dem Himmel sei Dank, war es wieder ein Engel, den Gott mir gesandt hatte? Ich weiß es nicht, ich bedankte mich bei dem Taxifahrer und rannte zum Bahnsteig. Ich war sehr glücklich, den Zug erreicht zu haben.

In Stuttgart angekommen, suchte ich mir gleich eine Telefonzelle, um Jutta anzurufen, ob ich am selben Abend noch zum Blasen gehen muss. Wenn das der Fall gewesen wäre, dann wäre das Wochenende bei Matthias gescheitert. Ich hatte Glück, an diesem Abend war mein Name nicht auf der Liste. Nun stand ich am Stuttgarter Bahnhof und hatte noch eine halbe Stunde Aufenthalt, bis mein nächster Zug fuhr. Schlagartig wurde mir bewusst, dass ich nicht unter Beobachtung war. Ich ging an den Kiosk und kaufte mir fünf Dosen Bier und eine Schachtel Zigaretten. Als ich im Zug saß, schaute ich das Bier an, machte die Dose auf und trank genüsslich das Bier. Ich weiß nicht, was mich geritten hat. Vielleicht wollte ich wie Matthias ausprobieren, ob ich kontrolliert trinken konnte. Während der Zugfahrt trank ich alle fünf Dosen aus.

In diesem Zeitraum fühlte ich mich frei und unbeschwert. Es sollte nur für diesen Abend sein. Einmal wieder tun und lassen können, was mein Herz in diesem Moment begehrte, um für eine gewisse Zeit abzuschalten und diesem ganzen Druck und den Belastungen zu entfliehen. Es sah ja keiner der Therapeuten und im Zug kannte mich auch keiner, es musste ja keiner wissen. Ich merkte, wie der Alkohol in meinen Kopf schoss. Was tat ich eigentlich? Mir war es in diesem Moment nicht wirklich bewusst und ich trank weiter, bis ich um 21 Uhr in Rottweil ankam. Deutlich angetrunken ging ich zum nächsten Taxi und ließ mich nach Aldingen fahren.

In Aldingen angekommen, begrüßte mich Matthias und bemerkte sofort, dass ich angetrunken war. Ich glaube, er war enttäuscht. Nun wusste er, wie ich mich bei unserem ersten Telefonat gefühlt hatte. Er sagte zunächst gar nichts und meinte: „Schlaf dich erstmal aus." Am nächsten Morgen fragte er mich, warum ich Alkohol zu mir genommen hatte. Er sagte: „Wir dürfen nicht wieder anfangen, sonst war die ganze Therapie umsonst." Wir wussten, dass es nicht richtig war, dass sehr viel auf dem Spiel stand. In diesem Moment dachte ich, dass Arons Familie genau solch einen Rückfall von mir erhofft hatte.

An diesem Abend war ich wieder mal in meiner Welt, wo ich nicht mehr hin wollte. Und doch fühlte ich mich in diesen Momenten gut. Am nächsten Tag war es anders: Das schlechte Gewissen plagte mich, von den Kopfschmerzen ganz zu schweigen. Nun saßen Matthias und ich im Wohnzimmer, schauten einander an, rauchten und wussten nicht, wie es mit uns weitergehen würde. Ich glaube, wir hatten beide Angst, alles zu verlieren. Einander zu verlieren, Adrian zu verlieren. Die Angst beherrschte mich, mein Gehirn war im Panikmodus. Es funktionierte an diesem Wochenende nichts mehr wie gewohnt. Meine Gedanken wirbelten wie ein Hurrikan im Kreis. Mir fiel keine Lösung ein, um aus dem Strudel wieder herauszukommen, an diesem Morgen sah ich keinen Hoffnungsschimmer. Ich fühlte mich als Versager und dieses Gefühl machte es noch schlimmer.

Matthias redete an diesem Tag sehr viel. Zwischenzeitlich rief ich Jutta an, ob ich für diesen Tag mit auf der Liste stand. Ich hatte Glück, dass ich nicht darauf stand. Sonst hätte ich den nächstmöglichen Zug in die Klinik nehmen müssen. Das blieb mir erspart, wir gingen zusammen einkaufen. Das Bier stand auch auf der Einkaufsliste. Wir waren beide noch nicht gefestigt genug, um einander den Alkohol auszureden und einander zu motivieren, trocken zu bleiben. Das Teufelchen, das auf unserer Schulter saß, war an diesem Wochenende stärker als das Engelchen, das bis jetzt so gut auf mich aufgepasst hatte.

An diesem Abend gingen wir noch in eine Kneipe. Ich sehnte mich danach, unter die Leute zu gehen, wo mich keiner kennt und ich tun und trinken kann, was ich will. Was mich beruhigte und mein Gewissen ein wenig erleichterte, war, dass Matthias auch trank. Am nächsten Tag ging es uns beiden schlecht. Wir wussten, dass wir keine Zukunft haben würden, wenn wir wieder zu trinken anfingen. Dass wir dann das bisschen, was wir noch hatten, auch noch verlieren würden, und uns selbst vielleicht auch. So würde jeder wieder allein sein und der Alkohol würde unser bester Freund werden. War es das, was wir wollten? Ich für meinen Teil wollte es nicht und tat es trotzdem, weil die Sucht mich an diesem Wochenende besiegt hatte.

Ich war enttäuscht von mir und konnte mich selbst nicht mehr leiden. Konnte nachts nicht schlafen, wachte schweißgebadet auf und wälzte mich von einer Seite auf die andere. Am nächsten Tag fühlte ich mich ausgelaugt und wie gelähmt. Es war Sonntag und ich musste zurück in die Klinik fahren. Bevor ich das tat, wollte ich wissen, ob ich noch Alkohol im Blut hatte und entschloss mich nach Rottweil fahren zu lassen, was Matthias' Freund Ewald tat. Als ich die Polizeistation betrat und der Polizist mich fragte, worum es geht, wurde mir mulmig zumute, aber da musste ich jetzt durch. Ich brauchte Gewissheit, ob ich noch Promille im Blut hatte. Ob ich in der Klinik gleich meinen Koffer packen und somit mit Ewald und Matthias zurückfahren musste.

Ich versuchte, selbstsicher auf den Polizisten zuzugehen. Ich erzählte ihm, dass ich gestern auf einer Feier gewesen sei und mehr Alkohol zu mir genommen hätte als geplant, dass ich nun einen Anruf von einem Bekannten bekommen hätte, der mich bat ihn mit dem Auto abzuholen, und ich mich erst vergewissern wolle, ob ich noch Alkohol im Blut hatte, bevor ich mit dem Auto fuhr. Der Polizist war sehr überrascht und meinte, so etwas habe er noch nicht erlebt, dass jemand freiwillig zu ihm gekommen sei, um einen Alkoholtest machen zu lassen. Er fand es vorbildlich und machte mit mir den Alkoholtest. Wenn er gewusst hätte, dass eine Alkoholikerin vor ihm steht, die verzweifelt ist und immer wieder mit der Sucht kämpft!

Ich hoffte so sehr, dass ich nun um die Mittagszeit keinen Alkohol mehr im Blut hatte. Ich hoffte und bangte, und ich hatte Glück: Es waren 0,0 Promille. Mir fiel ein Stein vom Herzen. Ich bedankte mich bei dem Polizisten und ging mit einem Lächeln im Gesicht aus der Station zu Matthias und Ewald. Ich war sehr erleichtert und ließ mich zum Bahnhof bringen, um die Rückreise anzutreten. Im Zug hatte ich viel Zeit zum Nachdenken, was mir gar nicht gut tat. An einem Wochenende wie diesem, wenn etwas Unvorhergesehenes passiert ist. Wie bei mir ein Rückfall, ein Zusammenstoß mit dir selbst, der dich aus der Bahn wirft und vieles wieder zu Bruch gehen lässt. Seelisches und auch körperliches Leid trifft uns meist aus heiterem Himmel, ob Krankheit, Verlust eines lieben Menschen oder Trennung oder, wie bei mir, ein Rückfall.

Oft kann unser Kopf nicht verstehen, was eigentlich passiert. Wir sind am Boden zerstört, fühlen uns verletzt und haben das Gefühl, unser Leben liege in tausend Scherben. Und es stimmt, nach jeder Krise, nach der Verzweiflung, sind wir nicht mehr dieselben. Denn wir werden uns wieder mehr auf uns konzentrieren, ganz neue Kräfte entwickeln, vielleicht auch andere neue Perspektiven einnehmen. Unsere Lebenslinie weist vielleicht kleine Narben auf, aber ich werde meine Narben nicht verstecken, sondern leuchten lassen. Sie verändern uns. Ich muss aufhören, mich gegen das Zerbrechen zu wehren. Das Vertrauen in sich selbst nicht verlieren. Gerade wenn das Leben es nicht gut mit uns meint, ist es wichtig, uns selbst zu achten und zu lieben. Uns die Liebe und Aufmerksamkeit manchmal selbst zu schenken, die wir von anderen gerade nicht bekommen.

Ich war froh, als ich in der Klinik ankam. Mein Rückfall hat mich sehr beschäftigt und einige Tage heruntergezogen. Jetzt hatte ich noch zwei Wochen bis zu meiner Entlassung. Ich hätte mir gewünscht, dass Aron mit Adrian noch an einem Wochenende zu mir kommen würde. Dass wir noch einmal miteinander reden. Tief im Herzen war noch ein Funke Hoffnung, dass Aron auf mich zukommen würde und wir zusammen alles überdenken würden, vielleicht doch nicht alles in den Sand setzen und für unsere kleine Familie neu zu kämpfen anfangen. Tief im Inneren hätte ich es mir sehr gewünscht. Dass Aron sich nicht nur von seiner Mutter beeinflussen lässt und so hörig ist. Dass er zu denken anfängt, wenn er mich liebt.

Ich liebte Aron noch aufrichtig. An manchen Tagen hätte ich am liebsten gesagt: Aron, lass uns den Krieg beenden. Wir haben alle Fehler gemacht. Wir können doch nicht alles aufgeben! An manchen Tagen beschwerte Aron sich bei mir über vieles, beleidigte mich, hörte mir nicht zu und trug alles über Adrian aus, denn er wusste, dass dies sein größtes Druckmittel war, um mich zu besänftigen. Er wusste, um Adrians willen würde ich viel hinnehmen, einiges über mich ergehen lassen, seine Spielregeln akzeptieren und mitspielen. Es war leider nicht so, dass Aron mir entgegenkam, denn er war in seiner Ehre so gekränkt, dass er nichts Gutes erwiderte.

Die letzten zwei Wochen in der Klinik zogen sich wie Kaugummi. Am Wochenende war ich wieder bei Matthias und wollte mich nur an ihn kuscheln und in seiner Nähe sein. Matthias war der Einzige, den ich in diesem Moment hatte. Dafür war ich sehr dankbar. Der Rückfall machte mir immer noch schwer zu schaffen. Ich wusste, dass ich diese Situation nicht mehr ändern konnte, ich konnte nur versuchen, es in Zukunft besser zu machen. Ich wollte wieder leben.

Am nächsten Tag ging ich in die Kirche. Ich war dort allein. Ich fühlte mich in diesem Moment sehr schwach. Ich sah Jesus an, wir beide kennen uns schon, seit ich denken kann, ich weiß nicht mehr seit wann, aber er war immer für mich da. Nun stand ich vor ihm und kämpfte mit meiner Wut auf mich selbst. In der Kirche hatte ich das Gefühl, dass mein Schutzengel bei mir war. Die Engel sind die Erfahrung von Gottes Nähe. Ich kann es nicht beschreiben, aber für mich gibt es Engel. Sie lassen sich nicht einfangen, auch nicht mit der Sprache, aber sie sind da, man muss sich nur für sie öffnen. In der Mitte des Lebens ist mir wichtig geworden, Krankheit, Leid und Krisen als Vertiefung anzusehen. Menschen, die nichts davon erfahren haben, bleiben meist oberflächlich, so denke ich darüber. Interessanter sind jedenfalls diejenigen, die solche Phasen kennen, denn sie leben anders.

Ich weiß nicht, wie lange ich in der Kirche war. Danach ging ich zurück zu Matthias und wir sprachen über unsere Zukunft, wie es mit jedem von uns weitergehen sollte. Fest stand, dass ich für einen gewissen Zeitraum bei Matthias wohnen würde. Ich war Matthias sehr dankbar, dass er mir das ermöglichte. Einerseits waren wir zusammen und andererseits wollte ich so bald wie möglich zurück in die Nähe meines Sohnes, und Aron war auch noch tief in meinem Kopf verankert.

Ich fühlte mich oft leer und war verzweifelt, ich wollte so vieles ändern und doch wurde ich von vielem ausgebremst, von meinen eigenen Gedanken, von Menschen, sei es Aron, die Schwiegereltern, die Behörden. Es war die Spitze des Eisberges, den ich zu bewältigen hatte. Manchmal ist es besser, nicht immer gleich zu wissen, wohin die Entscheidungen, die man in gewissen Situationen getroffen hat, uns führen. Und trotzdem muss man in manchen Situationen den Mut haben, eine eigene Entscheidung zu treffen und in sich selbst hineinzuhören. Hat man das Gefühl, dass es stimmig ist, so ist es in diesem Moment die richtige Entscheidung, auch wenn es doch nicht die richtige war, aber in diesem Moment war sie es. Entscheidungen sind oft mit dem Mut zum Risiko verbunden. Egal, wie man sich entscheidet, es bringt immer auch ein Risiko mit sich.

Sonntags fuhr ich mit dem Zug zurück in die Klinik. Gedanklich war ich überall, nur nicht mehr in der Klinik. Mir wurde es ganz mulmig, wenn ich an den Dienstag dachte, wenn ich mit dem Zug zu Aron fahren würde. Meine Schwiegereltern würden Gott sei Dank nicht da sein. Sie waren mit meinem Adrian in den Urlaub gefahren. Ich war froh, meine Schwiegereltern nicht sehen zu müssen, aber Adrian vermisste ich. Der Gedanke, allein mit Aron im Haus zu sein, machte mich nervös. Am Montag kam Matthias mit Ewald in die Klinik, um meine Koffer und andere Sachen abzuholen und sie schon nach Aldingen mitzunehmen. Somit hatte ich nur noch eine kleine Tasche, die ich mitgenommen habe. Nun war es so weit und meine Therapie war vorbei. Ich habe in der ganzen Therapiezeit sehr viel gelernt, hatte viel Zeit zum Nachdenken. Ich habe Leute kennengelernt, mit denen man sich austauschen konnte, die auch der Sucht verfallen waren. Als ich in den Bus stieg, der uns zum Bahnhof brachte und mich auf einen Platz gesetzt hatte, fiel mir ein, wie ein Mitpatient eines Tages zu mir gesagt hatte: „Wenn du diese Klinik verlässt und du von diesem Grundstück fährst, dreh dich niemals um. Wer zurückblickt, wird wiederkommen." Ich habe nicht zurückgeschaut, weil ich kein zweites Mal kommen wollte.

Ab dem 13. Mai 1999 sollte mein neues Leben beginnen. Jeder für sich hoffte auf einen Neubeginn ohne Alkohol. Auf der Therapie waren wir alle zusammen unter einer Käseglocke, wir saßen alle in einem Boot. Man hatte gelernt, sich zu öffnen und über seine Sorgen, Bedürfnisse und sogar über seine Ängste zu sprechen. Jeder hatte gelernt, seine Masken fallen zu lassen, der eine mehr, der andere weniger. Wir wussten, dass es in Freiheit nicht mehr so leicht sein würde. Jeder hatte Angst davor, offen über sich zu sprechen und sich mitzuteilen, wie es einem geht. Offen über seine Ängste zu sprechen. In Wirklichkeit will es keiner hören, weil jeder mit sich selbst beschäftigt ist und für die anderen gar keine Zeit opfern will.

Ich habe vorsichtshalber meine Masken mit in den Koffer gepackt. Es gibt nur wenige Menschen, die sich wirklich über dich Gedanken machen, die dich durch die schwere Zeit begleiten und für dich da sind. Die es ernst mit dir meinen. Ich habe gelernt, mich auf mich selbst zu verlassen. Ich war so oft enttäuscht und betrogen worden, dass ich auf dieses Spiel keinen Bock mehr hatte. Das heißt aber nicht, dass ich keinen Rat annehme oder mich nicht überzeugen lasse. Es heißt, dass ich nicht mehr blauäugig durch die Welt laufe. Dass ich nicht mehr so gutgläubig bin und alles für bare Münze nehme, was man mir sagt, dass ich mir lieber mein eigenes Bild mache und nicht mehr so viel Wert darauf lege, was andere sagen.

Im Zug machte ich eine gedankliche Zeitreise. Mir ging so viel durch den Kopf, von der Kindheit angefangen. Da wurde mir wieder bewusst, wie gerne ich meine Schwester an meiner Seite gehabt hätte. Sie hätte mit mir damals auf Entgiftung gehen sollen. Zusammen eine Therapie, gemeinsam einen Neubeginn. Meine Schwester Isa war wie ein Zugvogel. Ich hatte sie mehr als ein Jahr lang nicht mehr gesehen. Ihre Kinder waren nicht mehr bei ihr. Durch ihren ganzen Frust, ihren Ärger, ihre Enttäuschungen und vor allem ihre Ängste, die sie nie los bekam. Ich hatte das Gefühl, dass sie sich immer mehr verrannte. Handys gab es noch nicht, so hatte man gar nicht die Möglichkeit, sie spontan anzurufen. Vielleicht machte sie wieder einmal Urlaub im Knast. Wenn es ganz schlimm war, lebte sie auf der Straße. Das alles tat mir in der Seele weh. Somit ging es meinen Eltern auch nicht gut, vor allem meiner Mutter nicht. Mein Vater sagte nicht viel, und wenn er sich äußerte, wurde er sehr laut. Ich glaube, meine Eltern wussten, dass nicht alles in Isas Leben gut gelaufen ist. Sie waren mit vielen Situationen überfordert.

Wenn viele Probleme kein Ende haben oder immer neue dazukommen, wird man unzufrieden. So versucht man, vieles zu verdrängen, den Problemen aus dem Weg zu gehen, weil es mehr ist, als man tragen kann. Es wird einem an gewissen Tagen zu viel, man hat den Eindruck, keinen Boden mehr unter den Füßen und keinen Halt mehr zu haben. Man kommt sich vor wie in einer Sackgasse, man ist mit seiner Kraft am Ende. Man fühlt sich alleingelassen. Du bist verzweifelt und leidest vielleicht zeitweise an einer Depression, die sich mit der Zeit eingeschlichen hat. Deswegen bin ich meinen Eltern nicht böse. Es war in Ordnung, wie sie waren. Das heißt aber nicht, dass ich alles gutheiße. Ich kann ihnen keinen Vorwurf machen, denn man kann nur etwas vermitteln oder weitergeben, wenn man es selbst gelernt hat.

Ich habe gelernt, die Menschen so zu nehmen, wie sie sind. Wenn sie mir nicht gut tun, verhelfe ich mir zu einem größeren Abstand von ihnen, und trotzdem werde ich ihnen mit Höflichkeit und Respekt gegenübertreten. Jeder ist so, wie er ist, man kann keine Menschen ändern, man muss sich selbst ändern, dann ändert sich auch das Umfeld. Mit dieser Einstellung und Denkweise vermittelte ich mir das Gefühl, dass in meinem Leben noch etwas funktioniert, und knüpfte an vertraute positive Gefühle an, die in jedem Menschen schlummern.

Ich habe meine Eltern lieb, weil sie meine Eltern sind. Mir wurde auch bewusst, dass ein Leben ohne Ziele wie ein Fußballspiel ohne Tore ist. Man dribbelt planlos durch die Gegend, man kommt ins Schwitzen und wird müde. Erst die Tore geben dem Spiel einen Sinn. Überlege dir genau, was du ändern möchtest und halte dir dein Ziel immer vor Augen.

Aron wartete am Bahnhof auf mich. Zuhause angekommen, fühlte ich mich in diesem Haus fremd. In unserer Wohnung hatte sich nichts verändert, es war alles noch so, wie es gewesen war. Ich dachte mir: Vielleicht ergibt sich heute Abend ein gemeinsames Gespräch, das für uns beide wichtig gewesen wäre. Ich hätte mir einen gemeinsamen Abend gewünscht. In der Hoffnung, vielleicht doch noch einen gemeinsamen Weg zu finden. Als ich in unsere Küche ging, sah ich, dass auf der Ablage sechs Flaschen Bier standen. Er zeigte mir, wo etwas zu essen war, und teilte mir mit, dass er heute Nacht woanders schlafen würde und auch gleich los müsse. Ich war enttäuscht, aber ich hätte es mir denken können.

Er ging zu seinen Eltern in die Wohnung. Ich war überrascht, dass die Türe zur Wohnung abgeschlossen war. Es war überhaupt kein Vertrauen mehr da, von keiner Seite. Das machte mich traurig. Ich hatte gehofft, dass Aron so viel Rückgrat haben würde, um einfach noch einmal mit mir über alles zu sprechen. Als Aron in die Wohnung ging, um in der Küche etwas zu holen, ging ich mit und drehte im Wohnzimmer den Griff der Terrassentüre so hin, dass ich von außen die Türe aufdrücken konnte. Ich wusste in diesem Moment auch nicht, warum ich es getan hatte. Aron hatte es nicht bemerkt und wir gingen wieder aus der Wohnung, von der er auch wieder die Türe zusperrte.

Ich sagte, er könne das Bier mitnehmen, da ich es ja nicht brauchte. Er meinte nur, ich solle es einfach stehen lassen, und falls ich doch eins trinken wolle, dürfe ich mir auch eins nehmen. Das war scin wahres Gesicht. Er hatte bewusst das Bier in die Küche gestellt, um zu testen, wie stark ich war. Ich war zutiefst gekränkt. Wie kann ein Mensch sich so verändern? Diesen Menschen hatte ich von Herzen geliebt und liebte ihn eigentlich immer noch. Sein Verhalten verletzte mich sehr. Ich versuchte, ruhig zu bleiben, und sagte gar nichts mehr.

Er war keine Stunde mit mir im Haus, da war er schon wieder verschwunden. Nun saß ich alleine in diesem verdammten Haus. Ich kann gar nicht beschreiben, wie ich mich in diesem Moment fühlte. Mir war klar, dass sie einen Rückfall begrüßen würden, um Adrian ganz für sich zu gewinnen. Ich saß in der Küche, weinte und schaute das Bier an. Mein Saufdruck wurde immer größer. Somit ging ich um das Haus auf die Terrasse, um in die untere Wohnung zu kommen. Ich ging in den Keller, um mir Stoff zu holen. Ich nahm mir eine Flasche Wein in die Wohnung mit und setzte mich auf den Balkon. So hatte ich den Überblick, falls Aron nochmals zurückkommen sollte. Ich machte mir die Flasche Wein auf und spülte meinen Frust herunter. Jetzt machte ich genau das, was sie erreichen wollten, ich hatte einen Rückfall. Jetzt saß ich da mit meinem Wein und mit meiner Zigarette und fühlte mich richtig schlecht. Ich fühlte mich erneut als Versager. Meine ganzen Vorsätze, die ich aus der Therapie mitgenommen hatte, waren vorerst ausgeblendet. Auf meiner linken Schulter saß mein Schutzengel und versuchte, mir ins Gewissen zu reden: Sonja, was tust du, willst du alles wieder hinschmeißen? Überlege dir, was noch alles passieren kann. Denk an deinen Sohn. Sei vernünftig und hör auf zu trinken.

Auf meiner anderen Schulter saß mein Teufelchen. Es sagte: Stell dich nicht so an. Es bekommt doch keiner mit, du warst schlau genug, um die Terrassentüre zu öffnen. Was macht denn das bisschen Wein? Morgen ist ein neuer Tag. Dein alter Freund wird dir heute Abend Trost spenden. Enttäuscht und voller Wut auf mich selbst schüttete ich den Rest des Weins weg und brachte die leere Flasche zurück in den Keller. Ich legte mich ins Bett und versuchte zu schlafen. Es war die längste Nacht meines Lebens. Ich wollte nur noch, dass die Nacht vergeht, und ich wollte so schnell wie möglich aus diesem Haus kommen. Somit dachte ich an Matthias und war dankbar, dass ich ihn an meiner Seite hatte.

Aron kam am Morgen sehr früh. Da ich ohnehin nicht schlafen konnte, stand ich um 6 Uhr auf. An diesem Morgen rauchte ich eine Zigarette nach der anderen. Aron ging in die untere Wohnung, ich nutzte die Chance, um die Terrassentüre wieder richtig zuzumachen. Aron hatte nichts bemerkt, er sprach nicht viel. Er war irgendwie in sich gekehrt. Am liebsten hätte ich gesagt: Aron, lass uns mit dem Wahnsinn aufhören. Ich habe keine Energie mehr, und so, wie es aussieht, du auch nicht. Lass uns reden und einen Neuanfang wagen. Ich hätte ihn am liebsten in den Arm genommen und ihm gesagt, wie lieb ich ihn noch habe. Obwohl er so gemein zu mir war und mir Bier in die Küche gestellt hatte, empfand ich keinen Hass. Normalerweise hätte ich eine Riesenwut auf ihn haben müssen, hatte ich aber nicht. Ich hatte Mitleid mit ihm und eine Wut auf mich selbst.

Warum habe ich alles zerstört? Bloß, weil mir die Sauferei wichtiger war als meine eigene Familie und mein eigenes Leben. Als ich so sinnierte, lud Aron meine Sachen ins Auto. Mir wurde in diesem Moment bewusst, dass es ein Abschied für immer ist. Bei der Fahrt nach Aldingen haben wir so gut wie gar nichts gesprochen. Ich versuchte, Aron den Wind aus den Segeln zu nehmen, um mein Kind zu bekommen, und wenn es nur besuchsweise war. Ich wollte mein Kind so oft wie möglich sehen und bei mir haben.

Ich war sehr froh, als wir in Aldingen ankamen. Matthias hatte uns schon erwartet und freute sich, mich wiederzusehen. Einerseits freute ich mich auch, aber andererseits waren meine Gefühle für Aron noch sehr stark. Matthias und Aron räumten das Auto aus. Nach dem Ausladen machte sich Aron gleich wieder auf den Heimweg. Bei der Verabschiedung sah ich, dass Aron Tränen in den Augen hatte. Warum konnte er nicht über seinen Schatten springen? Ich hatte viele Fehler gemacht, aber er auch. Ich wollte mich für meine Familie verändern und mit ihnen ein neues Leben beginnen, aber ich war zu schwach, um es alleine zu stemmen. Und Matthias war derjenige, der mich unterstützte und meine Last mitgetragen hat. Ich kannte Matthias noch nicht lange, genau genommen erst seit zwei Monaten. Wir wussten noch nicht viel voneinander. Wir wussten nur, dass jeder von uns auf sich selbst gestellt war. Oder wir würden diesen Weg gemeinsam gehen. Aber soweit hatte ich in diesem Moment noch nicht gedacht. Was für mich zählte, war mein Kind. Ich wollte so bald wie möglich wieder in seiner Nähe sein.

Mir war auch bewusst: Um diesen Kampf aufzunehmen, musste ich trocken bleiben, was mir in dieser Zeit sehr schwerfiel. Mein Leben zu sortieren und in geregelte Bahnen zu bringen, das war mein Ziel.

Matthias und ich waren trotz unseren Rückfällen organisiert und versuchten, unseren Papierberg, der in einer Schachtel schlummerte, zu sortieren, einzuheften und wichtige Gänge wie zu den Banken und Ämtern zu erledigen. Matthias hatte zwar noch die Eigentumswohnung, aber es war nur noch eine Frage der Zeit, bis er sie verlieren würde. Weil er seine Arbeit gekündigt hatte, konnte er die Hypotheken nicht bezahlen. In diesen vier Monaten hatte sich ein großer Berg Schulden aufgehäuft. Sogar der Gerichtsvollzieher kam zu uns und verteilte den Kuckuck, was zu pfänden wäre. Das war sogar für mich zu viel. In meinem ganzen Leben hatte ich noch nie etwas mit einem Gerichtsvollzieher zu tun gehabt.

In solchen Momenten kamen mir oft Zweifel, ob die Entscheidungen, die ich getroffen hatte, alle richtig gewesen waren. Matthias und ich bemühten uns. Ich versuchte, in regelmäßigen Abständen Adrian ans Telefon zu bekommen. Wenn ich Glück hatte, klappte es, wenn ich Pech hatte, war für mich der Tag gelaufen. Frustriert verkroch ich mich mit meiner Trauer dorthin, wo ich alleine war, um mit den neuen Umständen klarzukommen. Ich möchte nicht die ganzen Stunden zusammenzählen, die ich verheult habe. Weinen stand bei mir auf der Tagesordnung. Mein Herz war gebrochen. Um meine Sorgen für ein paar Stunden zu vergessen und um meine Gefühle etwas zu betäuben, gingen Matthias und ich hin und wieder in die Kneipe, um etwas zu trinken und das Leben für ein paar Stunden erträglicher für uns zu machen. Wir wussten, dass es keine Lösung war, und trotzdem taten wir es.

Für Matthias waren wir schon ein Paar. Von meiner Seite aus war ich hin und hergerissen und wusste noch nicht richtig, was ich wirklich wollte. Matthias war lieb und nett, so, wie ich mir immer meinen Partner vorgestellt hatte. Einer, der mir zuhört, der in meinen schwersten Stunden für mich da ist und mit mir durch dick und dünn geht. Nur optisch entsprach er nicht ganz meiner Vorstellung. Matthias war mir eigentlich viel zu groß, zu schlank. Ich stand immer auf kräftigere Männer. Und trotzdem fühlte ich mich zu ihm hingezogen und bei ihm geborgen. Somit wollte ich auf den Sex mit ihm nicht verzichten.

Mein Leben hatte sich gravierend geändert. Mein Leben mit Arons Familie war nicht schlecht gewesen. Mir hatte es an nichts gefehlt, außer an einem Mann an meiner Seite. Die Umstellung von der Therapie auf die Realität war schwer. Wir fingen bei null an. Wir hatten sehr wenig.

Matthias hatte sich die Wohnung in seiner schwersten Trinkerzeit gekauft. Wenn wir Pech hatten, würde Matthias sie auch noch verlieren. Wir hatten kein Geld, keine Arbeit, kein Auto und Matthias hatte nicht einmal einen Führerschein. Ewald hielt uns in unserer Not finanziell über Wasser. Als Gegenleistung konnte er bei uns essen und gelegentlich habe ich seine Wäsche mitgewaschen. Ewald war ein wahrer Freund, für seine Hilfe und Unterstützung waren wir sehr dankbar. Es heißt nicht, dass er uns das Geld, das er uns lieh, geschenkt hat. Natürlich sollte Ewald sein Geld so schnell wie möglich zurückbekommen, aber er ließ uns Zeit und machte keinen Druck. Ohne Ewald wäre der Kühlschrank oft leer geblieben.

Es kam noch dazu, dass ich so schnell wie möglich ein Auto brauchte, um zu Adrian zu fahren oder, wenn die Möglichkeit bestand, ihn zu uns zu holen. An einem guten Tag verhandelte ich mit Aron, dass ich Geld brauchte und er uns wenigstens das Geld geben sollte, das ich in die Ehe mitgebracht hatte, und ich somit auf alles andere verzichte. Dies kam Aron zugute, denn mir stand wesentlich mehr zu als nur die 14 000 DM. In diesem Moment war es mir egal, wir brauchten einfach das Geld, um unseren Anfang zu erleichtern. Aron willigte schnell ein und überwies uns die 14 000 DM, die ich zur Hochzeit von meinen Eltern bekommen hatte. Aron wusste, dass mir wesentlich mehr Geld zustehen würde, so hatten Matthias und ich ein Startkapital, was für uns eine große Erleichterung war.

Ich machte beim Frauenarzt einen Termin, um mir die Pille verschreiben zu lassen. Wir waren unvorsichtig genug. Ich wollte nicht weiterhin das Risiko eingehen, schwanger zu werden. Wir versuchten erneut, ganz vom Alkohol wegzukommen. Ich wollte ein neues Leben anfangen. Bei der Untersuchung beim Frauenarzt sah mich dieser an und meinte: Sie wollen die Pille verschrieben haben. Aber die Pille brauchen Sie nicht mehr, denn sie sind schwanger. Ich traute meinen Ohren nicht. Ich brachte in diesem Moment kein Wort heraus. Der Arzt bemerkte, dass ich in einem gewissen Schockzustand war. Ich wollte erst einmal allein sein.

Letztes Jahr, als ich die Pille abgesetzt hatte, um mit Aron noch ein Baby zu bekommen, hatte es einfach nicht geklappt. Das Baby sollte mir und Aron zu einem Neuanfang verhelfen. Wie sehr hatte ich mir damals gewünscht, schwanger zu werden. Aber jetzt, in dieser Situation, in der ich mich nun befand und in der ich es nun wirklich nicht gebrauchen konnte, war ich schwanger. Ich musste erst einen klaren Gedanken fassen. Wie sollte ich indessen mit der Schwangerschaft umgehen? Sollte ich es Matthias sagen oder sollte ich noch warten, bis ich mich hundertprozentig für das Kind entschieden hatte? Würde ich überhaupt eine Abtreibung übers Herz bringen? Probleme über Probleme!

Ich lebte nun in Baden-Württemberg, genauer gesagt in Aldingen, das kein Mensch kennt. Bis vor wenigen Monaten hatte ich nicht einmal gewusst, dass der Ort Aldingen existiert. Ich kam von einer Sackgasse in die andere. Verzweifelt lief ich durch den Ort, es war mir alles unvertraut und neu. Die Menschen, die an mir vorbeiliefen, sprachen einen Dialekt, der mir sehr fremd war. Am liebsten wäre ich wieder in meine Heimat gefahren, aber jetzt, wo ich auch noch ein Kind unter meinem Herzen trug, wurde alles noch komplizierter.

Als ich so durch die Stadt lief, gingen mir tausend Sachen durch den Kopf. Da versucht man, sein Leben zu ändern und seine Familie aufrechtzuerhalten, und das Gegenteil passiert, es geht alles in die falsche Richtung. Es kommen Situationen dazu, mit denen kein Mensch rechnet. Wie würde es nun weitergehen? Matthias machte sich Hoffnungen, die ich ihm auch nicht nehmen wollte. Ich hatte nur noch ihn. Aber ich kannte diesen Mann noch nicht lange genug, eigentlich gar nicht. Was würde ich machen, wenn er einen Rückfall nach dem anderen haben sollte? Ich bin auch nicht stabil genug und jetzt noch ein Kind. Wenn nicht der Kampf mit einem Kind genug wäre. Mein Gedankenkreis wurde immer größer, was mir große Angst machte und meinen Saufdruck schlagartig in die Höhe schnellen ließ.

Aber eins schwor ich mir in diesem Augenblick: Solange ich schwanger war, würde ich keinen Tropfen Alkohol anfassen, auch wenn ich daran zerbrechen sollte. Ich fühlte mich ausgelaugt, leer und abgekämpft. Statt mich zu freuen, wie es normal gewesen wäre, kämpfte ich mit meiner Gefühlswelt. Wie würden meine Eltern darauf reagieren? Ich habe mir in solchen Situationen oft eine Freundin gewünscht, die für mich in schweren Zeiten da ist. Oder meine Schwester, die mittlerweile wieder in Nürnberg wohnte, ihre Probleme zu einem Berg aufgetürmt hatte und an ihrer Situation nichts änderte. Jeder jagte einem Wunschbild hinterher, und dabei verloren wir die Realität.

Mir wurde immer stärker bewusst, dass meine Schwester sich auch nach einem Leben in Geborgenheit und Liebe sehnte. Was in unserer

Kindheit ein wenig zu kurz gekommen war, und was wir im Alkohol suchten und nie fanden. Im Gegenteil, er trieb uns immer mehr in die Misere, in eine Welt der Einsamkeit. Manchmal will man allein sein und möchte seine Ruhe von all den Sorgen, dem Rummel des Alltags. Viele trinken oder nehmen Drogen, um sich für einige Zeit von der inneren Unruhe und den Ängsten zu befreien. Einsamkeit ist kein schönes Gefühl. Wir fühlen uns dann von der Gesellschaft ausgegrenzt, missverstanden und ungeliebt. Ich bemerkte bei meiner Schwester die chronische Einsamkeit. Sie hatte zwar Menschen um sich herum, aber Menschen, die einander über Wasser hielten. Was der eine nicht hat, hat der andere. Einer für alle und alle für einen. Man könnte auch sagen: eine Zweckgemeinschaft, was mir bis heute in der Seele weh tut. Ich liebe meine Schwester über alles, es schmerzte mich, mit anzuschauen, wie Drogen und Alkohol einen geliebten Menschen kaputt und einsam machten.

Ich merkte, dass meine Schwester sich in dieser Zeit der Sucht und Einsamkeit immer mehr von uns, auch von mir, zurückgezogen hatte. Dass sie keine normalen sozialen Kontakte mehr pflegte. Auch ihre Kinder gingen ihre eigenen Wege und konnten mit der Situation nicht umgehen, was meine Schwester zusätzlich belastete. Es ist ein Teufelskreis, den man schwer durchbricht. Isa war mit den ganzen Situationen überfordert und igelte sich immer mehr ein, und der seelische Druck ließ sie immer mehr leiden. Sie sagte mir, dass all dies Leid sie erdrücke und sie keinen Ausweg finde. Sie hätte den Teufelskreis so gerne durchbrochen, aber Schlafprobleme, Herzrasen, Schwindel, Nervosität und innere Anspannung entzogen ihr die nötige Kraft, aus diesem Strudel zu kommen. Ich konnte ihr nicht helfen, weil ich mir gerade selbst nicht helfen konnte. Ich wusste nicht, wie lange ich spazieren war, ich wusste nur, dass ich wie immer auf mich selbst gestellt war und meine Entscheidungen allein treffen musste.

Ich ging nach Hause und sagte Matthias erstmal nichts von der Schwangerschaft. Ich wollte die Entscheidung erst treffen und mir sicher sein, was ich wirklich wollte. Jetzt war ich schwanger, und nun war ich nicht mal sicher, ob ich das Kind behalten wollte. Matthias versuchte, so gut es ging, meine Wünsche zu erfüllen und für mich da zu sein. Er schenkte mir sehr viel Zuneigung und Liebe. Ich nahm meinen ganzen Mut zusammen und sagte ihm noch am selben Abend, dass wir ein Baby bekommen würden. Ich hatte Angst, denn ich wusste nicht, wie er auf die Neuigkeit reagieren würde.

Die Reaktion war aber ausgesprochen positiv. Matthias schaute mich mit großen Augen an, nahm mich in den Arm und fragte mich, ob es wirklich wahr sei. Im Gegensatz zu mir freute er sich sehr über diese Neuigkeiten. Nicht, dass ich das Kind nicht wollte, nein, ich hatte einfach nur große Angst. Ich kam doch zur Zeit nicht einmal mit mir selbst klar, wie sollte ich mich dann um so ein hilfloses Wesen kümmern? Ich wusste nicht, ob ich dem gewachsen war. Ich fragte Matthias, ob wir uns für ein paar Tage ein Auto mieten könnten, um in meine Heimat zu fahren. Ich wollte zu meinen Eltern fahren und, wenn möglich, Adrian besuchen. Ich wollte auch in Treuchtlingen in die Kirche zu meinem Jesus, um mir Gewissheit und Klarheit zu verschaffen. Matthias war damit einverstanden und somit mieteten wir uns ein Auto. Es war das erste Mal, dass Matthias mit zu meinen Eltern kam. Ein wenig mulmig war mir schon zumute, wie meine Eltern auf Matthias reagieren würden.

Mein Vater fand ihn gleich sympathisch, im Gegensatz zu meiner Mutter, die sehr skeptisch war, was nichts Neues war. Meine Mutter hatte an meinen Männern immer etwas zu kritisieren gehabt, aber es war mir wichtig, Matthias meinen Eltern vorzustellen. Mit Aron habe ich besprochen, dass er am Wochenende Adrian zu meinen Eltern bringen würde, da wir für ein paar Tage da sein würden. Ich hatte Glück und Aron brachte uns Adrian. Er ließ Adrian sogar für eine Nacht bei mir. Ich freute mich sehr darüber, mit meinem Kind etwas unternehmen zu können. Wir besuchten Sabine, gingen mit meinen Eltern essen und spazieren.

In Weißenburg traf ich nach langem wieder einmal meine Schwester Isa. Ich freute mich, sie zu sehen, und stellte ihr auch Matthias vor. Es gab viel zu erzählen. Isa wollte viel über unsere Therapie wissen. Immer wieder spielte sie mit dem Gedanken, auch ernsthaft etwas gegen ihre Sucht zu unternehmen. Sie hatte endlich wieder eine gute Phase, hatte den Alkohol und ihr Leben einigermaßen im Griff. Die nüchternen und lichten Momente mit meiner Schwester nahm ich bewusst wahr. Ich hatte bis heute nicht viel von meiner Schwester, aber die Zeit, die ich mit ihr verbringen durfte, nahm ich bewusst wahr. Denn es konnte nächste Woche wieder ganz anders aussehen. Es war nicht, wie es bei normalen Geschwistern der Fall ist, es gab so viel, was wir miteinander hätten machen wollen. Ich hatte zwei Geschwister und irgendwie doch keine.

Isa kämpfte entschlossen gegen ihre Sucht, während mein Leben aus den Fugen geraten war. Somit war jeder mit seinem Leben beschäftigt und es blieb uns nur wenig gemeinsame Zeit, was ich immer wieder sehr schade fand. Ich wäre gerne mit meiner Schwester bummeln gegangen, so wie früher, als sie mich zum Shoppen mitgenommen und mir tolle Klamotten gekauft hatte und nur wir zwei uns einen schönen Tag gemacht hatten. Ich hoffte immer aufs Neue, dass sich die Zeiten ändern würden, um ein normales Leben mit meiner Familie leben zu können.

Was meine zweite Schwester Anne betraf, gab es überhaupt keine Zweisamkeit. Und was meinen Bruder betraf, konnte ich noch nichts sagen, weil ich ihn erst finden musste. Seit ich von ihm erfahren hatte, war er in meinem Kopf. Zu dieser Zeit musste ich mich um zu viel anderes kümmern, als dass ich mich auch noch um die Suche nach ihm kümmern konnte. Eines Tages würde ich ihn finden, das wusste ich, wenn der richtige Zeitpunkt gekommen war.

Aber jetzt genoss ich die Zweisamkeit mit meinem Kind so sehr, dass ich für ein paar Stunden meine Sorgen und meinen Kummer vergaß. In diesem Augenblick ging es mir gut, es tat mir gut, bei meinen Eltern zu sein. Anne war auch zu Besuch bei meinen Eltern. Wir redeten zwar viel miteinander, aber es fehlte an echter Nähe. Sie meinte es mit ihren Ratschlägen bestimmt nur gut. Obwohl wir inzwischen erwachsen waren, war immer noch das Gefühl vorhanden, dass uns so viel trennte. Ich konnte nicht einmal sagen, was genau es war. Es war, als ob eine Glaswand uns trennte. Wir waren zwar Geschwister, und doch verband uns nur wenig. Immer wieder habe ich mir erhofft, dass das Eis zwischen uns eines Tages schmelzen würde, um uns füreinander zu öffnen, und wir als Geschwister wirklich vereint sein würden.

Meine Schwester Anne war verschwiegen, was ihr Leben betraf. Wenn ich mit ihr zusammen war, hatte ich oft das Gefühl, dass sie nach innen gekehrt und unzugänglich war. In meiner Familie waren und sind teilweise immer noch viele unbewältigte und verdrängte Probleme. Das hat schon zahlreiche Generationen dazu geführt, die Augen vor der realen Welt zu verschließen. Aber ich ließ mich deswegen nicht runterziehen, ich war einfach nur glücklich, mit meinem Kind zusammen zu sein.

Als am nächsten Tag Aron kam, um Adrian wieder abzuholen, gingen wir drei noch ein kleines Stück spazieren. Es war ein schönes Gefühl, zu dritt als Familie wieder zusammen zu sein. Ohne Streit konnten wir in diesem Moment normal miteinander reden und hatten sogar unseren Spaß, was auch Adrian sehr genoss. Wir waren am Spielplatz, auf dem Adrian spielen konnte. Aron und ich haben uns an diesem Tag ausgezeichnet verstanden. Er hielt meine Hand und meinte, dass er mich vermisse und immer noch sehr liebe. Ich liebte ihn auch, am liebsten wäre ich ihm um den Hals gefallen und hätte ihn geküsst, ihm gesagt, dass ich so lange auf diesen Moment gewartet habe. Aber für mich war es nun zu spät, außer ich entscheide mich für eine Abtreibung und fange mit Aron neu an. Ich tat es nicht, ich musste an das Kind denken, das ich unter meinem Herzen trug. Ich spielte mit dem Gedanken, Aron von der Schwangerschaft zu erzählen, tat es aber nicht.

Wir hatten noch einen Termin vereinbart, der in zwei Wochen anstand. Denn in zwei Wochen würde ich ein Auto besitzen und selbst fahren können. Matthias habe ich von dem Gespräch mit Aron nichts erzählt, denn ich wollte nicht, dass er sich den Kopf darüber zerbricht. Jetzt hatte ich zwei Wochen Zeit, um mich endgültig zu entscheiden: Würde ich zurück zu Aron und Adrian gehen oder würde ich eine neue Familie in Aldingen gründen und darauf hoffen, dass sich alles andere irgendwie regeln würde? In diesem Augenblick konnte ich es noch nicht sagen, die Zeit würde die Antwort bringen.

Bevor wir wieder nach Aldingen fuhren, ging ich in die Kirche. Immer wenn ich in diese Kirche gehe, spüre ich eine Befreiung. Ich setzte mich auf die Bank und schaute meinen Jesus nur an. Mit Tränen in den Augen fragte ich immer wieder aufs Neue: Was hast du mit mir vor? Warum lässt du mich in meiner schwersten Zeit schwanger werden? Ich verstand es nicht. Immer wieder stellte ich die Frage: Was hast du vor, warum gerade jetzt? Ich betete und bat ihn, mich die richtige Entscheidung treffen zu lassen. Ich bat um seinen Beistand, denn alleine würde ich das alles nicht durchstehen. Ich sagte zu ihm: Den Weg, den du mir vorgibst, werde ich gehen, auch wenn ich nicht immer auf Anhieb verstehe, warum es so ist, wie es ist. Aber ich vertraue dir.

Vertrauen lässt sich nicht so lernen wie Fahrradfahren oder Kuchenbacken. Nimm ein bisschen hiervon, ein halbes Pfund davon, zum Schluss eine Prise Salz, dann kräftig umrühren, und nach dem Backen entfaltet sich das Vertrauen und die Hoffnung auf Gott von ganz allein! Schön wär's! Ich kann nicht sagen, wie man zum Vertrauen kommt, ich habe kein Rezept, wie man Vertrauen und Hoffnung lernen kann, gerade in Zeiten, in denen dein Leben ziemlich traurig und verzweifelt verläuft. Aber man kann sich eine Kraftquelle suchen, sich in ein Gotteshaus begeben und bewusst wahrnehmen, was mit einem geschieht. Oder du kannst dich mit Menschen umgeben, die diese Hoffnung in dir stärken und dich mit ihrem Gottvertrauen anstecken. Man muss es zulassen und mit Gott sprechen. Man darf ihm seinen ganzen Frust, seine Ängste und seine Wut offenbaren, man darf seine ganze Last bei ihm abladen. Wichtig ist aber auch, danach zuzuhören. Man sollte nicht nur sprechen, sondern auch still werden und auf die innere Stimme hören, die für mich Gottes Stimme ist.

Ich verspürte jedes Mal Erleichterung und spürte, wie ich neue Hoffnung und neue Kraft schöpfte. Ich empfand neuen Mut, um weiterzugehen. In diesem Augenblick hoffte ich, die richtigen Entscheidungen treffen zu können. Und trotzdem ging ich erleichtert aus der Kirche. Der Abschied von Adrian und meinen Eltern fiel mir dann aber schwer. Am liebsten hätte ich mein Kind behalten und wäre in meiner Heimat bei meinen Eltern geblieben, hätte am liebsten zu Matthias gesagt: Ich möchte nicht mehr nach Aldingen. Ich wusste, dass es nicht so einfach war und es nicht ging, besonders jetzt, da ich schwanger war, erst recht nicht. Mein Verstand sagte mir: Sonja, sei still und fahr mit nach Aldingen, was ich auch tat.

Heute ist mir bewusst, dass jede Einzelheit unseres Lebens ihren Sinn hat und alles aus einem gewissen Grund passiert. Ob unser Leben nun durch eine äußere Macht wie Gott, das Universum oder sonstiges gelenkt wird, wer weiß das schon. Ich für mich weiß es! Ich versuchte, ruhig und gelassen zu bleiben und auf meine innere Stimme zu hören. Wir müssen unser Urvertrauen nur wieder benutzen. Wir alle haben die Anlage für dieses Urvertrauen, wir haben nur verlernt, es zu nutzen.

Bei der Heimfahrt sprach ich nicht viel. Matthias merkte, dass mir alles sehr zu schaffen machte. Die zwei Wochen, bevor wir das Auto bekamen, erschienen mir wie eine Ewigkeit. Ich wusste nicht, was ich machen und wie ich mit all dem umgehen sollte. Verzweifelt saß ich oft mit meiner Zigarette auf unserem Balkon und hoffte auf ein Wunder. Ich versuchte, zunächst normal weiterzumachen und meinen Alltag zu meistern. Matthias und ich kauften mit einem gewissen Teil des Geldes, das Aron uns überwiesen hatte, ein Auto und eine Waschmaschine. Von dem Rest des Geldes wollten wir uns Babysachen kaufen, wenn es so weit kommen sollte.

Für Matthias stand alles schon fest, und doch merkte er, dass ich oft in Gedanken woanders war. Matthias sagte zu mir, dass er Angst habe, wenn ich nun zu Aron fahren würde. Er hätte Bedenken, dass ich doch lieber zurück zu Aron und Adrian gehen möchte. Damit lag er nicht ganz falsch. Ich weiß nicht, warum ich ihm gesagt habe, dass er sich keine Gedanken machen müsse und dass ich zurückkommen würde.

Jetzt war es so weit, ich fuhr morgens bald los. Bei der Autofahrt gingen mir tausend Sachen durch den Kopf, ich hatte immer noch keine Entscheidung getroffen. Aber ich wusste, dass ich mich heute entscheiden musste. Ich hatte nicht mehr viel Zeit, wenn ich mich doch für eine Abtreibung entscheiden würde. Ich wurde von meinem Sohn herzlich begrüßt. Aron war auch gut gelaunt. Wir frühstückten miteinander. Nachdem wir unsere Sachen erledigt hatten und während Adrian einen Mittagsschlaf machte, saßen Aron und ich bei uns im Wohnzimmer. Wir sahen uns an und jeder von uns merkte, dass wir füreinander noch etwas empfinden.

Ich konnte das Geheimnis nicht länger für mich behalten. So sagte ich zu Aron, dass ich wahrscheinlich schwanger sei, es aber nicht hundertprozentig wisse, obwohl ich es eigentlich ganz sicher wusste. Aron meinte: „Lass uns in die Apotheke fahren, um einen Schwangerschaftstest zu kaufen." Gesagt, getan. Zuhause machte ich den Test und sagte, ich sei sicher schwanger. Aron fragte mich: „Willst du das Kind behalten? Liebst du Matthias? Lass uns doch das Kind abtreiben und wir fangen nochmal ganz von vorn an, wir werden gemeinsam unser zweites Baby bekommen." Wir saßen mit Tränen in den Augen auf dem Bett. Wir hielten einander die Hand und ich wusste, dass es nun der entscheidende Moment war, der Moment, vor dem ich so großen Respekt gehabt hatte. Jetzt lag es einzig an mir, in welche Richtung ich gehen würde.

Ich gab Aron einen Kuss auf seine Stirn und sagte zu ihm: „Aron, ich liebe dich von ganzem Herzen, ich habe aber Angst, dass es nicht so bleibt, wie es in diesem Moment ist. Dass du kein Vertrauen in mich hast und nicht die Bereitschaft hast, aus diesem Haus auszuziehen. In diesem Haus ist so viel passiert, und deine Eltern werden sich auf eine gewisse Art und Weise immer einmischen. Auch wenn es unbewusst ist. Jetzt bin ich auch noch schwanger und soll das Kind abtreiben. Ich habe viele Vorsätze gebrochen, eigentlich alle bis auf einen, und das ist eine Abtreibung." Ich sagte zu Aron, ich bräuchte Bedenkzeit und ich würde ihm morgen Bescheid geben.

Bei der Fahrt nach Aldingen hatte ich drei Stunden Zeit, um intensiv nachzudenken und endgültig eine Entscheidung zu treffen. Eine Entscheidung bringt immer Konsequenzen mit sich, das wurde mir bewusst. Häufig verhalten wir uns in einer Art und Weise, weil es von uns erwartet wird. Wenn wir uns immer für den Weg entscheiden, den andere als richtig ansehen, vergessen wir schnell die eigenen Bedürfnisse und Werte. Uns muss bewusst sein, ob wir unsere eigenen Entscheidungen treffen oder nur das tun, was von uns erwartet wird. Wir selbst sind der Chef in unserem Leben.

Matthias war glücklich, mich wiederzusehen. Er war sehr neugierig und wollte alles wissen. Ich hatte meine Entscheidung getroffen, ich habe Matthias alles erzählt. Dass ich Aron von unserer Schwangerschaft erzählt hatte, dass er möchte, dass ich zurückkomme und das Kind abtreiben lasse. Matthias war sehr unsicher und nervös, ich sagte zu ihm, dass ich mich für meine neue Familie entschieden hätte und wir das Baby bekommen würden. Matthias war sehr glücklich, ihm fiel ein Stein vom Herzen. Ich hatte mich für Matthias entschieden, obwohl ich noch sehr viel für Aron empfand. Diese Entscheidung war in diesem Moment für mich die richtige Entscheidung, weil ich nicht glauben wollte, dass dieser Weg nach Aldingen, Matthias und die Schwangerschaft umsonst gewesen wären. Ich wusste, ich würde eines Tages erkennen, wofür es gut war.

All jene Entscheidungen, die ich alleine und mit Matthias getroffen habe, haben wir bis zum heutigen Tag nicht bereut, auch wenn große Opfer gebracht werden mussten. Vielleicht würden wir uns heute in vielem anders entscheiden. Der Mensch entwickelt sich weiter und somit ändern sich auch unser Denken und unsere Entscheidungen im Laufe unseres Lebens. Das heißt aber nicht, dass sie für uns zu der damaligen Zeit falsch waren. Wir nahmen uns vor, um Adrian zu kämpfen, um ihn so schnell wie möglich bei uns zu haben.

Am Abend rief Aron mich an. Er wollte wissen, wie ich mich entschieden hatte. Er meinte, er hole mich morgen nach Hause. Ich sagte:

„Aron, mein Zuhause ist hier in Aldingen. Ich habe mich für Matthias und das Baby entschieden und werde in Aldingen bleiben. Was Adrian betrifft, werden wir, hoffe ich, eine Lösung finden. Denn wir hatten auch eine schöne Zeit, die uns keiner mehr nehmen kann. Mit all unserer Freude und unseren Tränen. Manchmal bleiben Partner zusammen, manchmal muss man einfach weitergehen. Unsere gemeinsame Zeit kann uns keiner mehr nehmen, sie bleibt für uns bestehen. Ich möchte keinen Krieg mit dir. Ich möchte, was unser Kind betrifft, dass wir gemeinsam einen Weg finden." Aron ließ nach diesen Worten seine Masken fallen und meinte, dass er alle Hebel in Bewegung setzen werde, damit ich Adrian nicht zu mir holen könne, und hängte den Hörer ein.

Das war der Anfang eines langen Kampfes. In diesem Moment war es mir egal, ich war glücklich, dass ich meine Entscheidung getroffen hatte. Ob es die richtige war, wusste ich in diesem Moment nicht. Aber im Laufe der Zeit würde es sich zeigen. Gott hatte mich nicht in die Fremde geschickt und mich schwanger werden lassen, damit ich dann abtreibe und wieder zurückkehre. Ich wusste, alles würde schon irgendeinen Sinn haben. So versuchte ich, mit Matthias den neuen Weg anzugehen, der für uns sehr steinig und schwer wurde.

Wir werden in unserem Leben immer wieder Phasen erleben, in denen etwas Altes vergeht und wir einen Neubeginn wagen müssen. Manchmal passiert es auch, dass wir komplett die Orientierung verlieren und von Verzweiflung und Ängsten überrannt werden. In solchen Phasen ist in uns viel Trauer, Wut und Enttäuschung, aber all das ist okay und völlig verständlich. Man muss sich nicht dafür schämen und die Gefühle verdrängen. Man braucht Pausen und Zeit für sich, um sich selbst zu sortieren und sich zu stärken. Ich versuchte, so gut wie möglich mit der neuen Situation klarzukommen. Matthias bemühte sich um eine Arbeitsstelle, die jetzt dringend nötig war. Von dem restlichen Geld wollten wir Matthias' Computerzimmer als Kinderzimmer schön machen, das zur Zeit aber noch von seinem großen Sohn Magnus bewohnt war.

Magnus war 16 Jahre alt. Er war dem Alkohol und Drogen nicht abgeneigt und bereits mit kleineren Delikten auffällig geworden. Magnus versprach immer wieder aufs Neue, dass er sich ändern und sich um eine Lehrstelle bemühen würde. Es gab Phasen, da haben wir daran geglaubt. Aber leider hielten diese Phasen nicht lange an. Ich sagte zu Matthias, dass es so nicht weitergehen könne, dass ich die Kraft nicht hatte, mich auch noch um Magnus zu kümmern. Mir reichte der Kampf mit Aron, was Adrian betraf. Es war hart, kein Geld zu haben und an gewissen Tagen nicht zu wissen, wie wir den Kühlschrank voll bekommen würden. Dazu kamen die ganzen Rechnungen, die täglich ins Haus geflattert kamen, nicht zu vergessen die monatliche Rate von 300 DM für meine Eltern, und dazu die Ungewissheit zu haben, ob wir überhaupt die Eigentumswohnung halten konnten oder ob die Bank die Wohnung zwangsversteigern würde.

Ich hatte oft keinen Plan mehr. Und so nebenher ein Kind unter meinen Herzen. Dieses Kind half mir, trocken zu bleiben. Ich versuchte, so gut es ging, mich gesund zu ernähren, mich an der frischen Luft zu bewegen und mir Ruhe zu gönnen und viel zu schlafen, wenn das Umfeld es zuließ. Oft ging ich mit dem Gedanken ins Bett: Lieber Gott, lass mich einschlafen und lass morgen all die Albträume und Kämpfe vorbei sein. Die Anfangszeit unserer Reise in das neue Leben zehrte sehr an meinen Nerven. Jedes mal, wenn ich zur Untersuchung ging, ob mit dem Baby alles in Ordnung war, hatte ich Angst, dass der Arzt irgendetwas Negatives sagen könnte. Denn mir war bewusst, dass sich der ganze Stress und Ärger nicht gerade positiv auf das Kind auswirkte. Aber die Mitteilungen des Arztes waren, Gott sei Dank, immer gut.

Das Kind entwickelte sich prima. In der 22. Schwangerschaftswoche wurde ich bei der Untersuchung vom Arzt gefragt, ob ich wissen möchte, was wir bekommen würden. Innerlich hatte ich gehofft, dass es ein Mädchen werden würde, aber er sagte mir, dass es ein Junge sei. Im Prinzip war es mir egal, Hauptsache gesund. Und trotz all dem Stress und Ärger versuchte ich, Ruhe und Gelassenheit zu bewahren. Gott sei Dank gab es auch Lichtblicke, die uns wieder neuen Mut schöpfen ließen und uns die nötige Kraft gaben, weiter zu kämpfen. Matthias hatte Arbeit als Programmierer in Tuttlingen gefunden, worüber ich sehr glücklich war. Das Problem war aber, dass er immer noch keinen Führerschein hatte. Somit musste ich ihn jeden Tag zur Arbeit fahren und am Abend wieder abholen. Es gab Tage, da machte es mir nichts aus, und an gewissen Tagen, besonders wenn es dunkel war und noch dazu regnete, war es für mich eine Qual. An manchen Tagen ging es mir nicht gut, und es war eine große Belastung für mich, dann noch Matthias von der Arbeit abzuholen.

Manche Probleme lösen sich von selbst. Mit Magnus wurde es nicht besser, und irgendwann sagte ich, dass einer von uns gehen müsse. So hat sich Magnus entschieden, in eine Wohngruppe zu ziehen. Mit dieser Entscheidung ging es mir wieder besser. Als Magnus ausgezogen war, richteten wir das Kinderzimmer schön her. Nach unserer Therapie besuchten wir eine Selbsthilfegruppe, den Freundeskreis, so nannten sie sich. Selbsthilfegruppen sind selbstorganisierte Zusammenschlüsse von Menschen, die das gleiche Problem haben, in unserem Fall war es der Alkohol.

Diese Treffen fanden einmal in der Woche statt. Das Schöne an so einer Gruppe ist, man kann alles ansprechen, was einen beschäftigt, und seine Probleme einfach loswerden. Alle Gruppenteilnehmer sind gleichberechtigt und alles, was in der Gruppe gesprochen wird, muss in der Gruppe bleiben und darf nicht nach außen getragen werden. Es tat uns gut, in dieser Gruppe unser Leid oder unsere Sorgen loszuwerden. So lernten wir viele neue Leute kennen, die im selben Boot saßen und die versuchten, uns ein Stück weit zu verstehen und uns zu helfen. Von einer Person bekamen wir Babyklamotten. Hatten wir gar nichts mehr im Kühlschrank, bekamen wir sogar ein Stück Fleisch für einen Sonntagsbraten. So kamen wir immer irgendwie über die Runden. Ewald unterstützte uns auch. Er kam zum Essen, brachte Lebensmittel mit, und ich kochte uns ein leckeres Essen. Außerdem wusch ich seine Kleidung. So hat jeder dem anderen geholfen. Ewald war auch ein Alkoholiker. An trockenen Tagen war er fast jeden Tag bei uns. Hatte er seine „nasse Phase“, sah man ihn einige Tage gar nicht. Er wollte uns mit seiner Trinkerei nicht belasten. Von der Nachbarin, die neben uns wohnte, bekam ich einige Klamotten, die sie nicht mehr brauchte.

Einmal die Woche besuchte ich für meine Nachsorge ein Jahr lang die Suchtberatungsstelle in Tuttlingen. Mein Therapeut war sehr nett und ging gut auf mich ein. Es tat mir sehr gut, einen Menschen zu haben, der sich eine Stunde Zeit nahm, um mir zuzuhören. Auch wenn es sein Beruf ist, die Sorgen anderer Menschen anzuhören, und er damit sein Geld verdient, bin ich doch froh, dass es solche Menschen gibt. Wir alle wünschen uns doch hin und wieder jemanden zu haben, der einem intensiv zuhört, nutzen wir die Chance. Es ist gut, zu wissen: Egal, was man sagt, es bleibt in diesen vier Wänden, weil eine Schweigepflicht besteht. Mir tat es gut, den ganzen Ärger und Frust von der Seele zu sprechen. Ich kann nur jedem, der in einer Depression steckt, der verzweifelt ist und zur Zeit nicht mit seinem Leben klarkommt, empfehlen, so einen Menschen zu suchen, solche Therapeuten sind Gold wert.

Wir hatten Glück und konnten die Wohnung behalten. Matthias legte sich ins Zeug, um alles aufrechtzuerhalten. Er schrieb viele Briefe an die Behörden, verhandelte mit der Bank, und so kam Stück für Stück alles wieder ins Lot. Nur mit Aron wurde es immer komplizierter, er gab mir Adrian nicht mehr regelmäßig ans Telefon. Wir hatten ausgemacht, dass ich meinen Sohn alle zwei Wochen zu mir holen durfte, was auch nicht immer klappte. Einmal wurde er krank, ein anderes mal war der Urlaub mit den Großeltern gebucht, und so kam eins zum anderen. Es kam hinzu, dass Matthias ihn nicht alleine abholen durfte, nur ich durfte es oder Matthias mit meiner Begleitung. Mit der zunehmenden Schwangerschaft wurde mir die dreistündige Autofahrt zu viel und ich war froh, wenn Matthias Adrian für mich abholen durfte.

Sie versuchten, mir so viele Hindernisse und Steine in den Weg zu legen wie nur möglich. Nun war fast ein halbes Jahr vorbei und es änderte sich an der Situation nichts. So sehr ich mich zurückhielt und das Spiel zum größten Teil mitspielte. Manchmal waren die Autofahrten umsonst, weil Adrian angeblich plötzlich krank geworden war. So gab es Wochenenden, an denen ich mich riesig darauf gefreut hatte, mein Kind zu holen, und doch wieder ohne Kind nach Hause gefahren bin, weil es angeblich in dieser Zeit krank geworden ist. Da hatte man sowieso kein Geld, man sparte Geld auf die Seite, um den Tank voll zu bekommen und sein Kind zu holen, und dann stand man an der Haustüre und es wurde einem gesagt, das Kind sei krank, man könne es diesmal nicht mitnehmen. Ich durfte nicht mal ins Haus gehen, um ihn zu sehen, er schlief, hieß es. Somit fuhr ich insgesamt 600 Kilometer umsonst. Es war für mich die Hölle. Den ganzen Heimweg weinte ich und war verzweifelt.

Arons Familie wurde immer gemeiner. Oft hatte ich das Gefühl, dass sie alle nur darauf warteten, dass ich wieder einen Rückfall hatte oder dass Matthias und ich auseinander gingen und sie somit ihre Bestätigung hatten. So viel Kraft es mich auch kostete, mit ihrem Verhalten motivierten sie mich, immer weiter zu kämpfen, statt den Kopf in den Sand zu stecken. Nachdem mir klar wurde, dass ich mich von Aron scheiden lassen wollte, suchte ich einen Anwalt. Denn ich wusste, dass ich ohne Anwalt nicht weit kommen würde. Ich nahm mir einen

Anwalt in Rottweil und machte so bald wie möglich einen Termin aus, um die ganzen Angelegenheiten wie Scheidung und den zukünftigen Wohnort des Kindes zu bestimmen. So ließ ich einen Brief schreiben, um die Scheidung in Gang zu bringen.

Es gab so viel mit meinem Anwalt zu besprechen. Dass ich vorübergehend einen Gerichtsbeschluss beantragen wollte, um regelmäßig mein Kind sehen zu können. Es war von beiden Seiten zwar abgesprochen, dass ich Adrian alle zwei Wochen am Wochenende zu mir holen darf, aber Arons Familie hielt sich nicht daran. Ich hatte Angst, dass sie mir mein Kind ganz entziehen und es schaffen, dass Adrian irgendwann nicht mehr zu mir kommen wollen würde. Das war meine größte Sorge, es wäre für mich das Schlimmste, mein Kind nicht mehr zu sehen. Es war mir auch ein großes Anliegen, dass ich so schnell wie möglich das Aufenthaltbestimmungsrecht bekomme, um Adrian so bald wie möglich bei uns zu haben.

Ich wollte Aron nicht das Sorgerecht entziehen. Er war der Vater und er sollte es auch bleiben. Ich wollte, dass Adrian bei mir lebt und Aron seine Besuchsrechte bekommt. Der Rechtsstaat braucht sehr lange, um ein Urteil zu sprechen. Mein Anwalt war nun schon ein paar Monate dran, um ein Urteil zu erwirken. Er half mir so gut er konnte und tat, was in seiner Macht stand. Er merkte selbst, wie fies sie sich mir gegenüber verhielten. Natürlich machte er keine Bemerkungen dazu, aber ich merkte, wie er sich für mich einsetzte. Meinem Anwalt gelang es, bevor das endgültige Urteil gesprochen wurde, dass Matthias Adrian abholen und wieder nach Hause bringen durfte. Eine Erleichterung, wieder einen großen Schritt geschafft. Nun waren die Besuchsrechte gerichtlich festgelegt und Aron musste mir Adrian überlassen, ob er wollte oder nicht.

Innerlich hoffte ich, das endgültige Urteil noch vor der Geburt des zweiten Kindes zu bekommen. Ich wollte mich endlich auf mein Baby konzentrieren. Für eine gewisse Zeit lief es gut. War Adrian bei uns, versuchten wir viel mit ihm zu unternehmen. Zeitweise war Danilo, Matthias' jüngerer Sohn, der 13 Jahre alt war, bei uns, um mit uns das Wochenende zu verbringen. Wir versuchten, viel mit den Kindern zu unternehmen. Da unser Geldbudget nicht gerade groß war, gingen wir oft mit den Kindern in den Wald, fuhren mit ihnen Fahrrad oder sind zum Badesee gefahren. Wir haben uns viel draußen beschäftigt.

Ich habe immer versucht, die Wochenenden, an denen Adrian bei uns war, so schön wie möglich zu gestalten. Adrian freute sich auf das Baby, darauf, ein großer Bruder zu werden, und doch fragte er oft nach seiner Oma. Es ging sogar so weit, dass er an manchen Wochenenden heimgehen wollte. Diese Momente taten mir in der Seele weh, ich versuchte alles zu ermöglichen, was in meiner Macht stand, und doch wurden wir immer weiter auseinander getrieben. Da wusste ich, was ich eigentlich schon vermutet hatte, dass die Oma ihn großzog und nicht Aron und dass die Oma die Mutterrolle übernommen hatte. Ich musste mir was einfallen lassen, um mein Kind öfter zu sehen, bis endgültig das Urteil gesprochen wurde. Ich führte mit Matthias lange Gespräche, was wir tun könnten, um Adrian öfter zu sehen und bei uns zu haben. Aber bei der weiten Entfernung war es nicht machbar, ihn öfter bei uns zu haben. An den Wochenenden, an denen ich ihn bei uns hatte, blieb viel Zeit auf der Autobahn.

Matthias beschäftigte sich liebevoll mit Adrian und unternahm viel mit ihm. Ging es mir wegen meiner Schwangerschaft nicht so gut, beschäftigte Matthias sich mit Adrian. Matthias war ein toller Mann, genau so, wie ich mir immer einen Partner vorgestellt hatte. Und doch bekam ich Aron nicht aus meinem Kopf, vor allem wenn ich Adrian holte oder brachte und ihn an der Haustüre sah, wir uns kurz in die Augen sahen, merkte ich, die Gefühle für Aron waren immer noch sehr stark. Ich hatte für Matthias auch große Gefühle, aber die waren anders. Ich hoffte, dass sich das bald ändern und ich nur noch Gefühle für Matthias haben würde.

Immer öfter sagte ich Matthias, dass ich todunglücklich sei. Dass ich mein Kind bei mir haben möchte. Wann darf ich endlich in die Ruhe kommen, wann darf ich mich auf mein zweites Baby freuen? Meine zweite Schwangerschaft lief mit dem ganzen Ärger, den Machtkämpfen allgemein und mit meinem ganzen Gedankenkarussell an mir vorbei. Matthias machte mir eine Freude. Er sagte: „Lass uns für ein paar Tage abhauen, wir brauchen einen Tapetenwechsel. Lass uns in meine Heimat nach Görlitz fahren, wo in der Nähe meine Schwester wohnt. Wir werden ein paar Tage bei ihr verbringen und ich kann dir die Stadt Görlitz zeigen." Matthias kam aus dem Osten, bevor die Mauer gefallen war, hatten er und seine damalige Familie den Antrag auf Ausreise gestellt. Somit waren sie vor dem Mauerfall schon im Westen, in Baden-

Württemberg, gelandet. Dieser Tapetenwechsel wird uns allen sehr gut tun. Da Matthias immer noch keinen Führerschein hatte, war es wichtig, dass Ewald uns begleitete.

Bei Matthias' Schwester Geli wurden wir nach der langen Fahrt herzlich begrüßt. Sie machte auf mich einen sehr sympathischen Eindruck. Sie stellte mir ihre Familie vor. Geli hatte auch noch einen kleinen Sohn, er war im Alter von Adrian. Das Kind zu sehen, ging mir an die Nieren. Was hätte ich dafür gegeben, dass mein Kind auch mit dabei gewesen wäre! Ich wollte mich nicht von meinen Gedanken herunterziehen lassen. Ich wusste, dass ich irgendwann mein Kind bei mir haben würde. Ich spielte mit dem Jungen von Geli. Ich fühlte mich wohl in diesem Haus. Geli hatte ein größeres Einfamilienhaus, sie hatte vier oder fünf Senioren bei sich aufgenommen, die auch bei ihnen im Haus wohnten. Damit verdiente sie ihr Geld: Seniorenbetreuung zu Hause statt im Altenheim. Ich lernte außerdem Matthias' Mutter kennen, die auch im Haus wohnte.

Da sie in der Stadt wohnten, hatten sie am Stadtrand einen Schrebergarten, den sie am Wochenende und in den Ferien viel nutzten. Dort traf sich die ganze Familie gemeinsam mit Freunden, um gemeinsam das Wochenende zu verbringen und Feste zu feiern. Matthias' Eltern hatten auch viel und gerne Alkohol getrunken. Dies wurde mit den Jahren immer mehr und irgendwann kamen sie vom Alkohol nicht mehr weg. Es gab viel Streit und Gewalt, bis sie sich schließlich trennten. Matthias war damals etwa 12 oder 13 Jahre alt gewesen, ein ohnehin schwieriges Alter. Matthias war das jüngste von vier Kindern, sozusagen ein Nachzügler, und die größeren Geschwister waren alle schon außer Haus und hatten ihre eigenen Familien gegründet. So bekam Matthias die Trennung und den Streit seiner Eltern am intensivsten mit.

Die Tage in Görlitz waren schön, ich hatte viel Neues gesehen und war in dieser Zeit von meinem Kummer und meinen Sorgen abgelenkt. Die Monate vergingen, mein Nervenkostüm war nicht mehr das stärkste. Was Adrian betrifft, musste ich weiter um jedes Telefonat kämpfen. Obwohl die Abholzeiten gerichtlich festgelegt waren, legten Aron und seine Familie mir viele Steine in den Weg. Wir hatten viele Schulden. Ich wäre gerne häufiger zu meinen Eltern gefahren oder in die Nähe meines Sohnes, aber die finanzielle Situation ließ es nicht zu. Ich musste mich schonen, ich merkte immer öfter, dass die ganze Anstrengung mir nicht gut tat. Matthias nahm mir viel ab, auf ihn konnte ich mich tausendprozentig verlassen, und doch quälte mich ein Gedanke: Was mache ich, wenn ihm alles zu viel wird und er einen Rückfall hat? Ich wollte diesen Gedanken gar nicht weiterdenken und sagte mir: Es wird nicht passieren. Wir bekommen ein Baby.

Matthias merkte nach der ganzen Zeit, dass ich verschlossener wurde und nicht mehr viel sprach. Die Zweifel waren da, ob man alles richtig gemacht hatte. Ob es der richtige Weg gewesen ist. Matthias war bereit, mit mir aus Aldingen wegzuziehen. Ich war glücklich, als er mir das sagte. Ich wollte einfach in der Nähe meines Sohnes sein, um die Möglichkeiten zu haben, ihn öfter zu sehen und bei mir zu haben. Meine Hoffnung war, dass Aron, seine Familie und ich wieder normal miteinander umgehen würden, wenn sich der Sturm gelegt hatte. Matthias und ich machten uns Gedanken, in welche Richtung es gehen sollte. Die Regionen um Ingolstadt oder Nürnberg waren die Favoriten. Matthias suchte in diesen Regionen Firmen aus, bei denen er sich als Programmierer bewerben konnte.

Wir besprachen mit unserer Bank, eventuell unsere Wohnung zu verkaufen und dafür woanders ein Haus zu kaufen. Ich war überglücklich, dass Matthias den Schritt mit mir wagen und mir zuliebe diesen Weg gehen wollte. Einen größeren Liebesbeweis gab es nicht. Wir suchten uns Firmen in der Gegend von Ingolstadt, Regensburg und Nürnberg. Matthias schrieb Bewerbungen und dann hieß es abwarten. Es dauerte nicht allzu lange, da kamen die ersten Telefonate, um ein Vorstellungsgespräch zu vereinbaren. Wir haben die Termine alle in den nächsten Monat gelegt, um innerhalb von einer Woche alle wahrzunehmen. Es kamen drei Vorstellungsgespräche zustande. Das erste in Regensburg, das zweite in Ingolstadt und das dritte in Nürnberg. Vor dem Vorstellungsgespräch in Nürnberg haben wir Zeit bei meinen Eltern verbracht. Dort haben wir erzählt, was unser Plan war, was wir alles vorhatten. Diese Tage waren schön. Wir unterhielten uns nett, aßen zusammen, und sogar Isa kam vorbei. Am Abend liefen Matthias und ich noch gemütlich durch die Stadt. Vielleicht wendet sich nun das Blatt und alles wird gut. Auch diese Tage vergingen, und wir machten uns auf den Weg Richtung Nürnberg. In dieser Zeit war mit Arons Familie Waffenstillstand. Es gab Perioden, da konnte man gut mit ihnen reden und sich einigen, was Adrian betraf.

An diesem Tag befanden wir uns in einer solchen Periode. Wir hatten Rita Bescheid gesagt, dass wir in Nürnberg ein Vorstellungsgespräch hatten, da wir mit dem Gedanken spielten, in die Nähe von Adrian zu ziehen. Sie bot uns an, bei ihnen zu schlafen, was wir auch taten. Wir durften sogar Adrian besuchen. In diesen Momenten dachte ich, dass wir uns wohl alle mit der neuen Situation abgefunden hatten und wir normal damit umgehen konnten. Auch Adrian tat es gut, wenn es keinen Streit gab.

Am nächsten Tag fuhren wir nach Nürnberg. Zuhause in Aldingen vermisste ich meine Freunde, meine Heimat, einfach alles, vor allem mein Kind. Ich hoffte, dass die große Entfernung und die Trennung von meinem Kind bald ein Ende haben würden. Nun warteten wir auf die Rückmeldungen der Firmen. Mir wäre die Firma in Nürnberg am liebsten gewesen, da ich dann am nächsten an Adrian gewesen wäre.

Wir hatten schon Ende Oktober 1999 und nicht mehr viel Zeit. Der Geburtstermin für mein Kind war am 28. Januar 2000. Bevor das Baby kommen würde, wollten wir alles geregelt und, wenn möglich, auch den Umzug geschafft haben. Matthias kündigte seine Arbeitsstelle und schrieb die Wohnung zum Verkauf aus. Indessen kam der Bescheid aus Nürnberg, Matthias könne am 1. Dezember 1999 in der Firma anfangen. Die Freude war groß, wir hatten es geschafft, wir würden in die Nähe meines Sohnes ziehen. Matthias fuhr alleine nach Nürnberg, um sich ein paar Wohnungen anzuschauen. Er entschied sich für eine Wohnung, die nicht weit von der Firma entfernt war, und es sollte ja nur vorübergehend sein.

Das Haus und die Bewohner waren gewöhnungsbedürftig. Dafür war die Miete okay. Das einzige Problem war, dass der Vermieter eine Kaution von 1000 DM verlangte. Das war sehr viel Geld, das wir nicht hatten. Wir sprachen mit Ewald, ob er uns das Geld vorstrecken könne. Mit seiner Hilfe konnten wir die Kaution bezahlen. Matthias hatte eine Kündigungsfrist von zwei Wochen. So musste viel am Wochenende passieren. An gewissen Tagen fielen mir die ganzen Aktionen schwer. Mein Bauch wurde immer runder, meine Atemnot wuchs, ich war schnell abgekämpft und müde. Aber all das nahm ich in Kauf, um meinem Ziel näherzukommen. Bei meinen Eltern räumten wir mein Kinderzimmer aus, um ein paar Möbel und ein Bett in der Wohnung zu haben. Unser Plan war, dass Matthias unter der Woche in Nürnberg arbeitet und am

Wochenende nach Hause kommt. Wenn es die Umstände erlaubten, fuhr ich mit nach Nürnberg, um nicht die ganze Woche alleine in Aldingen zu sitzen.

Die Tage verflogen im Nu. Am letzten Wochenende, bevor Matthias in der neuen Firma anfing, fuhr ich mit nach Nürnberg. Wir machten einen Termin bei einer Bank, da wir vorhatten, in der Umgebung von Nürnberg ein Haus zu kaufen. Ich putzte die Wohnung und versuchte es uns so gemütlich wie möglich zu machen. Wir sahen uns Nürnberg an und versuchten, uns mit der neuen Umgebung anzufreunden. Ich war glücklich und freute mich riesig darauf. Bei Matthias war ich mir nicht ganz sicher. Er sagte zwar auch, dass er sich über den Wechsel freue, vor allem, dass ich in der Nähe meines Kindes bin. Fakt war trotz allem, dass wir uns gerade mal ein halbes Jahr kannten. Dazu kam, dass wir beide Alkoholiker waren und ich ein Kind unter meinen Herzen trug. Aber ich hatte mein Gottvertrauen, das mich weitergehen ließ.

Nun war es so weit. Matthias hatte seinen ersten Arbeitstag bei der neuen Firma. Als er weg war, räumte ich die Wohnung auf, machte mir einen Einkaufszettel und versuchte, einen Supermarkt zu finden, in dem ich einkaufen konnte. Machte ein Essen fertig und zum guten Schluss versuchte ich, in der Badewanne zu relaxen. Bis auf einmal die Türe aufging und Matthias hereinkam. Es war noch viel zu früh, ich fragte, ob etwas passiert sei. Er war ganz fertig. Dieser Blick aus Verzweiflung, Angst, ich glaube auch Wut. Er war so wütend, dass er schimpfte und fluchte. Bis er mir endlich mitteilte, was los war. Der Chef hatte ihm nach einer Stunde Arbeit mitgeteilt, dass er ihn doch nicht brauche und somit das Arbeitsverhältnis aufgelöst werde. Dass er wieder nach Hause gehen könne.

Es war für Matthias wie ein Schlag ins Gesicht. Er war so schockiert, dass er erst mal für ein paar Stunden durch Nürnberg gelaufen war. Er hatte die Wohnung in Aldingen zum Verkauf angeboten, aber Gott sei Dank gab es noch keinen Käufer, so konnte man es rückgängig machen. Er hatte seine Arbeit gekündigt und nun stand er ohne Arbeit da. Ewald waren wir 1000 DM schuldig, und ich war hochschwanger. Ich brach in Tränen aus. Die Seifenblase war geplatzt und die Zeit in Nürnberg war nun schon vorbei, bevor sie überhaupt begonnen hatte. Ich war in einem Schockzustand, fühlte mich hilflos und machtlos. Matthias versuchte, mich trotz all seinem Frust zu beruhigen, was ihm kaum gelang.

Matthias und ich beschlossen, das Vorhaben mit Nürnberg oder allgemein einen Umzug vorerst auf Eis zu legen, bis das Baby da sein würde. Wenn das Kind da sein würde, dann würden wir weitersehen. Mein Traum, meine Seifenblase, die mein Herz und meine Augen zum Leuchten gebracht hatte, war wieder geplatzt. Ich wurde von der Realität wieder eingeholt. An diesem Tag traten wir die Heimreise noch an. Wir packten das Nötigste ein und die Möbel ließen wir in der Wohnung zurück. Wir wollten sie nicht mehr haben. Wir hatten nicht die Kraft, wieder ein Fahrzeug zu organisieren, um alles zu meinen Eltern zu bringen. Wir fuhren zum Vermieter, erzählten ihm die Situation, in der wir uns befanden, in der Hoffnung, einen gewissen Teil der Kaution zurückzubekommen. Es interessierte ihn wenig, und somit hatten wir auf die Schnelle 1000 DM in den Sand gesetzt. Von den anderen Kosten sprechen wir gar nicht.

Wir gaben den Wohnungsschlüssel ab, wir wollten schnell weg. Ich wusste, dass damit eine Chance vertan war, in die Nähe meines Kindes zu ziehen. In diesem Moment schien für mich die Welt zusammenzubrechen. Es verletzte mich sehr und gab mir das Gefühl, völlig hilflos zu sein. Ich habe gelernt, dass man sich von Rückschlägen nicht dauerhaft entmutigen lassen darf. Es lohnt sich, sich immer wieder neu aufzurichten und weiterzugehen. Rückschläge im Leben sind normal und ein Teil unserer Entwicklung. Indem man die Rückschläge bewältigt und weitermacht, wächst man innerlich. Es sind oft nicht die Rückschläge selbst, die uns unglücklich machen, sondern unsere Erwartung.

Wir waren froh, unsere Wohnung in Aldingen noch zu haben. Hätten wir vorher in einer Mietwohnung gelebt, hätten wir nun auch noch das Problem, eine Wohnung suchen zu müssen. Gott sei Dank ist uns das erspart geblieben. Matthias ging am nächsten Tag gleich auf das Arbeitsamt, um sich arbeitslos zu melden. Vor Weihnachten Arbeit für Matthias zu suchen, hätte keinen Sinn gehabt. Wir wollten im neuen Jahr starten. Jetzt hieß es erst einmal zur Ruhe kommen und all das Erlebte verdauen. Wir wollten die ganze Aufregung sacken lassen und uns Gedanken um das Wesentliche machen. Wir hatten zwar nicht viel Geld, aber das Weihnachtsfest in zwei Wochen wollten wir so schön wie möglich gestalten. Es war abgesprochen, dass wir am zweiten Weihnachtsfeiertag Adrian für ein paar Tage zu uns holen durften. Ich wollte es schön und gemütlich alles vorbereiten.

Matthias und ich kauften für die Kinder kleine Weihnachtsgeschenke und packten sie schön ein. Matthias' Sohn Magnus hatte in dieser Zeit die Wohngruppe verlassen und in unserer Nähe eine kleine Wohnung gemietet. Er hatte eine Lehre als Maurer begonnen und eine Freundin gefunden. All das tat Magnus gut, was wiederum uns guttat. Die Situation beruhigte sich und ich kam zur Ruhe. Bis ich eines Morgens die Post aus dem Briefkasten holte und den Brief vom Gericht Schwabach sah. Das Urteilsverfahren würde noch vor Weihnachten sein. Ich freute mich sehr, dass mein Anwalt es geschafft hatte, dass das Urteil noch im alten Jahr ausgesprochen werden würde. Mein Anwalt sagte mir, dass er persönlich nicht dabei sein könne, da diese Kosten nicht übernommen würden. Außer, ich würde die Kosten selbst bezahlen. Es wären 400 bis 500 Mark gewesen, die wir nicht hatten. Der Anwalt meinte, dass er sich mit Schwabach in Verbindung gesetzt und einen Verteidiger organisiert habe, der meinen Anwalt vertritt und mir während der Gerichtsverhandlung zur Seite stehen würde.

Ich war mit allem einverstanden, aber natürlich hätte ich lieber meinen Anwalt bei mir gehabt. Aber so war es auch okay für mich, ich wollte es nur hinter mich bringen, bevor das Baby kommen würde. Ich fühlte mich immer mehr zu Matthias hingezogen und war froh, dass er in mein Leben getreten war, an meiner Seite stand und den Kampf mit mir kämpfte. Ich versuchte, ihm meine Liebe zu zeigen und zu geben. Liebe ist ein großer Begriff. Für mich ist Liebe mehr als nur ein Wort. Liebe hat so viele Bedeutungen. Die Liebe strahlt so viel mehr aus. Sie gibt uns Wärme, sie gab mir bei Matthias Sicherheit. Ich fühlte mich beschützt, die Liebe von Matthias gab mir Halt. Aber Liebe kann auch schmerzlich sein, sie kann wehtun und blind machen. Ich wollte wieder neue Liebe spüren, die mir neues Licht in meine Dunkelheit bringt.

Matthias fuhr mit mir zur Gerichtsverhandlung. So aufgeregt war ich schon lange nicht mehr. Während der Fahrt ging mir viel durch den Kopf und ich unterhielt mich mit Matthias über die Gerichtsverhandlung. Was machen wir, wenn wir Adrian nicht bekommen? Je näher wir Schwabach kamen, desto mehr Angst bekam ich. Es war der Tag, an dem ich die Hoffnung verlor, je wieder mit Adrian zusammenleben zu können. Eine Liebe zwischen Vater und Mutter geht zu Ende. Der Streit um den Sohn beginnt. Wir waren ein Fall von vielen, die zu Tausenden vor den Familiengerichten landen. Die Anschuldigungen stehen im Raum, die Anwälte sagen aus und der Richter hört sich alles an.

Matthias wartete im Gang auf mich. Aron und ich gingen in den Gerichtssaal, Aron saß mit seinem Anwalt auf einer Seite. Gegenüber saß ich mit meinem Anwalt. Aron konnte mir nicht einmal in die Augen schauen. Es gab so viel Hass und Verzweiflung in diesem Saal. Nach der Anhörung wurde eine Pause eingelegt, der Richter zog sich zurück. Als ich in den Gang kam, um zu Matthias zu gehen, sah ich meinen Adrian, der mit Rita dazugestoßen war. Adrian kam auf mich zu und begrüßte mich. Als Rita es mitbekam, kam sie auf uns zu und nahm mir Adrian weg. Sie meinte, wir warten erstmal die Gerichtsverhandlung ab. Adrian verstand die Situation nicht. Einmal durfte er ohne Probleme zu mir kommen und wenn ihnen was nicht passte, entzogen sie mir das Kind. Zeitweise durfte ich ins Haus, um seinen Geburtstag mitzufeiern, in manchen anderen Phasen durfte ich ihn nicht einmal sehen und bin sogar 600 km umsonst gefahren. All das habe ich auf mich genommen um des Friedens willen und jedes Mal in der Hoffnung, dass alles gut geht und ich mein Kind sehe und vielleicht mitnehmen darf. Aber ich hoffte auf dieses Gerichtsurteil, um endlich die Gewissheit zu haben, ob ich mein Kind mit nach Aldingen nehmen darf.

Die Pause war für mich schlimm, bis einer uns aufforderte, wieder in den Saal zu treten. Matthias gab mir einen Kuss und meinte, es wird alles gut. Aron und ich gingen wieder mit unseren Anwälten in den Saal. Der Richter fing an zu sprechen. Er meinte, um des Kindes willen sollten die Eltern versuchen, was das Kind betrifft, normal miteinander umzugehen. Ein alkoholkranker Elternteil ist und bleibt trotzdem ein Elternteil. Doch Fakt ist, ein Alkoholiker ist und bleibt ein Alkoholiker. Das ist eine Krankheit, die man nicht heilen, sondern nur zum Stillstand bringen kann. So verhalten sich suchtkranke Menschen zu ihren Kindern liebevoll und an manchen anderen Tagen sind sie unberechenbar und wie Fremde zu ihnen. „Zurzeit sind Sie trocken, machen Ihre Nachsorge, wie Sie mir vorgelegt haben. Was ich sehr gut finde. Ich habe auch großen Respekt vor jedem, der vom Alkohol wegkommt. Aber die Umstände in ihrer neuen Beziehung sehen zum jetzigen Zeitpunkt nicht so gut aus. Ihr neuer Partner ist zurzeit arbeitslos, Ihr Partner hat eine Eigentumswohnung, die vielleicht nicht gehalten werden kann. Was mir auch zu denken gibt: Dass Sie Ihren neuen Partner noch nicht so lange kennen, er auch ein trockener Alkoholiker ist, und wer weiß, ob er trocken bleibt. Und wie ich sehen kann, bekommen Sie noch ein Kind. Wäre es nicht sinnvoller, sich um das eine Kind richtig zu kümmern und Ihren Sohn in der gewohnten Umgebung zu lassen? Nicht, dass Sie überfordert werden und so womöglich eine Kindeswohlgefährdung eintritt.“

Ich hatte das Gefühl, mir wird jedes Wort im Mund umgedreht, alle sind gegen mich. Darum ist das Gericht zu diesem Urteil gekommen. Beide Elternteile haben das Sorgerecht, das Aufenthaltsbestimmungsrecht wird dem Vater zugesprochen. Für mich brach eine Welt zusammen. Mein ganzer Einsatz, meine ganzen Kämpfe sollten umsonst gewesen sein? Für mich war nicht alles überstanden, nun ging der Kampf erst richtig los. So ein Urteil tut weh. Meine Träume und Wünsche waren damit vorerst vom Tisch. Die Seifenblase von der heilen Welt war zerplatzt. Gefühle der Enttäuschung, Verletzlichkeit und vor allem der Wut beherrschten mich in diesem Augenblick. Ich wollte nur noch aus diesem Gerichtssaal. Zwar war das Gerichtsurteil gesprochen, aber ich legte Widerruf ein. Ich konnte es nicht so akzeptieren. Nun hatte Arons Familie das geschafft, was Aron mir von Anfang an prophezeit hatte: dass ich Adrian nicht bekommen würde.

Es schmerzte mich sehr, ich war sehr traurig und verzweifelt. Für mich war es noch nicht überstanden, meine Schuldgefühle kamen hoch. Der Kampf um mein Kind war teuer. Auch wenn die Gerichtskosten übernommen wurden, hatte ich trotzdem Kosten, die wir zu bezahlen hatten. Es war Geld, das wir nicht hatten. Nach der Aktion mit Nürnberg ohnehin nicht mehr. Von außen sah es wirklich so aus, dass Adrian bei uns am falschen Platz gewesen wäre. Wir hatten kein Geld, Matthias keinen Job, und ich war hochschwanger. Wir wussten selbst nicht, wie es weitergehen sollte. Und trotzdem bin ich der Meinung, dass ein Kind zu seiner Mutter gehört. Dass man es nicht bloß vom Wohlstand abhängig machen sollte. Inzwischen verstehe ich den Richter, dass es ihm nur um das Wohl des Kindes ging, und diese Voraussetzungen waren bei Arons Familie gegeben, in unserem Fall aber ging alles nur schief, wir hatten überhaupt keine Sicherheit. Ich hätte trotzdem eine Chance verdient.

Ich holte mir nach diesem Gerichtsurteil Beistand beim Jugendamt, das mir aber auch nicht richtig helfen konnte. So musste ich mein Schicksal erstmal akzeptieren. Als ich aus dem Saal ging, war ich am Boden zerstört. Matthias versuchte, mir Trost zu spenden. Es war schlimm, mitanzuschauen, wie Arons Familie sich freute und einfach ging, ohne dass ich mich von meinem Sohn verabschieden konnte. Für mich brach in diesem Moment eine Welt zusammen. Meine Verzweiflung, meine Wut, mein Frust und mein ganzer Schmerz waren kaum zu ertragen. Mein Saufdruck war auf einmal wieder da. Wäre ich nicht schwanger gewesen, wäre ich in eine Kneipe gegangen, um mich volllaufen zu lassen. Ich wollte nur noch abschalten. Aber Gott sei Dank war ich schwanger und wir sind nach der Verhandlung heimgefahren. Ich wollte nur noch aus dieser Stadt. Ich habe die ganze Heimfahrt geweint. Matthias sprach mir Mut zu, dass wir weiterkämpfen, und nicht aufgeben.

Ich fragte mich, warum alles schiefging. Als ob die Aktion mit Nürnberg nicht schlimm genug gewesen wäre! Und nun hatte ich auch noch den Prozess verloren. Es kostete mich sehr viel Kraft und Energie, die ich eigentlich nicht mehr hatte. Ich merkte, dass diese ganzen Anstrengungen und der Ärger mir gar nicht guttaten. Ich musste herunterfahren und an das Kind denken. Wir versuchten, unseren Alltag normal weiterzuführen und uns auf Weihnachten vorzubereiten. Ich freute mich auf unsere Gruppe, wo ich all meinen Frust und Ärger loswerden konnte. Diese Selbsthilfegruppe gab mir in dieser Zeit sehr viel Kraft. Ich fühlte mich meist verstanden und bekam Zuspruch. Jedes Mal, wenn ich mir alles von der Seele gesprochen hatte, ging ich erleichtert nach Hause. Sie konnten mir meine Sorgen nicht abnehmen, aber es war gut zu wissen, dass es Menschen gibt, die sich in den anderen hineinversetzen und einfühlen können. Sie zeigten Mitgefühl und waren nachsichtig. Man sagt, geteiltes Leid sei halbes Leid. So versuchten wir, nach vorn zu schauen und den Weg weiterzugehen, den wir gemeinsam begonnen hatten.

Mit der Zeit wurde mein Bauch zur Qual, ich konnte mich nicht mehr richtig bewegen, mir spannte alles und mein Rücken tat mir weh. Ich nutzte jede freie Minute, um mich auszuruhen. Dass Matthias zurzeit zu Hause war, genoss ich sehr. Er half im Haushalt, und wenn es mir nicht so gut ging, ging er alleine einkaufen, kochte und war einfach nur lieb zu mir. Die Schmerzen, die immer stärker wurden, machten uns Sorgen. Matthias und ich beschlossen, wenn es nach diesem Wochenende nicht besser geworden sein würde, am Montag zum Arzt zu gehen. Als ich sonntags auf dem Sofa lag und fernsah, merkte ich, dass es zwischen meinen Beinen warm wurde. Ich stand auf und fragte mich:

Kann ich nun nicht mehr Wasser halten? Bis wir bemerkten, dass die Fruchtblase geplatzt war. Ich erschrak, mir wurde angst.

Nun hatte ich den Salat. Matthias fuhr mich gleich ins Krankenhaus, wo ich auch bleiben musste. Bei mir hatte sich die Plazenta gelöst und ich musste im Krankenhaus bleiben. Ich durfte nicht mal mehr auf die Toilette gehen, absolute Bettruhe war angesagt. Matthias fuhr mit dem Auto täglich zu mir, obwohl er immer noch keinen Führerschein besaß. Jeden Tag betete ich zu Gott, dass er in keine Verkehrskontrolle kommt und ihn keiner verrät. Dass es dem Baby gut geht und ich zu Weihnachten zu Hause bin, da ich Adrian holen wollte.

Die Ärzte meinten, dass so weit alles in Ordnung sei und sie doch gerne die Lungenreifung beim Kind durchführen möchten, da das Kind so schnell wie möglich mit Kaiserschnitt geholt werden sollte, um kein Risiko einzugehen. Nun hatten wir den 17. Dezember 1999. Die Lungenreifung dauerte bis zu acht Tage, ich bekam jeden Tag eine Spritze dafür. Nach acht Tagen hatten wir schon Weihnachten und wie es aussah, würde ich noch einige Tage länger hier bleiben müssen. Ich machte mir wieder zu viele Gedanken. Ich wollte an Weihnachten unbedingt Adrian bei mir haben. Matthias durfte ohne Führerschein nicht so weit fahren.

So habe ich Aron angerufen. Ich habe ihm die Situation erklärt und ihn gebeten, Adrian zu uns zu bringen. Es kam kein: Oh, was ist passiert, wie geht es dir? Er sagte nur, das sei nicht sein Problem. Wenn ich ihn nicht holen könne, müsse ich auf den nächsten Abholtermin warten und auf ihn verzichten. Ich fragte ihn, ob ich Adrian nach meinem Krankenhausaufenthalt holen könne. Er antwortete: „So wolltest du es haben, nun hast du es so. Entweder du holst ihn jetzt zur vereinbarten Zeit oder erst wieder nächsten Monat." Ich war zu müde, um mit Aron zu streiten. Ich sagte: „Gib mir bitte Adrian, dass ich es ihm selbst sagen kann." Adrian kam ans Telefon, ich versuchte, ihm mit seinen vier Jahren zu erklären, warum ich ihn nicht holen konnte. Ich versprach, ihn so bald wie möglich zu uns zu holen. Ich wusste nicht, ob er es verstanden hatte, aber ich war froh, dass ich es ihm selbst gesagt hatte und Aron das Gespräch nicht verhindert hatte.

Somit lag ich im Bett und wusste, dass dieses Weihnachten im Krankenhaus stattfinden würde. Einerseits war es gut. Das Arbeitsamt hatte noch kein Geld überwiesen, somit hatten wir über Weihnachten kein Geld. Es hat alles wieder so sein sollen. Ich war mit meinem ungeborenen Kind versorgt. Unser Kühlschrank zuhause war leer, jeden Tag teilte ich das Essen, das ich im Krankenhaus bekam, mit Matthias. Im Nachhinein war ich froh, Adrian in dieser Situation nicht bei uns zu haben. Ich bekam vom Freundeskreis Besuch, sie brachten schöne Blumen mit und was zu naschen, das ich auch mit Matthias teilte. Diese Abwechslungen taten mir gut.

An Heiligabend war Matthias fast den ganzen Tag bei mir. Wir sprachen über unser Baby und darüber, dass er so schnell wie möglich Arbeit finden musste. Wir waren beide mit der ganzen Situation überfordert, und doch versuchten wir, einen klaren Kopf zu behalten. Ging es Matthias schlecht, versuchte ich ihn aufzubauen und ihm Mut zuzusprechen. Ging es mir schlecht, versuchte er mich aufzubauen. Unsere größte Notzeit schweißte uns zusammen. Es machte uns stark, unsere Liebe wuchs damit und wurde stärker. Wir hatten nur einander, das wurde uns immer stärker bewusst.

Lag ich in meinem Bett, habe ich viel geweint. Hatte Angst, was noch alles auf uns zukommen würde. Meine Eltern wussten auch Bescheid und wollten mich besuchen, wenn das Baby da sein würde. So träumte ich in den Tag hinein und malte mir unsere Zukunft aus. Träume sind wichtig für unser Leben und sie geben uns Kraft, weiterzumachen. Ich erträumte mir eine bessere Welt, dass es keine Kriege und Hungersnöte mehr gibt. Ich träumte, dass ich die Kraft und den Mut hätte, um unseren Weg weiterzugehen und weiterzukämpfen. Dass das Lachen und die Freude bald wieder in mein Leben einziehen und ich Spaß am Leben haben würde. Ich würde zur Ruhe kommen, um normal weiterzuleben, wie es in vielen Familien der Fall ist.

Ich lag mit einer anderen Frau im Zimmer. Sie hieß Michaela und ihr Sohn kam am 18.12. auf die Welt. Es war ein richtiger Wonneproppen, ein Junge. Wir freuten uns an ihm. Sie erzählte mir, dass sie auch in Aldingen wohnt. Dass wir uns in Zukunft öfter treffen und miteinander spazieren gehen könnten. Ich war glücklich, dass wir uns gut verstanden. Vielleicht würde aus dieser neuen Bekanntschaft eine Freundschaft und ich hätte in Aldingen eine Freundin. Bei Michaela war die Geburt normal und somit durfte sie vor Weihnachten mit ihrem Christkind nach Hause. Ein wenig neidisch war ich schon, aber ich hatte ja den Kaiserschnitt noch vor mir, der am 29.12.1999 sein würde. Ich hatte Angst davor. Je näher der Termin kam, desto nervöser wurde ich.

# Barfußschuhe:
# Steinige Wege bewusst erleben

---

Nun war es so weit. Sie holten mich ab und fuhren mich mit meinem Bett in einen Nebenraum. Matthias war zu diesem Zeitpunkt gerade bei mir. Wie immer versuchte er mir die Angst zu nehmen und sagte, es wird alles gut. Er nahm meine Hand und gab mir einen Kuss. Als ich in diesem Nebenraum war, sah ich eine Badewanne. Ich hatte seit zwei Wochen nicht mehr die Haare gewaschen und wollte mich unbedingt noch mal duschen. Ich fragte die Schwester, wie viel Zeit wir noch hätten, bis ich in den Kreißsaal gebracht würde. „In der nächsten halben Stunde sind Sie dran." Ich fragte sie, ob sie mir behilflich sein könne. Ich würde vor der OP noch einmal duschen und meine Haare waschen, da ich mich so unwohl fühle und nach dem Kaiserschnitt auch nicht gleich duschen kann. Ich hatte eine nette und verständnisvolle Schwester, sie half mir beim Duschen, so war ich glücklich. Kaum waren wir fertig, wurde ich schon in den Kreißsaal abgeholt. Nun war es soweit. In wenigen Minuten würde unser Sohn das Licht der Welt erblicken. Ich freute mich darauf und war gespannt, wie er aussehen würde. Sie gaben mir nun die Vollnarkose und ich bekam somit von all dem nichts mehr mit. Unser Sohn kam am 29. Dezember 1999 an einem Mittwoch um 14 Uhr zur Welt.

Als ich wieder im Überwachungsraum zu mir kam, hatte ich höllische Schmerzen. Ich traute mich gar nicht, mich zu bewegen, geschweige zu husten. Mein ganzer Bauch spannte und tat mir weh. Als eine Schwester nach mir sah, fragte ich, ob das Kind gesund sei, ob alles okay sei. Sie beruhigte mich und sagte mir, dass es ein süßer kleiner Junge ist, er sei gesund und könne schreien wie ein großer. „Ihr Sohn ist bei Ihrem Mann, ich werde ihn holen und Ihnen bringen." Matthias durfte nicht zu mir kommen, weil ich mich noch auf der Intensivstation befand. Als die Schwester mir das Baby brachte, war ich überglücklich, das Kind in meinen Armen zu halten. Er war klein, hatte ein süßes Gesicht und blonde feine Haare, ein süßer kleiner Engel. Ich konnte meine Blicke gar nicht von ihm lassen. Unser Baby sollte Michael heißen, dieses Kind war für mich ein Engel, was er bis heute ist. Gott sandte ihn mir in meiner schwersten Zeit, er half mir, in schwierigen, verzweifelten Zeiten trocken zu bleiben. Nun liegt so ein hilfloses Wesen in meinem Arm und ich weiß, wenn Matthias und vor allem ich rückfällig werde und wir unser Leben nicht in den Griff bekommen, dass ich dann auch dieses Kind verlieren würde. Dieser Gedanke ließ mich wieder stärker werden und weiter kämpfen. Wir würden alles dafür geben, dass dieses Kind ein geborgenes, liebevolles Zuhause hat. Dass es in Liebe aufwachsen darf und wir immer für es da sind. Das waren meine Ziele, und dieses Mal würde ich alles dafür tun, um nicht zu versagen.

Mein blonder Engel lag im Babyzimmer, wo noch weitere fünf Babys lagen. Mich faszinierte, dass alle anderen Babys schwarzen Flaum auf dem Kopf oder gar keine Haare hatten. Mein Michael hatte leicht gelocktes blondes Haar. Bei der Erstuntersuchung war vom Entwicklungsstand alles okay, nur ein Problem hatten sie festgestellt. Michael öffnete von Anfang an die Augen nicht. Man stellte fest, dass er die Augen nicht öffnen konnte, da die Augenöffnungen zu eng waren und sich die Augenlidmuskulatur nicht gebildet hatte. Ich war entsetzt, hatte es doch mit meinem Vorleben zu tun. Ich war traurig und wütend auf mich selbst. Denn Blindheit war nicht ausgeschlossen. Somit hatten wir den nächsten Hammer. In meiner Verzweiflung weinte ich viel. Gott sei Dank kamen an diesem Wochenende meine Eltern. Wir freuten uns, einander zu sehen und unseren neuen Erdenbewohner zu begrüßen. Ich teilte meinen Eltern die Neuigkeit mit den Augen mit. Ob es meine Eltern waren oder Matthias, sie sprachen mir alle Mut zu, auch die Ärzte. Sie meinten, dass es heutzutage kein Problem sei, es zu korrigieren, in Freiburg oder Tübingen gebe es gute Augenkliniken, die es beheben könnten. Aber was ist mit der Blindheit, man konnte feststellen, dass er auf hell und dunkel reagierte, aber mehr konnten sie mir erstmal nicht sagen. Erst in ein bis zwei Jahren würden wir mehr wissen. Das war ein schwacher Trost, meine Selbstvorwürfe, die ich mir am Anfang täglich machte, begleiteten mich eine lange Zeit, sie machten mir sehr zu schaffen. Nun saßen wir ungefähr zwei Jahre auf Kohlen und mussten mit der Ungewissheit leben, ob unser Kind sehen kann oder nicht. Aber nun war es so, wie es war. Unser Sonnenschein bekam noch mehr Liebe von uns als ohnehin schon.

Michael entwickelte sich körperlich gut, aber durch seine Behinderung, dass er nicht sehen konnte, war er von seiner motorischen Entwicklung und Koordination her nicht gut ausgeprägt. Die Schicksalsschläge, die uns in unserem Leben widerfahren, seien es Krankheiten, Trennungen, Todesfälle oder wie in meinem Fall eine Missbildung bei unserem Kind, machen jedem Menschen, der davon betroffen ist, stark zu schaffen. Ich hoffte bislang jedes Mal auf ein geregeltes Leben mit meiner neuen kleinen Familie, und doch wurde ich immer wieder aufs Neue aus der Bahn geworfen. Aber nach all den Schicksalsschlägen, die ich durchlebt habe, nach all den Erfahrungen, die ich machen durfte, bin ich stark geworden, weil ich oft schwach war. Ich bin wachsamer geworden, weil ich oft hintergangen wurde. In meiner Traurigkeit setzte ich meine Maske auf, um zu lachen. Nun versuche ich, im Hier und Jetzt zu leben, weil mir niemand sagen kann, was der Morgen bringen wird. Das Leben hat mir oft den Boden unter den Füßen weggerissen. Obwohl man eine gewisse Stärke entwickelt, bin ich eine verletzliche Person und werde es bleiben. Oft fühlte ich, wie mein Herz an der Ungerechtigkeit und dem Unverständnis zerbrach. Mein Gott, war ich froh, dass ich Matthias an meiner Seite hatte! Und doch bin ich immer wieder aufgestanden und habe mich nicht unterkriegen lassen. Somit denke ich, dass ich dadurch eine starke Persönlichkeit entwickelt habe, die in schwachen Momenten eine Zukunft haben wird. Ich habe gelernt, mich in solchen Momenten nicht zu verstecken, und bin bereit, mein Schicksal und das, was mir die Zukunft noch bringen mag, anzunehmen. Mir ist bewusst geworden, dass wir erst in den schweren Zeiten unseres Lebens und durch Schicksalsschläge tatsächlich dazulernen.

Die Zeit verging, Michael wuchs heran. Matthias hatte eine neue Arbeit in Villingen begonnen. Er hatte immer noch keinen Führerschein. So musste ich ihn immer noch täglich zur Arbeit fahren und wieder abholen. Was mich auch sehr belastete, dass ich nur in der Wohnung saß, keine Freunde hatte, nicht arbeiten gehen konnte. Nur das Geplapper mit meinem Baby. Nicht, dass ich es nicht gerne gemacht hätte, aber ein Kind allein ist nicht die Erfüllung. Ich versuchte, meinen Alltag strukturiert zu gestalten und meinen Drang nach Alkohol zur Seite zu schieben. An manchen Tagen hatte ich einen großen Saufdruck, aber ich wusste, was ich damit bewirken würde, wenn ich etwas trinke, so versuchte ich mich immer wieder abzulenken. Ich machte meinen Haushalt, ging einkaufen, kochte und ging jeden Tag mit Michael spazieren.

Ich versuchte, das Nötigste zu erledigen. Alles andere war mir zu viel. War Matthias am Abend von der Arbeit zurück, wollte ich reden, da ich den ganzen Tag niemanden zum Reden hatte, außer ich telefonierte. Leider war es Matthias nicht immer zum Reden zumute, da er im Geschäft viel redete und am Abend froh war, mal nichts zu sagen. So kam es immer öfter zu Meinungsverschiedenheiten und zu Stress. Wir fingen immer öfter an zu streiten, das Geld war knapp, Adrian durfte ich auch nicht so häufig sehen, wie ich wollte, und wenn ich mich deswegen beschwerte, bekam ich ihn nicht mal ans Telefon. Mir machte das alles sehr zu schaffen, ich fühlte mich oft allein und missverstanden. Meine Eltern wollte ich auch nicht damit belasten, denn sie hätten mir ohnehin nicht helfen können. So fing ich wieder an, all meinen Ärger, meinen Frust und meine Ängste für mich zu behalten und zu unterdrücken. Es stauten sich viele Sachen an, aber ich wusste, dass ich für Michael funktionieren musste. Immer öfter bekam ich Heimweh, nun war ich ein Jahr in Aldingen, aber so richtig angekommen war ich noch nicht. Die einzigen Personen, die ich einmal die Woche traf, war die Freundeskreisgruppe. Da konnte ich wenigstens einige Sachen, was Adrian betrifft, loswerden. Ehrlich war ich trotzdem nicht immer, ich habe nie gesagt, dass der Saufdruck mich sehr quält. Dass ich Angstzustände habe und mich in Aldingen nicht wohlfühle. Dass mir die Wohnung zu klein ist. Ich merkte, dass ich immer unzufriedener wurde. Mit Matthias konnte ich nicht darüber reden, so wären wieder Missverständnisse aufgetreten und wir hätten uns gestritten. Um des Friedens willen, nahm ich es so an und versuchte, tagtäglich das Beste daraus zu machen. Aron war immer noch in meinem Kopf und in meinem Herzen, ich wusste nicht, wie ich es abstellen konnte. Nachts träumte ich immer wieder, dass ich mich entscheiden muss, entweder für Matthias oder für Aron. In meinen Träumen war ich oft hin- und hergerissen. So fing ich an, fast täglich, wenn Michael seinen Mittagsschlaf machte, den Film Titanic zu schauen. Dieser Film spielt auf einem Passagierschiff, wo sich Rose, ein Mädchen der gehobenen Gesellschaft, und der mittellose Maler Jack auf eine ungewohnte Art und Weise kennenlernen. Es beginnt für beide eine Liebesgeschichte über Klassengrenzen hinweg. Doch ihre Liebe steht unter keinem guten Stern. Eines Nachts kollidiert die Titanic mit einem riesigen Eisberg. Rose muss sich entscheiden, geht sie mit ihrem Verlobten von Bord oder will sie mit Jack, ihrer neuen großen Liebe, die Katastrophe überstehen. Ich fühlte mich auch hin- und hergerissen und wusste oft nicht, was ich wirklich wollte. Dieser Film spendete mir Trost!

Wir hatten von jemandem eine Flasche Wein geschenkt bekommen. Diese Flasche hatten wir damals schon ein paar Monate in unserem Keller aufbewahrt. Eines Tages, als Michael seinen Mittagsschlaf machte, kam mir die Flasche Wein in den Kopf. Ich holte sie hoch und stellte sie in der Küche ab. Ich sah immer wieder die Flasche an. Die Vergangenheit holte mich wieder ein. Die eine Stimme sagte: Sonja, lass es bleiben, dein Kind schläft im anderen Zimmer. Die andere Stimme sagte: Was macht ein Schlückchen Wein aus, musst ja nicht gleich die ganze Flasche trinken. Somit machte ich mir die Flasche auf und trank diesen Wein. Ich merkte schnell, wie er mir in den Kopf schoss. Meine Unzufriedenheit war gewaltig geworden. Tagtäglich die Sportplatzrunde laufen, sich nur um das Kind kümmern. Und wenn Matthias abends von der Arbeit nach Hause kam, wollte er auch keine großen Gespräche mehr führen.

Ich fühlte mich sehr einsam und alleine. Obwohl Matthias immer für mich da war, kam ich noch nicht so richtig mit der neuen Situation klar. Als die Flasche fast leer war und ich nach so langer Zeit doch gut angetrunken war, legte ich mich hin, um schnell wieder einen klaren Kopf zu bekommen. Es kam, wie es kommen musste. Es war an der Zeit, Matthias von der Arbeit zu holen. So fuhr ich mit Michael nach Villingen, was sehr unvernünftig war. Ich fand diese Firma nicht und somit verspätete ich mich um fast eine Stunde. Ich lutschte einen Bonbon nach dem anderen, um zu verhindern, dass Matthias etwas riecht und bemerkt. Als ich endlich ankam und Matthias ins Auto stieg, bemerkte er gleich, dass ich getrunken hatte. Für Matthias brach der Boden unter den Füßen weg. Er war enttäuscht, dass ich mit Michael im Auto alkoholisiert fuhr. Er fragte, was mir in den Kopf gekommen ist, um Alkohol zu trinken. Ich konnte nichts sagen. Die ganze Heimfahrt schwiegen wir uns an. Ich kümmere mich um Michael, wir werden sehen, wie es mit uns weitergeht. Ich hatte sein Vertrauen gebrochen. Der Haussegen hing schief, vielleicht war es das Ende vom Anfang. Am nächsten Morgen fühlte ich mich als Versager. Matthias saß auf dem

Balkon, rauchte seine Zigarette und telefonierte mit seiner Schwester. Ich hörte das Gespräch mit, er meinte, dass es keinen Sinn mache. Er hatte Angst davor, dass es immer wieder vorkommen könne, wenn er auf der Arbeit ist. Dass er den ganzen Tag in Angst leben müsste, weil er nicht weiß, was ich mache.

Ich bekam auch Angst. Was sollte ich nun machen, vor allem wie sollte ich mich verhalten, dass ich sein Vertrauen zurückgewinnen würde? Wenn es wirklich vorbei ist, wo sollte ich hin, was würde aus Michael werden? Ich wollte auf gar keinen Fall auch noch Michael verlieren, ich war verzweifelt. Als Matthias im Bad war, rief ich seine Schwester an. Ich habe sie gebeten, dass sie noch einmal mit ihm spricht, um unserer Beziehung noch eine Chance zu geben. Als ich mit Michael spazieren ging, rief seine Schwester ihn noch mal an. Ich weiß nicht, was sie alles gesagt hatte, aber als ich nach Hause kam, nahm er mich in den Arm und sagte, dass er mich liebt und nicht möchte, dass wir auseinandergehen. Dass ich das nie mehr machen sollte, denn falls es noch einmal passieren sollte, würde er sich trennen. So haben wir zusammen beschlossen: Derjenige, der zu trinken anfängt, muss gehen, und Michael bleibt bei demjenigen, der nicht trinkt. Das haben wir uns geschworen.

Ich entschuldigte mich und versprach, dass es nicht mehr vorkommen würde. Alkoholiker haben solche Versprechen so oft gemacht, dass man es einfach nicht mehr glauben kann und will. Ich hatte das Vertrauen missbraucht und zerstört. Wir wussten, dass wir nur einander haben und wenn einer von uns trinkt, alles kaputtgehen würde. Dass einer von uns Michael verlieren würde, und das wäre in diesem Fall ich gewesen. Wir sprachen uns aus, Matthias sagte, dass er erst mal kein Vertrauen zu mir hätte, dass das Vertrauen erst wieder wachsen müsse.

Die Zeit verging, Matthias merkte, dass meine Unzufriedenheit immer größer wurde. Ich hatte an allem herumzumeckern. Die Wohnung war zu klein, ich schimpfte über die Schrägen, die sich in der Wohnung befanden. Ich regte mich über Aron und meine Schwiegereltern auf. Sie versuchten, mir das Leben schwer zu machen, als ob es nicht schon schwer genug wäre. Nun war Michael drei Monate alt und ich wollte ihn taufen lassen. So ging ich in die Pfarrgemeinde, um mich zu informieren und Michael zur Taufe anzumelden. Für das Erstgespräch kam der Pfarrer zu uns nach Hause. Wir sprachen über die Formalitäten und über unsere Familienverhältnisse. Der Pate sollte Josef werden, er hatte sich bereit erklärt, dieses Amt zu übernehmen. Es gab aber ein Problem: Josef war aus der Kirche ausgetreten. Meine Schwestern brauchte ich auch nicht fragen, Anne war ebenfalls aus der Kirche ausgetreten und Isa war mir zu flatterhaft. Ich erzählte dem Pfarrer unsere Familienverhältnisse, dass wir noch nicht verheiratet waren, dass der Kindsvater auch nicht getauft ist, da es im Osten nicht so üblich war und wir froh waren, Josef als Pate zu haben. Der Pfarrer konnte es gar nicht richtig wahrhaben und glauben. Er meinte immer wieder, es muss doch jemand aus der Familie oder dem Freundeskreis geben, der dieses Amt übernehmen kann, der Christ ist und der Kirche noch angehört. Dazu müsste man erstmal normale Familienverhältnisse haben. Freunde hatten wir schon, aber nicht für so ein besonderes Amt. Ich versuchte ihm zu erklären, dass ich mir meine Familie nicht ausgesucht habe. Wir hatten Josef, der gerne dieses Amt übernehmen würde, auch wenn er aus der Kirche ausgetreten war. Ansonsten hatten wir niemanden. Wenn es ein Problem ist, würden wir keinen Paten für Michael haben. Mir war wichtig, dass unser Kind getauft wurde, ob mit Pate oder ohne.

Die Taufe sollte am 18. Juni 2000 sein. Ich machte schöne Einladungskarten und freute mich auf diese Festlichkeit. Wir hatten noch drei Monate, um alles vorzubereiten. Matthias meinte nur: „Wie wollen wir das alles bezahlen?“ Mein Plan war: Wir lassen uns Geld schenken und dieses Geld würden wir zu dem Geld, das ich gespart hatte, dazu geben. In Denkingen haben wir unsere Gastwirtschaft ausgesucht. Wir hatten ein gutes Menü ausgesucht, die Kuchen haben wir selbst gebacken und backen lassen. Einige Freunde aus dem Freundeskreis haben sich bereit erklärt, uns einen Kuchen zu backen. Mir wurde in dieser Zeit bewusst, doch Menschen um mich zu haben, die hilfsbereit waren und ich hatte ein schönes Gefühl dabei. Zu unserer Taufe kamen meine Eltern. Das Schöne war, dass meine Mutter an diesem Tag, dem 18. Juni 2000, Geburtstag hatte. So hatte sie zugleich einen schönen Geburtstag. Sie hatten vor, eine Nacht bei uns zu bleiben. Ich reservierte ein Doppelzimmer für meine Eltern, so hatten wir zwei Tage, die wir zusammen verbringen konnten.

Meine Schwester Anne kam mit einer Freundin. Isa habe ich nicht eingeladen, ich hatte nicht mal eine Adresse von ihr. Sie hatte sich auch nicht großartig geändert. Sie war immer noch wie ein Vogel, einmal hier und einmal dort. Die Sucht hatte sie noch fest im Griff. Ich versuchte dieses Thema, das meine Schwester betrifft, von mir wegzuschieben, denn setzte ich mich mit diesem Thema auseinander, ging es mir nicht gut dabei. Unsere Kinder kamen. Magnus, Danilo und sogar Adrian hatte ich in diesen Wochen bei mir. Meine Eltern brachten ihn mit zu uns und er war eine Woche bei uns. Denn ich hatte es gerichtlich geschafft, Adrian eine Woche im Monat bei uns zu haben. Mit Baby wurde es mir zu stressig, alle 14 Tage zu Aron und Adrian zu fahren. Diese Regelung sollte so lange bestehen bleiben, bis Adrian eingeschult sein würde. Ich hoffte, dass ich es bis zur Einschulung geschafft haben würde, Adrian ganz bei mir zu haben. Bis es so weit sein würde, war ich mit dieser Regelung zufrieden. Wichtig war mir, Michael zu taufen und mit meinen Eltern und unseren Kindern diesen Tag zu verbringen. Michael war und ist bis heute ein Engel für mich, er kam in meiner schwersten Zeit, deswegen war es mir sehr wichtig, einen kleinen Menschen auf dieser Welt mit einem besonderen Fest willkommen zu heißen. Mit all meinen Lieben versammelt zu sein, und unser Michael steht im Mittelpunkt.

Die Taufe ist für mich ein Sakrament und damit ein Zeichen der Nähe Gottes, der das Kind bei dessen Namen ruft. Michael heißt: Der wie Gott ist. Wir Eltern waren sehr nervös und stolz zugleich, der Pate konnte seine Nervosität nicht verbergen, er freute sich, dieses Amt übernehmen zu dürfen. Die Geschwister konnten die Aufregung nicht verbergen. Nach der Kirche gab es ein gutes Essen, danach genossen wir gemeinsam einen Spaziergang, danach Kaffee und Kuchen. Das Einzige, was mich an diesem Tag sehr kränkte, war bei der Zeremonie an der Taufe, dass der Pfarrer Matthias ignorierte und ihm bei der Begrüßung in der Kirche nicht wie bei all den anderen die Hand gab. Es wurden noch drei weitere Kinder an diesem Sonntag getauft. Ist man ein schlechter Mensch, bloß weil man nicht getauft ist? Matthias hatte sich mit dem Gedanken, sich taufen zu lassen, oft auseinandergesetzt. Immer wieder kamen in seinem Leben Zwischenfälle, die ihn wieder davon abgehalten hatten. So kam es bis zum heutigen Tag, dass er sich nicht hatte taufen lassen. Aber wir ließen uns deswegen unseren Tag nicht verderben. Insgesamt war es ein schöner Tag.

Mein 30. Geburtstag war nicht mehr weit entfernt. Mein Geburtstag war an diesem Tag ein wenig trostlos für mich. Keine Gäste, kein Geld, um irgendetwas zu machen. Wir hatten nicht mal Geld, um schön essen zu gehen. Das ganze Geld war für die schöne Taufe gebraucht worden, was mir auch lieber war. Und außerdem hatte ich meine Lieben alle an der Taufe um mich herum gehabt, sagte ich mir immer wieder, das war mein Trost. Und trotzdem fühlte ich mich irgendwie alleine mit meinen 30 Jahren. Nun war auch die Zeit wieder gekommen, in der Peter, der am 28. Juni Geburtstag hat, in mein Gedächtnis kam. Es stellten sich immer dieselben Fragen: Wo wird er wohl wohnen? Hat er eine Familie gegründet? Das wäre eins meiner größten Geburtstagsgeschenke, was ich mir noch wünschen würde. Ihn zu finden, einmal ihn zu sehen, wie er aussieht, wie es ihm geht und vor allem wo er wohnt. Ihn in meinen Armen zu halten und zu wissen, es ist ein Teil von mir. Meiner Mutter zu sagen, Mama, ich habe deinen Peter gefunden, und auf ihre Reaktion gespannt sein. Ich wusste, dass der Zeitpunkt kommen würde, der Zeitpunkt, an dem ich ihn finden würde. Gott würde mir helfen. Wer warten kann, hat viel getan. Ewald und Claudia kamen zum Kaffeetrinken und holten mich aus meinen Gedanken, danach sahen Matthias und ich fern. Im Großen und Ganzen war es ein schöner Tag, denn Matthias versuchte immer, es mir an solchen Tagen so schön wie möglich zu machen. Auch wenn wir nicht viel Geld hatten, denn Geld ist nicht alles im Leben. Matthias' Liebe, Zuneigung und Verständnis waren so viel mehr wert.

Matthias beschäftigte sehr, dass unser Michael meinen Familiennamen trug. Matthias wollte, dass sein Kind seinen Familiennamen bekommt und nicht den Namen Arons. Um den Namen zu ändern, mussten wir einen Termin beim Familiengericht beantragen. Aron musste nach Tuttlingen kommen, um die Vaterschaft nicht anzuerkennen, und Matthias musste die Vaterschaft anerkennen. Nach diesem Prozess bekam Michael die Namensänderung und hieß von diesem Zeitpunkt an Michael Weiß, was Matthias und mich glücklich machte. Meine Scheidung war im Gange, ich hoffte, dass ich bald geschieden sein und dieses Kapitel abschließen würde. In letzter Zeit sprach Matthias immer öfter vom Heiraten. Ich war noch nicht einmal geschieden und sollte mir Gedanken über das Heiraten machen. Einerseits war es sinnvoll, aber zugleich ging es mir ein wenig zu schnell. So versuchte ich, dem Thema aus dem Weg zu gehen. Matthias fing immer wieder davon an, dass wir

Vorteile hätten und ich besser abgesichert wäre, falls ihm etwas passiert. Er hatte ja recht, aber ich konnte mich noch nicht dazu aufraffen.

Ich machte mir lange Gedanken wegen einer Heirat. So kam ich zu dem Entschluss, ich würde Matthias heiraten, wenn er die Bereitschaft hatte, den Führerschein zu machen. Ich war davon überzeugt, dass wir gut zusammenpassten, auch wenn es von meiner Seite her nicht immer so aussah. Wir würden uns zusammenraufen und zusammenwachsen. Alles andere würde sich zeigen. Ich war mir sicher, dass wir ein gutes Team sein würden, in guten wie in schlechten Tagen. Gott hatte mir Matthias nicht umsonst geschickt. Als ich ihm meinen Entschluss mitteilte, überlegte er nicht lange und war zu meiner Überraschung damit einverstanden. Er nahm mich in den Arm und ich merkte dabei seine Erleichterung.

Da wir jedes Jahr noch eine Eigenheimzulage ausbezahlt bekamen, beschlossen wir, dieses Geld nicht in die Wohnung zu investieren, sondern in den Führerschein. Matthias holte sich beim Landratsamt bei der Führerscheinstelle Informationen, was er alles brauchte und vorweisen musste, um seinen Führerschein wiederzubekommen. Matthias hatte den Führerschein schon mal gehabt, aber ihn wegen Trunkenheit am Steuer verloren. Dann kam noch dazu, dass er erwischt wurde, wie er ohne Führerschein fuhr und einen Unfall baute. Das waren keine guten Voraussetzungen, um den Führerschein wiederzubekommen. Es waren schon acht Jahre vergangen, seit Matthias den Führerschein gehabt hatte, nach so langer Zeit war ihm nicht wohl dabei. Die Suchtberatungsstelle meinte, wenn er Pech hätte, müsse er noch den MPU-Test machen, die medizinisch-psychologische Untersuchung zur Begutachtung der Fahreignung. Denn wer betrunken oder berauscht mit dem Auto gefahren ist, über 1,6 Promille kommt oder bereits zu viele Punkte in seiner Verkehrssünderkartei angesammelt hat, muss diesen Test machen. Im Volksmund sagt man dazu auch Idiotentest.

Ich hatte damals Glück, dass ich keinen Idiotentest machen musste, ich hatte 1,5 Promille gehabt, Matthias war weit darüber. Ich merkte, dass Matthias diese Angelegenheit sehr zu schaffen machte. Herr Maier von der Suchtberatungsstelle meinte, dass er sich für ihn einsetzen werde, da er eine Therapie vorweisen konnte, regelmäßig in die Suchtberatungsstelle zu Einzelgesprächen kam und zusätzlich einmal die Woche eine Selbsthilfegruppe besuchte. Es hörte sich gut an, es war ein kleiner

Lichtblick. Nach ein paar Wochen kam ein Schreiben vom Landratsamt von der Führerscheinstelle. Matthias musste keinen MPU-Test machen. Er müsse eine gewisse Anzahl von Fahrstunden machen und vorweisen, die Prüfungen in Theorie und Praxis erneut machen. Er war über die Nachricht sehr glücklich und meldete sich in der Fahrschule an.

Nach zwei Monaten war es soweit, Matthias hatte seinen Prüfungstag. Als Erstes musste er die schriftliche Prüfung absolvieren, dann die praktische. Ich war den ganzen Tag sehr nervös. Wir hatten kein Handy, dass man schnell eine Mitteilung machen konnte, so musste ich geduldig abwarten, bis er nach Hause kam in der Hoffnung, dass er bestanden hatte. Als er mit einem Lächeln in die Wohnung kam, wusste ich, er hatte bestanden, er hatte seinen Führerschein wieder. Wir waren sehr glücklich, wir hatten wieder einen großen Schritt geschafft. Dem Himmel sei Dank, das Telefon stand an diesem Tag nicht mehr still, wir haben die gute Nachricht jedem mitgeteilt. Es war ein glücklicher, schöner Moment. Für mich war es nun auch eine große Erleichterung, denn Matthias konnte nun auch Adrian holen und ich konnte mit Michael zu Hause bleiben. Wie zuvor erwähnt, meine Scheidung war im Gange. Der Scheidungstermin sollte am 13. Dezember 2000 sein, Matthias war es wichtig, dass wir in diesem Jahr noch heirateten. Unsere Trauung sollte am 22.12.2000 sein. Am 13. Dezember wurde ich geschieden. Es waren genau neun Tage, an denen ich nicht verheiratet war, nach neun Tagen würde ich meine zweite Ehe mit Matthias eingehen. Trotz meiner gemischten Gefühle wusste ich, dass es der richtige Weg sein würde. Ich mochte Matthias von ganzem Herzen, er war immer für mich da, auch als ich sein Vertrauen mit meinem Rückfall gebrochen hatte.

Je näher der Hochzeitstag rückte, desto nervöser wurde ich. Seit einem halben Jahr arbeitete ich in einer Gastwirtschaft in der Küche. Hauptsächlich am Wochenende und an ein bis zwei Wochentagen am Abend. Es war super, dass Matthias den Führerschein wieder hatte, so brauchte ich ihn nicht mehr zur Arbeit zu fahren. Ich hatte tagsüber zwar kein Auto, aber ich brauchte auch keins. Einkaufen konnte ich in Aldingen zu Fuß. Das Geld, das ich bei meiner neuen Arbeit verdiente, half uns, uns über Wasser zu halten. Es hatten sich durch den Umzug nach Nürnberg, durch Autokauf, Kinderzimmereinrichtung und Anschaffung einer neuen Waschmaschine einige Kosten ergeben. Unser

Schuldenberg hatte sich vergrößert, von dem wir erst einmal wieder herunterkommen mussten.

Mit der Planung unserer Hochzeit waren wir schnell fertig. Für uns war klar, wir geben nichts aus, was wir nicht haben. Wir wussten, dass von unserer Verwandtschaft keiner uns etwas dazugibt. Somit gab es keine Ringe, keine Blumen und kein schönes Kleid. Mein erstes Brautkleid, das ich mit nach Aldingen nahm, landete nach einer gewissen Zeit im Altkleidercontainer, somit heirateten wir in Jeans in weißer Bluse und weißem Hemd. Als wir im Standesamt mit zwei Kindern ankamen, fragte unser Standesbeamter, wo die Angehörigen seien. Wir sagten: „Wir haben unsere zwei kleinen Kinder dabei, wir sind nur zu viert." Er fragte, ob er unsere Ringe entgegennehmen dürfe. Und wieder sagten wir, für Ringe und Blumen habe es leider nicht gelangt. Das würden wir nachholen. Seine Augen wurden immer größer, er meinte, wenn er ehrlich sein dürfe, so eine Hochzeit habe er noch nicht erlebt. Wenn die Ehe nicht hält, dann wisse er auch nicht. Uns war es nicht peinlich, keine Mittel zu haben, wir hatten einander, das war für uns das Wichtigste. Ich war glücklich, dass in dieser Woche Adrian bei uns war und somit bei der Hochzeit dabei sein konnte. Wir gaben einander unser Ja-Wort, unterschrieben und küssten einander. Adrian und Michael, der nun fast ein Jahr alt war, bekamen vom Standesbeamten jeweils einen kleinen Teddybären. Es war unsere Entscheidung, ohne Gäste und Verwandte zu heiraten, dass es keine Zeremonie gab. Für uns war es für die damaligen Verhältnisse in Ordnung, wir waren glücklich und zufrieden. Dass wir trotz allem keine Fotos gemacht haben, fand ich im Nachhinein schade, wo ich eigentlich alles und jeden fotografierte. Habe ich irgendwie verpasst.

So pendelte sich unser Tagesablauf ein. Tagsüber war Matthias arbeiten und ich kümmerte mich um Michael und um den Haushalt. Mittwochs versuchten Matthias und ich zusammen in die Selbsthilfegruppe zu gehen. Wir waren in die Selbsthilfegruppe nach Aldingen gewechselt, so wie einige andere auch. Falls mit Michael etwas gewesen wäre, hätte ich schnell nach Hause können. An den Abenden, an denen wir die Gruppe besuchten, passte entweder Ewald oder unsere Nachbarin Claudia für zwei Stunden auf Michael auf. Claudia sah ich als meine Freundin an. Sie kam oft nach ihrer Arbeit zu uns, um einen Kaffee zu trinken und sich vieles von der Seele zu reden. Jeder hatte so seine

Sorgen und seinen Kummer, ich für meinen Teil war froh, Claudia in dieser Zeit zu haben.

Wir gingen oft miteinander walken, und wenn uns die Decke auf den Kopf fiel, verführte Claudia mich zum Tanzen. Wir fuhren in eine Disco oder in ein Tanzlokal. Tanzen war immer noch meine große Leidenschaft. Es war toll, wieder mal etwas anderes zu sehen, mich unter die Leute zu mischen, mit anderen Menschen zu reden. Es blieb aber leider nicht aus, dass ich immer häufiger unzufrieden war. Ich weiß nicht, ob es die Einsamkeit war oder das Heimweh nach meinen Eltern und Freunden. Oder die Unzufriedenheit, kein Geld zu haben, nicht arbeiten gehen zu können. In der Wohnung zu wohnen, in der ich mich nicht so wohlfühlte, obwohl sie schön war. Meinen Adrian nicht bei mir haben zu können. Das waren Punkte, die mich sehr beschäftigten und die mich oft unzufrieden werden ließen.

So kamen meine Zweifel immer wieder hoch, was unserer Ehe teilweise zu schaffen machte. Matthias wusste oft nicht, wie er mit der ganzen Situation und mir umgehen sollte. Ich wusste, dass ich keine andere Wahl hatte. Ich hatte mich für diesen Weg und für das Kind entschieden. Mein Glaube ließ mich durchhalten und weitergehen. Für irgendetwas musste der Weg doch gut sein. Ich glaubte nicht, dass Gott mich so weit von zu Hause weggeschickt hatte, damit ich verzweifle und zugrunde gehe. Er hatte mir einen Engel geschickt, mein Kind Michael. Es hätte sonst alles keinen Sinn. Deswegen sagte ich mir immer wieder, wenn es mir schlecht ging, dass alles seinen Sinn hat, auch wenn wir vieles nicht gleich erkennen und verstehen. Darum ist für mich das Gottvertrauen essenziell, ich vertraue auf Gott und durfte somit oftmals die Erfahrung machen, dass die Stärke und das Vertrauen sich lohnen.

Glaube besteht darin, eine feste Zuversicht zu haben auf das, was man sich erhofft und wünscht, und nicht zu verzweifeln, auch wenn man den Sinn noch nicht sieht. Glaube heißt für mich Vertrauen. Ich kann die Existenz Gottes nicht beweisen. Aber ich kann vertrauen, dass es eine Kraft gibt, die über mein Leben hinausreicht. Wenn Matthias von der Arbeit kam, ging ich anschließend meistens selbst zur Arbeit. Mit Widerwillen versuchte ich, in der Küche meine Arbeit zu erledigen und durchzuhalten, meine Töpfe zu schrubben und alles sauber zu halten. Manchmal kam ich mir vor wie Aschenputtel, aber ich machte weiter. Ich machte es für meine Familie, ich wusste, dass wir beide an einem

Strang ziehen mussten, um unsere Lebenssituation zu verbessern und zu ändern.

Wie es so schön heißt: Nichts im Leben ist umsonst, nur der Tod, und der kostet das Leben. Die Zweifel und meine Träume ließen mich nicht los. Ich hatte häufig denselben Traum. Ich sah in meinen Träumen Aron und Matthias, ich wurde von den beiden immer noch hin- und hergerissen. Ich merkte, dass ich mich von Aron noch nicht komplett gelöst hatte. Vielleicht, weil ich mein Kind sehr vermisste und ihn nicht bei mir haben konnte. Irgendwann schreckt man aus dem Traum auf und braucht erst einmal eine ganze Weile, sich aus dem Geschehen zu befreien. Im Unterbewussten wusste ich, dass ich innerlich meine Entscheidung treffen musste, die ich eigentlich äußerlich schon getroffen hatte. Kopf und Herz waren sich noch nicht einig.

Ich habe mit meiner Freundin über meine Träume gesprochen, und in der Zeit, in der Michael seinen Mittagsschlaf machte, schaute ich mir jeden Tag den Film Titanic an. Ich habe mich wie Rose in dem Film gefühlt. Ich saß zwischen zwei Stühlen, gefühlsmäßig war ich hin- und hergerissen. Ich habe Matthias von diesen Gefühlen nicht erzählt, ich wollte ihn nicht beunruhigen. Diesen Konflikt musste ich mit mir selbst austragen. Warum tun wir uns immer wieder schwer, Entscheidungen zu treffen? Ich lebte mit der Angst, Entscheidungen zu treffen. Was tun, wenn man sich nicht entscheiden kann? Unser Leben ist mit Entscheidungen gepflastert. Auch wenn wir eine Entscheidung aufschieben oder noch nicht treffen, ist es trotzdem eine Entscheidung, nämlich die Entscheidung, alles beim Alten zu lassen.

Es sind die Ängste, die uns oft hindern. Wir haben Angst vor den Konsequenzen und der Verantwortung. Ich glaubte oft, nicht genügend Kraft zu haben, mit einer falschen Entscheidung leben zu können. Eines Tages kam Matthias von der Arbeit. Er erzählte mir, dass nicht weit von seiner Arbeitsstelle in Öfingen ein Haus frei steht. Der Vermieter wohnt neben dem Haus und würde das Haus vermieten. Ich wusste nicht, wie ich mit dieser Nachricht umgehen sollte. Einerseits freute ich mich, aber mir gingen tausend Dinge durch den Kopf. Wie sollten wir die ganzen Kosten tragen, die wesentlich höher waren als zurzeit mit unserer Wohnung? Der Gedanke, ein eigenes Haus zu haben, gefiel mir ausgezeichnet. Da ich kein richtiges Einkommen hatte, spielten Matthias und ich mit dem Gedanken, Pflegekinder bei uns aufzunehmen.

Das Haus war groß genug, insgesamt drei Kinderzimmer – somit könnten wir zwei Kinder aufnehmen, ihnen ein schönes Zuhause bieten und dabei Geld verdienen.

Matthias und ich hatten deswegen lange Gespräche. Ich merkte, dass Matthias mir den Wunsch mit einem Haus erfüllen wollte. Er war so lieb zu mir und ich belastete ihn mit meiner Unzufriedenheit. Gemeinsam beschlossen wir, diesen Schritt zu wagen. Bevor der Umzug stattfinden sollte, informierten wir uns auf dem Jugendamt über eine Schulung, auch Lehrgang genannt, um Pflegeeltern zu werden. Nach dem ersten Gespräch beim Jugendamt beschlossen wir, uns als Pflegeeltern zu qualifizieren. Wir nahmen an Vorbereitungsseminaren und an Eignungsverfahren teil. Als wir alles erfolgreich absolviert hatten und unser Zertifikat bekamen, stand uns nichts mehr im Wege, um Pflegekinder zu uns zu holen, wenn der Umzug in das Haus vollbracht sein würde.

Im Dezember 2001 zogen wir nach Öfingen. Ich hatte nach Langem wieder das Gefühl, dass sich etwas nach vorn bewegt. Der Umzug lief gut. Ewald half uns, von den Renovierungsaufgaben her gab es nicht viel zu tun. Ewald ist zu uns gezogen, um mit seinem Alkoholproblem und anderen Problemen klarzukommen und Unterstützung von uns zu erhalten. Ewald trank auch sehr gerne und viel. Wenn er seine Trinkphasen hatte, sah man ihn manchmal tagelang nicht. Bis er irgendwann fix und fertig vor der Türe stand. Matthias hat sich sehr für ihn eingesetzt, ihm bei der Arbeitsbeschaffung geholfen, mit ihm Bewerbungen geschrieben, ihn mit Engelszungen bearbeitet, dass er auch eine Therapie machen soll. Ewald fühlte sich bei uns wohl. Er wohnte bei uns, ging seiner Arbeit nach, die er bald fand. Er aß mit uns, und bei unserer Freizeitgestaltung nahmen wir ihn oft mit. Ich habe seine Wäsche mitgewaschen und er war auch für uns da. Er passte auf Michael auf, wenn wir ihn brauchten. Er gab uns eine Finanzspritze von 3000 Euro, die uns sehr half, uns heimisch einzurichten.

Die zuständige Stelle teilte uns mit: Sobald Kinder gemeldet würden, die Unterstützung brauchten und vorübergehend eine Familie in Anspruch nahmen, würden wir eine Benachrichtigung bekommen. Ich fragte, wie lange das dauern könne. Sie meinte, man könne es nicht genau sagen. Es kann schnell gehen, aber es kann auch noch ein oder zwei Monate dauern. Na toll, dachte ich, es gibt so viele zerrüttete Familien, die überfordert sind und Unterstützung benötigen, und jetzt gibt es keine

Kinder. Einerseits ist es toll, aber wir hatten uns dafür eingerichtet und damit gerechnet, dass ich damit mein Geld verdienen konnte. Matthias hatte seine Arbeit, aber allein mit seinem Lohn und mit ein bisschen Erziehungsgeld und Kindergeld konnten wir nicht alle Kosten decken.

Der Winter war da, es war sehr kalt und unser Öltank fürs Haus war praktisch leer. So beschlossen wir, für einen Teil von Ewalds Geld Öl zu kaufen, für den Öltank, um über den Winter zu kommen. Meine Stelle in der Großküche hatte ich auch nicht mehr. Die Entfernung des Wohnortes zur Gastwirtschaft war zu groß. Somit hatte ich gar keinen Minijob mehr und auch keine 450 Euro. So war das alles nicht geplant gewesen. Nun waren schon zwei Monate vergangen und es hatte sich noch nichts getan, was ein Pflegekind betrifft. Wir wussten keinen Rat. Wir wussten nur, dass wir etwas unternehmen mussten, um nicht noch mehr ins Minus zu kommen. Der Druck stieg gewaltig, wir wussten nicht, ob wir wirklich die richtigen Entscheidungen getroffen hatten. Jetzt hatten wir noch weniger Geld, somit war ich noch mehr von der Außenwelt abgeschnitten. Man freute sich, wenn das Postauto vorbeifuhr oder sogar an der Türe klingelte.

Mein Alltag war nicht gerade berauschend. Ich kümmerte mich um Michael, machte meinen Haushalt und kochte, damit wir zusammen essen konnten, wenn Matthias in der Mittagspause nach Hause kam. Nach dem Mittagsschlaf von Michael bin ich jeden Tag mit ihm eine Runde spazieren gegangen. Jeden Tag dasselbe. Es machte mir sehr zu schaffen. Auch die noch größere Einsamkeit. Ich hatte niemanden zum Sprechen, nur die Gespräche, die ich am Telefon führte. Ich rief Gott und die Welt an, um mit der Außenwelt zu kommunizieren. Meine Unzufriedenheit wurde wieder groß. Ich verzog mich immer mehr in mein Schneckenhaus und wollte am liebsten nichts mehr hören und sehen. Ich nahm immer mehr ab und nutzte jede freie Minute, um mich hinzulegen und zu schlafen. Es ging immer alles eher bergab als bergauf. Ich nahm fast keine richtige Nahrung mehr zu mir. Ich kochte zwar, aber ich konnte einfach nichts essen. Jeder Bissen wurde für mich zur Qual. Das Einzige, was mir noch schmeckte und was ich noch wollte, waren meine Zigaretten und mein Kaffee.

In kürzester Zeit verlor ich sehr viel Gewicht. Matthias machte sich große Sorgen um Michael und mich. Er hatte Angst, dass ich irgendwann den Tagesablauf nicht mehr schaffen oder in meiner Verzweiflung rückfällig werden würde. Diese Gedanken standen im Raum. Ich musste etwas unternehmen. Ich merkte, dass ich in eine Depression gerutscht war und, wenn ich nicht aufpasste, schlecht wieder herauskommen würde. Ich machte einen Termin bei einem Allgemeinmediziner in Trossingen. Ich wollte zu jemandem gehen, der mich nicht kennt. Ich schämte mich und es kostete mich sehr viel Überwindung, über meine Ängste und meine Einsamkeit zu sprechen. Im Wartezimmer wurde ich immer nervöser. Ich versuchte, mir meine Sätze zurechtzulegen. Als ich in das Arztzimmer gebeten wurde, wurde ich vom Arzt nett begrüßt. Ich erzählte ihm alles, von meinem Suchtproblem und dass ich meinen großen Sohn nicht bei mir haben darf. Dass mein Ex-Mann und meine Schwiegereltern mir die Hölle heiß machten. Dass ich mich mit der fremden Gegend nicht anfreunden konnte. Dass meine Eltern und Freunde so weit weg sind und ich nur mit ihnen telefonieren kann. Dass wir beruflich eine neue Existenz als Pflegeeltern aufbauen wollten und deswegen nach Öfingen in ein Haus gezogen waren und viele Kosten auf uns genommen hatten – Geld, das wir gar nicht hatten.

Ich sagte zu dem Arzt: „Ich fühle mich so hilflos, obwohl mein Mann mir zur Seite steht und immer für mich da ist. Meinen Mann belastet die ganze Situation sehr, er hat auch Angst, dass ich wieder rückfällig werden könnte. Sosehr ich mich bemühe, es läuft alles anders, wie wir uns es erhofft haben. Wäre unser kleiner Michael nicht, wüsste ich nicht, ob ich die Kraft hätte, um weiter zu funktionieren. Zusätzlich stehen die Augenoperationen von Michael noch an, wo man noch nicht einmal hundertprozentig sicher weiß, ob er richtig sehen kann. Blindheit ist nicht ausgeschlossen.“ Der Arzt versuchte, mich auszubremsen. Er merkte meine Verzweiflung und meine Ängste. Ich saß auf diesem Stuhl und weinte nur noch, es brach alles aus mir heraus. Er versuchte, mich zu beruhigen und meinte: „Wir kriegen das hin.“ Er sprach mir mit seiner ruhigen Stimme Mut zu, was mir sehr guttat. Er verschrieb mir Antidepressiva und legte mir ans Herz: Wenn ich diese regelmäßig einnehme, würde es mir nach einer gewissen Zeit besser gehen. Ich solle versuchen, wieder regelmäßiger zu essen und ausreichend Vitamine zu mir zu nehmen, meinem Kind zuliebe. „Sie werden sehen, es wird alles wieder gut.“

Nach diesem Arztbesuch ging es mir besser, ich hatte jemanden, der mir für eine gewisse Zeit ein offenes Ohr schenkte. Der Arzt hatte recht. Ich nahm meine Tabletten regelmäßig ein, versuchte wieder regelmäßiger und gesünder zu essen. Ich sagte mir, dass es so nicht weitergehen kann. Wir haben ein kleines Kind, das uns braucht, wenn wir schwach oder sogar rückfällig werden, werden wir alles verlieren. Ich versuchte umzudenken und fuhr einmal die Woche nach Aldingen, um mir die Wochenzeitung zu organisieren. Regelmäßig schaute ich mir die Stellenangebote durch, um einen Nebenjob zu finden, sei es eine Putzstelle oder in einer Gastwirtschaft in der Küche. Ich musste wieder Geld verdienen, um unser Leben in Öfingen aufrechtzuerhalten.

Die Tage und Monate vergingen und es war keine Änderung in Sicht, geschweige denn irgendwelche Nachrichten vom Jugendamt. Ich meldete mich in regelmäßigen Abständen bei der Frau vom Jugendamt, um nachzufragen, ob bald eine Türe aufgehen würde, um ein Pflegekind zu bekommen. Sie vertröstete mich und sagte immer denselben Satz: „Sobald es Neuigkeiten gibt, werde ich Sie anrufen." Verzweifelt und traurig legte ich auf, sah mein Kind an und sagte: „Wir schaffen das." Wie jeden Mittag lief ich mit Michael eine schöne Runde. Die frische Luft tat uns beiden gut. Beim Laufen gingen mir viele Gedanken durch den Kopf. So kam mir der Gedanke: Wer weiß, wie lange wir noch in diesem Haus wohnen können. Ich spielte mit dem Gedanken, meine Eltern zu uns nach Öfingen einzuladen.

Als ich wieder zu Hause war, rief ich meine Eltern an und sagte ihnen, dass ich mich riesig freuen würde, wenn sie für ein paar Tage zu Besuch kommen würden. Da Ewald auf Therapie war, da er in seinem Zimmer ein großes Ehebett hatte und sich auf der Etage ein Bad befand, wäre es gut möglich. Somit hätten meine Eltern ihr eigenes Reich und wir hätten wieder mal die Möglichkeit, gemeinsam Zeit zu verbringen. Nach ein paar Wochen war es so weit. Meine Eltern kamen zu uns auf Besuch. Ich freute mich sehr darauf und putzte das ganze Haus von oben bis unten. Ich kochte vor und versuchte alles schönzumachen. Dank des Arztes ging es mir durch die Tabletten nach einigen Wochen besser und ich konnte mich auf gewisse Sachen wieder freuen. Als meine Eltern kamen, waren sie von unserer Behausung sehr angetan: Wir waren der Natur so nah, dass sogar jeden Abend ein Fuchs an unsere Terrassentür kam, um sich sein Leckerli zu holen. Mein Vater war ein großer Naturfan. Er verbrachte sehr viel Zeit in der Natur. Er sagte immer, sich im Freien zu bewegen und mit Gott zu sprechen, gäbe ihm sehr viel. Mein Vater sammelte Kräuter, er machte seinen Schwedenbitter selbst. Er holte jedes Frühjahr jungen Löwenzahn und junge Brennnessel und kochte sich davon Tee. Mein Vater war eine Kräuterhexe. Ich habe viel von ihm übernommen. Ich bewege mich gerne in der Natur, gehe gerne wandern, und Kräuter interessieren mich auch. Der Wald oder allgemein die Natur gibt uns so viel, etwa wenn ich spazieren gehe, mich an einen Baum lehne und die Augen schließe oder mein Gesicht von einem Ast streifen lasse und die Blätter oder die Nadeln spüre, die meine Haut kitzeln und über meine Augen streichen, wenn ein beruhigender Duft in die Nase steigt und ich zur Ruhe komme. Für mich ist der Wald das Krankenhaus meiner Seele.

Ich genoss die Zeit mit meinen Eltern, wir hatten einander viel zu erzählen. Aber von meinem Leid habe ich nichts erzählt. Ich wollte, dass sie das Gefühl haben, dass es uns gut geht. Wir haben ihnen zwar von unserem Vorhaben mit den Pflegekindern erzählt, aber auch angedeutet, dass wir wieder aus dem Haus ausziehen müssten, falls unser Vorhaben nicht klappen sollte. Wir sprachen über Isa, die in Nürnberg wohnte und anscheinend ein wenig ruhiger geworden war. Sie trank immernoch, lebte zurzeit mit jemandem zusammen, der auch trinkt, aber nicht die ganz großen Exzesse hatte und der sein Maß nicht so stark überschritt, nicht maßlos ausschweifend war. Wir machten einen Ausflug auf die Insel Mainau, wo meine Mutter sehr vom Schmetterlingshaus fasziniert war.

Aber auch der schönste Traum ist irgendwann vorbei, und so waren diese Tage auch schnell vergangen, der Abschied stand vor der Tür. Es war eine schöne Zeit gewesen, der Abschied fiel mir sehr schwer. Am liebsten wäre ich mit nach Bayern gefahren. Aber ich wusste, dass das nicht möglich war, darum blieb ich stark und zog mein Ding durch. So kehrte der Alltag wieder ins Haus ein und meine Ängste und Zweifel, was die Zukunft betrifft, kehrten wieder.

Nun war ein Vierteljahr vergangen und an der Situation hatte sich noch nichts geändert, außer dass wir auf den Hund gekommen waren. Wir hatten uns einen Husky aus dem Tierheim zugelegt. Michael hatte bei Sorgo, so hieß unser neues Familienmitglied, Narrenfreiheit, denn er hatte keine Angst vor ihm. Von diesem Zeitpunkt an hatten wir ein neues Familienmitglied, unseren Sorgo. Da ich zuvor noch nie ein Tier in meinem Haushalt gehabt hatte, hatte ich schon großen Respekt vor diesem Hund. Wir mussten einander erst einmal näherkommen.

Matthias kannte sich besser mit Tieren aus und erklärte mir, was zu beachten war. Ich ging mit Michael nicht mehr alleine spazieren, sondern wir waren jetzt zu dritt.

Obwohl wir sehr viel Geld in den Sand setzten, kam doch immer zur rechten Zeit auch wieder eine Finanzspritze. Mittlerweile war Ewald aus der Therapie zurück. Er wusste noch nicht, dass wir uns einen Hund angeschafft hatten. Ewald hatte keinen Bezug zu Tieren, und zu Hunden erst recht nicht. Als er ins Haus ging und den Hund sah, verließ er gleich wieder das Haus. Mit viel Geduld und Engelszungen konnten wir Ewald überreden, ins Haus zu kommen und sich mit Sorgo anzufreunden.

Es änderte sich leider nichts an unserer Situation. Die Nebenkosten waren einfach zu hoch. Letztlich beschlossen wir nach fünf Monaten, in Öfingen die Zelte abzubrechen. So stand das nächste Problem vor der Türe. Wie bringen wir die Mieter unserer Wohnung in Aldingen dazu, die Wohnung wieder zu verlassen? Matthias und ich vereinbarten einen Termin mit ihnen, teilten ihnen mit, dass wir etwas Wichtiges zu besprechen hätten. Als wir bei ihnen saßen, waren sie sehr gespannt. Wir schilderten ihnen die Situation, dass die Aktion mit dem Haus ein Versuch war, aber bedauerlicherweise nicht funktioniert hatte, und sie somit das Haus verlassen müssen, damit wir wieder einziehen können. Die Mieter waren geschockt, sie sagten: „Wir sind doch gerade erst eingezogen. Wo sollen wir so schnell eine passende Wohnung finden? Außerdem ist ein Umzug mit hohen Kosten verbunden."

Nach einem langen Gespräch hatten sie versprochen, sich zu bemühen, so schnell wie möglich auszuziehen. Uns fiel ein Stein vom Herzen, dass sie sich nicht quer stellten. Sie fanden relativ schnell eine passende Wohnung, das Problem war nur, dass diese Wohnung keine Küche hatte und sie kein Geld für eine neue Küche hatten. Das nächste Problem war geboren, die nächste Eigenheimzulage stand an, das Geld kam immer zur rechten Zeit. Ich weiß nicht mehr, wie viel Geld es genau war, auf jeden Fall waren es ein paar tausend Mark. Somit haben wir unseren Mietern vorgeschlagen, dass sie Geld für eine Küche von uns bekommen unter der Bedingung, dass sie ausziehen. Die Entscheidung war für uns besser, als noch für eine längere Zeit im Haus in Öfingen zu sitzen. Wir hatten Glück, trotz Verlust und zusätzlichen Schulden haben die Mieter sich bereit erklärt, auf den Deal einzugehen. So konnten wir bald wieder nach Aldingen in unsere Wohnung ziehen.

Als ich einmal alleine in unserer Wohnung war, ging mir vieles durch den Kopf. Einerseits war ich froh, aus Öfingen weg zu sein. Auf der anderen Seite war es schon schön gewesen, was das Haus und die Umgebung betrifft. Ist man in eine Gemeinde nicht hineingeboren, fällt es einem schwer, Anschluss zu finden, generell anzukommen. Oder ich tue mich einfach nur schwer. Ich fragte mich: War diese Aktion wichtig? Nur weil ich in dieser Wohnung unzufrieden gewesen war, hatte Matthias uns diese Aktion mit dem Haus ermöglicht, und nun bin ich wieder in dieser Wohnung, dieses Mal zufrieden. Komisch, dass man erst seine Lektionen lernen muss, um es für sich annehmen zu können. Man ist enttäuscht und traurig, aber diese Lektionen und Erfahrungen sind wichtig. Denn ohne Rückschläge würde man sich nicht weiterentwickeln. Wenn alles von sich aus schon beim ersten Mal funktionieren würde, gäbe es für uns keine Lerneffekte und kein Wachstum. Ich bin öfter auf die Schnauze geflogen, als mir lieb war. Daher weiß ich, dass solche Situationen und Momente wehtun. Wie es sich anfühlt und wie deprimierend und aussichtslos man sich in dieser Zeit vorkommt. Sehen wir die Rückschläge nicht als Negatives, im Gegenteil, sie sind Grundbausteine für die Entwicklung. Bereue niemals, was du getan hast, Selbstvorwürfe und Selbstmitleid bringen dich nicht vorwärts. Es gibt einen Satz, den man gerne sagt: Das hätte ich vorher wissen müssen. Streiche diesen Satz aus deinem Kopf, denn wenn du vorher schon gewusst hättest, dass die Sache scheitern würde, hättest du es von vornherein bleiben lassen. Ich habe einen Satz, der mich immer aufs Neue motiviert, aufzustehen und aufrecht weiterzugehen.

Wir hatten uns schnell wieder in Aldingen und in unserer Wohnung eingelebt. Matthias war glücklich, dass es trotz allem so problemlos gelaufen war. Ich würde nicht mehr über die Wohnung meckern, aber an die Schrägen habe ich mich bis heute nicht gewöhnt. Michael war nun zwei Jahre alt. Es war an der Zeit, Michaels Augen in Angriff zu nehmen. Unser Kinderarzt hatte uns zwei Augenkliniken angeboten, in denen man Michaels Augen operieren lassen konnte. Eine Klinik in Freiburg und eine in Tübingen. Wir hatten uns für Tübingen entschieden. Ich vereinbarte einen Termin, und wir mussten nicht lange darauf warten. Als ich das erste Mal mit Michael in die Klinik kam, wurde mir ganz mulmig zumute. Ich hatte Angst vor dem, was jetzt alles auf uns zukommen würde. Was der Arzt sagen würde, ob Michael eine Sehbehinderung hat. Blindheit konnte ich zwischenzeitlich selbst ausschließen, da Michael auf hell und dunkel reagierte. Er konnte Dinge sehen und erkennen.

Unser Arzt hatte eine ziemlich tiefe Stimme. Er war ein älterer Mann, was mich beruhigte, denn mit einem jüngeren Arzt hätte ich mich nicht so aufgehoben gefühlt. Die Diagnose war: Eine angeborene Augenverengung und Hängelid (Ptose). Im Oberlid ist keine Muskulatur vorhanden, daher ist es nicht möglich, die Augen zu öffnen. So war die Pupille teilweise vom Oberlid bedeckt. Dies wiederum beeinflusste den Sehvorgang bei Michael. Der Arzt sagte, er vermute, dass mein Sohn folgende Mechanismen anwende: etwa den Kopf in den Nacken legen und das Kinn anheben. Ich bejahte es, dass Michael auch die Augenbrauen hochzieht, um die Oberlider ein wenig mehr anzuheben. Der Arzt machte mir Mut und sagte, dass man dies beheben könne. Die angeborenen Hängelider beruhen zumeist auf einer Fehlentwicklung des Muskels, der das Oberlid anheben soll. So gut es ging, wurde noch ein Sehtest gemacht. Michael bekam eine Brille verschrieben. Die sollte er vorerst tragen bis zur ersten Operation. Für die Operation machten wir gleich einen Termin aus. Es waren noch drei Monate bis dahin. Bei der ersten Operation würden die Innenseiten an den Augen geöffnet werden. Ich hatte Angst, dass etwas schiefgehen könnte bei dem Eingriff. Aber ich wusste auch, dass es sein musste. Mit diesem Arzt an meiner Seite fühlte ich mich wohl und gut aufgehoben.

Michael sah so süß mit der Brille aus, wir waren auf dem richtigen Weg. Nun war es so weit, der erste OP-Termin stand an. Ich kann von Glück reden, dass ich mit im Krankenhaus bleiben durfte. Nicht wie früher bei meiner Klumpfußoperation. Wo meine Eltern mich nur durch das Fenster anschauen durften, wegen der Infektionsgefahr. Es gab ein Gespräch mit dem Narkosearzt. So war der Tag schnell vorbei. Mir wurde mulmig, als ich an den darauffolgenden Tag dachte. Hoffentlich wird alles gut gehen, damit Michael endlich seine Augen öffnen kann. Am nächsten Tag kam die Schwester bald, um Michael den Beruhigungssaft zu geben. Eine Stunde später war es so weit. Ich durfte noch mit in den OP-Saal, ich durfte so lange dabei bleiben, bis Michael die Narkose bekommen hatte und tief und fest geschlafen hat. Ich war auf meinen kleinen Schatz sehr stolz, wie er alles über sich ergehen ließ. Kurz darauf ist er eingeschlafen und ich musste mit Herzschmerzen aus dem

Saal. Der Arzt sagte noch zu mir, dass alles in Ordnung sei und ich geholt werden würde, wenn Michael wieder wach wird.

Nun ging die Warterei los, die Minuten wurden zu Stunden. Inzwischen hatte ich ein Handy und konnte Matthias anrufen, so konnte ich ihm alles erzählen. In dieser Zeit hatte ich mit Rita Frieden geschlossen, oder besser gesagt, sie hatte Frieden mit mir geschlossen. Mit Aron hatte ich nach der Trennung nie wieder ein gutes Verhältnis. So versuchte ich, mit meinen Schwiegereltern ein gutes Verhältnis zu haben, der Hintergedanke war immer mit dabei: Je besser das Verhältnis mit Rita war, desto leichter hatte ich es, was Adrian betrifft. Um mehr zu erfahren, was Adrian macht, wie es ihm geht. Dies war die einzige Möglichkeit, von Adrians Leben zu erfahren und auf diese Art teilzunehmen, auf eine gewisse Art und Weise dabei zu sein. Denn von Aron erfuhr ich gar nichts.

So rief ich Rita an, um ihr mitzuteilen, wo wir sind und dass Michael seine erste Operation hat. Dass ich Angst habe, dass etwas schieflaufen könnte. Am Telefon versuchte Rita, mir Mut zuzusprechen und mich aufzubauen. Zeitweise habe ich ihr geglaubt, was sie mir sagte, vielleicht hat sie es in diesem Moment auch ernst gemeint. In den Phasen, in denen wir Waffenstillstand hatten, war ich froh und hoffte, dass es so bleiben würde. Aber leider war es nicht so. Es ging immer nur für eine gewisse Zeit gut und irgendwann wendete sich das Blatt, ich war wieder die Böse und keiner sprach mit mir. Am besten war die Zeit, in der Rita mit Aron selbst Stress hatte und sie nicht miteinander gesprochen haben. Aron hatte eine neue Partnerin, die nicht willkommen war. Das war die einzige Zeit, in der ich mich mit Rita besser verstand und wir reden konnten, in der ich Adrian ohne Probleme holen konnte und auch mal an einem Geburtstag von Adrian dabei sein durfte. Ich bin sogar mit Rita essen gegangen, um Neues über Aron und Adrian zu erfahren.

Wenn ich in diesen guten Phasen Adrian abgeholt habe, wurde ich sogar ins Haus gelassen und bekam einen Kaffee. Dafür habe ich viel hingenommen und auf mich genommen, für das neue Leben habe ich mein Kind zurücklassen müssen, was mir bis heute sehr weh tut. Aber was hätte es uns gebracht, wenn ich zurückgegangen wäre und weiter getrunken hätte, Adrian hätte die ständigen Streitereien mitbekommen, ich denke, es wäre viel schlimmer gewesen. Da sind wir wieder bei dem Thema Entscheidungen treffen. Wichtig ist es, dass wir, egal in welcher

Situation wir uns befinden, ein Ziel vor Augen haben. Wer ein Ziel vor Augen hat, ist nicht nur motivierter, er kann auch leichter Entscheidungen treffen. Denn dein Ziel verrät dir oft schon, wohin die Reise gehen soll. Wichtig ist es, dass du dich bereits zuvor mit deinen Wünschen und Vorstellungen auseinandersetzt. Wie zum Beispiel: Was ist deine Leidenschaft, was möchtest du im Leben erreichen, welche Werte sind dir wichtig? Nicht jede Entscheidung, die man trifft, ist entweder nur schwarz oder weiß. Allgemein gibt es nicht die eine richtige Entscheidung. Jeder muss für sich selbst entscheiden, was er für richtig hält. Darum ist es auch wichtig, zu erkennen, was dir und mir begegnet und widerfährt. An den Chancen, die das Leben bietet, zu wachsen, daraus zu lernen oder Gelassenheit zu üben. Je bunter und vielfältiger mein Leben war, desto mehr lernte ich es schätzen. Jede Herausforderung und auch gewisse Anforderungen gehören zum inneren Wachstum, um zum guten Schluss dich und mich zu bereichern.

Eine Schwester kam auf mich zu und teilte mir mit, dass die Operation vorbei ist. Ich solle ihr in den Aufwachraum folgen, es würde nicht mehr lange dauern und mein Sohn würde wach werden. Ich war gespannt, was der Doktor sagen würde und ob alles gut gelaufen war. Ich wollte möglichst schnell zu Michael. Da lag er nun in einem großen Bett, beide Augen mit dem Verband verbunden. Als er wach wurde, sprach ich gleich mit ihm, denn er sollte merken, dass ich bei ihm war und dass er nicht alleine war. Er wurde zurück ins Zimmer gebracht. Michael war noch sehr benommen von der Narkose. Ich musste staunen, wie der kleine Kerl den Verband an den Augen akzeptiert hatte. Er durfte sogar etwas essen und trinken. Ich war stolz auf meinen kleinen Engel. Ich fragte die Schwester, ob alles gut verlaufen war, ob ich den Arzt noch sprechen könne. Sie meinte, morgen bei der Visite werde er mir genauere Auskünfte geben. Aber sie könne mich beruhigen, die Operation sei gut gelaufen und es habe keine Komplikationen gegeben. So hatten wir den ersten Schritt geschafft. Mein Michael war sehr tapfer.

Am nächsten Morgen kam der Arzt und sagte mir, dass alles gut gegangen sei und dass er sehr zufrieden sei. Wir hatten Glück und es hatte sich nichts entzündet. Somit durften wir ihn nach einer Woche mit nach Hause nehmen. Wir mussten vorsichtig sein. Ich musste aufpassen, dass er nicht an den Augen reibt. Wir mussten oft Augentropfen in die Augen träufeln, auch nachts. In der ersten Zeit mussten wir oft zur

Nachuntersuchung in die Augenklinik fahren. Am Anfang jede Woche, dann in immer länger werdenden Abständen. Wenn wir einen Termin in der Klinik hatten, mussten wir viel Zeit und Geduld mitbringen. Da waren zwei bis drei Stunden gar nichts. Manchmal, wenn eine Notoperation hereinkam, vergingen sogar fünf Stunden.

Bis zu den weiteren Operationen mussten wir ein Jahr warten, bis die Narben an den Augen gut verheilt waren. Nun war es auch an der Zeit, einen Kindergartenplatz für Michael zu organisieren. Wir entschieden uns für die katholische Kita, sie war gut zu Fuß erreichbar. Bei der Anmeldung durften Michael und ich uns die Kita anschauen, dort waren alle sehr sympathisch. Ich wollte für Michael einen Regelplatz, so dass wir die Möglichkeit hatten, vormittags und nachmittags in die Kita zu gehen. Denn ich hatte vor, wieder mehr zu arbeiten und endgültig die Großküchen zu verlassen, sobald Michael in der Kita sein würde. Michael hatte gleich Gefallen daran und wäre am liebsten gleich dageblieben, um mit den anderen Kindern zu spielen. Matthias und ich haben beschlossen, Michael in die Kita zu geben, wenn das mit seinen Augen abgeschlossen ist. Drei Operationen waren noch vorgesehen. Wenn alles gut lief, würde er kurz vor seinem vierten Lebensjahr in die Kita gehen können.

Ich genoss die gemeinsame Zeit mit Michael. Im Sommer gingen wir am Vormittag ins Freibad, da die größeren Kinder in dieser Zeit in der Schule waren. So hatten wir das ganze Becken für uns. War Adrian bei uns, genossen wir alle zusammen unsere gemeinsamen Unternehmungen. Ich versuchte, auch in diesen Monaten so viel Zeit wie möglich in Adrian zu investieren. Adrian und Michael spielten schön miteinander, wir gingen zum Spielplatz. Am Wochenende, wenn das Wetter es erlaubte, machten wir einen Badetag am Schluchsee. Wir nahmen Grillgut mit, unser Schlauchboot und Sandspielsachen, und am Kiosk gab es zum Schluss ein Eis. Matthias paddelte mit dem Schlauchboot und den Kindern den See hinaus, was ihnen immer gut gefallen hat. Es wurden unsere Würstchen gegrillt und Sandburgen gebaut, Steine gesammelt, um sie wieder ins Wasser zu werfen. Das war Michaels Lieblingsbeschäftigung. Am Abend waren die Kinder sehr müde, da wussten wir, wir hatten alles richtig gemacht.

Wir hatten in dieser Zeit nicht viel Geld, aber es war eine schöne Zeit. Man kann auch mit wenig Geld tolle und schöne Sachen mit den

Kindern machen. An die gemeinsamen Radtouren mit den Kindern denke ich auch gerne zurück. Mit Picknickkorb und einer Decke fuhren wir los, um dann an einem Bach zu sitzen und das Essen und die Landschaft zu genießen. Wir konnten dann zusehen, wie die Kinder am Fluss spielten. Matthias schnitzte für die Kinder kleine Boote, um sie dann im Bach schwimmen zu lassen. Bei unseren Aktivitäten konnten wir immer unseren Hund Sorgo mitnehmen. Die Kinder hatten große Freude mit dem Hund, und der Hund mit ihnen. Hatten wir Geld gespart, konnten wir auch mal einen Besuch im Zoo machen. Wir sind an den Bodensee gefahren, um am Wasser zu sitzen und es einfach zu genießen.

Ich frage mich oft: Macht Geld glücklich? Wie wichtig ist Geld wirklich für unser Glück? Ist es immer besser, mehr Geld zu haben? Wir streben immer nach mehr Geld, in der Hoffnung, dass unser Leben dadurch einfacher und besser oder schöner wird. Das Problem ist, dass wir oft Geld und Glück miteinander gleichsetzen, weil wir dann alle unsere Träume erfüllen können. Ich habe erkannt, dass Geld die Menschen glücklicher macht, aber nur, wenn sie am Existenzminimum leben. Geld macht also Menschen dann glücklicher, wenn sie damit ihre Grundbedürfnisse nach Essen und einem Dach über dem Kopf befriedigen können. So macht das Geld oft nur für eine kurze Zeit glücklich, denn schnell tritt ein Gewöhnungseffekt ein. Der Mensch gewöhnt sich zu bald daran, mehr Geld zu haben. Somit ist man schnell in einer gewissen Zeit auf dem gleichen Glücksniveau wie vorher. Für mich habe ich erkannt: Geld alleine macht nicht glücklich, aber es ist beruhigend, zu wissen, dass ich nicht jeden Euro umdrehen muss, und ich kann meine Rechnungen bezahlen. Darum müssen wir aufpassen, Geld beeinflusst unser Leben stark, auch unsere Gefühle, unser Denken und Handeln.

In dieser Zeit ging es mir gut. Ich war glücklich, dass die Operation bei Michael gut verlaufen war, Matthias hatte seine Arbeit, und ich arbeitete wieder in einer Wirtschaft in der Küche. Ich bekam Adrian regelmäßig zu mir, es lief alles gut. Meinen Eltern ging es gut und Isa war schon acht Monate trocken. Sie hatte jemanden kennengelernt, der es geschafft hatte, mit ihr trocken zu werden und zunächst auch zu bleiben. Sie hatten gemeinsam eine Wohnung in Nürnberg bezogen. Für das Haus in Öfingen hatten wir zusätzliche Möbel gekauft, um das Haus schön einzurichten. In unserer Wohnung in Aldingen brachten wir nicht alle Möbel unter, und so hatten Matthias und ich beschlossen, die Möbel, die wir nicht mehr brauchten, Isa für ihre Wohnung zu geben. Sie kamen mit einem Transporter zu uns, um die Möbel abzuholen.

Ich freute mich sehr, meine Schwester für zwei Tage bei mir zu haben. Es war so viel Zeit vergangen, in der wir nichts voneinander gehabt hatten, da jeder mit sich selbst beschäftigt war, der Alkohol immer einen Strich durch die Rechnung machte oder irgendwelche anderen Probleme anstanden. Ich wünschte mir so sehr, dass es so bleiben würde und wir nun mehr Zeit miteinander verbringen konnten. Wir hatten unseren Spaß, schauten alte Fotos an, aßen zusammen zu Abend, machten einen Spaziergang, genossen unseren Balkon und erzählten einander von unseren Zukunftsplänen. Wie es bei einer normalen Familie eben so ist. Was für viele Familien selbstverständlich ist, ist für mich Luxus. Solche Momente genoss ich immer in vollen Zügen, denn ich wusste auch, dass es morgen schon wieder ganz anders aussehen konnte. Aber an diesen zwei Tagen dachte ich nicht darüber nach, was morgen oder nächste Woche sein könnte. Ich liebe meine Schwester und genoss die nüchternen Momente, die wir zusammen verbrachten.

Ich mache mir oft große Sorgen um meine Schwester, denke viel über sie nach und meine oft, ihr gute Ratschläge erteilen zu müssen, die meinen Vorstellungen entsprechen sollten. So versuche ich schon jahrelang, die große Distanz zu überwinden. Ich weiß, dass ich nicht für meine Schwester verantwortlich bin, und doch begleiten gewisse Gedanken an meine Schwester mich durch den Tag. Jetzt gehöre ich zu den Menschen, die erst überlegen, bevor sie etwas sagen oder handeln. Ich will nicht mehr über andere bestimmen oder ihnen sagen, was richtig oder falsch ist, sondern lieber Verständnis zeigen. Einfach zuhören, um zu verstehen, was mein Gegenüber mir mitteilen will. Auf meine Mitmenschen achten und sie respektieren.

Isa hatte schon immer mehr Aufmerksamkeit von unserer Mutter bekommen als ich, was mir oft zu schaffen machte. Isa war und ist das Problemkind in unserer Familie. Ich habe gelernt, damit umzugehen. Und doch bewerten, vergleichen und kritisieren Geschwister einander. Man versucht sich anzupassen, und doch wollen wir ganz anders sein. Im Laufe der Zeit haben Isa und ich uns sehr unterschiedlich entwickelt, obwohl wir im selben Elternhaus aufgewachsen sind. So kommt es manchmal vor, wie in unserem Fall, dass man als Erwachsener einander aus den Augen verliert. Die Entfernung, die Sucht, die

Probleme, die uns gefangen halten und uns nicht erlauben, füreinander da zu sein. Meine andere Schwester Anne hatte sich in München ihre eigene Welt aufgebaut. Sie gibt immer noch wenig von ihrem Leben preis. Und doch versuchte ich immer wieder aufs Neue, sie in mein Leben einzubeziehen, ist sie doch auch meine Schwester.

Es könnte doch alles so schön sein: Wir könnten als Erwachsene in trauter Harmonie sein, könnten einander treu zur Seite stehen und einander in jeder Lebenslage helfen. Schließlich kennt man sich schon ein Leben lang. Leider sieht in meinem Fall die Realität anders aus. Entweder will einer den anderen nur belehren oder man ist im Dauerstreit und nervt sich gegenseitig zu Tode. Wir haben keine Lust aufeinander, sodass man sogar den Kontakt abbricht. Oftmals wünschte ich mir, mit meinen Geschwistern an einem Tisch zu sitzen, miteinander zu sprechen, einmal anzuhören, was der andere denkt oder fühlt oder wie er die Situation beurteilt. Leider ist es häufig so, dass viele Konfliktpunkte doch unausgesprochen und unreflektiert bleiben. Trifft man sich doch bei gewissen Anlässen bei den Eltern, verfallen wir oft in die alten Rollen. An mir soll's nicht liegen, ich bin bereit, mit meinen Geschwistern zu reden, aber ich habe erkannt, es ist auch in Ordnung, wenn die andere Seite nicht gesprächsbereit ist und wir nicht so zueinanderfinden, wie ich es mir gewünscht hätte.

Nun war mein Adrian sechs Jahre alt und ein neuer Lebensabschnitt, seine Einschulung, stand an. Da ich zu meinen Schwiegereltern immer noch einen guten Kontakt hatte, hatte ich die Ehre, bei der Einschulung dabei sein zu dürfen. Aron sprach mit mir immer noch nur das, was unbedingt sein musste. Ich fuhr an diesem Tag mit Michael alleine zu Adrian. Ich war sehr nervös, und doch wollte ich mir nicht anmerken lassen, wie sich das Leben von uns beiden verändert hatte. Wir waren mal sehr verliebt gewesen, hatten ein Kind zusammen, und jetzt konnte er mir nicht mal in die Augen schauen. Hätte ich mit Rita keinen Frieden, so hätte ich wahrscheinlich bei der Einschulung gar nicht mit dabei sein dürfen.

Es war immer noch so, dass Ritas Wort Gesetz ist. Rita entschied in jeder Situation, wie etwas gemacht wurde, wer kommen durfte und wer nicht. Solange sie alle Beteiligten unter Kontrolle hatte, war für sie die Welt in Ordnung. Ich konnte mich an die einzelnen Tage, an denen ich mit ihr zusammen war, fügen – um Adrians Willen. Arons neue Lebenspartnerin hatte auch einen Sohn im selben Alter wie Adrian. Somit wurden sie beide miteinander eingeschult. Ich fühlte mich an diesem Tag wie das fünfte Rad am Auto. Und trotzdem war ich glücklich, dabei zu sein.

Die Situation mit Adrian und die Entfernung von ihm machten mir lange zu schaffen. Ich rief mir in solchen Momenten wieder ins Gedächtnis, dass ich diesen Weg selbst eingeschlagen hatte, um mein Kind zu schützen. Ich wollte mit mir ins Reine kommen, vom Alkohol wegkommen und dann mein Kind zu mir holen. Mein Ziel war gewesen, Adrian bis zur Einschulung bei uns zu haben, was ich leider nicht geschafft hatte. Ich hatte alles so schön geplant und vorbereitet, hatte sogar ein Jahr vor der Einschulung für Adrian einen Kita-Platz in Aldingen gesichert. Diese Kita wurde zwanzig Jahre später sogar meine Arbeitsstelle. Ich habe lange Zeit alles versucht und gekämpft, um Adrian zu mir zu holen, habe aber leider in diesem Fall versagt.

Man ändert sein Leben, gibt vieles auf und lässt liebe Menschen, die einem sehr wichtig sind, zurück. Weil ich dachte, dass dieser Weg der richtige ist. Nun musste ich aus den Situationen und den Chancen, die mir gegeben wurden, das Beste machen. Etwas einfach hinzunehmen und zu akzeptieren, auch wenn es uns nicht gefällt, ist sehr schwierig. Im Leben begegnen wir immer wieder Situationen, Personen oder Problemen, die nicht unseren Vorstellungen entsprechen und die uns nicht gefallen, die uns vielleicht sogar Leid zufügen. Meine Erfahrung ist, solange du gegen eine Sache ankämpfst, die du nach langer Bemühung oder sogar nach schlagartiger Veränderung nicht ändern kannst, verschwendest du Zeit und Energie, die du bestimmt an anderen Stellen dringend brauchst. Die meisten Menschen tragen Belastungen aus der Vergangenheit mit sich herum, und viele schaffen es kaum, sich von diesen Erinnerungen zu lösen und mit ihrer Vergangenheit abzuschließen. Akzeptanz kann der Weg zu mehr Lebensglück sein.

Was passiert ist, ist nun einmal passiert. Aber du hast die Möglichkeiten, es von heute an besser zu machen und deine Erfahrungen zu nutzen. Du denkst, dass du aus all diesen Gründen nicht glücklich und zufrieden sein kannst, wie zum Beispiel Krankheit, Arbeitslosigkeit, Verluste oder finanzielle Probleme. Ich dachte jahrelang genauso, bis mir klar wurde, dass das totaler Quatsch ist. Denn du kannst und du solltest dein Leben genießen. Auch wenn wir nicht gerne daran denken: Unser Leben ist nicht unendlich. Jeder Tag ist einzigartig und etwas Besonderes.

Je mehr wir unsere Umgebung wahrnehmen und dafür danken, desto mehr können wir den Fokus auf die Gegenwart lenken. Oft machen uns Kleinigkeiten glücklich, etwa das Vogelgezwitscher am Morgen, der Geruch von frischem Brot beim Bäcker, die kleinen Erfolge des Tages und vieles mehr.

Somit stand ich bei Adrians Einschulung in der letzten Reihe und beobachtete mein Kind, das mich sehr stolz machte, weil es nun zur Schule ging. Ich versuchte, jeden einzelnen Moment, den ich mit Adrian verbringen konnte und durfte, in der Gegenwart zu genießen.In diesem Moment kam mir wie ein Blitz der Gedanke: Hättest du nicht zu trinken angefangen, könnten wir vielleicht jetzt und hier eine glückliche Familie sein. Aber im selben Augenblick schaute ich meinen Michael an und wusste, dass alles gut war, wie es ist. Auch wenn ich es noch nicht verstehe, aber eines Tages werde ich verstehen, warum es so ist, wie es ist, alles hat seinen Sinn.

Bevor wir heimfuhren, besuchte ich noch meine Freundin Ruth. Auf der Heimfahrt ist Michael eingeschlafen. Ich machte mir schöne Musik an und ließ den Tag Revue passieren. Ich weinte fast den ganzen Heimweg, ich tat mir immer sehr schwer, wieder nach Hause zu fahren. Aber nicht wegen Aron, es war wegen Adrian. Ich musste ihn zurücklassen in der Hoffnung, dass wir uns bald wieder sehen würden. Mit der Einschulung endete unser Besuchsrecht. Nun konnte ich ihn nicht mehr wochenweise bei mir haben. Künftig mussten wir uns an den Schulferien orientieren. In der Hoffnung, dass er in den Ferien zu uns kommen möchte und ich ihn zwischendurch am Wochenende holen kann.

Nun war Michael im Kindergarten und ich hatte die Möglichkeit, mich beruflich neu zu orientieren. Ich wollte aus der Großküche, die zeitweise für mich eine große Qual bedeutete. Ich war jetzt ein Jahr dabei und fühlte mich immer noch nicht richtig zugehörig. Ich war mir sicher, dass ich eine andere Arbeit finden würde. Eines Abends saß ich mit Matthias zusammen, um zu besprechen, wie es weitergehen sollte, was ich noch beruflich tun könnte, um Geld zu verdienen, außer in einer Großküche zu arbeiten. In den Zeitungsannoncen standen viele Angebote als Haushaltshilfe. Ich konnte mir gar nicht richtig vorstellen, was man da alles zu erledigen hat.

Ich rief bei einer der Annoncen an, um mich zu erkundigen. Es ging hauptsächlich darum, das Haus zu putzen. Da wurde mir erst einmal ganz anders. Sollte ich drei bis vier Stunden in einem fremden Haushalt putzen und danach noch meinen eigenen? Ich bedankte mich für die Information und sagte, dass ich es mit meinem Mann besprechen müsse und ich mich eventuell wieder melden würde. Immer wieder hatte ich probiert, in einem Kindergarten Fuß zu fassen, aber es war verdammt schwer, dort hineinzukommen. Ich verzweifelte, ich wusste, dass ich Geld verdienen musste, aber musste es wirklich in einer Großküche oder als Reinigungskraft sein? In der Zeitung stand, dass auf dem Klippeneck eine Küchenhilfe gesucht wurde. Ich rief an, um mich zu erkundigen. Ich bekam einen Probearbeitstag und hoffte, diesen Job zu bekommen, es war besser als gar nichts.

Als ich am Sonntagmorgen ankam, stellte sich die Chefin vor und zeigte mir die Küche. Zu meinen Pflichten gehörte unter anderem, den Eingangsbereich und die Treppen zu putzen, bevor es in der Küche losging. Na toll, dachte ich, jetzt darf ich wieder das Aschenputtel spielen. Ich nahm es so hin und erledigte meine Aufgaben. Danach ging ich mit in die enorme Küche. Sie hatte vier Kochnischen. Ich wurde eingewiesen und mir wurden verschiedene Arbeiten zugeteilt. Die Angestellten in der Küche waren nett und standen mir zur Seite. Gelegentlich machte die Chefin ihre Runde in der Küche. Mir war die Frau unsympathisch, aber das interessierte keinen. Ich versuchte, den Tag zu meistern.

Als der Tag vorbei war, ging ich ins Büro. Sie fragte mich, wie ich die Arbeit empfunden hätte, ob ich klargekommen sei. Sie meinte, dass sie sich die kommende Woche melden würde, um mir Bescheid zu geben, ob ich die Stelle bekomme. Ich wusste für mich nicht mal, ob ich die Stelle überhaupt noch haben wollte. Ich war müde und wollte endlich gehen, ich wartete auf meinen Lohn. Als die Chefin merkte, dass ich nicht ging, fragte sie mich, ob es noch etwas gäbe. Ich fragte sie höflich, wie es mit dem Tageslohn aussähe, ob ich was bekommen würde. Ihre Antwort war, Probearbeit werde nicht bezahlt. Ich sah sie an, fragte sie, ob ich nun den ganzen Tag umsonst gearbeitet hätte. Ich brauchte das Geld, um für die kommende Woche einkaufen zu können. In ihrem Betrieb werde die Probezeit nicht bezahlt. Ich erwiderte: „Ich gehe nicht weg, mindestens 50 Mark wären für einen ganzen Tag Arbeit schon angebracht." Sie merkte, dass ich nicht locker ließ, schaute mich an und gab mir 50 Mark. Ich bedankte mich und floh. Auch wenn ich die Stelle bekommen hätte, hätte ich sie nicht angenommen. Ich empfand diese Frau als unverschämt. Verzweifelt und müde fuhr ich nach Hause.

Zu Hause machte ich mir erst einmal einen Kaffee, setzte mich auf meinen Balkon, versank in Gedanken. Es waren herausfordernde Zeiten, in denen ich mich wieder einmal befand. Und nun schon so lange, immer wieder frage ich mich: wie lange noch? Ich fühlte mich in meiner Welt eingeschlossen, sehnte mich nach einem normalen Leben, der Verlust meiner Lebensfreude drohte. Wie konnte ich in solchen Zeiten die Lebenslust aufrechterhalten und vor allem trocken bleiben? Ich hätte in dieser Zeit nie gedacht, dass Einsamkeit auch glücklich machen kann. Ich kann für mich sagen: Auch in diesen herausfordernden Zeiten kann das Leben lebenswert sein. Wenn man gelernt hat, sich selbst auszuhalten, wenn man mit sich und anderen in Frieden lebt, wenn man seinen Selbstwert auf die richtige Weise zu schätzen weiß und wenn man den Mut findet, weiterzugehen, seinen Kopf nicht in den Sand zu stecken und nicht in Selbstmitleid zerfließt. In solchen Zeiten sollte man sich auch etwas Gutes tun und sich bisweilen etwas gönnen. Um die nächsten Schritte zu planen und Ideen zu ordnen, ist es gut, auf diese Weise kann man der Realität für einige Augenblicke entfliehen und danach gestärkt zurückkehren.

Ich steckte wieder in einer Krise, das Problem mit dem Job ließ abermals ein Gefühl der Machtlosigkeit in mir aufsteigen: Ich war verloren, mir wurde alles zu viel. Mir wurde bewusst: Wenn wir immer das tun, was wir schon immer getan haben, werden wir immer bekommen, was wir immer bekommen haben, und wir werden uns fühlen, wie wir uns immer gefühlt haben. Ich habe bewusst die Entscheidung getroffen, etwas Neues zu versuchen. Ich habe in der Zeitung eine Annonce gelesen, dass sie im Seniorenheim in Spaichingen eine Pflegekraft suchen. Ich rief an und bekam einen Probetag. Denn die Abwechslung ist die Würze des Lebens und wir können nur durch eine neue Erfahrung etwas lernen. Darum sage ich dir, lass dir von niemandem einreden, dass du es nicht kannst. Wenn du einen Traum hast, muss man ihn beschützen, wenn andere etwas nicht können, dann wollen sie einem einreden, dass man es auch nicht kann, und wenn du etwas willst, dann arbeite darauf hin. Der Glaube an sich selbst ist eine der wichtigsten Grundvoraussetzungen, um ins Tun zu kommen, daher habe ich die neue Herausforderung im Seniorenheim angenommen.

So trat ich nach einer Woche meinen Probetag an. Ich wurde herzlich begrüßt und den Mitarbeitern vorgestellt. Als Altenpfleger verbringt man die meiste Zeit mit der Pflege und Betreuung der Senioren. Viele dieser Senioren sind körperlich und geistig so geschwächt, dass sie bei fast allen alltäglichen Angelegenheiten Hilfe benötigen. Sie brauchen Unterstützung bei der täglichen Körperpflege und beim Toilettengang, beim An- und Ausziehen, beim Essen und Trinken oder beim Fortbewegen. Nicht zuletzt auch bei ihrer Freizeitgestaltung. Ich merkte, dass das Personal sehr unter Zeitdruck arbeitete und mehrere Aufgaben und Anforderungen gleichzeitig im Blick behalten musste. Ich wusste nicht, ob ich solch einer großen Herausforderung gewachsen war. Ich hatte die Aufgaben, die mir zugeteilt worden waren, gut gemeistert, bis auf die Tätigkeit, mit den Senioren auf die Toilette zu gehen. Daran bin ich gescheitert, nach der dritten Person konnte ich nicht mehr. Ich ging zur Stationsschwester und teilte ihr mit, dass diese Tätigkeit als Pflegekraft nichts für mich ist, dass ich mich überschätzt habe und leider dieser Tätigkeit und den Senioren nicht gerecht werde. Ich musste mir eingestehen, dass dieser Arbeitszweig nichts für mich ist.

An diesem Tag habe ich trotzdem mitbekommen, dass ältere Menschen ein angemessenes Maß an Unabhängigkeit wollen, Selbstbestimmung, Entscheidungskraft und ein Gefühl der Kontrolle über ihr eigenes Leben. Der Wunsch nach Respekt aus dem Umfeld, in dem sie sich bewegen. Ich war über mich sehr enttäuscht und ging nach Hause. Doch ich beschloss, mein Scheitern nicht als Rückschlag zu bewerten, sondern daraus zu lernen. So musste ich mich nochmals mit den Annoncen als Haushaltshilfe auseinandersetzen.

Die erste Seniorin, bei der ich mich vorstellte, hieß Frau Claus. Sie wohnte in Spaichingen. Sie hatte in einer Nebenstraße mitten in der Stadt ein schönes altes Häuschen. Sie war eine nette alte Dame. Sie war schon weit über achtzig Jahre alt. Sie zeigte mir ihr Haus und sagte mir, was ihr wichtig ist, worauf ich zu achten hätte. Dass ich zeitweise auch für sie einkaufen müsse. Ihre Vorstellung war, dass ich einen Vormittag in der Woche für sie da sein und ihr bei gewissen Tätigkeiten helfen würde. Als wir über den Lohn sprachen, sagte sie mir, dass sie mir 10 Euro pro Stunde bezahlen würde. Ich war sehr überrascht. 10 Euro waren umgerechnet 20 DM. In der Anfangszeit des Euro rechnete ich alles um. Wenn ich beim Einkaufen war und ein Brot kaufte, das 2,50

Euro kostete, war das Brot für mich sehr teuer geworden, denn es waren 5 DM. Ich habe das Gefühl, dass die Produkte und Dienstleistungen im Schnitt teurer geworden sind, seit der Euro eingeführt wurde. Seit dem Jahr 2002 hatte der Euro endgültig die D-Mark ersetzt. Ich erinnere mich noch, als ich die ersten Euro-Münzen und -Scheine in den Händen hielt. Am 1. Januar 2002, um genau zu sein, erfolgte die Bargeldumstellung.

Ich probierte es, ich fing bei Frau Claus an. Es war eine große Umstellung für mich, aber besser, als in der Großküche zu arbeiten. Da ich erst mal nur Frau Claus hatte, konnte ich in die Rolle als Haushaltshilfe hineinwachsen. Mein Plan war, an jedem Wochentag, wenn Michael in der Kita war, vormittags drei bis vier Stunden bei einem Senioren zu putzen. Es sprach sich schnell herum, Frau Claus sprach es bei Bekannten und Freunden an, und da ich zusätzlich Ausschau nach Annoncen in der Zeitung hielt, hatte ich in kürzester Zeit die Woche voll. Denn die Nachfrage war groß. Ich hatte es geschafft, an jedem Wochentag vormittags eine Stelle zu haben. Meist betrug meine Arbeitszeit drei Stunden. Von dem Geld, das ich nun verdiente, konnten wir gut leben.

Die zweite Stelle, die ich angetreten habe, war bei Familie Klugmann. Dieses Ehepaar war noch nicht so alt, sie waren in ihren Siebzigern. Sie hatten einen Hund, der Aschot hieß, aber aus einem unbekannten Grund hatte ich bei diesem Hund das Gefühl, dass er mich nicht mochte. Ich konnte damit leben, wir gingen einander aus dem Weg. Bei dieser Familie war ich zehn Jahre. Fuhr Familie Klugmann in den Urlaub, passte ich auf das Haus auf, kümmerte mich um die Blumen und um die Schildkröte Lisa, die schon über vierzig Jahre alt war und ihr eigenes Freigehege im Garten hatte. Es hatte sich im Laufe der Jahre ein gutes Verhältnis entwickelt. Herr Klugmann hatte große Probleme mit den Augen. Er war fast erblindet. Beim Einkaufen durfte ich ihm Preise und Marken vorlesen. Herr Klugmann liebte gute Weine und gutes Essen.

Der plötzliche Tod von Herrn Klugmann kam 2012. Nun war Frau Klugmann allein. Es war für uns alle ein großer Schock und eine Umstellung. Ihre Söhne kamen zu ihr, um vieles zu regeln und mit ihr etwas zu unternehmen. Der eine Sohn lebte mit seiner Frau für ein paar Jahre in Rom. Nach dem Tod ihres Mannes nahm sie die Einladung von ihrem Sohn gerne an und blieb für ein paar Wochen in Rom. Ich unternahm auch öfter mal Tagesausflüge mit ihr. Wir fuhren nach Bad Dürrheim, um den schönen Kurpark zu genießen und gingen lecker essen. Auch Frau Klugmanns Gesundheitszustand verschlechterte sich mit der Zeit. Das Laufen wurde immer beschwerlicher und sie wurde schnell müde. Ihr wurde immer häufiger schwindelig und sie wollte nicht mehr so oft unter die Leute gehen. Mir wurde bewusst, dass nach so langer Zeit der Umbruch für mich anstand.

Frau Klugmann und ich gingen einkaufen, im Laden teilte sie mir mit, dass es ihr nicht gut gehe und sie sich lieber ins Auto setzen wolle. Ich stellte den Einkaufswagen zur Seite und führte sie zum Auto. Den Einkauf erledigte ich allein, anschließend fuhren wir nach Hause. In der Zeit, in der Frau Klugmann sich ausruhte, räumte ich alles auf, machte noch die Wohnung sauber und sagte ihr am Ende, als ich ging, dass sie mich bitte anrufen solle, falls etwas sein sollte. Ich ging mit keinem guten Gefühl nach Hause.Als ich am nächsten Morgen kam, merkte ich schon, dass etwas nicht stimmte. An der Eingangstür sah ich Ricky, den zweiten Hund der Familie Klugmann. Ricky und ich verstanden uns gut. Wir gingen jeden Tag eine große Runde laufen. Ich verband es mit Sporteinlagen. Einmal sind wir gejoggt, oder ich bin mit meinen Hanteln gelaufen. Als ich die Türe aufgesperrt hatte, kam Ricky ganz unruhig zu mir, als würde er mir etwas sagen wollen. Als ich ins Wohnzimmer kam, sah ich Frau Klugmann auf dem Boden liegen. Sie hatte einen Schlaganfall erlitten. Ich rief sofort den Notdienst an und sie wurde ins Krankenhaus gebracht. Der eine Sohn von Frau Klugmann, der in Freiburg wohnte, kam so schnell wie möglich.

Von diesem Zeitpunkt an änderte sich vieles. Ricky ging mit dem Sohn nach Freiburg. Ich besuchte Frau Klugmann regelmäßig im Krankenhaus und später in der Reha. Schaute nach dem Haus, kümmerte mich um die Pflanzen und um die Wäsche. Frau Klugmann erholte sich nicht mehr ganz. Die Söhne beschlossen, eine Pflegekraft ins Haus zu holen, die 24 Stunden für sie da war. Die Zeit mit meinen Senioren änderte sich. Ich musste mir überlegen, will ich mir neue Stellen als Haushaltshilfe suchen oder mich neu orientieren?

Frau Klugmann bekam einen Polen ins Haus, der sich um alles kümmerte, auch um Ricky, der wieder in seinem Zuhause war. Egal, wo ich angefangen habe, die Anfangszeit war nie leicht. Sie beobachten dich, was aber normal ist. Man ist in ihrem Reich, ihrem vertrauten Heim, man bewegt sich in jedem Zimmer, im ganzen Haus. Man hat einen kompletten Einblick in ihren Haushalt, in ihr Privatleben und ihre Familie. Sie geben viel preis, was eigentlich zur Privatsphäre gehört. So baut sich im Laufe der Zeit auf unterschiedlichen Ebenen eine Vertrautheit auf. Am Anfang denkt man, es geht ewig so weiter, du hast nun eine Aufgabe gefunden, die dich erfüllt. Du kannst für Menschen da sein, bloß dass sie nicht ewig da sind, darüber hatte ich mir keine Gedanken gemacht. Bis das böse Erwachen kam und ich die Dienstleistung nicht mehr bringen konnte.

Die Nachbarin von Frau Klugmann bekam, nachdem ich bei Familie Klugmann angefangen hatte, schnell mit, dass sie eine Haushaltshilfe in Anspruch genommen hatte. Ich wurde gefragt, ob ich auch Interesse hätte, bei Frau Obradovic den Haushalt zu machen. Ich stellte mich vor und bekam die Stelle. Frau Obradovic war eine alte Dame. Am Anfang sprach sie nicht viel mit mir. Sie behielt mich im Auge und korrigierte mich am Anfang gerne. Nach einem gewissen Zeitraum kamen wir einander näher. Ich erzählte von meiner Vergangenheit und sie von ihrer Kindheit, von ihren Geschwistern und ihrer Familie. Ihr Verlobter fiel im Krieg, der zweite Mann starb an einem Gehirntumor.

Ihr dritter Mann war früher Augenarzt gewesen und stammte aus Jugoslawien. Er verbrachte die Sommermonate in seiner Heimat und im Winter kam er nach Deutschland. Herr Obradovic war ein sympathischer Mann. Als ich ihn kennenlernen durfte, forderte er mich auf, mich zu ihm zu setzen, um mit ihm eine zu rauchen. Das sah Frau Obradovic nicht gerne, sie sagte immer: Halte Frau Weiß nicht von ihrer Arbeit ab. Ich fühlte mich wie zwischen den Stühlen, wusste nicht, auf welchen Stuhl ich mich setzen sollte.

Eines Tages sagte Frau Obradovic zu mir: Frau Weiß, machen Sie uns einen Kaffee. Somit gab es ab diesem Zeitpunkt immer um 10 Uhr morgens einen Kaffee. Wir saßen zusammen, unterhielten uns über Gott und die Welt und rauchten alle zusammen eine Zigarette. Ich merkte, Frau Obradovic wurde lockerer und offener zu mir. Unser Vertrauen zueinander war gewachsen. Wir fuhren zusammen zum Friedhof, um das Grab ihres ersten Mannes schönzumachen. Frau Obradovic liebte ihren wunderschönen Garten, den sie bis ins hohe Alter pflegte und hegte. Sie machte es so lange, bis es körperlich nicht mehr ging und ein Gärtner dieses Amt übernahm. Ich lernte sehr viel von ihr, was Pflanzen und Blumen betraf, und doch habe ich immer noch keinen grünen Daumen.

Wir hatten zueinander gefunden und wollten einander nicht mehr missen. Herr Obradovic starb 2006. Als er starb, befand ich mich mit meiner Familie gerade im Urlaub. Als ich nach dem Urlaub wieder zu Frau Obradovic ging und fragte, wo ihr Mann sei, machte sie mir die traurige Mitteilung, dass er gestorben war. Mich traf fast der Schlag. Er wurde in seine Heimat gebracht, um dort bestattet zu werden. Ich hatte das Gefühl, dass Frau Obradovic mit ihrer Trauer allein sein mochte. Sie sprach nicht viel darüber, sie ließ mich spüren, dass es ihr jetzt umso wichtiger war, dass ich bei ihr war. Es kam so weit, dass ich zwei Tage in der Woche bei Frau Klugmann und Frau Obradovic war.

Im Laufe der Jahre merkte ich auch, dass sie immer mehr abbaute. Ich bekam von jedem einen Haustürschlüssel, damit ich hereinkam, sie fühlten sich dabei sicherer. Frau Obradovic war auch über neunzig Jahre alt. Körperlich baute sie sehr ab. Es passierten auch immer mehr Missgeschicke, bei denen sie froh war, dass ich da war und ihr helfen konnte. Ich bekam für die älteren Menschen immer ein größeres Gespür, was für sie wichtig ist, und erkannte ihre Bedürfnisse. Es kam leider so weit, dass sie rund um die Uhr Pflege brauchte, die ich ihr nicht bieten konnte. Somit war meine Amtszeit bei Frau Obradovic vorbei.

Frau Obradovic starb im Jahr 2014. Ich vermisste sie sehr, aber der Tod gehört zum Leben dazu, das wurde mir immer bewusster. In Aldingen hatte ich Herrn Faude, er war ein sehr fröhlicher Mann gewesen. Bei ihm blieb mir gut in Erinnerung, dass es in seinem Haus immer sehr warm war. Herr Faude erzählte mir viele alte Geschichten. Was er beruflich gemacht hatte und dass er eine Tochter hat, bei der er jeden Mittag isst. Er erzählte mir vom Krieg und vor seiner fünfjährigen Gefangenschaft in Russland. Dass es da sehr kalt war und er so gefroren hatte, dass er die Kälte nicht mehr gebrauchen konnte.

Die Vorlieben, Bedürfnisse, Wünsche und ihre Eigenarten hatte ich schnell gelernt. Bei vielen stand das Putzen gar nicht so im Vordergrund, sondern oft waren sie nur froh, dass jemand da war und sich Zeit für sie nahm, um ihnen zuzuhören und auf die wenigen Bedürfnisse, die sie noch hatten, einzugehen. Denn der menschliche Organismus wird im Alter anfälliger für Krankheiten. Umso wichtiger ist es, auf ihre Wünsche und Bedürfnisse einzugehen, wenn es die Möglichkeiten zulassen. Denn wer ist schon gerne allein und auf Hilfe angewiesen. Keiner möchte sein vertrautes Heim aufgeben, aber sie möchten auch nicht ihren Kindern zur Last fallen. Darum holen sie sich eine Haushaltshilfe oder einen Gärtner ins Haus, um die Angehörigen zu entlasten und in der Hoffnung, dass die betroffenen Personen, die zur Unterstützung eingestellt werden, zu ihnen passen. Alte Menschen wollen nicht mehr so viele Wechsel. Sie wollen ihr vertrautes Heim und ihre vertrauten Menschen um sich herum haben. Sie lieben die Pünktlichkeit und die Rituale. Sie möchten akzeptiert werden mit all ihren Handicaps.

Herr Faude starb mit 92 Jahren. Nun komme ich zu meinem Herr Derichs, er war wie ein Opa für mich. Manchmal waren wir wie ein altes Ehepaar, wir zofften miteinander und versöhnten uns. Nachdem ich die Annonce gelesen hatte, rief ich an, um zu fragen, ob diese Stelle noch frei sei. Er meinte: „Wann haben Sie Zeit, um vorbeizukommen und einander kennenzulernen?" Einen Tag später ging ich zu ihm. Er wohnte auch in Aldingen. Als die Tür aufging, stand ein sehr alter Mann mit Rollator in der Tür und begrüßte mich, ich fühlte mich gleich wohl.

Jeder Mensch hat eine innere Stimme, man kennt sie als Bauchgefühl. Denn mit unserem Bauchgefühl liegen wir oftmals richtig. Dein Bauchgefühl kannst du als Hinweisgeber sehen, während du eine Sache tust. Die Hinweise erscheinen in Form von Gefühlen der Stimmigkeit oder Unstimmigkeit. Dies gibt mir die Signale, ob ich auf dem richtigen Weg bin. Viele wissen aber nicht, wie sie ihre innere Stimme wahrnehmen sollen. Wenn wir gelernt haben, unserer inneren Stimme zu folgen, wird uns das Leben immer auf eine gewisse Art und Weise belohnen, unterstützen und neue Türen für uns öffnen.

Nun zurück zu Herrn Derichs. Er zeigte mir seine kleine Wohnung, die er schon längere Zeit nicht mehr verlassen hatte. Er war neunzig Jahre alt, aber am Weltgeschehen noch sehr interessiert und im Kopf sehr klar. Man merkte, dass er seine Lebenslust nicht verloren hatte, obwohl er schon sehr alt war. Bei Herr Derichs war ich insgesamt vier Jahre, und das fast jeden Tag. Außer am Sonntag, da sah eine ältere Dame, die im selben Haus wohnte, nach ihm. Sein Mittagessen bestellte er aus dem Katalog einer Firma, die das Essen gefroren lieferte. Eines Tages hat er mir gesagt, wie gerne er wieder einmal etwas Selbstgekochtes essen würde. Er beschwerte sich nicht, aber es waren seine Wünsche.

Daraufhin habe ich ihm angeboten, an einem Tag in der Woche einen Wunschtag, was das Essen betrifft, einzurichten. Hatte er sich insbesondere ein Gulasch gewünscht, so machte ich an diesem Tag für meine Familie Gulasch, und somit konnte ich Herrn Derichs glücklich machen, indem ich ein selbstgekochtes Gulasch mitbrachte. Er freute sich jede Woche aufs Neue, etwas Selbstgekochtes zu bekommen. Unser Wunschtag war der Donnerstag, und das über viele Jahre.

So kam ich jeden Tag nach dem Putzen mittags zu ihm, um sein Essen aufzuwärmen, um aufzuräumen und ihm ein wenig Gesellschaft zu leisten. Ich erledigte seine Wäsche. Stand zusätzlich etwas an, war ich für ihn immer da. Gab es was in seiner Wohnung zu reparieren, machte Matthias es für ihn. Michael kam gelegentlich auch mit und freute sich über den Euro, den er geschenkt bekam. Es hatte sich gut mit uns eingespielt. Er merkte mir an, wenn es mir nicht gut ging, er hörte mir zu und versuchte, mir Mut und Trost zuzusprechen. Ich war sehr froh, dass er in mein Leben getreten war. Herr Derichs war für mich ein Engel. Ich bekam immer ein offenes Ohr und sehr viel Unterstützung von ihm, er half uns in Notsituationen und vertraute mir Sachen an, die ich nach seinem Ableben behalten durfte. Herr Derichs hatte zwei Söhne, einer davon lebte in Aldingen. Ich glaube, sein Sohn war sehr froh, dass ich mich um seinen Vater kümmerte.

Von Herrn Derichs habe ich vieles, was die Körperpflege betrifft, gelernt, sogar die Toilettengänge machten mir nichts mehr aus. Wir waren ein Herz und eine Seele. Einmal sagte er zu mir: „Mein Mädchen, eins musst du dir merken, auf deiner linken Schulter sitzt dein Schutzengel, der dich behütet, beschützt und bewacht. Und kommst du mal von deinem Weg ab, versucht er in dein Gewissen zu reden, um dich auf den rechten Weg zurückzuführen. Er möchte, dass du dir selbst treu bleibst, vor allem dich selbst liebst, deine Träume nicht aus den Augen verlierst. Wenn du mut- und kraftlos bist, wird er dir zur Seite stehen, dich an die Hand nehmen und dich ein Stück Lebensweg tragen, wenn es sein muss, um neue Kraft zu tanken und deinen Glauben zu stärken. Auf deiner rechten Schulter sitzt das Teufelchen. Es versucht, dich gelegentlich von deinem Weg abzubringen. Er wird dir immer wieder Sachen ins Ohr flüstern, die dich verführen könnten, die oftmals sehr verlockend sein können, die dich erblinden und die Realität aus den Augen verlieren lassen, sodass du dich am Ende schwach und klein fühlen wirst. Glaube nicht alles, was man dir sagt, mache dir dein eigenes Bild. Sei einfach du selbst und verstelle dich nicht.“ Diese Sätze haben mir zu denken gegeben. Ich denke heute noch daran und versuche, mich daranzuhalten.

Ich hatte immer das Gefühl, dass Herr Derichs mich besser kannte als ich mich selbst. Der andere Sohn lebte bei Freiburg, diesen hatte ich erst bei seiner Beerdigung kennengelernt. Es war eine schöne und lehrreiche Zeit für mich. Ich durfte viel erfahren und lernen. Bei allen alten Menschen habe ich erkannt, dass Geld nicht mehr so wichtig ist. Ich habe durch sie gelernt, dass Geld und Reichtum nicht alles im Leben sind. Es ist schön, wenn man Geld hat, denn es beruhigt und gibt Sicherheit, und man kann sich die Unterstützung holen, die man beanspruchen möchte, aber man sollte sein Leben nicht von Geld und Macht abhängig machen. Sondern die Zeit ist das Kostbarste, was ein Mensch besitzt. Man sollte sie bewusst nutzen und einem geliebten Menschen schenken. Denn die verlorene Zeit kann man nicht rückgängig machen. Zeit ist kostbar, schenke sie den Richtigen und verschwende sie nicht an die Falschen, und vor allem: Nimm dir Zeit für die, die dich wirklich brauchen und lieben und es zu schätzen wissen. Vor allem, vergiss dich nicht selbst.

Es war die Zeit gekommen, in der Herr Derichs immer kränker und schwächer wurde. Er kam ins Krankenhaus, dort habe ich ihn jeden Tag zur Mittagszeit besucht, um ihm das Essen zu reichen, da er teilweise schon zu schwach war, es selbst zu tun. Ich habe ihm auch frische Wäsche gebracht und hielt ihn auf dem Laufenden, was alles in Aldingen los ist. Ich las ihm aus der Tageszeitung vor und versuchte, den Tag mit meiner Anwesenheit etwas zu versüßen. Nach seinem Krankenhausaufenthalt veranlasste sein Sohn, dass er in das Seniorenheim in Aldingen zur Kurzzeitpflege ging, da der Sohn für längere Zeit nach Schweden reiste. Mir war es ganz recht, so konnte ich einen Rollstuhl organisieren, um mit Herrn Derichs auf Tour zu gehen.

Als ich ihm sagte, dass wir heute bei dem schönen Wetter einen Spaziergang machen würden, war er sehr glücklich, nach so langer Zeit wieder einmal das Gebäude zu verlassen, um die Sonnenstrahlen zu genießen, an einer Blume zu riechen und den Duft in die Nase steigen zu lassen. Wir gingen in den Supermarkt, was er jahrelang nicht mehr getan hatte. Wir liefen alle Gänge durch und kauften ein, was sein Herz begehrte. Ich hatte das Gefühl, es gefiel ihm hervorragend in der Menschenmenge und dem Gewusel, einfach nur das Leben zu spüren. All das, was für viele nichts Besonderes oder sogar, wie das Einkaufen, nur nervig ist, war für ihn wieder etwas Außergewöhnliches.

Viele schenken der Umgebung keine große Beachtung, weil sie blind durch die Welt rennen. Sie sind oft nur in der Vergangenheit oder in der Zukunft, statt in der Gegenwart zu leben, im Hier und Jetzt. Womit sich arbeitende und junge Menschen sehr schwertun. Ältere Menschen lernen es wieder zu schätzen und schöpfen daraus Kraft, denn sie wissen, dass sie nicht mehr viel Zeit zur Verfügung haben, dass ihre Zeit begrenzt und jeder Tag kostbar ist. Das ist der Unterschied zwischen Jung und Alt. Außer Kinder, sie sind unbeschwert und zeitlos, sie wollen schauen, erkunden und forschen, sie wollen alles wissen und erfragen, und wir Erwachsene bremsen sie in allem aus, weil wir jetzt keine Zeit haben, weil dies und das wichtiger ist. Weil sie in Stresssituationen nur nerven. Wir erziehen die Kinder dahin, wo eigentlich keiner sein will. Wir müssen wieder umdenken und lernen, die Welt und alles, was sich darauf befindet, zu schätzen und zu ehren.

Es war die Zeit gekommen, in der Herr Derichs im Sterben lag. Mir tat es in der Seele weh, aber ich wusste auch, dass in diesem hohen Alter der Zeitpunkt eines Tages ansteht. Der Tod fragt nicht nach dem richtigen Zeitpunkt. Ist deine Zeit gekommen, wirst du gehen müssen. Bei Herrn Derichs war die Zeit gekommen. Er war immer noch im Seniorenheim, wo ich jeden Tag bei ihm war. Ich merkte, dass es Tag für Tag schlechter um ihn stand. Sein Sohn wurde verständigt und machte sich auf den Heimweg. Als er angekommen war und zu seinem Vater kam, war ich auch gerade bei ihm. Er sah den schlechten Zustand und fragte mich, was ich denn meinte, ob wir ihn noch einmal ins Krankenhaus bringen oder ob wir ihn von dieser Welt gehen lassen sollten. Ich war sehr gerührt, gefragt zu werden, was ich denke und sogar welche Entscheidung ich treffen würde. Wenn es mein Vater wäre, würde ich ihn nicht weiter quälen. Ich sagte: „Er durfte 94 Jahre werden, was keine Selbstverständlichkeit ist. Er sagte immer, ich habe gut und gerne gelebt und wenn meine Zeit gekommen ist, bin ich bereit, auch zu gehen. Man sollte das respektieren.“ Der Sohn antwortete: „Dann werden wir seinen Wunsch respektieren, wir lassen ihn im Heim und geben ihn in Gottes Hände.“

Ich hielt es für richtig, zu diesem Zeitpunkt zu gehen, damit sein Sohn die Möglichkeit hatte, mit seinem Vater allein zu sein. Mir ging es nicht gut, denn ich wusste, dass wir nicht mehr viel Zeit hatten. Ein sterbender Mensch will nichts mehr essen und trinken und der Verfall vollzieht sich enorm schnell. Ich begleitete Herrn Derichs am Sterbebett, was für mich eine ganz neue Erfahrung war. Seit meinem Opa, als ich damals fünf Jahre alt gewesen war, hatte ich keinen Sterbenden, geschweige einen Toten gesehen. Ich hatte Angst, etwas falsch zu machen, ich blieb an seinem Bett sitzen, nahm seine Hand, um ihm ein wenig beizustehen und ihm das Gefühl zu geben, dass er nicht allein ist.

Aus dieser Erfahrung habe ich gelernt, dass man sich auch öfter neue Herausforderungen zutrauen sollte. Egal in welcher Situation wir uns befinden, mit Gottes Hilfe kann man alles schaffen. Niemand kann sich dir in den Weg stellen, außer du selbst mit deinen eigenen Selbstzweifeln. Sei dir deiner liebevollen Persönlichkeit bewusst und nutze die Chancen. Ich habe immer außerhalb von mir nach Stärke und Zuversicht gesucht. Aber sie kommen von innen, sie sind in dir. Für jeden von uns wird die Zeit kommen, dass Gott uns zu sich zurückruft, und es wird auch die Zeit kommen, dass wir uns in der Ewigkeit wiedersehen.

Herr Derichs starb im Dezember 2007. Er hinterließ in mir eine große Lücke. Aber es gab im Dezember 2007 auch etwas Erfreuliches. Michael hatte sich ein Tier gewünscht. Ein Hund kam zu diesem Zeitpunkt nicht infrage. Nicht weil wir keinen Hund wollten, sondern weil wir die notwendige Zeit nicht aufbringen konnten, die ein Hund benötigt. So haben wir uns für zwei Katzen entschlossen. Wir haben sie von einem Bauernhof in Rottweil vermittelt bekommen. Sie waren sehr süß und haben die Namen Samy und Lilly bekommen. Michael war sehr glücklich, wieder ein Haustier zu haben. Außerdem haben die zwei Katzen mich von meiner Trauer über Herrn Derichs' Tod abgelenkt. Die zwei brachten Schwung in die Wohnung, machten nur Blödsinn und waren sehr verspielt. Es war schön, zuzusehen, sie brachten uns viel Freude. Und somit änderte sich wieder einiges an meiner Lebenssituation.

Auch wenn Herr Derichs heute nicht mehr am Leben ist, wird er immer in meinem Herzen sein. Denn er war ein Engel für mich. Aber das Leben geht weiter. Ich hatte den Entschluss gefasst, mir eine neue Stelle als Haushaltshilfe zu suchen. In Aldingen suchte jemand eine Reinigungskraft. Ich rief an und wir haben einen Termin vereinbart. Als ich das erste Mal hinkam, war ich sehr überrascht. Diese Frau war nicht älter als meine große Schwester Anne. Sie bat mich in ihr Haus und erklärte mir, worum es ging. Sie brauchte jemanden, der sie einmal die Woche beim Hausputz unterstützte. Wir waren einander auf Anhieb sympathisch, sie bot mir einen Kaffee an und wir rauchten miteinander eine Zigarette. Sie war von Anfang an sehr offen zu mir und gab viel aus ihrem Leben preis. Ich ging von da an einmal die Woche zu ihr. Wir putzten zusammen das Haus, tauschten unsere Neuigkeiten aus und lästerten über dies und jenes. Es war schön, wieder jemanden zu haben, dem ich meinen Frust und Ärger mitteilen konnte.

Aus der Zeit als Reinigungskraft habe ich sehr viel Zuspruch, Lob und ein Gefühl des Gebrauchtwerdens erfahren dürfen. Auch wenn ich mich am Anfang dagegen gesträubt habe, möchte ich die gemeinsame Zeit mit meinen Senioren nicht mehr missen. Meist kommt es anders im Leben als man denkt, vieles gibt es nicht umsonst oder geschenkt, und doch ist es bisweilen ein Augenblick im Leben, der dich sehr berührt, der vieles verändert und dir viel gibt und dich Gutes spüren lässt. Zu viel sind wir am Nörgeln, wir sind oft unzufrieden und vergessen dabei, wie gut es uns geht, welche Türen sich täglich für uns auftun. Ich durfte trotz meiner eigenen schweren Zeiten erfahren, dass Dankbarkeit ein Schlüssel zu Erfolg und Glück im Leben ist.

Viel zu oft sehen wir nur das Negative, obwohl es so viele Gründe für Dankbarkeit gibt. Dass wir in Frieden leben, dass es unseren Kindern gut geht und sie gesund sind, dass wir ein schönes Zuhause haben. Ich bin dankbar, dass ich Menschen um mich habe, die mich unterstützen. Man kann es auch von der anderen Seite aus betrachten. Viel zu schnell fallen mir Dinge ein, mit denen ich nicht zufrieden bin. Komischerweise lassen sich diese Punkte immer schneller finden. Ich bin überzeugt, wir leben zu viel in der Unzufriedenheit. Ich kann sagen, die Tasse sei halb voll, oder ich kann sagen, die Tasse sei halb leer. Es kommt darauf an, wie ich in meinem Denken strukturiert bin.

Meine Senioren haben mir oft gesagt und zu verstehen gegeben, dass wir häufig auf sehr hohem Niveau jammern. Häufig suchen wir bei anderen das Haar in der Suppe. Nichts ist perfekt! Seien wir doch mit dem zufrieden, was wir haben und wie es zurzeit ist. Es könnte noch schlimmer sein. Ich musste feststellen, dass sie recht behielten. Die Jahre sind vergangen, aber unsere gemeinsame Zeit bleibt in meinem Herzen. Sie sind alle nach und nach von meiner Seite gegangen, aber nicht aus meinem Herzen. Was ich durch sie gewonnen habe, versteht so mancher nicht. Egal, was auch immer in deinem Leben passiert, es geht weiter. Doch manchmal wünscht man sich, im Leben eine kleine Pause einlegen zu können, denn Verluste muss man erst einmal bewältigen und begreifen, bevor man im Strom des Lebens weiterschwimmen kann.

Das Geld, das ich verdiente, war ausreichend, aber ich wollte noch etwas dazuverdienen. So schaute ich erneut in die Zeitung und entdeckte eine Annonce in einem Möbelhaus im Verkauf. Das konnte ich mir auch vorstellen, da die Arbeitszeiten auch nach meiner Vorstellung waren, eigentlich optimal für mich. Es war eine 450 Euro-Stelle, Arbeitszeit drei Tage in der Woche und alle zwei Wochen am Samstag. Dienstzeit ab 15 Uhr bis Ladenschluss. Hörte sich super an. Als ich mich vorstellte, sagte ich, dass ich noch nie im Verkauf gearbeitet hätte, es mir aber gut vorstellen könne. Da ich sehr gut mit Menschen umgehen kann, offen für Neues bin und gerne dazu lerne. Ich weiß nicht, was die Chefin überzeugt hat, aber ich bekam die Stelle. Somit hatte ich vormittags meine Stellen als Haushaltshilfe und war nachmittags im Möbelhaus in der Boutique.

Da wir nur ein Auto hatten, war es manchmal sehr anstrengend, all meine Arbeitswege zu meistern. Im Sommer bin ich viel mit dem Fahrrad gefahren. Wenn etwas Besonderes anstand, fuhr ich Matthias vorher auf die Arbeit, um tagsüber das Auto zu haben, und am Abend holte ich Matthias wieder von der Arbeit ab. Ich machte es gerne, aber es war ein zusätzlicher Stress für mich. Ich wusste, dass ich die Situation nicht ändern konnte, und nahm es so an, wie es war. Ich versuchte, nicht zu jammern, aber das gelang mir nicht immer. Ich war froh, überhaupt Arbeit zu haben.

An einem Herbsttag ging ich mit Matthias einkaufen. Als wir danach an einem Autohaus vorbeifuhren, sagte er: „Komm, lass uns mal nach den Autos schauen.“ Ich hatte gar keine große Lust, war müde und wusste, wir konnten uns gar kein neues Auto leisten. Ihm zuliebe ging ich mit auf den Innenhof, wo die Autos standen, und wir schauten sie gemeinsam an. Vor einem roten Clio blieb er stehen und meinte: „Das wäre ein schönes Auto für dich. Mit einem Auto müsstest du nicht alles mit dem Fahrrad erledigen oder mich zur Arbeit fahren.“ Ich sagte daraufhin: „Natürlich wäre es für mich eine Erleichterung, ein Auto zu haben, aber zwei Autos können wir uns nicht leisten.“ Ich wollte gehen, denn es machte mich ein wenig traurig, ich hätte gerne ein eigenes Auto gehabt. Matthias drehte sich zu mir und sagte: „Wenn dir das Auto gefällt, so soll es dir gehören“, und streckte mir den Schlüssel entgegen.

Mir schossen Tränen in die Augen, denn Matthias schenkte mir ein Auto. Ich war sprachlos. Ich sagte: „Wir können uns das nicht leisten.“ Er meinte: „Doch, ich möchte, dass du eine Erleichterung im Alltag hast, und der Winter steht vor der Tür.“ Ich freute mich riesig und nahm ihn in den Arm, um mich von Herzen bei ihm zu bedanken. Nach all der Zeit merkte ich immer wieder, dass Matthias mich von Herzen liebte, und auch meine Liebe zu Matthias wuchs von Jahr zu Jahr. Ich liebte Matthias, auch wenn ich es ihm manchmal nicht so deutlich zeigen konnte. Aber was ich mit gutem Gewissen sagen kann, ist, dass ich meine Entscheidungen, die ich bis zu diesem Zeitpunkt getroffen hatte, nie bereut habe.

Es war für mich wie Weihnachten, ich war sehr glücklich, nun mein eigenes Auto zu besitzen. Die erste Heimfahrt mit dem Auto genoss ich sehr. Zu Hause rief ich gleich meine Eltern an, um die Neuigkeit zu verkünden. Sie freuten sich sehr für mich, dass es uns finanziell immer besser ging und ich nun ein eigenes Auto hatte. So musste Matthias am Wochenende, wenn ich zu meinen Eltern gefahren bin, nicht auf das Auto verzichten. Was wollte ich mehr? So konnte ich viel Zeit sparen und hatte mehr Zeit für Michael und für den Haushalt, bevor ich zur Arbeit ging. Mittags konnte ich mit Michael gemeinsam noch essen, und nach unserer Mittagspause brachte ich ihn wieder in den Kindergarten. Mit der Tagesmutter an meiner Seite war es gut gemanagt.

Matthias und ich waren ein gut eingespieltes Team, wir teilten uns die Arbeit auf, wir halfen und unterstützten einander, jeder machte es so gut er konnte. Unser Ziel war, unseren Schuldenberg abzutragen und uns gemeinsam etwas aufzubauen. Ich kann euch versichern, es ist nicht alles, wie es scheint, nichts bleibt, wie es ist. Alles ist in Ordnung, denn alles kommt zu dem, der warten kann. Für unseren Michael waren wir beide da. Derjenige von uns, der zuhause war und Zeit hatte, beschäftigte sich mit Michael.

Am Wochenende versuchten wir, gemeinsam etwas zu unternehmen. Wir machten schöne Radtouren, besuchten weiterhin den Schluchsee oder machten einen Tagesausflug zum Zoo. Wir fuhren gelegentlich nach Bayern zu meinen Eltern. Meine Eltern waren im Jahr 2002 von Treuchtlingen nach Pappenheim umgezogen. Matthias und Ewald hatten bei dem Umzug mitgeholfen. Meine Eltern hatten eine schöne Zweiraumwohnung mit Balkon und einem wunderschönen Blick auf die Burg, die am Abend beleuchtet ist.

Manchmal fuhr ich mit Michael für ein paar Tage allein nach Bayern, um mit meinen Eltern und Sabine ein paar schöne Tage zu verbringen. Sabine ist bis heute meine beste Freundin und war immer die Anlaufstelle, wo wir schlafen konnten. So konnten Sabines Kinder und Michael zusammen spielen und wir konnten unsere Neuigkeiten austauschen. Manchmal war auch mein anderer Sohn Adrian mit dabei. So konnten meine Eltern Adrian auch mal sehen, was nicht oft vorkam. Denn meine Eltern hatten keinen Kontakt mehr zur Familie meines Ex-Mannes. Ich genoss die Zeit mit meinen Eltern. Manchmal war zufällig Anne zu Besuch, es war schön, sie nach längerer Zeit wieder einmal zu sehen. Ich fühlte mich in dieser Zeit gut und war mit meinem Leben zufrieden. Obwohl ich gerne wieder in Bayern gelebt hätte.

Unser Freundeskreis, den wir immer noch regelmäßig besuchten, fragte uns, ob wir Interesse an einer Ferienfreizeit in der Schweiz hätten. Ich wurde hellhörig und dachte mir: Das können wir uns bestimmt nicht leisten, da die Schweiz ein kostspieliges Land ist. Uns wurde mitgeteilt, dass dieses Haus von mehreren Familien gemietet wird. Für die Verpflegung musste jede Familie etwas beisteuern und mitbringen. So wurde gemeinsam gekocht und gegessen. Der Ort in der Schweiz heißt Kandersteg. Kandersteg gilt mit rund 1200 Einwohnern im Kanton Bern als viertgrößte Gemeinde und ist ein hochalpines Bergdorf im Berner Oberland. Es gibt wunderbare Wanderwege. Eine Seilbahn führt nach Osten zum Oeschinensee. Da es von den Kosten her für uns noch im Rahmen war, meldeten wir uns an.

So kam es, dass wir fünf Jahre lang je eine Woche zu Pfingsten mit den anderen Familien in Kandersteg Urlaub machten. Es war eine schöne Zeit. Ich kann mich noch sehr gut erinnern, als ich das erste Mal in Kandersteg ankam und die hohen Berge vor meinen Augen hatte. Ich war überwältigt. Michael und Adrian, den wir auch immer mitnahmen, waren sehr begeistert. Nicht nur von den Bergen, sondern dass so viele Kinder da waren, mit denen sie spielen konnten. Für

Adrian war es auch mal gut, dass ich die Zeit aufbringen konnte, allein mit ihm was zu unternehmen. Es machte riesig Spaß, und ich genoss die gemeinsame Zeit mit Adrian, das gemeinsame Essen, Singen, Musizieren, Spielen und Sitzen am Lagerfeuer, die gemeinsamen Wanderungen und Ausflüge.

Einer von den Erwachsenen schnitzte sehr gerne und gut. Er brachte den Kindern das Schnitzen bei. Michael und Adrian bekamen ein eigenes Taschenmesser, was beide sehr stolz machte. Am Abend waren die Kinder sehr müde, gingen freiwillig ins Bett und freuten sich auf den nächsten Tag. Wir Erwachsenen saßen am späten Abend oftmals noch zusammen, um unseren nächsten Tagesplan zu schmieden. Wir hatten es so weit geschafft, dass wir einmal im Jahr in den Urlaub fahren konnten, oder zweimal, wenn wir die Pfingstwoche mitrechnen.

So suchten wir uns jedes Jahr ein schönes Fleckchen. Uns ging es Jahr für Jahr besser. Wem es aber wieder nicht gut ging, war meine Schwester Isa. Nach fast einem Jahr Abstinenz hatte sie ihren Rückfall, was mich sehr traf. Sie stürzte wieder sehr ab und wie schon oft, bat sie mich wieder um Hilfe. Mir ging es nach dieser Nachricht nicht gut. Ich wollte helfen, aber ich wusste auch, dass es bei meiner Schwester mit der Hilfe nicht so einfach ist. Matthias und ich beschlossen, Isa zu uns zu holen, da sie ihre Entgiftung in Rottweil machte und, wenn die Möglichkeit bestand, anschließend eine Therapie. Ich wünschte es mir so sehr, und doch kamen immer wieder die Zweifel hoch. Warum sollte es gerade jetzt klappen, wenn es all die Jahre nicht geklappt hatte? Wir waren trotzdem zuversichtlich, und Matthias wollte sie aus Nürnberg abholen.

Matthias war sehr gekränkt, als Isa sich dann wider Erwarten nicht blicken ließ, aber er wusste auch, was die Krankheit mit sich bringen kann. Wir wissen, je mehr oder länger jemand Alkohol trinkt, desto wahrscheinlicher ist es, dass Symptome wie Schlaflosigkeit, erhöhte Reizbarkeit, Stimmungsschwankungen, Aggressionen, häufige Unzuverlässigkeit und sozialer Rückzug auftreten. Dies alles trifft auf meine Schwester zu. Matthias kam ohne sie nach Hause. Es dauerte nicht lange, da kam der nächste Hilferuf. Ich konnte Matthias noch einmal überreden, sie aus Nürnberg zu holen. Dieses Mal fasste sie ihren ganzen Mut zusammen und fuhr mit. Ich freute mich riesig, dass sie nun bei Matthias im Auto saß.

Als sie zuhause ankamen, nahm ich sie in den Arm und sagte ihr, dass wir ihr helfen und sie unterstützen würden. In dieser Zeit, als sie bei uns war, glaubte ich sogar, dass es dieses Mal funktionieren könnte. Ich war einfach nur froh und glücklich, sie bei mir zu haben und betete zu Gott, dass er sie ab dem heutigen Zeitpunkt endlich vom Alkohol befreien und nun alles gut werden würde. Meine Eltern, besonders meine Mutter, waren sehr froh, dass sie bei mir war und endlich an sich arbeiten wollte, um vom Alkohol loszukommen.

Die Lage hatte sich beruhigt und ich fuhr Isa zur Entgiftung. Es war nicht einfach, sie auf die Schnelle dort unterzubringen. Denn wir hatten keinen Termin vereinbart und Isa kam aus einem anderen Bundesland, was es auch nicht leichter machte. Ich versuchte bei der Anmeldung, den Arzt zu überzeugen, sie aufzunehmen. Ich schaffte es, dass sie aufgenommen wurde. Mir fiel ein Stein vom Herzen. In der ersten Woche hatte sie zu kämpfen mit ihrem Entzug. Sie schlief viel, wurde untersucht und hatte ihre ärztliche Betreuung. Ihr ging es Tag für Tag besser, was uns riesig freute, vor allem mich. Sollte sie es dieses Mal wirklich schaffen?

Ich unterstützte sie, so gut ich konnte. Hatte sie am Wochenende Ausgang, holten wir sie zu uns. Wir aßen zusammen, gingen gemeinsam einkaufen, und am Sonntag, bevor sie wieder antreten musste, machten wir einen Ausflug. Doch Isa lernte auf der Station einen Mann kennen, der sie wieder auf die schiefe Bahn führte. Ich versuchte, ihn von Isa fernzuhalten, doch ich verlor. Meine innere Stimme sagte mir, es geht in die falsche Richtung, und so war es auch. Es kam so weit, dass sie genau eine Woche verheiratet waren und Isa danach das Weite suchte.

In der Woche zwischen Weihnachten und Silvester ging Isa zurück nach Nürnberg. Vier Monate umsonst! Für meine Eltern und mich brach die Welt zusammen, all die Hoffnung auf eine Verbesserung in Isas Leben löste sich wieder in Luft auf. Ich weiß nicht, warum auf einmal die ganze Motivation weg war. Was sie wieder bewegt hatte, die vier Monate in den Sand zu setzen. Erst so viel Kampf und Kraft zu investieren und anschließend alles wegzuwerfen.

So sehr man sich bemüht, es kommt oft anders im Leben, als man es sich erhofft oder als man denkt. Wir denken zu oft, dass wir alles unter Kontrolle haben müssen. Dass man andere zurechtweisen soll, aber diese Macht haben wir nicht. Wir wissen nicht, was wirklich auf uns zukommt, was für uns von Anfang an bestimmt ist. Wir fragen uns immer aufs Neue, was unser Lebenssinn auf dieser Welt ist. Wir beschäftigen uns ein ganzes Leben lang mit der Suche nach dem Sinn, vor allem wenn es uns nicht gut geht oder wir einen Schicksalsschlag erlebt haben. Im Laufe unseres Lebens werden wir immer wieder auf die Sinnfrage zurückgeführt. Den eigenen Lebenssinn findet man nicht allein durch Lesen, Informationen sammeln und Grübeln. Es ist eine Mischung aus Überlegungen und aus deinem Bauchgefühl. Wenn sich beides für dich stimmig anfühlt, das Gefühl zu haben, da zieht es mich hin. Nicht immer kann man das, was in einem vorgeht, in Worte fassen, doch bis zur großen Krise muss es gar nicht kommen, wenn man gelegentlich ganz ehrlich innerlich Inventur macht und die eigenen Gefühle von Traurigkeit oder Wut ernst nimmt und zulässt. Sie können uns zur Reinigung dienen. Wenn ein Mensch Furcht hat, so verrät er damit, dass er den Glauben an Gott verloren hat. Wie Gandhi sagte: Nur der baut auf seine physische Kraft, der keinen oder fast keinen Glauben an Gottes Gegenwart aufbringt!

Meine Omis wurden immer kränker und zerbrechlicher. Die ersten Todesfälle traten ein. Ich musste mir nun ernsthaft Gedanken machen, wie es beruflich mit mir weitergehen sollte. Neue Omas suchen wollte ich nicht, ich wollte mich später umorientieren. Mein Wunsch war, wieder in einem Kindergarten zu arbeiten. So nahm ich die Gelben Seiten zur Hand und schaute, wo überall in der Nähe sich Kindergärten befinden. So stieß ich auf das Mutter-Kind-Kurheim in Bad Dürrheim. Ich empfand gleich eine Vertrautheit in mir und rief an. Sie sagten mir, dass sie jemanden auf 450-Euro-Basis suchen. Die Arbeitszeit war am Wochenende. Ich sprach mit Matthias darüber. Ich dachte mir: Stehe ich mit diesem Haus in Arbeitsverhältnis, könnte ich später Glück haben und eine Festanstellung bekommen. Ich nahm diese Arbeitsstelle an. Nun hatte ich eine Sieben-Tage-Woche. Vormittags meine Omas, nachmittags im Möbelhaus und am Wochenende im Mutter-Kind-Kurheim in Bad Dürrheim. Zusätzlich meine Familie und die damit einhergehenden täglichen Herausforderungen.

Im Kindergarten von Michael stand unser Entwicklungsgespräch an. Vor diesem Tag hatte ich Bammel. Monate zuvor gab es immer wieder Gespräche, die mir zeitweise zu schaffen machten und mich viele Tränen kosteten. Michael war durch seine Augenbehinderung, die er am

Anfang hatte, von seiner Entwicklung etwas zurück. Seine Feinmotorik war nicht so ausgeprägt, da er die ersten zwei Jahre mehr oder weniger die Spielphase übersprungen hatte. Er spielte gerne im Liegen, was die Erzieherinnen nicht so gerne sahen. Sie teilten mir mit, dass er mit der Schere nicht richtig umgehen konnte und andere Kinder nicht gerne mit ihm spielten. Was ich nicht nachvollziehen konnte. Habe ich ihn am Morgen in den Kindergarten gebracht, wurde er von den anderen Kindern herzlich begrüßt und manche Kinder haben schon auf ihn gewartet.

Kam man gut gelaunt in den Kindergarten, konnte schnell die Stimmung kippen. Da hieß es, Frau Weiß, haben Sie kurz mal Zeit. So wurde mir wieder mitgeteilt, was er nicht konnte. Er benötige in mehreren Bereichen Unterstützung, die sie in dieser großen Gruppenzahl nicht bieten könnten. Sie haben uns informiert, dass es grundsätzlich Möglichkeiten gab für Kinder, die Beeinträchtigungen oder sogar eine Behinderung haben, etwa Förderkindergärten mit Integrationsgruppen. Ich hoffte für mich, die Kindergartenzeit bald hinter mir lassen zu können. Der Alltagsstress, die drei Jobs und der Haushalt, das war nicht immer einfach.

Ich wollte Matthias so viel wie möglich abnehmen und ihn nicht mit dem Alltäglichen belasten. Matthias hatte in einem neuen Arbeitsbereich seiner Firma begonnen. Die Position als Programmierer hatte er aufgegeben, denn ihm war die Position des Konstrukteurs angeboten worden. Seine neue Aufgabe war es, technische oder andere Objekte zu planen, entwerfen und auszuführen. Er freute sich auf die neue Herausforderung, aber diese Herausforderung machte ihm am Anfang sehr zu schaffen. Oft saß er nachts vor dem Kühlschrank, hatte gegessen und einen Liter Milch getrunken. Ich wollte ihm den Rücken freihalten, damit er sich uneingeschränkt auf die neue Arbeit konzentrieren konnte.

Mir wurde es oft zu viel. Wir verdienten zwar ein schönes Geld, aber da ich keine Zeit für mich selbst hatte und nur noch funktionierte, blieb die Zweisamkeit mit Matthias auf der Strecke. Durch unser Auto kamen immer mehr Zusatzkosten für Reparaturen auf uns zu. Da es ein älteres Auto war, wurden die Besuche in der Werkstatt immer häufiger. Alle vierzehn Tage Adrian zu holen ging auch sehr ins Geld, das für die Spritkosten war. Ich wollte alles zusammenhalten und an Festlichkeiten wie Geburtstagen und Weihnachten jedem Kind ein Geschenk geben. Auf unsere Urlaube wollte ich auch nicht verzichten. So wurden unsere eigenen Bedürfnisse und Wünsche sehr weit nach hinten geschoben, und ich hatte oft das Gefühl, ich funktioniere nur noch. Kam ich zur Ruhe, so kam meine innerliche Unruhe wieder zum Vorschein. Oft stand ich am Morgen mit einer großen innerlichen Unruhe auf. Mein Puls schlug bis zum Hals. Aus dem Bett zu kommen, war jeden Morgen eine Herausforderung. Um zur Ruhe zu kommen, ging ich erst mal mit meinem Kaffee und Zigaretten auf den Balkon, um bei mir selbst anzukommen. Um überhaupt meinen Tagesablauf zu meistern, was mir immer schwerer fiel.

Ich hatte Angst, rückfällig zu werden. Es kamen Existenzängste, die Angst, das Leben nicht meistern zu können oder seinen Sinn zu verfehlen. Angst vor der Erwerbslosigkeit, einfach vor dem wirtschaftlichen Ruin, Angst, auch noch Michael zu verlieren, weil ich schwach werde, und so weiter. Ich rauchte wie ein Kohlenbrenner. Ich dachte auch bisweilen an Alkohol. Es kam mir der Gedanke, einfach wieder einmal in eine Kneipe zu gehen, ein kühles Pils zu trinken und schöne Musik zu hören, dazu genüsslich eine Zigarette zu rauchen und in eine andere Welt abzutauchen. Hatte ich früher Stress oder viel Ärger, war das der Weg, um zur Ruhe zu kommen, um wieder Kraft zu tanken. Ich wusste, dass dieser Weg nicht mehr funktioniert und auch nicht der richtige war. Manchmal war ich so verzweifelt, dass ich mir einredete: Vielleicht haben sie recht, und ich will es nur nicht sehen und wahrhaben.

Ich hatte oft ein schlechtes Gewissen gegenüber Michael. Ich dachte an mein Vorleben, an den Alkoholkonsum, den ich viele Jahre praktiziert hatte, auch an die Zigaretten in meiner Schwangerschaft, vielleicht hat das alles zu Michaels Sehbehinderung beigetragen. Diese Gedanken ließen mich zeitweise verzweifeln. In diesen Zeiten bat ich Gott regelmäßig, dass er mir bitte ein Zeichen geben möge, um von diesen Gedanken abzukommen, mein Gewissen zu beruhigen und es nicht als Bestrafung zu sehen, sondern als Laune der Natur. Dann gab es Tage, an denen ich sagte: Unser Michael ist nicht dumm oder behindert. Er braucht einfach nur ein wenig länger als andere Kinder. Er muss noch nicht alles perfekt können, bloß weil andere es meinen. Michael zuliebe ließ ich mich nicht unterkriegen, war bei den Aktivitäten und Festlichkeiten immer dabei, setzte mich oft allein an einen Tisch. Ich fand nie den Anschluss, den ich mir immer erhofft hatte.

Es gab eine Ausnahme, eine Frau, die Michaela hieß und die ich damals bei der Entbindung im Krankenhaus kennengelernt hatte. Sie war die Einzige, mit der ich näheren Kontakt hatte und befreundet war. Sie war für mich eine große Hilfe und Unterstützung. In den Ferien passte sie während meiner Arbeitszeit auf Michael auf. Michael spielte mit ihrem Sohn Florian. Sie kochte das Mittagessen für die Kinder. Deshalb musste ich mir keine Sorgen darüber machen, ob Michael gut versorgt war. Holte ich ihn ab, tranken wir noch zusammen einen Kaffee und zogen Engelkarten. Manuela ist sehr spirituell, sie führte mich in diese Materie ein. Ich lernte zusätzlich zu meinem Glauben noch mehr von der spirituellen Welt kennen. Jeder Mensch hat eine andere Vorstellung von Spiritualität. Mir gibt es Ruhe und Gelassenheit. Es gibt Menschen, die damit gar nichts anfangen können, was auch in Ordnung ist. Alle Menschen haben einen freien Willen. Wichtig ist, dass wir den Weg der Liebe wählen und darauf vertrauen. Ich vertraue darauf, dass mir Gott zur Seite steht, egal in welcher Lebenslage ich bin. Und so vertraute ich auch auf ihn bei unserem Entwicklungsgespräch, wo Matthias mir, Gott sei Dank, zur Seite stand. In solchen Situationen war ich froh, Matthias an meiner Seite zu haben.

Bei diesem Gespräch machten wir uns sehr unbeliebt. Wir waren mit den Erzieherinnen nicht der gleichen Meinung. In diesem Gespräch teilten sie uns mit, dass aufgrund der verzögerten Gesamtentwicklung von Michael eine therapeutische Maßnahme wichtig und sinnvoll sei. Es kam zu Spannungen, sodass Matthias die Äußerung machte: Wenn Sie überfordert seien, sollten Sie doch bitte einen anderen Job suchen. Die Aussage war nicht gut, sie erschwerte uns die weiteren Jahre im Kindergarten noch. Man meinte es nicht böse, aber immer nur Negatives zu hören, lässt einen schon mal aus der Fassung kommen und etwas Unüberlegtes sagen. Ich versuchte im Gespräch, die Situation wieder zu beruhigen. Ich sagte: „Wenn es so ist, wie ihr es seht, und ihr zu wissen glaubt, dass Michael in einem Förderkindergarten besser aufgehoben ist, dann sollte er auch solch eine Einrichtung besuchen und die Hilfe in Anspruch nehmen. Bis aber dies der Fall ist, möchten wir erst andere Möglichkeiten in Anspruch nehmen. Ist nach etwa neun Monaten noch keine Veränderung eingetreten, werden wir den nächsten Schritt machen."

Wir konnten uns einigen, Michael Unterstützung von außen zu holen und ihn doch vorerst im Kindergarten zu lassen. Ich hatte einen Prospekt gesehen, der darüber informierte, dass in der Nähe ein Frühförderungszentrum eröffnet worden war. Ich rief dort an, um einen

Termin zu vereinbaren und um herauszufinden, was alles angeboten wird. Dieses Haus machte auf mich einen ausgezeichneten Eindruck. Beim Erstgespräch erzählte ich von meinem Anliegen und meinen Ängsten, die der Kindergarten schon längere Zeit geschürt hatte. Meine Wünsche und Hoffnungen.

Sie lernten Michael kennen und machten sich ein eigenes Bild. Ich war froh, als sie sagten, dass er in einem Förderkindergarten fehl am Platz sei. Durch seine Behinderung mit den Augen war seine Entwicklungsphase ein wenig verzögert, aber das könnte man aufholen, wenn wir intensiv daran arbeiten. Und somit würde er mit den anderen Kindern nach zwei Jahren ganz normal eingeschult werden können. Es war eine Wohltat, diese Worte zu hören. Die Mitarbeiter des Frühförderungszentrums haben mich sehr motiviert und meinten, wenn wir zusammenarbeiten, bekommen wir Michael auf den richtigen Weg. So beschloss ich, mit Michael in die Frühförderungsstelle „Pfiff" zu gehen.

Gemeinsam besprachen wir den Therapieplan und steckten unsere Ziele. Michael besuchte zweimal pro Woche das Zentrum. Einmal pro Woche hatte er heilpädagogische Förderung und das zweite Mal Ergotherapie. Bei der heilpädagogischen Förderung werden Kinder unterstützt, die aufgrund ihrer körperlichen oder sozialen Fähigkeiten in besonderer Art und Weise in ihrer Entwicklung gefördert werden müssen. Die Ergotherapie fördert und unterstützt die Selbstständigkeit eines Kindes im Alltag. Bei der spielerischen Arbeit, die geboten wurde, fühlte sich Michael sehr wohl und war mit Freude dabei. Ich war froh, die Förderung in Anspruch nehmen zu dürfen, und somit war ich positiv motiviert und war selbst in den Therapiestunden anwesend. Zudem besuchten wir zusätzlich einmal die Woche eine Reittherapie, wo wir uns dieselben Ziele setzten wie im Kinderzentrum „Pfiff". Diese Ziele waren: die Wahrnehmung schulen, die Konzentration verbessern, die Motorik trainieren und ein eigenes Körpergefühl entwickeln. Was den Menschen eine nahezu ideale Körperhaltung verschafft, trainiert Rücken und Bauchmuskulatur.

Michael besuchte das Kinderturnen und den Schwimmkurs. Zuhause versuchte ich eine Stunde lang, gezielt mit ihm ein Vorschulblatt zu machen. Diese Vorschulblätter ermöglichen das ergänzende selbstständige Üben in verschiedenen Bereichen. Diese Arbeitsblätter umfassen Ausmalbilder, Schreibvorbereitung und mathematisches Frühverständnis. Die Kinder können lernen, sich für eine gewisse Zeit zu konzentrieren und eine Aufgabe zu erledigen.

In der heutigen Zeit haben es unsere Kinder nicht leicht. In den Kindergärten und Schulen sind die Gruppen zu groß und es gibt zu wenig Personal. Es ist daher nicht leicht, auf jedes Kind einzugehen, es in seinen Stärken zu fördern, in seinen Schwächen intensiver zu unterstützen und auf es einzugehen. Da es vielen Kindern schwerfällt, in verschiedenen Bereichen Schritt zu halten, werden sie häufig in andere Einrichtungen weitergeleitet. Zum Beispiel, wie im Fall von Michael, in einen Förderkindergarten oder später in eine Förderschule. Ich halte diese Förderungseinrichtung für sehr wichtig, aber bevor man diesen Weg einschlägt, sollte das Kind andere Möglichkeiten in Anspruch nehmen dürfen und eine faire Chance bekommen. Die Eltern sollten den Mut haben, auf die Stärken ihrer Kinder zu vertrauen. Die neun Monate vergingen und Michael machte große Fortschritte, er entwickelte sich zum Positiven. Die Therapeuten und ich waren mit der Arbeit, vor allem mit unserer Zusammenarbeit, sehr zufrieden.

Diese Ansicht teilte der Kindergarten jedoch nicht mit uns. So fand erneut ein Gespräch im Kindergarten statt. Daran nahm dieses Mal auch eine Therapeutin vom Kinderzentrum „Pfiff“, teil. Bei diesem Gespräch teilte die Gruppen- und Kindergartenleitung uns mit, dass bei Michael immer noch deutliche Auffälligkeiten zu bemerken seien. Aufgrund der Gruppenstärke von 28 Kindern und dem täglichen Vergleich mit den anderen Kindern in der Gruppe hätten sich deutlich Defizite in Michaels Gesamtentwicklung bemerkbar gemacht. Um Michael eine bestmögliche Förderung zu ermöglichen, sei es für ihn sinnvoll und wichtig, dass er einen Förderkindergarten besucht. Die Therapeutin des Kinderzentrums und ich waren uns einig darin, dass diese Entscheidung nicht richtig war. So entschlossen wir uns, diesen Weg nicht einzuschlagen.

Während eines weiteren Gesprächs mit der Therapeutin erschien es uns sinnvoll, Michael richtig auf seinen Entwicklungszustand testen zu lassen. So vereinbarte ich einen Termin in der Klinik für Kinderheilkunde, Sozialpädiatrisches Zentrum in Villingen. Die heilpädiatrischen Untersuchungen fanden in drei Abschnitten statt. Die Diagnose war: Michael hatte in gewissen Bereichen noch Entwicklungsverzögerungen, die aber im Normbereich waren. Somit arbeitete ich mit dem Kinderzentrum „Pfiff" in den verschiedenen Bereichen, in denen Michael noch Schwierigkeiten hatte, intensiv ein Jahr weiter und wir waren uns sicher, unser Ziel bis zur Einschulung erreichen zu können. Obwohl wir ständigen Widerstand aus dem Kindergarten verspürten, gingen wir trotzdem konsequent unseren Weg weiter. Nach einem Jahr konsequenter Arbeit stand unser Urlaub an. Ich war so ausgepowert und müde, wir freuten uns auf unseren Urlaub und ich hoffte sehr, meine Ruhe und Gelassenheit wiederzufinden, vor allem mehr Zeit für meine Familie zu haben.

Je näher der Urlaub rückte, desto schlechter ging es mir. Mir wurde alles zu viel, jede freie Minute legte ich mich hin, um zu schlafen. Meinen Haushalt schaffte ich nur noch schleppend, sogar die Spülmaschine auszuräumen war eine große Herausforderung. Ich weinte nur noch, ich rutschte in eine große Depression. Matthias merkte, dass es mit mir immer schlimmer wurde und schickte mich zu meiner Hausärztin. Sie meinte, dass sie mir in diesem Zustand nicht mehr helfen könne und wies mich in die Psychiatrie in Rottweil ein. Matthias brachte mich mit Michael dorthin, mein Gedanke war: Toll, so weit hast du es geschafft, dass du nun in der Psychiatrie gelandet bist. Nun war ich am Ende meiner Kräfte angekommen.

Ich hatte Konzentrationsprobleme, erlebte einen großen Motivationsverlust und Dünnhäutigkeit und war reizbar. Mein sozialer Rückzug wurde immer auffälliger. Völlig verzweifelt, mein Ego begraben, saß ich nun in der Klinik. Ich hatte Angst, genau diese Feststellung machen zu müssen, Gemeinsamkeiten zu finden mit Menschen, mit denen ich keine Gemeinsamkeiten haben wollte. Mit den Menschen, die ich vorher vielleicht selbst unterbewusst auch in eine Schublade gesteckt hatte. Und genau das passierte in meinen ersten Tagen. Ich lernte Drogenabhängige, Alkoholiker, Magersüchtige kennen, und fast alle waren depressiv. Die einen waren Geschäftsleute, die anderen alleinerziehende Mütter oder Studenten, und hier machte ich eine der wichtigsten Erfahrungen überhaupt: Depression kennt keine sozialen Schichten.

Der Klinikalltag war strukturiert, man bekam immer zur selben Zeit seine Medikamente. Es waren Antidepressiva, mit denen ich eingestellt wurde. Sie beeinflussen den Stoffwechsel des Botenstoffs Serotonin im Gehirn. Es dauert einige Tage, bis eine stimmungsaufhellende Wirkung eintritt. Es gab Gespräche mit dem Arzt und Beschäftigungstherapie.

Die ersten Tage durfte man die Station nicht verlassen, um komplett unter Aufsicht zu sein. Ich zog mich immer mehr in mein Schneckenhaus zurück, vermied jegliche Konfrontationen mit den Mitpatienten. Ich fühlte mich oft überfordert und wollte für mich allein sein.

Matthias kam jeden Tag mit Michael zu Besuch, was mir viel Kraft gab. Ich musste für mindestens zwei Wochen auf der Station bleiben, um medikamentös richtig eingestellt zu werden. Ich hatte Angst, zu versagen. Es gab einen Pfleger, Herrn M., mit dem ich viele Gespräche führte. Ich fand es toll, dass er sich so viel Zeit für mich genommen hatte. Er strahlte etwas aus, was mich bewegte, mich zu öffnen. Bei ihm hatte ich das Gefühl, dass er mich ernst nimmt. Mit Matthias konnte ich auch reden, aber durch den ganzen Stress und die Umstände, die uns umgaben, war er oft schnell überfordert und fühlte sich auch angegriffen, was unsere Situation nicht leichter machte.

Herr M. machte mir klar, dass ich mich darin üben musste, in kleinen Schritten wieder meine Verantwortung zu übernehmen. Dass Fehler auch nützlich sein können, um daraus zu lernen. Ich müsse Entscheidungen treffen, ohne gleich ein schlechtes Gewissen zu haben. Wir sind für unser eigenes Leben verantwortlich, wir müssen aufhören, anderen, den Umständen oder unserer Vergangenheit die Schuld für unsere Probleme zu geben. Solange wir andere für unsere Probleme verantwortlich machen, sehen wir keine Möglichkeit, etwas dazu beizutragen, dass sich unsere Lage ändert. Eigenverantwortung ist für jeden einzelnen Menschen wichtig, um seine Persönlichkeit weiterzuentwickeln und die Entwicklung in eine positive Richtung zu lenken. Und damit ist die Verantwortung für alle Dinge, Menschen, Umstände und Erfahrungen gemeint, die einem in seinem Leben widerfahren.

Herr M. schenkte mir Vertrauen. Er brachte mich dazu, über das zu sprechen, was mich beschäftigt, er sagte: „Kommunizieren Sie, nichts schafft und hält Vertrauen so sehr wie regelmäßig und offen miteinander zu reden. Bleiben Sie authentisch, sagen Sie, was Sie meinen, glauben, fühlen und tun Sie, was Sie sagen. Seien Sie ehrlich, vor allem zu sich selbst. Gehen Sie offen mit Fehlern um und lassen Sie sich in vielen Situationen auch Zeit.“ Dieser Mann war ein Geschenk für mich, vielleicht auch ein Engel. Ich machte mir viele Gedanken und sprach mit Matthias über die ganze Situation, wie wir in Zukunft weitermachen sollten.

Wir kamen zu der Erkenntnis, dass drei Jobs zu viel für mich sind. Die zwei Wochen habe ich trotzdem für mich wahrgenommen und an mir gearbeitet. Ich habe viel geschlafen und wieder mit Sport begonnen. Ich habe im Möbelhaus und im Mutter-Kind-Kurheim gekündigt, eine psychosomatische Kur beantragt, zu der ich auch Michael mitnehmen konnte. Ich wollte so schnell wie möglich aus dieser Spirale herauskommen. Ich war medikamentös gut eingestellt und betreute vorerst nur meine Omas, die mir viel Kraft gaben und froh waren, dass ich wieder bei ihnen war.

Meine Reha wurde genehmigt, und im Januar 2005 haben Michael und ich sie angetreten. Wir fuhren nach Bad Kreuznach, denn da war die Klinik. Mit neuer Kraft zurück ins Leben, das erhoffte ich mir. Die Freizeit haben wir, Michael und ich, gemeinsam genutzt. Wir gingen auf den wunderschönen Spielplatz, der gleich in der Nähe war, gingen in die Stadt, und Anne besuchte uns auch einmal. Die Gespräche, die gemeinsame Zeit mit Michael, einfach zur Ruhe zu kommen ohne Verpflichtungen und ohne Arbeit. Woche für Woche merkte ich, dass es mir besser ging und ich zu Kräften kam.

Während meiner Rehazeit organisierte ich einen Psychologen in Aldingen. Um Termine zu vereinbaren, wollte ich unbedingt nach der Reha weitere Therapiestunden nehmen, um weiter an mir zu arbeiten. Ich merkte, dass mir das Sprechen guttat, bei einem Therapeuten hatte ich nie das Gefühl, den interessiert es ohnehin nicht oder er hat jetzt keine Zeit. Die Stunde bei diesem Psychologen gehörte mir, egal, was ich ihm sagte, es blieb in seinen vier Wänden, denn er hat Schweigepflicht. Ich war von der Klinik sehr überrascht, besonders über die ausgesprochen herzliche Art. Ich wollte wieder optimistisch nach vorn schauen. Durch die weitere Behandlung und die Medikamente ging es mir bald wieder besser.

Ich bewältigte meinen Alltag wieder, die ganze Situation entspannte sich. Ging es mir gut, so ging es auch Matthias gut. Nun stand der Einschulungstest für Michael an. Bei diesem Test, der in der Schule in Aldingen stattfand, fühlte ich mich nicht wohl. Ich wusste, dass Michael in einer staatlichen Schule untergehen würde. Besser gesagt, durch seine Entwicklungsverzögerung hatte ich Angst, dass er bei der vorgegebenen Geschwindigkeit nicht mitkommen, sich nicht wohlfühlen und dabei die Lust am Lernen verlieren würde. Michael bestand den Einschulungstest dennoch und ging zunächst in eine Grundschule.

Eines Tages, als ich im Wartebereich beim „Pfiff" saß, sah ich einen Prospekt von einer Schule in Spaichingen. Diese Schule heißt Rupert-Mayer-Schule und ist eine freie katholische Grund- und Werkrealschule. Das Konzept dieser Schule sprach mich an. Der Unterricht in Lerngruppen orientiert sich an beruflichen Handlungsfeldern, also Tätigkeiten, die in bestimmten Situationen angemessen sind. Ich habe herausgefunden, dass diese Schule allen Kindern von Anfang an ein gutes Lernklima bietet und sie sich in ihren Klassen ernst und angenommen fühlen. Denn so fällt das Lernen leichter. Es wird großen Wert auf Klassengemeinschaft, Hilfsbereitschaft und rücksichtsvollen Umgang miteinander gelegt.

Christliche Schuleinrichtungen ermöglichen den Kindern und Jugendlichen, den christlichen Glauben zu verstehen, Antworten auf Lebensfragen zu finden und Orientierung für gesellschaftliches Handeln zu gewinnen. Vor allem in der heutigen Zeit sollten wir lernen, dass das Zusammenleben in einer multireligiösen und multikulturellen Gesellschaft nur gelingt, wenn die Grundlagen gegeben und geschaffen werden, zum Beispiel für Toleranz, Respekt und ein Leben mit Differenzen. Diese Schule ermutigt mit ihrem Erziehungsstil zur Bereitschaft, Verantwortung für sich selbst und für andere zu übernehmen. Das war es, das ist die Schule, wo ich dachte, da fühlt sich unser Michael wohl.

Ich nahm den Prospekt mit nach Hause, um ihn Matthias zu zeigen. Er war von diesem Konzept auch hellauf begeistert und meinte: „Da rufen wir gleich Morgen an!" Als ich am nächsten Tag angerufen habe, sagte mir die gute Frau, dass kein Platz mehr frei und die Warteliste lang sei. Aus der Traum! Als ich den Prospekt gelesen habe, war es kurz vor den Sommerferien gewesen, und Michael sollte im Herbst eingeschult werden. Das wäre wie ein Sechser im Lotto gewesen, hätte es so leicht geklappt. Ich ließ uns trotzdem auf die Warteliste schreiben. Mein Gedanke war, vielleicht während des Schuljahres einen Schulwechsel vorzunehmen.

Zwei Wochen vor den Ferien bekamen wir einen Anruf von der Rupert-Mayer-Schule, ob von unserer Seite noch Interesse bestehe, da kurzfristig ein Platz frei geworden sei. Ich traute meinen Ohren nicht. Ich sagte sofort zu und es wurde ein Termin vereinbart, um die Schule und die Lehrerin kennenzulernen. Michael war nicht so glücklich, in eine andere Schule zu gehen, als seine Kindergartenfreunde. Aber Matthias und ich fanden die Schule für Michael besser und haben es nie bereut. Der Tag der Einschulung war gekommen. Michael war sehr stolz, nun ein Schulkind zu sein. Beim Einschulungsgottesdienst, der in der Katholischen Kirche Spaichingen stattfand, war ich sehr stolz, unseren Michael vorn stehen zu sehen. Wir hatten es mit viel Mühe und Fleiß geschafft, dass Michael normal eingeschult worden war, und sogar in der Schule, auf die wir innerlich gehofft und gewünscht hatten.

Michael hatte einen schönen Schulanfang. Wir hatten das Gefühl, dass er sich von Anfang an in dieser Schule wohlfühlte. Er fand schnell Anschluss und neue Freunde. Unsere Belohnung war, dass Michael sehr gerne zur Schule ging und gut im Unterricht mitkam. Man konnte keine großen Unterschiede zu den gleichaltrigen Kindern mehr feststellen. Michael begann sogar mit dem Flötenspielen, sodass er später sogar in der zweiten Stimme spielte. Ab der fünften Klasse war sein Wunsch, Gitarre zu lernen, den wir ihm erfüllten. Wir meldeten ihn auch im Kampfkunstzentrum Aldingen an, die Sportart heißt Kali. Wir wussten, dass unser Michael kein Kampfkunstprofi werden würde, aber diese Sportart sollte ihm helfen und ihn unterstützen bei der Koordination und Reaktionsfähigkeit. Damit die Kinder Spaß daran haben, wurde es in einer spielerischen Form geübt. Oder anders gesagt, hier wird die Bewegungsintelligenz gefördert, und das unter spaßbringenden Bedingungen. Das fördert die Konzentration in der Schule, verringert die Verletzungsgefahr in sämtlichen Alltagssituationen, und die Kinder lernen den respektvollen Umgang mit ihren Mitmenschen. Auch wenn Phasen kommen, in denen man denkt, es geht nicht mehr oder man will und kann nicht mehr – und diese Phasen kommen! – Arbeit, Mühe, Geduld, Ausdauer und Stress lohnen sich.

Eines Tages, als ich zuhause gekocht hatte, klingelte das Telefon. Am anderen Ende der Leitung war die Augenklinik Tübingen. Ich dachte: Was wollen die von mir? Die Frau aus dem Sekretariat teilte mir mit, dass sie einen kleinen Patienten hatten, der dasselbe hatte wie Michael: Auch bei ihm hatte sich die Augenlidmuskulatur nicht gebildet. Die Eltern waren sehr verzweifelt und haben nachgefragt, ob es einen solchen Fall schon gegeben habe. Da wir jahrelang in dieser Klinik ein und aus gegangen sind, hatte sie uns noch in Erinnerung und dachte, sie frage nach, ob wir etwas dagegen hätten, dieser Familie unsere Telefonnummer zu geben. Diese Familie würde gerne mit uns Kontakt aufnehmen, um uns kennenzulernen und Näheres zu erfahren. Ich war zunächst sehr überrascht, dass es doch noch einen Fall gab, dass wir mit unserem Schicksal allein dastehen. Wie oft habe ich in meiner Verzweiflung Gott gebeten, mir ein Zeichen zu schicken, um von meinen Schuldgefühlen loszukommen, die mich zeitweise sehr plagten. Hatte er mich erhört und schickte mir nun jemanden?

Ich willigte ein und gab die Erlaubnis, unsere Telefonnummer herauszugeben. Es dauerte nicht lange und es kam ein Anruf von dieser Familie. Sie wohnten im Raum Stuttgart. Sie berichteten mir, dass sie einen Sohn haben, der dieselbe Problematik hat wie unser Sohn, dass er zwei Jahre alt ist und vor seiner ersten Operation steht. Dass sie sehr in Sorge sind, ob alles gut verläuft und vor allem wie das Ergebnis nach den Operationen aussieht.

Nach zwei Wochen kam die Familie zu Besuch zu uns. Ich war sehr aufgeregt, aber auch sehr neugierig, was es für eine Familie ist. Als sie ankamen und unsere Wohnung betraten, kam ihr kleiner Sohn mit zwei Jahren bei uns um die Ecke. Ich traute meinen Augen nicht, es kam mein kleiner Michael um die Ecke. Der Junge sah Michael verblüffend ähnlich. Ich sah unseren Michael mit zwei Jahren wieder. Der Kleine hob seinen Kopf leicht nach oben, um aus seinen „Panzerschlitzen" zu sehen. Er hatte ebenfalls blonde Haare. Im ersten Moment konnte ich nichts sagen, so überrascht war ich. Matthias bemerkte es und holte mich zurück. Wir stellten uns vor und ich merkte: Von beiden Seiten war eine Erleichterung da. Beim Kaffeetrinken haben wir unsere Situationen von damals geschildert und versucht, der Familie Mut und Hoffnung zuzusprechen. Michael, der in dieser Zeit sieben Jahre alt war, war auch sehr neugierig auf diesen kleinen Jungen. Er ging auf den Kleinen sehr gut ein und spielte mit ihm. Aus unserem Gespräch hatte ich das Gefühl, eine liebevolle Familie kennenzulernen, die sehr viel Liebe und Mitgefühl ausstrahlte. Die Eltern rauchten nicht, und als ich die Mutter fragte, ob sie geraucht habe, teilte sie mir mit, dass sie noch nie geraucht hatte. Auch aus Alkohol machte sie sich nichts. Wenn sie mal gelegentlich ein Gläschen Wein trinke, sei es schon viel. Mein Gott, war ich erleichtert, das zu hören. In diesem Moment fiel mir ein großer Stein vom Herzen. Wir wollten dieser Familie die Angst nehmen, dass die Operationen gut verlaufen werden und es sich mit den Jahren gut verwachsen würde, wenn die Kinder erwachsen sind, dass man dann so gut wie nichts mehr sehen wird.

Wir sind von Anfang an offen mit Michaels Behinderung umgegangen, haben sehr früh angefangen, mit Michael darüber zu sprechen. Wir haben ihm beigebracht, dass ihm skeptische und fragende Blicke begegnen werden. Je offener wir anderen Menschen damit entgegentreten, desto selbstverständlicher wird damit umgegangen, dass Menschen unterschiedlicher aussehen, desto eher werden unsere Kinder zu weltoffenen und toleranten Erwachsenen. Viele von uns sind verunsichert, wenn sie auf Behinderungen treffen. Durch meinen Klumpfuß hatte ich im Laufe meines Lebens oft Konfrontationen. War gezwungen, mich darüber zu äußern, musste gewisse Blicke ertragen und mir auch dumme Sprüche anhören. Es ist bis heute so. Es gibt Tage, da gehe ich sehr selbstbewusst damit um. An anderen Tagen fällt mir das schwer.

Wir tun uns schwer, uns anderen zu öffnen und ein Stück Vertrauen entgegenzubringen. Wir wirken oft auf andere arrogant oder dominant. Ich merke in solchen Situationen immer wieder: Mir fehlt die soziale Kompetenz, ich habe zum Beispiel nie richtig gelernt, angemessen mit meinen Gefühlen umzugehen. So passiert es mir immer wieder, andere Personen abzuschrecken. Darum sind Aufrichtigkeit und Ehrlichkeit so wichtig. Sie sind die Basis für ein vertrauensvolles Miteinander. Für mein Gefühl war das Treffen gut, ich hatte an diesem Tag mein Gewissen beruhigen und erleichtern können. Ich hatte gelernt, dass Michaels Behinderung nicht unbedingt etwas mit meinem Vorleben zu tun haben muss, sondern wirklich eine Laune der Natur ist. Und trotzdem ist es besser, nicht zu rauchen und zu trinken.

Als der Tag vorüber war, ich am späten Abend allein auf meinem Balkon saß, zum Himmel hochschaute und genüsslich meine Zigarette rauchte, dankte ich Gott. All die Jahre hatte ich gebetet, dass er mir bitte ein Zeichen schicken soll, um mein Gewissen zu erleichtern, und nach sieben Jahren hatte er uns eine Familie geschickt, um uns zu sagen, dass alles gut ist, wie es ist. Ab diesem Tag ging es mir besser, ich konnte neue Kraft schöpfen.

Michael hatte sich gut entwickelt, in der Schule lief es gut. Ich hatte meine Omas, bei denen ich als Haushaltshilfe tätig war, ich fühlte mich gut, gut genug, um mir vielleicht wieder einen Nebenjob zu suchen, denn Ewald bekam von uns noch eine große Summe Geld, die er uns damals zur Verfügung gestellt hatte, als wir 2002 nach Öfingen gezogen sind. Es beschäftigte mich schon lange Zeit, wie er sein Geld möglichst schnell wieder bekommen könnte. Eine Annonce machte mich neugierig. Denn ich merkte auch, wie meine Omas gebrechlicher wurden und nach und nach starben. Ich rief dort an, um mich zu erkundigen, worum es geht. Am anderen Ende der Leitung sprach ein Mann, der mir erklärte, dass es sich um eine Reinigung in einem Objekt in Spaichingen handelte. Er fragte mich, ob ich schon mal geputzt hätte. Ich erzählte ihm, dass ich vormittags als Haushaltshilfe bei Senioren arbeite und für die Abendstunden noch etwas suche. Er lud mich zu einem Vorstellungsgespräch ein. Ich freute mich, zu hören, dass die Putzstelle in einer Bank war. In einer Bank ist es nicht so schwierig zu putzen wie in der Industrie. Es ist zwar sehr anspruchsvoll, aber ich hatte den Blick dafür. Er zeigte mir die Chefetage. Dies sei mein Bereich, sollte es klappen. Er sagte mir, dass meine Vorgänger, die hier geputzt hätten, alle wieder gegangen seien, da sie mit den Bankangestellten und hauptsächlich mit der Arbeitszeit nicht klargekommen seien. Ich habe die Stelle bekommen und hatte mich dann schnell eingelebt.

An einem Abend übernahm ich von einer Kollegin ihren Arbeitsbereich wegen Krankheit. Mit dem Mülleimer habe ich immer begonnen. Als ich gerade meine Runde drehte und alle Eimer in den Büros gelehrt hatte, kam ich zu dem Eingangsbereich der Bank. Rechts davon ist ein Stehpult, um Überweisungen zu schreiben, links davon ein Mülleimer. Die Bank war schon geschlossen und die meisten Angestellten waren bereits nach Hause gegangen. Normalerweise schaue ich nicht in die Mülleimer, denn es ist ohnehin nur Papier darin. Aber als ich in diesen Papierkorb schaute und ihn leeren wollte, traute ich meinen Augen nicht. Es befand sich ein Briefumschlag darin mit sehr viel Geld. Im ersten Moment dachte ich, es sei Spielgeld, aber es war richtig viel Geld. Ich machte zuerst das Stehpult sauber, um kurz zu überlegen, wie ich mich nun verhalten sollte. In mir ging richtig ein Film ab. Mit diesem Geld könnte ich einen Teil Schulden bezahlen, zumindest die Schulden bei Ewald, oder uns einmal etwas Schönes gönnen oder mit den Kindern etwas Schönes unternehmen.

Mir war aber auch bewusst, dass überall in der Bank Kameras hingen. Somit musste ich nun den Mülleimer ganz normal in meinen Sack leeren, der in das Untergeschoss kommt, wo die ganzen Unterlagen geschreddert werden und sich keine Kameras befinden. Dann musste ich dort dieses Geld wieder herausholen und weitermachen wie bisher. Dieser Gedanke kam und ging wie ein Blitz. Ich nahm das Geld zu mir und lief die ganze Bank ab in der Hoffnung, noch einen Bankangestellten zu finden, um das Geld loszuwerden. Ich hatte Glück: Einer der Angestellten befand sich noch im Haus. Ich klopfte an seine Türe und sagte zu ihm, dass ich Geld gefunden hätte und fragen möchte, ob er es entgegennehmen könne. Er meinte: „Legen Sie es in den Kassenbereich", daraufhin ich: „Entschuldigung, es geht hier nicht um einen Euro, sondern um richtig viel Geld." Er nahm es an und fiel fast selbst aus allen Wolken. Ich erklärte ihm, wo ich es gefunden hatte, und somit war mein Teil erledigt.

Am nächsten Tag erfuhr ich, dass es 23 000 Euro waren. Eine Oma hatte das Geld abgehoben. Sie hatte noch bei dem Stehpult eine Überweisung ausgefüllt und den Umschlag mit dem Geld auf das Pult gelegt. Sie muss aus einem unbekannten Grund daran gestoßen sein und das Geld ist in den Mülleimer gefallen. Sie war überzeugt, sie hätte es in ihre Tasche getan und ging somit nach Hause. Am nächsten Tag kam sie ganz aufgelöst zur Bank in der Hoffnung, das Geld wieder zu erhalten. Ich glaube, dieser Moment, als sie das Geld zurückbekam, war einer der schönsten Momente in ihrem Leben. Da hatte eine Frau viele Jahre das Geld auf die Seite gespart, und wenn es dumm läuft, ist es plötzlich weg. Ich glaube, in diesem Moment war ich ihr Schutzengel.

Man kann sagen: Führe mich nicht in Versuchung. Ich habe das Gefühl, dass solche Werte in unserer heutigen Zeit immer mehr aus der Mode kommen. Es beklagen sich immer mehr Menschen darüber, dass die Werte verloren gehen. Ich glaube, wenn jeder auf sich selbst aufpasst, hat er genug zu tun. Ich habe gemerkt, wie schnell solch eine Versuchung da sein kann. Vielleicht war es eine Prüfung für mich, die der Herr geschickt hatte, aber ich habe diese Prüfung bestanden. Mit so einer Tat hätte ich nicht leben können. Ja, ich habe früher gestohlen, aber ich habe erkannt: Ein gutes Gewissen zu haben ist wie ein Ruhekissen und aus meiner eigenen Erfahrung heraus weiß ich, dass wir die Stimme des Gewissens nicht zum Schweigen bringen können, wenn wir etwas Unrechtes getan haben. Man muss wissen, dass das Gewissen, das man in sich trägt, als dic Stimme Gottes bezeichnet werden kann.

Nun waren einige Jahre vergangen. Meine Eltern kamen ein- bis zweimal im Jahr zu uns zu Besuch. Das Schöne war, dass Familie Klugmann ihre Einliegerwohnung meinen Eltern zur Verfügung gestellt hatte. Sie haben sich gut verstanden und meine Eltern waren immer herzlich willkommen. Ich genoss immer noch sehr die Besuche meiner Eltern. Ich merkte aber auch, dass sie älter und kränker wurden. Als mein Vater siebzig Jahre alt war, haben sie bei ihm Parkinson diagnostiziert. Die Krankheit Parkinson ist ein langsam fortschreitender Verlust von Nervenzellen. Mein Vater konnte die Krankheit am Anfang nicht akzeptieren. Ihm fiel es sehr schwer, sich mit dem Gedanken anzufreunden, sich in Zukunft nicht mehr selbständig zu bewegen, nicht mehr in die Natur gehen zu können. Der schlimmste Gedanke war für ihn, in ein Seniorenheim gehen zu müssen.

Manchmal sind wir zusammen nach Pappenheim ins Seniorenheim gefahren, um die Friedl zu besuchen. Sie freute sich sehr, von uns Besuch zu bekommen, hauptsächlich ihre langjährige Freundin, meine Mutter, zu sehen. Es ist verrückt, ich war doch erst als kleines Mädchen öfter bei ihr in der Wirtschaft gewesen. Auf meinem Nachhauseweg von der Schule war ich immer an der Gaststätte vorbeigekommen. Gelegentlich passte Friedl mich ab, weil meine Mutter noch etwas bei ihr getrunken hatte, so bekam ich die leckeren Würstchen zu Mittag von ihr, und anschließend durfte ich am großen Billardtisch oder am Flipper spielen. Wie die Zeit vergeht, vor allem, wie wir unser Zeitgefühl entwickeln und empfinden. Mal bleibt sie stehen, mal vergeht sie wie im Flug und dann gibt es Zeiten, da zieht sich alles wie Kaugummi.

Ich habe mal gelesen, ungefähr mit zehn Jahren entwickeln Kinder eine zeitliche Vorstellung von ihrem Leben. Sie entdecken vieles zum ersten Mal, empfinden die Zeit intensiv und deshalb als lang. Als Erwachsener, während der verschiedenen Abschnitte wie mit der Familie, dem Beruf und vielen Terminen, scheint die Zeit nur so vorbeizufliegen. Wenn ich zurückblicke, erschienen mir sechs Wochen Sommerferien nahezu endlos lang, und heute vergehen sechs Wochen wie im Flug. Das liegt daran, dass Menschen Routinen entwickeln. Im Rentenalter nehmen die Routinen häufig noch zu. Man kennt vieles schon, erlebt weniger emotionale Überraschungen. Die Folge davon ist, dass die Zeit einem scheinbar zwischen den Fingern zerrinnt. Obwohl die Senioren nicht mehr viel zu tun haben, war der Tag im Nu vorbei.

Es war kein schöner Anblick, die alten Menschen im Seniorenheim im Aufenthaltsraum im Kreis sitzen zu sehen, manchmal lief der Fernseher oder das Radio. Viele schliefen in ihrem Stuhl und warteten, bis etwas Neues kommt oder passiert. Sie sind für jede Abwechslung dankbar, und die nächste Mahlzeit kommt bestimmt. Die Pfleger waren sehr bemüht, boten Aktivitäten an, um die Leute geistig und körperlich fit zu halten. Mit diesem Anblick tat sich mein Vater schwer. Er sagte immer: „Ich werde in kein Seniorenheim gehen zu den alten Menschen, um Knöpfe zu zählen." Es war für ihn die schlimmste Vorstellung.

So versuchte er vieles, um die Krankheit zu verlangsamen. Mein Vater wurde medikamentös gut eingestellt. Auch wenn ein tödlicher Verlauf nicht bei allen Krankheitsbildern droht, wird die Diagnose einer medizinisch nicht heilbaren Krankheit, wie es bei meinem Vater war, als schwere Krise erlebt. Bei meinem Vater war es Parkinson, bei anderen ist es vielleicht Multiple Sklerose, Diabetes, eine rheumatische Erkrankung oder Krebs. Bei all diesen Erkrankungen wird eine tiefe Verunsicherung im Leben der Betroffenen ausgelöst. Sie stellen sich die Fragen: Kann ich geheilt werden? Wie wird die Krankheit mein Leben verändern? Wie kann ich lernen, meine Krankheit und meinen kranken Körper zu akzeptieren?

Ich glaube, mit all diesen Fragen und Ängsten hatte auch mein Vater zu kämpfen. Mein Vater nahm den Kampf mit dieser Krankheit auf. Er setzte alles daran, so lange wie möglich selbständig zu bleiben. Meine Eltern sind nach etwa vier Jahren wieder nach Treuchtlingen gezogen, da sich in der Pappenheimer Wohnung angeblich eine Wasserader breit gemacht hatte. Meine Eltern, hauptsächlich mein Vater, hatten einen unruhigen Schlaf bekommen, fühlten sich abgespannt und hatten Schlafstörungen. Somit ließ mein Vater einen Rutengänger in die Wohnung kommen, um Erdstrahlungen oder Wasseradern zu finden. Angeblich befanden sich in dieser Wohnung Wasseradern und mein Vater beschloss, nicht mehr in dieser Wohnung zu bleiben. Vielleicht waren das schon die ersten Anzeichen der Parkinsonerkrankung, ich weiß es nicht und werde es auch nicht mehr herausfinden.

Darum fand der Wohnungswechsel nach Treuchtlingen statt. Immer, wenn wir meine Eltern besuchten, wurde das Thema Umzug nach Baden-Württemberg angeschnitten. Meine Mutter wäre sofort dabei gewesen, aber mein Vater sagte immer: „Einen alten Baum verpflanzt man nicht. Ich bin mein ganzes Leben lang hier gewesen und jetzt auf meine alten Tage soll ich hinziehen, wo alles fremd für mich ist.“ Wir sprachen oft über einen Wohnungswechsel, denn es wäre für meine Eltern eine große Erleichterung gewesen. Mein Vater meinte immer, jetzt warten wir noch ab, vielleicht nächstes Jahr. Ich glaube, damit wollte er mich immer wieder aufs Neue vertrösten. So verging ein Jahr nach dem anderen. Die Krankheit wurde nicht besser, meine Mutter war von der ganzen Situation überfordert. Denn sie war 24 Stunden für meinen Vater da, und sie selbst war auch gesundheitlich angeschlagen. Meine Mutter bekam Diabetes und Wasser in den Beinen, eine Herzschwäche kam auch dazu.

Ich musste mich mit dem Gedanken anfreunden, nicht für meine Eltern da sein zu können, weil die Entfernung zu groß war und mein Vater nicht die Bereitschaft hatte, zu uns zu ziehen. Es belastete mich. Eine von den Gruppenmitgliedern hatte mir erzählt, dass ihr Vater auch Parkinson hatte und alle paar Jahre in die Parkinsonklinik nach Wolfach im Schwarzwald gegangen ist, um sich medikamentös neu einstellen zu lassen. Deshalb wollte ich unbedingt einen Termin bei diesem Arzt haben. Mein Vater nahm schon paar Jahre dieselben Tabletten und immer noch dieselbe Dosierung. Ich wollte ihn unbedingt in diese Klinik bringen, damit er medikamentös richtig eingestellt und sein Bewegungsapparat trainiert wird. In der Zeit, in der mein Vater dort war, wollte ich meine Mutter zu uns holen. Sie hätte sich in dieser Zeit bei Familie Klugmann in der Einliegerwohnung einquartieren und von den ganzen Strapazen erholen können. Mittags, wenn ich mit dem Putzen fertig war, hätte ich sie mit zu uns nehmen und den restlichen Tag mit ihr verbringen können. Und am Wochenende Papa besuchen, das war mein Plan.

So kam es auch, mein Vater konnte in die Klinik eingewiesen werden. Mein Vater war zweimal in der Klinik in Wolfach. Der Aufenthalt in der Klinik tat meinem Vater jedes Mal gut. Die Anwendungen, gezielte Therapien und die Einstellung der Medikamente. Er blühte jedes Mal auf. Das regelmäßige Essen und die Ruhe taten ihm gut. Als sie wieder zuhause in Treuchtlingen waren, wurde es immer schwieriger. Mein Vater konnte sich nicht mehr so gut bewegen, wie er es gerne getan hätte, und meiner Mutter wurde alles zu viel. So kam auch kein regelmäßiges Essen mehr auf den Tisch. Der Haushalt war nicht mehr so in Schuss, wie man es sich gerne gewünscht hätte, ich merkte Jahr für Jahr, dass es schlechter wurde. Darum waren mir die Aufenthalte meines Vaters in der Klinik sehr wichtig.

Für meine Mutter war es immer wie Urlaub. Bei mir musste sie sich um nichts kümmern, sie konnte einfach nur da sein und unsere gemeinsame Zeit genießen. Mama liebte den Hund Ricky von Familie Klugmann, der am Morgen in die Einliegerwohnung kam, um meiner Mutter einen guten Morgen zu wünschen. Meine Mutter genoss den schönen Garten, sie genoss es, die Schildkröte zu beobachten bei himmlischer Ruhe. Nach ein paar Tagen merkte ich die Verbesserung an ihr. Sie sah erholter aus, lief aufrecht, und das Wasser in den Beinen war nicht mehr so extrem. Meine Schwester Anne kam auch zu uns zu Besuch. Sie nahm sich in Spaichingen eine Pension und verbrachte den Tag mit uns. Sie ging mit Mama frühstücken und spazieren, bis ich mit meiner Tätigkeit am Vormittag fertig war. Sonntags haben wir meinen Vater besucht. Gemeinsam sind wir nach Wolfach gefahren, um Kaffee trinken zu gehen und den Ort anzuschauen. Meinen Eltern merkte ich die Leichtigkeit wieder an, wie sie ihre Pläne für die Zukunft schmiedeten, Pläne, die sie umsetzen wollten, wenn sie wieder zuhause waren. Da spürte ich, dass sie lange noch nicht aufgeben wollten. Das waren die Momente, in denen ich das Gefühl hatte, dass ich die richtigen Entscheidungen getroffen hatte.

Mir wurde nach ein paar Jahren bewusst, dass ich meine Eltern nicht bewegen konnte, nach Baden-Württemberg in unsere Nähe zu ziehen, aber ich wusste für mich, dass ich für sie da sein würde, solange sie am Leben waren, sie unterstützen würde, so gut ich konnte. Ich machte mir Gedanken, um ihre Situation bei sich daheim zu erleichtern. So fing es an, dass ich in regelmäßigen Abständen nach Bayern gefahren bin, um in der Wohnung eine Grundordnung zu schaffen, einen Großeinkauf zu machen und vor allem Selbstgekochtes mitzubringen. Das Essen habe ich portionsweise eingefroren, um Mama zu entlasten. Ich half und unterstützte meine Eltern, so gut ich es angesichts der Entfernung konnte.

Durch den ganzen Stress und die Arbeit wurde mein Zigarettenkonsum immer mehr, zum Schluss waren es etwa zwei Schachteln am Tag. Ich merkte, dass das viele Rauchen mir nicht mehr guttat. So versuchte ich immer wieder aufzuhören, um meine Kopfschmerzen zu reduzieren. Mal schaffte ich vier Wochen ohne Zigaretten, dann wurde ich durch Stresssituationen jeglicher Art wieder rückfällig. Beim nächsten Anlauf schaffte ich sogar acht Wochen, obwohl Matthias noch rauchte, bin dann leider doch wieder gescheitert. Es frustrierte mich, ich wollte unbedingt aufhören zu rauchen, am liebsten wäre es mir gewesen, Matthias hätte mit mir aufgehört. Ich hatte das Thema öfter angesprochen, konnte ihn aber nicht überzeugen, er war noch nicht so weit. Wir rauchten beide sehr viel, und das wussten wir auch. Es war uns beiden bewusst und wir merkten, dass es uns gesundheitlich nicht guttat, aber die Angst vor dem Scheitern war abermals größer.

In unserer Gruppe vom Freundeskreis wurden verschiedene Seminare angeboten, unter anderem auch ein Nichtraucherseminar. Ich versuchte, Matthias zu überreden, dieses Seminar mit mir zu besuchen. Nach langem Reden konnte ich Matthias davon überzeugen, mit mir das Nichtraucherseminar zu besuchen. Wir waren sechzehn Personen, die den Kampf gegen den blauen Dunst aufnahmen. Schon beim gegenseitigen Kennenlernen merkten wir Teilnehmer, wie nervös wir waren. Aber auch eine Portion Galgenhumor war dabei, denn wir waren alle in derselben Situation und hatten dasselbe Ziel vor Augen.

Unsere rauchfreie Zeit sollte mit einem Ritual am Feuer beginnen. Wir alle rauchten gemeinsam unsere letzte Zigarette. Die restlichen Zigaretten verbrannten wir und gaben alle Feuerzeuge ab. Nun wurde uns erst richtig bewusst, dass wir noch eine halbe Stunde hatten, um von unserer letzten Zigarette Abschied zu nehmen. Die Stunde der Wahrheit war gekommen und es begann für jeden ein neuer Lebensabschnitt, eine rauchfreie Zukunft. Die stärksten körperlichen Entzugserscheinungen bei Nikotinsucht dauern bei den meisten Menschen etwa sieben bis zehn Tage an. Umso wichtiger ist es, einen Ersatz zu suchen, statt zu rauchen, etwa laufen zu gehen oder kreativ zu werden oder zu meditieren. In den weiteren Gruppengesprächen erarbeiteten wir Strategien, um unsere Sucht zu bekämpfen und unsere Ängste zu besiegen. Wir waren alle sehr stolz darauf, dass wir es die ersten zwei Tage gemeinsam geschafft hatten, rauchfrei zu bleiben. Nun waren wir alle auf uns selbst gestellt, doch unser Glaube und das Wissen, dass wir nicht allein waren, gaben uns Mut, weiterzuführen, was wir gemeinsam begonnen hatten.

Nach einem halben Jahr erwarteten wir mit Neugier unser Nachtreffen, leider sind nicht alle gekommen. Bei denen, die dabei waren und sich wiedersehen durften, war die Freude riesig. Unser letztes gemeinsames Gruppengespräch fand nun statt. Alle erzählten, in welcher Situation sie noch sehr zu kämpfen hatten, auch uns kostete es einige Überwindung. Die Suchtdruckphasen dauerten etwa fünf bis zehn Minuten, danach wurde es wieder besser. Das war die Zeit, die man überbrücken musste. Leider hatten einige Teilnehmer es nicht geschafft, rauchfrei zu bleiben, und sind deshalb nicht gekommen. Vielleicht war es noch nicht der richtige Zeitpunkt, um aufzuhören. Wichtig ist, dass man wieder und immer wieder einen Neuanfang starten darf, um das Selbstvertrauen neu zu gewinnen und auch neue Erfahrungen zu sammeln.

Nun waren wir rauchfrei, aber in Stresssituationen war es schwer, nicht zu rauchen. Im ersten Jahr kreisten die Zigaretten viel in meinem Kopf umher. Bei Adrian hatte ich das Gefühl, dass er auch nicht mehr gerne zu uns kam. Es gab von seiner Seite bestimmt viele Punkte, die ihn dazu getrieben hatten, auf Abstand zu gehen. Ich habe mich immer sehr bemüht, es allen und jedem recht zu machen. Uns ging es finanziell zwar besser, aber wir waren noch nicht so weit, dass wir das Geld ausgeben konnten, ohne zu überlegen. Ich hätte gerne Adrian öfter bei mir gehabt, ihm auch mal größere Geschenke machen wollen. Ich denke, dass er bis heute auf Michael eifersüchtig ist. Michael konnte beide Elternteile für sich beanspruchen. Adrian musste sozusagen beide Elternteile mit neuen Partnern teilen. Ich denke, bei seiner Oma Rita fühlte er sich am wohlsten, sie hatte ihn großgezogen und ihm viel ermöglicht.

Es stand nun die Konfirmation von Adrian an und keiner wusste, wie sie organisiert werden würde. Ich wünschte mir von Herzen, dass ich und alle anderen gemeinsam an dieser Festlichkeit an einem Tisch sitzen würden, um das Fest zu genießen. Um Adrian zu zeigen: Egal, wie unsere Familienverhältnisse sind, wir haben dich alle lieb und du bist uns wichtig. Was ist eigentlich eine Familie? Wo beginnt eine Sippe und wo hört sie auf? Welche Funktion hat jeder Einzelne in der Gemeinschaft? Gern wird heute unter dem heiligen Begriff der Familie vor allem die Kleinfamilie verstanden. In der Praxis zeigt sich diese jedoch direkt nach der Alleinerziehung als die nächstproblematische soziale Konstruktion mit dem höchsten Schuldzuweisungspotential. Wir kennen heute kaum Kleinfamilien, die nicht zerbrochen sind. Ich fühlte mich verstoßen, einmal hieß es, ich könne an der Festlichkeit teilnehmen, dann wiederum das genaue Gegenteil. Sie wussten, dass sie mich damit sehr verletzen konnten.

Wo war der Respekt geblieben? Es war auch mein Sohn. Der ständige Mangel an Respekt hatte mein Selbstwertgefühl stark beeinträchtigt. Ich fühlte mich gekränkt und missachtet. Jeder Mensch hat Respekt verdient. All das klingt in der Theorie zwar gut, aber in der Praxis klappt es leider oft nicht. Es kam so weit, dass ich zur Konfirmation ausgeladen wurde. Es war wie ein Schlag ins Gesicht. Wir alle wünschen uns, von unseren Familienmitgliedern und von den Menschen, die uns in unserem Leben begleiten, respektiert zu werden, ein liebevoller Umgang im Miteinander sollte eigentlich selbstverständlich sein. Ist es aber nicht, weil wir Egoisten und auf unsere Vorteile aus sind, und manchmal tut es gut, einem anderen weh zu tun. Es war Arons Ziel, mir weh zu tun, er hatte es mit der Ausladung geschafft. Das Leben schreibt oft seine eigenen Geschichten, mit denen man gar nicht rechnet. In dem Moment, als ich die Äußerung von Aron hörte, brach für mich meine Welt zusammen. In der ganzen Zeit hatte ich alles aufrechtzuerhalten und es, wenn möglich, jedem recht zu machen versucht. Sogar Matthias hatte öfter versucht, mit Aron zu reden.

Kennst du diese Situation, dass du etwas erreichen willst, was dir sehr wichtig ist, so wie es mir wichtig wäre, an der Konfirmation von Adrian teilzunehmen? Einige Tage zuvor kam ein Anruf von Aron, dass es mit Samstag nicht klappt, ohne Begründung sagte er uns ab und hängte den Hörer ein. Mir zerbrach das Herz. Ich konnte in vielen Situationen bei meinem Kind nicht dabei sein, deshalb wollte ich unbedingt an dieser Festlichkeit teilnehmen. Obwohl man hart für eine Sache arbeitet und viel Energie aufwendet, kommt man doch nicht immer ans Ziel. Traurig, aber wahr, so kam es, dass wir am Tag der Konfirmation nach Schwabach gefahren sind, um wenigstens in der Kirche dabei zu sein. Nach dem Gottesdienst gab Aron uns eine halbe Stunde, die wir mit Adrian verbringen durften. Adrian kam nach dem Gottesdienst zu uns, so hatten wir wenigstens die Möglichkeit, ein paar Fotos zu machen, ihm sein Geschenk zu überreichen und ihn zu beglückwünschen. Ich hätte so gerne den Tag mit ihm verbracht, aber ich musste es akzeptieren und das Beste daraus machen.

Etwas einfach hinzunehmen und zu akzeptieren, auch wenn es uns nicht gefällt, ist sehr schwierig. Aber es ist auch ein wichtiger Schritt hin zu einem zufriedenen Leben. Denn es gibt nun einmal Dinge, die man nicht ändern kann. Im Leben begegnen uns immer wieder Situationen,

Personen oder Probleme, die nicht unserer Vorstellung entsprechen und die uns vielleicht auch Leid zufügen. Ich habe gelernt, dass Akzeptanz bedeutet, diese erst einmal als gegeben hinzunehmen. Das hat nichts mit Aufgeben oder mit einer Niederlage zu tun. Im Gegenteil, solange du gegen eine Sache ankämpfst, die du nicht ändern kannst, verschwendest du Zeit und Energie, die du an anderer Stelle dringend brauchst. Du ersparst dir viele negative Gefühle wie Verzweiflung, Hilflosigkeit, Angst oder Zorn. Die Energie, die du dadurch einsparst, kannst du nun einsetzen, um Lösungen zu finden und deine Lage zu verbessern.

Akzeptieren lernen heißt auch, das Steuer über das eigene Leben wieder stärker in die Hand zu nehmen. Wir wissen alle, die Welt ist nicht gerecht. In den meisten Filmen oder Büchern werden am Ende die Guten belohnt und die Schlechten bestraft. Das ist deshalb so, weil wir uns wünschen, dass die Wirklichkeit genauso funktioniert. Leider ist das nicht der Fall. Auch den besten, ehrlichsten, aufrichtigsten, mutigsten Menschen können schlimme Dinge passieren, und oft genug kommen furchtbare Menschen mit ihren Taten durch. Die Welt ist nicht gerecht, nur wenn du diese grundsätzliche Tatsache akzeptierst, wird es dir möglich sein, im Einzelfall für Gerechtigkeit einzustehen.

Ich habe mir so oft Selbstvorwürfe gemacht: Hätte ich nicht getrunken oder hätte ich mehr für Adrian gekämpft … All diese Gedanken gingen mir so oft durch den Kopf, aber was bringt es einem? Jeder Mensch macht Fehler, Fehler gehören zu unserem Leben dazu, im Kleinen wie im Großen. Wir alle haben Fehler gemacht und werden immer wieder welche machen. Nur wenn wir diese Tatsache akzeptieren, werden wir in der Lage sein, aus Fehlern zu lernen und die Konsequenzen unserer Entscheidungen zu tragen.

Adrian wandte sich immer mehr von mir ab, er wollte uns nicht mehr besuchen und zum guten Schluss auch keinen Kontakt zu uns mehr haben. Ruth hatte bald ihren 50. Geburtstag. Matthias und ich wurden eingeladen. Ich teilte Rita mit, dass wir am Samstag in ihrer Gegend seien, da Ruth Geburtstag habe und wir eingeladen seien. Sie meinte: „Wenn ihr in der Gegend seid, kommt doch auf einen Kaffee vorbei.“ Wir nahmen die Einladung an. Ruths Geburtstagsfeier ging erst am Abend los, so hatten wir die Zeit, den Nachmittag bei Rita und Otto zu verbringen. Es war jedes Mal ein komisches Gefühl, das Haus zu betreten.

So viel war in diesem Haus passiert, aber es hatte auch schöne Momente gegeben. Es waren die Erinnerungen an Adrian, die mich quälten. Ich hatte große Sehnsucht nach ihm. Warum konnten wir nicht das Kriegsbeil begraben? Ich hatte an diesem Tag kein gutes Gefühl. Ich fand, Rita war nicht ehrlich, sie hatte eine scheinheilige Art an sich. Mein Gefühl hat mich nicht getäuscht.

Als wir ankamen, wurden wir herzlich begrüßt, sie bat uns ins Haus. Wir gingen in ihre Küche und ich sah den Kuchen dort stehen. Es war eine Eierlikörtorte. Ich traute meinen Augen nicht. Matthias und ich schauten uns an und für mich stand fest, dass ich von diesem Kuchen nichts essen würde. Vielleicht täuschte ich mich auch und der Kuchen sah nur wie eine Eierlikörtorte aus. Ich fragte nach und Rita bestätigte, dass es eine Eierlikörtorte war. Otto sagte nichts, wie immer stand er nur da. Ich wies Rita darauf hin, dass wir von diesem Kuchen nichts essen werden. Als Antwort habe ich etwas zu hören bekommen, das mich schockierte. „Da ist doch nicht viel Eierlikör drauf, das bisschen macht nichts." Sie habe ganz vergessen, dass ich keinen Alkohol mehr zu mir nehme.

Nach all dem, was in diesem Haus durch meinen Alkoholkonsum passiert war, hatte sie es angeblich vergessen. Es zeigte ihr wahres Gesicht. Nun wusste ich, dass sie viel damit zu tun hatte, dass Adrian keinen Kontakt mehr zu mir haben wollte. Innerlich hatte ich es schon lange gewusst, es aber nicht wahrhaben wollen. Er wurde stark beeinflusst, hatte nur Schlechtes über mich gehört. Sie wollte ihn ganz für sich gewinnen, und das Traurige ist, sie hat es geschafft. Meine Reaktion war ruhig und sachlich. Sie hat uns Kekse angeboten, die ich ihr am liebsten in den Rachen geschoben hätte. Am liebsten wäre ich aufgestanden und wäre gegangen. Machte ich aber nicht, ich sah zu Matthias hinüber, der kurz vor dem Explodieren war, ich schaute ihn an und schüttelte den Kopf. Ich wollte es mit Würde und Fassung tragen. Meine Antwort war: „Rita, du musst nicht daran denken, wichtig ist, dass ich daran denke."

Ich hatte mit meinem Gefühl recht. In diesem Augenblick beschloss ich, dieses Haus nicht mehr zu betreten. Als wir gegangen waren, war es mir zum Heulen zumute. Was macht diese Frau, was habe ich ihr getan, dass sie so mit mir umgeht? Wie kann man nur so gehässig und böse sein? Hass ist ein Gefühl extremer Abneigung und Ablehnung gegenüber einem anderen Menschen. Hass entsteht meist aufgrund einer tiefen Verletzung oder aufgrund des Gefühls, angegriffen zu werden. Hassgedanken nehmen sehr viel Raum in unseren Alltag ein. Hass wird immer von dem Wunsch begleitet, dem anderen zu schaden und sich zu rächen. Wollte sie sich rächen, weil ich ihren Sohn verlassen hatte? Weil ich die Entscheidung getroffen habe, zu gehen und mich scheiden zu lassen?

Hass gilt als das Gegenteil der Liebe und oft wird gesagt, dass beide eng beieinander liegen. Darum rate ich dir, lass dich nicht darauf ein. Lass dich davon nicht unterkriegen. Es ist zwar blöd, aber auch die Situationen gehen vorüber, und du wirst irgendwann Leute finden, die auf derselben Wellenlänge sind wie du. Bleib auf jeden Fall so, wie du bist, und verändere dich nicht für andere wegen irgendwelcher Wichtigtuer. In solchen Momenten verstand ich oft die Welt nicht mehr. All die Jahre hatte Rita mir etwas vorgespielt, und ich bin immer wieder darauf hereingefallen. Nun war Schluss damit, ich brach den Kontakt ab. Bei Ruth ließ ich mir nichts anmerken, wir hatten es ihr erzählt, aber es war ihr Abend, da wollte ich nicht mit meinen Problemen kommen. Ich versuchte an diesem Abend, abzuschalten und die Feier zu genießen, und freute mich vor allem, Ruth zu sehen.

Bei der Feier merkte ich: Man kann so viel Spaß ohne Alkohol haben. Man denkt oft, dass man Alkohol braucht, um locker zu werden. Blödsinn! Und das Gute ist, noch am nächsten Tag geht es dir richtig gut. Du hast kein Kopfweh und keinen Kater. Wenn ich jemandem erzähle, dass ein Leben ohne Alkohol nichts mit Verzicht oder Langeweile zu tun hat, glauben viele mir nicht. Aber so ist es, ich vermisse das Trinken nicht eine Sekunde lang. Im Gegenteil, ich bin einfach nur dankbar, dass ich das nicht mehr tun muss. Ein Satz, den ich in den Zeiten meiner Alkoholsucht nicht geglaubt hätte. Dabei könnte er nicht wahrer sein. Ich bin dankbar, nicht mehr trinken zu müssen, weil ich etwas Entscheidendes begriffen habe: Ein Leben ohne Alkohol ist keine Qual, es bedeutet Freiheit.

Adrian bekam ich auch nicht mehr ans Telefon. Nach einer gewissen Zeit meldete er sich bei mir. Ich freute mich sehr, aber die Freude war nur von kurzer Dauer. Adrian teilte mir mit, dass er keinen Kontakt mehr zu mir wollte. In diesem Moment wusste ich nicht, was ich sagen sollte. Ich fragte ihn, warum. Er meinte nur, dass er vorerst keinen Kontakt zu mir haben wolle und ich ihn bitte nicht mehr anrufen solle. Meine Frage war: Hast du mich denn gar nicht mehr lieb? Er sagte mir: Nein, ich habe dich nicht mehr lieb. Mir wurde kalt und heiß zugleich. Mein Herz schlug mir bis zum Hals und mir schossen Tränen in die Augen. Ich bat ihn, es sich noch einmal zu überlegen, und sagte, dass er mich jede Zeit anrufen und zu uns kommen könne. Dass ich auf ihn warten würde und dass unsere Türe für ihn immer offen steht. Ich habe ihm oft Briefe geschrieben, in der Hoffnung, eine Antwort zu bekommen.

Das letzte Mal, dass ich ihm geschrieben und ihm etwas geschickt hatte, war an seinem 18. Geburtstag. Ich hatte ihm ein Paket mit einem Brief geschickt. Darin standen Glückwünsche von uns allen und dass er jederzeit kommen könne. Dass ich ihm nicht böse sei und ihn von ganzem Herzen lieb habe. Dass ich mich nun zurückziehe, denn jedes Mal, wenn ich ihm etwas schicke und keine Reaktion bekomme, auf die ich sehnsüchtig warte, zerbricht mir das Herz. Darum würde ich mich nicht mehr melden und warten, bis er kommen würde.

Es sind mittlerweile zehn Jahre vergangen. Es gibt keinen Tag, an dem ich nicht an ihn denke. Besonders an seinen Geburtstagen oder an Weihnachten fällt es mir sehr schwer. An meinen Geburtstagen hoffe ich jedes Jahr aufs Neue, eine Geburtstagskarte oder ein anderes Lebenszeichen von ihm zu bekommen. Die Situation mit Adrian war nicht zu ändern, es fiel mir aber sehr schwer, es zu akzeptieren, was ich akzeptieren musste und schließlich auch tat. Auch wenn es noch so schwer scheint, soll man auf seine Gedanken achten. Es sind oftmals unsere Gedanken, die uns hindern, dem Leben mit Liebe und Zuversicht zu begegnen. Man muss stets darauf achten, sich nicht in das Grübeln und in Ängste zu verlieren. Da versuche ich tief durchzuatmen, um bewusst Liebe zu spüren und dem Leben zu vertrauen.

Die Probleme häuften sich wieder. Meine Schwester war immer noch in Nürnberg. Keiner wusste, wie es ihr wirklich geht, was sie macht und vor allem wie sie lebt. Meine Eltern ließen gesundheitlich immer mehr nach und von Anne hörte man immer nur noch, wie man was zu machen habe. Sie besuchte unsere Eltern in regelmäßigen Abständen und versuchte auf ihre Weise, sie zu unterstützen. Meist nachdem sie bei den Eltern gewesen war, telefonierten wir, um über die Situation und die Probleme zu sprechen. Meine Schwester und ich kamen nicht wirklich auf einen grünen Zweig. Sie wollte mir immer erklären, was ich zu tun hätte, teilweise sogar Schuldzuweisungen. Sagte ich etwas zu ihr, wollte sie mich nicht verstehen oder verstand mich wirklich nicht. Statt dass wir endlich gemeinsam an einem Strang zogen und zusammen eine Lösung suchten, was meine Eltern betrifft, hörte ich mir immer nur an, dass sie nicht mehr helfen wolle und könne. Sie stand kurz vor der Rente und benötigte ihr Geld selbst. Was ich auch verstehe. Aber ich habe ihr nie gesagt, dass sie den Eltern Geld geben oder die Rechnungen bezahlen solle. Meine Schwester hat viel für meine Eltern getan, sie bezahlte viele Rechnungen und hat sie viele Jahre finanziell unterstützt, aber sie hat es freiwillig getan. Genauso wie ich damals die 30 000 Mark Schulden übernommen habe.

Anne erzählte mir, dass sie gar nichts machen müsse, da sie nicht bei den Eltern aufgewachsen sei. Vielleicht hat sie recht, ich kann sie teilweise verstehen, aber ich kann für die Situation meiner Eltern nichts. Ich kann nichts dafür, dass sie in München aufgewachsen ist und unsere Mutter nicht so für sie da war, wie sie sich es gewünscht hätte. Manchmal denke ich mir, ich bin die jüngste von vier Kindern und soll alles regeln und verstehen und mich versteht kein Mensch. Meine Schwester Anne versteht mich nicht, meine andere Schwester Isa ist alkoholkrank und meinen Bruder habe ich noch nie gesehen und weiß nicht einmal, wo er lebt. Meine Eltern zeigten immer noch keine Einsicht, etwas an ihrem Leben zu ändern, meine Mutter sprach immer häufiger darüber, zu uns ziehen zu wollen, aber mein Vater wollte nicht.

Die Situation zwischen meinen Eltern eskalierte immer öfter. Sie haben viel gestritten, da meine Mutter mit der Krankheit meines Vaters überfordert war, mit dem Haushalt nicht mehr zurechtkam und vieles nicht akzeptieren konnte. So kam es, dass ich, immer wenn ich zu Besuch kam, zunächst eine Grundreinigung durchführen musste. So wurde der Samstag ein Putztag und anschließend ging ich mit meinen Eltern einkaufen. Anschließend gingen wir etwas essen. Die Besitzer des Restaurants kannten uns schon, und so wurden meine Eltern immer sehr herzlich begrüßt. Meinen Eltern tat es gut, unter die Menschen zu kommen. Wenn man Glück hatte, traf man einen Bekannten, der sich zu uns setzte, um Neuigkeiten auszutauschen.

Oft saß ich nur da und beobachtete meine Eltern, mir kamen immer wieder die alten Erinnerungen in den Kopf, wie es früher einmal gewesen war und wie die Situation jetzt war. Wie sich alles im Leben ändert.

Veränderung ist der Beginn von etwas Neuem. Das Neue ist nicht immer positiv. Wir sind gezwungen, Altes loszulassen, das heißt, sich mit dem Prozess der Veränderung auseinanderzusetzen. Diese Prozesse brauchen Zeit und werden uns viele gute, aber auch schmerzhafte Momente bringen. Wo war die Zeit hingegangen, in der meine Eltern alt geworden waren? Und doch war ich immer wieder aufs Neue meinem Gott dankbar, sie noch bei mir zu haben.

Am Sonntag versuchte ich, mit meinen Eltern etwas Schönes zu unternehmen. Wir gingen spazieren, gingen zum Mittagessen und anschließend ins Café. Ich bemühte mich sehr, ihnen das Wochenende so schön wie möglich zu machen. Damit sie für ein paar Stunden ihren Ärger und Frust und die Krankheit vergessen konnten. Ich merkte, wenn ich bei ihnen war, sie unterstützte und alles in Ordnung brachte, kamen die Zufriedenheit und die Lebenslust zurück und sie konnten wieder lachen und ihre Späße machen. Das gab mir ein gutes Gefühl. Obwohl mich diese Wochenenden sehr anstrengten und ich oft sehr müde und abgekämpft nach Hause gefahren bin, machte es mich glücklich. Auf der Autobahn auf meinem Heimweg hatte ich immer sehr viel Zeit zum Nachdenken und Weinen. Mir fielen die Abschiede bei meinen Eltern immer schwerer, ich dachte mir oft, es könnte das letzte Mal gewesen sein, dass ich meine Eltern lebend gesehen habe.

Die Entfernung zu meinen Eltern machte mir oft zu schaffen, ich hätte gerne viel mehr Zeit mit ihnen verbracht, wäre gerne öfter bei ihnen gewesen, um sie mehr zu unterstützen. Aber ich wusste auch, wie meine Eltern sein konnten. Sie waren schon auf eine gewisse Art Egoisten, oft auf ihren Vorteil bedacht. Sie waren meine Eltern und ich hatte sie sehr lieb. Der liebe Gott wusste, warum er mich so weit weg schickte, um nicht gleich springen zu können, wenn etwas ansteht. Er gab mir den Abstand, um mich selbst zu schützen. Ich glaube, hätte ich in dieser Zeit in der Nähe von meinen Eltern gewohnt, wäre alles noch schwieriger geworden. Ich wäre oftmals daran zerbrochen, denn sie hätten mich jeden Tag zu sich gerufen. Mein Herrgott wollte mich schützen.

Ich neige zur Co-Abhängigkeit, wir Suchtmenschen haben die Ader dazu. Ich merkte, dass ich in einer Co-Abhängigkeit war. Wie macht sich das bemerkbar? Der Co-Abhängige hat dabei eigene Motive, indem er sich um den Süchtigen oder die Eltern kümmert und sein eigenes Leben und seine Familie weit nach hinten schiebt, was man selbst in der

Situation nicht erkennt. Das Gefährliche ist, dass man die Co-Abhängigkeit auch nicht gleich erkennt. Man ist am Anfang sozusagen in einer Beschützerphase. Man merkt, dem Süchtigen oder, wie in meinem Fall, den Eltern geht es nicht gut, man will ihnen etwas Gutes tun. Für sie da sein, putzen, einkaufen und versuchen, sie auch in gewisser Weise zu beschützen. Man übernimmt immer mehr Verantwortung, entschuldigt den Süchtigen oder die Eltern, wie ich es oft getan habe. Man verharmlost die Situation oder man redet sich ein, es sei noch nicht so schlimm. Man redet sich ein, wenn ich mich genügend darum kümmere, wird es wieder besser, aber das ist ein Irrglaube.

Man beginnt zu kontrollieren und will alles selbst in die Hand nehmen. Irgendwann merkt man, ich habe es doch nicht im Griff. Man fühlt sich hilflos und ohnmächtig. Man setzt sich selbst immer mehr unter Druck, man reagiert nicht selten aggressiv. Es kommt häufig zu Streit. Wir Angehörige sind in der Regel oft überfordert, verzweifelt und erschöpft. Man ist in dieser Spirale gefangen und da muss man irgendwie versuchen, wieder auszubrechen. Man darf seine eigene Familie nicht vergessen. Was brauche ich selbst, dass es mir gut geht? Ich wollte nicht wieder in eine Depression fallen. Ich war froh, dass ich mein Leben nun ohne Medikamente im Griff hatte. Darum muss man sich immer wieder die Frage stellen: Was kann ich selbst für mich tun? Man muss aufpassen, die Verantwortung für sich selbst nicht zu verlieren. Wenn wir nicht lernen, loszulassen, werden wir selbst krank.

Alle Menschen machen sich wie zu allen Zeiten auch jetzt noch zu Sklaven. Wir sind frei geboren, und doch liegt man überall in Ketten, nur wir wollen es nicht wahrhaben. Irgendwie sind wir doch alle voneinander abhängig, es ist schwer geworden, sich in seine persönliche Festung zurückzuziehen, in sein Inseldasein zu gehen und die Seele und sich selbst zu pflegen.

Es kam der Zeitpunkt, an dem sich bei meinen Eltern der Schimmel in der Wohnung breitgemacht hatte. Obwohl meine Eltern Tag und Nacht das Fenster offen hatten, wucherte in kürzester Zeit der Schimmel. Er breitete sich rasant aus, hauptsächlich in der Küche. Meine Mutter rief uns weinend an und klagte uns ihr Leid. Dass die Situation sich immer mehr verschlimmere, dass sie bald nicht mehr könne und so nicht mehr weiterleben wolle.

Es kam noch dazu, dass meine Mutter im April 2011 einen Wirbeleinbruch am Rücken hatte. Somit musste sie schnellstmöglich operiert werden. So kam ein Problem nach dem anderen dazu. Meine Mutter war im Krankenhaus, mein Vater allein zuhause, was nicht so gut funktionierte. Dazu noch der Schimmel in der Wohnung, der sich bei meinem Vater auf den Bronchien mit einem ständigen Hustenreiz bemerkbar machte. Gott sei Dank hatte ich Hubert, der gegenüber wohnte und Nachbarschaftshilfe leistete. Ich fragte ihn, ob er sich um meinen Vater kümmern könne, solange meine Mutter im Krankenhaus war.

Meine Mutter hatte die Operation gut überstanden. Es machte mir sehr zu schaffen, wie wir die Wohnung von Schimmel befreien konnten. Solange die Wohnung bewohnt war, konnte man nichts unternehmen. Aber wo sollte ich meinen Vater unterbringen? Eine neue Wohnung zu beziehen, wäre mit viel Kosten verbunden, Geld, das wir nicht hatten. War mein Vater schon im Bett, saß ich oft in der Küche und schaute verzweifelt die Wände an, die mir erschienen wie im Gruselkabinett. Mir schossen Gedanken durch den Kopf: Warum darf ich nicht zur Ruhe kommen? In meiner Verzweiflung nahm ich ein Blatt Papier und einen Stift. Mir fiel eine Sendung im Fernsehen ein, „Vera. Die in Not", die uns vielleicht helfen konnte. Ich war in einer Notsituation, so fasste ich einen mutigen Entschluss und schrieb an diesem Abend einen Brief.

*Liebe Vera!*

*Ich schreibe dir, weil du eine meiner letzten Hoffnungen bist. Mein Name ist Sonja Weiß, ich bin 40 Jahre alt, komme aus Aldingen, das in Baden-Württemberg liegt. Es geht um meine Eltern, die mir sehr viele Gedanken und Sorgen bereiten. Sie sind beide 77 Jahre alt. Mein Vater hat die Krankheit Parkinson, was wiederum meiner Mutter sehr zu schaffen macht. Sie ist rund um die Uhr für ihn da, was meine Mutter sehr belastet. Da mein Vater keine Notwendigkeit sieht, Hilfe zuzulassen oder zu uns nach Baden-Württemberg zu ziehen, um meine Mutter zu entlasten, ist meine Mutter physisch und psychisch sehr angeschlagen. Ihr hoher Blutdruck macht mir auch Angst.*

*Nun zu meinen Anliegen, ich versuche, es in wenigen Worten zu beschreiben. Meine Eltern wohnen schon längerer Zeit in einer Mietwohnung. Sie haben in dieser einen hohen Schimmelbefall, und das großflächig. Der Schimmel breitet sich immer weiter aus, was wiederum meinem Vater schwer zu schaffen macht und sich mit mehreren Hustenanfällen am Tag bemerkbar macht. Meine Eltern haben keine Rücklagen, um die Wohnung zu renovieren, ich habe das Geld leider auch nicht, kann auch keinen Umzug vornehmen. Ich möchte meiner Mutter ihren letzten Wunsch erfüllen, noch einmal in einer schönen altersgerechten Wohnung zu leben. Ich hoffe, du kannst mir helfen, wir haben keine Freunde oder Verwandte, die uns helfen. Meine Schwester kann mir auch nicht helfen, da sie schwer alkoholkrank ist. Wenn du mehr über mich oder die Situation erfahren möchtest, würde ich mich sehr freuen, etwas von dir zu hören oder zu lesen. Ein Dankeschön im voraus, dass du dir die Zeit genommen hast, um diesen Brief zu lesen.*

*Lieben Gruß,*
*Sonja Weiß*

Ich merkte, wie mein Akku immer leerer wurde, und doch setzte ich viel Hoffnung in diesen Brief, den ich am nächsten Tag absendete. Und doch musste ich funktionieren, ich hatte meinen Michael, der mich brauchte, Matthias wollte ich auch nicht nur mit diesem Thema belasten und meiner Arbeit wollte ich gerecht werden. Da war ich wieder an dem Punkt, dass man mit seinem Schicksal allein ist. Ich hatte Matthias, das war mein Glück. Aber mit meinen Schwestern konnte ich nicht darüber reden, um eine Lösung zu finden. Das Wichtigste war, dass Mama wieder gesund wurde und sich in dieser Zeit jemand um meinen Vater kümmerte. In meiner Verzweiflung besuchte ich immer dann, wenn ich in Treuchtlingen war, meinen Jesus. Ich bat ihn um Hilfe und um eine Lösung.

Ich tue mir sehr schwer, andere um Hilfe zu bitten. Man zeigt sich verwundbar, wenn man um Hilfe bittet. Wir sind dann vielleicht doch nicht so stark, wie wir uns oft nach außen zeigen. Es könnte vieles viel leichter sein. Helfen heißt auch Mensch sein, das wurde und wird mir immer wieder bewusst, wie sehr uns das ausmacht. In Kontakt mit Menschen treten und zusammen etwas meistern. Vielleicht kann der eine gar nichts beitragen, weil er es eben nicht kann, doch es spielt keine Rolle. Mein Gegenüber ist trotzdem da. Wir haben für einen kurzen Moment etwas geteilt, waren lebendig. Ich sage dir noch etwas: Ich möchte es wieder mehr in der Welt erleben. Mir wird unser Leben oft viel zu zynisch, Neid und Missgunst wuchern wie Unkraut. Nicht zu helfen, weil einem selbst keiner hilft. Denn jeder ist sich selbst der

Nächste. Wenn ich mir was wünschen darf, dann dass jeder von uns es wieder zulässt, dass wir menschlicher miteinander umgehen. Auf wen ich mich immer verlassen kann, ist Jesus, er wird eine Lösung haben, vertraue auf ihn und es wird gut.

Ich hatte im Krankenhaus mit Mamas Arzt ein Gespräch. Ich freute mich, als er mir mitteilte, dass alles soweit gut verlaufen war. Dass sie nach dem Krankenhausaufenthalt für drei Wochen in Treuchtlingen in die Reha gehen würde, um die Einschränkungen von Körperfunktionen zu verbessern. Zu den Therapiezielen sollten gehören die passive und aktive Mobilisierung, Verbesserung der Körperhaltung, Treppentraining, Stand- und Gang-Schule. Es hörte sich gut an, um Mama aufzubauen und wieder zu stabilisieren.

Mir kam gleich in den Sinn, dass meine Mutter für drei Wochen nicht zu Hause sein würde. Ich fasste meinen Mut zusammen und erzählte dem Arzt die Wohnverhältnisse meiner Eltern, die Situation mit dem Schimmel in der Wohnung und dass ich keinen Rat weiß. Die Wohnung musste unbedingt renoviert werden, da mein Vater es auf den Bronchien hatte und tagsüber häufig Hustenanfälle bekam. Ich hatte aber nicht die Möglichkeiten, die ich benötigte. Ich sagte dem Arzt auch, dass ich zu weit weg wohnte, um meinen Vater zu versorgen. Dass ich meinen Vater auch nicht zu mir holen konnte. Dass mein Mann und ich gerne die Wohnung renovieren würden, solange meine Mutter auf Reha ist. Während dieser Zeit sollte aber auch mein Vater nicht in der Wohnung sein. Wir hatten mit unseren Verwandten keinen großen Kontakt, deshalb wollte ich keinen von ihnen fragen. Die Bereitschaft, in ein Seniorenheim zur Kurzzeitpflege zu gehen, hatte mein Vater nicht. Meine Eltern waren nicht immer einfach, aber ich konnte sie unter diesen Bedingungen nicht wieder in die Wohnung lassen.

Ich sagte zu dem Arzt: „Vielleicht können Sie mir helfen, wo ich meinen Vater unterbringen kann, um die Wohnung zu renovieren und sie vom Schimmel zu befreien.“ Der Arzt hörte mir zu und versprach mir, sich Gedanken zu machen, um eine Lösung zu finden. Danach stellte ich mir die Frage: War es richtig gewesen, dem Arzt alles zu erzählen? Jeden Tag haben wir es mit einer Vielzahl von verschiedenen Persönlichkeiten zu tun. Jeder dieser Kontakte bringt seinen eigenen Charakter mit sich. Doch wie kann man wissen, wo ich wirklich aufrichtig und ehrlich sein kann oder doch manchmal eine Lüge oder Heuchelei sinnvoller ist. In diesem Moment war es mir egal, ich wollte meinen Eltern helfen.

Ich habe auch eine Absage vom Fernsehteam Vera bekommen. Leider ist Aufrichtigkeit in den heutigen Zeiten, in denen viele nur auf den eigenen Vorteil bedacht sind, ein seltenes Gut. Umso mehr sollte man den Kontakt zu ehrlichen und aufrichtigen Menschen pflegen. Ein paar Tage später holte mich der Arzt in sein Besprechungszimmer. Er sagte: „Frau Weiß, ich habe eine Lösung gefunden. Ihr Vater wird Ihre Mutter in die Reha begleiten. Ihr Vater wird die drei Wochen als Begleitperson komplett in der Reha mit anwesend sein. Die Mitaufnahme der Begleitperson wird von der Krankenkasse bezahlt. Zusätzlich wird Ihr Vater Anwendungen wie Sport, Beweglichkeitstraining und Ausdauertraining verschrieben bekommen, was seiner Krankheit zugutekommt. So haben Sie genügend Zeit, die Wohnung Ihrer Eltern zu renovieren."

Meine Gebete wurden erhört. Ich war sehr glücklich und bedankte mich tausendmal bei dem Arzt. Die gute Nachricht vermittelte ich gleich meinen Eltern. Sie freuten sich sehr, zusammen in die Reha gehen zu können. Ende April waren die Osterferien, also konnten wir alle drei, also Matthias, Michael und ich, uns eine Woche in Bayern aufhalten, um die Wohnung meiner Eltern auf Vordermann zu bringen. Nach einer Woche schwerer Arbeit hatten wir es geschafft. Die Wohnung war nicht mehr wiederzuerkennen. Der Schimmel war entfernt, alles blitzte und strahlte vor Sauberkeit. Es war ein Neuanfang für meine Eltern. Sie fragten bei jedem Besuch, wie weit wir seien, ob alles wieder schön sauber sei. Meine Eltern erholten sich hervorragend. Durch die Ruhe, viel Schlaf und das regelmäßige Essen kamen sie schnell wieder zu Kräften. Was ich in dieser Zeit auch organisierte, waren Hilfsmittel für die Wohnung. Ich sprach mit dem Hausarzt meiner Eltern, er stellte ein Schreiben aus, mit dem ich zur Krankenkasse ging, um die medizinische Notwendigkeit zu bescheinigen, den Alltag im Haushalt zu erleichtern. Es wurde ein Badelift eingebaut, eine zusätzliche Toilettensitzerhöhung, für beide Eltern zwei Rollatoren, Stützen und Hebegriffe.

Nun war der Tag gekommen, an dem meine Eltern aus der Reha entlassen wurden und wir sie nach Hause holten. Die Neugier war riesengroß, sie konnten es kaum erwarten. Meine Mutter war nun schon ein paar Wochen nicht mehr zuhause gewesen und hatte das alte Bild im Kopf. Gespannt gingen sie die Treppe hoch. Als sie die Wohnungstüre aufgeschlossen hatten und ihnen der Duft von frisch geputzten Zimmern in die Nase stieg, war die erste Freude da. Sie trauten ihren Augen nicht, die Begeisterung war groß. Es war mehr, als die beiden sich erhofft hatten. Sie haben gesehen und gemerkt, dass wir mit Eifer der Sache nachgegangen waren. Wer mit Begeisterung seiner Arbeit nachgeht, wird sie als sinnvoll empfinden. Unseren Beitrag hatten wir geleistet und damit unser Ziel erreicht. Wir hatten meine Eltern zum Staunen gebracht.

Vor allem über die Hilfsmittel im Haushalt war die Freude groß. Sie konnten gar nicht alles auf einmal realisieren und glauben, sie saßen in der Küche und schauten sich um. Meine Mutter weinte vor Glück und mein Vater wusste gar nicht, wie er uns danken sollte. Sie hätten nicht gedacht, dass in der kurzen Zeit der Traum von einer schönen Wohnung wieder wahr werden würde. In diesem Moment merkte ich, dass die Ängste und Sorgen über Bord waren. Sie strahlten nur noch Zufriedenheit und Freude aus. Wir hatten es mit Gottes Hilfe wieder einmal geschafft. Dieses Problem hatten wir bewältigt.

Wir genossen unsere letzten Tage alle zusammen, bevor wir wieder nach Hause fuhren. Sogar Michael war sehr überrascht, wie schön alles wieder geworden war. Am letzten Tag ging ich in meine Kirche, um mich erneut herzlich zu bedanken. Ich zündete eine Kerze an, setzte mich zufrieden auf die Bank und sah zu Jesus. Voller Freude blicke ich zu ihm. Denn du bist der Einzige, der mein Elend kennt, du kümmerst dich um meine Nöte. Seien es noch so viele Sorgen, die mich quälen, du gibst mir Trost und Halt. Danke!

Die Neugier meiner Geschwister war groß. Nachdem alles erledigt war, kam Anne mit ihrer Freundin meine Eltern besuchen. Sie waren sehr überrascht, dass wir es in kurzer Zeit so toll hinbekommen hatten. Anne erwähnte immer wieder bei unseren Telefonaten, wie dankbar sie sind, wieder in einer schimmelfreien und sauberen Wohnung zu leben. Sogar Isa meldete sich nach Langem wieder einmal bei meinen Eltern. Mama erzählte ihr alles. Von ihrem Wirbeleinbruch, von der Schimmelwohnung und dass wir alles so toll renoviert hatten.

Im Juni 2010 stand Mamas Geburtstag an. Isa war nun schon für ein paar Wochen wieder trocken. Als ich mit ihr telefonierte, fragte ich sie, ob sie nicht Lust hätte, mit uns allen an Mamas Geburtstag essen zu gehen. Wir haben uns in Schwabach am Hauptbahnhof verabredet. Es sollte für unsere Mutter eine Geburtstagsüberraschung sein, und so sagte ihr keiner etwas davon. Unsere Mutter wunderte sich, dass wir in der Wirtschaft essen gehen wollten, wo ich das erste Mal geheiratet hatte. Ich glaube, auch mein Vater wusste von all dem nichts.

Nun fuhren wir alle zusammen nach Schwabach. Anne wusste Bescheid. Als wir am Bahnhof angekommen waren, sah ich Isa am Haupteingang vom Bahnhof stehen. Meine Mutter fragte: „Was wollen wir am Bahnhof?“ Ich sagte: „Schau doch mal zum Haupteingang!“ Meine Mutter freute sich so, dass sie weinen musste. Es waren vier bis fünf Jahre vergangen, seit wir uns alle zusammen gesehen hatten. Darum war die Freude von allen Seiten riesig. Isa hatte einen neuen Freund, der Thomas hieß. Seit sie mit ihm zusammen war, hatten sie es geschafft, trocken zu bleiben und hatten eine Zwei-Raum-Wohnung. Dort habe ich sie im Oktober in Nürnberg besucht. Die Wohnung hatten sie nett eingerichtet, Isa war sehr bemüht und wollte mir alles recht machen. Als ich wieder nach Hause gefahren bin, fragte ich mich, ob es so bleibt, was ich innerlich sehr hoffte. Unser Abschied schmerzte uns beide, wir hatten Tränen in den Augen. Was für viele normal ist, war für uns etwas Außergewöhnliches.

Darum war die Zusammenkunft an Mamas Geburtstag auch etwas Besonderes. Denn keiner konnte sagen, wann wir uns wieder alle zusammen sehen würden. Meine Schwester brachte unserer Mutter schöne Blumen mit. Wir gingen zusammen essen und danach im Wildschweingehege spazieren. Es war ein unbeschwerter Tag, Isa erzählte von ihren Plänen und Wünschen. Anne gab wie immer gute Ratschläge. Meine Eltern genossen diesen Tag, und was mich betrifft, ich war einfach nur glücklich, alle zusammen bei mir zu haben. Nach dem Geburtstag kam Isa mit ihrem Freund Thomas aus Nürnberg zu meinen Eltern, um sie zu besuchen und die Wohnung anzuschauen und natürlich, damit sie Thomas kennenlernen.

Es hatte sich eingependelt, dass sie in regelmäßigen Abständen zu Besuch kamen. Nach einem Aufenthalt bei meinen Eltern rief mich Isa an. Sie teilte mir mit, dass sie in der Nachbarschaft meiner Eltern eine leer stehende Wohnung gesehen hatten. Dass sie beide mit dem Gedanken spielten, aus Nürnberg wegzuziehen. Ihr täte Nürnberg nicht mehr gut. Sie wolle endlich vom Alkohol wegbleiben. Thomas hätte auch die Bereitschaft, mit nach Treuchtlingen zu ziehen. Ich sollte aber unseren

Eltern noch nichts sagen, denn falls es klappen sollte, wollte sie unsere Eltern überraschen. Ich glaubte noch nicht richtig daran. Meine Schwester hatte schon öfter solche Wünsche und Ideen gehabt.

Es kam anders. Isa bemühte sich um die Wohnung. Wie es das Schicksal wollte, bekam sie die Wohnung und zog mit Thomas im Herbst 2011 nach Treuchtlingen. Einerseits freute ich mich darüber. So war Isa in der Nähe meiner Eltern und ich hoffte, dass sie den Alkohol weiterhin meiden würde, um für Mama eine Hilfe und nicht zum guten Schluss eine zusätzliche Belastung zu sein. Meine große Sorge war, dass meine Schwester das bisschen Rente, das meine Eltern bekamen, zum Teil verschleudern würde. Die Rente meiner Eltern langte ohnehin hinten und vorn nicht. Ich wollte trotzdem erst abwarten, denn vielleicht würde sich das Blatt wirklich zum Guten wenden.

Meine Eltern haben zunächst von dem Einzug Isas in der Wohnung nichts mitbekommen. Als sie endlich in Treuchtlingen waren und ich an diesem Wochenende auch bei meinen Eltern war, sagte ich zu meiner Mutter: „Mama, geh bitte mal ins Wohnzimmer und schau aus dem Fenster, Anatol möchte dir etwas sagen." Anatol wohnte mit in diesem Haus und half meinen Eltern immer, die Einkaufstaschen in die Wohnung zu tragen. Von dort aus konnte man zu meiner Schwester schauen, die schon am Fenster wartete. Meine Mutter schaute aus dem Fenster: „Ich sehe keinen Anatol." Ich sagte: „Schau bitte mal zu dem Haus schräg gegenüber. Kannst du erkennen, wer aus dem Fenster winkt?"

Meine Mutter hatte Isa nicht gleich erkannt, aber als sie ihre Stimme hörte, traute sie ihren Ohren nicht. „Was macht denn Isa in der Wohnung?" Meine Schwester kam mit Thomas zu meinen Eltern. Sie sagten meinen Eltern, dass sie jetzt dort wohnten, dass sie aus Nürnberg weggezogen seien und ein neues Leben beginnen wollten. Die letzten Wochen waren voller Glück und Seligkeit. Meine Eltern freuten sich riesig. Dieses Wochenende war sehr emotional für mich. Sollte sich meine Schwester wirklich ändern und für meine Eltern eine Hilfe sein? Meine Schwester half meiner Mutter im Haushalt, kaufte mit ihnen ein, und standen Reparaturen an, so half Thomas. Meine Schwester hatte auch ihren Nutzen, denn wenn sie kein Geld mehr hatte, konnte sie zu den Eltern gehen, um Essen oder auch Geld zu holen. Es war okay. So hatten beide etwas davon. Einer half und unterstützte den anderen.

Florian, der Sohn von Isa, saß im Gefängnis. Er durfte wegen guter Führung ein Wochenende im Freien verbringen. Er hatte mit seiner Mutter Briefkontakt und so mitbekommen, dass sie nach Treuchtlingen gezogen war. An diesem Wochenende kam er nach Treuchtlingen. Ich glaube, ich hatte ihn schon zehn Jahre nicht mehr gesehen und somit beschlossen, dieses Wochenende nach Treuchtlingen zu fahren. Wir freuten uns alle, ihn nach so langer Zeit wiederzusehen. In dieser Zeit glaubte ich wirklich, es würde sich alles zum Positiven wandeln. Es gab viel zu erzählen. Florian sagte, dass er die Tat von Herzen bereue, die er in seinem Drogenrausch begangen habe. Als er wieder bei Sinnen war, wusste er gar nicht, was er getan hatte. Für seine Tat bekam er sechs Jahre Haft, eine sehr lange Zeit. Wir aßen zusammen am Mittagstisch, gingen mit meinen Eltern spazieren. An diesem Wochenende war alles gut. Es war leider nicht bestimmt, dass es so bleibt.

Nun war wieder ein Jahr vergangen. Isas Alkoholkonsum nahm wieder zu. Sie stritt viel mit Thomas. Sie ging nicht mehr so oft zu unseren Eltern, weil der Rausch es nicht zugelassen hatte. Dies alles machte meinen Eltern sehr zu schaffen. Es ist ein Unterschied, ob man die schlechten Nachrichten oder die Rauschzustände am Telefon hört oder es hautnah miterlebt. Wenn sie betrunken war und mit Thomas gestritten hatte, kam es vor, dass sie meine Eltern nachts aus dem Bett geläutet hat. Hatte sie kein Geld mehr, fing sie an, Geld aus dem Geldbeutel zu stehlen. Sie verkaufte Sachen, die bei meinem Vater im Keller standen, und so kam eins zum anderen.

So kam es, dass der Haushalt gewaltig darunter litt, es lief alles wieder aus dem Ruder. So entschloss ich mich, wieder in regelmäßigen Abständen zu meinen Eltern zu fahren, um die Grundordnung herzustellen und gekochtes Essen mitzubringen, denn meine Eltern kochten fast nichts mehr. Sie aßen sich durch den Tag mit Brot, Kuchen oder Dosenfutter. An guten Tagen gingen sie in die Wirtschaft, um etwas Warmes zu essen, oder gingen ins Café, wo sie wieder nur Kuchen aßen. Sie hatten beide Altersdiabetes, dafür war dies alles die falsche Ernährung. Aber was soll man machen, wenn man alt und krank ist, die Mittel nicht hat und eine Tochter in der Nachbarschaft, die stets betrunken ist und Unruhe stiftet? Nun stand ich wieder an einem Punkt der Verzweiflung. Meine Eltern wurden immer gebrechlicher und kränker. Der ständige Stress und die Verzweiflung brachten sie gesundheitlich an ihre Grenzen.

An einem Tag, als ich bei meinen Eltern war und Frühstück machte, sah ich, dass Mamas Beine sehr dick waren. Sie passte nicht einmal mehr in einen Schuh. Ich schnappte meine Mutter und ging mit ihr zum Arzt. Er meinte, dass er die Wassertabletten erhöhen müsse und fragte, ob sie Stress oder größere Belastungen habe. Meine Mutter war sehr schwerhörig geworden, somit sprach ich für sie. Der Hausarzt wusste über die Familienverhältnisse Bescheid. Er gab mir den Rat, den Diakonie-Dienst zu organisieren. Da mein Vater Pflegestufe hatte, könnte man den Pflegedienst kommen lassen, um meine Mutter zu entlasten. Damit eine regelmäßige Medikamenteneinnahme stattfindet und ein- bis zweimal die Woche eine Reinigungskraft kommt, um den Haushalt aufrechtzuerhalten. All dies würde mit der Pflegestufe die Krankenkasse übernehmen.

Meiner Mutter wurden Thrombosestrümpfe verordnet. Meine Mutter weigerte sich, sie anzuziehen. Der Arzt und ich vermittelten ihr, dass die Füße aufgehen können, wenn sie es nicht macht. Mit Engelszungen konnten wir sie überreden, und somit ließen wir diese Strümpfe anpassen. Denn meine Mutter wusste, dass mit offenen Beinen nicht zu spaßen ist. Meine Mutter wurde medikamentös neu eingestellt, sie bekam ihre Stützstrümpfe und Gesundheitsschuhe vom orthopädischen Schuhladen, was ich ihr ermöglichte. Es benötigte viel Überredungskunst, jemanden Fremden in die Wohnung zu lassen, um die Hilfe in Anspruch zu nehmen. Aber auch dies habe ich geschafft.

So kam nun zweimal am Tag der Sozialdienst, um meine Eltern zu unterstützen und zweimal die Woche für zwei Stunden eine Reinigungskraft. Sie putzte hauptsächlich das Bad und die Küche und brachte den Müll raus, und was an diesem Tag noch Wichtiges anstand, wurde erledigt. Die Medikamente wurden vom Pflegedienst organisiert und zu meinen Eltern mitgebracht. Es war für mich eine große Erleichterung und für meine Mutter auch, sie hatte sich schnell daran gewöhnt. Ich merkte, dass diese Unterstützung beiden sehr guttat. Auf Isa und Thomas konnte man sich nicht mehr verlassen, sie vertranken ihr ganzes Geld, und somit kamen sie ihren Rechnungen und Mietkosten nicht mehr nach. Die Wohnung wurde ihnen gekündigt und sie mussten innerhalb von ein paar Wochen ausziehen.

Es war nicht einfach, als Alkoholiker eine Wohnung zu finden. Hatten sie an gewissen Tagen Lichtmomente, schauten sie in die Zeitung, um eine Wohnung zu bekommen, wo auch das Amt damit einverstanden ist. Es ist so, wenn man Hartz IV bezieht, darf die Wohnung für zwei Personen nicht größer als 60 Quadratmeter sein. Ich weiß nicht, ob ich vor dieser Situation Angst habe oder ob ich einfach nur die Schnauze voll hatte. Seit ich nichts mehr trinke, verspüre ich in solchen Situationen nur noch Ekel gegenüber den Betrunkenen. Ich bin dann genervt und schlecht gelaunt. Mich stört, dass ich dauernd das Gefühl habe, ich müsste auf alle aufpassen und ständig schauen, dass nicht alles aus dem Ruder läuft. Mir anhören zu müssen, es seien immer andere schuld und für die Situation verantwortlich. Ob in der Arbeit oder im privaten Umfeld, sie wollen stets ihre Hände in Unschuld waschen. An ihrer misslichen Lage, an der belastenden Situation, an Fehlern, woran auch immer sind immer die anderen oder die Umstände schuld oder, oder ... dann kommen solche Sätze wie: Ich hätte es geschafft, aber ... Oder: Weil die anderen mich daran gehindert haben, konnte ich dies oder das nicht. Sie suhlen sich in ihrer selbst gewählten Opferrolle. Für alles, was ihnen widerfährt, suchen und finden sie die Schuld bei anderen. Es ist für mich mühsam, nervenaufreibend und ärgerlich zugleich. In diesen Phasen gehe ich oft auf Distanz und will den Kontakt meiden.

Vor allem meine Mutter war in Bezug auf meine Schwester co-abhängig, sie wollte die ständige Kontrolle, oder die Frage wurde gestellt: Ist sie wieder betrunken? So wurde tagsüber oft durch Telefonate kontrolliert, in welchem Zustand sie sich befand. Ging meine Schwester ans Telefon oder kam zu den Eltern, war meine Mutter glücklich und der Tag war gerettet. Wenn ich mit meiner Mutter telefonierte, spürte ich, wie die Lage war. War meine Mutter gut gelaunt und machte ihre Späßchen am Telefon, so wusste ich, es ist alles im grünen Bereich. War meine Mutter nicht gesprächig und hörte mir teilweise gar nicht richtig zu, schimpfte nur über alles und jeden, wusste ich, dass es mit Isa nicht gut lief und sie wieder einmal neben der Spur war.

Eine Co-Abhängigkeit macht krank. Erschöpfung und Verzweiflung förderten bei meiner Mutter psychosomatische Symptome wie Kopfschmerzen oder Herzbeschwerden, die zu einer Depression führten. Sie wollte zeitweise nichts mehr essen, während mein Vater ganz anders damit umging. Er machte auf eine gewisse Art die Schotten dicht. Er redete sich vieles schön und wollte die Realität nicht wahrhaben. Ich denke, er war mit sich selbst beschäftigt und ließ die Problematik gar nicht so an sich herankommen, oder er versuchte es zumindest. Manchmal hätte ich mir gewünscht, nicht so viel Empathie zu haben, auch mal über den Dingen zu stehen.

Man muss aufpassen, dass man Mitgefühl nicht mit Mitleid verwechselt. Und doch finde ich, dass Mitgefühl das Verständnis des Herzens ist. Denn es ist traurig, wenn man nur noch an sich selbst denkt. Kein Blick nach links und rechts, voller Fokus auf den eigenen Vorteil. Konkurrenzkampf statt Mitgefühl, Ellenbogen statt Umarmungen. Auch wenn man nicht immer stark ist, ist es okay, du musst nicht immer funktionieren oder stark sein und du musst niemandem etwas beweisen. Es ist egal, was andere Leute von dir denken. Heule einfach mal los, wenn dir danach ist, es befreit die Seele. Denn stark sein bedeutet, sich trotz Enttäuschungen oder Sorgen nicht unterkriegen zu lassen.

Ich liebe meine Eltern sehr, deshalb bemühte ich mich, aus jeder Situation das Beste zu machen. Die Depressionen, die ich selbst zeitweise hatte, ließen mich immer wieder vor Gott und den Glauben zweifeln. Ich bin mir ganz sicher, ganz gleich, wie sehr wir leiden mögen, Gott lässt nichts in unserem Leben zu, dem wir nicht gewachsen sind.

An einem Wochenende, an dem ich bei meinen Eltern war, bekam ich mit, wie Isa sich heftig mit Thomas stritt. Meine Mutter erzählte mir, dass die Aussetzer bei Isa immer häufiger stattfanden. Dass sie mit blauen Flecken zu meinen Eltern komme, sich dort auskotze, wie schrecklich Thomas sei und dass sie sich endgültig von ihm trennen wolle. Es kam immer häufiger vor, dass meine Schwester im Wohnzimmer bei meinen Eltern geschlafen hatte. Immer wenn ich von Isas Eskapaden hörte oder sie mit eigenen Augen sah, tat es in meiner Seele weh, dieses Elend mitanzuschauen, es wurde mir jedes Mal ganz anders. Man ist seiner Hilflosigkeit ausgesetzt und kann nichts dagegen tun. Man wird mit Gefühlen wie Angst und Wut konfrontiert. Dieses Spiel ging einige Zeit, eine lange Zeit. Das Schlimme war: Ich wohnte zu weit weg, um meinen Eltern richtig zur Seite zu stehen und zu helfen.

An einem Wochenende kam Isa nach einem Streit zu meinen Eltern rüber. Ich war gerade bei meinen Eltern und sprach mit ihr. Ich versuchte, sie zu überreden, endlich etwas zu unternehmen. Mit Engelszungen versuchte ich mit ihr zu sprechen. Sie weinte, sah schrecklich aus und war betrunken. Ich war selbst den Tränen nah, aber ich musste stark sein. Es kam, dass ich sie überreden konnte, sich einweisen zu lassen. Ich ging mit ihr in ihre Wohnung, wo auch Thomas war, ich sprach kein Wort mit ihm. Ich hatte Thomas noch nie leiden können, er war für mich ein rotes Tuch. Ich machte das alles meiner Schwester zuliebe. Sie packte ihre Tasche, soweit es ging, und ich fuhr sie ins Krankenhaus. Meine Mutter war sehr froh, dass ich es geschafft hatte, sie zu überreden. Es war nicht leicht gewesen, sie war wie das Wetter, die Gefühlsschwankungen machten mir sehr zu schaffen. Im Auto weinte sie erst und erzählte mir, sie habe große Angst, und ein paar Minuten später drehte sie die Musik im Auto auf und sang mit. Ich konnte keinen normalen Satz mit ihr wechseln. Solche Herausforderungen sind für mich schwierig. Ich versuchte, ruhig zu bleiben und betete, dass wir bald beim Krankenhaus ankommen würden.

Als dann im Krankenhaus ein Arzt an uns kam, bat ich ihn, meine Schwester so bald wie möglich aufzunehmen. Dass sie sehr aggressiv sein könne und ich Angst hätte, dass sie aus dem Krankenhaus abhaut. Dass ich froh sei, sie endlich hierher gebracht zu haben, aber meine Nerven blank lägen und ich Angst hätte, dass sie vor meinen Augen ins Delirium fällt oder sogar einen Krampfanfall bekommt. Der Arzt merkte, dass es mir mit dieser Situation nicht gut ging. Durch ihn hatten wir das Glück, die Wartezeit verkürzen zu können. Ich war glücklich, dass Isa nun behandelt wurde und ich diese Verantwortung abgeben konnte.

Als ich aus dem Krankenhaus ging, war ich fix und fertig. Ich lief zu meinem Auto und musste weinen. In mir hatte sich so viel angestaut, ich wusste nicht, wie ich von meinem Gefühlschaos herunterkommen sollte. Da gingen mir nach all den Jahren der Alkohol und die Zigaretten durch den Kopf. In meiner Verzweiflung fuhr ich zur Tankstelle. Dort kaufte ich mir eine Dose Bier und eine Schachtel Zigaretten. Ich fuhr zu Sabine und stellte mich auf den Parkplatz. Nun saß ich in meiner Verzweiflung im Auto, schaute das Bier an und überlegte, ob ich es trinken sollte.

Da kam das Teufelchen, das auf meiner Schulter saß und mir ins Gewissen redete. Was macht denn ein Bier aus, du hast so lange keines mehr getrunken, das eine Bier wird dir zur Entspannung verhelfen, es wird dich nicht umbringen. Auf der anderen Seite saß mein Engel, der mir davon abgeraten hat. Keiner weiß, wie oft man Versuchungen ausgeliefert ist. Heutzutage werden wir ständig mit Versuchungen konfrontiert. Ich wurde schwach und gab der Versuchung nach. Man versucht vor den Versuchungen zu fliehen, hofft doch heimlich, dass sie einen einholen, einfach mal wieder loszulassen, abzuschalten, sich für eine gewisse Zeit gehen zu lassen. Manchmal denke ich, Versuchungen sind wie eine Stechmückenplage. Während wir eine erschlagen, sind tausend andere da. Am nächsten Tag fuhr ich mit einem schlechten Gewissen nach Hause. Ich tat so, als sei alles normal, versuchte meinen Alltag zu meistern und den Vorfall aus meinem Gedächtnis zu streichen. Als ich ein paar Tage später mit meiner Mutter telefoniert habe, hat sie mir mitgeteilt, dass Isa am nächsten Tag aus dem Krankenhaus abgehauen ist. All die Aufregung, der Stress und der Ärger waren abermals umsonst. Innerlich zerbrach ich, die Seifenblase der Hoffnung zerplatzte. Es blieb alles beim Alten.

Nein, es kam sogar noch schlimmer. Florian hatte wieder ein Wochenende Ausgang und kam nach Treuchtlingen. Er blieb über das Wochenende bei seiner Mutter Isa. An diesem Wochenende eskalierte es gewaltig. Meine Schwester, Thomas und Florian waren sehr betrunken. Es kam zum großen Streit. Florian und Thomas haben sich geprügelt, Isa flüchtete zu meinen Eltern, die auch keinen Rat mehr wussten. Florian haute irgendwann spät am Abend ab. In den frühen Morgenstunden am 9. Dezember 2014 bekamen meine Eltern einen Anruf von der Polizei. Es sei ein schrecklicher Unfall passiert. Florian war in dieser Nacht unter Drogen auf den Gleisen gelaufen. Durch die Kopfhörer, die er getragen hatte, bemerkte er nicht gleich den Zug, der hinter ihm kam. Er sprang zur Seite, aber er blieb mit einem Bein an den Schienen hängen, und so wurde er von dem Zug erfasst.

Im ersten Moment dachte ich, er wäre tot. Florian war in Lebensgefahr, er war für ein paar Wochen auf der Intensivstation. Sie hatten ihn ins künstliche Koma gesetzt, da er in einem lebensbedrohlichen Zustand war. Es dient dazu, für eine gewisse Zeit schmerzfrei zu sein, zur Ruhe zu kommen, um Stress und eventuelle Angstreaktionen zu vermindern. Florian hatte sein rechtes Unterbein verloren, aber zum Glück konnte man das andere Bein retten. Das war ein großer Schock für uns alle.

Nach etwa zwei Wochen habe ich in der Unfallchirurgie angerufen. Ich wollte mich erkundigen, wie es Florian geht. Als die Schwester mir mitteilte, er sei auf die normale Station verlegt worden, war ich sehr froh. Ich fragte sie, wie sein Zustand sei. Sie meinte, dass sie sich gerade auf der Station befinde, wo er liegt. Wenn ich möchte, gibt sie ihm das Telefon und ich könnte mit ihm selbst reden. Einerseits freute ich mich, diese Möglichkeit zu bekommen, andererseits hatte ich großen Respekt davor. Was sollte ich sagen? Wie soll es einem gehen, wenn man ein Bein verloren hat? Ich wollte trotzdem mit ihm telefonieren und sagte der Schwester, dass ich mich freuen würde, mit ihm reden zu können.

Als ich ihn am Telefon hatte und seine Stimme hörte, war ich einerseits froh, dass er noch am Leben war, und andererseits machte mich seine Situation sehr traurig. Er versuchte stark zu sein, er versuchte mir zu vermitteln, dass soweit alles gut sei und er versuche, das Beste daraus zu machen. Dass er psychologische Betreuung bekomme und froh sei, dass die Ärzte das andere Bein hatten retten können.

Das Wochenende stand an. Als ich in meinem Bett lag, ging mir Florian nicht aus dem Kopf. Ich überlegte, wie ich ihm eine Freude bereiten könnte. Als erstes dachte ich mir, ihm ein Päckchen zu schicken. Aber mir fiel etwas Besseres ein, ich wollte ihn unbedingt besuchen. Am nächsten Morgen sagte ich zu Matthias, dass ich gerne nach Erlangen ins Krankenhaus zum Florian fahren wolle. Es waren 500 Kilometer einfach, aber ich wollte unbedingt fahren. Das Problem war, wir hatten Winter, es war sehr kalt und an diesem Wochenende schneite es sehr stark. Ich wollte mich trotzdem nicht aufhalten lassen und war entschlossen, am nächsten Tag, dem Sonntag, sehr früh loszufahren. Ich wollte Florian mit meinem Besuch überraschen. Ich hatte für ihn einiges eingekauft, etwa Süßigkeiten, Zigaretten und Wäsche zum Wechseln. Ich hatte ihm sogar ein Handy mitgebracht, um mit ihm in Kontakt zu bleiben.

Am nächsten Morgen fuhr ich früh los. Die Straßenverhältnisse waren gut. Der liebe Gott meinte es gut mit mir und verschonte mich von glatten Straßen und Schneestürmen. Ich war sehr aufgeregt, als ich vor der Klinik stand. Es war ein sehr großes Klinikum, ich fragte mich durch und irgendwann stand ich vor Florians Zimmertüre. Mir lief es kalt über den Rücken. Zögern kam für mich nicht infrage, so klopfte ich an diese Türe. Ich öffnete sie und sah Florian, er schaute mich an und traute seinen Augen nicht. Wir konnten im ersten Moment nichts sagen, nahmen einander in die Arme, obwohl so viel Zeit vergangen war. Seine Freude war groß. Er erzählte mir von seinem Unfall, zeigte mir sein halbes Bein, ich sah es mir an und versuchte, stark zu sein und ihm Mut zuzureden. Was ihm sehr zu schaffen machte, waren die Phantomschmerzen. Unter einem Phantomschmerz versteht man eine Schmerzempfindung in einer amputierten Gliedmaße, bei der die Empfindung besteht, die Gliedmaße sei noch ganz oder teilweise vorhanden.

Ich besorgte auf der Station einen Rollstuhl, um mit ihm in die Cafeteria gehen zu können. Ich wollte nach der langen Fahrt einen Kaffee und etwas zu essen. Wir hatten ein sehr gutes Gespräch. Er erzählte von seinen Zukunftsängsten, wie es mit seiner Mutter weitergeht und die lange Haftstrafe, die er noch vor sich hatte. Ich versuchte, ihm gut zuzureden, ihm Mut zu machen. Dass ich ihm zur Seite stehe und ihm helfen würde, soweit es in meiner Macht steht. In dieser Angelegenheit übergab ich ihm sein Geschenk. Er freute sich sehr und packte es aus. Er meinte, das sei wie Weihnachten. Vor allem freute er sich über das Handy, er stellte es gleich ein und rief seine Mutter an. Sie traute ihren Ohren nicht, als sie Florian hörte. Er berichtete ihr, dass ich zu ihm gekommen sei, um ihn zu besuchen.

Auch wenn alles dramatisch war, der bittere Nachgeschmack und die Angst waren vorhanden, zeigte er für die kurzen Momente, dass es Glücksmomente waren. Die Zeit verflog im Nu, es waren einige Stunden vergangen und ich musste an die Heimfahrt denken. Ich hatte eine lange Fahrt vor mir, es wurde schon dunkel und es fing an zu schneien. So brachte ich ihn in sein Zimmer und wir verabschiedeten uns voneinander. Bei der Verabschiedung merkte ich, wie froh und dankbar er war, dass ich ihn besucht hatte. Obwohl es dunkel war und schneite, war der Heimweg nicht so angenehm, in mir lief es Amok. Da war ein wildes Durcheinander von Fragen, Sätzen, Gedanken und Emotionen, eine zerrissene Gedankenwelt. Ich war müde und abgespannt, als ich zuhause ankam. Aber ich war froh, diese Fahrt und den Besuch auf mich genommen zu haben. Dieser Tag war für uns beide eine große Bereicherung gewesen. An diesem Tag fühlte ich mich stark, und doch war es oft ein Wechselbad der Gefühle. Solche Achterbahnfahrten sind kein Vergnügen. Im Gegenteil, auf Dauer sind sie zermürbend. Und doch war ich in dieser Situation ratlos.

Meine Mutter teilte mir mit, dass Isa eine Wohnung gefunden hatte. Es war eine Wohnung im Holzgarten, da, wo alles begonnen hatte. Sie zog in die Straße, in der wir unsere Kindheit verbracht hatten. Sollte sich der Kreis so schließen? In dieser Straße hatte sich nichts gebessert. Im Gegenteil, es war ein Teil des Ortes, wo die schweren Alkoholiker ihren Platz gefunden hatten. Es war primitiv und alles sehr heruntergekommen. Auf Deutsch, es war so gut wie die letzte Absteige. Viele Wohnungen hatten nicht einmal ein Bad. Als wir als Kinder dort wohnten, war es noch nicht ganz so schlimm, obwohl ich viele Situationen als schlimm empfunden hatte.

Viele Personen, die damals mit uns im Holzgarten gewohnt haben, haben viele Erinnerungen verdrängt. Unter Einfluss von Drogen, Medikamenten oder Alkohol, um zu vergessen. Man hat in der Kindheit Sachen erlebt, die einen immer wieder einholen und uns oftmals scheitern lassen, auf dem rechten Weg zu bleiben. Man ist oft motiviert und glaubt wirklich daran, es hundertprozentig zu ändern und durchzuhalten, ein neues Leben ohne Sucht anzufangen, einfach ein normales Familienleben. Was für viele das Normalste der Welt ist, war in meiner Familie unerreichbar. Viele Jahre hoffte ich, dass meine Schwester von der Sucht befreit würde, und jetzt zog sie dorthin, wo wir mit Alkoholikern aufgewachsen und zu guter Letzt selbst welche geworden waren.

Ich hatte das Glück, den Teufelskreis zu durchbrechen, doch meine Schwester, die so tief gefangen war, sollte nun dort hinziehen, wo all die alten Erinnerungen hochkamen und wo Menschen wohnten, die von einem normalen Weg abgekommen waren. Die alle mit sich haderten und kämpften. Es kamen alte Erinnerungen hoch. Die Grundschulzeit, einfach Erinnerungen an längst vergangene Zeiten. Vieles bleibt im Gedächtnis, manchmal sind es auch Dinge, die man Jahrzehnte verdrängt hat und die einen wieder einholen. Meine Schwester zog im Jahr 2014 in den Holzgarten. Ein Jahr später rissen sie das Haus ab, in dem wir aufgewachsen waren, um dort einen Parkplatz zu bauen.

Als ich mich nach langer Zeit wieder in dieser Straße bewegte, war es wie eine Zeitreise. Mir fielen viele Kindheitserinnerungen ein. Thomas und Martina, an die ich schon jahrelang nicht mehr gedacht hatte, die Frage stellte sich, was aus ihnen wohl geworden war. Ich sah mich auf der Straße spielen, mich mit meinem Fahrrad fahren und sah den Unfall, den ich mit fünf Jahren gehabt hatte. Ich sah meinen Vater mit seinem VW-Bulli herfahren. Den alten Schuppen, wo die Getränke gelagert waren, meine Mutter aus dem Fenster schauen, die uns zum

Essen gerufen hatte und viele andere Erinnerungen. Es machte mich glücklich, aber auch traurig.

Ich selbst versuchte, mich wieder mehr zurückzuziehen. Meinen Alltag zu machen, meinen Putzstellen und meiner eigenen Familie gerecht zu werden. In diesem Jahr 2014 wurden meine Eltern beide 80 Jahre alt. Wir versuchten, die Geburtstage so schön wie möglich zu gestalten. Michael hatte seine Gitarre mitgebracht und spielte Oma ein schönes Geburtstagslied vor, dabei zündeten wir Wunderkerzen an und sangen alle zusammen ein Geburtstagsständchen. Wir überreichten meiner Mutter Geschenke und freuten uns, ihren 80. Geburtstag zu erleben. Danach machten wir uns auf den Weg zum Essen. Wir hatten in Pappenheim im Hotel Krone einen Tisch reserviert.

Da ich mit einer Tante in Kontakt stand, ließ ich sie wissen, dass wir Papas Geburtstag in Döckingen in der Wirtschaft, wo er früher gerne gewesen war, feiern würden. Als wir in der Wirtschaft ankamen, freute sich mein Vater sehr. So lebendig hatte ich ihn schon lange nicht mehr gesehen. Es machte mich sehr glücklich, ich freute mich für ihn. Für meinen Vater war es eine Zeitreise. Er fühlte sich jung und es kamen Erinnerungen hoch, die schon lange in einer Schublade vergessen waren. Die Erinnerungen und die Gespräche taten meinem Vater sehr gut. Nach dem Essen und den tollen Unterhaltungen fuhren wir zum Friedhof zu seiner Mutter. Als er am Grab seiner Mutter stand, hatte er Tränen in den Augen, und trotzdem strahlte er Glück aus. Mich hätte interessiert, was in diesem Augenblick durch seinen Kopf ging. Ich hätte ihn gerne gefragt, tat es aber nicht.

Plötzlich hörte man eine Stimme: „Hermann, bist du das? Schon lange nicht mehr gesehen!", und wieder hatte er eine alte Schulfreundin getroffen, er kam aus den alten Erinnerungen gar nicht mehr raus. Sie fragte: „Wie geht es dir?" So kam ein Thema nach dem anderen auf. Die Freude war groß, nach Jahrzehnten alte Gesichter zu sehen. Ich glaube, die Erinnerungen waren an diesem Tag das größte Geschenk für meinen Vater, und nach langem endlich wieder einmal bei seiner Mutter am Grab zu sein.

Unser Leben ist Erinnerung. Je älter wir werden, desto mehr speichern wir in unserem inneren Tagebuch ab. Was davon im Gedächtnis bleibt und was wir davon vergessen, entscheiden unsere Gefühle. Erinnerungen sind wichtig, sie können uns mit Freude erfüllen, wie es bei meinem Vater an diesem Tag war, und uns daran erinnern, was uns wichtig ist. Der erste Kuss, die Faschingskrapfen von Oma oder dieser eine Song. Wenn wir an früher zurückdenken, scheint eine gewisse Zeitspanne im Gedächtnis präsent zu sein. Schöne Erinnerungen kann dir niemand nehmen. Denn sie leben in dir weiter und zaubern dir in gewissen Zeiten ein Lächeln ins Gesicht.

Nun stand in diesem Jahr auch Matthias' 50. Geburtstag an. Ich wollte ihm eine große Überraschung machen. Matthias ist ein großer FC Bayern München-Fan. Bei der Frau, die ich in der Bank kennengelernt hatte, hatte ich oft gute Gespräche. Manchmal ging es um Urlaube, sie erzählte von ihrer Aida-Schiffsreise. Es war auch ein großer Traum von mir, einmal mit einem großen Passagierschiff über das Meer zu fahren. Da ich ein großer Fan der Titanic bin, haben mich große Schiffe schon immer fasziniert. An einem Tag ging es um das Alter, so erwähnte ich, dass mein Mann dieses Jahr seinen 50. Geburtstag feiere und ich ihn gerne mit etwas Großem überraschen wolle. Sie fragte, was ich mir vorstelle. Ich sagte: „Nun ja, mein Mann ist ein großer Bayern-Fußballfan, er würde gerne einmal ein Spiel live in der neuen Allianz-Arena in München sehen. Aber es ist schwer, Karten zu bekommen, und teuer sind sie bestimmt auch." Sie ließ mich wissen, dass ihr Mann mit jemandem gut befreundet sei, der Vorstand des FC Bayern München ist. Wenn ich es wollte, würde sie nachfragen, ob es möglich sei, Karten zu organisieren. Ich sagte ihr, dass ich mich riesig freuen würde, wenn das klappen sollte.

Es vergingen ein paar Monate, die Frau hatte das Thema nicht mehr erwähnt und irgendwie hatte ich die Fußballkarten abgeschrieben. Ich wollte auch nicht nerven und nachfragen. So machte ich mir schon Gedanken, was ich für Matthias kaufen oder organisieren könnte. Als ich an einem Tag von der Arbeit nach Hause fuhr, bekam ich einen Anruf von der Frau, die mir mitteilte, dass sie zwei Fußballkarten habe, es seien ausgezeichnete Plätze und ein Sonderpreis, der einzige Haken daran wäre, dass das Spiel unter der Woche sei. Ich traute meinen Ohren nicht und sagte sofort zu. Dies ließ ich mir nicht entgehen. Dieses Spiel war auch im September, das musste ich so nehmen, wie es war. So wurde sein Geburtstagsgeschenk vorverlegt.

Ich rief Matthias in der Arbeit an und teilte ihm mit, dass er zwei Tage Urlaub im September nehmen müsse. Er wollte wissen, warum er da Urlaub nehmen sollte, da es nicht so einfach sei. Ich musste es ihm sagen. Ich sagte ihm, dass ich ein großes Geburtstagsgeschenk für ihn hätte. Er könne nach München, um ein Bayernspiel live anzuschauen. Seine Freude war riesig. Er fragte am selben Tag seinen Chef nach den zwei Tagen Urlaub, den er auch bekam. Da meine Schwester in München wohnte, fragte ich sie, ob wir drei für eine Nacht bei ihr schlafen könnten. Ich erzählte ihr von den Karten, und da auch noch das Oktoberfest in München war, würden wir gerne zwei Tage dort verbringen. Es waren zwei unvergesslich schöne Tage in München.

Am Morgen nach dem Spiel machte meine Schwester uns Frühstück. Sie musste anschließend zur Arbeit. Matthias, Michael und ich erkundeten München. Michael wollte unbedingt ins Hofbräuhaus, um Weißwürste zu essen. Den Wunsch haben wir ihm erfüllt, und so nahmen wir ein zweites Frühstück, ein Weißwurstfrühstück, zu uns. Danach sind wir in der Fußgängerzone bummeln gegangen. Da kam mir wieder Onkel Karl in den Kopf, wie er mit mir am Marienplatz gewesen war. Er ließ mich in den Geschäften Rolltreppe fahren, kaufte mir etwas Schönes, und wir gönnten uns ein gutes Essen oder ein gutes Eis. Es waren schöne Zeiten in München, an die ich bis heute gerne zurückdenke. Immer, wenn ich in München bin, kommen die schönen Erinnerungen, die mich wieder zum Träumen bringen. Es waren zwei schöne Tage.

Immer häufiger gingen mir tausend Gedanken durch den Kopf, ich wollte etwas an meinem Leben ändern. Mir wurde immer bewusster, dass ich mich mit vielen Menschen umgab, die alle Probleme, Sorgen oder Kummer hatten. Im Freundeskreis hört man sich auch Probleme anderer an und in der eigenen Familie ohnehin. Ich möchte Menschen um mich haben, mit denen man lachen kann und über belanglose Sachen spricht. Mit denen man Spaß haben und für ein paar Stunden unbeschwert sein kann. In Aldingen gibt es einen Second-Hand-Laden, den ich gerne besuchte. Die Besitzerin von diesem Laden heißt Susi. Ich hatte gute Gespräche mit ihr und so kamen wir eines Tages auf das Thema Singen. Ich erzählte ihr, dass ich gerne singe. Was mir ganz gut gefällt, sind Gospelsongs. Dass ich vor ein paar Jahren mit einer Freundin ein Gospelkonzert besucht hatte und sehr fasziniert gewesen war. Würde es so etwas in unserer Nähe geben, würde ich mich dafür interessieren.

Susi sagte: „Solch ein Zufall, ich bin in einem Gospelchor und wir freuen uns immer über neuen Zuwachs.“ Es war Dezember und sie sagte mir, dass bald ein Konzert stattfinden und sie sich sehr freuen würde, wenn ich es besuchte. So könne ich einen ersten Einblick bekommen, und wenn es mir gefallen hat, würde sie mich zur nächsten Probe mitnehmen. Das hörte sich gut an. Zuhause habe ich Matthias gleich von der Neuigkeit erzählt, dass ich gerne mit ihm das Konzert besuchen möchte. Wir gingen alle drei zu diesem Konzert. Mir hat es ausgezeichnet gefallen und ich beschloss, bei der nächsten Probe dabei zu sein.

So hatte ich beschlossen, dem Chor beizutreten. Das Problem war nur, dass die Chorproben immer am Mittwochabend stattfanden. Unser Gruppenabend im Freundeskreis war aber auch am Mittwochabend. So musste ich eine Entscheidung treffen. Nach zehn Jahren Freundeskreis teilte ich den Gruppenmitgliedern mit, dass ich mich entschieden habe, die Gruppe nicht mehr regelmäßig zu besuchen. Dass ich einem Chor beigetreten bin, dass mir das Singen sehr viel Spaß macht und ich einen Tapetenwechsel brauche. Ich weiß nicht, ob sie mich verstanden haben. Einige sagten, es sei okay, andere meinten, es sei ein Risiko, nicht mehr an seiner Krankheit zu arbeiten. Ich ließ mir kein schlechtes Gewissen einreden und blieb meinem Vorsatz treu. Es ist nicht immer leicht, die richtige Entscheidung zu treffen, aber man kann es lernen. Wichtig ist bei einer guten Entscheidung, dass sowohl dein Verstand als auch dein Bauchgefühl beteiligt ist. Darum lass dir sagen: Die einzige falsche Entscheidung ist die, nichts zu tun, weil du Angst hast, das Falsche zu tun.

Matthias stand hinter meiner Entscheidung, das war für mich das Wichtigste. Mit dieser Entscheidung ging es mir besser. Matthias besuchte weiterhin die Gruppe und zeitweise besuchte ich sie auch mit. Bei den Festlichkeiten half ich natürlich mit und war dabei. So war ich zwar noch Gruppenmitglied, aber ich hatte die Chance, neue Menschen kennenzulernen und vor allem zu singen. Singen befreit die Seele. Nach einem Jahr sang ich bei unserem großen Weihnachtskonzert mit. Die Kirche war voll, zu meinem ersten großen Konzert habe ich auch Frau Klugmann eingeladen. Matthias hat sie abgeholt und unser Michael war auch mit dabei. Es war ein wunderschönes und erfolgreiches Konzert.

So verging ein Jahr nach dem anderen. Weihnachten stand mal wieder vor der Tür, das Jahr war fast vorüber und für das kommende Jahr hatte man viele Wünsche. Dass es mit meinen Eltern wieder besser läuft, dass sie nicht noch zerbrechlicher und kränker werden, als sie schon sind. Dass meine Schwester irgendwie den Weg aus der Sucht findet. Dass ich meinen Bruder eines Tages finden würde, der mir immer öfter durch den Kopf ging und zum guten Schluss alle gemeinsam an Weihnachten an einem Tisch sitzen, das war ein großer Wunsch und Traum von mir. In dieser Zeit war ich oft so durcheinander, dass ich mir erst einmal einen Tee kochte, dann zündete ich eine Kerze am Adventskranz an, kuschelte mich auf das Sofa und grübelte über vieles nach.

Wir dürfen unsere Träume und Wünsche nicht nur vor uns her schieben. Nimm dir mehr Zeit für dich selbst. Grab deine verschütteten Träume aus und versuche sie zu leben. Es ist nicht immer leicht, die dunkelste Zeit im Jahr zu durchwandern. Denn gerade in dieser Zeit wünscht man sich vieles und hat Hoffnung. Tief in uns allen lebt die Sehnsucht nach Geborgenheit. Druck und Hektik nehmen immer mehr zu, die Einsamkeit wird in dieser Zeit schmerzlicher empfunden als das restliche Jahr hindurch. Mein Wunsch an alle Menschen auf dieser Welt ist, Zeit zu schenken, Zeit für die Menschen und Kinder, die in dieser Zeit allein und verzweifelt sind. Alles, was die Tage bringen und für uns bereithalten, sollten wir mit Geduld annehmen. Für Menschen, die vieles anders sehen, vielleicht auch anders aussehen, sollten wir Verständnis zeigen und versuchen, alles, was uns auf dieser wundervollen Welt begegnet, mit Liebe anzunehmen und Liebe weiterzugeben. Ein offenes Ohr zu haben, für die Menschen, denen keiner mehr zuhört.

In solchen Momenten, in ruhigen Stunden, frage ich mich auch: Was erwarte ich selbst noch? Ich merke, wie meine kleine Welt in meinen eigenen vier Wänden endet und dass ich doch zum größten Teil zufrieden und dankbar sein kann. Dankbarkeit ist nämlich einer der vielen Schlüssel zum Glück und zu einem erfüllten Leben. Wir sehen oft nur, was wir nicht haben, aber wenn wir uns auch an das erinnern, was wir haben, wofür wir dankbar sein können, dann macht sich ein Gefühl der Zufriedenheit und sogar der Freude in uns breit.

Wir sind in einer Zeit angekommen, in der Computer nicht mehr wegzudenken sind. Matthias arbeitete mit dem Computer, und so hatten wir einen zuhause. Matthias hat mich oft animiert, mich mit einem solchen Gerät anzufreunden, um Formalitäten am Computer zu erledigen.

Ich sah lange nicht die Notwendigkeit. Gegen alles, was neu war und mit Technik zu tun hatte, wehrte ich mich zunächst. Bis ich eines Tages an Facebook herangeführt wurde. Facebook ist ein soziales Netzwerk, eine Art Treffpunkt im Internet, wo man Bekannte oder Freunde finden kann. Hat man die Leute gefunden und sie wohnen weiter weg, kann man mit ihnen kommunizieren. Mit einem sozialen Netzwerk wie Facebook kann man stets mit Freunden in Kontakt bleiben. Das gefiel mir ausgezeichnet und ich zeigte dafür Interesse, ich ließ mich registrieren und so machte ich mich gleich auf die Suche, um alte Schulfreunde zu finden.

Man sollte es nicht glauben, aber ich fand viele ehemalige Mitschüler, die ich seit Jahrzehnten nicht mehr gesehen hatte. Ich war fasziniert, sie nach so langer Zeit wiedergefunden und wieder mit ihnen Kontakt zu haben. Ich weiß noch, wie meine Mutter zu mir sagte, ich solle die Jugend genießen, sie vergehe so schnell. Sie meinte, sie wisse gar nicht, wo die Zeit hingegangen sei. Damals war ich etwa zwanzig und meine Mutter 57 Jahre alt. Jetzt verstehe ich sie, sie hatte recht: Die Zeit vergeht so schnell. Darum sollte man nicht so viel in der Vergangenheit oder Zukunft verweilen, sondern in der Gegenwart, im Hier und Jetzt. Wer weiß schon, was morgen sein wird, und die Vergangenheit kann man nicht mehr ändern.

Eines Tages, als ich mich mit Facebook beschäftigte, kam mir Christian S. in den Kopf, Isas ältester Sohn. Sie hatte ihn mit 16 Jahren bekommen und damals zu Pflegeeltern gegeben. Ich surfte im Internet, und wie es das Schicksal wollte, fand ich Christian. Ich hatte ihn angeschrieben, in der Hoffnung, eine Reaktion zu bekommen. Ich musste nicht lange darauf warten und er schrieb mir zurück. So beschlossen wir, uns zu treffen, wenn ich das nächste Mal in Bayern sein würde.

Von all dem erzählte ich Matthias. Er freute sich für mich, aber er warnte mich, auch nicht enttäuscht zu sein, wenn es nur ein Buschfeuer ist. Ich wollte ihn nach so langer Zeit einfach nur sehen und in den Arm nehmen. Es war so weit, ich traf mich an einem Samstagabend mit ihm. An diesem Wochenende schlief ich bei Sabine. In der Nähe von ihrem Haus befand sich ein großer Parkplatz, der unser Treffpunkt war. Als ich zu dem Parkplatz kam, stand ein riesiger Mann am Parkplatz. Ich ging mit einem Lächeln auf ihn zu und wir begrüßten einander. Er nahm mich in den Arm und sagte, es sei schön, dass wir uns sehen. Mir lief es eiskalt über meinen Rücken. Das letzte Mal, als ich ihn gesehen hatte, war an seiner Kommunion gewesen, und nun stand ein erwachsener Mann vor mir.

Der Abend mit Christian bedeutete mir sehr viel und machte mich glücklich. Christian kam dann auch zu Besuch zu uns nach Baden-Württemberg und wir telefonierten regelmäßig miteinander. Die Beziehung von ihm ging auseinander und Christian beschloss, in unsere Nähe zu ziehen, was mich sehr freute. An den Wochenenden trafen wir uns, gingen zusammen auf den Weihnachtsmarkt, und wenn es ihm danach war, blieb er am Wochenende bei uns.

Nun stand Michaels Konfirmation an. Es war gar nicht so einfach, genügend Gäste zusammenzubekommen, da unsere Familienverhältnisse zu beiden Seiten nicht so gut waren. Meine Eltern konnten nicht mehr kommen. Mit Adrian hatte ich immer noch keinen Kontakt und Matthias' großen Sohn hatten wir schon fünfzehn Jahre lang nicht mehr gesehen. So beschlossen wir, Leute aus unserem Bekanntenkreis einzuladen. So waren wir zusammen etwa sechzehn Personen. Vorher hatte ich mit Christian besprochen, ob es okay ist, wenn meine Schwester Anne kommt. Er war damit einverstanden und beide waren wir gespannt, wie sie auf das Zusammentreffen reagieren würde.

Als es soweit war, war ich sehr enttäuscht, als meine Schwester ihn sah und sie mich fragte, wer der junge Mann sei. Ich sagte ihr, wer er ist, dass Christian und ich uns wiedergefunden haben und dass ich mich sehr freue, dass er bei der Konfirmation dabei ist. Sie war überrascht und schockiert. Ich bemerkte ihre Unsicherheit. Sie wusste nicht, wie sie mit dieser Situation umgehen sollte. Ich hatte gehofft, dass sie auch ins Gespräch kommen, aber das war leider nicht so. Sie wechselten nur wenige Sätze, den ganzen Tag hatte ich das Gefühl, sie gehen einander aus dem Weg. Michael hingegen strahlte Zufriedenheit aus, er war glücklich. Das war unser Ziel gewesen, für Michael eine schöne Feier zu haben, auch wenn es nicht mit der Verwandtschaft war.

Florian erholte sich schnell, ich hatte ihm Bilder von der Konfirmation und von uns geschickt. Er wurde in die Reha verlegt. Er teilte mir mit, dass er Besuch bekommen dürfe. Ich wollte ihn noch einmal sehen, bevor er ins Gefängnis zurückmusste. Ich sprach mit Matthias, ob er dieses Mal mitkommen würde, um Florian zu besuchen und kennenzulernen. Ich wollte auch meine Schwester und meine Eltern mit

Florian überraschen. Meine Eltern konnten nicht mehr so weit fahren und Isa hatte nicht das Geld für die Fahrkarte. Ich hatte einen Plan. Mein Gedanke war, Florian von der Reha abzuholen und mit ihm nach Treuchtlingen zu fahren, um seine Mutter und meine Eltern zu überraschen. Ich wollte alle glücklich machen.

Letztlich ist es doch so, wir fühlen genau das, worauf wir uns gerade gedanklich konzentrieren. Meine Gedanken waren: Ich möchte sie glücklich machen und sehen, so nehme ich die Fahrt und die Umstände auf mich. Manche Menschen glauben, dass Glück ein Gefühl ist, das von außen kommt. Schaut man sich aber wirklich glückliche Menschen an, so merkt man, dass sie es andersherum handhaben. Sie selbst treffen bewusst die Entscheidung, glücklich zu sein. Egal in welcher Situation sie sich befinden, sie versuchen, aus jeder Situation das Beste zu machen.

Das versuchte ich auch. So holten wir Florian aus der Reha ab. Es war ein komisches, aber schönes Gefühl, als sich Matthias und Florian kennenlernten. Wir wollten keine Zeit verlieren und fuhren weiter nach Treuchtlingen. Zu Isa sagte ich, dass wir nach Bayern kommen würden, um bei den Eltern etwas zu reparieren und ich eine Überraschung für sie mitbringen würde. Sie war sehr neugierig, aber mit dieser Überraschung hatte sie nicht gerechnet. Als wir uns alle zusammen vor ihrer Wohnungstür befanden und klingelten, war ich sehr aufgeregt. Ich wollte unbedingt in ihr Gesicht blicken. Die Türe ging auf und sie vollführte einen Freudentanz. Sie traute ihren Augen nicht, wir gingen in die Wohnung und jetzt wurde erst einmal geknuddelt. Ich fühlte mich glücklich. Zusammen gingen wir zu unseren Eltern, die aus allen Wolken fielen, als sie Florian sahen. An diesem Tag war es wie bei einer normalen Familie. Ich hatte mein Ziel erreicht, ich hatte alle glücklich gemacht und wir hatten einen schönen Tag. Am Abend fuhren wir Florian zurück in die Klinik. Als wir zuhause ankamen, waren wir sehr müde, Isa hatte sich am Abend noch mal gemeldet, ob wir gut nach Hause gekommen seien, sie bedankte sich für den schönen Tag und vor allem dafür, dass ich Florian mitgebracht hatte.

Es war ein halbes Jahr nun vergangen, in Treuchtlingen hatte sich nicht viel geändert. Florian war wieder im Gefängnis und wir hatten unseren normalen Tageswahnsinn. Meine Eltern unterstützte ich aus der Ferne, so gut ich konnte. Gott sei Dank gab es Telefon, Computer und

Handy, so konnte ich meinen Eltern viel abnehmen, was Ärzte und Ämter betraf. Mit diesen Hilfsmitteln konnte ich viel aus der Ferne erledigen, sonst wäre ich aufgeschmissen gewesen. Das Jahr war fast geschafft, es war wieder Dezember. Schaute man aus dem Fenster, standen die grauen Tage wieder an. Es schneit und die Hoffnungen für das nächste Jahr fangen wieder an zu wachsen. Einmal Weihnachten im Kreise der Familie. Ein Wunschdenken, ein Traum von mir – mein Traum.

Die Weihnachtszeit ist für mich jedes Jahr aufs Neue eine Herausforderung. Eine Zeit des Wandels. Es ist wichtig, mental stark zu sein, innerlich zur Ruhe zu kommen und den inneren Frieden zu bewahren. Wie ich mittlerweile weiß, ist es sinnlos, in Ängste, Sorgen und Zweifel zu verfallen, denn das kostet viel Kraft. Auch wenn es nicht nach unseren Wünschen läuft, sollte man die kleinen Glücksmomente, die uns jeden Tag begegnen, bewusst wahrnehmen. Ich stecke mir immer wieder ein paar Kaffeebohnen in meine linke Jackentasche, die mich den ganzen Tag begleiten. Bei jedem noch so kleinen Glücksmoment, den ich am Tag erlebe, wandert eine Kaffeebohne in die rechte Jackentasche. Am Abend lasse ich den Tag Revue passieren und bemerke, wie viele schöne Momente es gab. Glückliche Menschen sind dankbare Menschen. Egal, was wir tun, lass uns versuchen, es in Liebe zu tun. Betrachte alles mit dem Blick der Liebe, denn Liebe verbindet, sie ist großzügig. Wir wünschen uns doch alle Liebe und ein wundervolles neues Jahr.

Wir hatten nun das Jahr 2015, das neue Jahr hatte begonnen. Florian hatte mir eine Weihnachtskarte geschrieben und mir mitgeteilt, dass ich ihn besuchen könne, wenn ich möchte. Er müsse es bloß rechtzeitig wissen, um den Besuchsschein auszufüllen. Ich wollte ihn besuchen. Er hatte noch ein Jahr abzusitzen. Wie würde es nach der Haft weitergehen? Es standen so viele Fragen im Raum. So beschloss ich, ins Gefängnis zu fahren. Einen Tag, bevor ich losgefahren bin, ging ich zu meiner Bank, um 50 € wechseln zu lassen. Ich wollte ihm Kleingeld mitbringen, damit er Geld für Zigaretten oder für einen Einkauf hatte.

Am Tag des Wiedersehens schlug mein Herz bis zum Hals. Ich war froh, ihn wiederzusehen. Ich stand sehr früh auf und der Tag nahm seinen Lauf. Es war ein langer Weg, aber das sollte mich nicht hindern, ich war bereit. Nun fuhr ich auf der Autobahn, vier Stunden würde ich unterwegs sein. Viel Zeit, um nachzudenken. Es war nun ein halbes Jahr her, dass ich ihn das letzte Mal gesehen hatte. Was sollte ich ihm sagen und was sollte ich ihn fragen, wenn er vor mir stand? Ich hatte so viel in meinem Kopf, und doch war er irgendwie leer. Die Frage, die sich mir immer wieder stellte, war: Wie wird seine Zukunft sein, wie kann ich ihn motivieren und stärken? Es ist schwer, neue Wege zu gehen. Ich wollte versuchen, ihn auf den rechten Weg zu führen. Wir würden viel reden und ich hoffte, dass ich mit meinen Worten sein Herz erreichen würde. Ich musste bei mir und bei der Fahrt bleiben, die Sonne ging langsam auf, der Verkehr wurde immer dichter.

Ich wollte versuchen, ihm zu vermitteln, dass Freiheit nicht aus Alkohol und Drogen besteht, mit denen wir uns nur betäuben. Freiheit ist, wenn du in Freiheit bist, Luft zum Atmen hast und das Geschehen der Natur sowie die Menschen mit offenen Augen wahrnimmst. Das Leben besteht nicht nur aus Rausch und Ärger. Wir dürfen nicht vergessen, wir alle sind ein wundervoller Teil des Lebens. Jeder hat seinen Beitrag zu leisten, wir müssen die anderen hegen und pflegen. Wie unsere Seele, die auch danach schreit.

Nun war ich da, ich sah das große graue Gebäude. Was uns noch trennte, waren Drähte, Mauern und Gitter. Ich war genervt, musste erst noch durch Kontrollen und Schleusen. Es erinnerte mich daran, dass ich seinen Vater damals in Ingolstadt im Gefängnis besucht hatte, und nun ging ich zu seinem Sohn. Es war schon verrückt, aber so ist es nun einmal das Leben. Es sind Regeln und Gesetze, an die man sich zu halten hat, man nimmt es an und lässt es über sich ergehen. Warten war nun angesagt, Minuten wurden gefühlt zu Stunden. Als ich Florians Vater besucht hatte, wurde ich auch kontrolliert und musste für eine gewisse Zeit warten. Damals war ich an die 18 Jahre alt gewesen, Zolle hatte mich nach Ingolstadt gefahren. Ich war damals sehr nervös und aufgeregt gewesen, es war das erste Mal, dass ich in ein Gefängnis ging.

Der zweite Besuch, den ich in einem Gefängnis gemacht hatte, war, als meine Schwester in Haft war, und nun besuchte ich ihren Sohn. Wo ist die Zeit hingegangen? Da hörte ich wieder meine Mutter reden. Ich starrte ständig auf die Türe und wartete auf sein Kommen. Endlich ging die Türe auf und er kam herein. Eine Stunde hatten wir für uns. Es war ein schönes Gefühl. Wir nahmen einander in die Arme, die anderen Menschen, die auch mit in diesem Besucherraum waren, versuchte ich auszublenden. Ich versuchte, die kurze Zeit bewusst zu genießen und zu erleben.

Man stellt immer wieder fest, das Leben ist zu kurz, um sich um alte Sachen einen Kopf zu machen und nur in die Vergangenheit zu blicken. Ich versuchte, Florian zu vermitteln, in die Zukunft zu schauen. Das erforderte Mut und Geduld, es würde noch einige Zeit beschissen weitergehen, aber auch er würde es eines Tages verstehen und mit erhobenem Haupt in Freiheit sein. Die Zeit ist begrenzt, nutze sie bewusst. Mache das Beste daraus. Nun war auch die Besuchszeit am Ende und ich musste wieder gehen. Fast hätte ich vergessen, das Geld abzugeben. Florian fragte mich, was ich mit dem Geld wolle. „Das ist für dich", sagte ich. Er meinte aber, er dürfe leider kein Geld annehmen. Der Aufsichtsbeamte hatte es mitbekommen und kam zu uns. Er teilte mir mit, dass es nicht erlaubt sei, Häftlingen Geld mitzubringen, aber er würde das Kleingeld gerne nehmen und mir dafür einen 50-Euro-Schein geben. Auch gut, so musste ich das ganze Kleingeld nicht wieder mit nach Hause nehmen.

Wir verabschiedeten uns voneinander, uns war bewusst, dass wir uns lange Zeit nicht sehen würden. Wir mussten auf die Dinge warten, die noch auf uns zukommen würden. Der Abschied fiel mir schwer, ich schaute ihm nach, bis er hinter der Türe verschwand. Bei den vier Stunden Heimweg ging mir vieles durch den Kopf, da wurde mir einiges wieder klar. Wir können nur uns selbst ändern, dann wird sich auch die Welt ändern. Es ist ein harter Kampf, der sich aber lohnt und irgendwann belohnt wird. Es gibt so viele Stellen, Menschen, die Hilfe anbieten, wir müssen sie nur annehmen. Nur du kannst dein Leben bestimmen und formen, nur du kannst dich selbst bestimmen und regieren. Es liegt an dir, wohin du gehst, wir dürfen uns nicht nur in der Vergangenheit sehen, lass uns mit ganz großen Schritten in die Zukunft gehen. Am Ende dieses Weges, Florian, wenn die Sonne und das Tor aufgehen, wirst du mit Zuversicht und Stolz in die Freiheit und in dein neues Leben gehen. Unsere vergangenen Erfahrungen prägen uns, doch erst unsere Entscheidungen in der Gegenwart machen uns zu dem, der wir wirklich sind. Deshalb ist es wichtig, sich nicht ohnmächtig zu fühlen oder schwach zu werden. Man muss versuchen, stets hoffnungsvoll nach vorn zu schauen, um eigene Entscheidungen treffen zu können.

Insofern war alles gut, doch mir machten meine Eltern große Sorgen. Ihr Gesundheitszustand wurde immer schlechter. Einmal war es meine Mutter, die nicht mehr konnte, und dann wiederum mein Vater, der immer mehr mit seiner Krankheit Parkinson zu kämpfen hatte. Ich half, so gut ich konnte, und fuhr so oft es ging zu meinen Eltern, um alles einigermaßen aufrechtzuerhalten. Es wurde trotzdem alles komplizierter. Isa stritt nur noch mit Thomas. So war sie viel bei meinen Eltern, die es nicht mehr ertragen konnten, es aber irgendwie über sich ergehen ließen. Isa brachte immer öfter ihre Saufkumpanen mit, und die brachten alles durcheinander.

In meiner Verzweiflung rief ich die Polizei an, um Unterstützung und Hilfe zu bekommen. Sie konnten nicht helfen. Sie sagten: „Ihre Eltern sind geistig noch voll bei Sinnen und müssen selbst anrufen, wenn sie diese Situation nicht wollen." So ging es mir oft, ich rief in meiner Verzweiflung bei der Polizei an und sie sagten mir jedes Mal, dass sie mir nicht helfen könnten. Meine Eltern waren zwar noch bei Sinnen, aber es fehlte ihnen die Kraft. Sie hatten aufgegeben und sich ihrem Schicksal hingegeben. Meine Schwester machte in der Wohnung meiner Eltern, was sie wollte. War Geld im Haus, verbrauchte sie es, und sie machte auch oft den Kühlschrank leer. Sie haute meinen Eltern eine Telefonrechnung hin, die nicht mehr normal war. Ich wusste nicht, wie ich dem Wahnsinn ein Ende setzen konnte. Ich war verzweifelt und traurig. Ich hoffte, bald aus diesem Albtraum aufzuwachen und zu erkennen, dass es nur ein Traum war. Man kann sich kaum vorstellen, wie schlimm es ist, in so einer Zwickmühle zu stecken, nicht ausbrechen zu können und vor allem keinem helfen zu können, weil sich keiner helfen lassen will.

Anne zog sich immer mehr zurück, sie hatte genug eigene Probleme, aber das war doch bei uns allen der Fall. Die Gespräche, die wir hatten, waren nicht ehrlich, jeder meinte, er müsse der Stärkere sein. Man ließ sich somit nichts anmerken, wie es in einem wirklich aussieht. Wir haben zu jedem Anlass und zu jeder Situation die richtige Maske auf. So versucht man alles zu retten und aufrechtzuerhalten, und das krasse Gegenteil passiert. Der Zusammenhalt meiner Familie war nicht vorhanden, Adrian wollte keinen Kontakt mit mir haben und Danilo, der Sohn von Matthias, hatte sich auch zurückgezogen. Wir hatten versucht, jedem gerecht zu werden, und versucht, was in unserer Macht steht.

Adrian fühlte sich hintergangen, Danilo konnten wir finanziell nicht so unterstützen, wie er es gerne gehabt hätte, und so wurden diese Beziehungen immer distanzierter. Danilo hatte im April 2014 geheiratet.

Wir wurden eingeladen, aber wir wollten erst das Gespräch suchen, um vieles zu klären. Es stand zu viel Ungeklärtes im Raum, was dringenden Gesprächsbedarf erzeugte, jeder fühlte sich unverstanden, und in dieser Stimmung wäre es nicht gut gewesen, auf die Hochzeit zu gehen. Ich habe Danilo gebeten, dass wir uns an einen Tisch setzen und einander sagen, was uns bedrückt oder beschäftigt.

In dieser Zeit hatten wir nicht viel Geld. Wären wir nicht den ganzen Tag arbeiten gewesen und hätte ich nicht die zusätzlichen Putzstellen angenommen, hätten wir nicht mal annähernd so viel geben und machen können. Mir tat es in der Seele weh, alles zu versuchen, und das krasse Gegenteil passiert. In so einem Fall ist es gut, erst einmal tief durchzuatmen, man kann nur versuchen, ins Gespräch zu kommen. Es ist in Ordnung, in solch einer Situation Wut oder Frust zu empfinden, aber was nicht geht, ist, wenn man beleidigend wird.

Wenn es gar nicht mehr ging, zog ich mich zurück in die Kirche zu meinem Jesus. Zündete eine Kerze an, setzte mich auf die Bank und schaute ihn einfach an in meiner Verzweiflung. Fragte ihn, wo das alles noch hinführen werde, sagte ihm, dass er mir bitte helfen solle, denn ich hätte keine Kraft mehr. Ich fühlte mich allein und unverstanden. Die Frage, die sich immer öfter stellte, war: Was ist meine Lebensaufgabe? Wie kann man überhaupt seine Aufgabe finden, und welche Rolle spiele ich in meinem Leben? Welchen Sinn hat mein Leben? Fragen über Fragen. Die Lebensaufgabe ist die Aufgabe, die du dir als Seele für dieses Leben auf der Erde mitgegeben hast. Manche sagen auch, es sei Berufung oder Mission in deinem Leben, und andere behaupten, es sei eine Bestimmung. Persönlich ist die Lebensaufgabe, die eine Sache, für die man brennt und die man in die Welt tragen möchte. Die Lebensaufgabe ist nicht auf einen Beruf, auf Geld oder eine Beziehung beschränkt. Wenn du wirklich herausfinden willst, was deine Lebensaufgabe ist, dann musst du Kontakt zu deiner inneren Führung, zu deiner Seele aufnehmen, und welcher Ort war dazu besser geeignet als in der Kirche bei meinem Jesus?

Was war bei all dem meine Aufgabe, warum habe ich solch eine schwere Rolle in meinem Leben zu spielen? Ich wollte nur einmal für eine kurze Zeit unbeschwert leben. Keine Sorgen, Kummer oder ständig in Ängsten leben, die dich zermürben und dich zweifeln lassen, ob alles richtig ist, wie du es machst. Mit dem Sinn ist auch der Zweck gemeint, der das Leben zu etwas Wertvollem macht. Man kann auch sagen, der Sinn des Lebens besteht darin, dass wir das tun, was uns wirklich wichtig ist. Wir werden älter, wir ändern unsere Denkweisen, lassen uns beeinflussen und gehen mit der Zeit. Sich zu verändern bedeutet, sich auf das Leben einzulassen, sich hinreißen zu lassen und den Dingen auf den Grund zu gehen.

Es war nicht einfach, bei alledem trocken zu bleiben. Ich muss gestehen, in dieser Zeit dachte ich wieder öfter an Alkohol, aber mir war bewusst, dass es nur noch schlimmer werden würde, wenn ich wieder Alkohol zu mir nehmen würde. Darum vertraute ich auf Gottes Beistand, der meine Ängste überwinden lässt. Auch durch die Ruhe, die ich bei Gott fand, wurde es jedes Mal friedvoll in mir. Je mehr wir unser Herz für die Liebe und Frieden in uns öffnen, umso mehr gewinnen wir an Stärke. Denn in einer liebevollen Lebenseinstellung, durch klare Gespräche und durch klare Kommunikation kann man einen liebevollen Weg finden, anstatt ängstlich zu flüchten oder seine Unzufriedenheit herunterzuschlucken oder ungehalten zu reagieren. So entfaltet sich ein großes Potenzial in dir, das dich wiederum stark werden lässt.

Wir schrieben nun das Jahr 2015, ich habe in diesem Jahr begonnen, an meiner Autobiografie zu schreiben. Ich hatte das Bedürfnis, mir alles von der Seele zu schreiben. Somit wollte ich meine Lebensgeschichte verarbeiten, Menschen inspirieren, nicht aufzugeben, an sich zu glauben und zu arbeiten. Wie oft hat man von seinen Eltern, Freunden oder Chefs oder von wem auch immer gehört, dass man etwas nicht schaffen werde. Dass man für bestimmte Dinge nicht gut genug sei. Dass man für seine Vorhaben nicht ausreicht. Solche Situationen oder Äußerungen können sehr schmerzhaft sein. Ich weiß das, da ich solche Situationen oft erlebt habe. Da kann das Selbstbewusstsein schnell im Keller sein. Es lässt bei einem Zweifel am eigenen Können hochkommen und kann einen demotivieren, weiter an die eigenen Ziele zu glauben und diese zu verfolgen. Ich möchte andere anstecken mit meiner Geschichte und sie begeistern, um andere zu überzeugen, dass es immer einen Weg und eine Lösung gibt, wenn man es zulässt und von Herzen will. Denn diese Fähigkeit ist wesentlich für deinen persönlichen Erfolg. Instinktiv spürt das jeder, aber es gelingt nicht jedem. Manchmal fühlt sich mein Leben wie ein Test an, für den ich nicht gelernt habe. Aber das Gute ist, du musst keine Angst vor der Zukunft haben, denn du kannst sie selbst erschaffen. Ich kann das Schreiben nur empfehlen, es ist eine tolle Sache. Es befreit die Seele, und genau dies benötigte ich.

Wir hatten den 15. Februar, es war Rosenmontag. Es war Fasnacht beziehungsweise Fasching. Ich saß am Computer, um ein wenig zu surfen. In diesem Moment fiel mir Peter ein, mein Bruder, den ich weiterhin nicht kannte und von dem ich bis jetzt nicht wusste, wo er überhaupt lebte. Ich bewegte mich zu unserem Wohnzimmerschrank, wo ich die Dokumente aufbewahrte, auch die Taufurkunde von Peter, die ich vor Jahren bei meinen Eltern entdeckt und an mich genommen hatte. Ich wollte ihn unbedingt finden, ich wusste nur noch nicht, wie. Ich schaute mir minutenlang diese Urkunde an. Plötzlich blieb mein Blick an dem katholischen Pfarramt hängen. Über das Internet versuchte ich, eine Telefonnummer zu finden.

Es war Rosenmontag und bestimmt nicht viel los, also hatte ich die Hoffnung, etwas zu erreichen. Als ich dort anrief, war ich sehr nervös. Eine klare Stimme von einer Frau meldete sich. Ich sagte meinen Namen und mein Anliegen. Dass mein Bruder adoptiert worden war und ich ihn suchen und gerne finden würde. „Mein Bruder wurde 1958 in Weißenburg im Krankenhaus geboren, ein Pfarrer aus Ihrer Gemeinde hat diesen Jungen getauft, so kam ich zu Ihnen. Können Sie mir helfen?“ Die Stimme sagte mir, dass es unter Datenschutz laufe und sie mir eigentlich keine Informationen preisgeben dürfe. „Heute ist es sehr ruhig bei uns und ich bin allein, ich werde mal nachschauen, ob es noch überhaupt Informationen gibt.“

Ich betete: „Bitte, Gott, lass sie noch etwas finden, einen Anhaltspunkt!“ Nach einer gewissen Zeit war die Stimme wieder am Telefon. „Hallo, hören Sie mich? Ihr Bruder ist hier getauft worden. Er wurde von einer amerikanischen Familie, die an einem bestimmten Ort in Deutschland stationiert war, adoptiert. Später ist diese Familie zurück nach Amerika, und zwar, wie es aussieht, mit dem kleinen Jungen. Er heißt auch nicht mehr Peter S., sondern bekam einen amerikanischen Namen, den ich nicht richtig entziffern kann. Soweit ich es lesen kann, müsste er Randolph Busboom heißen, was ich aber nicht hundertprozentig sicher behaupten kann. Tut mir leid, mehr kann ich nicht dazu sagen, aber Sie können es beim Einwohnermeldeamt in Weißenburg probieren, vielleicht bekommen Sie dort noch mehr Informationen.“

Ich bedankte mich und war glücklich, einen Namen zu haben. Randolph Busboom, so heißt angeblich mein Bruder. Eine Spur hatte ich nun. Ich wollte ihn unbedingt finden und blieb an der Sache dran. Nach Fasnacht rief ich das Einwohnermeldeamt an. Ich erzählte auch dort, was mein Anliegen war. Sie meinte, in dieser Angelegenheit dürfe sie mir keine Informationen und Daten geben. Ich versuchte es mit einem Schreiben, das den neuen amerikanischen Namen beinhaltete. Zusätzlich legte ich eine Kopie der Taufurkunde bei. In der Hoffnung, etwas zu erreichen, vielleicht würde es eine Person bearbeiten, die Verständnis und ein weiches Herz hat, wie die Person vom katholischen Pfarramt.

Nach einer Woche lag ein Brief im Briefkasten, der Absender war das Einwohnermeldeamt. Als ich ihn öffnete, war ich sehr nervös. Ich hatte Angst, nichts Neues mehr zu erfahren. Und so war es auch, sie schickten mir die Taufurkunde zurück und schrieben, dass sie mir keine Auskünfte erteilen könnten, da ich kein Auskunftsrecht hätte. Aus der Traum! Wie sollte ich nun weitermachen? Ich wusste es nicht. An einem Tag, als ich am Computer saß, um zu surfen, kam mir der Gedanke, diesen Namen in eine Suchmaschine einzugeben. Ich fand einen Randolph, sogar eine amerikanische Adresse dazu. Diese Adresse war aber mit dem Namen Lee Busboom verknüpft. Vielleicht war es ein Verwandter und ich konnte etwas erreichen. Mein Gedanke war, einen Brief zu schreiben, doch ich hatte ein Problem, denn ich kann kein Englisch.

Die Übersetzungsprogramme waren nicht so gut. Also musste ich mir einen anderen Weg suchen, denn aufgeben wollte ich auf gar keinen Fall. Matthias fand eine Organisation in Rottweil, die dabei hilft, vermisste Menschen zu finden. Es ist das Deutsche Rote Kreuz, DRK. Ich rief dort an, erklärte, worum es ging, und wir vereinbarten einen Termin. Als ich dort ankam, wurde ich herzlich begrüßt. Ich erzählte der Frau, worum es ging, dass ich schon ein wenig recherchiert und etwas erreicht hatte, aber nun feststeckte und nicht weiterwusste. Dass ich keine Englischkenntnisse habe und ich hoffte, dass sie mir helfen können. Ich gab ihr die Taufurkunde, die Peters Geburtsdatum beinhaltete. Ich gab ihr auch den neuen Namen und was ich selbst recherchiert hatte.

Sie gab die Daten in ihren Computer ein und fand auch diesen Lee Busboom, der in Riverside wohnte. Riverside ist eine Stadt im US-Bundesstaat Kalifornien. Aber nach seinen Geburtsdaten war dieser Mann über 90 Jahre alt. Meine Hoffnung schwand dahin. Klar, heutzutage wird man manchmal sogar hundert Jahre alt. Aber er könnte auch schon tot sein. Dieser Lee war in den 50er-Jahren in Deutschland stationiert gewesen. Das konnte sie der Recherche entnehmen, das war schon mal gut. Auch wenn dieser Mann schon sehr alt war, hatten wir vielleicht Glück und er lebte noch. So hatten wir gemeinsam einen Brief aufgesetzt. In diesen Brief schrieb ich auch meine E-Mail-Adresse und meine Handynummer. Auch eine Kopie von der Taufurkunde legte ich bei. Nun war Warten angesagt.

Es waren etwa drei Wochen vergangen, als ich an einem Morgen, es war sechs Uhr, am Tisch saß und meinen Kaffee trank. Ich schaute auf mein Handy und sah, dass ich eine Nachricht auf Englisch bekommen hatte. Ich wollte diese schon löschen, aber da fiel mir mein Bruder Peter ein. Vielleicht war es eine Nachricht von ihm. Ich öffnete die Nachricht. „Hello, my name is Randy, your brother." Ich traute meinen Augen nicht. Er schrieb, dass er sehr überrascht sei, zu hören, dass er noch Geschwister in Deutschland hatte. Er wusste, dass er adoptiert war und aus Deutschland kommt. Sein Geburtsdatum und das Geburtsdatum auf der Geburtsurkunde stimmten überein. Er war sehr überrascht und zugleich sehr aufgeregt, aber die Freude überwog. Ich hatte ein Gefühl in mir, das sich nicht beschreiben ließ. Als kleines Mädchen, eigentlich ab dem Zeitpunkt, zu dem ich mitbekam, dass es noch einen Bruder in unserer Familie gibt, war es mein größter Wunsch gewesen, diese Person zu finden und eines Tages kennenzulernen. Jetzt waren mittlerweile 44 Jahre vergangen und endlich war der Tag gekommen: Mein größter Wunsch hatte sich erfüllt!

Am liebsten hätte ich Matthias geweckt, der noch schlief. Immer wieder las ich die Nachricht, ich weinte vor Freude und dankte Gott, dass ich meinen Bruder gefunden hatte. Ich glaube, dass sich Wünsche erfüllen können, wenn man ganz fest daran glaubt. Wenn ein Wunsch in Erfüllung geht, dann ist das eines der schönsten Dinge auf Erden. Stell dir vor, du würdest jeden Tag einen kleinen Schritt gehen, der dir mehr Glück, Freude, Liebe und Erfolg in dein Leben bringt. Welche Auswirkungen würde es auf dich haben? Nur du kannst deine Wünsche wahr werden lassen, und wenn du dir selbst nichts zutraust, dann wird es sich auch bewahrheiten. Jeder von uns hat Wünsche, die er für unerreichbar hält. Und doch können viele dieser Wünsche in Erfüllung gehen. Auch Wünsche, die unrealistisch sind, wie in meinem Fall.

Ich wollte dieses Buch schreiben, um andere Menschen zu inspirieren. Um Mut zu machen, dass es sich immer lohnt, weiterzukämpfen und weiterzugehen. Zeitweise hinfallen und für eine gewisse Zeit liegen bleiben, ist keine Schande. Aber nicht mehr weiterzugehen, sich nicht mehr die Mühe zu machen aufzustehen, das ist eine Schande. Kein Mensch hat dein Leben mehr in der Hand als du selbst. Wenn man an etwas ganz fest glaubt und daran arbeitet, wird es in Erfüllung gehen. Natürlich gibt es auch Wünsche, bei denen es sich tatsächlich um unmögliche Fantasien handelt, doch auch hier gilt: Die Hoffnung stirbt bekanntlich zuletzt.

Über E-Mail haben wir von diesem Zeitpunkt an viel geschrieben, mit der Sprachübersetzung ging es einigermaßen gut. Er wollte alles über seine richtige Mutter und von uns Geschwistern wissen. Das beruhte auf Gegenseitigkeit. Es gab viel zu erzählen und zu erfahren. Auch ich wollte alles über ihn wissen. Er ließ mich wissen, dass er sehr gerührt sei und sich freut, dass ich ihn gesucht und gefunden habe. Dass ich die Mühe auf mich genommen hatte. Er fragte, ob ich Skype hätte, so könnten wir uns am Bildschirm sehen und miteinander telefonieren. Bislang hatten wir nur von uns und unseren Familien Fotos hin und her geschickt. Ich sagte Matthias, dass ich gerne mit Randy skypen würde, und er richtete es ein.

Ein halbes Jahr verging, Weihnachten stand wieder vor der Tür. Welches Geschenk hätte größer sein können, als ihn zu dieser Zeit zum ersten Mal live am Bildschirm zu sehen und seine Stimme zu hören. Da ich keine Englischkenntnisse hatte, fragte ich Michael, ob er mir beim Skypen bei der Übersetzung behilflich sein und mich dabei unterstützen könne. Mein Glück war, dass Michael gut Englisch kann. Als es nun so weit war, war ich sehr gespannt und nervös. Ich wusste gar nicht, wie ich mich verhalten sollte. Ich machte mich hübsch, wollte bei unserem ersten Treffen gut aussehen, auch wenn es nur auf dem Bildschirm war.

Niemand kann sich vorstellen, wie es ist, wenn man einen Bruder hat, den man noch nie gesehen hat. Du weißt, es ist dein Bruder und doch ein fremder Mann, der dir erst einmal gegenübersteht. Jetzt war es so weit. Wir sahen uns das erste Mal in die Augen. Ich merkte, dass er auch sehr nervös war, was sich aber bei uns beiden schnell legte. Durch Michaels Hilfe konnten wir uns gut verständigen. Durch die Zeitverschiebung von neun Stunden nach hinten war es bei uns 20.00 Uhr und bei Randy 11.00 am Vormittag. Wir verstanden uns auf Anhieb gut. Ich lernte seine Adoptiveltern kennen, die zwar beide schon über 90 Jahre alt waren, aber zum Glück noch lebten. Sie waren hilfebedürftig, aber im Kopf waren sie noch sehr klar. Randy wohnte deswegen mit ihnen im Elternhaus, um sich um sie zu kümmern, sie zu versorgen und zu unterstützen. Er hatte die Pflege übernommen. Sie freuten sich für Randy, dass er noch Geschwister in Deutschland hatte. Eine Stunde Skype war gar nichts, die Zeit verging wie im Flug. So hatte es sich eingependelt, dass wir immer am Sonntagabend skypten. Eines Tages fragte er mich, ob ich es meiner Mutter schon erzählt hätte, dass ich ihn gefunden hatte. Es wusste keiner, außer meiner eigenen Familie. Ich wollte den richtigen Zeitpunkt abwarten und eine gewisse Zeit sehen, wie es sich überhaupt mit uns entwickelt.

Wie zuvor erwähnt, Weihnachten stand vor der Tür, und welcher Zeitpunkt wäre für solch eine Botschaft passender? Als ich bei meinen Eltern war, passte ich den richtigen Zeitpunkt ab. Ich wollte mit meiner Mutter allein sein, um diese Neuigkeit zu verkünden. Ich wusste gar nicht, wie ich dieses Thema einbringen sollte. Beim Kaffee fragte ich meine Mutter, ob sie gelegentlich an Peter denken würde. „O ja, ich würde gerne wissen, wo er lebt, was aus meinem Peter geworden ist." Ich merkte ihr die Trauer an. „Ich weiß, dass ich Fehler gemacht habe, aber damals wusste ich keinen anderen Rat, als ihn zur Adoption freizugeben. Ich war allein, meine Tante war gestorben. Es war damals die richtige Entscheidung."

Ich merkte, dass ihr Schuldgefühle kamen, dass sie die Entscheidung im Nachhinein als falsch betrachtete. Ich legte ein Bild von Randy auf den Tisch. Sie fragte mich, wer dieser Mann sei. Ich sagte: „Das ist dein Peter. Ich habe nach ihm gesucht und ihn gefunden. Er lebt in Amerika, er ist sehr glücklich, dass wir ihn gefunden haben. Ich soll dich ganz lieb grüßen und sagen, dass er nicht böse auf dich ist. Er hatte eine schöne Kindheit und ihm geht es gut." Meine Mutter war sprachlos. Sie hatte Tränen in den Augen und konnte ihre Blicke nicht mehr von diesem Bild lassen. „Das muss ich gleich Hermann erzählen, dass du meinen Peter gefunden hast." Immer wieder fragte sie nach, ob es wirklich wahr sei. Sie konnte es gar nicht glauben. So glücklich habe ich meine Mutter schon lange nicht mehr gesehen, ich machte ihr das schönste Weihnachtsgeschenk.

Nun gab es erst einmal kein anderes Thema mehr. Meine Mutter erzählte es Isa und Anne. Als sie bei den Eltern waren, sahen sie sich das Bild an, aber die Freude hielt sich bei den beiden in Grenzen. Ich glaube, sie wussten nicht, wie sie damit umgehen sollten. Beide waren zwar neugierig, aber doch sehr zurückhaltend. Oder wie immer mit ihren eigenen Problemen beschäftigt. Mir war wichtig, meine Mutter glücklich zu sehen. Ich hatte mein Ziel nach 44 Jahren endlich erreicht und meiner Mutter das denkbar größte Geschenk zu Weihnachten gemacht. Natürlich stand im Raum, dass sie ihn gerne sehen möchte. Ich sagte zu ihr: „Mama, wir haben so viel erreicht, und wenn Gott will, werden wir ihn auch persönlich sehen." Meine Mutter meinte nur: „Wenn es einer möglich machen kann, dann du", und wir nahmen einander in die Arme.

Ich finde, es ist wichtig, an Wunder zu glauben. Viele glauben nur, was sie sehen. Sie sind davon überzeugt, dass es nur das gibt, was ihr kleiner Verstand begreifen kann. Ich glaube, dass es Wunder gibt, wie es auch Liebe, Großzügigkeit und Hingabe gibt, durch die unser Leben erst schön und fröhlich wird. Stell dir vor, wie trostlos unsere Welt wäre! Denn dann gäbe es keinen Glauben und keine Poesie, die unser Leben ja erst lebenswert machen. Darum glaube auch du an Wunder! Erfüllt ging ich an diesem Abend noch in die Kirche, ich schaute lächelnd Jesus an und bedankte mich von ganzem Herzen. Wenn ich auch gelegentlich in den Stürmen des Lebens verzage, bin ich dankbar, zu ihm kommen zu können, bei ihm zu sitzen und mein Herz vom Kummer zu erleichtern. So merke ich jedes Mal aufs Neue, dass du bei mir bist. Mir wurde im Laufe des Lebens bewusst, dass viele Sachen, die einmal waren, nicht mehr so sein werden, wie sie einmal waren. Sogar wie es in diesem Moment ist, wird es nicht auf Dauer bleiben. Das Leben ist Wandel. Finden wir uns damit ab und versuchen wir, aus jeder Situation das Beste zu machen.

Matthias und ich haben uns immer sehr für Camping interessiert. Einmal im Jahr fand in Stuttgart eine Hobby- und Freizeit-Messe statt. Dort haben wir einen Wohnwagen gekauft. Der Wandel fand auch in meinem Berufsleben statt. Meine Omas starben weg oder sie benötigten mehr Betreuung, als ich bieten konnte. Mir tat es in der Seele weh. Meine Senioren, die ich zehn Jahre lang betreut hatte, waren entweder gestorben oder Pflegefälle. Neue Senioren wollte ich nicht mehr annehmen. Ich musste mich umorientieren.

An einem Abend, als ich in der Bank putzte, hielt ich ein Schwätzchen mit dem Hausmeister. Er erzählte mir, dass der Chef nicht mehr so oft in die Bank käme. Er hatte nämlich einige neue Objekte dazu bekommen, die er nicht allein managen konnte. Er suchte nun eine Leitung für Objekte, die ihn bei der Arbeit unterstützen würde. Ich fragte, was eine Objektleitung alles macht. Eine Objektleitung ist für die Reinigung, Wartung und Instandhaltung der Innenräume und Außenanlagen von Gebäuden und Industriekomplexen zuständig. Sie organisieren und überwachen den Ablauf von Reinigungsarbeiten. Das war eine Tätigkeit, die ich mir auch vorstellen konnte.

Aus meiner Euphorie heraus sagte ich: „Wenn Herr F. kommt, sage ihm bitte, ich hätte großes Interesse." Es dauerte nicht lange und Herr F. kam zu mir und fragte nach, ob es stimme, dass ich mir die Position als Objektleitung vorstellen könne. Ich hätte Kundenkontakt, nicht nur mit Reinigungspersonal, sondern auch mit Betriebsleitern und Bankangestellten. Man hat mit allen Schichten zu tun. Er meinte, ich sei aufgeschlossen, könne auf Menschen zugehen und sei auch redegewandt. Wenn ich wolle, könne ich es probieren, er werde mir alles zeigen und mich einlernen. Ich traute meinen Ohren nicht. Sollte das mein neuer Berufszweig werden? Ich nahm die Herausforderung an. Ich erzählte es Matthias noch am selben Tag. Ich hatte schon etwas angedeutet, aber ich hätte mir nie träumen lassen, dass es wirklich klappt und ich eine Stelle als Objektleitung bekomme.

So hatte ich eine neue Arbeit und eine neue Herausforderung. Tagsüber ging ich der Arbeit als Objektleitung nach und am Abend putzte ich die Bank. Auf einen Schlag bekam ich 25 Objekte, um die ich mich kümmern durfte. Herr F. zeigte mir, worauf man achten muss. Am Anfang hat er mich begleitet und mir alles gezeigt. Alle wichtigen Sachen habe ich mir notiert. Ich wurde meinen Ansprechpartnern von den verschiedenen Objekten vorgestellt sowie auch den Reinigungskräften. Ich wurde zu Schulungen geschickt, um Führungskompetenzen zu erlangen, etwa Kommunikationsvermögen, Selbstsicherheit, eine positive Grundhaltung und Motivationstalent und einiges mehr. Der Aufgabenbereich als Objektleitung wurde mir zu umfangreich, ich war in der Materie noch unerfahren und benötigte die Zeit, sodass ich die Stelle als Reinigungskraft in der Bank aufgeben musste.

Nach einiger Zeit hatte ich viel gelernt und war der Aufgabe gewachsen. Bei Herrn F. war ich 60 Prozent angestellt. Er erwähnte häufig, dass er im Büro Unterstützung benötigte. Ich bot mich an und war bereit, ein- bis zweimal die Woche nach Singen zu fahren, um Büroarbeiten zu machen. Er hielt mich immer hin, ich versuchte ihm zu erklären, dass ich mehr verdienen muss. Es waren Zusatzkosten dazugekommen. Wieder einmal nahm ich die Gelben Seiten und schaute nach, ob es Gebäudereinigungsfirmen in der Umgebung gab. Es gab einige in der Umgebung, deshalb beschloss ich, Bewerbungen zu schreiben.

Es waren vier bis fünf Bewerbungen, die ich weggeschickt hatte. Ich wurde in jeder Firma zum Vorstellungsgespräch eingeladen. Ich fragte mich: Wenn ich wirklich in einer anderen Gebäudereinigungsfirma eingestellt werden sollte, wie sage ich es Herrn F.? Aber darüber wollte ich mir erst Gedanken machen, wenn es wirklich so weit kommen sollte. Zweifel und Ängste begleiteten mich. Das Ungewisse machte mich krank. Herr F. sagte mir, dass es zurzeit nicht möglich sei, mir mehr Arbeit zu geben. Umso mehr hoffte ich auf eine Putzstelle in Villingen. Ich wurde nach einer Woche angeschrieben und zu einem zweiten Vorstellungsgespräch eingeladen. Ich bekam tatsächlich die Stelle.

Obwohl ich großen Respekt vor der neuen Herausforderung hatte, freute ich mich sehr, die Stelle bekommen zu haben. Nun stand mir die unangenehme Aufgabe bevor, Herrn F. zu sagen, dass ich eine neue Arbeit anfangen würde. Als wir beide bei einer Besprechung saßen, merkte er, dass mich etwas beschäftigt und fragte nach, was mit mir los sei. Beim Kaffeetrinken versuchte ich, es ihm sanft beizubringen. Mir war bewusst, dass er mein Sprungbrett war, dass ich diese neue Herausforderung ihm zu verdanken habe. Die Grundkenntnisse und was ich bis jetzt wusste und konnte, hatte ich ihm zu verdanken. Ich musste mit ehrlichen Karten spielen und es ihm sagen. Ich habe ihm gesagt, dass ich eine neue Stelle habe und am 1. des nächsten Monats dort anfangen würde. Zuerst freute er sich für mich, denn er dachte, ich gehe in meinen Beruf im Kindergarten zurück. Als ich ihm sagte, dass ich in einer Gebäudereinigungsfirma in Villingen anfange, kippte die Stimmung. Ich merkte die Enttäuschung in seinem Gesichtsausdruck. Er schien zu denken: Ich habe dir alles soweit beigebracht, und jetzt gehst du in eine andere Firma und lässt mich hängen. Ist das dein Dank?

Mir ging es nicht gut dabei, es ist nicht meine Art, so etwas zu tun. Ich war ihm sehr dankbar, aber ich musste auf mich und meine Familie schauen. Ich brauchte mehr Geld, und dies konnte er mir nicht bieten. Ich versuchte ihm klarzumachen: Hätte er mehr Arbeit für mich gehabt, damit ich mehr hätte verdienen können, wäre ich nicht gegangen. Es tat mir wirklich leid. Egal, was ich sagte, er hörte mir nicht mehr richtig zu. Er war verletzt und enttäuscht von mir. Aber damit musste er nun leben. Ich freute mich auf meine neue Arbeitsstelle.

Abgesehen davon kann man es nie allen Menschen recht machen, gleichgültig, wie sehr man sich zurücknimmt und seine Bedürfnisse zurücksteckt. Deshalb ist es töricht, es allen recht machen zu wollen. Es gibt kein Rezept und auch keine Antwort auf die Frage, was richtig oder falsch ist. Höre auf deine innere Stimme. Das habe ich auch getan, aber ich hatte Angst, es nicht zu schaffen, Angst, nicht gut genug zu sein. Oder nicht schlau und clever genug und so weiter. Während ich mir über all dies Gedanken machte, versuchte ich, dieses Gespräch so harmlos wie möglich zu beenden. Ich aß mein süßes Stückchen auf und trank meinen Kaffee aus, danach haben wir uns verabschiedet.

Immer mit einer gewissen Angst zu leben, ist für mich normal. Ich hatte viel Angst und habe sie oft noch immer. Das ist anstrengend, denkst du vielleicht oder du kennst es, weil auch du mit Zweifeln und Ängsten lebst. Ja, verdammt, so ist es. Es ist okay, dazu zu stehen, es zu sagen, dass man Angst hat, das macht uns wiederum stark. Tief in mir hoffe ich, dass mit dem Alter auch die Gelassenheit kommt. Ich glaube nicht, dass ich die Angst ganz verlieren werde. Aber vielleicht wird sie mal in ganz ferner Zukunft wie ein guter alter Bekannter sein, der gelegentlich vorbeikommt, nach dem Rechten schaut, vielleicht ein paar Nächte auf meiner Couch übernachtet, aber irgendwann auch wieder geht. Denn eins musst du wissen: Wenn du versuchst, es allen recht zu machen, dann hast du mit Sicherheit einen vergessen, und zwar dich!

Mein erster Arbeitstag stand an. Am Anfang wurde mir schlecht. Ich hatte Angst, dieser Arbeit nicht gerecht zu werden. Man hat mich in die Arbeit eingewiesen und mir alles erklärt. Albert, einer der Objektleiter, fuhr mit mir meine zukünftigen Objekte ab, um mir zu zeigen, wo sie sind. Ich stellte mich in den Firmen meinen Ansprechpartnern vor, man zeigte mir die jeweiligen Putzkammern und sagte mir, was zu beachten ist. Nun hatte ich ein Gebiet von einem Radius von 60 Kilometern. Insgesamt waren es etwa achtzig Objekte.

Bei der Einweisung kam ich mit dem Schreiben gar nicht hinterher. Aber ich wollte von Anfang an dran bleiben. Am Abend schrieb ich meine Notizen sorgfältig ins Reine und legte mir einen Ordner an, um alles zusammenzuhalten. Nachts konnte ich oft nicht einschlafen oder zeitweise gar nicht schlafen, so sehr hat mich meine neue Arbeit beschäftigt. Immer in Angst, ich könnte es nicht schaffen, dass ich der Arbeit gerecht werde. Der Landkreis Villingen war für mich unbekannt, und so musste ich mich erst an die neue Umgebung gewöhnen und lernen, mich zu orientieren. Die großen Firmen kamen mir vor, als sei ich in einem Irrgarten oder Labyrinth, bis ich die Putzkammer gefunden hatte. Manchmal waren mehrere Putzkammern in einer Firma. Obwohl es sowohl aufregend als auch einschüchternd war, hat man nicht ewig Zeit, es zu erlernen und sich einzuprägen. Am Anfang half mir das Navi, nicht jeder möchte orientierungslos durch die Straßen irren, ohne zu wissen, wo man sich befindet und wohin man will. Solch ein Navi spart Zeit und Nerven, und mit genügend von beidem macht die Arbeit viel mehr Spaß.

Trotz allem hatte ich mich schnell zurechtgefunden und eingelebt. Ich wollte meiner Arbeit gerecht werden. Ich hatte keinen Acht-Stunden-Tag. An jedem Tag hatte ich ein gewisses Pensum, das ich zu erfüllen hatte. Meine Arbeitszeit und meine Pausen konnte ich einteilen, wie ich wollte. Mein Chef sagte immer, ihr könnt eure Arbeit selbst organisieren, planen und einteilen. Es sei ihm wichtig, keine Reklamationen zu bekommen, dass die Objekte sauber sind und es mit dem Reinigungspersonal läuft. Er sagte immer, der Rechenweg sei ihm egal, Hauptsache, das Ergebnis stimme.

Bei dieser Arbeit lernte ich schnell, mich selbst zu organisieren, Aufgaben einzuteilen, mich auf die Menschen einzulassen, ohne sie zu verletzen. Ich lernte, mir bestimmte Fähigkeiten anzueignen, unter anderem Ziele klar zu formulieren und zu kommunizieren oder Strategien für die Zielrichtung zu entwickeln. Entscheidungen zu treffen und Prioritäten zu setzen. Essenziell sind Ehrlichkeit, Selbstsicherheit, Engagement und eine positive Grundhaltung, was nicht immer einfach ist.

Im Winter war es besonders anstrengend, spät am Abend, wenn es schneite und die Straßen glatt waren, noch nach Hause zu fahren. Gott sei Dank hat mich Matthias bei meiner Arbeit immer unterstützt. Kam ich so spät nach Hause, war das Essen fertig und die Küche sauber. Einmal sagte ich zu meinem Mann, irgendwann sprechen wir uns wieder mit „Sie“ an, oder wir machen ein Date aus, weil wir uns zu wenig sehen. Aber alles hat seinen Preis. Herausforderungen bringen uns an unsere Grenzen, seien es Bewerbungsgespräche oder Meetings mit schwierigen Kunden.

In Situationen, in denen ich aus meiner Komfortzone trete und die mich unsicher machen, stellte ich mir oft die Frage: Ist das denn wirklich notwendig? Kann nicht einfach alles so bleiben, wie es ist, vertraut, gewohnt und einfach? Müssen wir uns immer einen solchen Stress machen? Leider ist es so, dass man sich Herausforderungen nicht immer aussuchen kann, und sie lassen sich nicht vermeiden. Wenn du zum Beispiel gekündigt wirst oder, wie in meinem Fall, eine neue Arbeit annimmst, von der du noch sehr wenig Ahnung hast und dein Arbeitgeber trotzdem die Erledigung einer bestimmten Aufgabe erwartet, hast du in der Regel keine Wahl. Außerdem empfehle ich, dass du dich freiwillig und bewusst immer wieder neuen Herausforderungen stellst, weil man daran wächst.

Aber umso mehr freute ich mich jeweils auf unsere Urlaube. Mit unserem Wohnwagen sind wir nach Kroatien, Italien, Wien, an die Ost- und Nordsee gefahren. Wir haben in Bayern Urlaub gemacht, am Kaiserstuhl und an vielen anderen schönen Orten. Es waren jedes Mal schöne und erholsame Urlaube. In der Mitte des Lebens entsteht eine größere Ruhe und weniger Aufgeregtheit. Aber dabei muss man auch die Ruhe zulassen, um seine Kräfte wiederzufinden. Damit das gelingt, braucht man Raum und stille Zeit. Man sollte sorgfältig mit seiner Zeit umgehen, denn sie ist sehr kostbar. Versuche, dir bewusst die Zeit zu nehmen und zu genießen. Nicht nur im Urlaub, auch zuhause, bei einem Spaziergang oder bei einer Tasse Kaffee. Versuche, anderen Zeit zu schenken, Zeit für liebe Menschen, Zeit für die kleinen Dinge im Leben und ganz besonders Zeit für dich selbst.

Im Urlaub freut man sich auf das Land, die Kultur und die Sehenswürdigkeiten. Wir schauen uns gerne Städte an, gehen gerne wandern. Wir lieben die Natur und erfreuen uns daran. Die Natur beruhigt die negativen Emotionen und weckt positive Gefühle. Wir haben für uns erkannt, dass die Natur uns viel gibt. Wir wandern viel durch die Natur und spüren dabei bewusst den Wind, den Regen im Gesicht. Man kann die freundlichen Blicke der anderen Spaziergänger und auch den Jahreszeitenwechsel genießen. Ich habe dabei die Achtsamkeit wieder entdeckt. Für mich ist die Verbindung mit der Natur eine Tiefenerholung. Die Natur tut gut, in jeder Hinsicht. Es ist alles leichter gesagt als getan. Auch ich benötigte meine Zeit, alles so umzusetzen, dass es für mich stimmig war.

So verging ein Jahr nach dem anderen. Im Jahr 2015 hatte ich viel erreicht, ich hatte Randy gefunden, und seitdem skypen wir regelmäßig, ich habe einen tollen Job, der mich mehr als genug ausfüllt. Durch diese Arbeit wuchs mein Selbstbewusstsein. Es machte sich bemerkbar durch das Überzeugtsein von meinen Fähigkeiten, von meinem Wert als Person, was sich besonders in selbstsicherem Auftreten ausdrückte. Ich steckte viel Zeit in meine Arbeit, sodass mein Familienleben oft zu kurz kam. Obwohl ich ausgelastet war und schon wenig Zeit für meine Familie hatte, konnte ich einer zusätzlichen Putzstelle nicht widerstehen. Ich war sehr vorsichtig und erzählte es niemandem. Ich hatte Angst, dass sich jemand verplappert und es weitererzählt und es zum guten Schluss noch meinem Chef zu Ohren bekommt.

Ich schenke nicht vielen Personen mein Vertrauen, weil ich in meinem Leben oft enttäuscht worden bin. Mit dem Vertrauen ist es immer so eine Sache, jeder wünscht es sich und doch findet man kaum jemanden, dem man vertrauen kann, denn viele vertrauen nicht mal sich selbst. So entwickelt man Misstrauen zu den Menschen. Jeder Mensch reagiert anders auf Enttäuschungen und Kränkungen anderen gegenüber. Ich vertraue keinem mehr blind, ich habe gelernt: Vertrautheit entsteht, wenn man sich erst mal besser kennenlernt oder eine Weile zusammenarbeitet. Dabei lernt man schnell, auf wen man sich verlassen kann. Aus meiner Not heraus erkannte ich schnell, wem man vertrauen kann, wer die wahren Freunde sind. Das Jahr ging im Fluge vorbei, denn ich habe nur noch funktioniert.

Ich wollte jedem gerecht werden, vor allem meinen Eltern, bei denen sich der Gesundheitszustand sehr verschlechtert hatte. Papa kam im Februar 2016 ins Krankenhaus nach Gunzenhausen, dort blieb er eineinhalb Wochen. Meine Mutter war in dieser Zeit allein zuhause. Ich hörte aus unseren Telefongesprächen heraus, dass ihr dic Ruhc guttat. Mir ging es in dieser Zeit nicht gut. Meine Eltern waren im ständigen

Wechsel im Krankenhaus und ich hatte das Gefühl, die Situation wird nicht leichter. Ich lebte immer häufiger in Angst. Mich quälte der Gedanke, was noch alles auf mich zukommen würde. Ich hatte Angst, zu versagen, und zweifelte, ob ich das Tempo halten konnte, um alles zu schaffen, jedem gerecht zu werden.

Ich gelangte so an meine Grenzen, dass ich an einem Morgen sogar einen Gefühlsausbruch bei meinem Chef hatte. Ich weinte mich aus und erzählte von der Situation meiner Eltern, von meiner alkoholkranken Schwester und dass ich das Gefühl hatte, mit meinen Sorgen allein dazustehen. Dass ich zwar meinen Mann hatte, ihn aber nicht nur damit belasten wollte. Mein Chef zeigte Verständnis und hörte mir zu. Es tat mir gut, aber danach fühlte ich mich auch nicht besser. Im Gegenteil, ich zeigte Schwäche und gab viel von mir preis. Jetzt war es so, wie es ist, ich konnte es nicht mehr ändern. Ich versuchte, meine Arbeit, so gut es ging, weiter zu erledigen.

Um dem Alltag nach all der Arbeit, dem Kummer und den Sorgen zu entfliehen, machte ich Matthias eine Freude. Ich hatte zwei Fußballkarten organisieren können. So machten Matthias und ich uns einen schönen Tag in München. Zusammen gingen wir in die Allianz-Arena, um das Spiel Darmstadt gegen Bayern München anzuschauen. Damit konnte ich Matthias immer eine große Freude machen. Für mich war es das erste Mal, solch ein Spiel live in so einem großen Stadion mitzuerleben. Ich bin zwar kein Fußballfan, aber es war ein tolles Erlebnis. Wenn man in so einem großen Stadion die Gemeinschaft miterlebt, löst das ein gutes Gefühl aus. Schlagartig merkt man die Anerkennung, den Respekt. Es überträgt ein positives Gefühl, um die Menschen für die Erreichung des gemeinsamen Ziels zu motivieren, was wiederum zu einem guten Wir-Gefühl beiträgt.

Nachdem die Bayern gewonnen hatten, sind wir zum Griechen essen gegangen. Wenn wir nach München gefahren sind, haben wir immer bei meiner Schwester in der Straße, in der sie wohnt, geparkt. Mit der U-Bahn oder der Straßenbahn sind wir in die Stadt oder zum Stadion gefahren. Ich war in dieser Zeit mit meiner Schwester zerstritten. Ich kann nicht mal genau sagen, warum. Ich denke, die ganzen Umstände mit unseren Eltern und die eigenen Probleme, die jeder hatte, ließen uns aneinander verzweifeln, sodass es zum guten Schluss eskalierte und wir fast zwei Jahre nicht miteinander gesprochen haben.

Immer wenn ich vor dem Haus stand, spielte ich mit dem Gedanken, bei ihr zu klingeln, aber mein Stolz ließ es nicht zu.

Ich bin gerne in München, es weckt Kindheitserinnerungen in mir. In solchen Momenten würde ich gerne die Zeit zum Stillstand bringen und die schönen Erinnerungen wieder aufleben lassen, oder die Zeit mit anderen Menschen bewusst noch einmal erleben, mit Tante Pauli, Onkel Karl und auch mit meiner Schwester, denn wir hatten wenig Zeit füreinander. Unsere Welt und unsere Gewohnheiten hatten sich verändert. Manchmal habe ich vor der Zukunft Angst, viele sind nur noch mit sich selbst beschäftigt. Die meisten von uns sind rund um die Uhr über ihr Smartphone mit der Außenwelt verbunden. Wir sind ständig am Schreiben und Lesen von Nachrichten, denn wir wollen doch nichts verpassen oder den Anschluss nicht verlieren und immer und überall mithalten. Ich schließe mich nicht mal aus, die ganze Technik, Handys haben uns gut im Griff.

Wir müssen aufpassen, denn wir verlieren unseren Fokus, die Zeit zum Denken, Beobachten, Allein- und Stillsein. Wir verlieren unseren Frieden, und somit fühlen wir uns gestresst und werden schnell unruhig. Obwohl unsere Tage gezählt sind, gehen wir sehr verschwenderisch und unachtsam mit unserer Zeit um. Darum lasst uns versuchen, nicht mit gewissen Personen ständig in Streit zu leben. Lasst uns versuchen, die Menschen zu verstehen, warum sie so sind, wie sie sind, statt sie zu verurteilen und die Schuld nur bei den anderen zu suchen.

Darüber habe ich mir auch meine Gedanken gemacht, auch ich bin nicht perfekt und habe meine Fehler. Diese kann man aber nur beseitigen, wenn man an sich arbeitet und miteinander spricht. Wir müssen mehr miteinander sprechen, sei es zuhause oder bei der Arbeit. Wie soll mein Gegenüber sonst wissen, was ich fühle oder denke? Das Leben ist zu kostbar. Wenn möglich, sollte man Probleme aus der Welt schaffen und versuchen, sich wieder zu versöhnen, füreinander da zu sein. Das ist es doch, was wir alle wollen, nur unser Stolz lässt es oftmals nicht zu, aber einer sollte den Anfang wagen, aber warum ich? So fuhren wir nach Hause, ohne es meine Schwester wissen zu lassen oder den ersten Schritt in ihre Richtung zu wagen.

Nach dem Krankenhausaufenthalt ging mein Vater zur Reha nach Treuchtlingen. So konnte meine Mutter ihn täglich besuchen und ihm Kleidung bringen, denn es war von zuhause nur ein Katzensprung.

Mama war froh, dass Papa versorgt war und sie die Zeit für sich nutzen konnte, um zur Ruhe zu kommen. Die Krankheit meines Vaters machte meiner Mutter schwer zu schaffen. Immer öfter fing sie an, doch ein Seniorenheim in Erwägung zu ziehen. „Wir sind nun 82 Jahre und es wird alles beschwerlicher, mir wird ganz Angst, wenn er wieder nach Hause kommt!" Sie weinte und sagte: „Ich weiß nicht, ob ich es schaffe. Isa ist auch keine große Hilfe und du bist so weit weg. Wären wir nur in deine Nähe gezogen, dann würdest du jetzt nach uns schauen." Für diesen Schritt hatte mein Vater keine Bereitschaft gehabt, und jetzt war es zu spät. So zerbrechlich in eine fremde Gegend zu ziehen, wäre nicht gut. Sie hätten es einige Jahre früher machen müssen, um die Gegend zu erkunden und sich an alles zu gewöhnen.

Ich versuchte, meine Mutter in solchen Momenten zu beruhigen. „Es wird alles gut, jetzt ist er vorerst versorgt und du kommst zur Ruhe." Meine Mutter kam nie richtig zur Ruhe. War es nicht mein Vater, dann sorgte meine Schwester für Unruhe. Matthias fuhr am Wochenende mit zu meinen Eltern. Ich hoffte, dass er meinen Vater würde überzeugen können, ins Seniorenheim zu gehen, was für beide das Beste wäre. Mein Vater hatte einfach die Bereitschaft nicht, diesen Schritt zu gehen. Er sagte immer: „Was will ich in einem Seniorenheim bei den alten Menschen, die nur herumsitzen und Knöpfe zählen? Da bringen mich keine zehn Pferde rein, lieber sterbe ich." Wir wollten einfach noch einmal über alles reden, dass sich die Umstände sehr verändert haben. Meine Mutter war mit allem überfordert, nebenher meine betrunkene Schwester, die nur Unruhe brachte und das Geld von meinen Eltern abzog, um ihre Sucht zu finanzieren, und zum guten Schluss die Krankheiten.

Als Matthias versuchte, mit meinem Vater zu sprechen, traute ich meinen Augen nicht. Wir sind mit meinen Eltern in die Cafeteria gegangen, um gemütlich beisammenzusitzen, um Kaffee zu trinken und um zu besprechen, wie es in Zukunft weitergehen sollte. Als ich aus dem Fenster schaute, sah ich meine Schwester Isa ins Krankenhaus laufen. In diesem Moment wusste ich, dass es mit der Ruhe vorbei ist. Isa war sehr betrunken, pöbelte lautstark und beleidigte hauptsächlich mich. Ich wollte, dass sie geht, aber je mehr ich sagte, desto schlimmer wurde es.

Mein Vater meinte zu mir, ich solle nicht streiten, ich holte tief Luft und versuchte mich zurückzunehmen. Matthias konnte sie ein wenig beruhigen, sie setzte sich zu uns und die ganze Aufmerksamkeit war auf sie gerichtet. Gott sei Dank waren fast keine Personen in der Cafeteria. Diejenigen, die da waren, kannten sie schon und wussten, wer sie war. Als die Angestellte sie mehrfach ermahnte, ruhig zu sein und mit der Polizei gedroht hatte, wurde sie stiller. Das Gespräch, das wir mit den Eltern führen wollten, war nicht mehr möglich. Schade, es war oft wie verhext.

Mein Akku war leer. Vor meinen Eltern ließ ich es mir nicht anmerken und versuchte, stark zu wirken und unsere gemeinsame Zeit ruhig zu verbringen. Da sieht man sich so selten und jedes Mal mit großem Theater. Ich ließ mir einen Termin beim zuständigen Arzt meines Vaters geben. Bei diesem Gespräch ließ ich den Arzt meine Verzweiflung wissen. Ich erklärte, dass ich am Ende bin und keinen Rat mehr weiß. Dass ich auf seine Unterstützung hoffte, bevor alles zusammenbrach. Er schlug mir vor, meinen Vater in das gegenüberliegende Seniorenheim erst mal zur Kurzzeitpflege unterzubringen, bis alle weiteren Schritte durchdacht und erledigt sind.

Der Arzt und ich waren beide davon überzeugt, dass meine Eltern nicht mehr allein in ihrer Wohnung sein konnten. Der Plan war, meinen Vater zu überzeugen, in die Kurzzeitpflege zu gehen, bis alle Formalitäten erledigt sind. Anschließend sollte er mit Mama vorerst in das Pappenheimer Seniorenheim gehen, bis sie sich erholt und wir eine passende Wohnung gefunden hatten. Ich wollte mit meinem Vater allein sprechen. Nach dem Arztgespräch ging ich zu meinem Vater ins Zimmer. Ich ließ meinen Vater wissen, dass es nicht einfach für mich ist, dass ich immer öfter an meine Grenzen stoße. Dass ich helfen will, aber ich nur helfen kann, wenn er sich helfen lässt. „Darum bitte ich dich, mir zu vertrauen." Er schaute mich an und sagte: „Das weiß ich doch, dass du uns helfen willst und bin dir dafür sehr dankbar. Aber Sonja, ich kann in kein Seniorenheim gehen, ich will meine Freiheiten nicht aufgeben und wenn es ganz schlimm kommt, mich von fremden Leuten füttern und den Hintern auch noch putzen lassen. Das bin nicht ich." Ich fragte, was wir nun machen sollten, und er meinte, er wisse es nicht. Mir war zum Heulen zumute, ich nahm meinen Vater in den Arm und sagte zu ihm, dass wir einen Weg finden würden.

Mein Vater wurde immer gebrechlicher. Mein Gefühl sagte mir, seine Geschwister anzurufen. Ihnen mitzuteilen, dass er auf Reha war und sie ihn besuchen könnten. Er würde sich bestimmt über einen Besuch freuen. Es war eine gute Idee, seine Geschwister, die er schon eine lange Zeit nicht mehr gesehen hatte, zu sehen. Es war das letzte Mal, dass sie ihn lebend gesehen haben.

Mein Vater ließ sich zwar zunächst auf die Kurzzeitpflege ein, ging aber immer wieder ohne Ankündigung spazieren und kam nicht mehr zurück. In meiner Verzweiflung wusste ich keinen Rat mehr und wandte mich an den Hausarzt meines Vaters. Ich sagte, dass ich verzweifelt bin, dass ich so weit weg wohne und er bitte meinen Vater nach Ansbach ins Bezirkskrankenhaus einweisen solle. Mein Vater wollte immer Moorbäder verschrieben bekommen, um dann die Anwendung durchführen zu lassen für seinen Rücken, so haben sie ihm vorgelogen, dass er die Moorbäder bekommt und deswegen abgeholt wird.

Als ich mitbekam, dass er in einer geschlossenen Station gelandet ist, ging es mir miserabel. Ich machte mir Vorwürfe: Was habe ich veranlasst? Jetzt sitzt er in einer geschlossenen Station, meine Mutter kann nicht mehr zu ihm. Das Wochenende darauf fuhr ich mit meiner Mutter zu ihm. Als ich ihn sah, wurde es mir ganz anders. Mein Vater war sehr abgemagert und sah sehr schlecht aus. Er hatte so gut wie nichts mehr gegessen und getrunken. Mein Vater freute sich, dass wir da waren, er wollte mit nach Hause. Es tat mir in der Seele weh, ihn so zu sehen. Irgendwann ist er eingeschlafen, ebenso wie meine Mutter.

Nun schliefen beide, ich sah sie an und musste weinen. Mir wurde in diesem Augenblick bewusst, dass mein Vater nicht mehr lange leben würde. Nach zwei Wochen bekam er eine Lungenentzündung dazu und musste ins Klinikum verlegt werden. Gott sei Dank war er damit aus der geschlossenen Station. Und doch hoffte ich sehr, dass es mit ihm wieder bergauf gehen würde, dass er die Lungenentzündung übersteht. Zuerst dachten wir, er würde es nicht mehr schaffen. Nach einiger Zeit ging es ihm ein wenig besser, nur der Schluckreflex funktionierte nicht mehr so gut.

Es war März 2016 und Ostern stand an. An Ostern fuhren wir alle zusammen zu meinem Vater. Ich freute mich, dass es ihm wieder besser ging. Er war bei Bewusstsein und man konnte mit ihm reden. Er freute sich, uns zu sehen, vor allem Michael, den er schon längere Zeit nicht mehr gesehen hatte. Der Arzt wollte mit mir reden. Er meinte, dass es schlecht um ihn stehe, dass es sein könnte, dass er nicht mehr lange lebe. Dass ich mich lieber mit diesem Gedanken anfreunden solle. Da sein Schluckreflex nicht mehr gut funktionierte, sollte ich mit meinem Vater darüber reden, ob er noch eine Magensonde legen lassen wolle. Würden wir keine legen, sähen die Chancen noch schlechter aus.

Als ich allein mit ihm war, klärte ich ihn auf und fragte ihn, ob er eine Sonde legen lassen wolle, um die Nahrung besser aufnehmen zu können. „Natürlich", meinte er, „ich will doch noch nicht sterben." Kampfgeist hatte er noch, das war ein gutes Zeichen, aber war es genug, oder war seine Zeit fast abgelaufen und er würde uns bald für immer verlassen? Der Gedanke machte mich krank und traurig, und doch wollte ich mir nichts anmerken lassen. Ich wollte ihn noch nicht verlieren, ihn noch nicht gehen lassen. Aus unserem Gespräch heraus fragte ich ihn, ob er Angst habe. Er sagte: „Ein wenig schon, denn ich weiß nicht, was auf mich zukommt."

Ich versuchte, ihm die Angst zu nehmen, indem ich aufmunternde Worte sagte, dass alles gut wird, dass ich bei ihm sei und ihn nicht allein lassen würde, dass ich ihn sehr lieb hätte. In der heutigen Zeit werden die älteren Patienten mit den ganzen Vorerkrankungen oft in die Intensivstation aufgenommen. Wenn man die Möglichkeit hat, sollte man die Gelegenheit nutzen, mit ihnen über ihre Wünsche und Vorstellungen zu sprechen. Denn es geht um seine Wünsche und nicht um unseren Egoismus, was wir für richtig halten. Ich erwähne das, weil solch ein Gespräch bei uns nie stattgefunden hat.

Tod und Sterben sind für die meisten eine Horrorvorstellung. Es kommt die Angst auf, Schmerzen zu haben und Leid und Einsamkeit zu erfahren. Wir selbst sind oft in einer Traurigkeit, die sich nicht durch Weinen zeigt. Ich hatte Gefühle von Verlassenheit und von einer gewissen Einsamkeit. Ich hatte große Stimmungsschwankungen und die kleinsten Dinge wurden eine Belastung. Nach zwei Besuchstagen mussten wir uns auch schon wieder verabschieden. Als wir uns alle außer Michael verabschiedet haben, sagte Michael zum Schluss zu ihm: „Gott schütze dich." In diesem Moment riss er seine Augen weit auf, nahm Michaels Hand und schaute ihn mit einem Lächeln an.

Ostern war nun vorbei und ich musste wieder arbeiten gehen. Während meiner Arbeitszeit habe ich versucht, die Formalitäten und Telefonate zusätzlich zu erledigen. Ich musste aus der Entfernung alles schriftlich oder telefonisch erledigen. Mit meinem Vater sah es nicht gut aus, die Magensonde brachte nicht viel und mein Vater wurde immer schwächer und schmaler. Es war die Situation, dass meine Mutter ihn nicht besuchen konnte, das tat mir und meiner Mutter nicht gut, ich glaube, sie wusste, dass meinem Vater nicht mehr viel Zeit bleibt. Umso schmerzhafter war es, nicht zu ihm gehen zu können. Oft sagte sie: „Könnte ich ihn wenigstens besuchen!"

Ich hatte eine gewisse Zeit zuvor für meine Mutter einen Antrag auf Pflegestufe 1 gestellt. Ich wusste, dass der Zeitpunkt kommen würde, zu dem sie in ein Seniorenheim gehen musste. Außerdem konnte sie sich nicht mehr allein an- und ausziehen. Ich bekam mit, dass sie mit ihrer Kleidung ins Bett ging, weil alles so anstrengend wurde und sie nur noch Katzenwäsche an sich machte, weil sie nicht mehr allein in die Badewanne gehen konnte. Sie ernährte sich nur noch von Brot und Süßkram. Daraufhin habe ich eine Pflegestufe beantragt und sie hat sie bekommen. Das war mein Glück!

Ich hatte eine Idee, ich wollte die geringe Zeitspanne, die sie gemeinsam noch hatten, auch nutzen können. Ich sprach mit der Krankenkasse, um für meine Mutter eine Kurzzeitpflege zu beantragen, dass sie ein Seniorenheim in Ansbach in Anspruch nehmen konnte. Meine Mutter hatte Anspruch darauf, nun musste ich ein Seniorenheim in Ansbach finden, das sie für eine Woche aufnehmen würde. Es war nicht leicht, aber ich hatte Glück und fand ein Heim, wo ich sie unterbringen durfte. Ich teilte die Neuigkeit per Telefon meiner Mutter mit, dass sie eine Woche in einem Seniorenheim in Ansbach Urlaub machen könne und somit die Möglichkeit hatte, jeden Tag meinen Vater zu besuchen. Ihre Freude war riesig.

Mit einem Taxiunternehmen von Ansbach habe ich veranlasst, dass jeden Tag ein Taxi meine Mutter vom Seniorenheim abholt und wieder zurückbringt. Ich nahm Urlaub und fuhr zu meiner Mutter, half ihr, ihre Taschen zu packen und die Wohnung sauberzumachen. Meine Mutter nahm noch ein warmes Bad und in ihrem frisch gemachten, bezogenen Bett schlief sie wie ein Baby. Ich versuchte, zur Ruhe zu kommen und machte mir den Fernseher an.

Als ich fast eingeschlafen war, klingelte es an der Tür. Durch die Schwerhörigkeit, die meine Mutter hatte, bekam sie nichts mit. Als ich aus dem Fenster schaute, sah ich meine Schwester vor der Tür mit einer anderen Person stehen. Sie waren beide betrunken, ich öffnete nicht die

Tür. Nach einigem Klingeln und Rufen hatte sie aufgegeben. Meine Schwester hatte mitbekommen, dass ich gekommen war und Mama am nächsten Tag mitnehmen würde. Wie gerne hätte ich sie hereingelassen, um mit ihr zu reden. Um sich einfach mal in die Arme zu nehmen und den schweren Weg ein Stück gemeinsam zu gehen. Um einander aufzubauen, einander Trost zu spenden, einfach füreinander da zu sein, wie es Geschwister angeblich so machen. Aber was macht sie? Sie steht vor der Tür, macht jedem die Hölle heiß, ohne Rücksicht auf Verluste. Ich war zu müde, um mir Gedanken um meine Schwester zu machen. Ich legte mich hin und versuchte zu schlafen.

Jetzt war erst meine Mama dran. Am nächsten Tag fuhren wir nach Ansbach. Sie wurde schon erwartet. Meine Mutter fühlte sich von Anfang an wohl in diesem Seniorenheim. Sie bekam ein schönes Zimmer, sogar mit Fernseher. Der Tapetenwechsel und die Besuche bei meinem Vater taten ihr richtig gut. Jeden Tag telefonierten wir, sie hat mir von Papa berichtet, wie es ihm geht und dass er froh ist, Mama jeden Tag zu sehen. Wenn Papa schlief, ging sie in die Cafeteria. Sie berichtete, dass sie nette Leute kennenlerne und es genieße, sich mit anderen auszutauschen. Dass das Heimpersonal sehr freundlich zu ihr sei und sie mit dem Taxifahrer viel lachen könne. Mir fiel ein Stein vom Herzen, dass ich meinen Eltern dies ermöglichen konnte.

Meine Mutter und ich wussten, dass mein Vater nicht mehr gesund werden würde, dass er wahrscheinlich bald sterben würde. Aber ich merkte, dass die eine Woche für beide noch sehr wichtig war. Es tat ihnen gut, die gemeinsamen Momente zu zweit zu teilen und die Zeit ganz bewusst zu genießen, ohne störende Einflüsse von außen. Keiner steht betrunken vor der Tür oder will ständig Geld, immer mit Schimpfen und Gebrüll. Die eine Woche brachte alle Höhen und Tiefen, Herausforderungen und auch Chancen, die sie noch beide bewusst erleben konnten. Denn Abschied nehmen war für beide schwer, für den, der geht, genauso wie für den, der bleibt. Im Krankenhaus konnten sie für meinen Vater nichts mehr machen. Der Arzt rief mich an, dass er entlassen werde. Die Frage stellte sich, ob der Krankentransport nach Treuchtlingen geht, wo er noch wohnhaft war, oder in das Seniorenheim nach Pappenheim, wo er schon angemeldet war.

Ich veranlasste den Krankentransport nach Pappenheim, mit der Heimleitung war schon alles besprochen und organisiert. War mein

Vater im Heim angekommen, wollte ich ihn noch einmal davon überzeugen, dass diese Situation vorübergehend war, bis sein Gesundheitszustand sich gebessert hatte und wir eine Lösung gefunden hatten, um aus dem Heim wieder auszuziehen. Als ich gerade bei meiner Mutter war, um sie abzuholen, klingelte mein Handy. Es war einer der Sanitäter, die gerade meinen Vater nach Pappenheim bringen sollten. Sie standen vor der Wohnungstüre meiner Eltern in Treuchtlingen, es öffnete meine betrunkene Schwester, die sich die Woche mit ihren Saufkumpanen in der Wohnung meiner Eltern eingenistet hatte.

Meine Schwester ging zum Krankenwagen, um unseren Vater zu begrüßen. Er freute sich sehr, vor seiner Wohnung zu stehen, er ging davon aus, endlich wieder zu Hause zu sein. Mein Vater wollte dableiben. Da meine Schwester sehr betrunken war, hatten sie mich vorsichtshalber angerufen, ob die Adresse stimmt. Sie gingen davon aus, dass diese Adresse eventuell doch falsch sei und haben mich angerufen. Im Nachhinein war ich dankbar, dass sie mich angerufen und meinen Vater nicht einfach dort abgeliefert hatten. So hatten mein Vater und Isa die Möglichkeit, einander noch einmal zu sehen, auch wenn sie betrunken war. Auf eine gewisse Art und Weise konnten sie sich begrüßen und zugleich verabschieden. Es war das letzte Mal, dass beide einander sahen.

Auch wenn es das ist, was wir in solchen Momenten der Verzweiflung am wenigsten hören oder erleben möchten, hat es seinen Grund. Warum haben die Sanitäter die falsche Adresse bekommen, ich denke, damit sich beide noch einmal sehen konnten, für eine kurze Umarmung und einen Kuss. Auch wenn meine Schwester alkoholkrank ist, bin ich froh, dass sie die Chance bekommen hat, ihn noch ein letztes Mal lebend zu sehen. Das in so einer Situation zu erkennen, ist natürlich schwierig. Dinge wie diese können einen wachrütteln. Es hat mich zum Nachdenken angeregt. Gewisse Dinge müssen passieren, es sind Teile unseres Lebens. Auch wenn wir sie fürchten, haben sie ihre Berechtigung. Je älter ich werde, desto mehr erkenne ich, dass alles, was uns begegnet und widerfährt, einen Sinn hat. Sei stark und denke daran: Alles hat seinen Grund.

Meine Mutter und ich fuhren nach Pappenheim. Von dem Vorfall hatte ich ihr nichts erzählt. Ich sagte nur, es sei ein Sanitäter gewesen, er wollte mir mitteilen, dass Papa gut in Pappenheim angekommen ist. Nun war mein Vater in einem Heim, wo er nie hatte sein wollen. Als ich mit meiner Mutter ankam und wir sein Zimmer betraten, lag ein Häufchen Elend im Bett. Mein Vater sah verdammt schlecht aus, er war noch schmaler geworden. Man sah die Traurigkeit in seinem Gesicht. Ich nahm meinen Vater in den Arm und kämpfte mit den Tränen. Mir wurde bewusst, dass uns nicht mehr viel Zeit bleiben würde. Mein Vater war mit einem anderen Bewohner im Zimmer. Es sollte vorübergehend sein. In ein, zwei Wochen sollte meine Mutter ins Heim nach kommen und sie sollten miteinander ein Zimmer beziehen.

Die ganzen Umstände machten mich sehr traurig, aber indes fiel eine große Last von mir ab. Ich wusste, dass meine Eltern vorerst gut versorgt waren. Bei meiner Mutter merkte ich die Erleichterung, sich nicht mehr rund um die Uhr um Papa kümmern zu müssen. Dass sie bald nachkommt und beide zusammen versorgt sind. Ich fuhr allein in die Wohnung, um zusätzliche Wäsche für meinen Vater zu holen, in der Hoffnung, meine Schwester nicht vorzufinden. Das Glück war auf meiner Seite. Als ich die Wohnung betrat, wurde mir ganz schlecht. In der Wohnung sah es schlimm aus, ich war froh, dass ich Mama nicht zuerst in die Wohnung gebracht hatte. So konnte ich erst mal sauber machen, den ganzen Müll und die leeren Flaschen entsorgen.

In meiner Verzweiflung setzte ich mich auf das Sofa und weinte. Ich fragte mich: Wann hört der Albtraum endlich auf? Ich versuchte, all die Situationen, die auf mich wie Wellen fortwährend zukamen, gelassen anzugehen, dabei meine Ängste abzulegen. Ich wollte stark sein, weil ich stark sein musste. Ich versuchte, durch all meine Probleme, die ständig um mich herum waren, die Balance nicht zu verlieren. Ich hatte Angst, bei dem ganzen Durcheinander mich selbst zu verlieren. Ich war wie ein Hochleistungsmotor, den ich nicht abstellen konnte. Ich versuchte, mich zu entschleunigen. Nachdem ich die Wäsche zusammengepackt und aufgeräumt hatte, ging ich in die Kirche zu Jesus, um für eine gewisse Zeit zu entspannen und zur Ruhe zu kommen. Es fiel mir sehr schwer, ich versuchte, diese Ruhe in der Kirche zuzulassen. Angesichts von allem, was ich erleben und erfahren durfte und auch musste, machte ich die Erfahrung, dass ich schneller erschöpft bin als vor zehn Jahren. Auch dies musste ich akzeptieren.

Mit der Zeit erkennt man seine Grenzen und was man selbst braucht. Würde ich heute gefragt, wie ich es geschafft habe, in der Zeit trocken zu bleiben, mich um Michael zu kümmern, ihn großzuziehen, ihn bei allem zu unterstützen, berufstätig zu sein und mit dem Gedanken zu leben, dass Adrian keinen Kontakt zu mir haben will … Ich kann es gar nicht sagen, aber eins weiß ich: Ohne Matthias und ohne meinen Glauben hätte ich all dies nicht geschafft.

Nach der Kirche fuhr ich wieder ins Seniorenheim. Mein Vater war ansprechbar. Ich hatte was zum Essen mitgebracht, worüber er sich freute. Er wollte aus dem Bett, ich ließ einen Pfleger kommen, um meinen Vater in den Rollstuhl zu setzen. Wir hatten seit Tagen schönes Wetter, nur Sonnenschein. Mein Vater wollte nach draußen an die frische Luft, um ein paar Sonnenstrahlen abzubekommen. Seit Tagen schien die Sonne, nur nicht für ihn, da er zu schwach war, um allein hinausgehen zu können, und zusätzlich war er an den Tropfer angeschlossen.

Ich vertröstete ihn, indem ich ihm versprach, nächstes Wochenende zu kommen, um ein paar Tage in Bayern zu bleiben. So würden wir viel Zeit miteinander verbringen und auch Mama unterstützen. Ich sagte auch, dass ich für ihn einen Rollstuhl beantragt hatte, worum sich die Heimleitung kümmern würde. So würden wir jeden Tag nach draußen gehen können. Ich würde sein Lieblingsessen mitbringen und wir würden es zusammen essen und genießen. Er freute sich darauf.

Wir machten an diesem Wochenende das Beste aus der Situation. Ich wollte es nicht wahrhaben, dass es mit meinem Vater zu Ende ging. In meiner Anwesenheit hatte er gegessen, zwar nicht viel, aber er hatte gegessen. Ich holte aus der Apotheke eine Salbe für den Rücken und schmierte ihn ein. Mein Vater wollte nicht aufgeben, geschweige denn sterben. Ich machte ihm Mut und sagte ihm, dass er nicht allein sei. Sobald er stabiler und fitter war, würden wir eine Lösung finden, um aus dem Heim zu gehen. Ich weiß nicht, ob er mir das glaubte, aber ich hatte in diesem Augenblick den Impuls, weiterzukämpfen, um sein Ziel zu erreichen.

Nach dem Wochenende ging ich zur Arbeit, um in den Objekten alles zu regeln, genügend Material aufzufüllen und alles Weitere mit den Reinigungskräften zu organisieren. Ich habe bei meinem Chef Urlaub beantragt und auch bekommen.

Denn nach den Tagen bei meinen Eltern hatte ich anschließend ein paar Tage im Kloster Triefenstein gebucht. Nach all den Strapazen wollte ich an einen Ort der Ruhe. Ich musste zu mir kommen und Kraft tanken. So würde ich fünf Tage mit meinen Eltern verbringen und vier

Tage im Kloster sein. Ich versuchte in dieser Woche, alles unter einen Hut zu bekommen. Am Abend rief ich meinen Vater an, um zu fragen, wie es ihm geht. Leider musste ich feststellen, dass er Tag für Tag mehr abbaute. Mir lief die Zeit davon. Ich konnte ihn am Telefon nur schlecht verstehen, seine Stimme wurde immer schwächer. Ich konnte es gar nicht abwarten, bis endlich die Woche vorbei war.

Mein Vater hat es bis zum Wochenende nicht mehr geschafft. An einem Mittwoch, den 6. April 2016 bekam ich morgens um 6.30 Uhr einen Anruf von Matthias. Ich war für die Arbeit schon unterwegs und befand mich in Oppenweiler, ich stand vor der Firma, wo ich gerade Material lieferte. Matthias sagte zu mir: „Sei nun stark. Das Seniorenheim hat gerade angerufen, um mitzuteilen, dass dein Vater gestorben ist." Ich wollte nicht wahrhaben, dass er gestorben war. Ich rief im Heim an, um es selbst zu hören. Die Heimleitung teilte es mir mit, sie fragte mich, ob ich es meiner Mutter sagen würde. Wir verblieben so, dass ich meine Mutter anrufen werde, um ihr mitzuteilen, dass Papas Gesundheitszustand sich sehr verschlechtert hat. Dass sie so schnell wie möglich mit dem Taxi nach Pappenheim fahren solle und ich mich auch auf den Weg machen werde. Als meine Mutter im Heim ankam, machte die Heimleitung ihr die Mitteilung, dass mein Vater nun schon von uns gegangen war.

Unser Leben bietet uns ständig Chancen, die wir nutzen können, die wir aber auch aufschieben oder an uns vorüberziehen lassen. In meinem Fall habe ich die Chance verpasst, die letzten Tage und Stunden mit meinem Vater zu verbringen. Wir hätten uns bestimmt noch viel zu sagen gehabt. Ich fühlte mich wie auf einem Bahnsteig, habe mich verspätet und den Zug verpasst. Nun stand ich da, ich hätte jammern können, wie schlecht meine Situation ist. Ich hatte den Zug verpasst, und mein Ziel würde ich nicht mehr erreichen. Durch meine Gewissensbisse kamen Ärger, Angst, Zweifel und Selbstvorwürfe hoch. Ich spürte eine Benommenheit, die sich zu Angst steigerte. Dieses Gefühl ergriff Besitz von meinem ganzen Körper. Es bremste mich aus, was immer ich gerade tat. Meine Lebensenergie erstarrte und versiegte, am liebsten hätte ich mich verkrochen.

Es machte sich ein Gefühl der Enge breit, der Tod war jetzt unwiderruflich, das war für immer. Ich glaubte, in ein tiefes Loch zu fallen, an dem Verlust zu zerbrechen und keine Kraft mehr zu haben, wieder herauszukommen. Ich dachte, noch stärker sein zu müssen. Ja keine Trauer und keine Emotionen zeigen! Ich habe mich sehr schwergetan, über Trauer und Gefühle zu reden. Aber ich stellte fest, es ist nicht gut, es lässt den Schmerz nur noch zunehmen. Man soll sich seine Trauer eingestehen und sie auch zulassen. Der Trost ist, die schönen Erinnerungen kann dir keiner nehmen. Solange wir an unsere Verstorbenen denken und ihnen einen Platz in unseren Herzen geben, werden sie immer bei uns sein. Am Anfang ist kein Tag vergangen, an dem ich nicht auf ein Foto meines Vaters schaute und dabei lächelte oder weinte oder beides. Am schönsten fand ich, wenn jemand mit schönen Erinnerungen über meinen Vater um die Ecke kam. Das zeigte mir, dass mein Papa in den Köpfen der Menschen war, die ihn gemocht und geliebt haben, und somit präsent war und nicht in Vergessenheit geriet.

Ich machte mich so schnell wie möglich auf den Weg nach Pappenheim, Matthias fuhr mit seinem Auto mit. Ich wollte mit meinem Auto fahren, da ich nun Urlaub hatte und mich um die Bestattung kümmern musste. Auf der Fahrt nach Pappenheim schwirrte mein Kopf, ich konnte keinen klaren Gedanken fassen. Mir ging alles durch den Kopf, meine Kindheit, die schönen Erinnerungen mit meinem Vater, die Probleme, die wir gehabt hatten. Ob doch gewisse Wege, die man eingeschlagen hatte, richtig waren, ob die Entscheidungen gut oder schlecht gewesen waren.

Ich hatte keinen Antrieb, war sehr erschöpft und hatte Magen-Darm-Störungen. Aber ich wollte stark sein. Als ich im Heim angekommen war, saß meine Mutter im Eingangsbereich und wartete auf uns. Sie saß auf dem Stuhl wie ein Häufchen Elend. Wir nahmen einander in die Arme, begrüßten einander und versuchten, mit dem Schmerz umzugehen. Zusammen fuhren wir in den zweiten Stock, wo sich der Körper meines Vaters befand. Die Heimleitung und das Pflegepersonal äußerten ihr herzliches Beileid. Mir fiel es schwer, das Zimmer meines Vaters zu betreten, wo er im Bett lag. Als ich das Zimmer betreten hatte und meinen Papa tot im Bett sah, in einem Zustand, in dem die Lebensfunktionen erloschen sind, musste ich fürchterlich weinen. Aus mir ist alles ausgebrochen. Ich habe meine ganze Trauer zugelassen, obwohl ich mir fest vorgenommen hatte, nicht zu weinen. Matthias war an meiner Seite und spendete mir Trost.

Eine tiefe Leere und heftige Gefühlsausbrüche wechselten sich ab. Es ist schwer, sich mit den Gedanken anzufreunden, dass es kein Zurück mehr gibt. Dass auch ich akzeptieren muss, dass mein Vater nicht wiederkommen wird. Der Tod eines nahen Menschen verändert das Leben vom einen auf den anderen Moment. Jetzt hatte ich erst mal viel zu organisieren, was die Bestattung betrifft. Das Schlimme war, es musste alles schnell gehen, es war für mich eine große Herausforderung. Ich habe mich um alles gekümmert. So entschied ich mich, es so zu machen, wie ich es für richtig hielt und wie es von den Kosten her für mich erschwinglich war. Mit meinen Geschwistern konnte ich nicht reden, sie wollten damit nichts zu tun haben.

Als ich aus dem Büro von der Heimleitung kam, unterhielt eine Schwester sich mit Matthias. Sie bat uns, Kleidung mitzubringen, die wir meinem Vater auf seiner letzten Reise anziehen wollten. Sie sagte, dass sie meinen Vater heute am späten Nachmittag waschen und zurechtmachen werde. Wenn ich die Kraft hätte, könne ich ihr helfen und mit dabei sein, um mich endgültig von meinem Vater zu verabschieden. Das hatte ich immer machen wollen, beim Todesfall meiner Eltern sie selbst waschen und zurechtmachen. Und nun bekam ich aus heiterem Himmel dieses Angebot von einer Schwester, die ich nicht einmal kannte. Ich habe es dankend angenommen.

Bis dahin gab es noch viel zu erledigen. Matthias holte Isa geholt, damit auch sie die Möglichkeit hatte, Abschied zu nehmen. Mit Mama ging ich zum gegenüberliegenden Bestattungsinstitut, um alles zu regeln und zu organisieren. Mein Vater wurde verbrannt und in Pappenheim beerdigt. Meine Mutter hatte sich von ihrem Mann endgültig verabschiedet und ich brachte sie anschließend nach Hause. Ich suchte etwas Schönes für meinen Vater zum Anziehen aus und fuhr mit einem Zwischenstopp an der Tankstelle wieder in das Seniorenheim.

Ich besorgte mir Zigaretten. Es hatte sich so viel bei mir angestaut, ich brauchte etwas, um herunterzukommen. Die Zigaretten waren bestimmt nicht die Lösung, aber in diesem Moment war mir das egal. Matthias ist am Nachmittag nach Hause gefahren, er musste am nächsten Tag arbeiten, und Michael war allein daheim. Ich war froh, dass Michael noch an Ostern Gelegenheit hatte, sich von seinem Opa zu verabschieden, so blieb ihm dieser Anblick erspart. Allein war ich nun im Heim, um meinen Vater mit der Krankenschwester zurechtzumachen.

Ich finde, der Abschied von einem lieben Menschen ist sehr wichtig und wertvoll, denn er ist nicht wiederholbar. Meinen Vater vor mir zu sehen und ihn zu waschen, war für mich zunächst ein komisches Gefühl. Aber die Blockade hatte sich schnell gelöst, ich war einfach nur dankbar, mit dabei sein zu dürfen. Ich fasste meinen Vater an, habe mit ihm gesprochen und gab ihm immer wieder einen Kuss, als würde er noch leben. Diese Verabschiedung gab mir sehr viel und ich möchte sie nicht missen. Ich spürte Dankbarkeit und die Kommunikation mit der Krankenschwester und mit meinem Vater stärkte mich und motivierte mich zugleich, weiterzumachen und nicht aufzugeben, auch wenn es zeitweise schwere Phasen im Leben gibt.

Dieser Tag war schwer. Danach bin ich zu meiner Mutter nach Hause gefahren. Als ich in die Küche kam, saß sie auf ihrem Stuhl. Sie war eingeschlafen. Ich setzte mich zu ihr an den Tisch und schaute sie an. Sie bemerkte mich und sagte: „Meine Sonja ist da." Wir haben über Papa und die Beerdigung gesprochen. Meine Mutter sollte im folgenden Monat nach Pappenheim ins Seniorenheim ziehen. Sie sagte immer: „Wenn ich ins Seniorenheim gehe, möchte ich nach Pappenheim. Darum soll auch Papa in Pappenheim und nicht in Treuchtlingen beerdigt werden." Diesen Wunsch konnte ich ihr erfüllen.

Gott sei Dank hatte ich Papas Betreuerin an meiner Seite. Es ist nicht leicht, einen Betreuer zu bekommen, ein solcher Antrag dauert eine gewisse Zeit. Diese Zeit hatte ich aber nicht. Ich hatte den Antrag beim Betreuungsgericht gestellt. Hat das Betreuungsgericht den Antrag bekommen, so prüft es, ob eine Betreuung notwendig ist. Mein Wunsch war, einen Betreuer an meiner Seite zu haben, mit dem ich zusammenarbeiten konnte. Der mir den Papierkram abnimmt und mir bei der Wohnungsauflösung hilft. Meine Geschwister haben mich in dieser Zeit allein gelassen. Wie oft habe ich mir gewünscht, dass wir zusammen die schwere Zeit durchstehen und jeder einen Teil übernimmt. Das war Wunschdenken und würde nicht passieren. Ich war müde und abgespannt.

In der Zeit, in der ich bei meiner Mutter war, habe ich geraucht, einmal habe ich mir sogar ein Bier mit nach Hause genommen. Als meine Mutter im Bett war und ich allein im Wohnzimmer saß, mir eine Zigarette angezündet hatte und das Bier vor mir stehen sah, drehten sich meine Gedanken im Kreis. Ich machte die Dose auf und nippte ein klein wenig daran, um einen kleinen Schluck zu nehmen. Da fiel mir Herr Derichs ein, wie er sagte: „Du musst immer auf der Hut sein. Auf der einen Schulter sitzt das Engelchen, das dich beschützt, und auf der anderen Schulter das Teufelchen, das dich immer wieder verführen will." Ich nahm das Bier, ging ins Bad und schüttete es weg. Ich ging zurück ins Wohnzimmer, weinte und rauchte eine Zigarette, das war schlimm genug. Anschließend legte ich mich hin und versuchte zu schlafen.

Am nächsten Tag kam ein Brief vom Betreuungsgericht. Darin stand, dass ein Richter vorbeikommt, um sich selbst ein Bild zu machen. Ich freute mich, aber als ich das Datum gesehen hatte, dauerte es mir zu lange. Der Termin sollte in vier Wochen sein. So müsste ich wieder nach Bayern fahren. Ich rief beim Gericht an und versuchte, mit dem Richter persönlich zu sprechen. Seine Sekretärin vertröstete mich jedes Mal. Ich erklärte ihr meine Situation und hoffte auf Verständnis. Ich war nur noch zwei Tage in Bayern, bevor ich in das Kloster fahren würde. Die Sekretärin hat bemerkt, dass ich an meiner Grenze war, und sagte zu mir: „Rufen Sie kurz vor 12 Uhr mittags an, da wird der Richter da sein."

Ich bedankte mich und wartete ab, bis es endlich 12 Uhr war. Ich hatte in der Zeit für meine Mutter und mich etwas gekocht und die Wäsche zusammengesucht, die sie vorerst ins Seniorenheim mitnehmen wollte. Eine Woche hatten wir noch, bis es so weit sein würde, und ich wollte meine Mutter nicht allein in der Wohnung lassen, weil sie einfach Hilfe bei allem benötigte. Mein größeres Problem war meine Schwester Isa. Ich wollte nicht, dass sie sich wieder einnistet mit ihren Saufkumpanen und Mama hilflos in der Küche auf dem Stuhl sitzt.

Jedes Mal, wenn meine Schwester in der Wohnung war, haben sie die Wohnung verwüstet. Außerdem war es laut, weil sie immer nach einer gewissen Zeit zu streiten anfingen und die Türen zuknallten. Ich war verzweifelt, ich musste den Richter überzeugen, zu kommen, bevor ich fahren würde. Pünktlich rief ich an, die Sekretärin stellte mich durch zum Richter. Als ich ihn am Telefon hatte, sprach ich in Gedanken: Lieber Gott, sprich du durch mich, dass ich ihn überzeugen kann, früher zu kommen. Der Richter hörte mir zu und nach unserem Gespräch hörte ich den Satz: „Gut, ich komme heute Nachmittag um 17 Uhr." Dem Himmel sei Dank! Ich hatte es geschafft, ich musste keine vier Wochen warten.

Der Richter war pünktlich. Ich habe ihn in die Küche geführt, wo meine Mutter saß. Er stellte sich vor und versuchte, meiner Mutter zu erklären, warum er da war. Dass sie die Kraft nicht mehr habe, um alles selbst zu regeln, und dass er uns deshalb einen Betreuer schicken werde, der sie bei den anstehenden Arbeiten unterstütze. Er bemerkte, dass meine Mutter sehr abgekämpft war, ebenso wie ich.

Plötzlich klingelte es an der Tür, es war meine Schwester, die sehr betrunken war. Sie kam hoch und machte gleich wieder alle rebellisch. Bis sie mitbekam, dass diese Person der Richter war, der mit ihr auch schon zu tun gehabt und sie ins Gefängnis gebracht hatte. Nachdem er meine Schwester und die Situation gesehen hatte, bewilligte er mir die Betreuung. Er versprach mir, es heute noch fertig zu machen, und ab morgen würde es in Kraft treten. Nach der Verabschiedung brachte ich mit Tränen in den Augen den Richter zur Tür, ich konnte ihm nicht genug danken. Er sagte: „Sie tun mir sehr leid, sich um alles kümmern zu müssen und nebenher eine alkoholkranke Schwester an der Seite zu haben. Wo Sie nur die Kraft herbekommen, ich beneide sie nicht!" Einer, der sah, wie es wirklich abgeht und wie es mir geht. Ich hatte mein Ziel erreicht und war froh, es geschafft zu haben.

Die Betreuerin meiner Eltern kümmerte sich um alles Weitere und brachte meine Mutter auch ins Seniorenheim. Ich konnte guten Gewissens in das Kloster fahren. Das Kloster Triefenstein befindet sich am Main in Unterfranken. Ein Jahr zuvor hatte ich mich dort angemeldet. Dieses Bibelseminar ging von unserem Freundeskreis aus. Das Seminar kam zur rechten Zeit. Ich durfte an einen Ort gehen, wo ich zur Ruhe kommen konnte. Die letzten Tage und Monate hatten sehr an meinen Nerven gezehrt. Als ich durch das Tor ins Kloster fuhr, fühlte ich mich gut. Die Sonne schien und es waren schöne Blumen angelegt.

Ich richtete mich in meinem Zimmer ein und ging in den Saal, wo die Vorstellungsrunde stattfand. Als ich an der Reihe war, mich vorzustellen, erwähnte ich, dass vor ein paar Tagen mein Vater gestorben war. Dass ich mich zurzeit sehr müde und abgespannt fühlte und dass ich hoffte, an so einem göttlichen Ort zur Ruhe zu kommen. Ich weiß nicht, warum ich es erwähnt habe, aber mein Verlangen, es zu tun, war stärker. Ich erhoffte mir von dieser Auszeit im Kloster, reflektieren zu können, einfach innezuhalten und neue Kräfte zu finden. Mir war wichtig, abseits des Alltagstrubels zu sein, ohne störende Nachrichten, Telefonate und Termine, die mich wochenlang begleitet hatten.

Hier hatte ich die Möglichkeit, mich zurückzuziehen und die Ruhe und Stille zu genießen. Ich musste wieder zu mir finden. Ich hatte nach der letzten Schachtel Zigaretten aufgehört zu rauchen, ich wollte nicht wieder anfangen, und das mit dem Bier erschreckte mich. Das zeigte mir, dass man von der Alkoholsucht nie komplett geheilt ist und wie schnell man rückfällig werden kann. Darum ist es wichtig, immer an sich zu arbeiten und auch nach Jahren der Abstinenz nicht leichtsinnig zu werden. Alkoholismus kann man nicht heilen, er kann nur zum Stillstand gebracht werden. Es gibt so viele Rückfälle, weil viele nach einer gewissen Abstinenz meinen, nun wisse und könne man alles. Sie spielen leichtsinnig mit dem Feuer, und schon ist der Rückfall vorprogrammiert.

Man muss nicht mal gläubig sein, um einen Ort wie das Kloster Triefenstein zu besuchen. Ein Kloster bietet so viel mehr, es kommen Leute, die einfach innehalten, zur Ruhe kommen und ihr Leben neu ordnen wollen. Ich war mir nicht sicher, ob ich meine Mutter endgültig im Seniorenheim in Pappenheim lassen oder sie doch in unsere Nähe holen sollte. Aber vor allem war mir in diesem Moment wichtig, meine Trauer zu verarbeiten.

Ich lernte Bruder Felix kennen, mit ihm hatte ich tolle Gespräche, die mir zu denken gaben. Er machte mir wieder bewusst, dass der Tod zum Leben gehört. Dass man dankbar sein sollte, den Verstorbenen so lange bei sich gehabt haben zu dürfen. Ich ging in meiner freien Zeit viel spazieren und weinte viel, wenn ich allein war. Bei einem der Spaziergänge ging es mir miserabel. Ich fühlte mich so hilflos, ich bekam Angst, auch meine Mutter in Kürze zu verlieren. Sie war nun auch im 83. Lebensjahr. Wie viel Zeit hatte sie noch auf dieser Welt? Wenn Isa so weiter trank, würde sie noch vor meiner Mutter gehen, was für meine Mutter endgültig den Tod bedeuten würde. Meine Angst wurde immer größer.

Als ich so am Bach entlang lief, sagte ich zu Gott: Schick mir doch bitte ein Zeichen, dass ich weiß, meinem Vater geht es gut und ich habe die richtigen Entscheidungen getroffen. Als ich so entlang gelaufen bin, schaute ich auf die Wiese, und wie ein Blitz schoss mir ein vierblättriges Kleeblatt in die Augen. Das war das einzige Kleeblatt an dieser Stelle, für mich war es ein Zeichen. Voller Glückseligkeit nahm ich es an mich und bedankte mich bei Gott. Zusätzlich habe ich einen Stein vom Bach mitgenommen, den ich noch heute besitze.

Was mir auch durch den Kopf ging und mich nicht mehr losließ, war die Beerdigung meines Vaters. Die Beerdigung hielten wir in ganz kleinem Kreis ab, ich habe die Ansprache gehalten und Michael hat die Beerdigung musikalisch unterstützt.

Die Beerdigung meines Vaters fand am 22. April 2016 statt. An den Tagen zuvor hatte es viel geregnet und die Wetterprognose für die nächsten Tage war nicht gut. Die Beerdigung sollte im Freien stattfinden. Es befand sich eine Bank am Grab meines Vaters. Dort sollte Michael seine Gerätschaften für das Musizieren aufbauen. Was sollte ich tun, wenn es am Tag der Beisetzung wirklich regnen würde? O bitte nicht, lieber Gott, gib uns trockene Stunden, damit wir die Beerdigung durchführen können! Als ich an jenem Tag aufstand, regnete es zwar nicht, aber es war bewölkt. Je näher wir nach Bayern kamen, desto mehr kam die Sonne durch.

Wir holten Isa ab und fuhren anschließend zu Mama in das Seniorenheim. Gemeinsam fuhren wir zum Friedhof. Just in diesem Moment ging der Himmel auf, wurde strahlend blau, mit viel Sonnenschein. Der Bestatter war schon vor Ort. Wir begrüßten einander. Michael hatte für die Musik alles vorbereitet. Die Urne meines Vaters war schön auf einen Sockel gestellt, mit einem Bild von ihm, das ich von zu Hause mitgebracht hatte. Es waren schöne Blumen aufgestellt. Anne kam nicht zu der Beerdigung, sie hatte eine schwere Verletzung am Fuß und konnte nicht autofahren.

Jeder sprach einige Worte, Michael sang zwischendurch und spielte auf seiner Gitarre. Ich hielt meine Rede, die ich selbst geschrieben hatte, wir beteten gemeinsam und legten Blumen nieder. Am Ende der Beerdigung spielte Michael noch ein Lied, die Sonne schien und über mich kam ein warmes Gefühl, als würde mein Papa hinter mir stehen und mich wissen lassen: Sonja, das hast du hervorragend gemacht. Ich spürte, dass er bei uns war. Es war eine schöne Beerdigung, obwohl wir nur ein kleiner Kreis waren. In diesem Moment wusste ich, dass ich nichts falsch gemacht hatte. Obwohl es eine traurige Angelegenheit war, war ich voller Glück und Zufriedenheit. Hätte mir an diesem Tag jemand gesagt, dass der Beerdigungstag meines Vaters vier Jahre später der Todestag meiner Mutter sein würde, hätte ich es nicht geglaubt.

Am nächsten Tag regnete es wieder. Ich genoss die gemeinsame Zeit mit meiner Familie. Gemeinsam gingen wir Kaffee trinken und haben uns ausgetauscht. Ich sagte zu meiner Mutter auch, dass sie sich bitte Gedanken machen solle, doch lieber zu uns nach Aldingen zu ziehen, damit sie nicht so allein in Pappenheim ist. Sie versprach, sich darüber Gedanken zu machen. Mit Anne war ich immer noch im Streit, aber ich habe mir vorgenommen, den ersten Schritt zu machen. Wir haben uns dann später ausgesprochen und miteinander versöhnt. Ab diesem Zeitpunkt konnten wir wieder miteinander sprechen. Wir sprachen über Mama oder Isa, aber die Geschwisternähe ist bis heute nicht entstanden. Es war schon traurig genug, dass ich immer noch keinen Kontakt zu Adrian hatte. Ich hätte ihm gern vom Tod seines Opas erzählt und ihn bei der Beerdigung dabeigehabt. Am liebsten wäre es mir gewesen, das Kriegsbeil zu begraben. Randy hatte von dem Tod auch mitbekommen und war in Gedanken bei uns.

Nach dem Tod meines Vaters sind wir im Mai mit unserem Wohnwagen nach Pappenheim auf den Campingplatz gefahren. Ich wollte Mama nicht allein lassen. Es war alles noch frisch, der Tod meines Vaters, der Umzug ins Seniorenheim, und ich wollte ihr zeigen, dass sie nicht allein ist. An diesem Wochenende wollte ich mit ihr erneut über einen Umzug nach Aldingen sprechen. Meine Mutter liebte das Autofahren. Deshalb fuhren wir manchmal nur durch die Gegend und sie genoss die Fahrt und hörte dabei ihr Lieblingslied „Ich hab' die Liebe geseh'n" von Vicky Leandros. Sie schaute aus dem Fenster und träumte von der Vergangenheit.

Bevor ich meine Mutter ins Heim gebracht habe, sind wir auf den Campingplatz gefahren, um ihr den Wohnwagen zu zeigen. Ich wollte sie möglichst oft auf andere Gedanken bringen. Nachdem ich sie nach Hause gebracht hatte, saßen wir noch auf der Bank vor dem Heim. Ich habe das Thema des Umzugs angesprochen. Einerseits wäre sie gern in meine Nähe gekommen, aber andererseits wollte sie ihre gewohnte Umgebung nicht verlassen. Wo nun auch Papa in Pappenheim beerdigt sei und sie zu Fuß zu ihm spazieren könne, denn sie wolle oft bei ihm sein. In Aldingen könne sie ihn gar nicht besuchen. Da wir früher unseren Getränkemarkt in Pappenheim gehabt hatten und sie nach so langer Zeit viele Leute kannte und viele Bekannte selbst im Seniorenheim wohnten, hat sie sich entschieden, in Pappenheim zu bleiben. Ich hätte gerne meine Mutter bei mir gehabt, aber ich respektierte ihre Entscheidung.

Am nächsten Tag haben wir mit meiner Mutter einen Ausflug gemacht. Ich wollte sie mit einer Schifffahrt zum Kloster Weltenburg überraschen. Das Wetter war super und so konnte sie die Schifffahrt genießen. Angekommen beim Kloster, wollte meine Mutter nicht weit laufen. So hatte sie hauptsächlich die Schifffahrt und dabei einen Eisbecher genossen. Ich merkte, dass ihr nach langer Zeit wieder einmal bewusst wurde, wie lebenswert doch das Leben noch ist.

Meine Mutter hatte sich schnell an die neue Umgebung und an das Haus gewöhnt. Das Einzige, was sie bemängelte, war, dass die Person, mit der sie das Zimmer teilte, ihr zu schaffen machte. Die Frau schlief nachts sehr unruhig, sie machte laufend das Licht an, lief im Zimmer umher, wollte nicht mit offenem Fenster schlafen, während meine Mutter es gewohnt war, mit offenen Fenstern zu schlafen. So fand meine Mutter keinen rechten Schlaf. Sie sagte mir immer wieder am Telefon, dass sie gerne ein Einzelzimmer hätte. Ich sprach mit der Heimleitung wegen eines Einzelzimmers.

Es war nicht so einfach, und dennoch wollte ich nichts unversucht lassen. Ein Einzelzimmer ist wesentlich teurer, aber mit einem Attest von Mamas Hausarzt, das beinhaltet, dass sie körperlich und psychisch angeschlagen ist, wäre es möglich gewesen. Ich stellte einen Antrag beim Bezirk Mittelfranken. Meine Mutter hatte vom Bezirk einen Teil Sozialleistung in Anspruch genommen. Denn die Rente und die Pflegestufe 1 hatten für die Heimkosten nicht ausgereicht.

Nach ein paar Wochen bekam ich von der Heimleitung die Bestätigung, dass meine Mutter ein Einzelzimmer genehmigt bekommen hat. Ich freute mich für meine Mutter, dass nach einem halben Jahr ihr Wunsch in Erfüllung ging. Am Abend rief ich meine Mutter an, um die erfreuliche Nachricht mitzuteilen. Seit meine Mama im Wohnheim war, hatten wir ein Ritual. Wir haben jeden Abend um 18.30 Uhr miteinander telefoniert. So konnte jeder von uns seine Tageserlebnisse erzählen. Bei dem Umzug in das Einzelzimmer haben die Pfleger geholfen und bei meinem nächsten Besuch brachte ich meiner Mutter Bilder mit, die wir an die Wand hingen. Wir besorgten auch Blumen und einen Fernseher. Ich versuchte, es ihr so gemütlich wie möglich zu gestalten. Bei der Wohnungsauflösung meiner Eltern stand die Betreuerin meiner Mutter mir zur Seite, sie hatte alles geregelt und erledigt. Ich war sehr froh, sie an meiner Seite zu haben.

Das Jahr 2016 war sehr anstrengend, vielseitig und schwer zugleich gewesen. In diesem Jahr hatte sich so viel geändert, dass Matthias und ich eine Auszeit brauchten. Wir fuhren für eine Woche mit unserem Wohnwagen an die Mosel. Es waren keine Ferien und somit war es sehr ruhig auf dem Campingplatz. Wir haben es sehr genossen, endlich wieder zur Ruhe zu kommen. Es war gut zu wissen, dass meine Mutter gut versorgt war und Papa seinen Frieden gefunden hatte. Matthias las in der Woche zwei Bücher und ich schrieb an meinem Buch. Wir gingen wandern und machten schöne Radtouren an der Mosel, wir gingen schön essen, konnten wieder miteinander lachen und gewannen langsam unseren Humor zurück. Unsere Zweisamkeit, die in den vergangenen Monaten sehr gelitten hatte, tat uns gut.

Im Herbst 2016 baute meine Mutter stark ab. Sie wirkte abwesend, am Telefon musste ich oftmals so schreien, dass mir danach der Hals weh tat. Ich rief die Heimleitung an, dass sie meine Mutter untersuchen lassen solle, weil ich das Gefühl hatte, dass etwas nicht stimmte. Im Großen und Ganzen war ich mit der Einrichtung sehr zufrieden, aber wie es oft so ist, blieb durch Personalmangel und Krankheitsausfälle auch bisweilen etwas unbemerkt. Ich merkte, meiner Mutter ging es immer schlechter, und so habe ich beschlossen, selbst einen Termin bei ihrem Hausarzt zu machen. Ich legte den Termin auf einen Freitag, um selbst mitgehen zu können. Ich habe die Ärztin gebeten, ein paar Tage vorher meiner Mutter Blut abzunehmen, um den Befund rechtzeitig bis Freitag zu erhalten.

Als ich mit meiner Mutter in die Praxis gefahren bin, um sie untersuchen zu lassen und ihre Blutwerte in Kenntnis zu nehmen, war es sehr anstrengend. Es war gut, dass ich mit ihr zum Arzt gegangen bin. Ihre Nierenwerte waren miserabel, meine Mutter stand kurz vor dem Nierenversagen. Sie musste am selben Tag noch ins Krankenhaus. Ich versuchte, es meiner Mutter schonend beizubringen, dass sie ins Krankenhaus musste. Ich sagte ihr, dass sie im Krankenhaus medikamentös neu eingestellt werden müsse.

Wir fuhren ins Heim, um Bescheid zu sagen und ihre Tasche zu packen. Meine Mutter war froh, dass ich sie fuhr und ich bei den Untersuchungen dabei war. Da viele Personen nicht laut genug sprachen, verstand meine Mutter oft sehr wenig bis gar nichts aufgrund ihrer Schwerhörigkeit. Verstand sie nichts, nickte sie nur mit einem Lächeln dem Arzt oder der Schwester zu. Fragte ich sie, was der Arzt gesagt hatte, meinte sie, alle sprächen so leise, da müsse ich mal anrufen und nachfragen. Meine Mutter genoss den Krankenhausaufenthalt, sie konnte am Nachmittag in die Cafeteria gehen und ihren Tee mit einem Stück Kuchen genießen.

Ich merkte am Abend, als wir telefonierten, dass es ihr Tag für Tag wieder besser ging. Sie war wieder aufmerksamer, interessierter und nahm wieder mehr am Leben teil. Als ich mit dem Arzt sprach, teilte er mir mit, dass es ihr wieder gut gehe. Sie solle sich in regelmäßigen Abständen medikamentös einstellen und alle drei Monate die Blutwerte untersuchen lassen. Nach einer Woche wurde sie aus dem Krankenhaus entlassen. Ich habe den Arzt gefragt, ob er nicht noch meiner Mutter eine Reha verschreiben könne, um den Gesundheitszustand weiter zu verbessern. Auch um den Krankheitsprozess aufzuhalten und die bereits eingetretenen Funktions- und Aktivitätsstörungen zu reduzieren.

Wir hatten Glück, nach dem Krankenhaus durfte sie für vier Wochen in die Reha. Vormittags hatte sie ihre Anwendungen, etwa Konditionstraining, um die Leistungsfähigkeit zu verbessern. Um mehr Kraft zu bekommen, um Schnelligkeit, Ausdauer, Koordination und Beweglichkeit zu trainieren. Der Krankenhausaufenthalt und die Reha haben meiner Mutter sehr gutgetan. Sie war wieder fit und leistungsfähiger im Heim, und ab diesem Zeitpunkt habe ich für meine Mutter zweimal pro Woche einen Personal Trainer kommen lassen, der mit ihr gezielt Übungen machte. Sie ging wieder jeden Nachmittag zum Friedhof und anschließend in das Café, das sich gegenüber befand.

Nun stand Weihnachten vor der Tür. Es war das erste Weihnachten ohne Papa, und Mama war im Heim. Wir haben beschlossen, an Weihnachten Mama zu besuchen. Ich wollte sie überraschen, wir haben den Laptop mitgenommen, um mit Randy zu skypen. Michael hatte in Omas Zimmer alles vorbereitet. Meine Mutter fragte, was Michael da mache. Randy wusste Bescheid und rief uns am späten Nachmittag an. Als ich meine Mutter vor den Bildschirm setzte, fragte sie mich, was sie da machen solle. Ich erwiderte: „Warte ab, Mama, gleich werden wir einen Anruf bekommen, und dann kannst du Randy live auf dem Bildschirm sehen."

Sie bekam gar nicht richtig mit, was jetzt passierte. Als es klingelte und Randy auf dem Bildschirm zu sehen war, traute sie ihren Augen nicht. Sie hörte das erste Mal seine Stimme. Meine Mutter war sehr gerührt, sie konnte die ersten Momente nicht gleich realisieren, aber sie war mit Begeisterung dabei. Meine Mutter stellte Fragen und Michael war der Dolmetscher. Sie waren beide sehr nervös und gerührt. Von diesem Zeitpunkt an haben wir gelegentlich mit Randy geskypt. Der größte Wunsch meiner Mutter war, Randy einmal persönlich zu treffen, bevor sie von dieser Welt gehen würde.

Vieles im Leben kommt doch anders, als man denkt oder sich wünscht. Darum ist es manchmal besser, die Frage nach dem Warum zu lassen, wenn du keine Antwort darauf findest. Mich haben viele Fragen lange gequält, aber leider lässt sich oft keine Antwort finden, die weiterhelfen würde. Manchmal kannst du nur akzeptieren lernen, was geschehen ist, und neue Samen der Möglichkeiten aussäen, um zu schauen, was das Leben für dich bereithält.

Nun war ich schon über ein Jahr lang in der Gebäudereinigungsfirma als Objektleitung angestellt. Ich habe mich gut eingearbeitet und die Arbeit machte mir Spaß. Doch die Arbeit war von der Arbeitszeit her sehr anspruchsvoll. Morgens ging ich teilweise um 5.30 Uhr aus dem Haus und kam erst spät am Abend nach Hause. Am Wochenende musste ich auch oft arbeiten. Auf einige Reinigungskräfte konnte man sich nicht gut verlassen. Teilweise war ich verlassen und musste oft in den Objekten zum Putzen einspringen. Einige Reinigungskräfte haben bei der Arbeitszeit betrogen, andere fühlten sich ungerecht behandelt, andere wollten ständig Urlaub oder frei und viele machten laufend krank.

Ich fühlte mich streckenweise ausgepowert und müde. Es gab Tage, da war ich so müde, dass ich die Ausfahrt nach Hause verpasst habe oder sogar in die falsche Richtung gefahren bin. Hätte ich nicht Matthias an meiner Seite gehabt, der mich in dieser Zeit zusätzlich zu seiner Arbeit unterstützt hat und mir vieles abnahm, wäre ich oft auf dem Zahnfleisch gegangen. Ich spielte mit dem Gedanken, abermals die Arbeit zu wechseln und mich erneut in einem Kindergarten zu bewerben.

Ich habe mit Matthias darüber gesprochen, aber er war sich unsicher. Er meinte: „Bei der Gebäudereinigungsfirma hast du einen unbefristeten Arbeitsvertrag, aber wenn es dein Wunsch ist, wieder im Kindergarten zu arbeiten, werde ich dich unterstützen und dir helfen."

Das ist das Schöne an Matthias, er steht immer an meiner Seite und hilft mir, wo es nur geht. Ich kann mich auf ihn tausendprozentig verlassen, dafür liebe ich ihn. Bei ihm fühle ich mich sicher und aufgehoben, und auch wenn es manchmal nicht rund läuft, wissen wir, dass wir uns aufeinander verlassen können.

Ich habe mich bei einigen Kindergärten beworben. Auf die Reaktionen war ich gespannt. Ich wurde von zwei Kindergärten zum Vorstellungsgespräch eingeladen. Meine Nervosität ist gestiegen, ich war hin- und hergerissen. Einerseits wollte ich den Schritt wagen, aber andererseits hatte ich eine gute Arbeit, war in gewisser Weise mein eigener Chef und kam mit meinem Chef und mit den Arbeitskollegen gut klar. Egal, ich ging das Risiko ein und ging zu den Vorstellungsgesprächen.

Es kam so weit, dass ich die Stelle in Rottweil in einer Kinderkrippe bekam. Ich freute mich sehr darüber, noch einmal die Chance in einem Kindergarten zu bekommen. Ich hatte mich entschieden, in meinen ersten Beruf zurückzukehren. Ich wollte es der Firma in derselben Woche noch mitteilen und dort kündigen. Mein Chef war sehr überrascht und bedauerte aufrichtig, dass ich gehen würde, aber er konnte es verstehen. Ich habe meine Kündigungsfrist eingehalten, habe alles ordentlich und sorgfältig übergeben. Zum Abschluss gab es in der Firma mit meinen Kollegen ein Weißwurstfrühstück. Ich ging mit einem weinenden und mit einem lachenden Auge, aber ich war auf meine neue Herausforderung sehr neugierig.

Nach so langer Zeit konnte ich wieder mit Kindern arbeiten. In diesem Moment war ich sehr zufrieden und glücklich. Isa hatte wieder mal den Willen und die Kraft, auf Entgiftung zu gehen, und so hoffte man jedes Mal aufs Neue, dass alles gut werden würde. Mit Isa ging es immer bergauf und dann wieder bergab. Mit den Jahren merkte man aber, dass die Entgiftungen immer anstrengender für sie wurden und die Abstände immer kürzer. Ihr Erscheinungsbild veränderte sich zum Negativen. Es machte mich jedes Mal traurig, bei ihrem Verfall zuzuschauen. Man hat einen Körper bekommen, um darin zu wohnen, man ist verpflichtet, ihn zu hegen und zu pflegen. Der Körper gilt als Tempel der Seele. Jeder Körper ist einzigartig, und auch wenn man das nicht immer so sieht, sollte man ihn mit Liebe und Respekt behandeln. Das ist auch für mich oft schwer. Auch wenn ich mich zeitweise bemühe, falle ich in alte Muster oder in die Sucht zurück. Und doch hoffte ich jedes Mal aufs Neue, dass Isa vom Alkohol wegkommen würde. Dass sie wieder lernt, ein normales Leben zu führen und vielleicht auch die Chance bekommt, mit ihren Kindern eine Verbindung zu bekommen.

Welche Mutter will keinen Kontakt zu ihrem Kind haben? Es gibt bestimmt auch Ausnahmen, aber ich würde mich riesig freuen, wenn Adrian eines Tages vor meiner Haustüre stehen würde. Aber ich habe auch Angst davor. Nach so vielen Jahren wüsste ich gar nicht, wie ich damit umgehen sollte. Es würde eine fremde Person vor mir stehen. Ich wüsste, es ist mein Kind, und doch ist es ein fremder Mann. Wie es schließlich kommen wird, weiß niemand, man kann nur hoffen und beten, dass die Zeit die Wunden heilt, dass wir uns wieder vereinen und füreinander da sein werden.

So hoffte ich bei jedem Versuch für meine Schwester, trocken zu werden und zu bleiben. Wenn sie auf Entgiftung ist, besuche ich sie oder schicke ihr ein Päckchen mit Kaffee, Süßigkeiten und Tabak. Um ihr zu zeigen, dass sie nicht allein ist. Sie wird den Weg aus der Sucht allein gehen müssen, aber ich werde sie begleiten und für sie da sein. Das versuche ich ihr jedes Mal zu vermitteln. Das Gute ist, dass wir nun in regelmäßigen Abständen miteinander telefonieren. So habe ich wenigstens ein Lebenszeichen von ihr und ich bekomme mit, wie es ihr geht.

Nun stand am 16. November 2016 mein erster Arbeitstag in der Kinderkrippe in Rottweil an. Ich freute mich auf die Kinder und auf die neue Arbeitsstelle. Die Freude währte nicht lange. Sosehr ich mich bemühte, ich konnte es niemandem recht machen. Meine neuen Kolleginnen sprachen nur das Nötigste mit mir, und oft saß ich allein mit einer Arbeit, die mir aufgetragen wurde, in einem Gruppenraum. Sie sprachen beim gemeinsamen Essen über viele private Dinge. Ich versuchte mitzureden, aber es interessierte niemanden. Es kam so weit, dass mein Arbeitsverhältnis schon Ende Februar vorbei war. Das ganze Team hatte es mit viel Ignoranz und Ablehnung geschafft, mich rauszumobben.

Es machte mich sehr traurig, denn die Kinder waren so lieb und herzig. Mir hätte es in dieser Einrichtung gut gefallen, wären nicht die scheinheiligen Kollegen gewesen. Ich musste mich erneut bewerben. Ich wollte trotzdem weiterhin in einem Kindergarten arbeiten. So schickte ich einige Bewerbungen ab. Ich habe mich vorerst krankschreiben lassen, denn jedes Mal, wenn ich zur Arbeit gefahren bin, hatte ich Durchfall und Magenschmerzen. Ich hatte mit dem Vorstand ein Gespräch, ich teilte ihm mit, dass dieses Arbeitsverhältnis für beide nichts bringt. Dass ich so nicht arbeiten könne, dass die Kollegen mich von Anfang an ausgeschlossen hätten. Ich weiß nicht, ob er mir geglaubt hat, aber so wollte und konnte ich nicht arbeiten. Ich habe in vielen Einrichtungen und Betrieben gearbeitet, aber auf so viel Ablehnung bin ich nirgendwo gestoßen.

Ich fuhr zu meiner Ärztin und ließ mich krankschreiben. Am nächsten Morgen rief ich in der Verwaltung an, dass sie mich kündigen und meine Papiere zurechtmachen sollten. Ich hatte noch ein paar Tage Resturlaub. So habe ich von meiner Seite alles korrekt erledigt. So kann es einem ergehen, da freut man sich auf das Neue und wie eine Seifenblase zerplatzen die hohen Erwartungen. Ich war zwar sehr enttäuscht, aber aufzugeben kam für mich nicht infrage. Jetzt wollte ich mir erst einmal Zeit für mich nehmen, um wieder zu Kräften zu kommen. Die Zeit als Objektleitung, die Strapazen mit meinen Eltern und Isa hatten sehr an meinen Nerven gezehrt. Ich hatte ja noch meine Putzstelle.

Ich glaube, es ist wichtig, das Vertrauen in dich selbst und in die Welt nicht zu verlieren. Denn wenn wir Vertrauen in Gott und die Welt haben, dann können wir auch ein gesundes Selbstvertrauen aufbauen. Für mich bedeutet Selbstvertrauen, dass man seinen Kräften, seinen Wahrnehmungen und seinen Gefühlen vertraut.

In regelmäßigen Abständen schaute ich nach meinen E-Mails. Ich freute mich immer sehr, wenn eine Nachricht von Randy dabei war. Nur dieses Mal war es keine erfreuliche Nachricht. In der Nachricht stand, dass sein Vater am 26. Februar 2017 gestorben sei. Mir tat es in der Seele weh. Ich wollte unbedingt mit ihm reden. Wir vereinbarten einen Termin, um darüber zu reden und unser Beileid zu äußern. Gut, Randys Vater war schon über neunzig Jahre alt gewesen, aber der Verlust eines Elternteils ist am Anfang immer schwer zu ertragen. Es war nun fast ein Jahr vergangen, seit mein Vater von dieser Welt gegangen war. Aber ich bin sehr froh, dass ich durch das Skypen die Möglichkeit gehabt hatte, Randys Adoptivvater kennenzulernen. Es war zwar nicht persönlich, aber seine Adoptiveltern in ihrem hohen Alter noch kennenlernen zu dürfen, hatte mich glücklich gemacht.

Randy wohnte bei seinen Eltern im Haus, um sie zu pflegen und für sie da zu sein. Nun war er mit seiner Mutter allein, aber nicht mehr lange. Seine Mutter starb noch im selben Jahr, am 27. Oktober 2017.

Beide Adoptiveltern hatten ein hohes Alter erreicht. Ich durfte sie kennenlernen, und vor allem habe ich vor zwei Jahren Randy gefunden, was keine Selbstverständlichkeit ist. So traurig es ist, es hat alles seine Zeit auf Erden, jede Sache ist nur für eine bestimmte Dauer sinnvoll und alles ist irgendwann einmal abgeschlossen. Das dürfen wir nicht vergessen.

Was mich sehr freute, Isa war nun schon drei Wochen in der Klinik. So lange hatte sie es noch nie ausgehalten. Sie besuchte Mama, die sich sehr über ihre Besuche freute. Ich hatte eine neue Arbeitsstelle in Bad Dürrheim in einem Mutter-Kind-Kurheim. Ich habe mich schnell zurechtgefunden und mit den Arbeitskollegen kam ich gut klar. Und doch war es wieder eine Umstellung, sich auf neue Kollegen einzulassen, auf ein neues Konzept, auf andere Arbeitszeiten und vor allem auf den wöchentlichen Wechsel der Kinder.

Früher war es so gewesen, dass die Eltern mit ihren Kindern alle vier Wochen gemeinsam an- und wieder abgereist sind. Es hatte sich viel geändert, nun war jede Woche An- und Abreise. Auch Kinder bekamen teilweise Anwendungen. Die Kinder wurden von den Therapeuten in den Gruppenräumen abgeholt und wieder zurückgebracht. So konnte man sich nicht draußen im Freien aufhalten, wie man gerne gewollt hätte, und es brachte viel Unruhe in die Gruppe. Die Gruppenräume waren für dreißig Kinder sehr klein, der Altersunterschied zu groß. Es waren in meiner Gruppe Kinder von drei bis acht Jahren. So musste man aufpassen, dass man die Kleinen nicht überfordert und die Großen nicht unterfordert. Es war unmöglich, jedem gerecht zu werden.

Ich versuchte wie immer, mein Bestes zu geben. Ich war froh, dass ich keine kleinen Kinder mehr zu Hause hatte, sodass ich sagen konnte: Um 17 Uhr gehe ich nach Hause und kann zur Ruhe kommen. Isa hatte die weiteren Therapiemaßnahmen abgebrochen, was mich wieder sehr traurig machte. Wieder zerplatzte eine Seifenblase der Hoffnung. Randy hatte sich längere Zeit auch nicht mehr gemeldet, er hatte nicht mehr auf meine E-Mails oder WhatsApp-Nachrichten geantwortet. Seit seine Eltern tot waren, war er anders.

Nach einiger Zeit habe ich mitbekommen, dass auch Randy ein Alkoholproblem hat. Für mich brach eine Welt zusammen, als er mich an einem Abend anrief und ich mitbekommen habe, dass er sehr betrunken ist. Er klagte mir sein Leid voller Frust und Verzweiflung. Erst dachte ich, es sei eine Ausnahme und seine Trauer und Wut sind über ihn gekommen. Aber die Aussetzer und der Alkoholkonsum beeinträchtigten ihn weiterhin. Um das zu merken, habe ich selbst reichlich erlebt und gesehen. Bis er mir selbst gestand, dass er ein Alkoholproblem hatte. Noch einer in der Familie, der diese Krankheit hatte. Wir waren alle Alkoholiker. Ich hatte gehofft, dass wenigstens einer von uns normal war und sein Leben im Griff hatte.

Trotz allem wollte ich den Kontakt zu Randy aufrechterhalten und habe versucht, ihm zu vermitteln, dass ich glücklich bin, ihn gefunden zu haben, und ich ihn nicht verlieren möchte, bevor ich ihn richtig kennengelernt habe. Dass er nicht allein ist, auch wenn so viele Kilometer zwischen uns liegen. Dass ich es auch geschafft habe, vom Alkohol wegzukommen. Dass es kein leichter Weg ist, aber machbar. Das Problem ist nur: So schnell man in eine Abhängigkeit rutschen kann, so schwer ist es, aus der Sucht herauszufinden. Ich freue mich über jeden Tag, an dem ich morgens meine Augen öffne und einen klaren Kopf habe.

Das Leben und der Anblick meiner Schwester sind für mich schwer genug. Zuzuschauen, wie ein Mensch mit der Sucht kämpft und der Körper bei jedem Versuch aufzuhören immer schwächer wird. Mit anzuschauen, wie der Mensch langsam, aber sicher aufgibt, weil ihn der Wille und die Kraft verlassen. Aus einer Alkoholabhängigkeit zu kommen, ist alles andere als leicht. In eine Sucht gerät man schneller, als man denkt. Oft bemerkt man die Sucht erst dann, wenn man Einschränkungen im Alltag erlebt, wenn Außenstehende einen darauf ansprechen, oder sehr deutlich, wenn das entsprechende Suchtmittel fehlt.

Ich wusste, dass Randy und ich eines Tages einander in die Arme schließen und uns live sehen würden. Der Weg in die Freiheit ist ein großer Schritt, der Mut und Kraft erfordert, aber niemand muss diesen Weg allein beschreiten. Ich kenne niemanden, der den Schritt bereut hat. Jeder ist so sehr mit sich selbst beschäftigt, dass die anderen in Vergessenheit geraten. Würden wir häufiger unsere Gedanken und Gefühle mitteilen, uns mehr zusammenschließen und gemeinsam einen Weg suchen, stünden wir besser da. In schweren Zeiten kommt in einer Beziehung oder in der Familie und im Freundeskreis der Moment, der zeigt, ob diese Liebe, Freundschaft, Familie oder Gemeinschaft Bestand hat oder nicht. Dieser Moment tritt meist ein, wenn im Leben auf einmal alles drunter und drüber geht.

Meiner Mutter ging es auch wieder schlechter. Man merkte, dass ihre Kräfte schwanden. Sie war wieder öfter deprimiert, und wenn ich ihre Beine anschaute, bemerkte ich, dass sich wieder mehr Wasser darin gesammelt hatte, das beim Laufen Schmerzen verursachte. Deswegen wollte sie nicht mehr viel laufen. Meine Mutter ging mir nicht aus dem Kopf, und somit habe ich beschlossen, meine freien Tage in Pappenheim zu verbringen. Wie immer wollte ich bei Sabine schlafen, mich um meine Mutter kümmern und mit ihr ein paar schöne Tage verbringen. Ich habe einen Termin bei ihrem Hausarzt vereinbart. Nun war ein Jahr vergangen und es war schon lange an der Zeit, einen Termin beim Arzt zu veranlassen, um einen großen Check durchzuführen. Es war auch gut, die Blutwerte stimmten nicht mehr. Es wurde wieder veranlasst, dass meine Mutter ins Krankenhaus geht, um sich medikamentös richtig einstellen und gründlich durchchecken zu lassen.

In diesem Jahr machte Michael seinen Führerschein. Er blieb konsequent an der Sache dran. Er machte es ausgezeichnet und hatte nach ein paar Monaten den Führerschein. Der Prüfungstag war am 6. September 2017, dieser Tag war der Geburtstag meines Vaters. Da kann es nur gut gehen, in meinen Gedanken sprach ich zu meinem Papa, dass er ihn heute an Michaels Prüfungstag begleiten und an seiner Seite stehen sollte. Michael hat die Fahrprüfung bestanden und war von diesem Tag an ein stolzer Führerscheinbesitzer. Man kann den Führerschein mit 17 Jahren machen. Bis zu Michaels 18. Geburtstag waren es noch drei Monate, bis dahin durfte er in Begleitung fahren. Ich finde diese Regelung gut. So ist man als Unterstützung dabei und man bekommt Übung und Sicherheit, was die Führung eines Fahrzeuges betrifft. Zu seinem 18. Geburtstag bekam Michael ein Auto, er war sehr glücklich.

Mama ging es nach dem Krankenhausaufenthalt wieder gut. Sie lief wieder allein zum Friedhof und nahm am Geschehen im Seniorenheim teil. Sie ging öfter in den Gemeinschaftsraum und machte bei den Aktivitäten mit. Mich freute es immer sehr, meine Mutter fit zu sehen. Es pendelte sich ein, dass ich ungefähr jeden Monat einmal zu ihr fuhr. Mit der Zeit hatte man viele Heimbewohner in sein Herz geschlossen. Für manche Bewohner brachte ich gerne etwas mit. Im Sommer habe ich oft schöne Blumen für den Gemeinschaftsraum mitgebracht. Für das Schwesternteam Kaffee und Gebäck und zeitweise auch für die Heimleitung, die mir immer zur Seite stand und mir ein offenes Ohr schenkte. Für Mamas Freundin brachte ich etwa ihre Lieblingsbonbons mit.

Es gab noch einige Bewohner, denen ich ein Lächeln ins Gesicht zauberte und das Gefühl vermittelte, dass man an sie denkt und sie nicht vergisst. Das Strahlen in den Augen der Senioren belohnte mich dafür. Es gibt viele alte Menschen, die weinen, weil sie allein mit ihrem Schicksal sind und nicht den Besuch bekommen, den sie sich wünschen. War ich bei meiner Mutter, schenkte ich den Leuten für eine gewisse Zeit ein offenes Ohr, setzte mich zu ihnen und hörte mir ihre Geschichten, ihr Leid und ihren Frust an.

Vielleicht müssen wir neu lernen, dass Nächstenliebe einen anderen entlastet, aber auch für uns selbst eine tiefgreifende Erfahrung ist. Es lässt sich nicht alles in Zahlen, Daten und Fakten verrechnen. Im Leben sind es oft gerade die überraschenden Erfahrungen und Momente, auf die wir nicht eingestellt waren, die sich tief in unser Gedächtnis einprägen. Es bereichert uns selbst, wenn wir anderen zur Seite stehen. Wie viel gäbe es zu tun, wie viele Einsame zu besuchen, wie viele Mütter zu entlasten, wie viele Kinder zu begleiten, wie vielen Kranken wäre beizustehen! Wer hilft, spürt doch auch innerlich Freude und Glück, so geht es mir zumindest. Nichts ist kostbarer als Zeit, die nichts kostet, man muss sie sich nur nehmen, für einen selbst und um andere glücklich zu machen.

Wo ich nun in der Mitte meines Lebens angekommen bin, habe ich oft das Gefühl, dass ich an mir selbst vorbeilaufe. Oftmals will ich gar nicht wahrhaben, wo ich wirklich stehe, mache einfach täglich weiter und es folgt Trott auf Trott. Aber das Leben ändert sich. Um seinen Herausforderungen zu begegnen, ist eine innere Balance notwendig. Es ist nötig, auch die elende Angst zu überwinden, dass man nicht stark genug ist, und das Gefühl sich beweisen zu müssen. Vielleicht auch aufzuhören, immer woanders das Bessere zu suchen. Manchmal frage ich mich: Was ist wirklich wichtig? Es geht um einen Lebensstil, der sich frei macht von der Vorstellung, wir könnten durch Kaufen Sinn finden.

Sosehr ich mich bemühte, mein Kreis der Liebe, Geborgenheit und Harmonie wollte sich nicht schließen. Ich hatte das Gefühl, dass ich mich eher von dem Gewünschten entfernte. Isa ließ immer mehr Entgiftungen über sich ergehen, in der Hoffnung, aus dem Sumpf zu kommen. Anne war in ihrer eigenen Welt gefangen, und auch Randy kämpfte mit der Sucht. Meiner Mutter zuliebe versuchte ich, die ganze Verzweiflung und die Ängste, die in unserer Familie herrschten, fernzuhalten, um sie in ihrem hohen Alter nicht traurig zu machen. Ich wollte von ihr so viel wie möglich fernhalten. Die letzten Jahre hatte sie durch Papas Krankheit und wegen Isa viel durchgemacht.

Das heißt nicht, dass meine Mutter alles richtig gemacht hat. Sie hat auch in ihrem Leben viel Unfrieden verursacht, aber trotzdem wollte ich ihr die letzten Jahre so angenehm gestalten, wie es mir möglich war. Es war unnötig, sich Gedanken machen zu müssen, hauptsächlich bei Isa. Meine Mutter bekam oft genug mit, dass Isa betrunken war. Immer fragte meine Mutter mich, ob ich mit Isa gesprochen hatte. Auch wenn ich manchmal wochenlang kein Lebenszeichen von Isa bekommen hatte, sagte ich meiner Mama, ich hätte mit ihr gesprochen, und suchte eine Entschuldigung, warum Isa sich nicht meldete, um meine Mutter zu beruhigen. Ich sagte zu ihr, ich solle sie lieb grüßen, aber Isa könne zurzeit nicht kommen, weil sie erkältet sei. Oder sie könne nicht anrufen, weil ihr Handy kaputt sei. Und so erfand ich eine Lüge nach der anderen, um meine Mutter nicht zu beunruhigen.

Zu jeder Jahreszeit schmückte ich Mamas Zimmer, was sie immer sehr freute und gerne den Schwestern zeigte. Ich habe mir immer gewünscht und erhofft, dass unsere kleine Familie, da auch Papa nicht mehr lebt, an einem Tisch zusammenfindet. Um Mama eine Freude zu machen. Ich lernte, die Situationen so anzunehmen, wie sie waren. Keine Fragen mehr, ob warum und weshalb, alles hat seine Bedeutung. Ich versuche, mit dem Strom der Zeit zu gehen und mitzuwirken, ich mache mir keine großen Gedanken mehr, wie oder was jetzt ist.

Ich werde versuchen, aus allem das Beste zu machen und das Beste zu geben, ich versuche, in der Situation, in der ich mich befinde, das Richtige für mich zu entscheiden. Mir ist es wichtig, dass ich mit meinen Entscheidungen leben konnte. Es kamen ständig Wellen von Problemen auf mich zu, mit denen ich mich auseinandersetzen musste. In meiner Arbeitsstelle fühlte ich mich zwar wohl, aber der ständige Wechsel mit den Kindern, teilweise schwierige Kinder und der dauerhaft hohe Lärmpegel, der in der Gruppe herrschte, das alles ging an meine Substanz. Ich wusste, dass ich in diesem Haus nicht bis zur Rente würde arbeiten können.

So schaute ich wieder häufiger in die Zeitung, um Stellenangebote durchzugehen. Ich las, dass in Aldingen im Kindergarten Personal gesucht wird. So habe ich mich entschlossen, dort anzurufen, um mich zu erkundigen. Fünf Monate später meldete sich jemand vom evangelischen Kindergarten in Aldingen. Das Vorstellungsgespräch war gut und ich hatte ein gutes Gefühl. Am 16. Oktober 2017 war mein erster Arbeitstag. Nun hoffte ich, dass ich dort, wo ich angekommen war, bis zur Rente würde bleiben können. Denn es ist jedes Mal aufs Neue schwer, sich an neue Arbeitskollegen und neue Arbeitsweisen zu gewöhnen. Immer wieder sich neu einzustellen, kostete mich sehr viel Kraft, aber ich war glücklich, diese Stelle bekommen zu haben, und nun musste ich mir die Geduld und die Zeit geben, mich an all das Neue zu gewöhnen. Seit einem Jahr wechselte ich die Arbeitsstellen. Mir ist zwar bewusst, dass es keinen Arbeitsplatz gibt, an dem völlige Harmonie herrscht. Aber das Gefühl zu haben, man wird respektiert und akzeptiert, das wäre schön, das ist es doch, wonach wir uns alle sehnen.

Das Jahr ging langsam zu Ende und Weihnachten stand vor der Tür. Ich habe mit Matthias besprochen, wie wir dieses Jahr meine Mutter an unserem Weihnachtsfest teilhaben lassen könnten. Da es meiner Mutter seit dem Krankenhausaufenthalt gut ging, haben wir beschlossen, sie an Weihnachten zu uns nach Aldingen zu holen. Meine Mutter freute sich sehr, als ich sie gefragt habe, ob sie an Weihnachten bei uns sein wolle. Sie konnte die letzten Wochen bis Weihnachten fast nicht abwarten, so groß war ihre Freude. Mit der Heimleitung hatte ich alles besprochen. Ich freute mich sehr, meine Mutter zu uns zu holen.

Ich habe Anne gefragt, ob sie auch an Weihnachten kommen wolle. Sie war viel bei ihrer Freundin in Österreich und entsprechend auch an diesem Weihnachten. Ich hätte mich gefreut, wenn sie gekommen wäre. Es war viel Zeit vergangen, seit meine Mutter zuletzt bei uns gewesen war. Das letzte Mal war sie mit meinem Vater bei uns gewesen, als er in der Parkinson-Klinik war und sie bei Frau Klugmann. Meine Mutter hatte schon lange kein schönes Weihnachten mehr gehabt, geschweige einen Weihnachtsbaum, unter dem Geschenke liegen. Wir hatten auch ein gutes Weihnachtsessen. All das wollte ich ihr ermöglichen, damit sie noch einmal ein besinnliches Weihnachten hat.

Matthias kochte für uns und wir haben das Essen zusammen genossen. Danach war Bescherung, bei der ich Tränen in Mamas Augen sehen konnte. Sie war gerührt und freute sich. Wir machten schöne Bilder. Nach dem Essen und der Bescherung setzte ich mich mit Mama an den Tisch, um eine Zeitreise in die Vergangenheit zu machen. Ich hatte den Film schon vorbereitet, der aus der Zeit meiner ersten Ehe war. Meine Eltern waren darin zu sehen und mein kleiner Adrian. In dem Film sieht es aus, als sei alles in Ordnung. Wir haben damals Ostern miteinander verbracht und gingen miteinander spazieren. Für einen kurzen Moment sah es nach einer heilen Welt aus.

Ich bin froh, dass ich früher viel fotografiert und auch diesen Film gemacht habe. So können Verstorbene für eine kurze Zeit doch wieder für uns lebendig werden. Damit konnte ich meiner Mutter eine große Freude machen. So konnte sie Papa lebendig sehen und auch sich selbst damals, als sie in einem Alter von 63 Jahren gewesen war. Nach dem Film schauten wir alte Fotos an. Von der Familie meiner Mutter, von ihrem Vater, von Tante Pauli und von Mitz, als sie jung war. Meine Mutter erzählte mir zu jedem Foto die Geschichte der Entstehung. Sie blühte richtig auf, ich merkte, wie wichtig es ist, alte Menschen von der Vergangenheit erzählen zu lassen. Denn das ist es, was sie noch haben, ihre Erinnerungen an die Vergangenheit.

Als ich sie ins Bett gebracht habe, sagte sie mir, dass es ein wunderbarer Tag gewesen sei und sie sich auf morgen freue. Ich hatte Frau Klugmann mitgeteilt, dass meine Mutter zu Weihnachten bei uns ist und wir sie gerne besuchen würden. Wir waren dann bei ihr am ersten Weihnachtsfeiertag zum Kaffee eingeladen. Die Freude war groß, sich nach so langer Zeit wiederzusehen. Es gab viel zu erzählen. An dem Tag fuhr uns Michael zu Frau Klugmann, er hatte ja nun seinen Führerschein und wollte Oma fahren, wenn sie schon mal bei uns war. Er war stolz und freute sich über das Lob, dass er gut Auto fahren könne. Nach dem Besuch bei Frau Klugmann machten wir zusammen noch eine Spritztour mit Michael. Mama genoss das Autofahren. Sie freute sich immer sehr, mit mir auf die Autobahn zu fahren, dabei schöne Musik zu hören und das Geschehen zu beobachten. In ihrem Zimmer kam es schon einmal vor, dass sie in ihrem Stuhl eingeschlafen ist, aber beim Autofahren war sie immer wach und wollte keinen Moment versäumen. Sie sagte immer: Es könnte das letzte Mal sein.

Am zweiten Weihnachtstag besuchten wir eine Freundin von mir, die Johanna hieß. Dieses Weihnachten war für diese Jahreszeit sehr mild und somit hatten wir keinen Schnee. Man konnte draußen spazieren gehen und anschließend ein Café besuchen. Johanna freute sich immer über einen Besuch und so konnte sie meine Mutter kennenlernen. Sie verstanden sich gut. Auch dieser Tag war ein schöner Tag. Und zum guten Schluss haben wir noch mit Randy geskypt. Es war einfach toll, zu beobachten, wie beide voll bei der Sache waren. Die vier Tage mit meiner Mutter zu verbringen, war zwar anstrengend, aber ich genoss jede Stunde davon. Wie sie selbst sagte: Es könnte das letzte Mal sein.

Es war ein schönes Weihnachtsfest, schöne Tage, zu sehen, wie meine Mutter glücklich war und in der Vergangenheit träumte. Alte Menschen tun sich schwer. Man fühlt sich nicht alt, aber der Körper macht nicht mehr mit. Wenn man ein hohes Alter erreicht hat, weiß man, dass die Lebenszeit begrenzt ist. Das war es, was meine Mutter traurig machte. Darum ist es wichtig, die Zeit, die einem noch bleibt, liebevoll zu gestalten.

Ich brachte meine Mutter nach vier schönen Tagen wieder zurück ins Heim. Zuvor wollte meine Mutter noch einen Abstecher zu Isa machen. Mir war nicht wohl dabei, aber ich fuhr hin. Als sie die Tür öffnete, merkte ich, dass Isa sehr betrunken war. Meine Mutter saß im Auto und musste den Anblick nicht gleich ertragen. Ich habe zu Isa gesagt, dass sie etwas anziehen und ihre Haare kämmen solle, um unsere Mutter wenigstens zu begrüßen. Auch diese Situation versuchte ich noch zu retten. Isa wollte, dass ich sie mit dem Auto mitnähme. Ich sagte zu ihr, dass sie sich fertig machen solle und dass ich sie um 13 Uhr abholen würde.

Ich habe sie nicht abgeholt. Mama habe ich gesagt, Isa gehe es nicht so gut, aber sobald es ihr besser gehe, komme sie nach Pappenheim, um meine Mutter zu besuchen. Meine Schwester hatte viel Streit mit Thomas, sie ist aus dem Holzgarten ausgezogen. Sie hat von der Stadt ein Zimmerapartment in Treuchtlingen bekommen, wo sie sehr glücklich war. Bei meiner Schwester ist es so: Tritt etwas Neues in ihr Leben, so schafft sie es für eine gewisse Zeit, weniger oder sogar gar nicht zu trinken. Seit sie die neue Wohnung hatte und zwei Bekannte, die sie unterstützten, ging es ihr gut.

Aber auch dieser Zustand war nicht von Dauer. Die Rückschläge und Rückfälle traten immer häufiger auf und die Abstände wurden kürzer. Um das Apartment gemütlich einzurichten, gab ich ihr viele Sachen.

Im Suff hat sie viele Sachen zerstört, auch weil sie sich mit irgendjemandem mal wieder gestritten hatte, ging viel zu Bruch. Ich war so weit, dass ich nicht mehr zu ihr fahren wollte. Ich konnte den Anblick nicht mehr ertragen. Ihr Verhalten, der Gestank von Alkohol, ich war oft so verzweifelt, dass ich an die Tankstelle gefahren bin, um mir Zigaretten und ein Bier zu kaufen. Ich setzte mich an einen Ort, an dem ich mit Gott allein war, schaute das Bier an und weinte. In dieser Zeit rauchte ich, um den Druck abzubauen.

Die Zeit in Bayern beanspruchte mich sehr. Wenn ich auf der Autobahn nach Bayern kam, sagte ich mir: Willkommen in der Hölle. Diese Wochenenden raubten mir sehr viel Energie, aber für meine Mutter blieb ich stark. Auch bei den Verabschiedungen von meiner Mutter fiel es mir immer schwerer, weil man nicht wusste, wie viel gemeinsame Zeit wir noch hatten.

Danach war ich gerne mit mir allein. Ich brauchte die Zeit, um herunterzufahren, meine Gedanken zu sammeln und Kraft zu tanken. Statt zu rauchen und doch in die Gefahr zu kommen, eine Dose Bier zu öffnen, laufe ich meistens allein und still durch den Wald, um zu spüren und im Hier und Jetzt zu sein. Ich schalte in dieser Zeit mein Handy aus, ich möchte dem Wind lauschen, der die Blätter zum Rauschen bringt, und den blauen Himmel über den Bäumen betrachten. Ich möchte meine Aufmerksamkeit vollständig dem Zwitschern der Vögel widmen. Wenn dein Leben hektisch und schwierig erscheint, dann lass einfach die Arbeit kurz liegen und schließe deine Augen. Tritt einen Schritt beiseite, schaffe somit Abstand zu dir selbst und schaue dich wie in einem Spiegel an. Du musst öfter darauf achten, wie du dich körperlich fühlst, lausche dem, was deine Seele dir zuflüstert.

Der eine oder andere wird sagen: Dazu habe ich keine Zeit und in der Arbeit oder mit kleinen Kindern geht das nicht so einfach. Aber wenn man wirklich will, wird man einen Weg finden, und wenn es fünf Minuten auf der Toilette auf der Arbeit ist. Denn man kann nur für andere stark sein oder für sich selbst, wenn man die eigene Kraft in uns stärkt und sammelt. Wenn jemand verzweifelt oder krank ist, sollte man versuchen, ihm zu helfen, ihn ein Stück seines Lebensweges zu begleiten. Man sollte es zumindest versuchen, soweit deine eigene Kraft es zulässt.

Ich bin ein sehr gläubiger Mensch und versuche in meinem Leben zu helfen, für andere da zu sein, aber man muss auch aufpassen, nicht ausgenutzt zu werden. Merkt man, dass man ausgenutzt wird, sollte man auch Nein sagen können. Darum ist es essenziell, dass wir stark sind. Kinder brauchen starke Eltern, aber nicht stark im Sinne von durchsetzungsfähig ihren Kindern gegenüber. Stark sind Eltern mit klaren Überzeugungen, an denen sich die Kinder orientieren können. Das versuche auch ich in meiner Arbeit Kindern zu vermitteln und sie ohne Gewalt, sondern mit Liebe auf den richtigen Weg zu bringen. Denn wir können die Welt nur mit Liebe ändern, nicht mit Gewalt. Eins muss uns bewusst sein: Die stärkste Waffe ist die Liebe.

Glück hatten wir mit unserem Michael. Er machte seine Ausbildung zum Erzieher, machte seit Jahren Kampfsport und spielte in einer Theatergruppe in Rottweil. Er liebt die Musik und spielt hervorragend Gitarre. Er ist sehr aktiv in der Kirchengemeinde und setzt sich viel für andere Menschen ein, die Hilfe benötigen. Er raucht und trinkt nicht.

Eines Tages bekam ich einen erfreulichen Anruf von der Heimleitung des Seniorenheims, in dem meine Mutter untergebracht war. Thema war von Anfang an, dass meine Mutter sich ein Bad mit einer anderen Bewohnerin teilen musste. Die zwei waren nicht die besten Freundinnen, so gab es zwischen ihnen immer Reibereien. Bei einem Gespräch mit der Heimleitung erwähnte ich, wie die Sachlage ist und dass meine Mutter gerne ihr eigenes Bad hätte. Die Heimleitung hatte die Situation auch schon beobachtet, aber nicht ändern können, weil alle anderen Zimmer bewohnt waren. An diesem Tag teilte sie mir mit, dass ein Zimmer frei geworden sei, das ein eigenes Bad hatte. Wenn ich wolle, könne ich es bei meinem nächsten Besuch mit meiner Mutter anschauen. Mamas Geburtstag stand an, ein größeres Geburtstagsgeschenk hätte man ihr gar nicht machen können.

Ich habe meiner Mutter erzählt, dass die Heimleitung ihr ein Zimmer mit Bad geben würde, wenn sie es wolle. Wir schauten uns das Zimmer gemeinsam an. Ich merkte, dass meine Mutter von Anfang an begeistert war. Das Zimmer war viel größer und heller. Ein großes Bad, in dem sie sich mit ihrem Rollator bewegen konnte, und das Highlight war: Meine Mutter hatte noch zusätzlich einen schönen Balkon. Sie musste nicht lange überlegen, so bekam sie zu ihrem 85. Geburtstag ein neues Zimmer.

Matthias und ich haben ihr das Zimmer eingerichtet, alle Bilder an der Wand angebracht und ihr ein paar Pflanzen mitgebracht. Meine

Mutter blühte richtig auf. Machte bei den Angeboten mit, war voll bei der Bewegungstherapie dabei und lief jeden Nachmittag zum Friedhof zum Grab meines Vaters. Meine Mama fühlte sich von Anfang an in diesem Zimmer wohl. Meine Schwestern haben nicht schlecht gestaunt, was für ein schönes Zimmer sie bekommen hatte.

Solange meine Mutter in guter Verfassung war, hatte ich beschlossen, sie an meinem Geburtstag zu uns zu holen. Sie verbrachte vier Tage bei uns. An meinem Geburtstag gingen wir essen in Schönberg, wo Michael seine Konfirmation gefeiert hatte. Es war ein schöner, sonniger Tag. Es sollte der letzte Geburtstag mit ihr werden. Ich habe die Tage genossen und versucht, es ihr so schön wie möglich zu machen. Wie auch beim letzten Mal haben wir Johanna und Frau Klugmann besucht und zu Hause alte Erinnerungen aufleben lassen. Michael machte mit Oma eine Spritztour, die Tage waren im Nu verflogen.

Isa habe ich ans Telefon bekommen und Mama konnte mit ihr sprechen. Mit Isa wurde es aber nicht besser. Der Kreislauf wiederholte sich in regelmäßigen Abständen. Es gab Tage, da schöpfte man Hoffnung, weil sie wieder mal auf Entgiftung ging. Dann gab es Wochen, in denen man dachte, sie lebt nicht mehr lange. Würde sie wirklich vor meiner Mutter sterben, wie würde ich es meiner Mutter beibringen? Diese Gedanken haben mich regelmäßig beschäftigt, vor allem wenn sie sehr viel trank und nicht mehr ansprechbar war. Wenn ihr Leben nur noch aus Trinken und Schlafen bestand, sie tagsüber nichts mehr essen konnte und am Morgen schon Blut spuckte. Der körperliche Verfall wurde immer deutlicher sichtbar. Dies alles wollte ich von unserer Mutter fernhalten. Ich legte mir Ausreden und Lügen zurecht, denn ich wollte meine Mutter beschützen und sie nicht beunruhigen.

Ich besuchte in regelmäßigen Abständen meine Mutter, und wenn wir Glück hatten, besuchten wir Isa und sie ging sogar mit uns Kaffee trinken. Hatten wir Pech, bekamen wir sie nicht einmal zu Gesicht. Nun stand der ersehnte Sommerurlaub an. Es war unser erster Urlaub ohne Michael, der in Aldingen bei seiner Freundin blieb. Es war ungewohnt, aber schön. Dieser Urlaub in Kroatien tat mir gut, ich kam zur Ruhe und ließ die Seele baumeln. Mit Michael und meiner Mutter habe ich jeden Tag telefoniert. Im Herbst bin ich dann nur mit Matthias für eine Woche auf dic Insel Rügen gefahren. Ich liebe diese Insel, das Schwedische Häuschen direkt am Meer. Ich liebe es, mich ans Wasser zu setzen und den Wellen zuzuschauen, meinen Gedanken freien Lauf zu lassen. Mich neu zu sortieren, Kräfte zu sammeln, um daheim weiter meinen Alltag meistern zu können.

Ich schrieb auch an meinem Buch. All meine Gedanken, Ängste und auch Wünsche niederzuschreiben, befreite meine Seele, denn es ist wie ein Gespräch mit Gott, der immer Zeit für mich hat und mir zuhört. So kann ich Kraft schöpfen und zu mir zurückkommen, wenn ich mich selbst verloren habe. Ich versuchte in der Urlaubszeit auch, die Zweisamkeit mit Matthias, die im Alltag auch oft zu kurz kam, intensiver zu genießen und zu schätzen.

An Mamas Geburtstag habe ich ihr einen Tagesausflug nach München geschenkt. Meine Mutter hatte oft erwähnt, dass sie gerne noch einmal nach München wolle, um alte Erinnerungen aufleben zu lassen. Sie wollte noch einmal den Ort sehen, wo Tante Pauli und Onkel Karl gelebt hatten, wo früher Mitz gewohnt hatte. Meine Mutter wollte auch einen früheren Freund noch einmal sehen, bevor sie von dieser Erde gehen würde.

Ich habe meine Schwester Anne gefragt, ob sie bei dieser Aktion helfen könne. Anne und ich haben zusammen den Tagesablauf, der im August stattfinden sollte, organisiert. Mit der Heimleitung habe ich alles besprochen. Da meine Mutter nicht mehr so gut zu Fuß war, wollte ich einen Rollstuhl mitnehmen, um uns den Tag zu erleichtern. Anne holte unsere Mutter früh am Morgen vom Heim ab und fuhr mit ihr nach München. Bei der Wohnung meiner Schwester haben wir uns getroffen. Mama war sehr aufgeregt und voller Spannung. Nach der Begrüßung sind wir zunächst kreuz und quer durch München gefahren. Meine Mutter kam aus dem Staunen nicht heraus: die großen Häuser, viele bekannte Straßen, wo sie selbst in ihrer Jugend gewesen war … Wir fuhren an der Theresienwiese vorbei, wo jedes Jahr das Oktoberfest stattfindet. Die Leute waren schon dabei, die Bierzelte aufzubauen. Mama erzählte, dass sie oft auf der Wiesn gewesen sei, was ihr immer sehr gefallen habe.

Wir fuhren weiter in Richtung der alten Wohnung, in der Mitz früher gewohnt hatte. Auch dort hatte meine Mutter ihre Erinnerungen, die sie uns mitteilte. An diesem Tag habe ich meine Mutter als sehr lebendig erlebt, es gab kein Zeichen von Müdigkeit oder Schwäche. Vor dem Mittagessen sind wir nach Großhesselohe gefahren, zum Wohnsitz von Onkel Karl und Tante Pauli, wo ich viele schöne Ferien verbracht habe. Es ist auch der Ort, an dem Anne seit ihrem neunten Lebensjahr groß geworden ist.

Wir stiegen aus dem Auto und erkannten, dass alles sehr verwildert und heruntergekommen war. Onkel Karls Garten war sehr zugewuchert, aber das Gartenhäuschen stand noch da. Anne und ich setzten Mama in den Rollstuhl und fuhren sie an das Haus. Wir haben sie für eine gewisse Zeit allein in ihren Erinnerungen verweilen lassen. Ich merkte, wie sie in Gedanken versank. Teilweise hatte sie ein Lächeln auf den Lippen, aber sie hatte auch Tränen in den Augen. Ich hätte gerne gewusst, was ihr in diesem Moment durch den Kopf ging. Ich weiß nur eins: Dass ich sie mit diesem Ausflug sehr glücklich gemacht habe. Unser Glück war, dass dieser Tag ein Feiertag war und in der Münchner Innenstadt nicht so viel Verkehr war. So konnten wir uns in München gut auf den Straßen frei bewegen.

Anne und ich beschlossen, dass wir unsere Mutter aus der Zeitreise nicht herausholen wollten. Sie sollte uns von allein mitteilen, wenn sie weitergehen wollte. Auch ich denke oft über Vergangenes nach und auch häufig über negative Dinge, die auf jeden Fall besser hätten laufen können. Es gibt auch einige Sachen, die nur durch meine Fehler passiert sind, bei denen ich aber trotzdem froh bin, dass sie passiert sind. Alle Entscheidungen, die ich getroffen habe, hatten irgendwo ihren Sinn und ihre Richtigkeit. Ich weiß nicht, was durch den Kopf meiner Mutter ging, sie hatte bestimmt schöne und auch nicht so schöne Erinnerungen in diesem Moment. Im Nachhinein würde man einige Dinge im Leben anders entscheiden, aber wir würden andere Fehler machen.

Nachdem meine Mutter von ihrer Zeitreise zurückgekommen war, sind wir zu Isa gelaufen. Ein wunderschöner Fluss, dort hatte sich meine Mutter oft mit ihren Cousins Baldi und Horst aufgehalten. Wir haben den ganzen Tagesablauf in Bildern festgehalten. Das Wetter war gut und soweit ist alles in Erfüllung gegangen, auch der Wunsch nach einem Wiedersehen mit dem alten Bekannten Karl. Anne hatte in der Gastwirtschaft einen Platz zum Mittagessen für uns reserviert und Karl mitgeteilt, dass wir uns sehr freuen würden, wenn er uns Gesellschaft leisten würde. Vor allem würde unsere Mutter sich nach so langer Zeit sehr freuen, ihn noch einmal zu sehen. Es war das letzte Mal, dass sie einander gesehen haben.

Karl kam, die Begrüßung zwischen ihnen war sehr herzlich, aber ohne viele Worte. Sie sahen einander an und bemerkten, wie schnell die Zeit vergangen war. Beide waren nun über achtzig Jahre alt und hatten sich etwa dreißig Jahre lang nicht mehr gesehen. Während des Essens wurde die Stimmung lockerer. Jeder erzählte, wie es ihm ergeht, was er macht und auch ich erzählte ihm von mir: Wo ich wohne, wie viele Kinder ich habe und so weiter. Karl hatte mich noch als Kind in Erinnerung. Es war nicht nur für meine Mutter eine Zeitreise, es war auch für mich eine.

Nach dem Essen fuhren wir alle zusammen zu Anne in ihre Wohnung, um dort Kaffee zu trinken und die nette Unterhaltung fortzuführen. Nach dem Kaffeetrinken brachte ich Mama zurück nach Pappenheim. Im Heim erzählte sie allen, wie schön es in München gewesen war, dass sie es doch noch einmal hatte erleben dürfen. Ich habe ihr ein Erinnerungsfotobuch zusammengestellt und geschenkt. Sie erzählte mir, dass sie jeden Tag darin blätterte und sich die Bilder anschaute. Alle Unternehmungen, die Besuche bei uns in Aldingen, etwa Weihnachten, der Ausflug an den Brombachsee, habe ich in Bildern festgehalten, damit sie es immer wieder anschauen und durchleben konnte.

Als Kind habe ich ein Poesiealbum gehabt und dieses Zitat hat mir eine Lehrerin in mein Buch geschrieben.

Willst du glücklich sein im Leben,
trage bei zu anderen Glück.
Denn die Freude, die wir geben,
kehrt ins eigene Herz zurück.

Ich habe es damals nicht so ganz verstanden, aber heute weiß ich: Wir sind nicht nur glücklich, wenn uns jemand eine Freude macht. Auch wenn wir anderen Gutes tun, macht uns das glücklich. Dabei kann es so einfach sein, anderen ein Lächeln ins Gesicht zu zaubern. Ich fühle mich gut, wenn ich jemandem helfen oder etwas Gutes tun kann. Meine Mutter habe ich an diesem Tag glücklich gemacht, und ich war es auch.

Am Abend bin ich zu Sabine gefahren, um bei ihr zu schlafen und mit ihr einen schönen Abend zu verbringen. Wir hatten einander viel zu erzählen, was die letzte Zeit alles passiert war und was wir erlebt hatten. Ich bin froh, Sabine als Freundin zu haben. Nach all der Zeit und obwohl ich so weit weg gezogen bin, haben wir einander nicht aus den Augen verloren. Sabine war die einzige wahre Freundin, die ich noch hatte. Alle anderen Bekannten, Personen hatte man zufällig getroffen, oder man hat sich zum Kaffee oder zu einem Spaziergang verabredet. Ich habe gelernt, dass jeder sich selbst der Nächste ist. Das heißt nicht, dass ich nicht gerne in Gesellschaft bin oder keine Freundin haben will, die meine Interessen teilt, mit der man über alles reden kann und die für einen da ist.

In Bayern habe ich Sabine, doch in Aldingen habe ich nach zwanzig Jahren leider noch immer keine Begegnung mit einem Menschen gehabt, bei dem ich das Gefühl hatte: Das ist die Person, auf die ich gewartet habe. So habe ich gelernt, damit umzugehen, allein zu sein. Ich bin ein offener Mensch und helfe gerne, ich bin für Menschen da, die mich brauchen. Aber bisweilen würde ich mir einen Menschen wünschen, bei dem ich mich fallen lassen kann. Wo ich meinen Frust, meinen Kummer und auch meine Ängste loswerden kann. Der sich für mich interessiert. Damit ich nicht immer Matthias damit belasten muss.

Ich weiß, dass Gott immer für mich da ist und dass ich mich felsenfest auf ihn verlassen kann, aber es gab auch Zeiten, in denen ich mich selbst in dieser Hinsicht alleingelassen gefühlt habe. In manchen Zeiten habe ich nichts gefühlt und Gottes Stimme nicht wahrgenommen. Trotzdem möchte ich sagen: Es ist nicht verkehrt, eine wichtige Entscheidung zu treffen. Meine Entscheidung war vor langer Zeit, eigentlich seit ich denken kann, die Entscheidung für Gott. Auch wenn man sie noch nicht getroffen hat, ist es einen Versuch wert. Was hat man zu verlieren? Es gibt mir Freude, Wohlwollen, Versorgung und einen übernatürlichen Schutz für mich, was auch immer passiert. Mutige Entscheidungen zu treffen, ist wie ein Sprung ins Unbekannte. Traust du dich?

Ganz gleich, vor welcher Herausforderung du gerade stehst, welchen Kampf du gerade führst, welche Gelegenheit sich dir bietet oder welches Hindernis sich vor dir auftürmt, versuche, Gott zu vertrauen. Wenn ich auf mein Leben zurückblicke, wird mir klar, wie oft Gott in meinem Leben gewirkt hat. Das zeigt mir, wie treu er ist. Deshalb fällt es mir auch nicht schwer, mein Vertrauen auf ihn zu setzen und ihm zu jeder Zeit und in jeder Situation zu vertrauen.

Meine Mutter hatte sehr abgebaut, nicht im Kopf, sondern körperlich. Wenn ich mit meiner Mutter nun einen Tagesausflug machte, war der Rollstuhl unser ständiger Begleiter. An einem schönen Herbsttag bin ich mit meiner Mutter zum Brombachsee gefahren. Am See sind wir in ein Restaurant essen gegangen, dabei haben wir das Wasser und die Sonne genossen. Meine Mutter bemerkte die Erleichterung durch den Rollstuhl und hatte ihn akzeptiert. Auch mit Rollstuhl hatten wir schöne Tage.

Meine größte Angst war, dass Isa vor einer Mutter die Welt verlässt. Solche Gedanken und die Gefühle, die sie in mir auslösten, raubten mir sehr viel Kraft, die ich eigentlich für andere Sachen gebraucht hätte. Die Verzweiflung ist oft der Auslöser für Depressionen. Ich wollte nicht wieder in dieser Dunkelheit gefangen sein. Ich war froh, es geschafft zu haben, daraus auszubrechen. Es werden immer wieder Zeiten auf mich zukommen, in denen ich verzweifelt bin, weil ich nicht verstehen kann, was mit uns oder mit mir geschieht. Ich bin wütend auf mich selbst und lasse meine Wut oft an den anderen Menschen aus. Es sind meistens die Menschen, die mir am nächsten stehen. Ich habe erkannt, dass meine Verzweiflung mein Ego ist, das aus der Leere entsteht. Sie ist die Wut, wenn wir die Hoffnung verlieren. Wenn ich das Gefühl empfinde, ich habe die Hoffnung verloren, dann empfinde ich in mir eine unendliche Traurigkeit. Aber was wir als Verzweiflung bezeichnen, ist oft nur das schmerzhafte Verlangen ungestillter Hoffnung. So kommt eins zum anderen.

Seit meine Schwester Anne in Rente war, war vieles anders. Sie hatte sich sehr auf ihre Rente gefreut. Um ihren Hobbys nachzugehen, um auszuschlafen, keine Überstunden mehr zu machen, sich nicht mehr über die Arbeit ärgern zu müssen. Doch kam es bei ihr mit Eintritt in das Rentenalter so, dass sie zunächst in ein Loch gefallen ist. Sie wollte so viel ändern, hat es aber irgendwie nicht geschafft. Sie versuchte, eine andere Wohnung in München zu bekommen, da die alte Wohnung auf Dauer zu kostspielig war. Sie bemühte sich, einen Nebenjob zu finden, aber sie war für viele schon zu alt. Ihr Stimmungszustand wurde immer schlechter, sie fühlte sich auf das Abstellgleis geschoben.

Annes Leben war bestimmt durch die Arbeit und durch Aufgaben, die schon der Routine angehörten. Der Weg zur Arbeit, das Lob der Vorgesetzten, der Austausch mit den Arbeitskollegen, die Unternehmungen mit ihren Freunden. Das waren die kleinen Dinge, die den Tagesablauf vorgegeben hatten. Und obwohl sie sich vielleicht immer sehr auf die Rente gefreut hatte, führte es bei ihr dazu, dass jeder Tag dem anderen glich und sie sich oft wertlos vorkam. Sie saß zu Hause, fühlte sich alt, und doch bemühte sie sich, ihre Ziele zu erreichen. Das Schwere ist, wenn das Wochenende plötzlich sieben Tage hat, viele Freunde noch berufstätig sind und die Freizeit nicht mehr mit Freunden gestaltet werden kann, weil das Geld fehlt.

Meine Schwester hätte schon vor ein paar Jahren damit anfangen müssen, sich neu zu orientieren. Sie hätte sich im Vorfeld einen Nebenjob suchen sollen, so wäre alles fließend ineinander übergegangen, auch wenn sie sich einige Jahre zuvor eine andere Wohnung gesucht hätte. Habe ich etwas zu ihr gesagt, meinte sie immer nur, sie wisse schon, was zu tun sei. Das Leben als Rentner kann trotzdem Lebensfreude und Lebensqualität mit sich bringen, man muss sich nur rechtzeitig damit auseinandersetzen.

Auch die vielen Jahre, in denen ich keinen Kontakt mit Adrian hatte, belasteten mich. Es gibt bis jetzt keinen Tag, an dem ich nicht an ihn gedacht habe. Wie gerne hätte ich gewusst, wie es ihm geht, was er macht. Ob er eine Freundin hat und noch viele Fragen mehr. In diesen Zeiten fühle ich mich oft allein, ich habe das Gefühl, ich stehe mit meinen Problemen allein da. Ich will keinem mehr etwas erzählen, weil ich immer das Gefühl habe, es interessiert ohnehin keinen. Dieser Gedanke ist bestimmt nicht richtig, aber jeder ist mit sich so beschäftigt, dass für die anderen wenig Zeit bleibt. Und auch bei Adrian hatte ich meine Hoffnungen. Jedes Jahr hoffte ich aufs Neue, an meinem Geburtstag eine Karte im Briefkasten zu finden. Das sind meine Gedanken, die mich regelmäßig beschäftigten und bei denen ich nicht weiß, wie ich damit umgehen soll. Ich glaube, ich habe da viele Tränen noch nicht geweint. War ich mit meiner Mutter zusammen, versuchte ich, diese Gedanken auszublenden.

All dies zehrte auch an meinem Körper. Ich habe viel verdrängt, um im Hier und Jetzt zu sein, meiner Familie gerecht zu werden und meiner Mutter zu vermitteln: Ich bin immer für sie da. Auch in der Arbeit bei der Sache und den Kindern zu sein und ihnen gerecht zu werden, war nicht einfach. Ich war ständig müde. Egal, wie lange ich geschlafen habe, ich war immer sehr müde, als hätte ich gar nicht geschlafen. Ich habe mich entschlossen, mich durchchecken zu lassen. Ich bin zu meiner Hausärztin, um mit ihr zu sprechen und mein Blut untersuchen zu lassen. Da stellte man fest, dass ich einen sehr hohen Eisenmangel habe. Ich bekam Infusionen, durch die es mir schnell besser ging. Auch die Müdigkeit verschwand.

Der Eisenmangel kam aber immer wieder zurück und keiner wusste genau, wo das Blut hingeht. So hat meine Ärztin beschlossen, dass ich eine Magen- und Darmspiegelung machen lassen soll. Innerlich hoffte ich, dass man die Ursache finden würde, aber ich hatte auch Angst davor. Bei der Magenspiegelung kam nichts raus, bei der Darmspiegelung haben sie ein Geschwür entfernt, das einen Durchmesser von zehn Zentimetern hatte. Sie haben das Geschwür eingeschickt, um es untersuchen zu lassen. Es war der Übeltäter, der mir mein Blut genommen hatte. Dieses Geschwür war bösartig, hatte aber, Gott sei Dank, noch nicht gestreut, sonst hätte es mein Todesurteil sein können. Nach der Entfernung ging es mir bald wieder besser. Nun muss ich alle drei Jahre eine Darmspiegelung durchführen lassen. Ich war sehr froh, dass man die Ursache gefunden hatte und es mir wieder besser ging. Es ist wichtig, Vorsorgeuntersuchungen machen zu lassen. Man denkt immer, das brauche ich nicht, weil einem nichts weh tut. Ich habe gelernt: Wenn es weh tut, ist es manchmal schon zu spät.

Im November war ich bei Mama. Bevor ich mit Mama zu Isa fuhr, wollte ich mir ein Bild davon machen, wie es Isa ging. Sie machte mir die Tür auf, sie sah miserabel aus, war sehr betrunken und ausgesprochen ungepflegt. Sie bat mich in ihr Zimmer. In der Wohnung war es sehr unordentlich, es war nicht aufgeräumt, die Küche war voll von schmutzigem Geschirr, das schon längst gewaschen gehörte. Der Müll und viele leere Flaschen hatten sich angesammelt. Mir tat es in der Seele weh, sie war immer mehr von Alkohol gezeichnet.

Nun wurde mir klar, warum ihr Handy oftmals ausgeschaltet war. Manchmal probierte ich vierzehn Tage lang, sie zu erreichen. Es ist schlimm, wenn man nicht weiß, wie es ihr geht oder wo sie sich gerade befindet. Wenn man meiner Mutter immer wieder Lügen auftischen muss, um sie zu beruhigen. Es gab oft kein Lebenszeichen von Isa. Klingelte spät am Abend das Telefon, hatte ich Angst, eine Nachricht zu bekommen, dass sie nicht mehr lebte und ich es meiner Mutter würde sagen müssen. War meine Schwester in einer Phase, in der sie öfter bei Sinnen war und man mit ihr einigermaßen reden konnte, versuchte ich, ihr gut zuzureden, es doch noch einmal zu probieren, eine

Entgiftung zu machen und vielleicht den Weg weiterzugehen. Ich habe ihr immer gesagt, dass sie nicht allein ist, dass wir sie auf dem schweren Weg unterstützen und ihr zur Seite stehen. Dass sie aber den Weg trotz allem allein gehen muss, dass es ihr keiner abnehmen kann.

Als meine Schwester auf Entgiftung und trocken war, sagte sie mir: „Sonja, egal, was ich zu dir in meinem Rauschzustand sage, ob es Beleidigungen sind oder ich dich beschimpfe, du musst wissen, dass ich es nicht so meine." Sie sagte, dass sie mich sehr lieb hat und ihr kranker Kopf im Suff unüberlegtes Zeug herausschwätzt. Als sie mir das gesagt hatte, nahm ich sie in den Arm und sagte ihr, dass ich immer für sie da sein würde und sie aufrichtig lieb habe. Wenn sie ernsthaft ihr Leben ändern wolle, würden wir sie unterstützen, aber nicht ihre Sucht finanzieren.

Meine Schwester nahm im Dezember ihren Mut und ihre Kraft zusammen und ging nach Ansbach, um eine Entgiftung zu machen. Vielleicht fängt das neue Jahr besser an und es ändert sich doch etwas. Als ich im Dezember Mama besuchte, sagte ich ihr: „Lass uns heute nach Ansbach fahren, um Isa zu besuchen." Meine Mama hat sich sehr gefreut. In Ansbach wartete Isa schon auf dem Parkplatz auf uns. Gemeinsam gingen wir ins Café. Mama war einfach nur glücklich, bei ihr zu sein. Ich hörte mir an, was Isa für Pläne hatte. Wenn nur die Hälfte ihrer Wünsche wahr werden würde, wäre es toll. Wie oft hat sie gesagt, dass sie ihr Leben ändern wolle, sie vom Alkohol wegkommen möchte und es dieses Mal durchzieht. Die Hoffnung war groß und die Enttäuschung dann umso größer.

Es war schon oft so gewesen, dass die Hoffnung oder die Erwartung, die sie selbst hatte oder die wir hatten, nicht erfüllt wurden. Wenn ich enttäuscht werde, bin ich oft traurig, deprimiert und niedergeschlagen. Wenn ich ehrlich bin, fühle ich mich oft verraten, betrogen, hintergangen. Das Leben steckt voller Enttäuschungen, sie begleiten uns ein Leben lang. Entscheidend ist aber, wie wir mit Enttäuschungen umgehen. Dass wir daraus lernen und die Enttäuschungen schließlich überwinden.

Mama schöpfte jedes Mal Hoffnung. Es war ein schöner Tag. Nach dem Kaffeetrinken sind wir in der Anlage spazieren gegangen. Zum Schluss sind wir zum Auto gegangen, um Isa die Sachen zu geben, die wir für sie mitgebracht hatten. Auf der Heimfahrt redete Mama von nichts anderem als von Isa. Vielleicht kommt der Sinneswandel doch noch und sie ändert ihr Leben. Ich stimmte ihr zu, um meiner Mutter die Hoffnungsblase nicht zu zerstören. In Wahrheit glaubte ich nicht daran, zu oft hatte Isa das Handtuch geworfen und abgebrochen. Was sie zum guten Schluss auch wieder tat, und so begann das Spiel immer wieder von vorn.

Ich habe im Sommer 2018 eine Kur beantragt. Ich wollte etwas für mich tun, ich wollte für meinen Fuß und für meine Schulter etwas unternehmen. Vor allem für die linke Schulter, die mir zu schaffen machte. Durch das jahrelange Putzen hatte sich eine Gelenkerkrankung entwickelt, auch als Gelenkverschleiß bekannt. Im Januar 2019 ging ich in Reha. Ich war in Bad Rappenau in einer großen Klinik. Nach der Anmeldung bekam ich mein Zimmer zugeteilt. Als ich mein Gepäck aus dem Auto holte, um es auf mein Zimmer zu bringen, war ich mit einer Reinigungskraft im Fahrstuhl. Ich wollte ihr helfen, ihren Putzwagen aus dem Fahrstuhl zu heben, weil es irgendwo klemmte. Als ich vor meinem Zimmer stand, hatte ich keinen Schlüssel mehr. Wo war mein Zimmerschlüssel? Ich hatte nur noch eine halbe Stunde bis zu meinem ersten Arzttermin. Die Suche begann. Es stellte sich heraus, dass der Schlüssel im Fahrstuhl in den Schacht gefallen war, wo ihn der Hausmeister wieder herausholte. Ich war sehr froh, als ich den Schlüssel wieder hatte. Ich hatte mit dieser Aktion die ganze Klinik auf Trab gehalten, die Schwestern meinten, durch diese Aktion würde ich in Erinnerung bleiben.

Ich hatte ein schönes Einzelzimmer, sogar mit Balkon. Man war den ganzen Tag mit dem wöchentlichen Therapieplan beschäftigt, mit Vorträgen, die mir bewusst werden ließen, dass man ohne Bewegung und ohne Sport in zunehmendem Alter abbaut. Mir war es wichtig, in den drei Wochen meine Beweglichkeit und Haltung zu optimieren. Bei den Entspannungstechniken war ich gerne dabei, um das Gefühl zu bekommen, den Körper bewusst wahrzunehmen und zu spüren. Ich habe liebe Menschen kennengelernt, mit denen man zusammen gegessen hat und spazieren war. Ich nutzte die Freizeit auch sehr für mich selbst, um mit meinem Buch voranzukommen. Am Abend telefonierte ich mit Matthias und mit Michael sowie mit meiner Mutter, um die Neuigkeiten zu verkünden.

Bei einem Vortrag erklärte ein Professor, dass Bewegung, Spannung und Entspannung das A und O seien, dass es aber bis zu zwei Jahre dauern könne, um Erfolg zu haben. Dass aber die meisten Patienten nach ein paar Monaten oder sogar Wochen alles wieder einschlafen lassen und frustriert sind. Alle Salben, Spritzen und Tabletten sind nur zur Linderung da, aber die Ursache zu beheben und den Verschleiß der Gelenke aufzuhalten, gelingt nur durch konsequente sportliche Bewegung, und das ein Leben lang. Er sagte, bei konsequenter Durchführung könne man es schaffen, schmerzfrei zu leben. Ohne Tabletten und Spritzen. Das wollte ich wissen, ich habe es bis heute durchgehalten und bin ohne Tabletten schmerzfrei geworden.

Ende 2018 haben wir unser Schlafzimmer komplett renoviert. Matthias machte alles allein, was die Decke und den Boden betrifft. Ich versuchte, Ordnung zu halten und nicht im Chaos zu versinken. Zwei Jahre zuvor hatten wir die Küche gemacht. Es ist schwierig, auf der Baustelle zu leben, aber wenn das Projekt erst mal fertig ist, ist die Freude groß. So war im Frühjahr 2019 unser Schlafzimmer fertig. Meiner Mutter habe ich gesagt: Wenn das Schlafzimmer fertig ist, hole ich sie zu uns, damit sie es anschauen kann, denn sie wollte es unbedingt sehen.

Meine Mutter hatte im Jahr zuvor körperlich sehr abgebaut. Ohne Rollstuhl ging es nicht mehr. Sie traute sich nicht mehr, allein zum Friedhof zu gehen, und das kleine Café am Eck hatte geschlossen. Somit war die Motivation nicht mehr groß, aus dem Haus zu gehen. Sie bewegte sich nur noch unmittelbar vor dem Haus und mit ihrem Sportlehrer, der zweimal die Woche zu ihr kam, um mit ihr Treppen zu steigen. Sie hatte Angst, hinzufallen, was in letzter Zeit immer häufiger passierte. Ich merkte, es ging auch bei ihr bergab. Man will es nicht wahrhaben, und vor dem Tag X, an dem sie sterben würde, hatte ich große Angst.

Mit meinen Verwandten hatte ich seit dem Tod meines Vaters keinen Kontakt mehr. Meine Geschwister waren zwar meine Geschwister, aber nicht, wie man es sich wünscht. Es hatte sich im Laufe der Zeit nichts daran geändert. Mit Isa telefonierte ich, um mir ihr Leid anzuhören, ihr zuzusprechen, endlich etwas zu ändern und die Sucht anzugehen. Mit Randy skypte ich in regelmäßigen Abständen, um in Kontakt zu bleiben. Aber es sind auch nicht die Gespräche, die ich mir wünsche. Da er kein Deutsch und ich kein Englisch spreche, wie will man da gute Gespräche führen? Anne lebt ihr eigenes Leben, an dem keiner richtig teilhaben darf. So machte ich es wie immer mit Jesus, meinem Gott, aus und hoffte jeden Tag, dass er mich nicht schwach werden lässt und ich eines Tages selbst aufgebe.

In Bayern schöpfte ich Kraft in meiner Kirche, wo mein Jesus steht. Es ist immer noch so: Sobald ich diese Kirche betrete und Jesus anschaue, überkommt mich ein Gefühl, als würde er mich in den Arm nehmen und mir vermitteln: Du bist nicht allein, es wird am Ende alles gut sein. Und ist es noch nicht gut, so sind wir noch nicht am Ende. Ich zündete vier Kerzen an, was ich seit Jahren jeden Abend mache, entweder in der Kirche oder bei mir zu Hause. Eine Kerze ist für mich und meine eigene Familie, auch für unsere Kinder. Dass wir behütet und beschützt sind. Die zweite Kerze ist für meine Geschwister, für alle Kranken und Verzweifelten. Die dritte Kerze ist für die Verstorbenen, dass wir einander wiedersehen. Die vierte Kerze ist für die ganze Welt, dass jeder Einzelne das Bewusstsein erlangt, die Welt durch Liebe zu ändern und nicht durch Hass, Neid und Gewalt.

Meine Mutter holte ich im April 2019 noch einmal zu uns, um ihr das renovierte Schlafzimmer zu zeigen. Es gefiel ihr ausgezeichnet. Frau Klugmann freute sich auf unseren Besuch, Randy und meine Mutter waren glücklich, einander über Skype wiederzusehen. Das Wetter spielte mit und ich genoss die Zeit mit meiner Mutter. Denn ich hatte dieses Mal das Gefühl, dass sie das letzte Mal bei uns war.

Die Treppen, die zu uns in die Wohnung führten, machten ihr schwer zu schaffen. Ohne Rollstuhl wären wir nicht weit gekommen. Meine Mutter wollte nicht mehr richtig laufen. Sie sagte, ihr täten die Füße beim Laufen weh, und durch den Bewegungsmangel nahm sie an Gewicht zu, was das Laufen zusätzlich erschwerte. Nachdem ich meine Mutter wieder ins Heim zurückgebracht hatte, ging ich zu Isa. Meiner Mutter sagte ich, sie sei auf Entgiftung und ich würde auf dem Rückweg nach ihr schauen. Bin ich zu Hause, werde ich dich anrufen und dir berichten, wie es ihr geht, und wenn Isa an Ostern noch dort ist, werden wir sie besuchen. So verspürte meine Mama immer Vorfreude auf das nächste Wiedersehen.

Es war Isas Wunsch, dass ich sie auf meinem Heimweg in die Klinik nach Ansbach bringe. Ich habe nicht daran geglaubt, dass sie wirklich mit mir mitfährt. Aber sie hat es wahr gemacht. Die Fahrt nach Ansbach mit ihr war sehr anstrengend, denn sie war sehr betrunken. Als wir in der Klinik ankamen, blieb ich so lange bei ihr, bis sie aufgenommen war. Es war schwer, sie ruhig zu halten. Es stellte sich heraus, dass sie 3,5 Promille im Blut hatte. Ein Normalsterblicher wäre schon tot gewesen.

Als ich dann nach drei Stunden nach Hause fuhr, ging es mir nicht gut. Wie schon so oft gingen mir tausend Sachen durch den Kopf. Meine Mutter baute immer mehr ab, im Heim starben die Leute weg. Mamas Freundin Friedl starb am 27. März 2019. Ich merkte, dass es meine Mutter sehr beschäftigte, dass alle um sie herum wegstarben. Sie wusste: Einmal bin auch ich dran. Ja, das ist wahr. Wir alle sind einmal dran, wenn unser Zeitpunkt gekommen ist. Friedl war über neunzig Jahre alt geworden. Immer wenn ich mit ihr gesprochen habe, sagte sie zu mir: „Weißt du, Sonja, ich würde heute Abend gerne ins Bett gehen, einschlafen und nicht mehr aufwachen." Ich habe sie verstanden. Es ist schwer, wenn man den ganzen Tag im Rollstuhl sitzt und wenig Besuch bekommt. Keiner nimmt dich mehr richtig wahr, und wie es wirklich in deinem Inneren aussieht, fragt kein Mensch mehr, weil die Zeit nicht vorhanden ist.

Man kann dem Personal keine Vorwürfe machen. Es ist nicht so, dass sie nicht mehr Zeit mit den Senioren verbringen wollen, aber der Personalmangel lässt es oftmals nicht zu. Viele von uns fühlen sich ungeliebt, alleingelassen oder vom Leben ausgeschlossen. Einsamkeit kann lediglich das Gefühl geben, nicht wahrgenommen zu werden, nicht dazuzugehören. So fühlen sich viele Senioren und sogar auch viele junge Menschen. Auch Friedl fühlte sich so. Bei einigen habe ich es an ständiger Müdigkeit, Nervosität und Reizbarkeit erkannt, bei anderen, weil sie das Gefühl der Leere ausgestrahlt haben.

Isa drehte sich nur im Kreis und ich kam mir vor wie in einem Hamsterrad. Über Ostern war Isa noch in der Klinik. Matthias und ich haben sie am Karfreitag besucht. Gemeinsam sind wir ins Café gegangen. Es war schön, meine Schwester nach langer Zeit wieder nüchtern zu sehen. Nüchtern war sie ein komplett anderer Mensch. Es war schwierig, mit ihr zu reden und überhaupt an sie heranzukommen. Matthias stand mir sehr zur Seite und versuchte, ein Gespräch mit ihr zu führen. Seit Jahren hörte ich mir dasselbe an: Sie sagt, dieses Mal mache sie ernst und es halte sie keiner mehr davon ab.

Ich habe im Laufe der Zeit gelernt, abzugeben. Abzugeben an meinen Herrn: Es kommt, wie es kommt … Ich habe keinen Einfluss auf das Leben anderer. So gerne man auch helfen will, es kommt doch so, wie es kommen muss. Das heißt nicht, dass man nicht gut zureden oder den Anderen nicht zur Seite stehen soll. Man sollte den Anderen immer die Hand reichen, aber die Hand muss auch ergriffen werden. Und das kann ich mit gutem Gewissen sagen: Was in meiner Macht stand und steht, habe ich getan.

Ein Rat von mir: Suchtkranke Menschen ziehen immer andere Personen in Mitleidenschaft. Schlimmstenfalls fällst du in eine Co-Abhängigkeit, wie es auch bei mir der Fall gewesen ist. Man benötigt viel Energie, Gefühle und auch Geld für die Person, die einen aussaugt. Ich habe gelernt: Ein Süchtiger kann sich nur selbst helfen, und nur dann, wenn er sich helfen lässt. Sucht ist eine psychische Krankheit. Die Person ist so auf den Konsum fokussiert, sodass andere Dinge und Personen vernachlässigt werden. Man tut und sagt Dinge, die eigentlich nicht so gemeint sind, wie es meine Schwester mir damals selbst gesagt hatte. Es liegt nicht daran, dass diese Person dich nicht respektiert oder dich nicht lieb hat. Sie kann sich in diesem Moment aufgrund der Krankheit nicht anders verhalten. Deswegen sind sie oft aggressiv oder gewalttätig, streitsüchtig und voller Lügen und Wut.

Wie versprochen haben wir mit meiner Mutter an einem Ostertag Isa in der Klinik besucht. Am zweiten Ostertag besuchte Anne unsere Mutter und machte mit ihr einen Tagesausflug nach Eichstätt. Viele im Heim haben sie darum sehr beneidet. Sie sagten oft zu meiner Mutter: „Hätte ich nur die Hälfte von deinem Besuch!“ Viele Senioren haben nahezu keinen oder nur sehr wenig Besuch bekommen.

Meiner Mutter tat es gut, Zeit mit Isa zu verbringen. Ging es ihr gut, ging es unserer Mutter auch gut. Danach sind wir zusammen einkaufen gegangen. Wir waren Kaffee trinken und haben Papa am Grab besucht. Nach Langem war es wieder einmal ein schönes, erfülltes Wochenende. Nach solchen Wochenenden fuhr ich entspannt nach Hause und wünschte mir, dass es immer so bleiben würde. Unseren Sommerurlaub verbrachten wir an der Nordsee in Dornumersiel auf einem Campingplatz. Matthias und ich machten Fahrradtouren, schauten uns die Gegend an und ließen die Seele baumeln. Wir haben eine Wattwanderung gemacht. Die Stadt Bremen hat mir sehr gefallen. Die schmalen Gassen, der Hafen und die Bremer Stadtmusikanten. Das Jahr war nun fast schon wieder vorbei.

Nach unserem Sommerurlaub bin ich zu Mama gefahren. So schön wie es vor den Sommerferien war, war es leider nicht mehr. Isa war wieder schwer vom Alkohol gezeichnet und saß auf ihrer Bank, die unter einem Baum an der Altmühl stand. Da saßen sie, ihre angeblichen Freunde, wo eigentlich einer den anderen über Wasser hält. Zusammensitzen, um zu reden und zu trinken. Ich saß in meinem Auto, das auf der anderen Seite stand, sodass man mich nicht sehen konnte, und habe sie für eine gewisse Zeit beobachtet. Ging meine Schwester nicht ans Telefon, wusste ich, sie ist wieder sehr betrunken.

Manchmal, wenn sie ein paar Wochen zuvor wusste, dass ich nach Bayern kommen würde, war die Freude bei ihr riesig. Sie erzählte mir, was sie alles mit mir vorhatte, wenn ich da sein würde. Dass wir zusammen in die Kleiderkammer gehen würden und vieles zu besprechen hätten. Rückte die Zeit näher, wurde es immer ungewisser, dass ich sie überhaupt zu Gesicht bekommen würde. Es gab viele Gründe, warum sie dann die Tür nicht öffnete oder mich nicht treffen wollte. Nicht weil sie mich nicht lieb hatte oder weil sie mich nicht sehen wollte, sondern weil sie sich schämte. Sie trank zur Beruhigung, und das leider immer zu viel.

Es wurde wieder so schlimm, dass sie für ein paar Monate ins Gefängnis musste. Diese Nachricht machte meine Mutter sehr unglücklich. Bevor sie ins Gefängnis gehen musste, besuchte sie Mama immer wieder. Dieses Mal war es für eine lange Zeit, fast ein halbes Jahr. Ich versuchte, meine Mutter damit zu beruhigen, dass ich ihr sage, so macht sie schon keinen Blödsinn und kommt vielleicht vom Alkohol weg. Jetzt fängt der Winter an und bis zum nächsten Frühjahr kommt sie wieder raus. Ich sagte, dass wir einander schreiben und in Kontakt bleiben.

Isa schrieb Mama in regelmäßigen Abständen. Mama freute sich sehr, wenn sie Post von Isa bekam. Unsere Mutter konnte nicht mehr schreiben, ihre Finger spielten nicht mehr mit. So habe ich ihr geschrieben, was Mama ihr schreiben wollte. Meine Mutter hatte sich an die Situation gewöhnt und war eigentlich zufrieden, dass sie versorgt war. Das Einzige, was sie immer gesagt hat, war, dass sie Isa gerne wiedersehen wollte, was aber leider nicht mehr passierte.

Meine Mutter hatte immer Sehnsucht nach Isa, es war ein schmerzhaftes Verlangen nach ihr. Man wusste, dass sie nicht so ist, wie man sie gerne hätte. So kam es oft zu einer Unzufriedenheit, die ich bei meiner

Mutter bemerkte. Die schmerzhafte Sehnsucht nach meiner Schwester konnte ich ihr nicht abnehmen, ich konnte ihr nur zuhören und sie mit meinen Worten aufbauen und ihr Mut zusprechen.

Durch einen Pfleger aus dem Seniorenheim kam ich wieder mit Miriam in Kontakt. Mit ihr hatte ich vor vielen Jahren im Mutter-Kind-Kurheim in Gunzenhausen gearbeitet. Mit ihr hatte ich auch viel Freizeit verbracht und unseren gemeinsamen Urlaub in Italien am Gardasee gemacht, wo ich die schöne Erfahrung mit Stefano gehabt hatte. Ich traf mich mit Miriam bei deren Mutter. Diese konnte sich noch an mich erinnern. Als ich keinen Führerschein hatte und mit dem Bus gefahren bin, war ich immer in Dittenheim ausgestiegen, um die restliche Strecke zur Arbeit mit Miriam zu fahren.

Als ich nach so langer Zeit Miriams Mutter besuchte und die Küche betrat, fühlte ich mich in die Vergangenheit versetzt. Es waren fast dreißig Jahre vergangen, und die Küche sah immer noch so aus wie damals. Es war ein schönes Gefühl, vor allem, dass ich ihre Mutter in ihrem hohen Alter noch einmal sehen konnte. Miriam und ich hatten einander viel zu erzählen. Wir freuten uns sehr, dass wir uns wiedergefunden hatten. Miriam hatte einen neuen Lebenspartner. Sie teilte mir mit, dass sie in diesem Jahr noch heiraten wollten. Sie fragte mich, ob ich ihre Trauzeugin sein möchte. Ich fühlte mich sehr geehrt und sagte Ja. Die Hochzeit war am 16. November 2019. Matthias und ich fuhren am Hochzeitstag nach Bayern. Es war eine schöne Hochzeit, ihre Mutter freute sich, uns wiederzusehen. Wir haben bei Miriam übernachtet und am nächsten Tag noch meine Mutter besucht. Es war ein schönes Wochenende.

Mein großer Traum war, einmal auf einem großen Kreuzfahrtschiff mitzufahren. Viele Jahre haben wir darauf gespart und im Jahr 2019 haben wir es wahr werden lassen. Im Übergang des Jahres 2019 zum Jahr 2020 haben wir eine Kreuzfahrt mit der AIDAmar gemacht. Wir fuhren über Spanien und Portugal. Auf Palma de Mallorca gingen wir auf das Schiff. Ich liebe große Schiffe, ich hatte oft die Titanic im Kopf und sagte mir: Eines Tages werde ich solch ein Luxusschiff betreten. Heute war dieser Tag.

Ich war sehr aufgeregt, als wir das Schiff betraten. Es hat eine Länge von 300 Metern und eine Breite von 37 Metern. Auf dieses Schiff passen 3.300 Passagiere. Es werden Unterhaltungsshows, mitreißende Musicals sowie Programme für kleine und große Gäste angeboten. Es gibt Wellness- und Fitnessbereiche an Bord, ausgezeichnete Restaurants, Live-Musik und Tanz. Man konnte sogar auf dem Schiff shoppen gehen. Matthias und ich haben uns eine Ganzkörpermassage gegönnt. Als ich den Massageraum betrat, stiegen mir die aromatischen Öle in die Nase, dazu hörte ich beruhigende Musik und erlebte, was mich am meisten faszinierte, den traumhaften Ausblick auf das offene Meer. Luxus pur!

Zum guten Schluss schifften wir uns in Lissabon ein, wo wir an Silvester den Jahreswechsel 2019/2020 erleben durften. Für mich stand fest, wenn das Jahr so toll beginnt, muss es für uns nun mal zum Positiven wechseln. Ich hoffte es sehr. Wir haben liebe Freunde kennengelernt, die aus Hamburg sind und zu denen wir bis heute Kontakt haben. Es war ein wunderschöner Urlaub, und doch hatte ich zeitweise ein schlechtes Gewissen, wenn ich an meine Mutter und an Isa dachte.

Meine Mutter saß allein im Seniorenheim, meine Schwester im Knast, und ich machte eine Kreuzfahrt. Anne besuchte über die Weihnachtsfeiertage Mama, und ich hatte es ihr ein Jahr zuvor angekündigt, dass wir eine Kreuzfahrt machen würden. Man weiß, dass sie sich für uns gefreut hat, und trotzdem tat ich mir sehr schwer, diese Gedanken und Gefühle loszulassen. Hätte ich gewusst, dass es das letzte Weihnachten für Mama ist, hätte ich mir etwas einfallen lassen, um Weihnachten gemeinsam mit ihr zu verbringen. Und trotzdem darf man seine Ziele und Wünsche nicht aus den Augen verlieren.

Es gibt Menschen, die Träume, Ziele und Visionen haben, und trotzdem gelingt es ihnen nicht, sie zu verwirklichen. Weil sie, wenn sie auf ihrem Weg über Stolpersteine fallen, liegen bleiben und aufgeben, statt aufzustehen und weiterzugehen. Man muss sich immer wieder reflektieren und überlegt handeln. Wenn man weiß, was man sich von tiefstem Herzen wünscht, und weiß, wo der Weg hingehen soll, kann man versuchen, seinen Traum Realität werden zu lassen. Man muss aktiv werden und das Leben nicht vor sich her schieben, man muss es anpacken, auch wenn es anfangs schwierig aussehen mag.

Vielleicht geht es am Ende gar nicht darum, irgendwo anzukommen und zu sagen, das war es jetzt. Manchmal liegt der Zauber der Träume im Träumen selbst. Ich habe mein Vertrauen in Gott, es lässt mich erfüllen und erkennen, dass sich immer neue Wege auftun, an die ich vielleicht noch gar nicht gedacht habe. Wir sollten niemals in unseren festgefahrenen Plänen verharren. Um sein Ziel und Glück zu erreichen, muss man auch für neue Wege bereit sein, denn unser Ziel oder das Glück fällt uns nicht einfach vom Himmel herunter in den Schoß. Es wird uns auch kein Mensch etwas auf einem Silbertablett servieren. Das Glück fordert die Bereitschaft zu Selbstliebe, Selbsterkenntnis, Vergebung und Eigenverantwortung. Das habe ich in meinem Leben gelernt, dies sind die Fähigkeiten, die mich weitergebracht haben.

Als wir wieder zu Hause waren, hatten wir einander viel zu erzählen. Mama habe ich beim nächsten Besuch Fotos mitgebracht, ihr alles erzählt und dazu die Bilder gezeigt. Sie machte einen sehr aufgeweckten Eindruck. Ich glaube, sie war glücklich, dass ich wieder zu Hause angekommen war und sie wieder besucht habe. Von jedem Urlaub habe ich ihr Postkarten geschickt, die sie im Heim zeigte und mit denen sie stolz erzählte, wo ich Urlaub machte. Ich freute mich, meine Mutter so glücklich zu sehen. Sie sagte, dass sie bald zu uns kommen wolle, und ich freute mich sehr darüber, denn so merkte ich, dass sie noch nicht aufgeben wollte. Sie wollte mit ihrem Fitnesstrainer wieder mehr Treppen steigen, um besser in unsere Wohnung zu kommen, wenn sie bei uns sein würde. Sie legte Wert darauf, zum Friseur zu gehen. Sie freute sich auf den Frühling und dass Isa bald wieder aus dem Knast kommt. Die Hälfte der Haftzeit hatten wir hinter uns.

Es hatte sich weltweit ein Virus breitgemacht. Das Coronavirus breitete sich seit Dezember 2019 von China ausgehend aus. In Deutschland wurde der erste Fall einer Infektion am 27. Januar 2020 gemeldet. Als ich Anfang Februar meine Mutter besuchte, gab es kein anderes Thema als Corona. Zu diesem Zeitpunkt habe ich es noch nicht schlimm empfunden, es gab immer wieder mal Infektionen, Keime und Viren, die sich ausgebreitet haben, die man aber schnell wieder im Griff hatte. Dieses Mal war es anders. Dieses Virus breitete sich rasant aus und die Menschen starben wie die Fliegen. Besonders die alten Menschen, die Vorerkrankungen hatten und deren Immunsystem nicht mehr so stark war. Ich hatte Angst, besonders um meine Mutter. Wie immer versuchte man, es zu verdrängen und normal weiterzumachen. Anfang März besuchte ich meine Mutter. Das Corona-Thema wurde immer hysterischer diskutiert und die Leute wurden immer unruhiger. Meine Mama fragte mich ständig, was das für ein Virus sei und wann es wieder vorbei sei. Ich wusste es nicht, und wie immer sagte ich: „Mama, es wird schon nicht so schlimm sein. Du wirst sehen, es wird bald alles wieder gut werden.“

Wie immer versuchte ich, das Wochenende mit meiner Mutter so schön wie möglich zu gestalten. Es war unser letztes gemeinsames Wochenende, an dem wir etwas unternommen haben. Ich bin mit meiner Mutter Auto gefahren. Dabei hörten wir ihr Lieblingslied an und aßen zu Mittag in Weißenburg im Kaufland bei unserer Bekannten. Wir gingen in Treuchtlingen ins Café. Ich hatte ein Gefühl, das mir vermittelte: Es ist so weit alles gut, aber die Angst, dass sich bald etwas Gewaltiges ändern würde, ließ mich nicht los. Der Gedanke, ich könnte dieses Mal meine Mutter das letzte Mal lebend gesehen haben, machte mich verrückt. War ich am Grab meines Vaters, sah ich den Namen meiner Mutter auf dem Stein eingraviert. Es machte mir Angst, große Angst.

Am 21. März bekam ich einen Anruf vom Seniorenheim. Sie teilten mir mit, dass meine Mutter in Weißenburg im Krankenhaus sei. Sie habe seit ein paar Tagen immer wieder Blut im Stuhlgang, und das nicht wenig. Ich rief gleich im Krankenhaus an, um Genaueres zu erfahren. So weit ging es meiner Mutter gut, aber sie wollten eine Darmspiegelung durchführen, um Genaueres herauszufinden. Ich telefonierte mit meiner Mama. Sie fragte mich, wann ich sie besuchen kommen würde. Seit Mitte März gab es ein ausdrückliches Besuchsverbot wegen Corona in den Krankenhäusern und Seniorenheimen. Ich versuchte, meine Mutter zu beruhigen und ihr zu vermitteln: Sobald es geht und ich sie besuchen darf, komme ich. Bis dahin würden wir jeden Tag telefonieren.

Für mich war es eine Qual, nicht zu meiner Mutter zu können. Ich wollte nicht eines Tages sagen müssen: Ich war nicht da, als sie mich brauchte. Ich wollte ihr meine Zuneigung zeigen und ihr für ein gemeinsames Leben danken, auch wenn nicht alles so gelaufen war, wie man es sich gewünscht hätte. Aber mir war auch bewusst, dass das Besuchsverbot für die Patienten und die Angehörigen wichtig war, um die Neuinfektionen zu verringern. Denn seit Wochen stiegen die Zahlen der Corona-Infizierten. Das machte sich auch in den deutschen Krankenhäusern bemerkbar. Nicht nur ich, sondern viele Patienten und Angehörige haben extrem unter dem kompletten Besuchsverbot gelitten.

Aufgrund des Ausbruchs der Coronavirus-Pandemie bemerkte ich, dass wir eine schwere Zeit durchleben werden. Ich bekam Angst, es veränderte sich so viel. Zu der Pandemie kamen noch andere Probleme auf uns zu, mit denen die Menschheit konfrontiert wurde. Durch die Krankheiten, die Zerstörung unserer Welt, durch den Klimawandel und die endlosen Kriege, die auf der Welt herrschen. Trotz der großen Herausforderungen, die auf uns zukommen, werden wir es irgendwie schaffen. Jeder versuchte sein Bestes, um die Ausbreitung des Coronavirus zu verhindern. Ich bin mir bewusst, dass viele Menschen aufgrund der großen Einschränkungen in der ganzen Welt und durch viele Verluste in eine enorme Notlage geraten werden. In den Geschäften durfte man sich nur noch mit OP-Masken bewegen. Zeitweise hatten wir nachts Ausgangsverbot. Man durfte sich nur noch in kleinen Gruppen treffen.

Dazu kamen diejenigen, die kein festes Einkommen mehr hatten, da die Kurzarbeit anstand. Oder man wurde entlassen, weil man die Person nicht mehr brauchte, da keine Arbeit mehr vorhanden war. So wurde es für viele ein täglicher Kampf ums Überleben. In dieser Zeit habe ich bemerkt, dass die Menschen wieder mehr auf die anderen achteten und anderen halfen, um für die schwachen und schutzbedürftigen Menschen unserer Gesellschaft zu sorgen. Unsere Regierung bedankte sich bei dem medizinischen Personal, Ärzten, Krankenschwestern und anderem Hilfspersonal, das an vorderster Front arbeitete und sich selbst dem größten Risiko aussetzte, um Leben zu retten. Jeder Mensch ist ein individueller Pfad, wir können und sollen unseren Mitmenschen helfen, aber wir sollten auch auf unserem Weg bleiben, uns selbst nicht vergessen und trotzdem Mut und Mitgefühl für andere zeigen.

Nach einer Woche durfte meine Mutter das Krankenhaus wieder verlassen. Die gute Nachricht war: Sie hatte keinen Darmkrebs. Ich habe sie angerufen, um ihr die gute Nachricht zu übermitteln. Sie war gut gelaunt und freute sich, wieder nach Hause gehen zu können und dass sie nichts gefunden hatten. Meine Mutter bekam neue Medikamente für den Darm, die zur Unterstützung dienten. Sie wurde medikamentös neu eingestellt, es sah alles einwandfrei aus. Sie sagte, sie freue sich auf ihre Fernsehsendungen, die sie wieder anschauen könne. Meine Mutter hörte nach dem Krankenhaus besser, ich musste sie nicht mehr so anschreien. Ich konnte mich normal mit ihr unterhalten. Ich durfte sie zwar nicht besuchen, aber es freute mich sehr, dass es ihr wieder besser ging.

Nach etwa einer Woche merkte ich, dass sich ihr Gesundheitszustand wieder verschlechterte. Sie bekam hohes Fieber und Durchfall. Ich habe sie jeden Tag angerufen, um mit ihr zu reden. Manchmal musste ich so ins Telefon schreien, dass mir der Hals weh tat. Zum guten Schluss bekam ich keine Antwort mehr von ihr. Ich war so verzweifelt und das Schlimmste war, ich konnte nicht zu ihr.

Als sie an einem Tag nicht ans Telefon ging, rief ich im Heim an, was los sei. Sie sagten mir, dass meine Mutter im Bett liege und hohes Fieber habe, während der Durchfall nicht besser wird. Dass es nicht gut aussehe. Warum hatte mir keiner Bescheid gesagt? Ich wollte mit der Heimleitung sprechen. Sie sagte mir, dass es mit meiner Mutter nicht gut aussehe. Sie sei auf Corona getestet worden, aber sie sei negativ. Wir konnten nur abwarten. Die Heimleitung vertröstete mich: Der Arzt werde jeden Tag nach ihr schauen und ihre Leute würden das Beste geben. Ich fragte sie, ob ich doch kommen dürfe. Sie versicherte mir, dass sie mich anruft und mich kommen lässt, wenn es schlimmer wird. Das hat mich ein wenig beruhigt.

Wir hatten April, sollte meine Mutter nun auch im April von uns gehen wie mein Vater? Mir war zum Heulen zumute und ich konnte mich nicht mehr auf meine Arbeit konzentrieren. Wir hatten in unserer Arbeit keine Kurzarbeit, aber wir hatten auch keinen normalen Betrieb. Unser Kindergarten war zu, wir hatten nur eine Notbetreuung. Ich war Gott dankbar, dass es in unserem Kindergarten keinen normalen Ablauf gab, ich wäre nervlich nicht in der Lage dazu gewesen. So war ich zwar auf der Arbeit, aber unsere Zeit haben wir mit Putzen verbracht, unser Portfolio auf Vordermann gebracht und Berichte geschrieben.

Meine Mutter hatte in kürzester Zeit massiv abgebaut. Das Fieber ging ständig auf und ab und der Durchfall wurde auch nicht besser. Es sah nicht gut für sie aus. Hätte im März bei meinem letzten Besuch jemand gesagt, dass es unser letzter gemeinsamer Ausflug sein würde, hätte ich gesagt, er spinnt. Man will und kann es erst mal nicht wahrhaben, dass vielleicht das Ende vor der Tür steht, dass für meine Mutter der Zeitpunkt gekommen war, von dieser Welt zu gehen. Mein Vater hatte erst am 6. April seinen vierten Todestag. Bitte nicht meine Mutter auch noch im April.

Am 7. April wurde ich von der Heimleitung angerufen. Schon die Vorwahl von Pappenheim zu sehen, gab mir einen Stich ins Herz. Sie sagte mir: „Machen Sie sich lieber auf den Weg, es sieht nicht gut aus mit Ihrer Mutter.“ Endlich durfte ich zu ihr, ich musste weinen und ging zu meiner Chefin. Ich berichtete ihr, wie es um meine Mutter steht, und habe gefragt, ob ich ein paar Tage Urlaub haben könne. Der Zeitpunkt hatte sich angeboten, in der Coronazeit hatten wir nur die Notgruppe und deswegen nicht so viele Kinder. Mit dem Putzen waren wir fast durch, und so hatten wir vieles schon auf Vordermann gebracht.

Ich wusste nicht, wie lange ich in Bayern bleiben würde, ich wusste nur eins: Ich wollte so schnell wie möglich zu meiner Mutter. Ich rief auch Anne an, um die Neuigkeit mitzuteilen. Ich habe ihr gesagt, dass ich sie auf dem Laufenden halten würde. Nur Isa konnte ich die Mitteilung nicht machen. Das war auch eine Situation, mit der ich schwer umgehen konnte. Jetzt, wo Mama im Sterben lag, konnte ich ihr nicht mal Isa ans Sterbebett bringen. So fuhr ich von der Arbeit nach Hause, um meine Tasche zu packen.

Matthias arbeitete im Homeoffice. Ich erzählte ihm, wie es um meine Mutter stand und dass sie, wie es momentan aussieht, bald sterben würde. Matthias fragte mich, ob er mit nach Bayern fahren solle. Es war sehr lieb von ihm, aber helfen konnte er mir in dieser Situation auch nicht. So fuhr ich los. Auf der Autobahn hatte ich viel Zeit, um nachzudenken. Die Autobahn war nahezu leer. Es war ein Virus, das die ganze Welt befallen hatte und beherrschte. Dieses Virus brachte die Welt zum Stillstand. Wie schon so oft habe ich mir gewünscht, einmal eine leere Autobahn vor mir zu haben, ohne Staus oder Unfälle.

Dieses Virus schaffte es, dass wir in Quarantäne zu Hause bleiben mussten. Schulen und Kindergärten wurden geschlossen, Homeoffice war angesagt. Das Schlimmste war, dass man nicht mehr in die Krankenhäuser und Seniorenheime durfte. Und dass keiner genau wusste, wie lange die ganze Situation dauern würde. Alle waren überfordert und keiner wusste richtig, wie man damit umgeht und was zu tun ist. Jeder gab sein Bestes in der Pandemie. Es war bestimmt nicht die letzte Pandemie, die wir durchleben werden. Solche Zeiten hatte es schon immer gegeben, sie mussten durchgestanden werden.

Aber musste es gerade jetzt sein? Ich wollte noch einen schönen Frühling und Sommer mit meiner Mutter erleben und wenn möglich, noch ein gemeinsames Weihnachtsfest. An ihrem Geburtstag einen gemeinsamen Zooausflug, sie liebte Tiere über alles. Bei jedem Telefonat fragte sie mich nach unserer Katze Sammy, wie es ihr gehe. Ihr Satz war immer: „Was macht denn mein Kätzchen?" Meine Antwort war immer:

„Fressen, scheißen und schlafen.“ Sie erwiderte: „Die macht es richtig!“ So mussten wir beide lachen, und es war schön.

Es war schön, jeden Tag mit ihr zu reden, sich auszutauschen und unsere Neuigkeiten miteinander zu teilen. Mama erzählte mir, was im Heim alles los war. Wer gestorben war, was sie ärgerte und was sie erfreute. Ich hätte meiner Mutter den letzten Wunsch gerne ermöglicht, Isa noch einmal zu sehen. Das zeigte mir wieder, dass nicht alle Wünsche in Erfüllung gehen können. Ich habe gelernt, viele Sachen so anzunehmen, wie sie kommen, wenn ich sie ohnehin nicht ändern kann.

Noch einmal wollte ich den letzten Moment nicht versäumen. Ich habe es bereut, mir nicht die Zeit genommen zu haben, als es meinem Vater nicht gut ging, als er verlassen und einsam im Pappenheimer Seniorenheim war, wo er nie hin gewollt hatte. Weil ich dachte, ich muss meine Arbeiten noch erledigen und kann die Firma nicht hängen lassen. Der Gedanke ist grundsätzlich nicht verkehrt, aber es ist in solch einer Situation nicht der richtige Gedanke. Heute würde ich zu meinem Vater fahren und ihm beistehen, aber in der Zeit wusste ich es nicht besser, obwohl es ihm so schlecht ging. Diesen Fehler wollte ich auf keinen Fall erneut begehen.

Als ich das Zimmer betrat und meine Mutter in ihrem Bett liegen sah, wurde es mir ganz anders, es tat mir in der Seele weh. Ich versuchte, mir nichts anmerken zu lassen und habe sie in den Arm genommen, um sie zu begrüßen. Als sie mich sah, freute sie sich sehr: „Meine Sonja ist da“, sagte sie. Ich ließ sie wissen, dass ich nun bei ihr bleiben würde, dass sie nicht allein war und keine Angst haben musste. Gott sei Dank konnte ich in dieser schweren Zeit bei Sabine schlafen. Hätte ich sie nicht gehabt, hätte ich nirgendwo schlafen können. Alle Hotels und Gastwirtschaften waren zu. Mit meiner Verwandtschaft hatte ich seit Papas Tod keinen Kontakt mehr.

An einem Abend bei Sabine zu Hause bekam ich eine WhatsApp-Nachricht. Sie war von Claudia. Es war die Claudia, die ich nach dem Tod meines Vaters kennengelernt hatte, die mir angeboten hatte, gemeinsam mit mir meinen Vater auf seinem letzten Weg zurechtzumachen. Claudia hatte den Arbeitsplatz gewechselt und war nicht mehr in dem Seniorenheim. „Hallo Sonja, ich bin wegen der Pandemie gerufen worden, um im Haus zu helfen. Ich habe mitbekommen, dass deine Mutter im Sterben liegt. Ich werde so oft es geht nach ihr sehen, und wenn ich merke, dass es zu Ende geht, werde ich dich zu jeder Tages- und Nachtzeit anrufen.“

Ich glaubte nicht, was ich gelesen hatte. Nach vier Jahren war Claudia plötzlich wieder in mein Leben getreten und stand mir nun zur Seite. Wenn das kein Wunder ist! Mama hatte ein tolles Pflegepersonal um sich, eine liebenswerte Heimleitung, einen Engel von Arzt und nun auch noch Claudia. Mir wurde bewusst, dass es kein Zufall war, in meinen Augen war jeder einzelne von ihnen ein Engel. Mir ging es mit diesen Menschen an unserer Seite gut, ich verbrachte den ganzen Tag bei Mama. Ich habe ihr beim Essen und Trinken geholfen. Zusammen haben wir ferngesehen, aber die meiste Zeit hat sie geschlafen. Es tat ihr gut, zu wissen, dass sie nicht allein war.

Da ich den ganzen Tag bei meiner Mutter auf dem Zimmer geblieben bin, musste ich überlegen, was ich alles mit zu ihr nehme. Ich durfte einmal ins Haus und wieder raus. Immer als ich das Heim betreten habe, musste ich die komplette Schutzkleidung und die Gesichtsmaske anziehen. Die Gesichtsmaske habe ich still und heimlich in Mamas Zimmer abgesetzt. Ich wollte nicht, dass sie mich nur mit der Maske anschauen muss. Kam das Pflegepersonal oder der Arzt ins Zimmer, zog ich sie mir schnell an.

War meine Mutter bei Bewusstsein, fragte sie mich, warum alle Schutzkleidung tragen müssten. Was das für eine Maskerade sei und wann es endlich wieder vorbei sein würde. Diese Fragen konnte ich ihr nicht beantworten. Sie fragte nach Isa, und ich sagte ihr, dass es ihr gut gehe. Ich hatte einen Brief mitgebracht, den Isa mir geschrieben hatte. „Sie schreibt, dass ich dich lieb grüßen soll, dass sie sich freut, bald entlassen zu werden und zu dir kommt, sobald sie aus dem Gefängnis ist. Dass du dir keine Sorgen machen musst und sie dich ganz toll lieb hat.“

Ich hatte wochenlang nichts von Isa gehört, mit meiner Äußerung wollte ich Mama beruhigen und zufriedenstellen. Ich konnte meine Mama für eine gewisse Zeit glücklich machen. Den ganzen Tag saß ich an ihrem Bett, hielt ihre Hand und gab ihr einen Kuss. Zeitweise kämpfte sie damit, ihre Augen offenzuhalten. Ich sagte ihr: „Nun schlaf ein wenig, ich werde da bleiben.“ Als sie eingeschlafen war, weinte ich und konnte meinen Blick nicht von ihr lassen. War ich nicht an ihrem Bett, so saß ich auf ihrem Balkon, rauchte eine Zigarette und war in Gedanken versunken. Ich hatte Angst, sie zu verlieren.

Oft waren wir gleich und doch sehr verschieden, oftmals waren wir unerreichbar und doch sehr vertraut. Oft waren wir sehr laut und gingen fast durch die Decke und unsere Herzen durch jede Wand, aber wir waren es selbst, weil wir an uns glaubten. Du wirst immer bei mir sein, Mama. Denn das Schönste von dir lebt in mir weiter. Die schönen Erinnerungen sind bei mir und werden weiter in mir leben, und die Zukunft wird mich eines Tages fragen, wie es damals mit uns war, und ich werde sagen: Es war so, wie es war. Manchmal sehr chaotisch, vertraut, liebevoll, die Wut und manchmal sogar der Hass waren zu Besuch. Egal, wie und was war, es ist nie alles perfekt, wir haben im Leben nun einmal Eltern, die man sich nicht aussuchen kann.

Ich liebe meine Eltern und bin Gott dankbar, sie so lange gehabt zu haben. Unter Tränen betrachtete ich den wunderschönen Baum, der vor ihrem Zimmer stand. Er fing gerade an zu blühen. Die Vögel zwitscherten und flogen umher. Ich hatte die Balkontüre offen gelassen in der Hoffnung, dass sie die Naturgeräusche wahrnehmen konnte, und ihren Vorhang zur Seite geschoben, damit sie den wunderschönen Baum sehen konnte. Immer wenn meine Mutter wach war, wies ich sie auf den wunderschönen Baum hin, der voller Saft und Kraft war, wie schön er zu blühen begann und wie die Vögel ihre Lieder darin sangen. In ihren wachen Phasen hatte sie den Baum wahrgenommen und sich daran erfreut. „Schau mal, Sonja“, sagte sie, „schau, wie die Vögel im Baum umherspringen und wie schön er blüht.“

Es freute mich sehr, dass sie die Blütezeit noch erleben durfte und ich mit ihr. Ich fragte mich, was schlimmer ist als der Tod. Verzweifelt versuchen wir, die Seuche einzudämmen, und dabei richten wir großes Leid an. Wir lassen alte und kranke Menschen einsam und ohne Aussicht auf Trost sterben. Doch der einsame Tod trifft nicht nur alte Menschen, sondern auch Jugendliche mit Drogen- und Alkoholproblemen. Meist hinterlassen sie keine Unterlagen oder Wünsche für den Fall ihres Todes. Es war meine große Sorge, dass Isa vor meiner Mutter würde gehen müssen, das hätte meine Mutter nicht überlebt. Bei Isa habe ich die Hoffnung noch nicht aufgegeben und werde sie auch nicht aufgeben.

Am Sterbebett meiner Mutter habe ich ihr versprochen, dass ich mich um Isa kümmern und ihr helfen würde. Dass ich sie nicht allein lassen würde. Meine Mutter wusste: Wenn ich etwas verspreche, dann halte ich es auch. Sie konnte sich immer auf mich verlassen, und das wusste sie auch. An einem guten Tag schob ich meine Mutter im Rollstuhl ein letztes Mal auf den Balkon, damit sie die Sonnenstrahlen genießen konnte. Sie wollte die Sonne noch einmal auf ihrer Haut spüren. Es war auch damals Papas Wunsch gewesen, den ich ihm nicht hatte erfüllen können, aber Mama hat die Sonnenstrahlen noch einmal zu Gesicht bekommen.

Tage zuvor hatte ich Randy Bescheid gegeben, dass Mama im Sterben liegt, und wir haben einen Termin ausgemacht, damit er auch die Möglichkeit bekam, sich von seiner Mutter, die er nie in Person kennengelernt hatte, zu verabschieden. Mamas großer Wunsch war immer gewesen, ihn einmal hautnah bei sich zu haben, ihn einmal in den Arm zu nehmen, bevor sie von dieser Welt ging. Randy wäre in diesem Jahr zu ihrem Geburtstag gekommen und hätte sie damit überrascht. Corona machte ihm einen Strich durch die Rechnung.

Auch wenn sie ihn nicht persönlich kennengelernt hatte, war sie glücklich, ihn überhaupt gefunden zu haben, mit ihm skypen zu können und ihn ein letztes Mal auf dem Bildschirm zu sehen. Und so haben sie zwei Tage vor ihrem Tod noch geskypt. Randy konnte sich somit von ihr verabschieden und ihr noch einmal zu verstehen geben, dass alles gut ist, so wie es ist, und er ihr keine Vorwürfe macht. Er sagte ihr, dass er sie sehr lieb hat. Mama schaute ihn mit einem Lächeln im Gesicht an, sie war sehr glücklich, seine Worte zu hören. Sie strahlte Erleichterung und Glück aus.

Anne kam am nächsten Tag zu Mama, um sich von ihr zu verabschieden. Als Anne da war, kam der Arzt ins Zimmer. Ich wollte mit ihm noch einmal reden, ob es die richtige Entscheidung war, sie sterben zu lassen, oder ob man sie doch lieber erneut ins Krankenhaus bringen sollte. Er meinte nur: „Ihnen muss bewusst sein, wenn Ihre Mutter ins Krankenhaus gebracht wird, können Sie nicht mehr zu ihr gehen. Stirbt sie, so wird sie im Krankenhaus allein sterben. Ihre Mutter hat kein Corona, aber es wird das Nächste sein, mit dem sie zu kämpfen hat und das sie zu 90 Prozent umbringen wird. Wir reden von einer Zeitspanne von einem Jahr, wollen Sie dies Ihrer Mutter antun?“ „Nein“, sagte ich. Es wurden alle Medikamente eingestellt, zur Beruhigung bekam sie Morphium.

Der Arzt hatte mir versprochen, dass er jeden Tag nach ihr sehen würde und sie nicht leiden musste. Dieser Arzt war ein Engel für mich.

Auch als sie mich zweimal nachts geholt haben, war der Arzt bei meiner Mutter. In meiner Verzweiflung wählte ich die Handynummer von Isa, obwohl ich wusste, es würde keiner rangehen. Aber eine Stimme sagte mir: Ruf an! Als es klingelte, hörte ich plötzlich Isas Stimme, ich traute meinen Ohren nicht. Sie war frühzeitig entlassen worden und nun schon zu Hause.

Wie gerne hätte ich ihr gesagt, dass Mama im Sterben liegt, ich hätte sie gerne zu Mama gebracht, solange sie noch am Leben war, aber das ging nicht. Ich hätte ihr gerne gesagt, dass es mir miserabel ging, aber sie war sehr betrunken und ich hatte der Heimleitung versprochen, ihr nichts zu sagen. Sie würde im Rauschzustand das ganze Heim aufmischen und die Heimleitung würde Probleme bekommen, weil sie mich ins Haus gelassen hatte. Ich hatte versprochen, Isa erst etwas zu sagen und sie zu holen, wenn meine Mutter tot war, damit sie sich von Mama auch noch verabschieden konnte.

Isa war schon zwei Wochen aus dem Knast, sie hatte im Heim angerufen, ob sie kommen dürfe, um Mama zu besuchen. Es war wegen Corona nicht möglich. Meiner Mutter hatten sie Gott sei Dank von dem Anruf nichts gesagt. Es wäre für meine Mutter die Hölle gewesen zu wissen, dass Isa schon aus dem Knast war und nicht zu ihr kommen durfte. So war sie im Glauben, dass Isa noch im Gefängnis sei und nicht kommen könne.

Das Gefühl der inneren Leere, das ich in dieser Zeit empfunden habe, hat sich wie ein Vakuum angefühlt. Wie eine große Lücke oder sogar wie ein schwarzes Loch, das scheinbar alles in sich hineinsaugt und das für mich schwer zu ertragen war. So musste ich wieder viel mehr darauf achten, es nicht abermals mit Betäubungsmitteln zu stopfen. Das Gefühl der Dankbarkeit an die gemeinsame Zeit und die schönen Erinnerungen kann dabei helfen, bewusster mit sich selbst und mit der Situation umzugehen. Man sollte darüber nachdenken, wofür man dankbar in seinem Leben sein kann.

Es war der Tag gekommen, an dem meine Mutter ihre letzte Reise antrat. Am 22. April 2020 verließ unsere Mutter diese Welt. Einen Tag vorher, am 21. April 2020, bekam ich nachts um 2 Uhr einen Anruf von Claudia. Sie sagte mir: „Mach dich auf den Weg, es sieht so aus, als ob deine Mutter bald von uns gehen würde.“ Ich machte mich gleich auf den Weg. Es gibt zwei Lieder, die mich beim Sterbeprozess meiner

Mutter begleitet haben. Es war „Der letzte Mohikaner“ und das Lied „Einmal seh'n wir uns wieder“ von Andreas Gabalier. Am Sterbebett spielte ich ihr Lieblingslied „Ich hab' die Liebe geseh'n“. Zum Schluss sollte sie ihr Lied ein letztes Mal hören. Ich setzte mich zu ihr, hielt ihre Hand und schaute sie an.

Ich konnte es nicht realisieren, dass unsere Zweisamkeit, unser gemeinsamer Lebensweg, nun ein Ende hatte. Man weiß, dass alles ein Ende hat, und doch ist es schwer, das Ende zu akzeptieren. Die Sonne ging auf und die Vögel sangen ihr Lied. Meine Mutter lag friedlich in ihrem Bett. Ich merkte, dass ihre Atemzüge immer unregelmäßiger wurden, sie lag so friedlich da, ich hatte nicht das Gefühl, dass sie mit dem Tod kämpfte. Meine Kraft war am Ende, ich war müde. Ich hatte ihre Kleidung für ihren letzten Gang zurechtgemacht. Sie sagte: „Wenn es so weit ist, möchte ich meinen grünen Anzug und meine weiße Bluse anziehen.“ Der Arzt hatte ihren Ehering vom Finger genommen und mir gegeben. Ich habe ihn als Zeichen meiner Trauer ein Jahr lang an meiner Hand getragen.

Um 9 Uhr morgens war ich so müde, dass ich zu Mama gesagt habe: „Ich werde für ein paar Stunden gehen, um mich ein wenig hinzulegen und mich auszuruhen.“ Ich sagte zu ihr, dass alles gut sei und dass es in Ordnung sei, wenn sie geht. Dass ich sie sehr lieb habe. Ich gab ihr einen Kuss und ging. Bei Sabine legte ich mich ins Bett, um ein paar Stunden zu schlafen. Obwohl ich zu nervös und aufgewühlt war, schlief ich ein.

In meinem Traum sah ich plötzlich ein helles Licht, das mich zu einer Lichtung führte. Ich sah meine Eltern auf einem Hügel stehen. Sie standen unter einem wunderschönen Baum. Meine Mutter stand links und mein Vater rechts von ihr. Sie hielten sich in den Armen und sahen mich mit einem Lächeln an. Ich fing an zu weinen, und beide sahen mich an, als würden sie mir sagen und mitteilen wollen: „Mach dir keine Sorgen, es ist alles gut so, wie es ist.“ Durch diesen Traum wurde ich plötzlich wach und sagte zu mir selbst, sie wird doch jetzt nicht gestorben sein.

Als ich im Bett saß und mir dieser Gedanke durch den Kopf schoss, war noch nicht mal eine Minute vorbei, und schon klingelte mein Handy. Es war die Schwester vom Seniorenheim, sie sagte mir: „Ihre Mutter hat es geschafft, sie ist von uns gegangen.“ Im ersten Moment war ich enttäuscht, ich hatte bei ihrem letzten Atemzug dabei sein und ihre

Hand halten wollen. Zwei Wochen war ich Tag für Tag bei ihr gewesen, um den letzten Moment nicht zu verpassen, doch ich hatte ihn verpasst. Ich glaube, sie wollte nicht, dass ich dabei bin. Papa holte sie ab und im Traum hat sie sich bei mir verabschiedet. Ich brach in Tränen aus.

Mir kam Isa in den Kopf, ich habe sie angerufen, um es ihr zu sagen. Am Telefon hörte ich, dass sie betrunken war. Als ich ihr sagte, dass Mama gestorben sei, war sie sehr geschockt. Ich holte sie ab, um mit ihr ins Seniorenheim zu fahren, damit sie sich von Mama verabschieden konnte. Die Heimleitung wusste Bescheid und ließ uns gemeinsam zu unserer Mutter. Als wir Mama tot im Bett liegen sahen, kam die Trauer über uns. All die Jahre war ich für meine Eltern da gewesen, und nun sollte alles vorbei sein. Die Rituale, die wir hatten, alles war nun Vergangenheit. Es war nicht mehr möglich, jeden Tag pünktlich um 18.30 Uhr mit meiner Mutter zu telefonieren und alle vier bis fünf Wochen zu ihr zu fahren, um ein schönes Wochenende mit ihr zu verbringen.

Ich habe viel erlebt, während meiner Kindheit und auch in meiner Schulzeit, eigentlich bis zum heutigen Tag. Viele Beziehungen, Streit, Kummer und vor allem meine Sucht waren zum Teil sehr verletzend. Der alte Ballast begleitete mich zum Teil viele Jahre. Oftmals fühlte ich mich wie in einer Sackgasse. Heute weiß ich: Die Vergangenheit loslassen ist der erste und wichtigste Schritt für den Neubeginn. Meine Mama ist tot und sie wird nie mehr zu mir zurückkehren. Aber ich weiß, dass ich sie fast fünfzig Jahre bei mir hatte, dass sie im 87. Lebensjahr war. Dass uns unsere gemeinsame Zeit keiner nehmen kann. In den 70er-Jahren hätte ich sie auch schon verlieren können, als sie Krebs hatte. Ich bin meinem Gott sehr dankbar, sie so lange gehabt zu haben.

Nun versuchte ich, Isa zu beruhigen und zu trösten. Anne wollte zu der Beerdigung kommen, sie hatte sich bei ihrem letzten Besuch bei Mama am Sterbebett verabschiedet, sie wollte sie lebendig in Erinnerung behalten. Nun musste ich mich um die Beerdigung kümmern. Ich wollte sie so gestalten wie bei Papa. Wegen Corona durften an der Beerdigung nur bis zu zehn Personen teilnehmen. Meine Mutter sollte mit zu meinem Vater in das Urnengrab. Ich schrieb die letzten Worte an unsere Mutter und Michael suchte schöne Lieder aus, die er singen und mit seiner Gitarre begleiten würde. Michael hatte auch die Predigt vorbereitet, die er selbst sprach.

Ich rahmte ein schönes Foto von Mama ein, das ich bei der Beerdigung dazustellen wollte. Ich stellte eine Collage von uns allen zusammen, die ich in das Urnengrab stellte. So würden wir immer bei ihnen sein. Ich hatte nach Papas Tod ein Gedicht geschrieben, das ich auch vortragen wollte. Und zum guten Schluss sollte Mamas Lieblingslied noch einmal gespielt werden. Das Einzige, was ich mir noch wünschte, war, dass wir schönes Wetter haben würden, da die Beerdigung im Freien stattfinden sollte. So habe ich alles organisiert und vorbereitet.

Obwohl der ganze Sterbeprozess und die Vorbereitungen für die Beerdigung viel Kraft und Nerven gekostet hatten, war es doch für mich auch eine Erlösung und Erleichterung, eine innere Befreiung. Denn die Pandemie war noch lange nicht zu Ende. Die Beerdigung war am Freitag, dem 8. Mai 2020. Wir hatten Glück, Gott hatte meine Gebete erhört und wir hatten reinen Sonnenschein. Die Tage zuvor war es sehr nass und kalt gewesen. Das Bestattungsinstitut hatte alles schön vorbereitet. Ich stellte Mamas Foto dazu, so konnte sie bei uns sein. Das Urnengrab war auf und Papa stand auch mit dabei. Ich sprach meine letzten Worte an Mama. Michael sprach die Predigt und spielte die Lieder. Wir beteten zusammen und ich trug mein Gedicht vor:

Abschied!

Was ist Abschied? Abschied für immer? Abschied auf Zeit oder für die Ewigkeit?
Keiner kann es so richtig sagen, wir können es nur hinterfragen.
Alles auf Zeit bedacht, die Lebenszeit, Kinderzeit, Arbeitszeit, Freizeit, sogar die Todeszeit.
Keiner weiß, wie viel wir von all dem haben. Die Zeit ist mit Abschied verbunden,
alles hat seine Zeit. Wir können es oftmals schwer ertragen, begreifen und verstehen.
Abschied kann auch die Erlösung sein.
Abschied kann eine Befreiung von Altlasten sein, und somit kann etwas Neues gedeihen,
ein Neuanfang entspringt und doch tun wir uns sehr schwer, loszulassen und damit umzugehen.

Das Ungewisse, was wird danach sein? Das Gefühl der Leere macht uns Angst und lässt
uns in gewissen Zeiten verzweifeln, statt mit Zuversicht mit diesem Gefühl umzugehen und ihm ein Stück entgegenzugehen.
Der Abschied beim Tod ist besonders schwer. Er kommt teilweise unerwartet.
Oder wir schieben ihn vor uns her. Der Tod ist unser ständiger Begleiter in unserem Leben.
Hat er sich bei einem lieben Menschen angekündigt, wollen wir ihn oft ignorieren und ihn vertrösten. Auch wenn wir es nicht wahrhaben wollen, ist er ein Teil unseres Lebens. Geben wir ihm die Chance, sich mit uns anzufreunden, mit uns zu verweilen.

Er geht zwar keine Kompromisse ein, aber das Gefühl, zu wissen, wir sind nie allein, ist ein sehr gutes Gefühl. Unser Schutzengel ist immer an unserer Seite,
unser ständiger Begleiter. Nehmen wir den Abschied an, lassen wir uns auf das Abenteuer ein. In einer Zeit, in einer Welt, von der wir nichts ahnen oder wissen, die wir nur erhoffen und uns wünschen.
Abschied schmerzt und lähmt uns sehr, lernen wir, mit dem Schmerz umzugehen,
loszulassen, ihn mit anderen Augen zu sehen.
Abschied zu nehmen heißt zugleich Neubeginn.

Geht ein Mensch von dieser Welt, sollten wir es nicht als Ende sehen.
Dieser Mensch ist vorausgereist, in eine andere, in eine für uns noch fremde Welt.
Ist unsere Zeit gekommen, werden wir nachreisen, um uns zu vereinen, dass wir uns wiedersehen. Abschied ist ein Wort, dem wir viel Aufmerksamkeit schenken und das wir zu oft bedenken.
Haben wir Vertrauen auf Gott, er wird uns zur rechten Zeit den rechten Weg zeigen.
Auch wenn es für uns Abschied heißt!

Zum Schluss, auf ihrem letzten Weg, haben wir ihr Lieblingslied erneut zusammen angehört: „Ich hab' die Liebe geseh'n". Es war eine wunderschöne Beerdigung, auch wenn Isa nicht anwesend war. Ich habe es ihr nicht übel genommen, dass sie an der Beerdigung nicht teilnahm. Es war ihre Entscheidung, es gibt keine beste Wahl. Bei Isa gaben Scham, Sucht und Verzweiflung den Ausschlag. Ich weiß, dass sie in Gedanken bei uns war und dass Mama es ihr nicht übelnimmt, nicht Isa. Ich hatte nach der Trauerfeier ein gutes Gefühl, ein befreites Gefühl.

Unsere Mutter ist zum richtigen Zeitpunkt von dieser Erde gegangen. Die Pandemie hätte sie sehr isoliert. Ich hätte nicht zu ihr ins Heim gehen dürfen. Alle Cafés und Restaurants waren zu, und zu mir hätte ich sie auch nicht mehr holen können, weil sie schon zu schwach war. Die Senioren dürfen keinen Besuch bekommen. Kein Garten, keine Sonne. Seit Wochen durften die Senioren ihr Zimmer, geschweige das Pflegeheim, nicht verlassen. So sollten die Senioren vor dem Coronavirus geschützt werden, aber keiner hat sie gefragt, ob sie das auch wollen. So hätte nicht nur das Virus COVID-19 meine Mutter krank gemacht, sondern auch die erzwungene Abschottung.

Auch nach der Beerdigung und dieser schweren Zeit ging ich in die Kirche zu Jesus. Und immer wieder erwische ich mich dabei, dass man auf das schaut, was noch fehlt, was nicht perfekt ist oder was man verloren hat. Man richtet seinen Fokus so oft auf die Defizite und vergisst darüber alles, was gut ist und was man schon erreicht hat. Mir wurde bewusst, dass ich in dieser schweren Zeit viele liebe Menschen (Engel) um mich herum hatte. Zum richtigen Zeitpunkt am richtigen Ort. Dass Gott mir die Kraft gegeben hat und mir das Gefühl gab, dass alles zur rechten Zeit geschieht und dass es gut ist, wie es ist. Dass ich nicht allein bin und immer auf ihn zählen kann. Das gibt mir Kraft und immer wieder neue Zuversicht. Danke!

Die ersten Wochen nach dem Tod meiner Mutter waren schwer für mich. Keine Telefonate mehr, die Stimme meiner Mutter fehlte mir, nun war ich von allem befreit. Befreit von Sorgen und Ängsten in Bezug auf meine Eltern. Ich habe ein Halstuch und Mamas Mütze mit nach Hause genommen, es roch nach Mama, so hatte ich sie für eine gewisse Zeit bei mir. Jetzt hatten nur noch wir Geschwister uns, und wer weiß, wo dieser Weg hinführt. Mit Anne hoffte ich, dass wir uns doch noch einander annähern und offener zueinander werden. Bei Isa, dass sie ihre Sucht bekämpft und zur Ruhe kommt, um ein normales Leben führen zu können. Dass sie an sich arbeitet, um all ihre Schicksalsschlänge zu verarbeiten. Was Randy betrifft, ihn persönlich kennenzulernen, ihn in den Arm zu nehmen und ihm seine Wurzeln zeigen, wo er ursprünglich herkommt. Mit ihm zum Friedhof gehen, einmal Mama nah zu sein. All das würde ich mir wünschen.

Wir alle brauchten einen Tapetenwechsel. Pfingsten stand vor der Tür und Matthias und ich beschlossen, mit unserem Wohnwagen eine Woche wegzufahren. Die Gesetze hatten sich wieder ein wenig gelockert. Man musste noch Masken tragen, aber die Geschäfte, Restaurants und entsprechend auch die Campingplätze hatten wieder geöffnet. Wir fuhren in den Osten, ich wollte Schloss Moritzburg besichtigen, das 15 Kilometer nordwestlich von Dresden liegt, einmal dort sein, wo „Drei Haselnüsse für Aschenbrödel" gedreht worden ist.

Mit Marco war ich all die Jahre noch in Kontakt. Er wohnte nicht weit von Schloss Moritzburg. Wir hatten uns viele Jahre nicht mehr gesehen und verabredeten uns nun, um gemeinsam einen Tagesausflug zu machen. Wir waren alle sehr neugierig, wie es uns ging, was jeder von uns machte. Was Matthias betrifft, war er sehr offen für das Treffen. So trafen wir Marco mit seiner Freundin Maria. Gemeinsam besichtigten wir das Schloss, waren gemeinsam essen und hatten einen schönen Tag. Jeder hatte sich auf seine Art verändert und doch waren wir einander noch vertraut.

Natürlich kamen alte Geschichten auf den Tisch, Marco war schließlich meine erste große Liebe gewesen. Jeder erzählte, was aus ihm geworden war und wo sein Weg noch hinführen sollte. Wie schnell die Zeit vergeht! Ich weiß noch, als ich ihn das erste Mal im Schlagzeugraum gesehen hatte, und es war Liebe auf den ersten Blick. Nun waren 34 Jahre vergangen und jeder hatte seine eigene Geschichte. Und jeder hatte sich schon die Frage gestellt, wo die Zeit hingeht. Jeder von uns hat das Gefühl, dass uns die Zeit davonläuft, am liebsten hätten wir nicht nur 24 Stunden, sondern 48 Stunden am Tag, und diese würden auch nicht reichen.

Wir fühlen uns gehetzt und getrieben. Befinden wir uns in schönen Momenten, zum Beispiel im Urlaub, vergeht die Zeit wie im Flug, rauscht schnell an uns vorbei. Und dann wiederum fließt die Zeit zäh dahin. Es ist wichtig, in der Gegenwart zu leben, im Hier und Jetzt.

Verurteile dich nicht für etwas Vergangenes. Es spielt keine Rolle mehr, es ist vorbei. Ich habe aufgehört, mich zu kritisieren für das, was ich nicht mehr verändern kann, und schaue lieber auf Dinge, die ich im Hier und Jetzt verändern kann.

Zum Schluss haben wir Matthias' Familie besucht. Es ist doch schön, wenn man sich nach langer Zeit mal wieder sieht. Im Urlaub kam ich zur Ruhe, obwohl ich viel an Mama denken musste und sie mir sehr fehlte. Mir fehlten die Telefonate am Abend mit ihr. Rituale umfassen viel mehr, in Wahrheit sind sie ein Anker im Leben, der uns Stabilität verleiht. Ich finde, jeder Mensch braucht diese geregelten Abläufe, um sich sicher und geborgen zu fühlen. Es hatte sich eingespielt, dass ich jeden Abend um 18.30 Uhr mit Isa telefonierte. Wir brauchten es beide, unsere Stimmen zu hören, füreinander da zu sein, und wenn es nur telefonisch war. Wir hatten nur noch einander. Es wäre schön, wenn Anne sich auch öfter melden würde. Isa nahm der Tod von Mama sehr mit, sie war wieder bereit, in die Klinik zu gehen. Der Termin war am 25. Juni 2020. Jedes Mal das Hoffen und Bangen, aber ich hatte unserer Mutter versprochen, dass ich ihr helfen würde, wenn ich kann, wenn sie es will und auch zulässt. Trotz allem sind wir eine Familie.

Es dauerte nicht mehr lange und Isas und Mamas Geburtstage standen an. Beide haben im Juni Geburtstag. Da beide hintereinander Geburtstag hatten, wollte ich unbedingt nach Pappenheim fahren. Es war der erste Geburtstag von Mama, an dem sie nicht mehr bei uns war. Es fiel mir zeitweise schwer, es zu realisieren. Ich wollte an ihrem Geburtstag mit ihr in den Zoo fahren. Sie liebte Tiere, sie zu beobachten und dabei Spaß zu haben. Ich fuhr mit einem unguten Gefühl nach Bayern. Obwohl ich mich darauf freute, war es ein komisches Gefühl. Es war das erste Wochenende ohne Mama, es war ein Wechselbad der Gefühle.

Bei der Ankunft in Treuchtlingen ging ich zunächst in die Kirche zu Jesus. Ich freute mich immer, ihn dort zu sehen. Seit Jahrzehnten fühle ich mich in dieser Kirche vertraut und aufgehoben. Dieser Ort gab mir in meinen schwersten Zeiten immer wieder Kraft und Energie. Es ist der Ort, an dem ich angehört werde, an dem ich so genommen werde, wie ich bin, ohne dass ich mich verstellen muss. Das ist der einzige Ort, an dem ich sein kann, wie ich bin, und keine Maske anlegen muss. Einfach nur ich sein. Wir halten oft unsere Gefühle, Ängste und Wünsche über viele Jahre oder sogar Jahrzehnte vor uns verborgen und können sie nicht mehr selbst wahrnehmen, geschweige ausdrücken. Wir alle sehnen uns nach tiefer Verbundenheit mit anderen Menschen, vielleicht mehr als nach allem anderen auf der Welt. Wenn ich es nicht spüre, fühle ich mich einsam.

Diesen Tag verbrachte ich so, als wäre Mama mit dabei. Ich ging ins Café, in dem ich immer mit Mama gewesen war. Der Tisch war noch frei, sogar der Platz, an dem meine Mutter immer gesessen hatte. Ich setzte mich auf ihren Platz und legte mein Handy auf den Tisch, das ein Bild von meiner Mutter zeigte. Ich habe mit ihr gesprochen, als wäre sie da. Danach bin ich nach Pappenheim gefahren, um dem Seniorenheim einen Besuch abzustatten. Ich habe für das Pflegepersonal Kaffee und Plätzchen mitgebracht und für die Heimleitung ein kleines Geschenk.

Anschließend bin ich zum Friedhof gegangen, um dort Blumen für meine Eltern vorbeizubringen, es war schließlich der Geburtstag meiner Mutter. Als ich bei meinen Eltern am Grab stand, brach ich in Tränen aus. Es tat mir in der Seele weh, beide nicht mehr bei mir zu haben. Ich fühlte mich einsam und verlassen. Nach einer Stunde, die ich am Friedhof verbracht hatte, entschloss ich mich, noch einmal nach Treuchtlingen zu fahren. Ich ließ während der Fahrt Mamas Lieblingslied laufen: „Ich hab' die Liebe geseh'n".

Als ich das Lied anhörte und dabei weinte, wurde mir ganz warm ums Herz. Es kam ein Gefühl über mich, als sei meine Mutter im Auto, als würde sie meine Hand halten. Ich habe plötzlich auch den Körpergeruch meiner Mutter in der Nase gehabt. In diesem Moment war mir klar, dass meine Mama bei mir war. Als würde sie mit mir den Tag verbringen wie früher. Als ich noch einmal an unserem Café vorbeigefahren bin, sah ich Dirk und Ingeborg, die oft meine Mutter im Seniorenheim besucht hatten, dort sitzen. Ich entschloss mich, noch einmal hineinzugehen.

Die Freude war groß, wir sprachen über meine Mutter, über Gott und die Welt. Ingeborg hatte auch Parkinson, es ging ihr nicht gut. Es gab Zeiten, in denen ich nicht gerne in das Café gegangen bin. Aber heute freute ich mich sehr darüber, die Menschen zu sehen, die für meine Mutter da gewesen waren und die sie nicht vergessen hatten. Auch dort hatte ich das Gefühl, meine Mutter sei mit im Café. Ihre

Stimme zu hören, ihr ganzes Verhalten, so wie sie nun einmal war. Von diesem Zeitpunkt an ging es mir besser.

Zufrieden fuhr ich zu Sabine, ich wollte mich bald schlafen legen, um am nächsten Tag fit zu sein. Ich wollte am nächsten Tag zu Isa, am Abend haben wir miteinander telefoniert. Sie sagte mir, dass sie sich auf morgen freue, um uns zu sehen und gemeinsam zum Friedhof zu gehen. So war der Plan, der leider nicht verwirklicht wurde. Am nächsten Tag, als ich Isa angerufen habe, um Bescheid zu geben, dass ich komme, ging keiner mehr ans Telefon. An ihrer Wohnungstüre öffnete keiner. Aus der Traum! Gestern Abend war ich noch voller positiver Gefühle und Gedanken gewesen, und jetzt holte mich die Realität ein. Enttäuscht ging ich in ein Café. Als ich so da saß, klingelte plötzlich mein Handy. Es war Isa, sie teilte mir mit, dass sie bei Thomas sei und ich sie in Ruhe lassen solle. Sie wolle keinen Kontakt mehr zu mir haben. Sie war sehr betrunken, ich sah ihren Termin im Krankenhaus davonfliegen. Es war traurig, aber ich sah Isa an diesem Wochenende nicht.

Zu Hause versuchte ich, meinen Alltag zu meistern. Ich wollte mich auf keinen Fall von meiner Schwester oder von jemand anderem herunterziehen lassen. Ich wollte und musste stark sein. Ich wollte auf keinen Fall rückfällig oder depressiv werden. Damit würde ich alles ruinieren und alles verlieren, was wir uns aufgebaut hatten. Das hätte ich Michael nicht antun wollen, und meinen Eltern hatte ich versprochen, stark zu sein. Ich weiß, dass ich von oben beschützt bin.

Nun stand mein 50. Geburtstag an. Durch Corona konnte man nicht groß feiern. Aber das machte ich ohnehin nicht. Der einzige Geburtstag, den ich groß gefeiert hatte, war mein 18. Geburtstag gewesen. Wir haben beschlossen, meinen Geburtstag in Luzern (Schweiz) bei Conni und Peter zu verbringen. Dieses Wochenende war mit einer tollen Wanderung und mit gutem Essen ein sehr gelungenes Wochenende. Wir versuchten, mindestens einmal im Jahr in die Schweiz zu fahren. Ich liebe die Schweiz, ich liebe es, in den Bergen zu sein.

Ich nahm mir ein paar Tage Urlaub, um mehr Zeit zu haben. Ich brauchte die Zeit, um einen klaren Kopf zu bekommen. Ich wollte an den Ort, aus dem mein Vater ursprünglich stammte. In Döckingen sind viele meiner Verwandten begraben. Meine Oma besuchte ich in der Regel einmal im Jahr auf dem Friedhof in Döckingen, es sind auch zwei von meinen Onkeln dort begraben. Es leben noch Geschwister von meinem Vater in diesem Ort. So befand ich mich meistens allein auf dem Friedhof, setzte mich auf die Friedhofsmauer und sah auf den Ort. Mir kamen alte Erinnerungen wieder in den Sinn. Früher, als wir als Kinder mit unseren Eltern zur Oma gefahren sind. Wie ich mit meinen Cousins und Cousinen im Ort gespielt habe und wir im Ort mit Roller oder Fahrrad umhergedüst sind. Wenn Oma die leckeren Kirchweihküchle gemacht hat und wir so viel gegessen haben, dass uns schlecht wurde. Auch an Opas Tod habe ich gedacht.

Ich versuche so zu leben, dass ich zu jeder Zeit, falls es zu Ende geht, Rechenschaft ablegen und sagen kann, ich habe stets versucht, das Beste daraus zu machen, Verantwortung zu übernehmen und glücklich zu sein. Es ist wichtig, sagen zu können, da gab es Fehler und ich bin gescheitert. Es gab Verletzungen und ich habe viele verletzt, aber ich kann dazu stehen. Ich hatte so viele Fragen. Ein guter Bekannter hatte mir eine Adresse von einer Kartenlegerin gegeben. Ich wurde neugierig, aber zuerst wollte ich so etwas nicht mehr machen. Die Erfahrung damals mit Michaela hatte mir bestätigt, dass doch nichts der Wahrheit entspricht.

Und doch ließ mich die Neugier nicht los und ich habe einen Termin vereinbart. Eines Tages fuhr ich nach der Arbeit zu der Kartenlegerin. Die Fahrt dauerte etwa eine halbe Stunde. Auf dem Weg dorthin fühlte ich mich nicht besonders gut, aber ich wollte endlich Antworten auf meine Fragen, Fragen, die ich mir schon jahrelang stellte. Wann würde ich wieder Kontakt zu Adrian haben? Würde ich Randy einmal in Person kennenlernen? Wie würde es mit meiner Schwester weitergehen, würde sie den Kampf gegen ihre Sucht gewinnen? Würde meine Vision in Erfüllung gehen?

Als ich beim Autofahren so in meinen Gedanken war und die Verkehrsschilder nicht wahrgenommen habe, wurde ich geblitzt. Von dieser Aktion wollte ich Matthias nichts sagen. Er hätte bestimmt nichts dagegen, aber ich wollte es für mich behalten. Das konnte ich nun vergessen, denn Matthias befand sich immer noch im Homeoffice und kam als Erstes an die Post ran. So war die Gefahr, dass er den Bußgeldbescheid als Erstes in die Hand bekommen würde. Meine Zweifel wurden immer größer und doch habe ich den Schritt zu dieser Kartenlegerin gemacht. Als ich angekommen war und bei ihr an der Tür klingelte, war ich nervös.

Sie machte die Tür auf und schaute mich fragend an. Ich sagte ihr, dass wir für heute einen Termin vereinbart hätten. Sie hatte mich falsch im Kalender eingetragen und nicht mit mir gerechnet. Dies war vielleicht wieder ein Zeichen, es nicht zu tun, aber nun war ich schon mal da und blieb auch. Es war eine nette Person, sie bot mir etwas zum Trinken an und fragte mich, was ich für Fragen hätte. Während ich aus meinem Leben erzählte, mischte sie ihre Karten. Ich habe ihr von meinem Leben erzählt und ihr mitgeteilt, was mich seit längerer Zeit beschäftigt und dass ich gerne wissen möchte, wie sich jeder einzelne Punkt weiterentwickeln würde.

Sie mischte ihre Karten und fing an, sie zu legen. Immer wieder mischte sie erneut und legte sie auf den Tisch. Sie meinte, dass Adrian wieder Kontakt zu mir haben werde, aber die Zeit noch nicht reif dafür sei. Es werde noch eine längere Zeit vergehen, bis wir wieder zusammenkommen. Was Randy betrifft, sagte sie, dass wir einander persönlich kennenlernen würden. Voraussichtlich würde ich nach Amerika fliegen, für unsere erste Begegnung. Das hat sich nicht bestätigt, denn mein Bruder ist im Oktober 2022 gestorben und ich hatte somit nicht die Möglichkeit, ihn persönlich kennenzulernen.

Nun kam die Kartenlegerin zu meiner Schwester Isa, was mir die meisten Bauchschmerzen bereitete. Sie meinte, bei dieser Frage werde ihr kalt und warm zugleich. Es sehe nicht gut aus. Sie könne erkennen, dass Isa aus der Sucht will, es aber nicht schaffen werde. Vielleicht sähen die Karten in einem halben Jahr anders aus, aber zurzeit führe sie einen Kampf mit sich selbst, den sie allein nicht gewinnen könne.

Zu meiner letzten Frage, ob meine Vision in Erfüllung gehen werde, meinte sie: Es werde sich in der Zukunft in meinem Leben einiges verändern, aber zum Positiven. Sie sehe mich auch nicht bis zur Rente in meiner jetzigen Arbeitsstelle. Einen Wohnungswechsel könne sie auch erkennen, ich würde in Aldingen nicht alt werden. Die Zeit war vorbei, ob ich nun daran glaubte, was sie mir gesagt hatte, oder auch nicht. Die Zukunft würde Klarheit bringen. Natürlich klammert man sich an den Strohhalm, an den kleinen Funken, der zum Entflammen gedacht ist. Aber schließlich war es gut, wieder einmal offen mit jemandem zu reden. Schon deswegen hatte es sich gelohnt. Auf dem Nachhauseweg fühlte ich eine Leere in mir.

Ich habe Matthias angerufen, um von meinem Besuch bei einer Kartenlegerin zu erzählen. Er war überrascht und wollte auch wissen, was sie gesagt hatte. Meine Geschichte oder besser gesagt mein Buch ist noch nicht ganz geschrieben, und doch bleibt wenig Zeit, dieser Entwicklung entgegenzuwirken oder aber die Konsequenzen abzumildern. Es ist schwer, die Herausforderungen der nächsten Jahre zu kennen, sie zu verinnerlichen und als das zu begreifen, was sie sind. Die COVID-Pandemie und die wirtschaftlichen Probleme werden wahrscheinlich nachhaltige Auswirkungen haben.

Die Experten sagen uns immer wieder, dass die Zukunft anders aussehen wird. Manche Dinge dürfen nicht mehr so werden, wie sie waren. Niemand ist sich ganz sicher, was die Zukunft bringen wird. Viele haben Ideen oder Vorhersagen, aber es gibt nur wenig Sicheres. Nur auf eines können wir uns verlassen, auf die Veränderung. Vielleicht hat die Zeit auch etwas Gutes. Sie zwingt uns dazu, sich mehr als sonst mit sich selbst zu beschäftigen. Bei vielen verflüchtigen sich Gedanken und Gefühle nicht mehr so leicht im Nebel des Alltags. Herausforderungen bauen sich vor uns auf und wollen, dass wir ihnen Zeit und Aufmerksamkeit schenken. Die Gefahr ist nur, dass wir uns dabei in Grübeleien verfangen. Es werden sich neue Türen öffnen. Lasst uns gegenwärtig und wach sein!

Wir sollten offener für die Welt und Menschen sein. Was ist zum Beispiel verkehrt daran, andere Menschen und Kulturen kennenzulernen? Wir können Freunde statt Feinde werden, andere Sprachen, Sitten und Gebräuche kennenlernen, die uns auch tief in unserer Seele berühren. Seit Längerem befindet sich die Welt in der Krise. Das enthält auch die Chance, sich zu erneuern. Ich reise gerne, aber auch dies muss gut überlegt sein. Denn es unterliegt je nach Land vielen kostspieligen und aufwendigen Auflagen. Dennoch sage ich, mit meinem Gottvertrauen werde ich gut von Gott geführt. Ich werde weitermachen wie bisher. Konsequent und diszipliniert, auch wenn es teilweise schwerfällt und ich zeitweise schwach werde. Das Schwere daran ist, sich selbst zu disziplinieren. Unabhängig davon, wie ich mich fühle, dennoch in meiner Spur zu bleiben, um mein Ziel zu erreichen. Trotz vieler Ablenkungen standhaft zu bleiben, meine Rückschläge und Niederlagen nicht als Versagen zu sehen, sondern als Teil meines Lernprozesses.

Darum habe ich mir den Mut gefasst, nach sieben Jahren Adrian eine Geburtstagskarte zu schreiben. Dieses Mal ging ich anders an die Sache heran als vor sieben Jahren. Als ich Adrian eine Karte zu seinem 18. Geburtstag geschickt hatte, hatte ich mir sehr gewünscht, dass er darauf reagieren würde. Man schaut jeden Tag in den Briefkasten oder auf das Handy, in der Hoffnung, dass eine Nachricht von ihm kommt. Die Tage und Wochen, sogar die Jahre vergehen und es kommt nichts zurück. Man ist traurig, weil man eine gewisse Erwartung und Hoffnung hat, aber es kommt nichts. So muss man ganz schön aufpassen, dass es einen nicht wieder ganz nach unten zieht und man in eine Depression verfällt.

Dieses Mal sandte ich meine Karte, die liebe Zeilen enthielt, ohne Erwartung an Adrian. Vielleicht würde etwas kommen, vielleicht auch nicht, dann war es noch nicht der richtige Zeitpunkt. Es ist mir wichtig, auch nach so langer Zeit, ihm zu vermitteln, dass kein Tag vergangen ist, an dem ich nicht an ihn gedacht habe. Ich liebe meinen Adrian, auch wenn wir schon lange Zeit keinen Kontakt mehr haben.

Isa hatte die Entgiftung beendet. Ich hätte mir gewünscht, dass sie nicht nach der Entgiftung zurück nach Treuchtlingen geht. Ich habe mit ihrer Ärztin gesprochen und sie meinte, es sei Isas Entscheidung. Sie könne in der Klinik bleiben, bis in Haus 7 ein Platz frei ist. Durch Corona erschwerte sich vieles, aber es war nichts unmöglich, wenn man wollte. Dieses Haus 7 ist für Alkoholabhängige, die den Entzug abgeschlossen haben. Das Haus enthält nicht nur medizinische und therapeutische Behandlung, sondern hat auch soziale und seelische Gesichtspunkte. Die Therapiedauer beträgt in der Regel acht Wochen. Aber Isa wollte nicht. Nach zwei Wochen Entgiftung ging sie wieder nach Hause. Sie war auch die nächste Zeit weiterhin trocken. Sie putzte und kochte, sie war viel mit Thomas zusammen, der auch zu trinken aufgehört hatte. Ich freute mich sehr über diesen Wandel, denn ich wusste: Die Seifenblase kann schnell platzen.

Wir haben jeden Tag miteinander telefoniert, um uns auszutauschen. Isa sagte mir, sie wolle noch einiges erledigen und dann im Januar in Haus 7 gehen. Es waren noch vier Wochen bis dorthin und Weihnachten stand auch vor der Tür. Ich habe ihr gesagt, dass wir uns sehr freuen würden, wenn sie Weihnachten und Silvester bei uns verbringen würde. Sie freute sich und sagte auch zu. Es sei die bessere Entscheidung, besonders an Silvester nicht in Treuchtlingen zu sein.

Meine Schwester war fünf Wochen trocken, danach ist die Seifenblase geplatzt. Ich konnte sie nicht erreichen, was immer ein böses Zeichen ist. Weihnachten stand kurz bevor und ich wusste innerlich, dass sie wieder rückfällig geworden ist. Nach einigen Tagen hat sie mich angerufen und mir gesagt, dass sie am 13. Dezember 2020 rückfällig geworden ist. Einen Tag später, am 14. Dezember, hatte ihr erstgeborener Sohn Christian Geburtstag, vielleicht hat sie das wieder aus der Bahn geworfen. All meine Hoffnung hatte sich wieder in Luft aufgelöst. So hat sich das Spiel wieder von Neuem wiederholt.

Es gab Zeiten, in denen ich Isa nicht ans Telefon bekommen habe, und es gab Zeiten, da lief es mit ihr wieder besser und wir haben miteinander telefoniert. Sie meldete sich zur Entgiftung an, und ich glaube ihr auch, dass sie vorhatte, zu gehen, aber wenn der Termin anstand, hat sie immer einen Rückzieher gemacht. Jedes Mal wurde es schlimmer mit ihr, in ganz schlimmen Zeiten schaffte sie es nicht einmal, ihre Wohnung sauber zu halten. Es tat mir in der Seele weh. Wenn ich ehrlich bin, stirbt sie jeden Tag etwas mehr. Ich merkte, sie trank immer mehr. Sie zog sich immer mehr zurück, sie trank gern allein. Auch wenn man weiß, dass es negative Folgen hat, trank sie so viel, dass Erinnerungslücken auftraten. Bei suchtkranken Menschen ist es so, dass sie sich selbst belügen und alle Personen um sich herum.

# Flip-Flops: Ich bin angekommen

---

Im März 2021 rief ich die Heimleitung an. Ich wollte mich informieren, ob es noch Corona-Fälle im Heim gab. Die Heimleitung teilte mir mit, dass viele Heimbewohner gestorben seien. Dass das Seniorenheim im Mai schließen werde. Viele Angehörige bemühten sich, einen neuen Platz für ihre Leute zu finden. Ich war schockiert, dies zu hören, wenn ich daran denke, meine Mutter müsste noch in ein anderes Heim ziehen, wo sie sich so wohl in ihrem Zimmer gefühlt hatte. Die Heimbewohner waren nicht glücklich, auf ihren alten Tagen noch einmal umzuziehen.

Es sind zurzeit herausfordernde Zeiten. Schon über ein Jahr, eine lange Zeit der Pandemie, und wie lange würde es noch gehen? Viele Menschen fühlten sich eingeschlossen. Ich habe das Gefühl, die Welt ist gerade dabei, sich grundlegend zu verändern. Für mich und für viele andere war es ein schmerzhafter Prozess, weil wir nicht wussten, was es bringen und wo es uns hinführen würde. Meine Überzeugung ist, dass nichts zufällig geschieht. Auch diese Zeit hat ihre Bestimmung.

An Ostern bin ich mit Matthias nach Bayern gefahren. Wir waren bei Sabine, um mal wieder was anderes zu sehen, mit meiner Freundin was zu machen und einfach gemeinsam eine gewisse Zeit zu verbringen. In Pappenheim brachte ich ins Seniorenheim einen Ostergruß vorbei und habe die Heimleitung gefragt, wann das Haus leer sei und ob ich an Mamas Todestag noch mal in ihr Zimmer gehen dürfe, um endgültig Abschied von ihr zu nehmen. Sie meinte, ich solle mich kurz davor noch mal bei ihr melden, sie denke, dass es in Ordnung gehen werde.

Ich verbrachte mit Matthias Zeit auf der Wülzburg, bei meinem Jesus, auf dem Hexentanzplatz, wo ich Matthias seit Jahren wahrscheinlich immer dasselbe erzähle, wo ich was erlebt habe. Das Schöne ist, er hört mir immer zu, egal wie oft ich es ihm schon erzählt habe. Matthias ist für mich meine einzigartige Liebe. Wir waren auf dem Friedhof bei meinen Eltern, denn am 6. April ist der Todestag meines Vaters. Eigentlich wollte ich mit Isa hingehen, aber unser Treffen hat leider wieder einmal nicht geklappt. Der Alkohol hatte sie wieder voll im Griff, sie meinte, sie brauche ihre bayrische Ruhe. Ich habe es akzeptiert und ihr nicht übel genommen.

Ich kann nicht beschreiben, wie es mir in solchen Momenten geht. Ich kann nicht darüber reden. Das Gefühl, das wir uns wünschen, die Freiheit. Ich weiß nicht, ob Isa noch weiß, was Freiheit ist. Die Sucht raubt ihr die Freiheit, sie ist gefangen im eigenen Körper. Ihr Leben ist mit einer Gefangenschaft vergleichbar, sie lebt nur noch für Alkohol, Kiffen, Fernsehen. Ich würde ihr so gerne helfen, aber es ist ein Kampf, den nicht einmal ich gewinnen kann. Ich werde sie trotzdem nicht aufgeben, ich habe es unserer Mama versprochen. In solchen Momenten halte ich mir vor Augen, was ich im Leben, in meinen zwischenmenschlichen Beziehungen und im Beruf doch schon alles erreicht habe. Und doch ist es schwer, es zu akzeptieren, dass es jetzt so ist, wie es ist. Das ist nicht leicht, denn es bringt viele Belastungen mit sich.

Meine nächste Herausforderung stand an. Der Todestag meiner Mutter war nicht mehr weit entfernt. Es war noch eine Woche, dann würde ein Jahr vergangen sein, seitdem sie gestorben war. In der letzten Zeit musste ich viel an meine Mutter denken, hauptsächlich an die letzten zwei Wochen, als sie im Sterben lag und ich versuchte, sie auf ihrem letzten Weg zu begleiten. Mir kamen die ganzen Erinnerungen hoch. Und doch war ich Gott dankbar, die Zeit mit ihr noch gehabt zu haben, an ihrer Seite am Bett zu sitzen, ihre Hand zu halten, sie einfach nur anzuschauen und mich auf meine Art von ihr zu verabschieden. Mir ging damals meine ganze Kindheit durch den Kopf, der Kampf mit dem Krebs, den meine Mutter geführt hatte, unsere gemeinsame Zeit, Freud und Leid, irgendwie gehörte es in diesem Moment dazu. Ich habe sie von ganzem Herzen lieb gehabt.

Ich wollte auf jeden Fall an ihrem ersten Todestag nach Pappenheim fahren und ein letztes Mal in das Seniorenheim gehen, in dem meine beiden Elternteile gestorben sind. Es sollte für mich der endgültige Abschied sein, auf dass wir uns eines Tages, wenn meine Zeit gekommen sein würde, wiedersehen, wovon ich fest überzeugt bin. Ich glaube, die Menschen, die tot sind, sind deswegen nicht weg, ihre Seele lebt weiter. Ich weiß nicht, wie das Leben nach dem Tod konkret aussehen wird. Aber ich vertraue darauf, dass Gott mich liebt, dass er uns liebt und es gut sein wird, wenn wir in seine Nähe kommen. Es ist mein Glaube, der mir in schweren Zeiten hilft, das Leben zu bewältigen. Der Tod ist ein riesiger Einschnitt, aber er ist nicht das Ende, sondern der Übergang in ein neues Leben.

Ich habe vor einem Jahr meine Mama begleitet, hinüber in eine andere Welt, in das ewige Leben, und ich hoffe, nein, ich weiß, dass wir uns alle wiedersehen werden. Es ist gut zu wissen: Jeder, der Angst vor dem Sterben hat, und jeder, der traurig ist, weil ein lieber Mensch gestorben ist, darf Hoffnung haben, dass das Leben nach dem Tod nicht zu Ende ist, sondern in verwandelter Form weitergeht. Und bis dahin, bis zu unserem Wiedersehen, wollte ich für mich noch einmal ganz bewusst Abschied nehmen, indem ich mich noch ein letztes Mal in das Haus begebe, in dem sie beide gestorben sind.

Die Heimleitung begrüßte mich herzlich und ging mit mir in das Zimmer meiner Mutter, in dem sie die letzten Jahre gewohnt hatte. Wir sprachen über die Schließung des Seniorenheims, was bald geschehen würde. Dass alle Bewohner ein neues Zuhause gefunden hätten. Es war seltsam, das Haus so leer zu sehen. Es war kein Leben darin, es fühlte sich wie in einem Geisterhaus an. All die Jahre, in denen ich meine Mutter besucht hatte …

Wenn ich den Menschen meinen Charme und Witz entgegengebracht habe und damit in ihre Gesichter ein Lächeln zaubern konnte, ging jedes Mal mein Herz auf. Friedl freute sich jedes Mal, mich zu sehen. Wenn ich für den Gemeinschaftsraum Blumen mitgebracht habe, um den Frühling oder den Sommer ins Haus zu bringen. Auch wenn bei den alten Menschen in den letzten Lebensjahren die Zufriedenheit leicht sinkt, weil sich der Gesundheitszustand verschlechtert, kann man sie dennoch glücklich machen. Meine Erfahrung ist, dass es oft kleine und ganz persönliche Dinge sind, die ältere Menschen glücklich machen. Ein Anruf, wie ich es jeden Tag mit meiner Mama gemacht habe. Sie freute sich jeden Tag, mit mir zu telefonieren, meine Stimme zu hören und sich mit mir auszutauschen. Ein Besuch, die Gespräche mit ihnen, einfach nur zuhören, ihnen das Gefühl geben, dass sie wahrgenommen werden. Man nimmt sie einfach in den Arm und schenkt ihnen ein wenig Zuneigung.

Ich habe die Heimleitung gefragt, ob ich eine gewisse Zeit für mich allein bekomme. Ob ich mich allein im Zimmer aufhalten dürfe. Sie sagte: „Nehmen Sie sich so viel Zeit, wie Sie brauchen." Und das habe ich gemacht. Als ich allein im Zimmer meiner Mama war, wurde mir kalt und warm zugleich. Ich sah meine Mutter an ihrem Tisch auf dem Stuhl sitzen. Schaute ich dorthin, wo ihr Bett stand, so sah ich sie im Bett liegen. Im ganzen Raum nahm ich meine Mutter wahr, und sie war da, obwohl das Zimmer leer geräumt war. Es befanden sich keine Möbel darin, und doch nahm ich das Zimmer als möbliert wahr. Egal, wo ich hinschaute, sah ich meine Mutter.

Vor einem Jahr hatte ich an meinen Finger ihren Ehering gesteckt, der mich in meiner Trauer ein Jahr begleitet hatte. Heute sollte der Tag sein, an dem ich ihn wieder abnehme und ihn zum Ehering meines Vaters lege. Ich hatte den Ehering meines Vaters in einer Schmuckschachtel mitgenommen. Den Ring meiner Mutter legte ich in die Schachtel zum Ring meines Vaters. Es sollte wieder zusammen sein, was sie beide über fünfzig Jahre lang zusammengeschweißt hatte. Man soll nicht trennen, was zusammengehört, und heute sollte der Tag sein, an dem die Ringe wieder vereint sein würden.

Ich hielt die Schachtel in meiner Hand und musste weinen. Mir fiel der Abschied noch sehr schwer, aber ich wusste auch, dass es gut war, wie es war. Ich freute mich, noch einmal im Zimmer meiner Mutter zu sein. Als ich so am Boden saß, die Schachtel in meiner Hand hielt und die Ringe meiner Eltern anschaute, überkam mich ein Gefühl, das mir vermittelte: Es ist alles gut, lass los, lebe dein Leben, bis wir uns wieder sehen. Ich spürte, dass meine Eltern in diesem Moment bei mir waren, was mir sehr viel Kraft gab.

Nichts bleibt ewig beim Alten. Auch wenn wir nicht loslassen wollen, die Welt um uns herum verändert sich mit jeder Minute, und auch wir verändern uns im Laufe unseres Lebens. Und das ist auch gut so, denn nur weil ich mich an etwas gewöhnt habe, bedeutet das noch lange nicht, dass es immer noch gut und richtig für mich ist. Dinge und Gewohnheiten, die für mich in meiner Vergangenheit gepasst haben, treffen in meiner Gegenwart nicht mehr auf mich zu. Wer weiß, wo die Zukunft mich hinführen wird? Hat man losgelassen, kann man sich auf das Neue konzentrieren. Ein Neuanfang beginnt immer mit dem ersten Schritt in eine neue Richtung. Das bedeutet oftmals, dass man die Vergangenheit ruhen lassen sollte.

Heute weiß ich: Die Vergangenheit loslassen ist der erste Schritt für den Neubeginn, um weiterzukommen. Ich habe versucht, in meinem

Kopf wieder Platz zu schaffen. Seitdem habe ich wieder Raum für meine Träume und Wünsche, die mir wichtig sind. Ich habe mich lange im Zimmer meiner Mama aufgehalten. Danach bin ich noch einmal in das Zimmer gegangen, in dem mein Vater gestorben ist. Ich bin im ganzen Haus herumgelaufen, um alles noch einmal bewusst wahrzunehmen. Mit einem guten Gefühl und Tränen in meinen Augen habe ich endgültig das Haus verlassen, mich von der Heimleitung verabschiedet und mich für alles bedankt.

Anschließend bin ich zu Isa gefahren, sie wusste nicht, dass ich in Bayern war. Sie war sehr überrascht, als ich vor ihrer Türe stand. Sie sah nicht gut aus, stark von Alkohol gezeichnet, aber in diesem Moment war mir das egal. Ich war froh, sie zu sehen und sie in den Arm nehmen zu können. Sie hat sich gefreut, wir sind zusammen zu unseren Eltern auf den Friedhof gefahren. Wir haben unseren Eltern Blumen hingestellt und haben den Augenblick zusammen genossen.

Auf meinem Nachhauseweg spürte ich eine große Befreiung. Mein ganzes Leben hatte ich danach gestrebt, jedem gerecht zu werden, um alle zufriedenzustellen. Ich habe gelernt, loszulassen. Meine Eltern sind jetzt an einem besseren Ort, ohne Leid. Was Isa betrifft, lege ich ihr Wohlergehen in Gottes Hand und bete für sie, dass sie den Weg aus der Sucht gehen kann. Kommt eines Tages Adrian auf mich wieder zu, werde ich mich riesig freuen. Wir haben keinen Einfluss, was die Zeit und andere Menschen betrifft. Wir können nur uns selbst ändern, und so werden wir automatisch unser Umfeld ändern und ein Stück von unserer Welt.

Wer die Welt verändern will, muss mit sich selbst anfangen. Die äußere Welt ist ein Spiegel deiner inneren Welt. Es sind deine Gedanken und Glaubenssätze. Wenn wir zum Beispiel geliebt werden wollen, müssen wir zuerst lernen, uns selbst zu lieben und zu akzeptieren, wie wir sind. Viele haben verlernt, nach innen zu schauen. Der eigenen Stimme zuzuhören. Mir hilft die Meditation, um zur Ruhe zu kommen, mich selbst zu fragen, was ich wirklich will. Lerne, wieder deiner inneren Stimme zu vertrauen, und trau dir zu, dass du deine Wünsche erfüllen kannst. Unser wahres Ich ist selbstbewusst, optimistisch und kennt seinen Weg.

Wenn du wieder eine Verbindung zu dir selbst herstellst, wird dir vieles klarer und es eröffnen sich neue Wege, die du vorher nicht gesehen hast. Leben heißt Veränderung, und keiner von uns weiß, wo dein Weg hinführen wird. Man kann vieles manchmal nicht mehr hören. Von allen Seiten bekommt man Ratschläge, viele haben versucht, mir einzureden, was richtig und falsch ist. Aber es hilft einem nicht wirklich weiter. Im Gegenteil, die ganzen Meinungen treiben dich in die Einsamkeit. Ich habe das Gefühl bekommen, dass mich keiner versteht, und zum guten Schluss weiß eigentlich keiner, was mich wirklich bewegt.

Darum sage ich euch zum Schluss, seid achtsam, denn die Achtsamkeit ist die Erinnerung an unser Glück, das wir brauchen. Wenn wir uns nicht mehr an den kleinen Dingen erfreuen und nicht mehr über die Pracht dieser Welt staunen können, die wir mutwillig zerstören und vernachlässigen, dann läuft etwas schief. Wir müssen wieder mehr an uns und an die Liebe glauben, die uns durch dieses Leben begleitet, wenn wir es zulassen. Hast du ein Suchtproblem, kämpfe dagegen an, es lohnt sich, es befreit und macht dein Leben wieder lebenswert – glaube mir, denn ich weiß, wovon ich spreche.

Wir müssen aufhören, einander zu zerstören, denn Neid und Hass machen uns krank. Wir sollten häufiger bewusst dankbar sein. Ich bin jeden Tag aufs neue dankbar für das, was ich habe, was ich bin und noch sein werde. Dafür, dass jeden Tag mein Schutzengel bei mir ist, mir jeden Tag hilft und mir zur Seite steht, mich beschützt und mich niemals allein lässt. Wir dürfen unser Leben und unser Glück nicht einfach als selbstverständlich ansehen. Wir alle haben einen freien Willen, jeder weiß, was gut und böse ist. Jeder kann frei entscheiden. Ich hoffe, du wirst die richtige Entscheidung treffen, um unserer Kinder willen. Wir sind Vorbilder, mit Gewalt werden wir keinen Frieden schaffen, sondern nur mit Liebe. Liebe ist die stärkste Waffe auf Erden!

Wir wissen nicht, wie viel Zeit wir auf dieser Erde noch haben, aber die Zeit, die wir haben, können wir uns nehmen und sinnvoll nutzen. Wir können leben, wie wir es für richtig halten, wohin unser Herz uns führt. Denn die ganze Welt ist eine Bühne und jeder Mensch hat seine Rolle zu spielen. Wir alle sind Schauspieler des Lebens und schlüpfen tagtäglich in unterschiedliche Rollen. Darum lebe jeden Augenblick bewusst! Das Leben ist ein Theaterstück ohne vorherige Theaterprobe. Eines Tages, wenn ich von der Lebensbühne gehe, wenn der Vorhang für mich fällt und das Theaterstück zu Ende geht, wenn ich zum letzten Mal in den Spiegel schaue, dann kann ich sagen: Ich sehe eine starke Frau, die mit erhobenem Haupt und aufrechtem Gang die Bühne des Lebens verlässt.